340.07 GUE

AF855146

Méthodologie en droit public interne

(droit constitutionnel et droit administratif général)

SCD Université de Bourgogne
Section du Creusot
15 DEC. 2025
RETIRÉ DES COLLECTIONS LE :

Stéphane Guérard
Maître de conférences en droit public
à l'Université de Lille II
(CERAPS – CNRS – UMR n° 8026)

Avec la collaboration de M. Jean-François Boudet,
Maître de conférences en droit public
à l'Université de Paris V

ellipses

BIBLIOTHÈQUE DE L'UNIVERSITÉ DE BOURGOGNE
06 NOV. 2007

Remerciements

Pour Céline et Lucile,

Tout d'abord, il convient de remercier tous ceux qui ont contribué à ma formation universitaire et pour lesquels ma gratitude est infinie.

Ensuite, il m'apparaît tout aussi important de remercier les enseignants dans les équipes pédagogiques desquels j'ai travaillé. Ma dette est en effet immense à l'égard de Mme le Professeur Le Pourhiet, ainsi que du défunt et regretté Président Jeanneau, ou encore, de MM. Les Professeurs Ardant, Chapus, Fatôme, Lemoyne de Forges et Truchet.
Il m'est, enfin, tout aussi agréable de profiter de ces remerciements pour en adresser à M. Jean-Jacques Thouroude, pédagogue de grande qualité, à qui je dois mon intérêt pour le droit public ainsi qu'à mon ami, Jean-François Boudet, pour avoir accepté non seulement de prendre en charge la rédaction des cas pratiques de droit constitutionnel mais aussi d'avoir assuré la relecture de l'ensemble.

ISBN 978-2-7298-2859-2

© Ellipses Édition Marketing SA, 2006

32, rue Bargue 75740 Paris cedex 15

Le Code de la propriété intellectuelle n'autorisant, aux termes de l'article L 122-5 2° et 3°a), d'une part, que les « copies ou reproductions strictement réservées à l'usage privé du copiste et non destinées à une utilisation collective », et d'autre part, que les analyses et les courtes citations dans un but d'exemple et d'illustration, « toute représentation ou reproduction intégrale ou partielle faite sans le consentement de l'auteur ou de ses ayants droit ou ayants cause est illicite » (Article L 122-4).
Cette représentation ou reproduction, par quelque procédé que ce soit constituerait une contrefaçon sanctionnée par les articles L 335-2 et suivants du Code de la propriété intellectuelle.

www.editions-ellipses.

Sommaire

Présentation

« L'âge de l'étudiant est celui de la liberté, il faut savoir en profiter pour se distraire mais aussi pour travailler intelligemment » (P. Ardant, *Préparation à l'examen de droit constitutionnel*, LGDJ).

En effet, les études de droit ne sont pas plus difficiles ou compliquées que d'autres, à partir du moment où l'étudiant(e) travaille **régulièrement** et **consciencieusement**.

« Réussir son droit », c'est démontrer ses qualités de juristes avant même d'être un professionnel, et ce, parce que cette réussite illustre les atouts tant recherchés des juristes dans le monde du travail : la rigueur, la méthode et le raisonnement logique – fortement inspiré du « fameux raisonnement mathématique ».

Parce qu'en effet, avoir ses examens, c'est une chose, et elle est importante – voir l'**annexe n° 2** sur les épreuves écrites –, mais ce n'est pas tout ; en effet, il est tout aussi important de « grandir juridiquement » d'année en année, de se nourrir de son cursus universitaire en vue de sortir le mieux armé possible de la fac en vue de conquérir sa place sur le marché du travail.

Pour travailler, et donc réussir, il faut **absolument, impérativement**, de la **méthode**.

Mais, ce n'est pas tout, il convient d'arriver en fac avec des atouts (les acquis), de savoir acquérir (grâce aux cours et aux manuels, par exemple) et d'avoir de bonnes méthodes d'acquisition (là entrent en jeu tant les TD que, et par là même, la **méthode**).

Trois points essentiels sont donc à étudier successivement :

- l'acquis (la langue écrite et parlée) ;
- l'acquisition (les connaissances (en particulier, le cours), le choix des manuels et le rôle de la jurisprudence) ;
- les méthodes acquisitives (le dictionnaire des mots-clés de la matière et la préparation des TD).

1er point : l'acquis

C'est ici principalement la « langue » au sens large tant écrite que parlée qui est évoquée.

La première suppose un maniement correct de l'orthographe, un style précis et clair, et ce, pour deux raisons :

- le correcteur, même le plus bienveillant, ne suit pas ou suit avec difficultés le raisonnement de l'étudiant s'il doit constamment s'arrêter pour corriger les fautes d'orthographe ; un retrait de points (jusqu'à 3 au moins) s'impose en de telles circonstances !
- un étudiant ne peut – ou le peut, mais très difficilement – comprendre les subtilités du langage juridique sans cet acquis primaire, essentiel !

La seconde (la langue parlée) est tout aussi importante dans la mesure où l'art du discours est fondamental pour les juristes :

- ne serait-ce qu'au moment des oraux,
- ne serait-ce qu'en TD : pour prouver son existence !

De plus, et surtout, il faut se dire que tout le monde peut dire une bêtise : ce n'est pas grave ; ce qui l'est : c'est de la répéter voire, pire, de l'écrire, après avoir été corrigé une première fois ! En somme, l'essentiel est de comprendre : comprendre pourquoi on l'a dite et en quoi est-ce une bêtise, et ce, pour l'éviter complètement à l'avenir.

2e point : l'acquisition

« *Apprendre est une activité personnelle propre à chaque étudiant, personne ne peut en assurer la charge* » (P. Pactet).

Toutefois, certains conseils ne sont pas négligeables pour mieux apprendre.

En premier lieu, l'assistance au cours est importante dans la mesure où elle permet de mieux l'assimiler et l'apprendre voire de poser des questions en cours (en petit groupe) ou à la pause.

De surcroît, cela permet de perfectionner sa prise de note : les années passant, il faut apprendre à « accélérer » ; à ce sujet, l'étudiant peut utilement se référer à l'ouvrage de P.-A. Lecocq, *Travaux Dirigés de droit administratif général*, Ellipses, 1998, p. 41-46.

En second lieu, l'assimilation du cours est non moins importante. Mais, si la mémoire est utile, elle est toutefois seconde au regard de la compréhension et de l'intelligence.

En effet, apprendre bêtement mot à mot ne sert à rien si on ne comprend rien : cela revient à gaver une oie ! De plus, tout exercice juridique met en avant non l'exposé des connaissances mais la recherche d'une réflexion personnelle, construite et raisonnée : comment y arriver sans recul, sans réfléchir ce que l'on apprend !

Apprendre et comprendre vont donc de paire : à ce sujet, pour mieux approfondir le cours, il ne faut pas hésiter à utiliser au moins un autre manuel que le cours ; en effet, ce dernier creuse un sillon et sème quelques graines, encore faut-il les arroser, les « nourrir » !

À cet égard, l'**annexe** 1 de cette introduction offre, pour les matières fondamentales du droit public interne des trois premières années de licence (droit constitutionnel, droit administratif général, droit de la fonction publique et droit administratif des biens), une bibliographie des ouvrages fondamentaux.

Il faut aussi, et principalement, durant ces trois premières années de licence, lire beaucoup de jurisprudences, essentiellement administratives, parfois constitutionnelles ; à cet égard, il faut reconnaître qu'un étudiant doit en lire plusieurs centaines durant une année universitaire !

Quant aux revues, l'étudiant peut les consulter avec intérêt mais leur utilisation n'est pas indispensable à ce niveau d'études. Elles deviennent plus indispensables en Master, et ce, dès la première année de ce diplôme (dit « Master 1 »), voire, parfois, en 3e année de licence.

Encore, un conseil : il faut toujours lire du « plus simple » au « plus compliqué », du « plus récent » au « plus ancien ».

3e point : les méthodes acquisitives

Elles sont au nombre de trois, d'inégale importance.

Tout d'abord, les définitions : dans toute matière juridique, un vocabulaire spécifique doit être découvert et maîtrisé par l'étudiant ; dès lors, face à un terme juridique nouveau, l'étudiant doit, à défaut de trouver sa définition dans le cours, aller la rechercher dans un ouvrage spécialisé à l'instar de ceux publiés sous la direction de G. Cornu (*Vocabulaire juridique*) ou de R. Guillien et J. Vincent (*Lexique des termes juridiques*).

Ensuite, les Travaux Dirigés (dits communément : TD) : leur rôle est double puisqu'ils permettent, d'une part, d'acquérir une méthodologie et approfondir un savoir, et d'autre part, permettre un contrôle continu des connaissances.

Par suite, un étudiant ne vient jamais en spectateur en TD.

Dès lors, les TD doivent être :

- préparés, à partir de la fiche, des indications méthodologiques du chargé de TD et de vos lectures : « *la curiosité* (seulement intellectuelle !) *devient alors une qualité* » ;
- vivants : ce qui suppose une participation orale conséquente (prise en compte dans la moyenne de TD) voire un exposé en TD (surtout au second semestre) ;
- complétés : en cours d'année, un chargé de TD, en fonction de l'actualité, peut toujours revenir rapidement en arrière sur un thème de TD, déjà traité, s'il lui apparaît, en effet, qu'une jurisprudence ou qu'un texte d'importance, bien que postérieure à la séance de TD, doivent

être mentionnés. L'étudiant se doit alors, en vertu de ces précieuses indications, de compléter le « TD passé » en vue de ses révisions semestrielles.

En conclusion, il faut toujours voir en son chargé de TD non pas seulement un correcteur, mais aussi, un tuteur et un serviteur :

- le premier essaiera de faire de vous des juristes à l'esprit rigoureux et méthodique ;
- le second répondra à votre soif de connaissances exprimée par vos questions.

Enfin, il faut acquérir les méthodologies de base du droit public que sont la dissertation juridique, le commentaire de texte (et incidemment, la technique de la fiche de jurisprudence), le commentaire de décision de justice, et enfin, le cas pratique.

Les deux premières sont surtout enseignées et utilisées en première année de licence, les autres et celles-là aussi dès la deuxième année de licence ainsi, *a fortiori*, qu'en troisième année de licence.

Ce sera l'objet de cet ouvrage de vous apporter le complément méthodologique indispensable, que vous allez aussi expérimenter en TD.

C'est pourquoi, chaque présentation de chacune des quatre méthodologies précitées sera décomposée de la façon suivante :

- une explication méthodologique ;
- et des exemples corrigés.

Toutefois, l'ouvrage sera découpé en trois parties : une pour la dissertation et une deuxième pour le commentaire de décision de justice, alors qu'une troisième regroupera le commentaire de texte et le cas pratique.

Bibliographie sommaire

1. Droit constitutionnel (Droit public, 1e année de licence) :

A. Traités et manuels :

Ardant (P.), *Institutions politiques et Droit constitutionnel*, LGDJ, Collection « Manuels », 17e éd., 2005.

Burdeau (G.), Hamon (F.) et Troper (M.), *Droit constitutionnel*, LGDJ, Collection « Manuel », 28e éd., 2003.

Chagnollaud (D.), *Droit constitutionnel contemporain. Théorie générale. II. Le régime politique français*, A. Colin, Collection « Compact Droit », 4e éd., 2005.

Chagnollaud (D.), *Droit constitutionnel contemporain. Théorie générale. I. Les grands régimes politiques étrangers*, A. Colin, Collection « Compact Droit », 4e éd., 2005.

Chantebout (B.), *Droit constitutionnel et science politique*, A. Colin, 22e éd., 2005.

Constantinesco (V.) et Pierré-Caps (S.), *Droit constitutionnel*, PUF, Collection « Thémis », 1e éd., 2004.

Favoreu (L.), Gaïa (P.), Ghevontian (R.), Mestre (J.-L.), Pfersmann (O.) Roux (A.) et Scoffoni (G.), *Droit constitutionnel*, Précis Dalloz, 8e éd., 2005.

Foillard (P.), *Droit constitutionnel*, CPU, 11e éd., 2005.

Jacqué (J.-P.), *Droit constitutionnel et institutions politiques*, Mémento Dalloz, 5e éd., 2003.

Mathieu (B.) et Verpeaux (M.), *Droit constitutionnel*, PUF, Collection « Droit fondamental », 2004.

Oliva (E.), *Droit constitutionnel*, Sirey, Collection « Aide-Mémoire », 4e éd., 2004.

Pactet (P.) et Mélin-Soucramanien (F.), *Institutions politiques et Droit constitutionnel*, A. Colin, 24e éd., 2005.

Portelli (H.), *Droit constitutionnel*, Dalloz, Collection « Hypercours », 6e éd., 2005.

Turpin (D.) (avec le concours de J.-P. Massias), *Droit constitutionnel*, PUF, Collection Quadridge Manuels, 2003.

B. Commentaires de jurisprudence constitutionnelle :

Favoreu (L.), et Philip (L.), *Les grandes décisions du Conseil constitutionnel*, Sirey, Collection « droit public », 11e éd., 2001.

Franck (C.), *Les grandes décisions de jurisprudence, droit constitutionnel*, PUF, Collection « Thémis », 2e éd., 2001.

Genevois (B.), *La jurisprudence du Conseil constitutionnel. Principes directeurs*, Ed. S.T.H., 1988 (BU Lille : J 24 225).

Turpin (D.), *Mémento de la jurisprudence du Conseil constitutionnel*, Hachette, Collection « Les Fondamentaux », 2000.

C. Dictionnaires :

Debard (T.), *Dictionnaire de droit constitutionnel*, Ellipses, Collection « Dictionnaire de droit », 2002.

Villiers (de) (M.), *Dictionnaire de droit constitutionnel*, A. Colin, Collection « Cursus », 5e éd., 2005.

2. Droit administratif général (Droit public, 2e année de licence) :

A. Traités et manuels :

Autin (J.-L.) et Ribot (C.), *Droit administratif général*, Litec, 2e éd., 2003.

Bigaut (C.), *Le droit administratif en fiches*, Ellipses, Collection « Optimum », 2002.

Braibant (G.) et Stirn (B.), *Le Droit administratif français*, PFNSP et Dalloz, 7e éd., 2005.

Brisson (J.-F.) et Rouyère (A.), *Droit administratif*, LGDJ, Collection « Pages d'amphi », 1e éd., 2004.

Chapus (R.), *Droit administratif général*, Montchrestien, Collection « Domat droit public », tome I, 16e éd., 2002.

Dupuis (G.), Guédon (M.-J.) et Chrétien (P.), *Droit administratif*, Armand Colin, Collection U, 9e éd., 2004 (par G. Dupuis et M.-J. Guédon jusqu'à la 4e éd., 1993).

Foillard (P.), *Droit administratif*, Centre de publications universitaires, 2005.

Forges (de) (J.-M.), *Droit administratif*, PUF, Collection « Premier cycle », 6e éd., 2002.

Frier (P.-L.), *Précis de droit administratif*, Montchrestien, Collection « Domat public », 3e éd., 2004.

Laubadère (de) (A.), Venezia (J.-C) et Gaudemet (Y), *Traité de droit administratif*, LGDJ, tome I, 16e éd., 2001.

Lebreton (G.), *Droit administratif général*, A. Colin, Collection « Compact droit », 3e éd., 2004.

Lombard (M.) et Dumont (G.), *Droit administratif*, Dalloz, Collection « HyperCours », 6e éd., 2005.

Maurin (A.), *Droit administratif*, Sirey, Collection « Aide-mémoire », 5e éd., 2005.

Morand-Deviller (J.), *Cours de droit administratif*, Montchrestien, 9e éd., 2005.

Peiser (G.), *Droit administratif*, Mémento Dalloz, 22e éd., 2004.

Ricci (J.-C.), *Droit administratif*, Hachette Supérieur, Collection « Les Fondamentaux », 4e éd., 2004.

Ricci (J.-C.), *Droit administratif général*, Hachette supérieur, 1e éd., 2005.

Rivero (J.) et Waline (J.), *Droit administratif*, Précis Dalloz, 20e éd., 2004 (par J. Rivero jusqu'à la 13e éd., 1990).

Rouault (M.-C.), *Droit administratif*, Gualino éditeur, Collection « Manuels », 1e éd., 2005.

Rousset (M.) et Rousset (O.), *Droit administratif*, PUG, Collection « Le droit en plus », 2 tomes, 2e éd., 2004 (tome I : *L'action administrative* ; tome II : *Le contentieux administratif*).

Seiller (B.), *Droit administratif. 1. Les sources et le juge*, Flammarion, Collection « Champs Université », 2e éd., 2004.

Seiller (B.), *Droit administratif. 2. L'action administrative*, Flammarion, Collection « Champs Université », 2e éd., 2005.

Weil (P.) et Pouyaud (D.), *Le droit administratif*, PUF, Collection « Que sais-je? », n° 1152, 20e éd., 2003.

B. Commentaires de jurisprudence :

Gaudemet (Y.), Stirn (B.), Dal Farra (T.) et Rolin (F.), *Les grands avis du Conseil d'État* (préface de Marceau Long), Dalloz, 2e éd., 2002.

Lachaume (J.-F.), *Les grandes décisions de la jurisprudence, droit administratif*, PUF, Collection « Thémis », 13e éd., 2002.

Lecocq (P.-A.), *Les grands arrêts contradictoires*, Ellipses, Collection « Le droit en questions », 1997.

Long (M.), Weil (P.), Braibant (G.), Delvolvé (P.) et Genevois (B.), *Les grands arrêts de la jurisprudence administrative*, Sirey, 15e éd., 2005.

Ricci (J.-C.), *Mémento de la jurisprudence administrative*, Hachette supérieur, Collection « Les Fondamentaux », 5e éd., 2004.

C. Dictionnaires :

Guettier (C.), *Droit administratif*, Montchrestien, Collection « Focus », 2e éd., 2000.

Rouquette (R.), *Dictionnaire du droit administratif*, Le Moniteur, Collection « Dictionnaire », 2002.

Van Lang (A.), Gondouin (G.) et Inserguet-Brisset (V.), *Dictionnaire de droit administratif*, A. Colin, Collection « Cursus », 3e éd., 2002.

PREMIÈRE PARTIE

LA MÉTHODE DE LA DISSERTATION JURIDIQUE

LISTE DES SUJETS CORRIGÉS DE DISSERTATION JURIDIQUE

3. Droit administratif général [129] (2e année de licence en droit)

1

Préalable : Exposé de la méthode de la dissertation juridique

Préalable

Tout sujet de dissertation juridique doit être traité en fonction d'une méthode précise qu'il faut impérativement respecter.

Mais, il est plus facile d'aborder cette méthode en théorie que de l'appliquer pratiquement à un sujet donné.

Ceci étant, pour y procéder, il convient de suivre les 6 étapes suivantes (dans une durée normale de 3 heures) que sont : la définition du sujet, sa compréhension, le recensement des idées y afférentes, l'établissement d'un plan détaillé, la rédaction de l'introduction, et enfin, la rédaction du reste du devoir et sa lecture.

1. La définition du sujet (10 minutes)

A. Elle suppose, en premier lieu, de lire correctement le sujet ; en effet, le libellé de celui-ci ne comprend que quelques mots, donc chacun d'eux compte.

De plus, cette lecture doit permettre à l'étudiant de relever certains détails formels, tel que l'utilisation d'un pluriel ou d'un singulier dans l'intitulé du sujet qui peut avoir des répercussions importantes sur son traitement.

C'est ainsi que, dans le langage courant, parler du temps, c'est différent qu'évoquer les temps. En effet, au singulier, le temps vise le climat, la durée et accessoirement l'époque, alors que le pluriel du mot « temps » renvoie à la conjugaison ou à l'histoire.

En droit, le plus souvent, le singulier confère au sujet une dimension théorique, conceptuelle, alors que le pluriel lui donne en général une dimension plus pratique. Cela change naturellement la façon d'appréhender le sujet.

Ainsi, en est-il d'un sujet de droit constitutionnel ainsi formulé, « *La République* », à la différence d'un autre ainsi énoncé « *Les Républiques françaises* ». Ce dernier est, en effet, plus axé sur l'histoire constitutionnelle.

B. Cette étape consiste aussi, en second lieu, à identifier les mots-clés composant l'intitulé et à les définir précisément.

Cette opération, apparemment simple, est essentielle, et ce, parce qu'elle oblige à commencer à borner le sujet. En effet, cette première façon de délimiter le sujet évite, si elle est faite correctement, un début de « hors sujet » !

Elle attire aussi l'attention sur la nécessité de bien maîtriser les définitions des mots essentiels des différents domaines du droit.

Cela renvoie au travail de l'étudiant dans l'apprentissage de chaque matière juridique, de droit public comme de droit privé. À cette occasion, l'étudiant, à côté de son cours, doit se créer et développer un lexique des termes juridiques essentiels de la matière qu'il souhaite maîtriser.

C. Toutefois, si définir le sujet est une étape importante, encore faut-il lui trouver un ou des intérêts ; par principe, un enseignant ne pose pas un sujet de dissertation juridique pour obtenir seulement les définitions des mots essentiels, il veut surtout faire réfléchir les étudiants à partir de ce sujet.

Dès lors, il faut absolument comprendre cet ou ces intérêts, le ou les déceler. Identifions-les en essayant de comprendre le sujet.

2. La compréhension du sujet (15 minutes)

Comprendre le sujet consiste donc à analyser « le » ou les intérêt(s) présenté(s) par le sujet.

A. Tout d'abord, il convient de relever, sur un plan méthodologique, que toute juxtaposition, association de deux mots ou groupes de mots-clés dans un intitulé doit amener, en principe, à les comparer, et ce, de façon soit positive (leurs caractères communs), soit négative (leurs caractères divergents).

Dès lors, le plan devra être le reflet de cette comparaison.

Mais, cette règle ne s'applique que si les deux groupes de mots ou mots concernent le même type de notions, de concepts juridiques.

En effet, et pour prendre des images de la vie courante, si les métiers de boucher et de boulanger, par exemple, sont comparables, le boucher et la boulangerie ne le sont pas dans la mesure où le premier mot vise une fonction sociale alors que le second désigne un lieu.

Par suite, si les deux notions associées dans un intitulé de dissertation ne relèvent pas conceptuellement du même registre, il faut essayer de déterminer le ou les liens, rapports existant entre eux.

Dans l'absolu, un plan qui consisterait à étudier les deux notions réunies par l'intitulé dans deux parties distinctes serait à coup sûr très mal noté.

Parce qu'adopter ce plan, c'est surtout prouver qu'aucune réflexion n'a précédé son élaboration, qu'aucun raisonnement juridique ne le sous-tend.

Il ne faut pas perdre de vue que la dissertation juridique n'est pas seulement un exercice d'exposé de connaissances (elle ne l'est qu'accessoirement), elle est surtout un exercice de réflexion, de construction intellectuelle.

Ainsi, dans le cadre d'un tel type d'exercice, les connaissances servent, viennent au renfort d'un raisonnement juridique, d'une réflexion mais, en aucun cas, un « amas » de connaissances ne peut se substituer à un défaut de raisonnement.

Il faut toujours servir un sujet par une réflexion raisonnée, construite mais ne jamais sans servir pour exclusivement exposer des connaissances.

B. Ensuite, tout sujet, rédigé sous forme interrogative, implique un plan répondant à cette question.

Et si le sujet n'y est pas, il faut le transformer en une question principale, puis, en questions secondaires.

En fonction de la formulation interrogative arrêtée, il convient de répondre oui ou non, oui et non voire « oui ou non, mais ou si… » ; toutefois, ce n'est pas avec une telle réponse que l'on peut construire un plan ; c'est avec les réponses au pourquoi « oui ; non ; oui et non ; oui ou non, mais (limites) ; si (conditions), oui ou non », c'est-à-dire avec les « parce que ».

Ainsi, à la question posée « *Quel temps fait-il ?* », les réponses apportées, dans un plan structuré, révèlent un paysage ensoleillé et un ciel dégagé, vu par la fenêtre, et ce, de la manière suivante :

- oui, il fait beau parce que le soleil est resplendissant (I) et le ciel est bleu (II) (double oui) ;
- oui, il fait beau parce que le soleil est resplendissant (I) mais les nuages s'amoncellent au loin et laisse craindre une pluie (II) (oui, mais…) ;
- oui, il fait beau (I), à condition que l'orage annoncé ce matin à la radio ne se déclenche pas (II) (oui, si…).

C. Pour arriver à un tel plan, il convient, le plus souvent, d'interroger le sujet, de « lui poser des questions ».

Donc, au-delà de la question principale, il est utile de multiplier les questions à l'adresse du sujet, de l'interroger !

Plus les questions seront nombreuses, plus la réflexion sera intense et soutenue, plus le recensement sera intéressant, parce que déjà orienté vers la construction d'un plan.

Ainsi, au regard du sujet suivant « *Le boucher* », la question principale est : qu'est-ce qu'un boucher ?

Mais, pour enrichir son raisonnement, et par là même le recensement des idées afférentes à un tel sujet, on va multiplier les questions à son égard, du style :

- À quel âge devient-on boucher ?
- Faut-il suivre une formation particulière pour le devenir ? Et si oui, laquelle ? en combien d'années ?
- Existe-t-il un diplôme et/ou une école de boucher ?
- À quoi sert un boucher ?
- Un boucher n'est-il qu'un « coupeur de viandes » ? Coupe-t-il toutes sortes de viande ?
- Doit-on distinguer le boucher du charcutier voire du traiteur ? Et pourquoi ?
- etc.

En effet, la réflexion doit être encadrée par le sujet et par la démarche qu'impose sa formulation interrogative ; ainsi, le recensement de la matière oblige à adopter une démarche ciblée, au risque d'être « noyé par les connaissances », et surtout, de perdre le plus important dans ce type d'exercice, soit la construction d'un raisonnement, l'élaboration d'une réflexion.

3. Le recensement (20 à 25 minutes)

Ici, tout est affaire de connaissances : on sait ou on ne sait pas !

Si l'on a de solides connaissances, le recensement de la matière, guidé par les questions identifiées précédemment, sera particulièrement fructueux sur un plan tant quantitatif que – et surtout – qualitatif.

Il ne faut pas s'empêcher de mentionner sur le *recto* (éviter d'utiliser le *verso*, afin, qu'au moment de la construction du plan détaillé, de ne pas perdre les idées en tournant les pages) toutes les connaissances ainsi inspirées.

Si on hésite, en relisant son recensement, sur l'insertion de certaines d'entre elles dans le « futur » plan détaillé, il convient de les « mettre en réserve » pour la rédaction de l'introduction. En effet, si cet élément est important et sera donc omis, à tort, des développements, le fait de l'avoir mentionné dans l'introduction démontrera au correcteur que c'est un mauvais choix stratégique mais que l'étudiant y a quand même pensé : « faute avouée, faute en partie pardonnée » !

Quoi qu'il en soit, à la fin du recensement, il importe, avant de commencer à élaborer le plan de relire ses notes, afin d'éliminer ou de fusionner toute connaissance répétitive : le remplissage n'est pas non plus payant !

Normalement, si l'étudiant a bien réfléchi sur le sujet et a donc mené un recensement finalisé, à la fin de ce double travail, la problématique du sujet ressort du plan détaillé et doit en principe s'imposer à lui.

La « montée du plan », c'est un peu comme la montée de la lave avant l'irruption d'un volcan.

C'est pourquoi, une fois les connaissances de base recensées, regroupées, relues, il faut les organiser dans le cadre d'un plan détaillé.

4. L'élaboration d'un plan détaillé (10 minutes)

A. C'est à partir des idées recensées que l'étudiant doit dégager deux « grandes idées », deux idées directrices voire une seule en l'illustrant par deux de ses aspects fondamentaux.

Mais, chaque masse dégagée doit comporter une unité interne et doit entretenir avec l'autre un rapport assurant au devoir une unité globale.

B. Cette vision éminemment théorique de la structure essentielle du plan détaillé repose sur l'idée d'un plan comportant deux parties ; il se peut toutefois qu'il soit composé de trois parties mais c'est plus rare parce que c'est beaucoup plus difficile à construire.

Par suite, le plan en deux parties est la règle, celui en trois est plutôt l'exception, mais, quoi qu'il en soit, le plan ne doit jamais être composé de plus de trois parties.

C. Quel que soit le nombre de parties, un lien doit exister entre les deux parties.

Que ce lien soit un rapport de complémentarité, d'opposition, de nuance ou de condition, la seconde partie doit entretenir une liaison avec la première partie.

Si les deux parties sont indépendantes, cela signifie que le travail de réflexion n'est pas assez abouti et la rédaction tant de l'introduction que de la transition entre les deux parties sera difficile.

D. La confection du plan est une étape délicate qu'il faut soumettre au respect des six règles suivantes.

- En premier lieu, il est rare qu'il n'y ait qu'un seul plan possible : en général, plusieurs constructions de plan le sont, il faut alors choisir la meilleure, au sens de la plus pertinente, la plus dynamique sur le plan de la réflexion juridique.

- En deuxième lieu, le plan doit couvrir « tout le sujet mais rien que le sujet, c'est-à-dire rien en dehors du sujet » ; traiter un sujet de dissertation ne consiste pas à aligner toutes les connaissances apprises en rapport direct voire indirect avec le sujet mais à réfléchir par rapport à l'intérêt principal du sujet. Le but n'est donc en aucun cas de faire du remplissage.
- En troisième lieu, les deux parties doivent être homogènes. Selon Jean Rivero, « *on peut faire I. Rond II. Carré ou I. Bleu II. Rose, mais on ne doit pas faire un plan I. Rond et II. Bleu* ».
- En quatrième lieu, les deux parties doivent être équilibrées, il faut alors éviter un plan où la première partie monopolise les 2/3 des développements ; si c'est le cas, il faut alors essayer de scinder cette première partie en deux et ainsi aboutir à un plan en trois parties. Toutefois, un léger déséquilibre est admissible, comme le rappelait ainsi le Doyen Georges Vedel, « *il est normal que l'on passe plus de temps à étudier le coup de la girafe que sa queue* ».
- En cinquième lieu, chaque partie doit être elle-même construite, structurée. Ainsi doit-elle commencer par une brève introduction énonçant l'organisation interne de la partie, c'est-à-dire les sous parties (deux voire, maximum, trois) ; cela s'appelle le « chapeau introductif ».

De même, dans le corps des développements, chaque paragraphe doit, en principe, correspondre à une « petite idée ».

Enfin, une transition « courte » doit être rédigée entre chaque sous-partie et une plus longue (et donc plus nourrie) doit l'être entre les deux parties. La transition entre les deux parties est très importante et doit être composée d'un résumé de la première et d'une annonce de l'objet de la seconde ; mais sûrement pas de son contenu car cela sera le rôle du chapeau introductif de cette seconde partie.

- En sixième lieu, les intitulés doivent être soignés ; ils ne doivent pas être, en principe trop longs ; toutefois, il convient de nuancer cette règle.

À force d'être systématiquement trop courts, certains intitulés deviennent incompréhensibles. Dès lors, il est parfois préférable que les intitulés des parties soient un peu longs afin qu'ils résument bien l'idée générale contenue dans leurs développements ; quant à ceux des sous-parties, ils peuvent être plus courts dans la mesure où, éclairés par l'intitulé de la partie et par le chapeau introductif, ils sont normalement, même formellement ramassés, plus facilement compréhensibles.

Il convient de préciser *in fine* que les plans-phrases[1] sont prohibés et que les intitulés à forme interrogative sont, en principe, à éviter.

Une fois les grandes lignes du plan détaillé établi, il convient enfin de rédiger, au brouillon tout d'abord, et par là même de « peaufiner », l'introduction, avant de la réécrire au propre.

5. La rédaction de l'introduction (20 à 25 minutes, selon le temps consacré au recensement)

L'introduction doit être composée des éléments suivants :

- en premier lieu, elle doit permettre grâce à « l'attaque » de situer le sujet dans la matière juridique à laquelle il se rattache ; cela peut être aussi l'occasion de se référer à l'actualité du sujet.
- en deuxième lieu, elle doit le définir autant positivement que négativement, elle doit ainsi le délimiter ; il est tout aussi important, en droit, de dire ce que signifie une notion que d'expliquer ce qu'elle n'est pas. D'ailleurs, certaines notions juridiques sont plus facilement définissables de manière négative que de façon positive.
- en troisième lieu, elle doit mettre en évidence les intérêts que présente le sujet ; ces intérêts peuvent être d'ordre historique, pratique et théorique. L'exposé de l'aspect théorique permet d'utiliser la phase de la compréhension du sujet.
- et en quatrième et dernier lieu, elle doit être l'occasion d'exposer la problématique et d'annoncer le plan que cette dernière prépare et donc sous-entend.

La problématique est le « parti pris », en terme de réflexion, de présentation du sujet. À la lumière de l'exposé de l'intérêt théorique du sujet, permettant d'illustrer les diverses questions et problèmes suscités par le sujet, l'étudiant, avant d'annoncer le plan, explique dans le cadre de sa problématique, pourquoi il a choisi ce plan.

Ainsi, la problématique permet à l'étudiant de justifier, d'expliquer son argumentation à venir, sa trame de réflexion au regard du sujet posé.

En somme, l'introduction doit répondre aux trois questions suivantes :

- quoi ?
- pourquoi ?
- comment ?

---

1. Les plans-phrases sont des plans dont l'intitulé de la première partie se termine par trois points de suspension, que l'on retrouve au début de celui de la seconde partie. Cette scorie formelle est facilement évitable parce que, si les deux parties se répondent si bien, c'est qu'elles sont facilement réunies dans une seule phrase. Il suffit de formuler chaque intitulé de partie de manière finie, tout en conservant, dans la forme, la liaison entre les intitulés des deux parties.

Deux remarques terminales s'imposent :

- d'une part, l'introduction, dans une dissertation juridique, consiste principalement à résumer l'intérêt du devoir ; ce n'est pas le rôle de la conclusion qui, quant à elle, doit, en principe aider à ouvrir le sujet sur un autre problème juridique, une nouvelle réflexion juridique.
- d'autre part, il faut éviter de formuler l'annonce de plan, de façon un tant soit peu simpliste, du style : « nous verrons, dans une première partie,..., puis, nous étudierons, dans une seconde partie,... ». En effet, la langue française recèle un grand nombre de prépositions[2] et de conjonctions[3] voire de propositions prépositives[4] ou conjonctives[5], dont il faut user, afin de rédiger l'annonce de plan de façon « normale » !

6. La rédaction du reste du devoir (1 heure 30 minutes) et la lecture (10 minutes)

A. Elle doit être l'occasion de suivre la trame de raisonnement et la logique du plan détaillé ; le devoir peut tout aussi bien être desservi par une rédaction peu rigoureuse que par un défaut de raisonnement.

Le temps de la rédaction est important parce qu'il ne consiste pas seulement à développer les connaissances les unes après les autres mais à les utiliser au soutien d'un raisonnement général.

En effet, les connaissances recensées s'inscrivent dans une réflexion d'ensemble illustrée par une introduction explicative et des intitulés de parties et de sous-parties directifs.

De même qu'avec les mêmes legos, les enfants peuvent aboutir à des constructions très différentes, de même qu'avec les mêmes connaissances, en fonction du sujet posé et donc de la problématique le sous-tendant, la manière de les développer pourra varier considérablement d'une copie à une autre.

L'angle de présentation d'une connaissance n'est jamais neutre dans la mesure où, en soi, la connaissance est moins importante que la façon dont elle est exposée, et ce, pour mieux expliciter le raisonnement général du devoir.

---

2. La préposition est un mot invariable qui sert ordinairement à introduire un élément qui relie et subordonne par tel ou tel rapport un autre élément de la phrase.
Exemples : excepté, hormis, malgré, outre, etc.

3. La conjonction est un mot invariable qui sert à joindre et à mettre en rapport deux mots ou groupes de mots de même fonction.
Exemples : ainsi, car, cependant, donc, ensuite, mais, néanmoins, or, pourtant, toutefois, etc.

4. Exemples de locutions prépositives : à l'encontre de, à l'exception de, à l'exclusion de, de façon à, de manière à, en comparaison de, en dépit de, en raison de, faute de, etc.

5. Exemples de locutions conjonctives : bien que, encore que, en revanche, au contraire, au surplus, c'est pourquoi, d'ailleurs, de plus, de surcroît, du moins, du reste, en effet, par conséquent, etc.

Il convient de ne jamais oublier que, pour l'étudiant, la dissertation ne consiste pas à réciter sa leçon – même s'il doit parfaitement la savoir – mais d'argumenter à partir de ses connaissances afin de démontrer une ou deux idées générales inspirées par la réflexion qu'il a menée au regard du sujet posé.

B. De plus, il ne faut jamais oublier qu'en principe, une fois le devoir, rédigé, il convient de consacrer – sur le temps de l'épreuve – au moins 10 voire 15 bonnes minutes à sa lecture.

Rien, en effet, n'agace plus aujourd'hui les correcteurs que les fautes d'orthographe et de style oubliées, le plus souvent, par inattention.

Souvent la lecture terminale est considérée comme fastidieuse par les étudiants.

Dès lors, il faut la pratiquer par étape soit à la fin de l'introduction et de chaque sous-partie, donc en cinq temps (en cas de plan en deux parties).

Cela allège, d'une part, le caractère apparemment rébarbatif de la relecture, et d'autre part, cela permet à l'étudiant de garder à l'esprit ce qu'il a écrit au fur et à mesure de sa progression dans le devoir, et par là même, peut parfois lui éviter les « redites » de sa copie !

C. *In fine*, il importe de souligner qu'en principe la conclusion est obligatoire à la fin de tout devoir.

Comme cela a déjà été dit, la conclusion en matière de dissertation juridique a pour rôle d'ouvrir le sujet sur un autre problème de droit.

Comme cela sera expliqué ultérieurement pour chaque type de sujet, l'objet de la conclusion varie en fonction de celui-ci.

La conclusion n'est parfois pas exigée par un enseignant. Il arrive même que, dans certaines universités, elle soit contraire à une sorte de « tradition universitaire ».

Toutefois, il importe de ne jamais oublier qu'elle est souvent souhaitée dans les copies de concours d'avocat, de magistrat ou administratifs, par exemple.

Par suite, il est donc utile de prendre l'habitude d'en rédiger systématiquement une à la fin de son devoir.

2

Droit constitutionnel

(1e année de licence en droit)

Fédéralisme et décentralisation

Sujet N° 1

Reprenons les étapes définies dans la méthode en les respectant successivement et scrupuleusement.
Ces étapes sont : la **définition du sujet**, sa **compréhension**, le **recensement** des idées y afférentes, l'**établissement d'un plan détaillé**, la **rédaction** de l'introduction, et enfin, la **rédaction du reste du devoir et sa lecture**.

1. La définition du sujet (10 minutes)

A. Les deux notions visées par l'intitulé sont proches en apparence mais distinctes sur le plan matériel.

En effet, si toutes deux se rapportent à l'État, elles ne concernent pas le même pouvoir détenu et exercé par ce dernier.

Pour le comprendre, il convient, en premier lieu, de définir précisément et succinctement ce qu'est un État, dans la mesure où il ne s'agit nullement ici de faire un cours de droit constitutionnel à partir du sujet posé mais d'apporter les éléments nécessaires à la compréhension de sa correction.

Dans l'État de nature, soit avant toute vie organisée en société, les hommes vivaient en tribus et le chef dirigeait la tribu et fixait les règles ; un peu comme dans le règne animal, la justification principale de la détention de ce pouvoir de commandement sur la communauté reposait sur la force physique. Dès lors, avec la mort du chef, apparaissaient les luttes souvent sanguinaires et mortelles pour sa succession. Ce qui était source d'anarchie et d'instabilité politique. Le pouvoir de commandement était alors attaché à une personne, celle du chef.

Au fur et à mesure du temps, la désignation des gouvernants, particulièrement d'ailleurs sous l'influence de l'Église catholique – dernière force organisée après la chute de l'Empire romain d'Occident en 476 –, a été encadrée par certaines règles juridiques visant à organiser la dévolution de ce pouvoir, et par là même limiter voire enrayer les périodes d'anarchie.

La juridicisation progressive de la dévolution du pouvoir politique a en quelque sorte précédé la création de l'État de même qu'elle l'a suscitée. En effet, grâce à ce phénomène grandement acquis dès le début du Moyen-Âge, le pouvoir de commandement du chef devient le « Pouvoir politique » et le chef se transforme en « Gouvernant ».

Le pouvoir n'est plus alors un attribut totalement personnel – au sens « d'attaché à la personne du chef » – mais il devient celui d'une entité théorique et virtuelle, dont la raison d'être est d'être son siège. Cette entité est « l'État » qui protège le Pouvoir politique comme la cage protège l'oiseau.

Au fur et à mesure du temps, et pour renforcer le rôle de l'État, et finalement mieux dissocier cette entité de la personne des gouvernants, on lui détermine une caractéristique juridique visant à garantir son indépendance, la « Souveraineté ».

C'est à Jean Bodin, au XVIe siècle, que l'on doit la théorisation de ce concept visant à assurer l'indépendance de l'État royal à l'égard tant de l'extérieur (aujourd'hui appelée la « Souveraineté de l'État ») qu'à l'intérieur (dénommée la « Souveraineté dans l'État » et assurant à l'État d'être la première force politico-juridique sur son territoire).

Montesquieu a ajouté sa pierre à l'édifice, au XVIIIe siècle, en identifiant, dans le cadre de l'exercice du Pouvoir politique, de la Puissance publique de l'État, les fonctions essentielles dévolues à ce dernier. Ces fonctions, exécutives, législatives et juridictionnelles, ont symbolisé au XIXe siècle une vision traditionnelle de l'État, axée sur ses missions d'ordre, celle d'un État régalien, d'un « État-gendarme ».

Avec la Révolution, donc à la fin du XVIIIe siècle, non seulement la dissociation définitive entre le gouvernant et l'État est assurée mais un nouveau fondement à l'État est cherché.

En effet, sous l'Ancien Régime, il était admis que le Roi étant le représentant de Dieu sur Terre, c'est donc ce dernier qui lui permettait de manière héréditaire et religieuse d'exercer le pouvoir politique.

Avec la Révolution, du fait de la remise en cause de l'autorité de l'Église catholique et de la mise à mort de Louis XVI, ce cadre constitutionnel ancien de la « Monarchie absolue » doit être repensé.

Dans le prolongement de la pensée de Jean-Jacques Rousseau, auteur du célèbre *Contrat social* (1762) et de Sieyès, auteur du non moins célèbre *Qu'est-ce que le tiers état ?* (1789), deux nouveaux fondements sont avancés à la justification de l'exercice du pouvoir politique par les gouvernements, deux modes d'autorisation à ces derniers pour l'exercer sont développés.

Le premier, issu de la pensée rousseauiste, consiste à considérer que seul le peuple peut autoriser les gouvernants à mettre en œuvre le pouvoir politique au nom de l'État. Cette forme de légitimation des gouvernants conduit à adopter comme mode d'exercice de la puissance publique par le peuple : le Gouvernement par le peuple et pour le peuple. Ce mode d'exercice du pouvoir politique est appelé la « démocratie directe ».

Le peuple est alors désigné comme l'ensemble de la population d'un territoire régi par l'organisation politico-juridique d'un État.

Quant au second, il tend à privilégier la désignation par le peuple de quelques représentants devant exercer le pouvoir politique au nom de l'État et de la Nation ; cette dernière est la justification d'un autre mode d'exercice de la puissance publique : le Gouvernement de l'État par les représentants, aussi appelé « la démocratie représentative ».

La nation est une notion abstraite, à la différence de celle de « peuple » qui est concrète. Loin de la notion allemande objective de « Nation » consistant à la faire reposer sur des notions de langue, de religion, etc. – souvent démentie par la réalité, comme en Suisse –, celle qui s'impose aujourd'hui est la conception française exprimant « la volonté d'un peuple de vouloir vivre ensemble ». La Nation est alors un sentiment, parfois difficilement explicable, d'appartenance à une collectivité nationale, d'identification nationale ; ce sentiment se forge dans le temps au gré des épreuves et des joies communes vécues par la population d'un territoire donné.

À la fin du XVIIIe et surtout au XIXe siècle, « l'État », en tant que principal acteur juridique des territoires développés de l'Europe et des États-Unis d'Amérique, presque du Monde à l'époque, s'est en quelque sorte « interrogé » sur ses formes.

En effet, le mouvement de constitution des États européens comme américains, durant l'histoire, a été centripète ; par suite, les États se sont constitués avant tout en rattachant des territoires périphériques à un territoire central. Dès lors, ces États se sont constitués en visant une unité territoriale qui est devenue en quelque sorte un principe juridique, celui de l'unité du pouvoir politique, et par là même de sa centralisation c'est-à-dire de l'exercice de cette puissance par le centre. C'est pourquoi, le mouvement historique de constitution de ces États a été favorable à la promotion de l'État unitaire.

L'apparition circonstanciée d'une autre forme d'État, l'État fédéral, et par là même, d'une autre condition d'exercice du pouvoir politique, est en somme exceptionnelle. Ce qu'illustre, à travers le Monde, le nombre minoritaire d'États fédéraux au regard de celui des États unitaires. En effet, le recours au fédéralisme, à cette autre forme de l'État, ne s'explique que parce que, sur un territoire donné, vivent diverses ethnies, distinctes linguistiquement et/ou religieusement, par exemple, et que la seule manière de les faire vivre en harmonie consiste, au sein d'un même État, de leur reconnaître à chacune une certaine autonomie juridique de gestion. Dès lors, le pouvoir politique, dans un État fédéral, est partagé entre divers centres régionaux en plus du centre national ; ce qui explique que le pouvoir politique n'est plus centralisé comme dans l'État unitaire.

Avant de définir plus en détail le « fédéralisme » et plus avant « la décentralisation », il importe de souligner une idée importante : **seuls l'État unitaire et l'État fédéral (à travers sa théorie de conceptualisation, « le fédéralisme ») sont des modes étatiques d'organisation du pouvoir politique (en vue de son exercice).**

B. Définissons à présent le fédéralisme, et par là même l'État fédéral.

Un État fédéral se crée par association (une Confédération d'États, résultant de la passation d'un traité, se transformant en fédération, comme aux États-Unis d'Amérique (1787) ou en Suisse (1848)) ou par éclatement d'un État unitaire ou volonté de l'éviter (comme en Belgique en 1993).

Dans les fédérations, plusieurs ordres juridiques partiels se superposent sur un même territoire (aux États-Unis d'Amérique, certains États fédérés pratiquent la peine de mort, autorisent l'avortement, et d'autres non), alors que, dans un État unitaire, telle que la France, la loi y est la même pour tous et partout, à Lille comme à Caen ou à Paris (l'Alsace-Moselle bénéficie cependant d'un droit local dérogatoire en vertu de la loi du 1er juin 1924).

L'État fédéral intègre des États fédérés, qui ont certes renoncé à une partie de leur souveraineté et de leur pouvoir politique, mais seulement à une partie, et ce, au profit du premier. Dès lors, l'État fédéral dispose, selon les cas, soit d'une compétence de droit commun (Canada ou Afrique du Sud, par exemple), soit d'une compétence d'attribution (comme aux États-Unis d'Amérique ou en Suisse) ; les États fédérés disposent alors de l'autre type de compétences.

En somme, dans un État fédéral, le principe juridique régissant l'exercice du pouvoir politique est celui de la subsidiarité. Ainsi, et le plus souvent, l'État fédéral exerce les missions liées à la souveraineté de l'État (Affaires étrangères et Défense nationale en priorité), alors que les États fédérés gèrent principalement les problèmes intérieurs, même une partie de la justice.

C'est pourquoi, à l'instar de tout État, un État fédéré dispose des attributs étatiques – symbolisant son « autonomie » –, tels qu'une Constitution, une organisation politico-juridique et une organisation juridictionnelle, et par suite, d'un ordonnancement juridique non concurrent mais complémentaire à celui mis en place par l'État fédéral, spécifique à ce dernier en fonction de son domaine de compétences et protégé par la justice fédérale.

Georges Scelle a parfaitement caractérisé le fédéralisme en énonçant ses trois lois : la loi d'autonomie des États fédérés, la loi de superposition de l'État fédéral aux États fédérés, et, surtout, la loi de participation des États fédérés au Gouvernement de l'État fédéral (par la seconde chambre des Parlements aux États-Unis d'Amérique (Sénat) ou en Allemagne fédérale (Bundesrat), par exemple).

L'État fédéral est donc superposé aux États fédérés qui jouissent d'une autonomie juridique et politique et participent directement au fonctionnement de l'État.

Par suite, le fédéralisme fait coexister dans le cadre de l'État fédéral des collectivités qui sont représentées en tant que telles et égalitairement (sauf exception) au niveau fédéral. Leurs compétences, garanties par la Constitution fédérale, ne peuvent en principe être modifiées qu'avec leur consentement.

C. La France, monarchiste (colbertisme), révolutionnaire (jacobinisme), puis surtout napoléonienne (loi du 28 pluviôse an VIII), a longtemps associé État unitaire et centralisation.

Souvent présentée comme l'archétype de l'État centralisé, elle est « *une République indivisible* », proclame aujourd'hui l'article 1er de la Constitution de 1958.

Cette formule signifie surtout que le pouvoir politique souverain ne doit s'exercer que du centre par les gouvernants et ce sur l'ensemble du territoire national. Elle interdit donc, en principe, qu'une collectivité infra-étatique décide de son propre champ de compétence et se saisisse d'elle-même d'attributions qui ne lui auraient pas été confiées dans le cadre de la Constitution par l'État unitaire.

Si, dans un État unitaire tel que la France, la centralisation symbolise un mode d'organisation de l'exercice du Pouvoir politique par le centre, il est possible que le « Pouvoir administratif » y soit décentralisé voire déconcentré quant à son exercice.

Cette formule impose une explication essentielle pour comprendre et traiter le sujet : celle-ci concerne la distinction juridique entre « Pouvoir politique » (ou « Gouverner ») et « Pouvoir administratif » (et « Administrer »).

Comme cela a été expliqué, l'État est juridiquement créé pour accueillir le « Pouvoir politique », pour justifier son exercice par les gouvernants. Mais l'exercer ou, si l'on préfère « Gouverner », cela signifie prendre les décisions essentielles pour la vie et l'avenir d'un État, indiquer des directives et tracer les perspectives. Lorsqu'un chef d'État décide d'engager son pays dans un conflit armé ou désigne comme priorité nationale la lutte contre le chômage, il gouverne, il n'administre pas.

L'administration, c'est-à-dire l'exercice du pouvoir administratif, consiste à mobiliser les moyens humains, matériels et financiers, d'une personne publique telle que l'État, pour rendre concrète, réelle la décision politique.

Si « Gouverner », c'est par exemple pour un État déclarer la guerre à un autre État, « Administrer » consiste alors à mobiliser les hommes valides, alerter les forces armées professionnelles et leurs matériels voire réquisitionner les biens des civils nécessaires à l'effort de guerre, pour mener à bien ce projet politique.

Par conséquent, dans un État unitaire, si le Pouvoir politique est exercé au centre, le Pouvoir administratif – pouvoir d'organiser concrètement l'État, de rendre réelles et effectives les décisions politiques – peut, quant à lui, être exercé soit au centre (il est alors concentré), soit par des représentants locaux de l'État (il est alors déconcentré), soit par d'autres personnes publiques – à l'instar des collectivités locales (communes, départements et régions) – concurrentes de l'État (il est alors décentralisé).

Il convient de préciser que la déconcentration consiste à opérer un transfert de compétences au sein d'une même personne publique, telle que l'État, entre les niveaux supérieurs de décision et les niveaux inférieurs. Ainsi en est-il lorsqu'un ministre transfère des compétences à un préfet.

Il convient de distinguer la déconcentration de la décentralisation qui consiste, quant à elle, à transférer des compétences d'une personne publique à une autre, soit de l'État aux collectivités locales. La décentralisation est dite alors territoriale.

Aujourd'hui, l'État français, bien qu'unitaire, est déconcentré et décentralisé. Cela signifie donc que, sur le plan de son organisation politique et administrative, si les « décisions politiques », fondamentales pour son existence, sont prises à Paris par le Président de la République, le Premier ministre, le Parlement voire les ministres, leur mise en œuvre concrète et effective est réalisée par les Préfets (et les services extérieurs de l'État) et les élus locaux (représentants élus des collectivités locales).

Par voie de conséquence, si le fédéralisme est un mode d'organisation du Pouvoir politique (reconnaissant un partage de ce dernier entre différentes entités étatiques), la décentralisation est, quant à elle, un mode d'organisation du Pouvoir administratif de l'État.

2. La compréhension du sujet (15 minutes)

Comprendre le sujet consiste donc à analyser « le » ou les intérêt(s) présenté(s) par le sujet.

A. Tout d'abord, il convient de relever, sur un plan méthodologique, que toute juxtaposition, association de deux mots ou groupes de mots-clés dans un intitulé doit amener, en principe, à les comparer, et ce, de façon soit positive (leurs caractères communs), soit négative (leurs caractères divergents).

Dès lors, le plan devra être le reflet de cette comparaison.

Mais, cette règle ne s'applique que si les deux groupes de mots ou mots concernent le même type de notions, de concepts juridiques.

Et, au regard du sujet posé, « *Fédéralisme et décentralisation* », c'est là où le bât blesse. En effet, et selon la conclusion terminale du point 1, sur la *définition du sujet*, il apparaît avec évidence que le fédéralisme concerne la forme politique de l'État alors que la décentralisation vise la forme administrative de l'État.

Alors pourquoi les comparer ?

Tout simplement parce que dans le modèle étatique de l'État fédéral comme dans celui, plus administratif, de la décentralisation, l'enjeu, même si les conditions juridiques de sa réalisation sont différentes, est d'assurer à des acteurs juridiques distincts soit de l'État fédéral, soit de l'État unitaire, une autonomie voire une indépendance.

Et comment procéder alors à la comparaison ?

En comparant ces deux modalités d'organisation étatique que sont le fédéralisme et la décentralisation, réapparaît la question de leur différenciation : est-elle de degré ou de nature ?

Pour ce faire, il convient, sur les plans de leur organisation, la répartition des compétences entre les entités fédérées ou décentralisées et l'État (fédéral ou unitaire), et les contrôles exercés par ce dernier sur elles, de déterminer la mesure de la différenciation de ces deux modèles.

Il importe donc d'aller parfois au-delà de la théorie en s'inspirant de régimes constitutionnels et administratifs classiques, que l'on doit aujourd'hui connaître dans leurs grandes lignes, et que sont les modèles politico-administratifs allemand, américain, italien et britannique, voire espagnol.

B. Ensuite, tout sujet, rédigé sous forme interrogative, implique un plan répondant à cette question.

Et si le sujet n'y est pas, il faut le transformer en une question principale, puis, en questions secondaires.

C'est ainsi que, malgré la différence conceptuelle des deux modes d'organisation de l'État étudiés, il importe de se demander ce qui les distingue et les rapproche, à la lumière de leurs caractéristiques organiques et matérielles.

C. Par suite, il convient d'interroger le sujet, de « lui poser des questions ».

Donc, au-delà de la question principale, il est utile de multiplier les questions à l'adresse du sujet, de l'interroger !

En effet, pour enrichir son raisonnement, et par là même le recensement des idées afférentes à un tel sujet, on va multiplier les questions à son égard, du style :

- Quel est le fondement juridique de l'État unitaire puis de l'État fédéral ?
- Qui détient la souveraineté dans un État unitaire décentralisé puis dans un État fédéral ?
- Qui exerce le pouvoir politique dans un État unitaire décentralisé puis dans un État fédéral ? Selon quelles modalités ?
- Quelle est la source juridique de la répartition des compétences dans un État unitaire décentralisé puis dans un État fédéral ?

- Comment sont-elles réparties dans un État unitaire décentralisé puis dans un État fédéral ?
- Comment sont organisés un État unitaire décentralisé puis un État fédéral ?
- Est-ce que les collectivités décentralisées ou les États fédérés sont contrôlés par leur État central ? Et si oui, selon quelles modalités ?
- Existe-t-il parmi les États unitaires décentralisés, que sont le Royaume-Uni, l'Italie, l'Espagne et la France, des différences importantes ? Et si oui, lesquelles ?
- Comment évolue aujourd'hui les États fédéraux ? Sont-ils soumis à des mouvements centripètes ou centrifuges ?
- etc.

En effet, la réflexion doit être encadrée par le sujet et par la démarche qu'impose sa formulation interrogative ; ainsi, le recensement de la matière oblige à adopter une démarche ciblée, au risque d'être « noyé par les connaissances », et surtout, de perdre le plus important dans ce type d'exercice, soit la construction d'un raisonnement, l'élaboration d'une réflexion.

3. Le recensement (20 à 25 minutes)

Ici, tout est affaire de connaissances : on sait ou on ne sait pas !

Mais il convient de n'omettre aucune idée, ni aucune connaissance qu'inspirent les questions précédemment posées.

4. L'élaboration d'un plan détaillé (10 minutes)

Au regard du sujet posé, 2 plans peuvent être proposés : du plus classique au plus dynamique.

A. Premier plan :

I – Deux modalités distinctes d'organisation de l'État

Le fédéralisme et la décentralisation sont deux concepts assurant l'autonomie locale d'entités juridiques distinctes de l'État mais dont le régime juridique est fort différent.

En effet, alors que le fédéralisme opère un partage du Pouvoir politique au profit de véritables États (a), la décentralisation ne bénéficie qu'à des personnes publiques ne partageant avec l'État unitaire que son pouvoir administratif (b).

Cette différence de niveau conceptuel entre ces deux modes d'organisation d'un État a des incidences directes sur leurs régimes juridiques respectifs.

a. Un mode d'organisation politique de l'État

- le fédéralisme repose sur une Constitution ;
- les États fédérés ont leur propre organisation politique et juridictionnelle ainsi que leur propre droit distinct de celui de l'État fédéral ;
- les États fédérés ont leur domaine propre de compétences ;
- les États fédérés concourent au fonctionnement de l'État fédéral.

b. Un mode d'organisation administrative de l'État

- la décentralisation découle d'une loi ;
- les collectivités décentralisées ont leur propre organisation politique mais pas juridictionnelle ;
- en termes de compétences, elles dépendent de la bonne volonté de l'État qui à tout moment peut leur reprendre des compétences qu'il leur a accordées précédemment ;
- le droit des collectivités décentralisées est le droit de l'État unitaire : elles n'ont pas de droit propre.

II – Deux pratiques convergentes de l'organisation de l'État

Entre le phénomène de centralisation du fédéralisme (a), particulièrement actuel au regard de la mondialisation, et l'approfondissement considérable dans certains États unitaires de l'autonomie locale (b), fédéralisme et décentralisation tendent de plus en plus à se rapprocher sans jamais s'assimiler.

a. La centralisation du fédéralisme

- les raisons de cette évolution du fédéralisme sont doubles, au-delà des explications d'actualité sus-exposées : d'une part, les politiques économiques et sociales sont plus efficaces lorsqu'elles sont menées à un niveau fédéral et surtout bénéficient, quant à leur mise en œuvre, de moyens financiers supérieurs à ceux que peuvent mobiliser les États fédérés ; à cet égard, le Gouvernement d'Angela Merkel d'union nationale (SPD et CDU), qui vient d'être constitué (22 novembre 2005[6]) en Allemagne suite aux dernières élections législatives, l'illustre avec évidence. D'autre part, la tendance centralisatrice est inhérente au fédéralisme même de la part des États fédérés, comme l'a si bien démontré Mme C. Grewe[7].
- les moyens juridiques tirés de la Loi fondamentale de 1949, en Allemagne par exemple, y contribuent grandement : le droit fédéral prime sur celui des länder et le législateur fédéral peut prévoir les modalités administratives d'exécution des lois fédérales (sous réserve de l'accord du Bundesrat) ; l'État fédéral peut user de la force contre un land en cas de crise ; de plus, la compétence législative fédérale n'a cessé de s'étendre par révision constitutionnelle, par transfert de compétences, ou encore, par création de nou-

6. Le Monde, 23 novembre 2005, p. 24-25.
7. Grewe (C.), *Bilan et perspectives du fédéralisme*, Pouvoirs, 1982, n° 22.

velles compétences au profit de l'État fédéral ; enfin, la fédération a acquis un rôle d'impulsion et de coordination très important. *In fine*, relevons que la composition (membres des gouvernements fédérés) et les pouvoirs (droit de veto, droit plus d'empêcher que de décider) du Bundesrat ne lui permettent pas de contrecarrer efficacement une dérive centralisatrice de l'État fédéral allemand.

b. L'assouplissement de la décentralisation

– si le fédéralisme n'exclut pas la centralisation – « fédérer » veut dire « rassembler » –, un État unitaire n'est pas obligatoirement centralisé. Ainsi, le Royaume-Uni (avec le succès des référendums des 11 et 18 septembre 1997 sur la « Dévolution des pouvoirs » à l'Ecosse et au Pays de Galles), l'Italie (régionalisée) ou l'Espagne (des Communautés autonomes) ont poussé assez loin l'attribution de compétences et de moyens à des instances locales.

– de même, en France, l'alinéa 4 de l'article 72 de la Constitution du 4 octobre 1958, issu de la loi constitutionnelle du 28 mars 2003, consacre de manière encadrée le droit à l'expérimentation. En effet, aux termes de cette disposition « [...] les collectivités territoriales ou leurs groupements peuvent, lorsque, selon le cas, la loi ou le règlement l'a prévu, déroger, à titre expérimental et pour un objet et une durée limitée, aux dispositions législatives ou réglementaires qui régissent l'exercice de leurs compétences ». En soi, le droit d'expérimentation n'est nullement choquant d'autant plus qu'il existe depuis longtemps en droit français, comme l'illustre les expériences passées de partenariat entre les régions et la SNCF, aujourd'hui contractuellement encadrées. Mais, « la seule question qui demeure [...] est de savoir jusqu'à quel point des différences, donc des inégalités, sont acceptables entre collectivités ».

– de plus, malgré l'unité apparemment défendue par la Constitution, l'alinéa 5 de l'article 72 de la Constitution française reconnaît la possibilité à une collectivité locale, en cas d'action concertée à plusieurs collectivités, de devenir le « chef de file ».

– ajoutons à cela, toujours pour la France, que le domaine des compétences des collectivités locales (communes, départements et régions) s'est développé avec la loi du 13 août 2004, particulièrement au profit des régions, et que le contrôle exercé sur elles par l'État s'est considérablement assoupli pour des raisons au demeurant plus politiques que juridiques.

B. Second plan :

I – Deux systèmes juridico-institutionnels favorisant l'autonomie locale

Le fédéralisme et la décentralisation sont peut-être deux modes d'organisation étatique conceptuellement différents mais leur finalité est la même : promouvoir l'autonomie locale des entités fédérées ou décentralisées.

Certes l'autonomie institutionnelle des collectivités décentralisées semble moins assurée que celle des États fédérés (a), mais sur le plan des compétences, la pratique illustre, en fonction des systèmes locaux étudiés, un rapprochement de plus en plus net (b).

a. Une distinction institutionnelle nuancée

- les caractéristiques juridiques du fédéralisme assurent les États fédérés d'une autonomie plus solide et durable que celle des collectivités décentralisées : en effet, le fondement juridique du fédéralisme est constitutionnel alors que celui de la décentralisation n'est que législatif ;
- les États fédérés ont leur propre organisation politique et juridictionnelle ainsi que leur propre droit distinct de celui de l'État fédéral parce que ce sont avant tout des États, alors que les collectivités décentralisées dépendent, quant à leur organisation de la loi, de la volonté de l'État unitaire ; enfin, les États fédérés concourent au fonctionnement de l'État fédéral, ils l'influencent donc, ce qui n'est pas le cas des collectivités locales qui sont des acteurs juridiques distincts de, mais aussi extérieurs à, l'État unitaire.

b. Une autonomie matérielle assurée

- si les États fédérés ont leur domaine propre de compétences, déterminé au demeurant par et dans la Constitution de l'État fédéral, il en va bien différemment pour les collectivités décentralisées. En effet, pour ces dernières, elles dépendent de la bonne volonté de l'État qui à tout moment peut leur reprendre des compétences qu'il leur a accordées précédemment.
- c'est pourquoi, le droit des collectivités décentralisées est le droit de l'État unitaire : elles n'ont pas de droit propre.
- mais, la réalité est bien différente parce que, dans certains États unitaires, le fondement juridique de la décentralisation est constitutionnalisé ainsi qu'une partie non négligeable de la répartition des compétences entre l'État unitaire et les collectivités locales : c'est le cas en Italie depuis 1948 et en Espagne depuis 1978.
- au Royaume-Uni, personne aujourd'hui, particulièrement au plus haut niveau de l'État unitaire britannique, ne peut envisager une remise en cause des lois de dévolution au profit du Pays de Galles et de l'Ecosse. C'est politiquement inconcevable.

II – Deux systèmes juridico-institutionnels assortis de limites

Si le fédéralisme et la décentralisation sont deux modes d'organisation étatique qui se rapprochent sur le plan de leur structure et de la répartition des compétences, ils ne pourront jamais être assimilés parce qu'ils sont, d'une part, soumis à deux types de contrôles différents (a), et d'autre part, relèvent de deux qualifications juridiques strictement distinctes (b).

a. Des contrôles différents

- les domaines et les modalités de contrôle afférents au fédéralisme et à la décentralisation sont très différents du fait de la configuration juridique très dissemblable des entités concernées ;
- les collectivités décentralisées, comme en France par exemple, peuvent voir leurs autorités administratives suspendues, révoquées voire dissoutes par l'intervention de certaines autorités étatiques ; ce qui est normalement inconcevable à l'égard des représentants des États fédérés dont l'indépendance est la marque de la spécificité étatique ;
- enfin, si les litiges opposant l'État fédéral aux États fédérés le composant au regard de leurs domaines de compétences relèvent de la Cour constitutionnelle d'un tel État, il en va différemment lorsque l'État unitaire conteste la légalité des actes des collectivités décentralisées puisqu'il saisit alors, le plus souvent par son représentant local, le juge administratif pour en obtenir l'annulation.

b. Des obstacles infranchissables

- il importe de ne jamais oublier que l'État fédéré est fondamentalement un État : qualifié comme tel juridiquement, il ne peut pas être confondu avec une collectivité décentralisée. Par suite, même si institutionnellement, il peut lui ressembler voire, sur le plan de sa pratique, s'en rapprocher, il doit toujours en être distingué ;
- quant à la collectivité décentralisée, qui est certes une personne publique distincte de l'État unitaire, il convient de souligner avec autant de force qu'elle est de niveau infra-étatique et que son existence dépend juridiquement de l'État ;
- cette distinction très nette entre les deux se retrouve au regard du fondement de leur statut juridique et à la lumière de certaines modalités de ce dernier, même si cela relève parfois du détail ; mais, en droit, un détail n'est jamais neutre ;
- *in fine*, cette distinction se retrouve en matière financière : dans la mesure où si l'État fédéré dispose de ressources propres, c'est loin d'être le cas des collectivités décentralisées.

Une fois les grandes lignes du plan détaillé établi, il convient enfin de rédiger, au brouillon tout d'abord, et par là même de « peaufiner » l'introduction, avant de la réécrire au propre.

5. La rédaction de l'introduction (20 à 25 minutes, selon le temps consacré au recensement)

Au regard des deux plans proposés et à la lumière des remarques formulées au sujet de l'introduction dans la méthode générale, il importe d'y trouver les éléments suivants :

- En termes d'attaque : on peut souligner l'actualité du sujet dans la mesure où le fédéralisme a été adopté comme mode d'organisation politique de l'Irak, en octobre 2005, afin d'éviter l'éclatement de cet État, actuellement ravagé par les effets de la guerre et composé de plusieurs communautés. De même, il y a peu encore, la France, en mars 2003 puis en août 2004, a relancé la décentralisation comme mode moderne de son organisation administrative.
- Les définitions (le « Quoi ? ») : il convient de se reporter à ses connaissances et aux éléments développés dans le point 1 de ce corrigé.
- L'aspect historique (le « Pourquoi ? ») : il convient de se reporter à ses connaissances et aux éléments développés dans le point 1 de ce corrigé.
- L'aspect pratique (le « Pourquoi ? ») : le fédéralisme est une formule pratique, utilisée dans des États composés d'une mosaïque de populations, alors que la décentralisation est aujourd'hui présentée comme une alternative à la réforme de l'État unitaire, et par là même comme une solution à sa modernisation. En somme, des raisons pratiques différentes aboutissent à des résultats identiques la parcellisation des pouvoirs, l'affaiblissement des centres.
- L'aspect théorique (le « Pourquoi ? ») : pour développer ce point, il convient de se reporter au point 2 du corrigé sur la compréhension du sujet.
- L'annonce de plan (le « Comment ? ») : en fonction du plan choisi, il convient de faire précéder l'annonce de plan, présentée par une phrase construite, d'au moins deux paragraphes visant à expliquer et justifier à la lumière des développements afférents à « l'aspect théorique » le choix du plan, traité dans les développements suivants, à la place de tout autre.

6. La rédaction du reste du devoir (1 heure 30 minutes) et la lecture (10 minutes)

Il convient de se reporter aux développements de la méthode générale.

Pour une idée de conclusion :

« Comparer un État unitaire décentralisé et un État fédéral n'est pas chose aisée aujourd'hui dans la mesure où la décentralisation est parfois aussi approfondie que l'est le fédéralisme en termes d'autonomie locale. Par suite, la typologie classique des formes d'organisation étatique peut alors apparaître à bien des égards mise à mal voire dépassée.

Les difficultés que rencontrent les juristes à classer l'Union européenne en confédération ou État fédéral illustrent si besoin est les insuffisances et les faiblesses d'une telle typologie. »

Pour aller plus loin : conseils bibliographiques

Annexe N° 1

1. Sur la notion d'État :

Denoix de Saint-Marc (R.), *L'État*, PUF, Collection « Que sais-je ? », n° 616, 1e éd., 2004.

Truchet (D.), *Le droit public*, PUF, Collection « Que sais-je ? », n° 1327, 1e éd., 2003.

2. Sur le fédéralisme :

Croisat (M.), *Le fédéralisme*, Montchrestien, Collection « Clefs », 3e éd., 1999.

Croisat (M.) et Quermonne (J.-L.), *L'Europe et le fédéralisme*, Montchrestien, Collection « Clefs », 2e éd., 1999.

Delpérée (F.), *Le fédéralisme en Europe*, PUF, Collection « Que sais-je ? », 2000.

Leclerc (C.), *L'État fédéral*, Dalloz, Collection « Connaissance du droit », 1997.

3. Sur la décentralisation :

Baguenard (J.), *La décentralisation*, PUF, Collection « Que sais-je ? », n° 1879, 7e éd., 2004.

Girardon (J.), *Les collectivités territoriales*, Ellipses, Collection « Mise au point », 2002.

Verpeaux (M.), *Les collectivités territoriales en France*, Dalloz, Collection « Connaissance du droit », 3e éd., 2006.

Vital Durand (E.), *Les collectivités territoriales en France*, Hachette supérieur, Collection « Les Fondamentaux », 5e éd., 2004.

Un autre exemple de sujet de dissertation à traiter avec l'essentiel des connaissances utilisées pour le sujet précédent

Annexe N° 2

« *Les critères de l'État fédéral* »

Plan proposé :

I – Un État auquel sont soumises les collectivités fédérées

Cette soumission des États fédérés à l'État fédéral suppose, d'une part, une organisation spécifique à deux étages (a), et d'autre part, une répartition des compétences minutieuses d'origine constitutionnelle entre ces diverses entités étatiques (b).

a. Son organisation : des institutions étatiques distinctes

- organisation fédérale (séparation des pouvoirs ; Constitution fédérale ; détention partagée de la souveraineté nationale) ;
- organisation fédérée (Constitution ; organisation étatique classique).

Transition : Si, par son organisation, l'État fédéral domine les États fédérés, toutefois, de par son fonctionnement, sa domination est certes confirmée mais aussi tempérée.

b. Son fonctionnement : la répartition des compétences

- l'origine constitutionnelle ;
- la surveillance constitutionnelle ;
- la distinction « compétences de droit commun et compétences d'attribution ».

Transition : La soumission des États fédérés est en quelque sorte contrebalancée par la participation de ces derniers au fonctionnement de l'État fédéral.

II – Un État auquel participent les collectivités fédérées

La participation des États fédérés au Pouvoir fédéral s'exerce tant par le biais des institutions fédérales (a), et en particulier d'une chambre fédérale, que grâce à des modalités d'intervention plus rares d'utilisation mais tout aussi efficaces pour permettre aux États fédérés, dans des moments cruciaux pour la Fédération, de faire entendre leurs voix (b).

a. Une participation continuelle : « la chambre fédérée »

- participation organique : quelle chambre ? quelle participation ?
- participation fonctionnelle : quels pouvoirs ? quel rôle institutionnel ?

Transition : Grâce à cette chambre, les États fédérés peuvent à tout moment faire connaître leur position sur le plan fédéral ; quoi qu'il en soit, ces derniers disposent d'autres moyens d'expression qui sont toutefois plus rarement utilisés.

b. Une participation ponctuelle

- la création de la Fédération ;
- l'acceptation de nouveaux États fédérés ;
- la révision de la Constitution fédérale.

La signification de la Constitution

Sujet N° 2

> Reprenons les étapes définies dans la méthode en les respectant successivement et scrupuleusement.
> Ces étapes sont : la **définition du sujet**, sa **compréhension**, le **recensement des idées** y afférentes, l'**établissement d'un plan détaillé**, la **rédaction de l'introduction**, et enfin, la **rédaction du reste du devoir** et sa **lecture**.

1. La définition du sujet (10 minutes)

A. Les deux notions visées par l'intitulé sont conceptuellement différentes.

Si la seconde est tirée du vocabulaire juridique, et plus particulièrement du droit constitutionnel, la première l'est du langage courant.

Mais, il convient de ne pas minorer l'importance du terme « signification » parce qu'il va mieux encore que celui de « Constitution » réussir à borner le sujet, et par là même à éviter tout hors sujet.

Ajoutons *in fine* que le singulier du mot « Constitution » accentue la dimension théorique et conceptuelle du sujet.

B. La Constitution est la loi fondamentale de tout État, au sens où cet acte juridique a pour objet spécifique de fixer l'organisation des autorités habilitées à exercer le Pouvoir politique (soit les « Gouvernants ») et à déterminer les rapports pouvant exister entre elles.

Elle comporte aussi des dispositions relatives à la protection des libertés publiques ainsi qu'à l'organisation territoriale de l'État.

La Constitution peut être soit écrite, soit coutumière. Jusqu'à l'adoption de la première Constitution écrite, celle des États-Unis d'Amérique de 1787 – qui correspond d'ailleurs à la naissance du constitutionnalisme moderne –, il n'existait que des Constitutions coutumières.

Par suite, l'organisation des autorités politiques et les règles afférentes à l'exercice du Pouvoir politique étaient jusqu'alors fixées par des coutumes, comme c'est toujours le cas au Royaume-Uni. Ce qui, au demeurant n'y empêche pas, à côté d'une Constitution coutumière, l'existence de texte écrit, tels que la *Magna Carta* de 1215, la Pétition des droits de 1628, l'*Habeas Corpus* de 1679 ou le *Bill of right* de 1689.

C'est donc avec les Révolutions libérales du XVIIIe siècle que la notion moderne de « Constitution » apparaît en ce sens qu'elle est écrite c'est dire qu'elle fixe désormais des règles stables et claires s'imposant aux Gouvernants. La Constitution écrite fige en quelque sorte le droit de l'État.

Au-delà de la première Constitution écrite précitée, il y a eu à la même période la Constitution du 3 mai 1791 en Pologne et celle du 3 septembre 1791 en France.

La Constitution est assortie d'un régime juridique visant à prévoir son élaboration (lors de la création d'un nouvel État ou lors d'une succession d'États, ou encore, lors d'un changement de régime politique), sa révision voire sa préservation.

En matière d'élaboration, une Constitution peut l'être de manière autoritaire ou souple.

Les modes autoritaires de révision d'un tel acte juridique consistent pour les Gouvernants à l'octroyer au peuple, comme en 1814 en France (la Charte octroyée par Louis XVIII lors de la Restauration), ou à la négocier avec ses « représentants », ou plus exactement les « autres forces politiques en présence », comme en 1830 avec la mise en place de la Monarchie de Juillet (Louis-Philippe négocie les termes de la Constitution avec les forces révolutionnaires).

Quant aux modes libéraux, ce sont soit le recours à une Assemblée constituante désignée qu'à cet effet ou pour exercer simultanément la fonction législative, soit l'organisation d'un référendum constituant pour faire procéder par le peuple à l'adoption de la Constitution (comme en 1958, par exemple).

Lorsque l'on évoque la révision d'une Constitution, sont distinguées celles qui sont souples de celles qui sont rigides. Une Constitution souple est une Constitution qui se révise, se modifie aussi facilement qu'une loi dans la mesure où la procédure de révision constitutionnelle est celle de la procédure législative ordinaire. Une Constitution rigide est une Constitution ne pouvant être modifiée qu'à l'issue d'une procédure spéciale dont le degré de rigidité vise à protéger la Constitution dans la durée. Plus une Constitution est rigide, moins elle est facilement modifiable et plus sa portée symbolique peut être forte.

Du fait de sa représentation symbolique et de sa valeur juridique, la Constitution est normalement la norme juridique suprême dans tout ordonnancement juridique. Ainsi, elle a une valeur constitutionnelle, cela signifie qu'aucun acte juridique ne lui est supérieur et que, par suite, tous les autres actes juridiques, dont la loi, lui sont soumis, doivent la respecter.

Pour assurer ce respect, et par là même la protéger, un organisme est institué par la Constitution elle-même, c'est une Cour constitutionnelle, dont le rôle essentiel est de veiller à ce que la loi ne viole pas la Constitution, lui soit conforme.

Qu'elle soit saisie par les citoyens, les juridictions ordinaires ou par les autorités politiques, la Cour constitutionnelle exerce un contrôle de constitutionnalité des lois soit par voie d'action, soit par voie d'exception.

Dans les États fédéraux (cf. **sujet n° 1 de dissertation juridique**), une telle Cour peut aussi avoir comme autre fonction principale de veiller à ce que l'État fédéral d'une part, et les États fédérés d'autre part, respectent leur domaine respectif de compétences défini par la Constitution et n'empiètent pas sur celui de ou des autres.

Par voie de conséquence, la Constitution a une définition matérielle liée à son contenu, son objet, mais elle est aussi pourvue d'un régime juridique.

Sont-ce toutes ces notions qu'il faut comprendre dans le champ de recensement du sujet ?

C. Pour répondre à la question précédente, il convient de donner et d'utiliser immédiatement l'autre mot du sujet, le mot « Signification ».

La signification d'un mot, d'un concept, c'est ce qu'il veut dire (son « Sens ») voire son rôle.

En effet, pour un outil juridique, chercher son sens c'est aussi déterminer son rôle. La Constitution fait partie des notions fonctionnelles.

Par suite, déterminer la signification de la Constitution ne se borne pas à définir son contenu, à apporter une définition matérielle de cette notion, mais cela consiste aussi à donner sa définition fonctionnelle, à expliquer sa fonction politico-sociale

En associant les mots « Signification » et « Constitution », on borne le sujet de telle manière que cela amène automatiquement à exclure le régime juridique de la Constitution du champ du sujet.

On écartera ces éléments dans l'introduction mais on ne les utilisera pas dans le corps du développement des deux parties.

2. La compréhension du sujet (15 minutes)

Comprendre le sujet consiste donc à analyser « le » ou les intérêt(s) présenté(s) par le sujet.

A. Tout d'abord, il convient de transformer le sujet, sous forme interrogative ; ce qui implique que le plan doit répondre à cette question.

Si le sujet n'y est pas, il faut le transformer en une question principale, puis, en questions secondaires.

C'est ainsi que le sujet posé peut ainsi se transformer en une question principale du style :

- Quelle est la signification du mot « Constitution » ?

B. Par suite, il convient d'interroger le sujet, de « lui poser des questions ».

Donc, au-delà de la question principale, il est utile de multiplier les questions à l'adresse du sujet, de l'interroger !

En effet, pour enrichir son raisonnement, et par là même le recensement des idées afférentes à un tel sujet, on va multiplier les questions à son égard, du style :

- Quel est le sens de la Constitution ?
- Que représente le mot de Constitution ?
- À quoi sert une Constitution ?
- Quel est son rôle politique ?
- Qu'est son rôle social ?
- Quels sont ses effets juridiques ?
- etc.

En effet, la réflexion doit être encadrée par le sujet et par la démarche qu'impose sa formulation interrogative ; ainsi, le recensement de la matière oblige à adopter une démarche ciblée, au risque d'être « noyé par les connaissances », et surtout, de perdre le plus important dans ce type d'exercice, soit la construction d'un raisonnement, l'élaboration d'une réflexion.

3. Le recensement (20 à 25 minutes)

Ici, tout est affaire de connaissances : on sait ou on ne sait pas !

Mais il convient de n'omettre aucune idée, ni aucune connaissance qu'inspirent les questions précédemment posées.

4. L'élaboration d'un plan détaillé (10 minutes)

Au regard du sujet posé, 2 plans peuvent être proposés : du plus classique au plus dynamique.

A. Premier plan :

I – La Constitution, un acte politique

En tant qu'acte « politique », – au sens noble du terme -, la Constitution détermine en premier lieu l'organisation de l'État (a), et incidemment et en second lieu, le statut des gouvernants (b).

a. La Constitution organise l'État

- elle détermine la forme de l'État (unitaire ou fédérale) ;
- elle définit le régime politique (monarchie, république, etc.) ;
- elle procède à la séparation des fonctions (exécutive, législative et juridictionnelle) et les répartit entre les autorités instituées à cet effet ;
- elle expose l'organisation administrative de l'État.

b. La Constitution fixe le statut des gouvernants

- elle établit les règles de dévolution du Pouvoir politique ainsi que la durée de leur mandat voire les modes de scrutin ;
- elle délimite leur champ de compétences ;
- elle explique les conditions de l'engagement de leur responsabilité politique.

II – La Constitution, un acte juridique

Devenue au XXe siècle plus un acte juridique que politique, la Constitution contribue à cet effet tant à préciser la hiérarchie des normes (a) que de promouvoir les droits des individus (b).

a. La Constitution contribue à la hiérarchie des normes

- la Constitution assure la régulation du processus de création des normes juridiques : la Constitution est souvent le fondement de la production de l'ordonnancement juridique (dans la Constitution française, voir les articles 34 et 37) ;
- elle régit les rapports entre l'ordre juridique interne et les ordres juridiques externes (dont le droit communautaire) (dans la Constitution française, voir l'article 55) ;
- elle organise elle-même sa protection, son respect voire sa supériorité à travers l'existence du contrôle de constitutionnalité (à ne présenter que succinctement) : il convient toutefois de ne pas développer cet élément qui

concerne le régime juridique de la Constitution mais de l'évoquer pour marquer la place prééminente de la Constitution dans l'ordre juridique interne parce qu'elle se protège par un système juridiquement approprié : le contrôle de constitutionnalité.

b. La Constitution promeut les droits des individus

- les déclarations de droits (Déclaration des droits de l'homme et du citoyen du 26 août 1789 et le Préambule de la Constitution du 27 octobre 1946) et leur reconnaissance d'une valeur constitutionnelle depuis la décision du Conseil constitutionnel du 16 juillet 1971 ;
- la protection des droits des individus par le contrôle de la constitutionnalité des lois (et incidemment le développement du bloc de constitutionnalité) ainsi que le rôle du juge judiciaire, gardien de la liberté individuelle et de la propriété privée, dont le statut est fondé sur la Constitution (dans la Constitution française, voir l'article 66) ;

B. Second plan :

I – La première signification d'une Constitution : organiser l'État

Une Constitution a, en effet, comme première utilité de définir l'organisation de l'État. Elle acquiert alors un rôle politique en déterminant la forme de l'État, son fonctionnement institutionnel et le statut des gouvernants (a). Mais, au regard de ce premier rôle de la Constitution, cette dernière produit aussi des effets juridiques en matière de hiérarchie des normes (b).

a. Le rôle politique de la Constitution

- Résumé du contenu de la première partie du plan précédent.

b. Les effets juridiques d'une Constitution

- Voir le II A du plan précédent.

II – La seconde signification d'une Constitution : protéger les individus (ou « limiter le Pouvoir politique »)

La seconde signification de la Constitution consiste à garantir les droits des individus et par là même limiter le pouvoir politique. Cette signification est le produit d'une ancienne tradition constitutionnelle (a), fortement rappelée au XXe siècle, suite à l'horreur nazie, et juridictionnalisée par les Constitutions la prônant (b).

a. Une tradition constitutionnelle

1. Les sources et les premières déclarations

Les références sont le christianisme, le droit naturel (Locke et Rousseau) ainsi que la philosophie des Lumières (Montesquieu, Voltaire et Diderot).

Les textes britanniques, défendant les personnes face à la Couronne, sont les premiers textes favorables aux libertés publiques : *Magna Carta* (1215), la Pétition des droits (1628), l'*Habeas Corpus* (1679) et le *Bill of right* (1689).

Les déclarations suivantes sont américaines (Déclaration d'indépendance des États-Unis d'Amérique, le 4 juillet 1776 ; les déclarations en tête de chaque Constitution fédérée dès 1776 ; les 10 premiers amendements de la Constitution américaine adoptés en 1791) et françaises (Déclaration des droits de l'homme et du citoyen du 26 août 1789 ; Déclaration en tête de la Constitution du 24 juin 1793 ; Déclaration des droits et devoirs de l'homme et du citoyen en tête de la Constitution de l'an III (1795)).

2. L'évolution : l'influence d'une nouvelle conception de l'État et de ses rapports avec les individus

À partir de la moitié du XIXe siècle, et surtout au début du XXe siècle, l'influence des idées et des faits économiques et sociaux a entraîné un changement de la situation de l'individu vis-à-vis de l'État.

Tout d'abord, le recul de l'individualisme et du libéralisme : le Préambule de la Constitution de 1848 est moins individualiste et énonce déjà quelques droits économiques et sociaux ; ainsi, « *la République doit assurer une assistance aux citoyens nécessiteux* ».

De plus, le socialisme et le marxisme mettent plus l'accent sur les droits économiques et sociaux des citoyens ainsi que sur leurs devoirs mais, beaucoup moins sur les libertés individuelles, et ceci, dès la fin de la Première guerre mondiale.

Dès lors, les Constitutions contiennent des déclarations répondant aux nouvelles inspirations avec :

- des dispositions d'ordre économique (interventions nécessaires de l'État) ;
- de nouveaux droits qui constituent des créances sur l'État ;
- des droits collectifs mais aussi des devoirs de l'individu vis-à-vis de la collectivité.

Ensuite, le double contenu des déclarations modernes : libertés individuelles et droits collectifs sociaux ; ce double langage réalise un compromis entre le libéralisme et le socialisme et il se retrouve sur le plan international (le phénomène des déclarations de droits dépasse le cadre national).

En France, le Préambule de la Constitution du 27 octobre 1946, placé en tête de la Constitution, n'est pas une nouvelle déclaration des droits et libertés fondamentaux de l'homme et du citoyen. Il réaffirme :

- par renvoi, ceux consacrés en 1789 ;
- les principes fondamentaux reconnus par les lois de la République, c'est-à-dire les principes issus des dispositions législatives de la IIIe République en matière de libertés publiques, telles que la liberté d'association ;

– les principes politiques, économiques et sociaux particulièrement nécessaires à notre temps ; ces principes sont articulés autour de 5 thèmes majeurs que sont : l'égalité juridique (particulièrement entre les sexes), la nécessité de combattre les inégalités de fait, le statut du travailleur (droit au travail, droit syndical, droit de grève, participation à la détermination collective des conditions de travail et à la gestion des entreprises), la nationalisation (« *Tout bien, toute entreprise dont l'exploitation a ou acquiert les caractères d'un service public national ou d'un monopole de fait doit devenir la propriété de la collectivité* »), ainsi que la supériorité du droit international et la proclamation du droit d'asile.

Le texte du Préambule de la Constitution du 4 octobre 1958 est très bref dans la mesure où il renvoie aux textes fondamentaux de 1789 et de 1946, et depuis 2005, à la Charte de l'environnement.

b. Une protection juridictionnalisée

– la protection des droits des individus est assurée, tout d'abord, par le contrôle de la constitutionnalité des lois, et incidemment le développement du bloc de constitutionnalité ;
– elle est ensuite garantie par le rôle du juge judiciaire, gardien de la liberté individuelle et de la propriété privée, dont le statut est fondé sur la Constitution (dans la Constitution française, voir l'article 66) ;
– elle est enfin défendue par le juge administratif dans de nombreux domaines tels que celui du contrôle des mesures de police administrative.

Une fois les grandes lignes du plan détaillé établi, il convient enfin de rédiger, au brouillon tout d'abord, et par là même de « peaufiner » l'introduction, avant de la réécrire au propre.

5. La rédaction de l'introduction (20 à 25 minutes, selon le temps consacré au recensement)

Au regard des deux plans proposés et à la lumière des remarques formulées au sujet de l'introduction dans la méthode générale, il importe d'y trouver les éléments suivants :

- en termes d'attaque : est à utiliser, par exemple, le bel article 15 de la Déclaration des droits de l'homme et du citoyen du 26 août 1789, aux termes duquel « *Toute société dans laquelle la garantie des droits n'est pas assurée, ni la séparation des pouvoirs déterminée, n'a point de Constitution* ».
- les définitions (le « Quoi ? ») : il convient de se reporter à ses connaissances et aux éléments développés dans le *point 1 de ce corrigé*.

Sachant qu'il conviendra d'exclure du champ du sujet ce qui relève du régime juridique de la Constitution (élaboration et révision).

Pour le contrôle de constitutionnalité des lois – élément important du régime juridique de la Constitution –, il convient d'arguer que, sans jamais le développer ***in extenso***, son utilité peut être mise en œuvre en guise d'illustration et/ou pour servir un raisonnement plus général.

- L'aspect historique (le « Pourquoi ? ») : il convient de se reporter à ses connaissances et aux éléments développés dans le *point 1 de ce corrigé*.
- L'aspect pratique (le « Pourquoi ? ») : la Constitution est un document normalement écrit : ce qui permet de manière simple et stable de connaître les modalités juridiques d'organisation voire de limitation d'un État dans une société donnée à un moment donné.
- L'aspect théorique (le « Pourquoi ? ») : pour développer ce point, il convient de se reporter *au point 2 du corrigé sur la compréhension du sujet.*
- L'annonce de plan (le « Comment ? ») : en fonction du plan choisi, il convient de faire précéder l'annonce de plan, présentée par une phrase construite, d'au moins deux paragraphes visant à expliquer et justifier à la lumière des développements afférents à « l'aspect théorique » le choix du plan, traité dans les développements suivants, à la place de tout autre.

6. La rédaction du reste du devoir (1 heure 30 minutes) et la lecture (10 minutes)

Il convient de se reporter aux développements de la méthode générale.

Pour une idée de conclusion :

« *Le rôle d'une Constitution moderne est la marque d'une sorte de mutation d'un concept de la société politique en droit constitutionnel. D'outil d'organisation du pouvoir politique, la Constitution est devenue une norme juridique suprême.*

Elle n'est donc plus seulement un état des clivages politiques à un moment donné dans une société donnée, elle est devenue une limitation juridique au pouvoir politique.

Elle ne sert plus seulement son exercice, elle l'encadre juridiquement : elle est en quelque sorte le texte fondateur d'un État de droit c'est-à-dire d'un État où, en principe, les conflits politiques ne se règlent pas par la force mais par le recours à la règle juridique voire au(x) juge(s) ».

Pour aller plus loin : conseils bibliographiques

Annexe N° 1

1. Sur la notion de Constitution :

Baguenard (J.), *La Constitution*, in *Droit public*, sous la direction de J. Moreau, Economica, tome I, 3e éd., 1995, p. 35-43.

Bigault (C.), *La Constitution demeure la norme suprême : le pouvoir constituant est souverain*, RA, 2003, n° 336, p. 605-608.

Cassia (P.), *La Constitution européenne limite-t-elle le caractère souverain de la Constitution française ?*, AJDA, 2004, n° 40, p. 2185.

Christophe-Tchakaloff (M.-F.) et Gohin (O.), *La Constitution est-elle encore la norme fondamentale de la république ?*, D, 1999, p. 120-133.

Favoreu (L.), *Le droit constitutionnel, droit de la Constitution et Constitution du droit*, RFDC, 1990, p. 71-89.

Lavroff (G. D.), *À propos de la Constitution*, Mélanges P. Pactet, Dalloz, 2003, p. 283-297.

Maus (D.), *La naissance du contrôle de constitutionnalité en France*, Mélanges P. Pactet, Dalloz, 2003, p. 713-745.

Pierré-Caps (S.), *L'esprit des Constitutions*, Mélanges P. Pactet, Dalloz, 2003, p. 375-390.

Troper (M.), *1789 : l'invention de la Constitution*, Mélanges G. Timsit, Bruylant, 2004, p. 177-190.

2. Sur le contrôle de constitutionnalité :

L'accès des personnes à la justice constitutionnelle : droit, pratique, politique, études réunies et présentées par O. Pfersmann Cahiers du Conseil constitutionnel, 2001, n° 10, p. 65-102.

Grewe (C.), Jouanjan (O.), Maulin (E.) et Wachsmann (P.), *La notion de « justice constitutionnelle »*, Dalloz, Collection « Thèmes et commentaires », 2005.

Drago (G.), *Justice constitutionnelle*, in *Mots de la justice*, Droits, 2001, n° 34, p. 119-129.

Gabdoun (P.-Y.), *L'objet du contrôle de constitutionnalité*, RA, 2004, n° 339, p. 265-268.

Maus (D.), *La naissance du contrôle de constitutionnalité en France*, Mélanges P. Pactet, Dalloz, 2003, p. 713-745.

Troper (M.), *La logique de la justification du contrôle de la constitutionnalité des lois*, Mélanges P. Pactet, Dalloz, 2003, p. 911-935.

Un autre exemple de plan sur le sujet suivant

Annexe N° 2

« Quelle part le peuple peut-il prendre à l'élaboration des normes constitutionnelles ? »

A. Premier plan :

I – D'une participation inhibée à une participation dirigée

À l'origine, le rôle du peuple à l'élaboration de la Constitution était quasiment nul dans la mesure où il était considéré comme incapable de participer à une telle œuvre.

Par suite, la participation était soit niée dans le cadre de l'octroi de la Constitution (a), soit déguisée à l'occasion du « Pacte constitutionnel » (b), soit orientée grâce à la « technique plébiscitaire » (c).

a. L'octroi : la participation inhibée

Dans les systèmes non démocratiques où le titulaire du pouvoir constituant originaire est un monarque « non constitutionnel », un dictateur ou une oligarchie quelconque, la Constitution est élaborée selon son « bon plaisir ».

C'est le système de la « Charte octroyée » par laquelle le monarque décide de donner unilatéralement une Constitution à ses sujets, comme Louis XVIII lors de la Restauration en 1814 (Charte du 4 juin 1814).

Par suite, il rédige lui-même, ou du moins ses conseillers et sous son contrôle, la Constitution, organise la répartition des fonctions politiques et s'engage à respecter la Constitution : c'est alors un système monarchique limité.

D'ailleurs, le choix du terme de « Charte » au lieu de celui de Constitution n'est pas innocent, il signifie « l'absence d'accord du peuple et des représentants élus » à l'égard du texte constitutionnel, qui est la marque unilatérale du souverain.

Ce procédé n'a pas totalement disparu dans la mesure où, dans certains États où se déroule un coup d'État, le nouveau titulaire du pouvoir constituant originaire rédige une Constitution sans consulter la population.

b. Le Pacte : la participation déguisée

Le pouvoir constituant originaire est ici partagé entre le monarque et le peuple.

La Constitution résulte alors d'un accord (un pacte) entre le monarque et les représentants de la Nation.

Ainsi, en est-il lors de changement de dynastie ou lors de l'accession au trône d'un nouveau monarque.

Cela a été le cas pour Guillaume d'Orange (après Jacques II), en Angleterre, avec l'Acte d'établissement en 1701, ou encore, en France, pour Louis-Philippe avec la Charte du 14 août 1830 votée par les chambres et acceptée par le Roi.

Ici le problème est le suivant : ce n'est pas le peuple qui participe mais une certaine élite dirigeante, une classe politique qui impose au Roi de nouvelles règles du jeu constitutionnel, et ce, à son grand profit. En effet, sous la Monarchie de Juillet (1830-1848), la Charte, telle qu'elle a été initialement rédigée, a permis l'épanouissement d'un régime parlementaire.

c. Le plébiscite constituant : la participation dirigée

La participation des citoyens est illusoire à deux égards :

- ils sont tenus à l'écart de l'élaboration de la Constitution ;
- ils n'ont guère le choix : accepter la Constitution ou le « chaos » (« le vide constitutionnel »).

Deux exemples historiques illustrent cette hypothèse :

- Bonaparte, futur Napoléon Ier, pour imposer la Constitution du 22 frimaire an VIII (15 décembre 1799), le *Senatus-consulte* du 10 mai 1802 (Consulat à vie) et celui de mai-juin 1804 instaurant l'Empire.
- Napoléon III pour se faire déléguer le pouvoir constituant originaire et rédiger une nouvelle Constitution : plébiscite des 20 et 21 décembre 1851, mais aussi pour rétablir la dignité impériale avec le plébiscite des 21 et 22 novembre 1852.
- Dans ces deux exemples, on a assisté au recours à la force pour la prise du pouvoir, à une rédaction sur mesure de la Constitution, à une imposition ensuite de l'acte constitutionnel, et enfin, à l'exploitation du désordre et du vide constitutionnel.

Enfin, le plébiscite « gaullien » de 1958 s'inscrit dans cette démarche, il se rapproche du plébiscite napoléonien dans la mesure où :

- d'une part, l'élaboration de la Constitution a été le fait du Gouvernement (exclusion du peuple) ;
- et d'autre part, le vote de la Constitution a été largement encadré et orienté.

Mais, il s'en différencie du fait que le but de ce plébiscite n'est pas tant de confisquer le Pouvoir politique au peuple (en désignant, par exemple, ses représentants), ni d'interdire le libre exercice des libertés publiques, bien au contraire.

II – D'une participation mesurée à une participation consultée

En amont de la rédaction, le peuple s'est vu reconnaître dans certains cas une participation non négligeable par l'élection d'une convention mais celle-ci est encore mesurée. (a)

Elle est nettement plus ouverte quand le rôle du peuple intervient en aval de l'élaboration par le référendum constituant. (b)

Quant aux régimes marxistes, ils connaissent une formule « apparemment » plus « libertaire » par le biais de la consultation populaire. (c)

a. La Convention : la participation mesurée

Cette technique consiste à confier à une Assemblée constituante, spécialement élue à cet effet, d'élaborer la nouvelle Constitution.

Elle permet d'associer le peuple à l'élaboration de la Constitution par l'élection de cette Assemblée bien que cette participation soit des plus limitée dans la mesure où le produit du travail de cette Assemblée n'est pas alors soumis à l'approbation populaire.

Elle a été utilisée, en France, en 1791, 1848 et 1875 : c'est le système de la Convention élu mais souveraine.

En 1791, L'Assemblée constituante, issue des États généraux, élabore la Constitution du 3 septembre 1791 ; en 1848, celle, élue le 23 avril 1848 rédige la Constitution du 4 novembre 1848 ; et enfin, celle, élue le 8 février 1871, qui, en plus d'être constituante (c'est-à-dire n'ayant qu'un rôle : rédiger la Constitution), était aussi législative (c'est dire qu'en plus de devoir rédiger une Constitution, elle assurait le travail législatif ordinaire), a adopté les lois constitutionnelles des 24, 25 février et 16 juillet 1875.

b. Le référendum constituant : la participation libérée

Ici, le rôle du peuple est marqué tant en amont par l'élection de l'Assemblée constituante qu'en aval par la consultation directe du peuple sur le travail constitutionnel produit par cette Assemblée.

C'est le système le plus démocratique : celui de l'Assemblée constituante mais non souveraine.

Il y a eu trois cas, en France, en 1793, 1795 et 1946.

Dans le premier cas, cela a donné lieu à la Constitution du 24 juin 1793, dans le deuxième, à celle du 05 fructidor an III (22 août 1795), et enfin, dans le troisième, à celle du 27 octobre 1946.

Dans cette troisième illustration, il y a eu une procédure très démocratique dans la mesure où la loi du 2 novembre 1945 l'organisant, et approuvée par référendum le 21 octobre de la même année, avait amené le peuple à opter pour le système de l'Assemblée constituante non souveraine. Mais, les électeurs savaient que si le projet de Constitution, qu'élaborerait cette Assemblée, était rejeté par référendum, il procéderait à l'élection d'une seconde Assemblée constituante. Ce qui se produisit en mai-juin 1946.

c. La consultation populaire : la participation « exaltée »

Elle consiste à faire participer le peuple à l'élaboration de la Constitution en lui soumettant à discussion diverses propositions, dans le cadre de réunions organisées à l'échelon national et largement ouvertes.

C'est donc un procédé de démocratie directe qui a été utilisé en URSS, pour l'élaboration de la Constitution du 7 octobre 1977, et en Chine, pour celle du 20 septembre 1954.

Naturellement, il convient de ne pas être dupe sur la façon dont ces réunions étaient organisées et encadrées par le parti unique et ses représentants locaux. Les surprises juridiques ne risquaient donc pas d'être au rendez-vous de cette mascarade de démocratie directe.

De plus, sur un plan moins politique mais plus juridique, il importe de souligner la difficulté d'organiser et de mettre en œuvre, même dans des conditions honnêtes de démocratie, un tel système d'élaboration d'une Constitution. En effet, vu la technicité et l'unité dans la rédaction d'un tel acte fondateur pour un État, une telle procédure risque d'être peu efficace.

Elle peut toutefois permettre de connaître les impressions, les sentiments voire les attentes de la population et ainsi guider les choix d'une Assemblée constituante si elle se couple à l'élection de cette dernière.

Finalement, en tant que telle et seule, cette technique est critiquable, surtout dans les conditions politiques dans lesquelles elle a été utilisée, mais dans un cadre démocratique sincère, elle peut utilement préparer soit en amont le travail d'une Assemblée constituante, soit en aval la votation référendaire.

Quoi qu'il en soit, elle peut aussi être utile, sur un plan cette fois-ci plus politique, pour mobiliser et éduquer les masses.

B. Second plan :

I – Le peuple détient le pouvoir constituant originaire

a. L'initiative de fait (le soulèvement populaire)

b. L'initiative en droit (les textes)

II – Le peuple ratifie les normes constitutionnelles élaborées

a. Une ratification parlementaire

b. Une ratification référendaire

L'exécutif sous la Ve République

Sujet N° 3

Reprenons les étapes définies dans la méthode en les respectant successivement et scrupuleusement.
Ces étapes sont : la **définition du sujet**, sa **compréhension**, le **recensement** des idées y afférentes, l'**établissement d'un plan détaillé**, la **rédaction** de l'**introduction**, et enfin, la **rédaction du reste du devoir et sa lecture**.

1. La définition du sujet (10 minutes)

A. La définition du mot « Exécutif » : Comme cela a été expliqué dans le cadre du sujet n° 1 (*Fédéralisme et décentralisation*), l'État est le siège du Pouvoir politique et les gouvernants l'exercent au nom du premier.

Si l'*Imperium* est un, son expression concrète, ses fonctions d'application, au niveau étatique, au niveau central donc, sont multiples.

C'est Montesquieu, dans l'*Esprit des lois* (1748), qui a expliqué la théorie de la séparation des « pouvoirs », alors que l'on devrait plutôt parler de « fonctions » dans la mesure où le Pouvoir n'est que politique et n'est qu'un.

Le fondement étatique de l'action est unique mais l'action de l'État est plurielle.

Les trois grandes fonctions qu'exerce tout État sont au nombre de trois et comme l'a précisé Montesquieu, elles ne doivent jamais être réunies dans les mêmes mains parce que son détenteur risquerait alors d'en abuser et de se comporter comme un dictateur.

Ces trois fonctions sont, d'une part, la fonction législative – qui consiste à proposer, discuter et voter la loi, « *expression de la volonté générale* » -, d'autre part, la fonction exécutive – qui a normalement pour objet d'exécuter la loi –, et enfin, la fonction judiciaire – qui est plutôt une « *autorité* » (article 66 C (pour dire : « de la Constitution du 4 octobre 1958 »)) et à ce titre tranche les litiges civils et pénaux.

Chacune de ces fonctions a évolué avec le temps : aujourd'hui, la fonction législative c'est aussi contrôler l'action gouvernementale, et ce, depuis le XVIIIe siècle ; la fonction exécutive est devenue une fonction non plus d'application mais aussi première parce que le règlement administratif n'est seulement d'exécution de la loi, il peut aussi être autonome (article 37, alinéa 1, C) ; et la fonction judiciaire est devenue juridictionnelle parce qu'en plus du juge judiciaire, il existe un juge administratif depuis le XIXe siècle en France et dans bien d'autres États à travers le Monde[8].

Pour éviter tout arbitraire, chacune de ces fonctions est détenue par des « mains » différentes. Ainsi, la fonction législative est exercée par une ou des Assemblées parlementaires, que sont en France l'Assemblée nationale et le Sénat (article 24 C). De même, la fonction exécutive est exécutée par diverses autorités exécutives que sont, en France, le Président de la République (article 5 C), le Premier ministre (article 21 C) et le Gouvernement (soit l'ensemble des ministres et des secrétaires d'État : article 21 C). Enfin, la fonction juridictionnelle est mise en œuvre par des ordres de juridictions ; en France, il y en a deux : l'ordre judiciaire (comportant des juridictions civiles, pénales et spécialisées) et l'ordre administratif (composé de juridictions administratives générales et spéciales).

« *L'exécutif* », dans le langage constitutionnel courant et tel que la formulation est utilisée dans l'intitulé de dissertation juridique à traiter, vise l'ensemble des autorités exécutives ; sachant, qui plus est, qu'en matière constitutionnelle, ce sont surtout le Président de la République (dit « PR ») et le Premier ministre (dit « PM ») qui sont les deux autorités exécutives fondamentales sous la Ve République. Le Gouvernement a finalement un rôle plus administratif que politico-constitutionnel.

Le sujet s'oriente donc vers une étude du statut de, et surtout des rapports entre, ces deux autorités exécutives, rapports qui comme dans tout couple peuvent s'avérer parfois aussi heureux que tumultueux !

B. La référence à « sous la Ve République » pose une limite temporelle.

Cela signifie que l'étude de l'Exécutif, donc des autorités exécutives, antérieurement à 1958, est renvoyée à l'introduction (aspect historique du sujet).

8. Labetoulle (D.), *L'avenir du dualisme juridictionnel, point de vue d'un juge administratif*, AJDA, 2005, n° 32, p. 1770-1777.

C. L'histoire des autorités exécutives avant 1958 : À cet égard, il est important de relever que, pendant longtemps, dans l'histoire constitutionnelle française, la fonction exécutive n'a été exercée que par un seul homme, le Roi. À part peut-être du temps des « Rois fainéants », les derniers rois mérovingiens qui, à partir de 675, abandonnèrent leur pouvoir aux maires du Palais, qui jouaient en quelque sorte le rôle de PM ; l'un d'entre eux, Pépin le Bref est même devenu Roi (751-768) et son fils, Charlemagne, Empereur (800-814).

Ce n'est donc qu'au XIXe siècle, qu'est apparue voire réapparue l'institution du PM, sauf durant les périodes révolutionnaires et impériales.

Mais, cette fonction a vraiment pris de l'importance après la Restauration, et en particulier sous les IIIe et IVe République : il s'appelait alors « Président du Conseil » et exerçait l'essentiel de la fonction exécutive face au PR, alors irresponsable.

Le titre de « Président du Conseil » sera porté pour la première fois par Dufaure en 1876 ; mais, la présidence du conseil n'obtiendra les moyens financiers de son fonctionnement et de son autonomie qu'avec la loi de finances du 24 décembre 1934 et le décret du 31 janvier 1935.

D. L'histoire des autorités exécutives depuis 1958 : Sous la Ve République, les choses changent parce que le PR conserve des compétences héritées de ses prédécesseurs (droit de grâce ou promulgation des lois, par exemple) et le PM, en apparence, celles des Président du Conseil (particulièrement en matière de conduite de la procédure législative).

Mais, les circonstances politiques sont différentes, les conditions de désignation du premier vont évoluer à son avantage et la bipolarisation progressive de la vie politique à partir de 1958 liée à l'émergence du fait majoritaire feront le reste afin de « présidentialiser » le nouveau régime.

Par rapport au texte constitutionnel qui fait du PR une autorité au-dessus de la mêlée politicienne, les divers occupants de l'Élysée ont développé une conception bien différente de leur fonction.

De Gaulle se voyait comme un chef suprême, le Guide c'est dire qu'il n'intervenait pas systématiquement dans tous les domaines au risque de se perdre surtout dans les détails. Mais, ils se réservaient certains domaines essentiels voire prioritaires de l'action exécutive tels que la Défense nationale, les Affaires étrangères et l'Algérie.

Il souhaitait aussi mener l'action de l'Exécutif même contre son PM ; ainsi, en a-t-il été, en 1960, lorsqu'il a refusé à Michel Debré la convocation de l'Assemblée nationale en session extraordinaire. Refus qu'a renouvelé François Mitterand à M. Jacques Chirac en 1987.

Pompidou a accentué la présidentialisation du régime en allant jusqu'à prendre des décisions de détail du fait tant de l'émergence d'une gauche unie que de la faiblesse de ses Premiers ministres à rassembler.

M. Giscard d'Estaing, du fait d'une absence de majorité parlementaire, a dû laisser, du moins au début de son septennat, plus de lest à son PM, M. Jacques Chirac mais, après le départ de ce dernier, en 1976, il est intervenu dans des domaines importants. De plus, il a grandement favorisé le Parlement en multipliant les réformes en sa faveur telles que la saisine du Conseil constitutionnel par 60 députés ou sénateurs (1974).

François Mitterrand considérait qu'il avait un contrat avec la Nation, à travers son programme structuré, intitulé les « 110 propositions », que « son » Gouvernement devait mettre en œuvre. D'où le PM mitterrandien, sauf en période de cohabitation, est aux ordres de l'Élysée. Mais, avec les périodes de cohabitation (il en a connu deux : en 1986-1988 et en 1993-1995), il est revenu à une lecture traditionnelle de la Constitution et s'est donc alors comporté comme un Guide plus que comme un chef de majorité.

Ainsi, dans son message au Parlement, le 8 avril 1986, répondant aux attentes des Français concernant le fonctionnement des institutions, malgré le changement de majorité à l'Assemblée nationale, il affirme sa volonté d'appliquer, et par là même de respecter, « *La Constitution, rien que la Constitution, toute la Constitution* ».

Durant la première cohabitation (1986-1988), a eu lieu la première crise importante concernant le refus opposé par le PR de signer les ordonnances voulues par le Gouvernement dirigé par M. Jacques Chirac. Ces ordonnances portaient sur les privatisations (14 juillet 1986), le découpage électoral (2 octobre 1986) et sur l'aménagement du temps de travail (17 décembre 1986). Au-delà de la maladresse politique consistant pour le PM d'alors de demander au PR de signer des ordonnances, prises en application de l'article 38 de la Constitution, qui remettaient en cause une partie de son programme politique mis en œuvre entre 1981 et 1986, une discussion juridique s'est engagée pour savoir si le Président devait ou ne devait pas les signer. Le débat a amené des juristes éminents (MM. Les Professeurs Jacques Robert et Yves Gaudemet) à se prononcer, en sens contraire, sur cette question ; une seule certitude juridique demeure : un précédent constitutionnel est né qui peut aujourd'hui justifier tout nouveau refus d'un PR à signer les ordonnances que lui soumettrait son PM, et ce, malgré l'article 13, alinéa 1, de la Constitution.

M. Jacques Chirac, actuel PR, n'a nommé, sauf durant la longue période de cohabitation (1997-2002) qu'il a connue avec comme PM M. Lionel Jospin, que des proches et des fidèles à la fonction de PM.

Du plus fidèle (M. Alain Juppé : 1995-1997) au plus proche (M. D. De Villepin : 2005-...) en passant par le moins connu – donc le plus soumis – (M. J.P. Raffarin : 2002-2005), tous ont été ou sont aux ordres et sous étroite surveillance de l'Élysée.

Les périodes de cohabitation sont particulières parce qu'à cette occasion la distinction « article 5 et article 21 (voire 20) de la Constitution » devient la ligne force essentielle de la lecture constitutionnelle – et d'ailleurs originelle – de la Ve République.

Les deux domaines sensibles sont alors :

- les affaires étrangères : en droit et en fait, le PR est seul compétent (négociation et ratification des traités (article 52 C) après autorisation – si nécessaire – du Parlement (article 53) ; nomination et accréditation du personnel diplomatique (article 14 C), etc.).
- la Défense nationale est un sujet sensible parce que les dispositions constitutionnelles se chevauchent et risquent de mettre les acteurs en contradiction. L'article 15 concerne le PR et l'article 13 aussi (nomination des officiers), alors que l'article 20 accorde un rôle en ce domaine au Gouvernement de même que l'article 21 au PM. En principe, la politique de défense est définie par le Conseil des ministres (présidé par le Président) et les conseils et comités interministériels (aussi présidés par lui) compétents en ce domaine et, est mise en œuvre par le PM ainsi que par le Ministre de la défense. Pourtant, la prééminence présidentielle a toujours été respectée en ce domaine, même en période de cohabitation.

Les développements du devoir, du fait de la limite temporelle du sujet, ne devront s'inspirer et étudier les rapports entre les deux autorités exécutives que sont le PR et le PM, que de 1958 à nos jours.

Ajoutons le document ci-dessous, qui n'est pas inutile pour se remémorer certains éléments d'histoire constitutionnelle récente :

Sous la présidence de Charles De Gaulle Michel Debré du 8 janv. 1959 au 14 avr. 1962 Georges Pompidou du 14 avr. 1962 au 10 juil. 1968 Maurice Couve De Murville du 10 juil. 1968 au 16 juin 1969 **Sous la présidence de Georges Pompidou** Jacques Chaban-Delmas du 20 juin 1969 au 5 juil. 1972 Pierre Messmer du 7 juil. 1972 au 27 mai 1974 **Sous la présidence de Valéry Giscard d'Estaing** Jacques Chirac (1) du 28 mai 1974 au 25 août 1976 Raymond Barre (1) du 27 août 1976 au 29 mars 1977 Raymond Barre (2) du 29 mars 1977 au 31 mars 1978 Raymond Barre (3) du 31 mars 1978 au 13 mai 1981 **Sous la présidence de François Mitterrand** Pierre Mauroy (1) du 22 mai 1981 au 23 juin 1981 Pierre Mauroy (2) du 23 juin 1981 au 23 mars 1983	Pierre Mauroy (3) du 23 mars 1983 au 19 juil. 1984 Laurent Fabius du 23 juil. 1984 au 20 mars 1986 Jacques Chirac (2) du 20 mars 1986 au 30 avr. 1988 Michel Rocard du 10 mai 1988 au 14 mai 1991 Edith Cresson du 15 mai 1991 au 31 mars 1992 Pierre Beregovoy du 2 avr. 1992 au 28 mars 1993 Edouard Balladur du 29 mars 1993 au 16 mai 1995 **Sous la présidence de Jacques Chirac** Alain Juppé (1) du 18 mai 1995 au 7 nov. 1995 Alain Juppé (2) du 7 novembre 1995 au 2 juin 1997 Lionel Jospin du 2 juin 1997 au 6 mai 2002 Jean-Pierre Raffarin (1) du 6 mai 2002 au 17 juin 2002 Jean-Pierre Raffarin (2) du 17 juin 2002 au 31 mai 2005 Dominique De Villepin Du 31 mai 2005 au...

2. La compréhension du sujet (15 minutes)

Comprendre le sujet consiste donc à analyser « le » ou les intérêt(s) présenté(s) par le sujet.

A. Tout d'abord, il convient de transformer le sujet, sous forme interrogative ; ce qui implique que le plan doive répondre à cette question.

Si le sujet n'y est pas, il faut le transformer en une question principale, puis, en questions secondaires.

C'est ainsi que le sujet posé peut ainsi se transformer en une question principale du style :

- Quelle est la spécificité de l'Exécutif sous la Ve République ?

B. Par suite, il convient d'interroger le sujet, de « lui poser des questions ».

Donc, au-delà de la question principale, il est utile de multiplier les questions à l'adresse du sujet, de l'interroger !

En effet, pour enrichir son raisonnement, et par là même le recensement des idées afférentes à un tel sujet, on va multiplier les questions à son égard, du style :

- Quelles sont les autorités exécutives ?
- Quelles sont les compétences des autorités exécutives ?
- Quel est le rôle des autorités exécutives ?
- Quelle est l'utilité des autorités exécutives ?
- Quels sont les rapports entre les autorités exécutives ?
- Quels rapports entretiennent-elles avec les autorités constitutionnelles, particulièrement les Assemblées parlementaires ?
- etc.

En effet, la réflexion doit être encadrée par le sujet et par la démarche qu'impose sa formulation interrogative ; ainsi, le recensement de la matière oblige à adopter une démarche ciblée, au risque d'être « noyé par les connaissances », et surtout, de perdre le plus important dans ce type d'exercice, soit la construction d'un raisonnement, l'élaboration d'une réflexion.

3. Le recensement (20 à 25 minutes)

Ici, tout est affaire de connaissances : on sait ou on ne sait pas !

Mais il convient de n'omettre aucune idée, ni aucune connaissance qu'inspirent les questions précédemment posées.

On rappellera un certain nombre de points essentiels sur un plan tant descriptif que réflexif.

A. La fonction présidentielle : Elle est devenue sous la Ve République très importante au regard des missions fondamentales confiées au PR.

Son détenteur, le président de la République, est élu[9] pour 5 ans (article 6 C), et non plus pour 7 ans comme avant la réforme constitutionnelle du 2 octobre 2000.

Aux termes de l'article 5 C, il exerce trois fonctions essentielles.

En premier lieu, il veille au respect de la Constitution et bénéficie à ce titre de trois compétences exemptées du contreseing ministériel (article 19 C) :

- nomination de trois membres au Conseil constitutionnel (article 56 C) ;
- saisine du Conseil constitutionnel au sujet d'un engagement international (article 54 C) ;
- saisine du Conseil constitutionnel pour exercer le contrôle de constitutionnalité d'une « petite loi » (article 61, alinéa 2, C), c'est dire d'un texte de loi voté par le Parlement mais pas encore promulgué.

En deuxième lieu, il assure par son arbitrage le fonctionnement régulier des institutions politico-administratives et la continuité de l'État ; à ce titre, il détient les compétences suivantes :

- initiative de la révision de la Constitution (article 89 C) et du référendum législatif (article 11 C) ;
- nomination du PM (article 8 C) ;
- dissolution de l'Assemblée nationale (article 12 C) ;
- droit d'adresser des messages au Parlement (article 18 C) ;
- convoquer le Parlement en session extraordinaire (articles 29 et 30 C) ;
- garantir l'indépendance de la magistrature judiciaire (articles 64, 65 et 66 C : titre VIII) ;
- mettre en œuvre l'article 16 C.

En troisième et dernier lieu, il est le garant de l'indépendance nationale, de l'intégrité territoriale et du respect des traités.

9. Voir sur les modalités électorales de l'élection présidentielle : article 7 C.

Ce qu'illustre avec force tant l'article 16 C mais aussi et surtout la « théorie du domaine réservé », issue de la pratique institutionnelle dès le général de Gaulle, et selon laquelle les affaires étrangères (article 14 et 52 C, par exemple) et la Défense nationale (article 15 C mais à concilier avec les articles 20 et 21 C) relèvent du seul Chef de l'État.

B. La fonction de Premier ministre : Il ne dispose pas de compétences autonomes dans la mesure où toutes ces attributions sont partagées soit avec le PR, soit avec le Parlement.

1. Lorsqu'il met en œuvre des compétences partagées avec le PR et que sa majorité parlementaire coïncide avec celle de ce dernier, il est en quelque sorte subordonné à la volonté politique de celui-ci. Il n'est plus un décideur, il est un exécutant, celui de la politique présidentielle dont il assume la responsabilité, en étant le seul responsable devant le Parlement, particulièrement devant l'Assemblée nationale.

Si les majorités, parlementaire et présidentielle, ne coïncident pas, alors le PM, en période de cohabitation (1986-1988 ; 1993-1995 et 1997-2002), joue un rôle important ; le PR est alors diminué mais pas pour autant effacé.

Le PM partage avec le PR directement un grand nombre d'attributions en matière de défense nationale (articles 15, 20 et 21 C à combiner) et de diplomatie (articles 14, 52 et 54C).

De plus, le Conseil des ministres, comité interministériel fondamental, est un lieu où se débattent et ou doivent être signés par le PR un grand nombre d'actes essentiels à la vie gouvernementale (article 13 C). Ce Conseil est présidé par le PR (article 9 C) ; par suite, le PM doit être conciliant avec ce dernier comme l'a illustré l'affaire de la signature des ordonnances en 1986.

De surcroît, certains actes importants du PR doivent être contresignés par le PM ; ce qui suppose même du PR de faire preuve aussi de conciliation avec le PM. Ainsi en est-il de la nomination du Gouvernement (article 8, al. 2, C), de la convocation du Parlement en session extraordinaire (article 29 C), ou encore, de l'initiative de la révision constitutionnelle (article 89 C).

Enfin, un grand nombre d'actes signés par le PR doivent l'être sur proposition du PM, tels que la nomination et la démission des ministres (article 8 C), les sessions extraordinaires (article 29 C), le droit de révision (article 89 C), ou encore, sur celle du Gouvernement tel que le référendum législatif (article 11 C).

Il convient de souligner que le PM peut être suppléant (article 21, al. 3, C) voire délégataire du PR (article 21, al. 4, C).

À tous égards, une collaboration imposée entre ces deux autorités exécutives peut devenir, en cas de discordance de majorités (parlementaire et présidentielle), une concurrence organisée.

2. Quant aux compétences que le PM partage avec le Parlement, elles assurent au premier une prééminence dans le cadre de la procédure législative.

Tout d'abord, l'initiative des lois tend à se développer au profit du Premier ministre (article 39, al. 1, C), sans oublier le développement de la pratique des habilitations législatives (article 38 C) qui dépend toutefois du Gouvernement. Ainsi, les lois de finances (article 47 C), de financement de la Sécurité sociale (article 47-1 C), les lois organiques (article 46 C) et les lois constitutionnelles (article 89 C) sont toutes aujourd'hui d'origine gouvernementale.

Les propositions de loi – initiatives des parlementaires – ont donc peu de chance d'aboutir d'autant plus que le Gouvernement maîtrise l'ordre du jour du Parlement (article 48, al. 1, C) et ce presque totalement (article 48, al. 3, C).

De plus, si le Parlement tente de sortir de son domaine de compétence, principalement défini par l'article 34 C, le Gouvernement dispose d'une arme pour le rappeler à l'ordre, la délégalisation de la disposition législative par le Conseil constitutionnel (article 37, al. 2, C).

Ensuite, le Gouvernement ou le PM interviennent grandement dans le cadre du déroulement de la procédure législative. Ainsi maîtrisent-ils le droit d'amendement (article 44, al. 1, C) et les propositions de loi du fait des nombreuses irrecevabilités pouvant leur être opposés (articles 40, 41 et 44, al. 2, C), le vote bloqué (article 44, al. 3, C), la réunion de la commission mixte paritaire (article 45 C), ou encore, la question de confiance (article 49 C).

Enfin, le rôle du Gouvernement, et par là même du PM, en tant que gardien de la Constitution vaut l'attention que le PR porte au texte étatique fondateur en pouvant saisir le Conseil constitutionnel, au titre de son contrôle de constitutionnalité des lois, avant la promulgation des lois, d'une contestation d'une petite loi (article 61, al. 2, C) ou après la promulgation de la loi (article 37, al. 2, C).

C. La présidentialisation du régime sous la Ve république : Trois explications sont à avancer :

- l'attirance des Français, et finalement de tout peuple, pour le « mythe » de l'homme providentiel : la tête au sein de l'Exécutif, accentuée sous la Ve République par l'image historique du général de Gaulle, « Sauveur » de la France et « Fondateur » de cette République.
- le phénomène partisan[10] lié au scrutin présidentiel avec l'émergence de la bipolarisation de la vie politique française ;

---

10. Voir, sur le rôle des partis et groupements politiques : article 4 C.

- la personnalisation du Pouvoir : phénomène politique accentué dans toutes les démocraties occidentales.

  Trois conséquences :
  - la personnalité des hommes occupant les postes de PR et de PM est importante voire cruciale ;
  - la question de la durée du mandat présidentiel qui a été réglée par la réforme constitutionnelle du 2 octobre 2000 – adoptée par référendum le 24 septembre 2000 – transformant le septennat en quinquennat ;
  - la coïncidence des majorités parlementaire et présidentielle comme sous-bassement essentiel de la prééminence du PR sur le PM tant au sein de l'Exécutif que, plus globalement, au sein des institutions ; ce qui naturellement pose particulièrement problème lors de la non-coïncidence entre ces majorités en période de cohabitation.

4. L'élaboration d'un plan détaillé (10 minutes)

Au regard du sujet posé, 4 plans peuvent être proposés : du plus classique au plus dynamique.

A. Premier plan :

I – Un exécutif bicéphale

a. Un Président de la République renforcé

b. Un Premier ministre subordonné

II – Un exécutif « présidentialisé »

a. Une condition imposée : la coïncidence des majorités (présidentielle et parlementaire)

b. Une pratique institutionnelle « accentuante » (domaine réservé ; nomination du Premier ministre et du Gouvernement)

B. Second plan :

I – Un exécutif fort

a. La lecture de la Constitution

b. La pratique de la Constitution

II – Une force parfois atténuée

a. La nécessaire coïncidence des majorités

b. Les périodes de cohabitation

C. Troisième plan :

I – Un bicéphalisme équilibré

a. Un Président qui préside

b. Un Premier ministre qui gouverne

II – Un bicéphalisme ajustable

a. Le domaine réservé

b. Les conflits inévitables

D. Quatrième plan :

I – Un exécutif divisé

a. Un exécutif bicéphale

b. Un exécutif « évolutif » (coïncidence ou non des majorités parlementaire et présidentielle)

II – Un exécutif renforcé

a. La prééminence du Premier ministre sur le Parlement

b. La prééminence du Président de la République sur le Gouvernement

Une fois les grandes lignes du plan détaillé établi, il convient enfin de rédiger, au brouillon tout d'abord, et par là même de « peaufiner » l'introduction, avant de la réécrire au propre.

5. La rédaction de l'introduction (20 à 25 minutes, selon le temps consacré au recensement)

Au regard des deux plans proposés et à la lumière des remarques formulées au sujet de l'introduction dans la méthode générale, il importe d'y trouver les éléments suivants :

- En termes d'attaque : Le système semi-présidentiel se caractérise par l'existence d'un Président responsable devant le pays du fait de son élection au suffrage universel direct et d'un PM responsable devant l'Assemblée mais procédant du PR.

  Il existe ainsi une dyarchie au sein de l'Exécutif que M. Duverger dans son livre *Échec au Roi* appelle « l'Aigle à deux têtes ».
- Les définitions (le « Quoi ? ») : il convient de se reporter à ses connaissances et aux éléments développés dans le *point 1 de ce corrigé*.
- L'aspect historique (le « Pourquoi ? ») : il convient de se reporter à ses connaissances et aux éléments développés dans le *point 1 de ce corrigé*.
- L'aspect pratique (le « Pourquoi ? ») : Le fait majoritaire, allié à la primauté présidentielle, a permis d'étendre considérablement les pouvoirs du PR, jusqu'à lui donner la supériorité sur le Gouvernement voire sur le PM.

  En effet, en plus de bénéficier de nombreux et larges pouvoirs propres, il bénéficie du partage des compétences, appartenant traditionnellement au Gouvernement, sans oublier l'émergence de son « domaine réservé ».

  Cette excroissance des pouvoirs présidentiels ne met que plus en exergue la question de son irresponsabilité politique.
- L'aspect théorique (le « Pourquoi ? ») : pour développer ce point, il convient de se reporter au *point 2 du corrigé sur la compréhension du sujet* et ne pas oublier que le contexte politique a une influence réelle sur l'étendue des compétences réelles et effectives des autorités exécutives.

  De fait, la concordance des majorités présidentielle et parlementaire assure la prépondérance totale du PR, lui permettant d'être le chef de l'Exécutif. Dans le cas contraire, comme l'ont montré (de mars 1986 à mai 1988, pour la première fois, puis en 1993-1995 et en 1997-2002) les périodes de cohabitation, un nouvel équilibre tend à se réaliser, proche d'une dyarchie dans la mesure où les pouvoirs initialement partagés entre les deux détenteurs de la fonction exécutive deviennent peu à peu disputés.
- L'annonce de plan (le « Comment ? ») : en fonction du plan choisi, il convient de faire précéder l'annonce de plan, présentée par une phrase construite, d'au moins deux paragraphes visant à expliquer et justifier à la lumière des développements afférents à « l'aspect théorique » le choix du plan, traité dans les développements suivants, à la place de tout autre.

6. La rédaction du reste du devoir (1 heure 30 minutes) et la lecture (10 minutes)

Il convient de se reporter aux développements de la méthode générale.

Pour une idée de conclusion :

« Le XXe siècle a été marqué par une accélération du rythme de vie, et par là même sur un plan politico-consitutionnel, d'une nécessaire rapidité dans la prise de décision. Il est alors apparu dans toutes les démocraties modernes indispensable de renforcer l'Exécutif. Les événements historiques de ce siècle ont fait le reste. Ce qu'illustre classiquement la Constitution du 4 octobre 1958.

Toutefois, aujourd'hui, au XXIe siècle, et ce malgré la mondialisation, les temps sont peut-être mûrs pour procéder à un rééquilibrage institutionnel entre l'Exécutif et le Législatif. Ne serait-il pas désormais à nouveau utile de « refaire » du Parlement le lieu des débats essentiels et des réflexions fondamentales sur l'avenir de la Nation française ? ».

Pour aller plus loin : conseils bibliographiques

Annexe N° 1

1. Sur les institutions françaises :

Ardant (P.), *Les institutions de la Ve République*, Hachette supérieur, Collection « Les Fondamentaux », 9e éd., 2004.

Chevallier (J.-J.), Carcassonne (G.) et Duhamel (O.), *La Ve République. 1958-2002. Histoire des institutions et des régimes politiques en France*, A. Colin, Collection « Classic », 10e éd., 2002.

Duhamel (O.), *Droit constitutionnel. 1. Le pouvoir politique en France*, éd. du Seuil, Collection « Points Essais », 5e éd., 2003.

Formery (S.-L.), *La Constitution commentée article par article*, Hachette Supérieur, Collection « Les Fondamentaux », 8e éd., 2004.

Lascombe (M.), *Droit constitutionnel de la Ve République*, L'Harmattan, Collection « Logiques juridiques », 6e éd., 1999.

Le Mong Nguyen, *La Constitution de la Cinquième République*, Éditions STH, 1989.

Pactet (P.), *Les institutions françaises*, PUF, Collection « Que sais-je ? », n° 1642, 2003.

Rouvillois (F.), *Les origines de la Ve République*, PUF, Collection « Que sais-je ? » , n° 3305, 1998.

Segur (P.), *La Ve République*, Ellipses, Collection « Mise au point », 1999.

Mélin-Soucramanien (F.), *Constitution de la République française*, A. Colin, 2e éd., 2004.

Vital-Durand (E.), *Mémento des institutions politiques françaises*, Hachette supérieur, Collection « Les fondamentaux », 3e éd., 2002.

Zarka (J.-C.), *Les institutions politiques françaises*, Ellipses, 2e éd., 2004.

2. Sur la notion d'Exécutif sous la Ve République :

Valette (J.-P.), *Le pouvoir exécutif en France. De 1789 à nos jours*, Ellipses, Collection « Mise au point », 1999.

Daugeron (B.), *La cohabitation et ses faux-semblants : réflexions sur le présidentialisme minoritaire*, RDP, 2004, p. 67-109.

Desmons (E.), *L'exécutif sous la Ve République : le président de la République et le Premier ministre en représentation*, RDP, 1998, n° spécial, p. 1562-1581.

Massot (J.), *Chef d'État et chef de Gouvernement, dyarchie et hiérarchie au sein de l'exécutif en France*, Annales de l'école doctorale, Lille II, 1994, n° 2, p. 93-105.

Viel (M.-T.), *La répartition des compétences en matière militaire entre le Parlement, le président de la République et le Premier ministre*, RDP, 1993, p. 141-195.

3. Sur le président de la République :

Elire un Président, Pouvoirs, 1980, n° 14.

Cohendet (M.-A.), *Le président de la République*, Dalloz, Collection « Connaissance du droit », 1e éd., 2002.

Guettier (C.), *Le Président sous la Ve République*, PUF, Collection « Que sais-je ? », n° 1926, 1e éd., 1995.

Morabito (M.), *Le chef de l'État en France*, Montchrestien, Collection « Clefs », 2e éd., 1996.

Ardant (P.), *L'article 5 et la fonction présidentielle*, Pouvoirs, 1987, n° 41, p. 37-53.

Ardant (P.), *un Président : pour quoi faire ?*, Mélanges J. Waline, Dalloz, 2002, p. 3-14.

Chantebout (B.), *Le Président de la République, chef des armées*, Mélanges P. Pactet, Dalloz, 2003, p. 569-577.

Ferretti (R.), *La fonction présidentielle : constantes et variantes*, LPA, 01-09-2000, n° 175, p. 3-9.

Portelli (H.), *L'évolution de la fonction présidentielle*, RSA, janvier 2002, n° 277, p. 3-10.

Yolka (P.), *Le pouvoir de nomination du chef de l'État sous la Cinquième République*, RDP, 1999, p. 719-758.

4. Sur le Premier ministre et le Gouvernement :

Le Premier ministre, Pouvoirs, 1997, n° 82.

Ardant (P.), *Le Premier Ministre en France*, Montchrestien, Collection « Clefs », 1991.

Dolez (B.), *La composition du Gouvernement sous la Ve République*, RDP, 1999, p. 131-157.

Un autre exemple de plan sur le sujet suivant

Annexe N° 2

« La formation du Gouvernement sous la Ve République »

Plan proposé :

I – Le choix du Gouvernement, manifestation de l'arbitrage présidentiel

Le choix du Gouvernement appartient au Chef de l'État (a) ; ce dernier nomme le Gouvernement comme il a la faculté de le changer (b).

a. Le Gouvernement procède du Chef de l'État[11]

– la nomination du Premier ministre est une compétence discrétionnaire du Président de la République : elle est dispensée de contreseing. Il peut donc s'agir d'un homme politique (Chirac, Rocard, etc.), d'un technicien (Pompidou, Barre, de Villepin, etc.) ou d'un parlementaire (Debré, Raffarin, etc.) ;
– la nomination du Gouvernement est, quant à elle, une compétence partagée entre le Président de la République et du Premier ministre, mais la marge de manœuvre du Président de la République est grande. Ainsi, de Gaulle a su imposer Malraux et Couve de Murville de manière régulière comme Mitterrand l'a fait avec MM. Badinter, Lang et Deferre ; quant au Gouvernement de Villepin I, c'est avant tout le Gouvernement de M. le Président de la République Chirac.

Transition : Que servirait au Chef de l'État de désigner « librement » les membres du Gouvernement s'il ne pouvait aussi facilement s'en débarrasser.

b. Le Gouvernement dépend du Chef de l'État

Le Chef de l'État peut changer le Gouvernement ou révoquer indirectement les ministres.

La révocation du Premier ministre : sous la Ve République, la cause principale de « chute » d'un Premier ministre n'est pas à trouver dans le contrôle parlementaire du Gouvernement, et par là même à travers l'usage de la motion de censure. En effet, la cause première, pour ne pas dire exclusive, est la contrainte exercée par le Président de la République.

Il en résulte une nouvelle forme de responsabilité politique du Premier ministre voire du Gouvernement, non plus devant le Parlement, mais devant le Président de la République.

11. Extrait du Discours de Bayeux du 16 juin 1946, prononcé par le général de Gaulle : « *Du Chef de l'État (...) doit procéder le pouvoir exécutif* ».

Grâce au suffrage universel direct, et par là même de sa légitimité démocratique, le Président de la République est souvent l'artisan mais aussi le fossoyeur des gouvernements.

Mais, ce schéma issu de la pratique de la Ve République s'est détérioré du fait de cette même pratique en 1986 et dans la mesure où la liberté du Chef de l'État a été singulièrement limitée à raison de la non-coïncidence des majorités parlementaire et présidentielle.

Dans de tels cas, après sa nomination, le Gouvernement dépend largement de l'Assemblée nationale à laquelle il est fortement ancré. Le Chef de l'État peut seulement freiner l'action du Premier ministre ou menacer d'exercer le droit de dissolution dont il dispose seul.

Transition : Quoique l'on pense et quelle que soit l'image fidèle d'un « régime parlementaire » en France, le choix du Gouvernement ainsi que sa vie se dispensent du Parlement à partir du moment où majorités présidentielle et parlementaire coïncident ; en somme, à partir du moment où un certain équilibre est atteint.

II – Le choix du Gouvernement, expression d'un équilibre politique

En principe, dans un régime parlementaire, le Gouvernement existe avec le soutien de la majorité ; celui-ci est explicite. Toutefois, la pratique de la Ve République révèle que l'approbation du programme gouvernemental par l'Assemblée nationale n'est plus une obligation.

L'assentiment parlementaire est présumé (a) mais un vote formel peut être nécessaire en fonction des circonstances politiques (b).

a. L'assentiment parlementaire est présumé

L'investiture parlementaire n'est plus obligatoire : l'article 49, alinéa 1, de la Constitution du 4 octobre 1958 a fait l'objet d'une double interprétation.

Dans un premier temps, il semblait obligatoire pour un nouveau Gouvernement de solliciter la confiance sur son programme : déclaration de Michel Debré, le 16 janvier 1959, qui illustre la pratique gouvernementale jusqu'en 1966.

Mais, dans un second temps, les gouvernements n'en ont plus fait une obligation, ils ont estimé que la responsabilité peut être mise en cause par d'autre moyen : la pratique est désormais variable.

Le soutien parlementaire résulte du fait majoritaire : c'est un effet de la coïncidence des majorités parlementaire et présidentielle.

Dès lors, le Président de la République ne peut ignorer les équilibres politiques au sein de la majorité surtout si, comme en 1974, il n'est pas issu du principal parti de la coalition majoritaire.

A fortiori, le Chef de l'État doit tenir compte d'une majorité nouvelle, issue des élections législatives, dont le résultat contrarie ses vues (Déclaration de M. V. Giscard d'estaing, le 27 janvier 1978, à Verdun-le-Doubs).

b. L'assentiment parlementaire est nécessaire

C'est l'ultime conséquence d'un régime qui est encore parlementaire.

C'est une exigence manifeste, lors de discordance entre les majorités parlementaire et présidentielle. En effet, le vote de confiance permet au Premier ministre d'une part de compter sa majorité, et d'autre part de s'imposer par la légitimité démocratique qui en résulte face au Chef de l'État. Ainsi en a-t-il été pour le Gouvernement de M. Chirac en 1986.

Ce fut peut-être une nécessité politique dans d'autres cas : après l'élection d'un nouveau président de la République (Gouvernement Chirac en 1974) ou après les élections législatives (Gouvernements Messmer en 1973, Barre en 1978 ou Mauroy en 1981).

Il s'agit toutefois, à chaque fois, non d'un vote sur un programme mais sur une déclaration de politique générale, même en avril 1986, sauf en 1977 (Gouvernement Barre).

L'approbation d'une telle déclaration par le Sénat (article 49, al. 4, C) renforce la position du nouveau Gouvernement. Ainsi en a-t-il été pour les Gouvernements Barre en 1978 vu l'effritement de la majorité parlementaire ou Chirac en 1986 du fait de la cohabitation.

Le Parlement doit-il être bicaméral ?

Sujet N° 4

Reprenons les étapes définies dans la méthode en les respectant successivement et scrupuleusement.
Ces étapes sont : la définition du sujet, sa compréhension, le recensement des idées y afférentes, l'établissement d'un plan détaillé, la rédaction de l'introduction, et enfin, la rédaction du reste du devoir et sa lecture.

1. La définition du sujet (10 minutes)

A. Selon Montesquieu, chacune des fonctions étatiques doit être dans des mains différentes, exercées par des autorités distinctes.

Par suite, ce qui vaut pour les fonctions exécutive et juridictionnelle vaut aussi pour la fonction législative, qui est détenue par le Parlement, composé des représentants de la Nation.

Mais, sur le plan interne ou formel, le Parlement peut être composé d'une ou de deux chambres, dites aussi « Assemblées parlementaires ».

Lorsqu'il ne l'est que d'une seule chambre, il est alors désigné comme étant monocaméral, lorsqu'il l'est de deux, il est dit bicaméral.

Sur un plan plus théorique ou conceptuel, le bicaméralisme ou bicamérisme désigne donc la division en deux Assemblées d'un Parlement alors que le monocaméralisme ou monocamérisme signifie qu'un Parlement n'est composé que d'une seule chambre.

Dans la mesure où le Parlement est le symbole de la démocratie représentative et du régime parlementaire, toute atteinte portée à l'organisation, la composition et au fonctionnement de celui-ci est synonyme d'attaque ou de mauvais coups à la démocratie ; ce qu'illustre la désuétude du droit de dissolution sous les IIIe et IVe République jusqu'en 1955.

B. Dès lors, le choix de tel ou tel mode d'organisation du Parlement est de première importance dans la mesure où celui-ci ne correspond ni aux mêmes réalités, ni aux mêmes préoccupations.

C'est ainsi que le bicamérisme est une forme d'organisation du Parlement incontournable dans les États fédéraux, dans la mesure où le recours à la deuxième chambre y est indispensable pour les États fédérés.

En effet, la première représente la souveraineté nationale (plus exactement la population) et la seconde les États fédérés c'est-à-dire la « souveraineté des souverainetés ».

C'est le cas du Sénat « américain » ou du Bundesrat « allemand ».

Mais, il n'en est pas de même dans les États unitaires, sauf peut-être pour ceux qui connaissent une forte décentralisation (exemple du Sénat français représentant les collectivités locales : article 24 C).

Et ceci, parce que, souvent hérité d'un passé constitutionnel glorieux, le bicamérisme d'un tel État s'appuie sur une chambre élue démocratiquement et une autre d'origine aristocratique (la Chambre des Lords en Angleterre, par exemple) ou sociologique.

Cette dernière a dû mal à survivre voire exister, sur un plan constitutionnel, du fait de l'absence ou de l'imperfection de sa légitimité ; elle est aussi appelée « chambre haute ».

C'est d'ailleurs de cette absence ou de cette imperfection que les « monocaméralistes » (auteurs hostiles au bicamérisme) déduisent l'absence de caractère démocratique de cette forme d'organisation du Parlement.

Pourtant, ne pourrait-on pas considérer le bicamérisme comme une chance pour la démocratie en admettant, d'une part, que la seconde chambre améliore la représentation démocratique en la diversifiant et en l'enrichissant, et d'autre part, qu'elle assure une meilleure répartition des fonctions étatiques du fait qu'elle s'oppose tant aux exécutifs trop faibles et aux gouvernements trop forts ?

Car, en effet, derrière la question de l'organisation du Parlement, ou plus exactement de ce choix (une ou deux chambres), pointe un autre débat : celui de la souveraineté, fondement essentiel du droit constitutionnel.

De fait, comment ne pas apercevoir derrière la volonté des monocaméristes de faire du Parlement, le lieu de l'expression directe du peuple par le biais d'une seule chambre, la théorie si chère à Rousseau de la souveraineté populaire ?

Une seule chambre à désigner, une seule chambre à contrôler et une seule chambre pour gouverner c'est-à-dire un pur « régime d'Assemblée », dont le ciment serait le peuple qui se trouverait par la désignation, directement électeur et contrôleur, et indirectement gouvernant.

Alors que le bicaméralisme par une dualité des représentations, par une médiatisation de la volonté populaire – exprimée par la première chambre –, par la sagesse des notables – exprimée par la seconde chambre –, tend plus à incarner une certaine expression de la souveraineté nationale.

C'est pourquoi, au vu de l'expérience constitutionnelle tant française qu'étrangère, se sont dessinés deux principaux courants concernant le choix de la forme d'organisation interne du Parlement, se réclamant tous deux de la démocratie et de sa défense.

Ainsi, dans certains États, on assiste à une volonté de rejet voire d'abandon du bicamérisme, alors que dans d'autres, comme la France, on observe sa conservation quitte à le rénover (réforme du 30 juillet 2003 au profit du Sénat).

C. Les critiques hostiles au bicaméralisme ou bicamérisme sont les suivantes.

Son utilisation est inutile lorsque les Assemblées parlementaires sont désignées de la même façon.

Ce système est estimé paralysant parce qu'il allonge la procédure législative.

Ce dualisme est souvent peu démocratique au regard des modalités de désignation des membres de la deuxième chambre (dite en général « la chambre haute »).

En effet, la composition de la « chambre haute » est souvent issue du suffrage universel indirect (alors que la chambre basse l'est du suffrage universel direct), d'un mode de scrutin par liste (alors que les membres de la chambre basse sont désignés par un scrutin uninominal).

Ses membres bénéficient souvent d'un mandat d'une durée plus longue que celle du mandat des représentants composant la chambre basse et leur renouvellement est le plus souvent partiel alors que celui de la chambre basse est intégral et en une seule fois.

L'existence de deux chambres est surtout considérée comme attentatoire à la théorie de la souveraineté populaire parce que le monocamérisme semble mieux adapté pour contrôler le Gouvernement.

D. Les arguments favorables au bicamérisme sont les suivants.

1. Tout d'abord, il renforce la démocratie à divers égards :

- le suffrage universel indirect n'est pas moins démocratique que celui qui est direct : il exprime correctement l'opinion des élites, qui ont déjà une expérience des affaires publiques. En effet, les élus réalisent l'expression de la volonté du corps électoral sous une autre forme et d'une autre manière que le suffrage universel direct.

Mais, ils l'expriment réellement et sérieusement en enrichissant la démocratie d'une représentation tout aussi valable et aussi sérieuse que celle dont bénéficie la chambre basse.

- un mode de scrutin différent ne signifie pas une « expression contradictoire » par rapport à celui de la première chambre mais une « expression complémentaire ».
- un âge d'éligibilité plus élevé voire un âge moyen des membres de la chambre haute supérieur à celui de la chambre basse : avec l'âge vient la sagesse normalement, l'expérience, la prudence voire la modération ; mais, la jeunesse n'est pas toujours synonyme de tolérance, ni la vieillesse de conservatisme.
- un mandat de durée plus longue : la seconde chambre est moins soumise aux soubresauts de l'opinion ; par suite, le renouvellement « étalé dans le temps » évite tout bouleversement de majorité mais une évolution en douceur.

En résumé, la seconde chambre améliore la représentation démocratique en la diversifiant et en l'enrichissant.

2. Ensuite, le bicamérisme est favorable à l'équilibre et à la solidité des régimes politiques ; ainsi :

- la seconde chambre, la chambre haute, joue le rôle non d'un frein mais d'un volant régulateur dans la mesure où elle est principalement centriste, plus modérée face aux emportements du moment de la première chambre, de la chambre basse ; elle est parfois moins démagogique.
- elle améliore la qualité du travail législatif : la durée fait mûrir les réflexions et les textes de loi ; elle ajoute la sagesse à l'initiative. La lenteur relative qui peut résulter du bicamérisme est finalement parfois un avantage. Il n'est pas nécessaire que les lois soient votées très rapidement et d'une manière irréfléchie ou qu'elles soient très nombreuses.

  Mais, il est indispensable qu'elles soient bien rédigées pour être respectées et pour qu'elles ne soient pas source de litiges et de nouveaux maux parfois plus graves que ceux qu'elles visent à supprimer ou à atténuer.
- elle permet une meilleure collaboration et un meilleur équilibre des pouvoirs. Le Gouvernement n'est plus seul face à une chambre qui le tient mais peut s'appuyer sur une des deux tout en ayant une opposition constructive – peut-on l'espérer – de la part de l'autre.
- elle protège les libertés et le peuple face aux emportements et aux manœuvres de la première chambre : et ceci, par une relecture des lois dans un certain délai (si toutes les lois lui sont soumises). D'ailleurs, selon l'auteur de l'Esprit des lois, Montesquieu, le bicamérisme britannique est la raison essentielle de la modération du Pouvoir exécutif en Angleterre au XVIIIe siècle.

Pour lui, la participation sur un pied d'égalité de la Chambre des communes (chambre basse) et de celle des Lords à l'élaboration des lois permettait de concilier les principes démocratique et aristocratique et d'éviter ainsi que la noblesse ou le peuple abusent de leur pouvoir l'un contre l'autre.

Dès lors, la division du Parlement en deux chambres, apparue accidentellement au XIVe siècle, en Angleterre, devint, après sa théorisation par Montesquieu, le modèle privilégié d'organisation interne du Parlement.

Ainsi, les constituants américains l'adoptèrent afin d'associer à la Chambre représentant le peuple une autre Assemblée, permettant ainsi la participation des États fédérés à l'État fédéral (illustration du « principe de participation »). Le bicamérisme est alors devenu un élément incontournable du fédéralisme.

Toutefois, ce modèle fut repoussé en France par les révolutionnaires.

Mais l'échec de l'Assemblée législative (Constitution du 14 septembre 1791 : monarchie constitutionnelle) comme celui de l'Assemblée nationale (Constitution du 4 novembre 1848 : IIe République), et la Terreur dont la Convention a été complice (Constitution du 24 juin 1793 : I^{e} République), démontrèrent aux constitutionnalistes que la concentration de la fonction législative dans les mains d'une seule chambre était une formule dangereuse.

Par ailleurs, l'instauration du bicamérisme avec la Constitution du 05 fructidor an III (22 août 1795 : Directoire) et les expériences heureuses de cette organisation parlementaire sous la Restauration (Charte constitutionnelle du 4 juin 1814, la Monarchie de Juillet (Charte du 14 août 1830) et les IIIe (lois constitutionnelles des 24 et 25 février et 16 juillet 1875), IVe (Constitution du 27 octobre 1946) et Ve Républiques (Constitution du 4 octobre 1958) ont imposé définitivement aujourd'hui le bicamérisme dans le schéma institutionnel et constitutionnel français.

D'ailleurs, toutes les constitutions européennes, à partir du XIXe siècle, avec des justifications diverses (représentation de l'aristocratie traditionnelle, des élites intellectuelles, ou encore, des collectivités locales), l'ont adopté, à l'exception de la Grèce et du Luxembourg.

Mais, le XXe siècle a assisté à son abandon dans certains États tels que la Finlande (1906), le Danemark (1953) et la Suède (1969).

D'où, la seconde chambre, la chambre haute, illustre ainsi la célèbre phrase de Montesquieu : « *le pouvoir arrête le pouvoir* » !

3. Enfin, le bicamérisme est favorable aux mécanismes démocratiques : la seconde chambre, la chambre haute, n'est pas paralysante si on organise, par le biais de règles constitutionnelles, des moyens pour empêcher des blocages institutionnels.

Ainsi, en cas de bicamérisme, il faut prévoir un équilibre, le construire afin de parvenir à un accord entre les institutions.

À cet égard, il convient de préciser que le bicamérisme n'est pas obligatoirement favorable à la chambre haute dans la mesure où il peut être constitutionnellement prévu que la chambre basse ait plus d'attributions que la première et impose par voie de conséquence à cette dernière sa volonté. C'est alors l'hypothèse du « bicamérisme inégalitaire ». Il est donc assez rare, même dans les États fédéraux, que la chambre haute dispose des mêmes attributions que la chambre basse ; lorsque c'est le cas, le bicamérisme est alors qualifié d'« égalitaire ».

En effet, comme le dit Montesquieu, une bonne séparation des pouvoirs (ou plutôt « distribution des fonctions ») suppose que :

- chaque organe soit contraint par la faculté d'empêcher du ou des autre(s) ;
- chacun peut « agir de concert » avec les autres.

Ces techniques de coopération sont multiples tant en bicamérisme égalitaire (droit de dissolution, droit de *veto* présidentiel, ou encore, référendum) qu'en bicamérisme inégalitaire (délais, navette entre les deux Assemblées, etc.).

2. La compréhension du sujet (15 minutes)

Comprendre le sujet consiste donc à analyser « le » ou les intérêt(s) présenté(s) par le sujet.

A. Tout d'abord, il convient normalement de transformer le sujet, sous forme interrogative ; ce qui implique que le plan doive répondre à cette question.

Mais, ce n'est la peine dans le cas présent puisque le sujet est déjà sous forme interrogative ; il convient donc d'y répondre.

Toutefois, et vu la question posée, il conviendra que le plan réponde à la question soit positivement, soit négativement ; quitte, éventuellement, à nuancer, limiter ou conditionner la réponse de principe donnée.

Ajoutons une remarque importante : dans la mesure où la formulation du sujet posé est générale, il convient d'éviter absolument qu'une partie du sujet (et a fortiori les deux) soit cantonnée à l'étude de la formule bicamérale de la seule Ve République.

B. Par suite, il convient d'interroger le sujet, de « lui poser des questions ».

Donc, au-delà de la question principale, il est utile de multiplier les questions à l'adresse du sujet, de l'interroger !

En effet, pour enrichir son raisonnement, et par là même le recensement des idées afférentes à un tel sujet, on va multiplier les questions à son égard, du style :

- À quoi sert le bicamérisme ?
- Est-ce un frein au travail législatif ?
- Est-il un ennemi de la liberté, de la démocratie ?
- A-t-il des avantages ? Lesquels ?
- A-t-il des inconvénients ? Lesquels ?
- Est-ce que les avantages du bicamérisme sont plus ou moins importants que ses inconvénients ?
- Le bicamérisme ne peut-il être aussi une chance pour la démocratie ?
- etc.

En effet, la réflexion doit être encadrée par le sujet et par la démarche qu'impose sa formulation interrogative ; ainsi, le recensement de la matière oblige à adopter une démarche ciblée, au risque d'être « noyé par les connaissances », et surtout, de perdre le plus important dans ce type d'exercice, soit la construction d'un raisonnement, l'élaboration d'une réflexion.

3. Le recensement (20 à 25 minutes)

Ici, tout est affaire de connaissances : on sait ou on ne sait pas !

Mais il convient de n'omettre aucune idée, ni aucune connaissance qu'inspirent les questions précédemment posées.

4. L'élaboration d'un plan détaillé (10 minutes)

Au regard du sujet posé, 1 plan peut être proposé.

Plan proposé :

I – Le bicamérisme : un modèle à abandonner

L'abandon du bicamérisme se justifie tant pour des raisons politiques (a) tenant à l'hostilité de la seconde chambre envers la démocratie que pour des raisons techniques (b).

a. Des raisons politiques : le bicamérisme est antidémocratique

- raisons tenant à sa composition (différentes par rapport à celle de la chambre basse) et à son régime électoral ;

- rôle aristocratique originel (« Chambre des Lords » en Angleterre ; et en France, « Chambre des pairs » sous la Restauration ou « Sénat » sous les deux Empire) ;
- rôle déplorable des secondes chambres dans les régimes fascistes (la « Chambre des corporations » dans le Portugal de Salazar, ou, la « Chambre des faisceaux et des Corporations » dans l'Italie de Mussolini) : ces secondes chambres représentaient les intérêts socio-économiques.

b. Des raisons techniques : le bicamérisme est inutile et paralysant

- d'une part, il est inutile : il fait double emploi lorsque la chambre haute est désignée comme la première : cas du bicamérisme égalitaire en Italie ;
- d'autre part, il est paralysant dans la mesure où la seconde chambre alourdit la procédure législative, l'allonge ou est conservatrice (comme le Sénat de la IIIe République qui s'est opposé à l'instauration de l'impôt sur le revenu ou à la reconnaissance du droit de vote aux femmes de peur que ces dernières ne confondent l'isoloir et le confessionnal !).

II – Le bicamérisme : un modèle à conserver

La conservation du bicamérisme ne peut pas avoir la même signification selon l'État auquel on s'intéresse. En effet, alors que, dans l'État fédéral, le bicamérisme est une nécessité (a) tant politique que technique, dans un État unitaire, il n'est à conserver qu'à certaines conditions (b).

a. La chambre fédérale : une nécessité imposée

- elle est liée à la structure fédérale et s'inscrit dans le prolongement du principe de participation avec deux particularités :
- le principe d'égalité entre les États fédérés (avec le plus souvent le même nombre de sièges et l'égalité entre les représentants) ;
- le principe d'égalité entre les chambres en termes de compétences (le bicamérisme est normalement égalitaire).
- toutefois, ce bicamérisme est particulier du fait qu'il oppose ou du moins concilie deux souverainetés différentes : la souveraineté des différents États (du moins ce qu'il en reste) et la souveraineté de la population (souveraineté nationale).

b. La chambre de réflexion : une possibilité conditionnée

- le bicamérisme dans les États unitaires se justifie en principe pour des raisons plus techniques que politiques mais la démocratie est si précieuse qu'il faut vraiment la protéger (même contre elle-même parfois) ;
- mais, il convient aussi de mettre en place des mécanismes démocratiques pour éviter tout blocage de l'efficacité institutionnelle (par le recours au droit de dissolution, ou encore, en organisant des référendums).

Une fois les grandes lignes du plan détaillé établi, il convient enfin de rédiger, au brouillon tout d'abord, et par là même de « peaufiner » l'introduction, avant de la réécrire au propre.

5. La rédaction de l'introduction (20 à 25 minutes, selon le temps consacré au recensement)

Au regard des deux plans proposés et à la lumière des remarques formulées au sujet de l'introduction dans la méthode générale, il importe d'y trouver les éléments suivants :

- En termes d'attaque : deux phrases sont proposées :
  - Celle de M. Monory, ancien Président du Sénat : « *Lorsqu'une liberté publique est en cause, deux chambres, c'est deux chances* » ;
  - Celle de G. Clémenceau qui, bien que longtemps adversaire de la chambre haute sous la IIIe République, a admis à la fin de sa vie que : « *Les événements m'ont appris qu'il fallait donner au peuple le temps de la réflexion. Le temps de la réflexion, c'est le Sénat* ».
- Les définitions (le « Quoi ? ») : il convient de se reporter à ses connaissances et aux éléments développés dans le *point 1 de ce corrigé*.
- L'aspect historique (le « Pourquoi ? ») : il convient de se reporter à ses connaissances et aux éléments développés dans le *point 1 de ce corrigé*.
- L'aspect pratique (le « Pourquoi ? ») : il convient de se reporter à ses connaissances et aux éléments développés dans le *point 1 de ce corrigé*.
- L'aspect théorique (le « Pourquoi ? ») : pour développer ce point, il convient de se reporter au *point 2 du corrigé sur la compréhension du sujet*.
- L'annonce de plan (le « Comment ? ») : en fonction du plan choisi, il convient de faire précéder l'annonce de plan, présentée par une phrase construite, d'au moins deux paragraphes visant à expliquer et justifier à la lumière des développements afférents à « l'aspect théorique » le choix du plan, traité dans les développements suivants, à la place de tout autre.

6. La rédaction du reste du devoir (1 heure 30 minutes) et la lecture (10 minutes)

Il convient de se reporter aux développements de la méthode générale.

Pour une idée de conclusion :

« *Quoi qu'en disent certains auteurs, le bicamérisme n'est pas un frein à la démocratie mais plutôt un élément régulateur. D'ailleurs, les français l'ont bien compris lorsqu'ils ont refusé un Parlement monocaméral en 1945 et en 1969.*

Certes, des États, forts de leurs conceptions démocratiques, tels que les États scandinaves l'ont abandonné ; de même certains États se sont dotés, lors de l'élaboration de leur Constitution, d'un Parlement monocaméral tels que le Portugal (en 1976 : Constitution du 2 avril 1976) ou la Grèce (Constitution du 9 juin 1975).

Toutefois, le despotisme de la « majorité » nécessite parfois des moyens techniques importants dans la mesure où de simples convictions démocratiques, comme un contrôle de constitutionnalité, ne peuvent pas toujours efficacement y suppléer ».

Pour aller plus loin : conseils bibliographiques

Annexe N° 1

1. Sur la notion de démocratie représentative :

Le régime représentatif est-il démocratique ?, Pouvoirs, 1978, n° 7, 129 p.

Gaxie (D.), *La démocratie représentative*, Montchrestien, Collection « Clefs », 4e éd., 2003.

Quinty (D.) et Joly (G.), *Le rôle des Parlements européen et national dans la fonction législative*, RDP, 1991, p. 393-436.

2. Sur le bicamérisme :

Cot (J.-P.), *Bicaméralisme et Parlement européen*, Mélanges L. Dubouis, Dalloz, 2002, p. 563-569.

Ferretti (R.), *Le bicamérisme de la Ve République*, LPA, 31-12-1999, n° 261, p. 10-15.

Hoeffel (D.), *Le bicamérisme, élément de tempérance : l'exemple du Sénat français*, Mélanges G. Cohen-Jonathan, Bruylant, 2004, tome II, p. 981-991.

Reydellet (M.), *Le bicamérisme a-t-il un avenir en France ?*, RDP, 2001, p. 1779-1842.

Verdier (M.-F.), *L'avenir du bicamérisme en France*, Civitas Europa, 1999, n° 3, p. 109-134.

3. Sur le bicamérisme sous la Ve République :

Ameller (M.) et Bergougnous (G.), *L'Assemblée nationale*, PUF, Collection « Que sais-je ? », n° 2897, 2e éd., 2000.

Baguenard (J.), *Le Sénat*, PUF, Collection « Que sais-je ? », n° 2529, 2e éd., 1997.

Delcamp (A.), *Le Sénat*, Montchrestien, Collection « Clefs », 1998.

Maus (D.), *Le Parlement sous la Ve République*, PUF, Collection « Que sais-je ? », n° 2217, 3e éd., 1996.

Mény (Y.), *Le système politique français*, Montchrestien, Collection « Clefs », 4e éd., 1999.

Gicquel (J.-E.), *Le Sénat sous la seconde cohabitation*, RDP, 1996, p. 1069-1094.

Poncelet (C.), *Faut-il réformer le Sénat ?*, RRJ, 2001, n° 3, p. 1215-1222.

Viola (A.), *Le Sénat, « vigie et veilleur de la décentralisation »*, RRJ, 2003, n° 2, p. 1095-1105.

Un autre exemple de plan sur le sujet suivant

Annexe N° 2

« La rationalisation du Parlementarisme sous la Ve république »

Plan proposé :

I – Un objectif : le rétablissement de l'équilibre entre Gouvernement et Parlement

Ce rétablissement a été réalisé dans l'actuelle Constitution française par la mise en place de moyens d'intervention du Gouvernement tant pour le vote de la loi (a) que pour les autres activités parlementaires (b).

a. Le vote de la loi

- l'existence d'un domaine de la loi (articles 34-37 C), les ordonnances (article 38 C) ;
- les irrecevabilités opposables aux propositions de loi et aux amendements (articles 40-41 C) ;
- ordre du jour (article 48 C) ;
- refus d'amendement non soumis à une commission (article 44, al. 2, C) ;
- la Commission mixte paritaire (article 45 C).
- le vote bloqué (article 44-3 C) ;
- le vote des lois de finances (article 47), lois de financement de Sécurité sociale (article 47-1) et le sort des amendements financiers (article 40 C) ;
- la soumission des lois avant promulgation au Conseil constitutionnel (article 61, al. 2, C) ou après promulgation, la délégalisation (article 37, al. 2, C).

Transition : Ainsi, le Gouvernement peut très efficacement, sous le contrôle du Conseil constitutionnel, limiter considérablement le rôle du Parlement, dans le cadre de son attribution essentielle, « la fonction législative ».

Mais, il peut même aller plus loin dans le cantonnement du rôle du Parlement dans la mesure où la Constitution lui attribue de multiples prérogatives vis-à-vis de l'activité parlementaire en général.

b. Les autres activités parlementaires

• Vis-à-vis du fonctionnement :

- vote personnel (article 27 C) ;
- contrôle du règlement intérieur (article 61 C) ;
- incompatibilité des fonctions parlementaires et ministérielles (article 23 C) ;
- contrôle électoral (article 59 C) ;

- sessions parlementaires (articles 28, 29, 30 et 51 C) ;
- nombre des commissions permanentes (article 43 C).
- Vis-à-vis du contrôle parlementaire : articles 49 et 50 C.

Transition : Vu les multiples dispositions constitutionnelles assurant au Gouvernement un rôle important vis-à-vis du Parlement, la pratique a abouti à une réalisation de l'objectif initial voire à un dépassement de ce dernier. À un tel point que certains dénoncent la mise sous tutelle du Parlement par le Gouvernement.

II – Une déviance : la mise sous tutelle du Parlement

Les limitations apportées par la Constitution du 4 octobre 1958 à l'action du Parlement ont conduit à abaisser de manière conséquente les Assemblées parlementaires au profit au Gouvernement (a).

Ce déséquilibre en faveur de l'Exécutif s'explique par une pratique contestable des régimes parlementaires rationalisés, mais aussi et surtout, par l'émergence du fait majoritaire (b).

a. Une pratique contestable du régime parlementaire rationalisé

- une utilisation abusive de l'article 40 C aboutit à museler toute initiative parlementaire ;
- le vote bloqué et la responsabilité gouvernementale combinés peuvent permettre d'adopter un texte sans discussion (articles 44-3 et 49-3 C) ;
- l'utilisation de la CMP (articles 45, al. 2 et 3, C) permet parfois au Gouvernement de s'appuyer sur une Assemblée parlementaire contre une autre, sachant que l'Assemblée nationale a souvent le dernier mot (article 45, al. 4, C) ;
- la navette parlementaire permet au Gouvernement de jouer sur la rivalité entre les deux Assemblées, et par là même de mieux affaiblir toute opposition parlementaire sérieuse. Par suite, le Parlement accepte ou refuse la politique gouvernementale mais ne peut en aucune manière en proposer une ;
- cette dévalorisation du Parlement s'est accentuée du fait de l'abandon de la responsabilité gouvernementale : une seule motion de censure a été adoptée, le 4 octobre 1962, contre le Gouvernement Pompidou ; mais le général de Gaulle a refusé la démission du Gouvernement d'alors, a dissous le Parlement et a désigné à nouveau le même Premier ministre. Depuis 1958, les Premiers ministres ne démissionnent qu'à l'initiative du Président de la République et plus de celle du Parlement.

Transition : Les potentialités de la Constitution ainsi que la présidentialisation du régime ont conduit le Premier ministre à être responsable devant le Président de la République et non devant le Parlement ; cette dérive institutionnelle s'explique aussi par l'émergence du fait majoritaire.

b. L'émergence du fait majoritaire

- de 1958 à 1986, la concordance des majorités parlementaire et présidentielle a assuré la primauté présidentielle et la relégation au second rang du rôle du Parlement.
- en effet, le Président de la République, sûr de sa légitimité démocratique et d'une majorité conforme à ses vues au Parlement, se conduit souvent comme le chef de la majorité parlementaire (faute souvent d'un Premier ministre pouvant tenir ce rôle) et ceci dès Pompidou ;
- mais, la disparition du fait majoritaire peut modifier l'équilibre, et surtout la pratique, institutionnelle :
- si majorité présidentielle et majorité parlementaire sont différentes alors le Parlement peut imposer son Gouvernement et le jeu institutionnel est plus parlementaire : c'est l'hypothèse des cohabitations ;
- si aucune majorité parlementaire cohérente n'existe, le Gouvernement est fragilisé même si les armes du parlementarisme rationalisé lui permettent de vivre et de survivre (1988-1995, par exemple).

B.U.

Un autre exemple de plan sur le sujet suivant

Annexe N° 3

« L'opposition dispose-t-elle de moyens lui permettant de combattre efficacement le Gouvernement en France sous la Vᵉ République ? »

1. Remarques préliminaires :

Le décor : « *Sous la Vᵉ République* » suppose que le sujet se limite à ce régime et donc que le texte de référence soit la Constitution du 4 octobre 1958.

Les acteurs : plusieurs mots sont à relever et à préciser :

- « *opposition* » : ce mot sous-entend l'existence d'une majorité mais aussi le jeu parlementaire. Mais, qu'entend-on par opposition ? C'est une notion floue ; en effet, il peut même exister une opposition au sein d'une majorité (en France : exemple en 2005 de l'UDF qui, du fait des élections présidentielles de 2007 et de la volonté de M. Bayrou, président de l'UDF de se démarquer de l'UMP, alors au pouvoir, refuse de voter le projet de loi de finances (le budget de l'État) pour 2006 et par là même quitte la majorité gouvernementale et entre en opposition avec le Gouvernement).
- « *moyens pour combattre le Gouvernement* » : le mot « moyen » s'entend au sens large (techniques, pratiques, etc.) ; ce groupe de mots rapproché du mot « opposition » évoque deux composantes du régime parlementaire que sont, d'une part, le contrôle du Gouvernement par le Parlement, et d'autre part la procédure législative.
- « *efficacement* » : que l'opposition dispose d'armes pour contrer l'action gouvernementale, cela semble normal sur un plan démocratique, mais encore faut-il que ces armes soient utiles, efficaces. Le terme d'efficacité est alors un fil conducteur en vue d'étudier ces moyens d'action mis à la disposition de l'opposition.

Les moyens d'y arriver, la méthode de travail : « *dispose-t-elle* » : cette formulation suppose que, grâce à la Constitution, soient recensées toutes les modalités, toutes les « armes » dont dispose l'opposition parlementaire pour combattre le Gouvernement et qu'ensuite ces « armes » soient étudiées à la lumière du fil conducteur : « leur efficacité ».

2. Plan :

A. Premier plan :

I – « L'opposition dispose de moyens variés » ou « Les moyens mis à la disposition de l'opposition pour contrer le Gouvernement »

a. Des moyens de contrôle du Gouvernement

- les commissions d'enquête de contrôle (article 43, al. 1, C) ;
- les questions orales et écrites (article 48, al. 2, C) ;
- la mise en jeu de la responsabilité gouvernementale (articles 49, 50 et 51 C)

b. Des moyens de perturbation de la procédure législative

- l'initiative législative des parlementaires (article 39 C) ;
- l'examen en commission des projets et propositions de loi (article 43 C) ;
- le droit d'amendement (article 44 C) ;
- lors de l'examen en séance, l'opposition dispose de quelques moyens de procédure (l'exception d'irrecevabilité du projet de loi, la question préalable, la motion de renvoi en commission, ou encore, la vérification du *quorum*)
- la navette législative et la commission mixte paritaire (article 45 C) ;
- la saisine du Conseil constitutionnel par 60 parlementaires (députés ou sénateurs) (article 61 C).

II – « L'opposition souffre de sa faiblesse politique » ou « Des moyens insuffisants voire inutiles »

a. « La suprématie textuelle gouvernementale » ou « Des moyens insuffisants »

- les armes législatives de l'opposition sont facilement neutralisées par le Gouvernement et le Premier ministre qui dispose de nombreuses armes particulièrement dans le cadre de la procédure législative (la maîtrise de l'ordre du jour, les articles 44-3 et 49-3, etc.) ;
- Voir l'annexe n° 2 : *La rationalisation du Parlementarisme sous la Ve République*.

b. « La logique implacable du fait majoritaire » ou « Des moyens inutiles »

- le système électoral législatif de la Ve République (scrutin majoritaire à deux tours, sauf de juillet 1985 à juillet 1986 où les élections législatives ont été effectuées à la représentation proportionnelle) favorise la Constitution des majorités ;

– il convient d'ajouter aux effets de ce mode de scrutin la bipolarisation de la vie politique française, conséquence de ce dernier, et par suite ciment et amplificateur de celui-ci. Ce qui amène incidemment à illustrer le propos précédent par quelques exemples tirés de l'évolution du système partisan de la Ve République.

B. Second plan :

I – L'opposition ne peut pas stopper l'action du Gouvernement

a. Une opposition ne légiférant pas

– rappel rapide des moments-clés de la procédure législative et des compétences essentielles du Gouvernement et du Premier ministre ;
– évocation, par voie de conséquence, de la pauvreté des moyens juridiques de l'opposition dans le cadre de la procédure législative.

b. Un contrôle bien hypothétique

– rappel des modalités de contrôle de l'action gouvernementale voire d'information sur cette dernière (commission d'enquête et de contrôle ; questions orales et écrites) ;
– neutralisation le plus souvent de ces modalités par le fait majoritaire lié au fonctionnement interne des Assemblées parlementaires.

c. Une censure impossible

– les modalités de contrôle de l'action gouvernementale (articles 49 et 50 C) ;
– la nécessité de la majorité.

II – L'opposition peut toutefois gêner l'action gouvernementale

a. L'amendement-escargot

– l'étude des projets de loi en commission et l'exercice par l'opposition de son droit d'amendement ;
– certes, le Gouvernement peut user de l'article 44-3 C et le Premier ministre de l'article 49-3 C : mais, ces procédures empêchant tout débat parlementaire sont de plus en plus mal acceptées par la population : le Gouvernement comme le Premier ministre évitent désormais d'y recourir ;
– il convient *in fine* de ne pas oublier que lorsque la gauche s'est trouvée majoritaire à l'Assemblée nationale (1981-1986 ; 1988-1993 et 1997-2002), le Sénat resté majoritairement à droite a souvent joué son rôle d'opposant dans le cadre de la navette législative à l'égard de la chambre basse (l'Assemblée nationale).

b. La saisine du Conseil constitutionnel

- le rôle du Conseil constitutionnel en matière de contrôle de constitutionnalité des lois et les modalités de sa saisine au profit des parlementaires ;
- les effets juridiques voire médiatiques des censures prononcées par le Conseil constitutionnel qui peuvent, malgré lui, aboutir à une forme d'instrumentalisation de cette institution par l'opposition, pour une bonne comme pour une mauvaise cause juridico-politique d'ailleurs !

c. Les procédures exceptionnelles

- le vote des lois organiques (article 46 C) ;
- le vote des révisions constitutionnelles (article 89 C) ;
- les modalités de vote de ces textes (*« en termes identiques »*) ou de majorité (les 3/5e des suffrages exprimés du Congrès – réunion des deux Assemblées parlementaires – sont nécessaires pour adopter une révision constitutionnelle lorsque le Président de la République décide de la soumettre au Parlement pour son vote définitif) peuvent faire échec à leur adoption et promouvoir l'opposition en cas de majorité « juste » au sein des deux chambres et *a fortiori* lorsque les deux chambres sont de majorités différentes.

Voir :

Giulj (S.), *Le statut de l'opposition en France*, La Documentation française, Notes et études documentaires (NED), 1980.

Sadoun (M.), *Opposition et démocratie*, Pouvoirs, 2004, n° 108, p. 5.

Annexes en droit constitutionnel

La Constitution du 4 octobre 1958

Annexe N° 1

Préambule

Le peuple français proclame solennellement son attachement aux Droits de l'homme et aux principes de la souveraineté nationale tels qu'ils ont été définis par la Déclaration de 1789, confirmée et complétée par le préambule de la Constitution de 1946, ainsi qu'aux droits et devoirs définis dans la Charte de l'environnement de 2004.

En vertu de ces principes et de celui de la libre détermination des peuples, la République offre aux territoires d'Outre-Mer qui manifestent la volonté d'y adhérer des institutions nouvelles fondées sur l'idéal commun de liberté, d'égalité et de fraternité et conçues en vue de leur évolution démocratique.

Art. 1 – La France est une République indivisible, laïque, démocratique et sociale. Elle assure l'égalité devant la loi de tous les citoyens sans distinction d'origine, de race ou de religion. Elle respecte toutes les croyances. Son organisation est décentralisée.

Titre I : De la Souveraineté

Art. 2 – La langue de la République est le français

L'emblème national est le drapeau tricolore, bleu, blanc, rouge.

L'hymne national est la Marseillaise.

La devise de la République est Liberté, Égalité, Fraternité.

Son principe est : Gouvernement du peuple, par le peuple et pour le peuple.

Art. 3 – La souveraineté nationale appartient au peuple qui l'exerce par ses représentants et par la voie du référendum.

Aucune section du peuple ni aucun individu ne peuvent s'en attribuer l'exercice.

Le suffrage peut être direct ou indirect dans les conditions prévues par la Constitution. Il est toujours universel, égal et secret.

Sont électeurs, dans les conditions déterminées par la loi, tous les nationaux français majeurs des deux sexes, jouissant de leurs droits civils et politiques.

La loi favorise l'égal accès des femmes et des hommes aux mandats électoraux et fonctions électives.

Art. 4 – Les partis et groupements politiques concourent à l'expression du suffrage. Ils se forment et exercent leur activité librement. Ils doivent respecter les principes de la souveraineté nationale et de la démocratie.

Ils contribuent à la mise en œuvre du principe énoncé au dernier alinéa de l'article 3 dans les conditions déterminées par la loi.

Titre II : Le Président de la République

Art. 5 – Le Président de la République veille au respect de la Constitution. Il assure, par son arbitrage, le fonctionnement régulier des pouvoirs publics ainsi que la continuité de l'État.

Il est le garant de l'indépendance nationale, de l'intégrité du territoire et du respect des traités.

Art. 6 – Le Président de la République est élu pour cinq ans au suffrage universel direct.

Les modalités d'application du présent article sont fixées par une loi organique.

Art. 7 – Le Président de la République est élu à la majorité absolue des suffrages exprimés. Si celle-ci n'est pas obtenue au premier tour de scrutin, il est procédé, le quatorzième jour suivant, à un second tour. Seuls peuvent s'y présenter les deux candidats qui, le cas échéant après retrait de candidats plus favorisés, se trouvent avoir recueilli le plus grand nombre de suffrages au premier tour.

Le scrutin est ouvert sur convocation du Gouvernement.

L'élection du nouveau président a lieu vingt jours au moins et trente-cinq jours au plus avant l'expiration des pouvoirs du président en exercice.

En cas de vacance de la Présidence de la République pour quelque cause que ce soit, ou d'empêchement constaté par le Conseil Constitutionnel saisi par le Gouvernement et statuant à la majorité absolue de ses membres, les fonctions du Président de la République, à l'exception de celles prévues aux articles 11 et 12 ci-dessous, sont provisoirement exercées par le Président du Sénat et, si celui-ci est à son tour empêché d'exercer ces fonctions, par le Gouvernement.

En cas de vacance ou lorsque l'empêchement est déclaré définitif par le Conseil Constitutionnel, le scrutin pour l'élection du nouveau président a lieu, sauf cas de force majeure constaté par le Conseil Constitutionnel, vingt jours au moins et trente-cinq jours au plus après l'ouverture de la vacance ou la déclaration du caractère définitif de l'empêchement.

Si, dans les sept jours précédant la date limite du dépôt des présentations de candidatures, une des personnes ayant, moins de trente jours avant cette date, annoncé publiquement sa décision d'être candidate décède ou se trouve empêchée, le Conseil Constitutionnel peut décider de reporter l'élection.

Si, avant le premier tour, un des candidats décède ou se trouve empêché, le Conseil Constitutionnel prononce le report de l'élection.

En cas de décès ou d'empêchement de l'un des deux candidats les plus favorisés au premier tour avant les retraits éventuels, le Conseil Constitutionnel déclare qu'il doit être procédé de nouveau à l'ensemble des opérations électorales ; il en est de même en cas de décès ou d'empêchement de l'un des deux candidats restés en présence en vue du second tour.

Dans tous les cas, le Conseil Constitutionnel est saisi dans les conditions fixées au deuxième alinéa de l'article 61 ci-dessous ou dans celles déterminées pour la présentation d'un candidat par la loi organique prévue à l'article 6 ci-dessus.

Le Conseil Constitutionnel peut proroger les délais prévus aux troisième et cinquième alinéas sans que le scrutin puisse avoir lieu plus de trente-cinq jours après la date de la décision du Conseil Constitutionnel. Si l'application des dispositions du présent alinéa a eu pour effet de reporter l'élection à une date postérieure à l'expiration des pouvoirs du président en exercice, celui-ci demeure en fonction jusqu'à la proclamation de son successeur.

Il ne peut être fait application ni des articles 49 et 50 ni de l'article 89 de la Constitution durant la vacance de la Présidence de la République ou durant la période qui s'écoule entre la déclaration du caractère définitif de l'empêchement du Président de la République et l'élection de son successeur.

Art. 8 – Le Président de la République nomme le Premier Ministre. Il met fin à ses fonctions sur la présentation par celui-ci de la démission du Gouvernement.

Sur la proposition du Premier Ministre, il nomme les autres membres du Gouvernement et met fin à leurs fonctions.

Art. 9 – Le Président de la République préside le Conseil des Ministres.

Art. 10 – Le Président de la République promulgue les lois dans les quinze jours qui suivent la transmission au Gouvernement de la loi définitivement adoptée.

Il peut, avant l'expiration de ce délai, demander au Parlement une nouvelle délibération de la loi ou de certains de ses articles. Cette nouvelle délibération ne peut être refusée.

Art. 11 – Le Président de la République, sur proposition du Gouvernement pendant la durée des sessions ou sur proposition conjointe des deux Assemblées, publiées au Journal Officiel, peut soumettre au référendum tout projet de loi portant sur l'organisation des pouvoirs publics, sur des réformes relatives à la politique économique ou sociale de la nation et aux services publics qui y concourent, ou tendant à autoriser la ratification d'un traité qui, sans être contraire à la Constitution, aurait des incidences sur le fonctionnement des institutions.

Lorsque le référendum est organisé sur proposition du Gouvernement, celui-ci fait, devant chaque Assemblée, une déclaration qui est suivie d'un débat.

Lorsque le référendum a conclu à l'adoption du projet de loi, le Président de la République promulgue la loi dans les quinze jours qui suivent la proclamation des résultats de la consultation.

Art. 12 – Le Président de la République peut, après consultation du Premier Ministre et des Présidents des Assemblées, prononcer la dissolution de l'Assemblée Nationale.

Les élections générales ont lieu vingt jours au moins et quarante jours au plus après la dissolution.

L'Assemblée Nationale se réunit de plein droit le deuxième jeudi qui suit son élection. Si cette réunion a lieu en dehors de la période prévue pour la session ordinaire, une session est ouverte de droit pour une durée de quinze jours.

Il ne peut être procédé à une nouvelle dissolution dans l'année qui suit ces élections.

Art. 13 – Le Président de la République signe les ordonnances et les décrets délibérés en Conseil des Ministres.

Il nomme aux emplois civils et militaires de l'État.

Les conseillers d'État, le grand chancelier de la Légion d'honneur, les ambassadeurs et envoyés extraordinaires, les conseillers maîtres à la Cour des Comptes, les préfets, les représentants de l'État dans les collectivités d'outre-mer régies par l'article 74 et en Nouvelle-Calédonie, les officiers généraux, les recteurs des académies, les directeurs des administrations centrales sont nommés en Conseil des Ministres.

Une loi organique détermine les autres emplois auxquels il est pourvu en Conseil des Ministres ainsi que les conditions dans lesquelles le pouvoir de nomination du Président de la République peut être par lui délégué pour être exercé en son nom.

Art. 14 – Le Président de la République accrédite les ambassadeurs et les envoyés extraordinaires auprès des puissances étrangères ; les ambassadeurs et les envoyés extraordinaires étrangers sont accrédités auprès de lui.

Art. 15 – Le Président de la République est le chef des armées. Il préside les conseils et les comités supérieurs de la Défense Nationale.

Art. 16 – Lorsque les institutions de la République, l'indépendance de la Nation, l'intégrité de son territoire ou l'exécution de ses engagements internationaux sont menacées d'une manière grave et immédiate et que le fonctionnement régulier des pouvoirs publics constitutionnels est interrompu, le Président de la République prend les mesures exigées par ces circonstances, après consultation officielle du Premier Ministre, des Présidents des Assemblées ainsi que du Conseil Constitutionnel.

Il en informe la Nation par un message.

Ces mesures doivent être inspirées par la volonté d'assurer aux pouvoirs publics constitutionnels, dans les moindres délais, les moyens d'accomplir leur mission. Le Conseil Constitutionnel est consulté à leur sujet.

Le Parlement se réunit de plein droit.

L'Assemblée Nationale ne peut être dissoute pendant l'exercice des pouvoirs exceptionnels.

Art. 17 – Le Président de la République a le droit de faire grâce.

Art. 18 – Le Président de la République communique avec les deux Assemblées du Parlement par des messages qu'il fait lire et qui ne donnent lieu à aucun débat.

Hors session, le Parlement est réuni spécialement à cet effet.

Art. 19 – Les actes du Président de la République autres que ceux prévus aux articles 8 (1er alinéa), 11, 12, 16, 18, 54, 56 et 61 sont contresignés par le Premier Ministre et, le cas échéant, par les ministres responsables.

Titre III : Le Gouvernement

Art. 20 – Le Gouvernement détermine et conduit la politique de la Nation.

Il dispose de l'administration et de la force armée.

Il est responsable devant le Parlement dans les conditions et suivant les procédures prévues aux articles 49 et 50.

Art. 21 – Le Premier Ministre dirige l'action du Gouvernement. Il est responsable de la Défense Nationale. Il assure l'exécution des lois. Sous réserve des dispositions de l'article 13, il exerce le pouvoir réglementaire et nomme aux emplois civils et militaires.

Il peut déléguer certains de ses pouvoirs aux ministres.

Il supplée, le cas échéant, le Président de la République dans la présidence des conseils et comités prévus à l'article 15.

Il peut, à titre exceptionnel, le suppléer pour la présidence d'un Conseil des Ministres en vertu d'une délégation expresse et pour un ordre du jour déterminé.

Art. 22 – Les actes du Premier Ministre sont contresignés, le cas échéant, par les ministres chargés de leur exécution.

Art. 23 – Les fonctions de membre du Gouvernement sont incompatibles avec l'exercice de tout mandat parlementaire, de toute fonction de représentation professionnelle à caractère national et de tout emploi public ou de toute activité professionnelle.

Une loi organique fixe les conditions dans lesquelles il est pourvu au remplacement des titulaires de tels mandats, fonctions ou emplois.

Le remplacement des membres du Parlement a lieu conformément aux dispositions de l'article 25.

Titre IV : Le Parlement

Art. 24 – Le Parlement comprend l'Assemblée Nationale et le Sénat.

Les députés à l'Assemblée Nationale sont élus au suffrage direct.

Le Sénat est élu au suffrage indirect. Il assure la représentation des collectivités territoriales de la République. Les Français établis hors de France sont représentés au Sénat.

Art. 25 – Une loi organique fixe la durée des pouvoirs de chaque Assemblée, le nombre de ses membres, leur indemnité, les conditions d'éligibilité, le régime des inéligibilités et des incompatibilités.

Elle fixe également les conditions dans lesquelles sont élues les personnes appelées à assurer, en cas de vacance du siège, le remplacement des députés ou des sénateurs jusqu'au renouvellement général ou partiel de l'Assemblée à laquelle ils appartenaient.

Art. 26 – Aucun membre du Parlement ne peut être poursuivi, recherché, arrêté, détenu ou jugé à l'occasion des opinions ou votes émis par lui dans l'exercice de ses fonctions.

Aucun membre du Parlement ne peut faire l'objet, en matière criminelle ou correctionnelle, d'une arrestation ou de toute autre mesure privative ou restrictive de liberté qu'avec l'autorisation du Bureau de l'Assemblée dont il fait partie. Cette autorisation n'est pas requise en cas de crime ou délit flagrant ou de condamnation définitive.

La détention, les mesures privatives ou restrictives de liberté ou la poursuite d'un membre du Parlement sont suspendues pour la durée de la session si l'Assemblée dont il fait partie le requiert.

L'assemblée intéressée est réunie de plein droit pour des séances supplémentaires pour permettre, le cas échéant, l'application de l'alinéa ci-dessus.

Art. 27 – Tout mandat impératif est nul. Le droit de vote des membres du Parlement est personnel. La loi organique peut autoriser exceptionnellement la délégation de vote. Dans ce cas nul ne peut recevoir délégation de plus d'un mandat.

Art. 28 – Le Parlement se réunit de plein droit en une session ordinaire qui commence le premier jour ouvrable d'octobre et prend fin le dernier jour ouvrable de juin.

Le nombre de jours de séance que chaque Assemblée peut tenir au cours de la session ordinaire ne peut excéder cent vingt. Les semaines de séance sont fixées par chaque Assemblée.

Le Premier Ministre, après consultation du président de l'assemblée concernée, ou la majorité des membres de chaque Assemblée peut décider la tenue de jours supplémentaires de séance.

Les jours et les horaires des séances sont déterminés par le règlement de chaque Assemblée.

Art. 29 – Le Parlement est réuni en session extraordinaire à la demande du Premier Ministre ou de la majorité des membres composant l'Assemblée Nationale, sur un ordre du jour déterminé.

Lorsque la session extraordinaire est tenue à la demande des membres de l'Assemblée Nationale, le décret de clôture intervient dès que le Parlement a épuisé l'ordre du jour pour lequel il a été convoqué et au plus tard douze jours à compter de sa réunion.

Le Premier Ministre peut seul demander une nouvelle session avant l'expiration du mois qui suit le décret de clôture.

Art. 30 – Hors les cas dans lesquels le Parlement se réunit de plein droit, les sessions extraordinaires sont ouvertes et closes par décret du Président de la République.

Art. 31 – Les membres du Gouvernement ont accès aux deux Assemblées. Ils sont entendus quand ils le demandent.

Ils peuvent se faire assister par des commissaires du Gouvernement.

Art. 32 – Le Président de l'Assemblée Nationale est élu pour la durée de la législature. Le Président du Sénat est élu après chaque renouvellement partiel.

Art. 33 – Les séances des deux Assemblées sont publiques. Le compte rendu intégral des débats est publié au Journal officiel.

Chaque Assemblée peut siéger en comité secret à la demande du Premier Ministre ou d'un dixième de ses membres.

Titre V : Des rapports entre le Parlement et le Gouvernement

Art. 34 – La loi est votée par le Parlement.

La loi fixe les règles concernant :

- les droits civiques et les garanties fondamentales accordées aux citoyens pour l'exercice des libertés publiques ; les sujétions imposées par la Défense Nationale aux citoyens en leur personne et en leurs biens ;
- la nationalité, l'état et la capacité des personnes, les régimes matrimoniaux, les successions et libéralités ;
- la détermination des crimes et délits ainsi que les peines qui leur sont applicables ; la procédure pénale ; l'amnistie ; la création de nouveaux ordres de juridiction et le statut des magistrats ;
- l'assiette, le taux et les modalités de recouvrement des impositions de toutes natures ; le régime d'émission de la monnaie.
- La loi fixe également les règles concernant :
- le régime électoral des Assemblées parlementaires et des Assemblées locales ;
- la création de catégories d'établissements publics ;
- les garanties fondamentales accordées aux fonctionnaires civils et militaires de l'État ;
- les nationalisations d'entreprises et les transferts de propriété d'entreprises du secteur public au secteur privé.
- La loi détermine les principes fondamentaux :
- de l'organisation générale de la Défense Nationale ;
- de la libre administration des collectivités territoriales, de leurs compétences et de leurs ressources ;
- de l'enseignement ;
- de la préservation de l'environnement ;
- du régime de la propriété, des droits réels et des obligations civiles et commerciales ;
- du droit du travail, du droit syndical et de la sécurité sociale.

Les lois de finances déterminent les ressources et les charges de l'État dans les conditions et sous les réserves prévues par une loi organique.

Les lois de financement de la sécurité sociale déterminent les conditions générales de son équilibre financier et, compte tenu de leurs prévisions de recettes, fixent ses objectifs de dépenses, dans les conditions et sous les réserves prévues par une loi organique.

Des lois de programmes déterminent les objectifs de l'action économique et sociale de l'État.

Les dispositions du présent article pourront être précisées et complétées par une loi organique.

Art. 35 – La déclaration de guerre est autorisée par le Parlement.

Art. 36 – L'état de siège est décrété en Conseil des ministres.

Sa prorogation au-delà de douze jours ne peut être autorisée que par le Parlement.

Art. 37 – Les matières autres que celles qui sont du domaine de la loi ont un caractère réglementaire.

Les textes de forme législative intervenus en ces matières peuvent être modifiés par décrets pris après avis du Conseil d'État. Ceux de ces textes qui interviendraient après l'entrée en vigueur de la présente Constitution ne pourront être modifiés par décret que si le Conseil Constitutionnel a déclaré qu'ils ont un caractère réglementaire en vertu de l'alinéa précédent.

Art. 37-1 – La loi et le règlement peuvent comporter, pour un objet et une durée limités, des dispositions à caractère expérimental.

Art. 38 – Le Gouvernement peut, pour l'exécution de son programme, demander au Parlement l'autorisation de prendre par ordonnances, pendant un délai limité, des mesures qui sont normalement du domaine de la loi.

Les ordonnances sont prises en Conseil des Ministres après avis du Conseil d'État. Elles entrent en vigueur dès leur publication mais deviennent caduques si le projet de loi de ratification n'est pas déposé devant le Parlement avant la date fixée par la loi d'habilitation.

À l'expiration du délai mentionné au premier alinéa du présent article, les ordonnances ne peuvent plus être modifiées que par la loi dans les matières qui sont du domaine législatif.

Art. 39 – L'initiative des lois appartient concurremment au Premier Ministre et aux membres du Parlement.

Les projets de loi sont délibérés en Conseil des Ministres après avis du Conseil d'État et déposés sur le bureau de l'une des deux Assemblées. Les projets de loi de finances sont soumis en premier lieu à l'Assemblée Nationale. Les projets de loi de finances et de loi de financement de la sécurité sociale sont soumis en premier lieu à l'Assemblée nationale. Sans préjudice du premier alinéa de l'article 44, les projets de loi ayant pour principal objet l'organisation des collectivités territoriales et les projets de loi relatifs aux instances représentatives des Français établis hors de France sont soumis en premier lieu au Sénat.

Art. 40 – Les propositions et amendements formulés par les membres du Parlement ne sont pas recevables lorsque leur adoption aurait pour conséquence soit une diminution des ressources publiques, soit la création ou l'aggravation d'une charge publique.

Art. 41 – S'il apparaît au cours de la procédure législative qu'une proposition ou un amendement n'est pas du domaine de la loi ou est contraire à une délégation accordée en vertu de l'article 38, le Gouvernement peut opposer l'irrecevabilité.

En cas de désaccord entre le Gouvernement et le Président de l'assemblée intéressée, le Conseil Constitutionnel, à la demande de l'un ou de l'autre, statue dans un délai de huit jours.

Art. 42 – La discussion des projets de loi porte, devant la première Assemblée saisie, sur le texte présenté par le Gouvernement.

Une Assemblée saisie d'un texte voté par l'autre Assemblée délibère sur le texte qui lui est transmis.

Art. 43 – Les projets et propositions de loi sont, à la demande du Gouvernement ou de l'assemblée qui en est saisie, envoyés pour examen à des commissions spécialement désignées à cet effet.

Les projets et propositions pour lesquels une telle demande n'a pas été faite sont envoyés à l'une des commissions permanentes dont le nombre est limité à six dans chaque Assemblée.

Art. 44 – Les membres du Parlement et le Gouvernement ont le droit d'amendement.

Après l'ouverture du débat, le Gouvernement peut s'opposer à l'examen de tout amendement qui n'a pas été antérieurement soumis à la commission.

Si le Gouvernement le demande, l'assemblée saisie se prononce par un seul vote sur tout ou partie du texte en discussion en ne retenant que les amendements proposés ou acceptés par le Gouvernement.

Art. 45 – Tout projet ou proposition de loi est examiné successivement dans les deux Assemblées du Parlement en vue de l'adoption d'un texte identique.

Lorsque, par suite d'un désaccord entre les deux Assemblées, un projet ou une proposition de loi n'a pu être adopté après deux lectures par chaque Assemblée ou, si le Gouvernement a déclaré l'urgence, après une seule lecture par chacune d'entre elles, le Premier Ministre a la faculté de provoquer la réunion d'une commission mixte paritaire chargée de proposer un texte sur les dispositions restant en discussion.

Le texte élaboré par la commission mixte peut être soumis par le Gouvernement pour approbation aux deux Assemblées. Aucun amendement n'est recevable sauf accord du Gouvernement.

Si la commission mixte ne parvient pas à l'adoption d'un texte commun ou si ce texte n'est pas adopté dans les conditions prévues à l'alinéa précédent, le Gouvernement peut, après une nouvelle lecture par l'Assemblée Nationale et par le Sénat, demander à l'Assemblée Nationale de statuer définitivement. En ce cas, l'Assemblée Nationale peut reprendre soit le texte élaboré par la commission mixte, soit le dernier texte voté par elle, modifié le cas échéant par un ou plusieurs des amendements adoptés par le Sénat.

Art. 46 – Les lois auxquelles la Constitution confère le caractère de lois organiques sont votées et modifiées dans les conditions suivantes.

Le projet ou la proposition n'est soumis à la délibération et au vote de la première Assemblée saisie qu'à l'expiration d'un délai de quinze jours après son dépôt.

La procédure de l'article 45 est applicable. Toutefois, faute d'accord entre les deux Assemblées, le texte ne peut être adopté par l'Assemblée Nationale en dernière lecture qu'à la majorité absolue de ses membres.

Les lois organiques relatives au Sénat doivent être votées dans les mêmes termes par les deux Assemblées.

Les lois organiques ne peuvent être promulguées qu'après la déclaration par le Conseil Constitutionnel de leur conformité à la Constitution.

Art. 47 – Le Parlement vote les projets de loi de finances dans les conditions prévues par une loi organique.

Si l'Assemblée Nationale ne s'est pas prononcée en première lecture dans le délai de quarante jours après le dépôt d'un projet, le Gouvernement saisit le Sénat qui doit statuer dans un délai de quinze jours. Il est ensuite procédé dans les conditions prévues à l'article 45.

Si le Parlement ne s'est pas prononcé dans un délai de soixante-dix jours, les dispositions du projet peuvent être mises en vigueur par ordonnance.

Si la loi de finances fixant les ressources et les charges d'un exercice n'a pas été déposée en temps utile pour être promulguée avant le début de cet exercice, le Gouvernement demande d'urgence au Parlement l'autorisation de percevoir les impôts et ouvre par décret les crédits se rapportant aux services votés. Les délais prévus au présent article sont suspendus lorsque le Parlement n'est pas en session. La Cour des Comptes assiste le Parlement et le Gouvernement dans le contrôle de l'exécution des lois de finances.

Art. 47-1 – Le Parlement vote les projets de loi de financement de la sécurité sociale dans les conditions prévues par une loi organique. Si l'Assemblée nationale ne s'est pas prononcée en première lecture dans le délai de vingt jours après le dépôt d'un projet, le Gouvernement saisit le Sénat qui doit statuer dans un délai de quinze jours. Il est ensuite procédé dans les conditions prévues à l'article 45. Si le Parlement ne s'est pas prononcé dans un délai de cinquante jours, les dispositions du projet peuvent être mises en œuvre par ordonnance.

Les délais prévus au présent article sont suspendus lorsque le Parlement n'est pas en session et, pour chaque Assemblée, au cours des semaines où elle a décidé de ne pas tenir séance, conformément au deuxième alinéa de l'article 28.

La Cour des comptes assiste le Parlement et le Gouvernement dans le contrôle de l'application des lois de financement de la sécurité sociale.

Art. 48 – Sans préjudice de l'application des trois derniers alinéas de l'article 28, l'ordre du jour des Assemblées comporte, par priorité et dans l'ordre que le Gouvernement a fixé, la discussion des projets de loi déposés par le Gouvernement et des propositions de loi acceptées par lui.

Une séance par semaine au moins est réservée par priorité aux questions des membres du Parlement et aux réponses du Gouvernement.

Une séance par mois est réservée par priorité à l'ordre du jour fixé par chaque Assemblée.

Art. 49 – Le Premier Ministre, après délibération du Conseil des Ministres, engage devant l'Assemblée Nationale la responsabilité du Gouvernement sur son programme ou éventuellement sur une déclaration de politique générale.

L'Assemblée Nationale met en cause la responsabilité du Gouvernement par le vote d'une motion de censure. Une telle motion n'est recevable que si elle est signée par un dixième au moins des membres de l'Assemblée Nationale. Le vote ne peut avoir lieu que quarante-huit heures après son dépôt. Seuls sont recensés les votes favorables à la motion de censure qui ne peut être adoptée qu'à la majorité des membres composant l'Assemblée. Sauf dans le cas prévu à l'alinéa ci-dessous, un député ne peut être signataire de plus de trois motions de censure au cours d'une même session ordinaire et de plus d'une au cours d'une même session extraordinaire.

Le Premier Ministre peut, après délibération du Conseil des Ministres, engager la responsabilité du Gouvernement devant l'Assemblée Nationale sur le vote d'un texte. Dans ce cas, ce texte est considéré comme adopté, sauf si une motion de censure, déposée dans les vingt-quatre heures qui suivent, est votée dans les conditions prévues à l'alinéa précédent.

Le Premier Ministre a la faculté de demander au Sénat l'approbation d'une déclaration de politique générale.

Art. 50 – Lorsque l'Assemblée Nationale adopte une motion de censure ou lorsqu'elle désapprouve le programme ou une déclaration de politique générale du Gouvernement, le Premier Ministre doit remettre au Président de la République la démission du Gouvernement.

Art. 51 – La clôture de la session ordinaire ou des sessions extraordinaires est de droit retardée pour permettre, le cas échéant, l'application de l'article 49. À cette même fin, des séances supplémentaires sont de droit.

Titre VI : Des traités et accords internationaux

Art. 52 – Le Président de la République négocie et ratifie les traités.

Il est informé de toute négociation tendant à la conclusion d'un accord international non soumis à ratification.

Art. 53 – Les traités de paix, les traités de commerce, les traités ou accords relatifs à l'organisation internationale, ceux qui engagent les finances de l'État, ceux qui modifient des dispositions de nature législative, ceux qui sont relatifs à l'état des personnes, ceux qui comportent cession, échange ou adjonction de territoire, ne peuvent être ratifiés ou approuvés qu'en vertu d'une loi.

Ils ne prennent effet qu'après avoir été ratifiés ou approuvés.

Nulle cession, nul échange, nulle adjonction de territoire n'est valable sans le consentement des populations intéressées.

Art. 53-1 – La République peut conclure avec les États européens qui sont liés par des engagements identiques aux siens en matière d'asile et de protection des Droits de l'homme et des libertés fondamentales, des accords déterminant leurs compétences respectives pour l'examen des demandes d'asile qui leur sont présentées.

Toutefois, même si la demande n'entre pas dans leur compétence en vertu de ces accords, les autorités de la République ont toujours le droit de donner asile à tout étranger persécuté en raison de son action en faveur de la liberté ou qui sollicite la protection de la France pour un autre motif.

Art. 53-2 – La République peut reconnaître la juridiction de la Cour pénale internationale dans les conditions prévues par le traité signé le 18 juillet 1998.

Art. 54 – Si le Conseil Constitutionnel, saisi par le Président de la République, par le Premier Ministre, par le Président de l'une ou l'autre Assemblée ou par soixante députés ou soixante sénateurs, a déclaré qu'un engagement international comporte une clause contraire à la Constitution, l'autorisation de ratifier ou d'approuver l'engagement international en cause ne peut intervenir qu'après révision de la Constitution.

Art. 55 – Les traités ou accords régulièrement ratifiés ou approuvés ont, dès leur publication, une autorité supérieure à celle des lois, sous réserve, pour chaque accord ou traité, de son application par l'autre partie.

Titre VII : Le Conseil Constitutionnel

Art. 56 – Le Conseil Constitutionnel comprend neuf membres, dont le mandat dure neuf ans et n'est pas renouvelable. Le Conseil Constitutionnel se renouvelle par tiers tous les trois ans. Trois des membres sont nommés par le Président de la République, trois par le Président de l'Assemblée Nationale, trois par le Président du Sénat.

En sus des neuf membres prévus ci-dessus, font de droit partie à vie du Conseil Constitutionnel les anciens Présidents de la République.

Le Président est nommé par le Président de la République. Il a voix prépondérante en cas de partage.

Art. 57 – Les fonctions de membre du Conseil Constitutionnel sont incompatibles avec celles de ministre ou de membre du Parlement. Les autres incompatibilités sont fixées par une loi organique.

Art. 58 – Le Conseil Constitutionnel veille à la régularité de l'élection du Président de la République.

Il examine les réclamations et proclame les résultats du scrutin.

Art. 59 – Le Conseil Constitutionnel statue, en cas de contestation, sur la régularité de l'élection des députés et des sénateurs.

Art. 60 – Le Conseil Constitutionnel veille à la régularité des opérations de référendum prévues aux articles 11 et 89 et au titre XV. Il en proclame les résultats.

Art. 61 – Les lois organiques, avant leur promulgation, et les règlements des Assemblées parlementaires, avant leur mise en application, doivent être soumis au Conseil Constitutionnel qui se prononce sur leur conformité à la Constitution.

Aux mêmes fins, les lois peuvent être déférées au Conseil Constitutionnel, avant leur promulgation, par le Président de la République, le Premier Ministre, le Président de l'Assemblée Nationale, le Président du Sénat ou soixante députés ou soixante sénateurs.

Dans les cas prévus aux deux alinéas précédents, le Conseil Constitutionnel doit statuer dans le délai d'un mois. Toutefois, à la demande du Gouvernement, s'il y a urgence, ce délai est ramené à huit jours.

Dans ces mêmes cas, la saisine du Conseil Constitutionnel suspend le délai de promulgation.

Art. 62 – Une disposition déclarée inconstitutionnelle ne peut être promulguée ni mise en application.

Les décisions du Conseil Constitutionnel ne sont susceptibles d'aucun recours. Elles s'imposent aux pouvoirs publics et à toutes les autorités administratives et juridictionnelles.

Art. 63 – Une loi organique détermine les règles d'organisation et de fonctionnement du Conseil Constitutionnel, la procédure qui est suivie devant lui et notamment les délais ouverts pour le saisir de contestations.

Titre VIII : De l'autorité judiciaire

Art. 64 – Le Président de la République est garant de l'indépendance de l'autorité judiciaire.

Il est assisté par le Conseil Supérieur de la Magistrature.

Une loi organique porte statut des magistrats.

Les magistrats du siège sont inamovibles.

Art. 65 – Le Conseil Supérieur de la Magistrature est présidé par le Président de la République. Le Ministre de la Justice en est le Vice-président de droit. Il peut suppléer le Président de la République.

Le Conseil Supérieur de la Magistrature comprend deux formations, l'une compétente à l'égard des magistrats du siège, l'autre à l'égard des magistrats du parquet.

La formation compétente à l'égard des magistrats du siège comprend, outre le Président de la République et le Garde des Sceaux, cinq magistrats du siège et un magistrat du parquet, un conseiller d'État, désigné par le Conseil d'État, et trois personnalités n'appartenant ni au Parlement ni à l'ordre judiciaire, désignées respectivement par le Président de la République, le Président de l'Assemblée Nationale et le Président du Sénat.

La formation compétente à l'égard des magistrats du parquet comprend, outre le Président de la République et le Garde des Sceaux, cinq magistrats du parquet et un magistrat du siège, le conseiller d'État et les trois personnalités mentionnées à l'alinéa précédent.

La formation du Conseil Supérieur de la Magistrature compétente à l'égard des magistrats du siège fait des propositions pour les nominations des magistrats du siège à la Cour de cassation et pour celles de premier président de Cour d'appel et pour celles de président de tribunal de grande instance. Les autres magistrats du siège sont nommés sur son avis conforme.

[Elle] statue comme conseil de discipline des magistrats du siège. [Elle] est alors présidée par le premier président de la Cour de cassation.

La formation du Conseil Supérieur de la Magistrature compétente à l'égard des magistrats du parquet donne son avis pour les nominations concernant les magistrats du parquet, à l'exception des emplois auxquels il est pourvu en Conseil des Ministres.

Elle donne son avis sur les sanctions disciplinaires concernant les magistrats du parquet. Elle est alors présidée par le procureur général près la Cour de cassation.

Une loi organique détermine les conditions d'application du présent article.

Art. 66 – Nul ne peut être arbitrairement détenu.

L'autorité judiciaire, gardienne de la liberté individuelle, assure le respect de ce principe dans les conditions prévues par la loi.

Titre IX : La Haute Cour de justice

Art. 67 – Il est institué une Haute Cour de Justice.

Elle est composée de membres élus, en leur sein et en nombre égal, par l'Assemblée Nationale et par le Sénat après chaque renouvellement général ou partiel de ces Assemblées. Elle élit son Président parmi ses membres.

Une loi organique fixe la composition de la Haute Cour, les règles de son fonctionnement ainsi que la procédure applicable devant elle.

Art. 68 – Le Président de la République n'est responsable des actes accomplis dans l'exercice de ses fonctions qu'en cas de haute trahison. Il ne peut être mis en accusation que par les deux Assemblées statuant par un vote identique au scrutin public et à la majorité absolue des membres les composant ; il est jugé par la Haute Cour de Justice.

Titre X : De la responsabilité pénale des membres du Gouvernement

Art. 68-1 – Les membres du Gouvernement sont pénalement responsables des actes accomplis dans l'exercice de leurs fonctions et qualifiés crimes ou délits au moment où ils ont été commis. Ils sont jugés par la Cour de justice de la République.

La Cour de justice de la République est liée par la définition des crimes et délits ainsi que par la détermination des peines telles qu'elles résultent de la loi.

Art. 68-2 – La Cour de justice de la République comprend quinze juges : douze parlementaires élus, en leur sein et en nombre égal, par l'Assemblée Nationale et par le Sénat après chaque renouvellement général ou partiel de ces Assemblées et trois magistrats du siège à la Cour de cassation, dont l'un préside la Cour de justice de la République.

Toute personne qui se prétend lésée par un crime ou un délit commis par un membre du Gouvernement dans l'exercice de ses fonctions peut porter plainte auprès d'une commission des requêtes.

Cette commission ordonne soit le classement de la procédure, soit sa transmission au procureur général près la Cour de cassation aux fins de saisine de la Cour de justice de la République.

Le procureur général près la Cour de cassation peut aussi saisir d'office la Cour de justice de la République sur avis conforme de la commission des requêtes.

Une loi organique détermine les conditions d'application du présent article.

Art. 68-3 – Les dispositions du présent titre sont applicables aux faits commis avant son entrée en vigueur.

Titre XI : Le Conseil économique et social

Art. 69 – Le Conseil Economique et Social, saisi par le Gouvernement, donne son avis sur les projets de loi, d'ordonnance ou de décret ainsi que sur les propositions de lois qui lui sont soumis.

Un membre du Conseil Economique et Social peut être désigné par celui-ci pour exposer devant les Assemblées parlementaires l'avis du Conseil sur les projets ou propositions qui lui ont été soumis.

Art. 70 – Le Conseil Economique et Social peuvent être également consultés par le Gouvernement sur tout problème de caractère économique ou social. Tout plan ou tout projet de loi de programme à caractère économique ou social lui est soumis pour avis.

Art. 71 – La composition du Conseil Economique et Social et ses règles de fonctionnement sont fixées par une loi organique.

Titre XII : Des collectivités territoriales

Art. 72 – Les collectivités territoriales de la République sont les communes, les départements, les régions, les collectivités à statut particulier et les collectivités d'outre-mer régies par l'article 74. Toute autre collectivité territoriale est créée par la loi, le cas échéant en lieu et place d'une ou de plusieurs collectivités mentionnées au présent alinéa.

Les collectivités territoriales ont vocation à prendre les décisions pour l'ensemble des compétences qui peuvent le mieux être mises en œuvre à leur échelon.

Dans les conditions prévues par la loi, ces collectivités s'administrent librement par des conseils élus et disposent d'un pouvoir réglementaire pour l'exercice de leurs compétences.

Dans les conditions prévues par la loi organique, et sauf lorsque sont en cause les conditions essentielles d'exercice d'une liberté publique ou d'un droit constitutionnellement garanti, les collectivités territoriales ou leurs groupements peuvent, lorsque, selon le cas, la loi ou le règlement l'a prévu, déroger, à titre expérimental et pour un objet et une durée limités, aux dispositions législatives ou réglementaires qui régissent l'exercice de leurs compétences.

Aucune collectivité territoriale ne peut exercer une tutelle sur une autre. Cependant, lorsque l'exercice d'une compétence nécessite le concours de plusieurs collectivités territoriales, la loi peut autoriser l'une d'entre elles ou un de leurs groupements à organiser les modalités de leur action commune.

Dans les collectivités territoriales de la République, le représentant de l'État, représentant de chacun des membres du Gouvernement, à la charge des intérêts nationaux, du contrôle administratif et du respect des lois.

Art. 72-1 – La loi fixe les conditions dans lesquelles les électeurs de chaque collectivité territoriale peuvent, par l'exercice du droit de pétition, demander l'inscription à l'ordre du jour de l'assemblée délibérante de cette collectivité d'une question relevant de sa compétence.

Dans les conditions prévues par la loi organique, les projets de délibération ou d'acte relevant de la compétence d'une collectivité territoriale peuvent, à son initiative, être soumis, par la voie du référendum, à la décision des électeurs de cette collectivité.

Lorsqu'il est envisagé de créer une collectivité territoriale dotée d'un statut particulier ou de modifier son organisation, il peut être décidé par la loi de consulter les électeurs inscrits dans les collectivités intéressées. La modification des limites des collectivités territoriales peut également donner lieu à la consultation des électeurs dans les conditions prévues par la loi.

Art. 72-2 – Les collectivités territoriales bénéficient de ressources dont elles peuvent disposer librement dans les conditions fixées par la loi.

Elles peuvent recevoir tout ou partie du produit des impositions de toutes natures. La loi peut les autoriser à en fixer l'assiette et le taux dans les limites qu'elle détermine.

Les recettes fiscales et les autres ressources propres des collectivités territoriales représentent, pour chaque catégorie de collectivités, une part déterminante de l'ensemble de leurs ressources. La loi organique fixe les conditions dans lesquelles cette règle est mise en œuvre.

Tout transfert de compétences entre l'État et les collectivités territoriales s'accompagne de l'attribution de ressources équivalentes à celles qui étaient consacrées à leur exercice. Toute création ou extension de compétences ayant pour conséquence d'augmenter les dépenses des collectivités territoriales est accompagnée de ressources déterminées par la loi.

La loi prévoit des dispositifs de péréquation destinés à favoriser l'égalité entre les collectivités territoriales.

Art. 72-3 – La République reconnaît, au sein du peuple français, les populations d'outre-mer, dans un idéal commun de liberté, d'égalité et de fraternité.

« La Guadeloupe, la Guyane, la Martinique, La Réunion, Mayotte, Saint-Pierre-et-Miquelon, les îles Wallis et Futuna et la Polynésie française sont régis par l'article 73 pour les départements et les régions d'outre-mer et pour les collectivités territoriales créées en application du dernier alinéa de l'article 73, et par l'article 74 pour les autres collectivités.

Le statut de la Nouvelle-Calédonie est régi par le titre XIII.

La loi détermine le régime législatif et l'organisation particulière des Terres australes et antarctiques françaises.

Art. 72-4 – Aucun changement, pour tout ou partie de l'une des collectivités mentionnées au deuxième alinéa de l'article 72-3, de l'un vers l'autre des régimes prévus par les articles 73 et 74, ne peut intervenir sans que le consentement des électeurs de la collectivité ou de la partie de collectivité intéressée ait été préalablement recueilli dans les conditions prévues à l'alinéa suivant. Ce changement de régime est décidé par une loi organique.

« Le Président de la République, sur proposition du Gouvernement pendant la durée des sessions ou sur proposition conjointe des deux Assemblées, publiées au Journal officiel, peut décider de consulter les électeurs d'une collectivité territoriale située outre-mer sur une question relative à son organisation, à ses compétences ou à son régime législatif. Lorsque la consultation porte sur un changement prévu à l'alinéa précédent et est organisée sur proposition du Gouvernement, celui-ci fait, devant chaque Assemblée, une déclaration qui est suivie d'un débat. »

Art. 73 – Dans les départements et les régions d'outre-mer, les lois et règlements sont applicables de plein droit. Ils peuvent faire l'objet d'adaptations tenant aux caractéristiques et contraintes particulières de ces collectivités.

« Ces adaptations peuvent être décidées par ces collectivités dans les matières où s'exercent leurs compétences et si elles y ont été habilitées par la loi.

« Par dérogation au premier alinéa et pour tenir compte de leurs spécificités, les collectivités régies par le présent article peuvent être habilitées par la loi à fixer elles-mêmes les règles applicables sur leur territoire, dans un nombre limité de matières pouvant relever du domaine de la loi.

« Ces règles ne peuvent porter sur la nationalité, les droits civiques, les garanties des libertés publiques, l'état et la capacité des personnes, l'organisation de la justice, le droit pénal, la procédure pénale, la politique étrangère, la défense, la sécurité et l'ordre publics, la monnaie, le crédit et les changes, ainsi que le droit électoral. Cette énumération pourra être précisée et complétée par une loi organique.

« La disposition prévue aux deux précédents alinéas n'est pas applicable au département et à la région de La Réunion.

« Les habilitations prévues aux deuxième et troisième alinéas sont décidées, à la demande de la collectivité concernée, dans les conditions et sous les réserves prévues par une loi organique. Elles ne peuvent intervenir lorsque sont en cause les conditions essentielles d'exercice d'une liberté publique ou d'un droit constitutionnellement garanti.

« La création par la loi d'une collectivité se substituant à un département et une région d'outre-mer ou l'institution d'une Assemblée délibérante unique pour ces deux collectivités ne peut intervenir sans qu'ait été recueilli, selon les formes prévues au second alinéa de l'article 72-4, le consentement des électeurs inscrits dans le ressort de ces collectivités.

Art. 74 – Les collectivités d'outre-mer régies par le présent article ont un statut qui tient compte des intérêts propres de chacune d'elles au sein de la République.

Ce statut est défini par une loi organique, adoptée après avis de l'assemblée délibérante, qui fixe :

- les conditions dans lesquelles les lois et règlements y sont applicables ;
- les compétences de cette collectivité ; sous réserve de celles déjà exercées par elle, le transfert de compétences de l'État ne peut porter sur les matières énumérées au quatrième alinéa de l'article 73, précisées et complétées, le cas échéant, par la loi organique ;
- les règles d'organisation et de fonctionnement des institutions de la collectivité et le régime électoral de son Assemblée délibérante ;
- les conditions dans lesquelles ses institutions sont consultées sur les projets et propositions de loi et les projets d'ordonnance ou de décret comportant des dispositions particulières à la collectivité, ainsi que sur la ratification ou l'approbation d'engagements internationaux conclus dans les matières relevant de sa compétence.

La loi organique peut également déterminer, pour celles de ces collectivités qui sont dotées de l'autonomie, les conditions dans lesquelles :

- le Conseil d'État exerce un contrôle juridictionnel spécifique sur certaines catégories d'actes de l'assemblée délibérante intervenant au titre des compétences qu'elle exerce dans le domaine de la loi ;
- l'assemblée délibérante peut modifier une loi promulguée postérieurement à l'entrée en vigueur du statut de la collectivité, lorsque le Conseil Constitutionnel, saisi notamment

par les autorités de la collectivité, a constaté que la loi était intervenue dans le domaine de compétence de cette collectivité ;

- des mesures justifiées par les nécessités locales peuvent être prises par la collectivité en faveur de sa population, en matière d'accès à l'emploi, de droit d'établissement pour l'exercice d'une activité professionnelle ou de protection du patrimoine foncier ;
- la collectivité peut participer, sous le contrôle de l'État, à l'exercice des compétences qu'il conserve, dans le respect des garanties accordées sur l'ensemble du territoire national pour l'exercice des libertés publiques.

Les autres modalités de l'organisation particulière des collectivités relevant du présent article sont définies et modifiées par la loi après consultation de leur Assemblée délibérante.

Art. 74-1 – Dans les collectivités d'outre-mer visées à l'article 74 et en Nouvelle-Calédonie, le Gouvernement peut, dans les matières qui demeurent de la compétence de l'État, étendre par ordonnances, avec les adaptations nécessaires, les dispositions de nature législative en vigueur en métropole, sous réserve que la loi n'ait pas expressément exclu, pour les dispositions en cause, le recours à cette procédure.

Les ordonnances sont prises en conseil des ministres après avis des Assemblées délibérantes intéressées et du Conseil d'État. Elles entrent en vigueur dès leur publication. Elles deviennent caduques en l'absence de ratification par le Parlement dans le délai de dix-huit mois suivant cette publication.

Art. 75 – Les citoyens de la République qui n'ont pas le statut civil de droit commun, seul visé à l'article 34, conservent leur statut personnel tant qu'ils n'y ont pas renoncé.

Art. 76 – (abrogé).

Titre XIII : Dispositions transitoires relatives à la Nouvelle-Calédonie

Art. 76 – Les populations de la Nouvelle-Calédonie sont appelées à se prononcer avant le 31 décembre 1998 sur les dispositions de l'accord signé à Nouméa le 5 mai 1998 et publié le 27 mai 1998 au Journal officiel de la République française.

Sont admises à participer au scrutin les personnes remplissant les conditions fixées à l'article 2 de la loi n° 88-1028 du 9 novembre 1988.

Les mesures nécessaires à l'organisation du scrutin sont prises par décret en Conseil d'État délibéré en conseil des ministres.

Art. 77 – Après approbation de l'accord lors de la consultation prévue à l'article 76, la loi organique, prise après avis de l'assemblée délibérante de la Nouvelle-Calédonie, détermine, pour assurer l'évolution de la Nouvelle-Calédonie dans le respect des orientations définies par cet accord et selon les modalités nécessaires à sa mise en œuvre :

- les compétences de l'État qui seront transférées, de façon définitive, aux institutions de la Nouvelle-Calédonie, l'échelonnement et les modalités de ces transferts, ainsi que la répartition des charges résultant de ceux-ci ;
- les règles d'organisation et de fonctionnement des institutions de la Nouvelle-Calédonie et notamment les conditions dans lesquelles certaines catégories d'actes de l'assemblée délibérante pourront être soumises avant publication au contrôle du Conseil Constitutionnel ;
- les règles relatives à la citoyenneté, au régime électoral, à l'emploi et au statut civil coutumier ;

– les conditions et les délais dans lesquels les populations intéressées de la Nouvelle-Calédonie seront amenées à se prononcer sur l'accession à la pleine souveraineté. Les autres mesures nécessaires à la mise en œuvre de l'accord mentionné à l'article 76 sont définies par la loi.

Titre XIV : Des accords d'associations

Art. 88 – La République peut conclure des accords avec des États qui désirent s'associer à elle pour développer leurs civilisations.

Titre XV : Des communautés européennes et de l'Union européenne

Art. 88-1 – La République participe aux Communautés européennes et à l'Union européenne, constituées d'États qui ont choisi librement, en vertu des traités qui les ont instituées, d'exercer en commun certaines de leurs compétences.

Elle peut participer à l'Union européenne dans les conditions prévues par le traité établissant une Constitution pour l'Europe signé le 29 octobre 2004.

Art. 88-2 – Sous réserve de réciprocité et selon les modalités prévues par le Traité sur l'Union européenne signé le 7 février 1992, la France consent aux transferts de compétences nécessaires à l'établissement de l'union économique et monétaire européenne.

Sous la même réserve et selon les modalités prévues par le Traité instituant la Communauté européenne, dans sa rédaction résultant du traité signé le 2 octobre 1997, peuvent être consentis les transferts de compétence nécessaires à la détermination des règles relatives à la libre circulation des personnes et aux domaines qui lui sont liés.

La loi fixe les règles relatives au mandat d'arrêt européen en application des actes pris sur le fondement du Traité sur l'Union européenne.

Art. 88-3 – Sous réserve de réciprocité et selon les modalités prévues par le Traité sur l'Union européenne signé le 7 février 1992, le droit de vote et d'éligibilité aux élections municipales peut être accordé aux seuls citoyens de l'Union résidant en France. Ces citoyens ne peuvent exercer les fonctions de maire ou d'adjoint ni participer à la désignation des électeurs sénatoriaux et à l'élection des sénateurs. Une loi organique votée dans les mêmes termes par les deux Assemblées détermine les conditions d'application du présent article.

Art. 88-4 – Le Gouvernement soumet à l'Assemblée Nationale et au Sénat, dès leur transmission au Conseil de l'Union européenne, les projets ou propositions d'actes des Communautés européennes et de l'Union européenne comportant des dispositions de nature législative. Il peut également leur soumettre les autres projets ou propositions d'actes ainsi que tout document émanant d'une institution de l'Union européenne.

Selon les modalités fixées par le règlement de chaque Assemblée, des résolutions peuvent être votées, le cas échéant en dehors des sessions, sur les projets, propositions ou documents mentionnés à l'alinéa précédent.

Art. 88-5 – Tout projet de loi autorisant la ratification d'un traité relatif à l'adhésion d'un État à l'Union européenne et aux Communautés européennes est soumis au référendum par le Président de la République.

[l'article 88-5, dans sa rédaction en vigueur jusqu'à l'entrée en vigueur du traité établissant une Constitution pour l'Europe, n'est pas applicable aux adhésions faisant suite à une conférence intergouvernementale dont la convocation a été décidée par le Conseil européen avant le 1er juillet 2004].

Titre XVI : De la révision

Art. 89 – L'initiative de la révision de la Constitution appartient concurremment au Président de la République sur proposition du Premier Ministre et aux membres du Parlement.

Le projet ou la proposition de révision doit être voté par les deux Assemblées en termes identiques. La révision est définitive après avoir été approuvée par référendum.

Toutefois, le projet de révision n'est pas présenté au référendum lorsque le Président de la République décide de le soumettre au Parlement convoqué en Congrès ; dans ce cas, le projet de révision n'est approuvé que s'il réunit la majorité des trois cinquièmes des suffrages exprimés. Le bureau du Congrès est celui de l'Assemblée Nationale.

Aucune procédure de révision ne peut être engagée ou poursuivie lorsqu'il est porté atteinte à l'intégrité du territoire.

La forme républicaine du Gouvernement ne peut faire l'objet d'une révision.

La déclaration des droits de l'Homme et du Citoyen du 26 août 1789

Annexe N° 2

Les Représentants du Peuple Français, constitués en Assemblée Nationale, considérant que l'ignorance, l'oubli ou le mépris des droits de l'Homme sont les seules causes des malheurs publics et de la corruption des Gouvernements, ont résolu d'exposer, dans une Déclaration solennelle, les droits naturels, inaliénables et sacrés de l'Homme, afin que cette Déclaration, constamment présente à tous les Membres du corps social, leur rappelle sans cesse leurs droits et leurs devoirs ; afin que leurs actes du pouvoir législatif, et ceux du pouvoir exécutif, pouvant être à chaque instant comparés avec le but de toute institution politique, en soient plus respectés ; afin que les réclamations des citoyens, fondées désormais sur des principes simples et incontestables, tournent toujours au maintien de la Constitution et au bonheur de tous.

En conséquence, l'Assemblée Nationale reconnaît et déclare, en présence et sous les auspices de l'Être suprême, les droits suivants de l'Homme et du Citoyen.

Art. 1 – Les hommes naissent et demeurent libres et égaux en droits. Les distinctions sociales ne peuvent être fondées que sur l'utilité commune.

Art. 2 – Le but de toute association politique est la conservation des droits naturels et imprescriptibles de l'Homme. Ces droits sont la liberté, la propriété, la sûreté, et la résistance à l'oppression.

Art. 3 – Le principe de toute Souveraineté réside essentiellement dans la Nation. Nul corps, nul individu ne peut exercer d'autorité qui n'en émane expressément.

Art. 4 – La liberté consiste à pouvoir faire tout ce qui ne nuit pas à autrui : ainsi, l'exercice des droits naturels de chaque homme n'a de bornes que celles qui assurent aux autres Membres de la Société la jouissance de ces mêmes droits. Ces bornes ne peuvent être déterminées que par la Loi.

Art. 5 – La Loi n'a le droit de défendre que les actions nuisibles à la Société. Tout ce qui n'est pas défendu par la Loi ne peut être empêché, et nul ne peut être contraint à faire ce qu'elle n'ordonne pas.

Art. 6 – La Loi est l'expression de la volonté générale. Tous les Citoyens ont droit de concourir personnellement, ou par leurs Représentants, à sa formation. Elle doit être la même pour tous, soit qu'elle protège, soit qu'elle punisse. Tous les Citoyens étant égaux à ses yeux sont également admissibles à toutes dignités, places et emplois publics, selon leur capacité, et sans autre distinction que celle de leurs vertus et de leurs talents.

Art. 7 – Nul homme ne peut être accusé, arrêté ni détenu que dans les cas déterminés par la Loi, et selon les formes qu'elle a prescrites. Ceux qui sollicitent, expédient, exécutent ou font exécuter des ordres arbitraires, doivent être punis ; mais tout citoyen appelé ou saisi en vertu de la Loi doit obéir à l'instant : il se rend coupable par la résistance.

Art. 8 – La Loi ne doit établir que des peines strictement et évidemment nécessaires, et nul ne peut être puni qu'en vertu d'une Loi établie et promulguée antérieurement au délit, et légalement appliquée.

Art. 9 – Tout homme étant présumé innocent jusqu'à ce qu'il ait été déclaré coupable, s'il est jugé indispensable de l'arrêter, toute rigueur qui ne serait pas nécessaire pour s'assurer de sa personne doit être sévèrement réprimée par la loi.

Art. 10 – Nul ne doit être inquiété pour ses opinions, même religieuses, pourvu que leur manifestation ne trouble pas l'ordre public établi par la Loi.

Art. 11 – La libre communication des pensées et des opinions est un des droits les plus précieux de l'Homme : tout Citoyen peut donc parler, écrire, imprimer librement, sauf à répondre à l'abus de cette liberté dans les cas déterminés par la Loi.

Art. 12 – La garantie des droits de l'Homme et du Citoyen nécessite une force publique : cette force est donc instituée pour l'avantage de tous, et non pour l'utilité particulière de ceux auxquels elle est confiée.

Art. 13 – Pour l'entretien de la force publique, et pour les dépenses d'administration, une contribution commune est indispensable : elle doit être également répartie entre tous les citoyens, en raison de leurs facultés.

Art. 14 – Tous les Citoyens ont le droit de constater, par eux-mêmes ou par leurs représentants, la nécessité de la contribution publique, de la consentir librement d'en suivre l'emploi, et d'en déterminer la quotité, l'assiette, le recouvrement et la durée.

Art. 15 – La Société a le droit de demander compte à tout Agent public de son administration.

Art. 16 – Toute Société dans laquelle la garantie des Droits n'est pas assurée, ni la séparation des Pouvoirs déterminée, n'a point de Constitution.

Art. 17 – La propriété étant un droit inviolable et sacré, nul ne peut en être privé, si ce n'est lorsque la nécessité publique, légalement constatée, l'exige évidemment, et sous la condition d'une juste et préalable indemnité.

Le Préambule de la Constitution du 27 octobre 1946

Annexe N° 3

1. Au lendemain de la victoire remportée par les peuples libres sur les régimes qui ont tenté d'asservir et de dégrader la personne humaine, le peuple français proclame à nouveau que tout être humain, sans distinction de race, de religion ni de croyance, possède des droits inaliénables et sacrés. Il réaffirme solennellement les droits et libertés de l'homme et du citoyen consacrés par la Déclaration des droits de 1789 et les principes fondamentaux reconnus par les lois de la République.

2. Il proclame, en outre, comme particulièrement nécessaires à notre temps, les principes politiques, économiques et sociaux ci-après :

3. La loi garantit à la femme, dans tous les domaines, des droits égaux à ceux de l'homme.

4. Tout homme persécuté en raison de son action en faveur de la liberté a droit d'asile sur les territoires de la République.

5. Chacun a le devoir de travailler et le droit d'obtenir un emploi. Nul ne peut être lésé, dans son travail ou son emploi, en raison de ses origines, de ses opinions ou de ses croyances.

6. Tout homme peut défendre ses droits et ses intérêts par l'action syndicale et adhérer au syndicat de son choix.

7. Le droit de grève s'exerce dans le cadre des lois qui le réglementent.

8. Tout travailleur participe, par l'intermédiaire de ses délégués, à la détermination collective des conditions de travail ainsi qu'à la gestion des entreprises.

9. Tout bien, toute entreprise, dont l'exploitation a ou acquiert les caractères d'un service public national ou d'un monopole de fait, doit devenir la propriété de la collectivité.

10. La Nation assure à l'individu et à la famille les conditions nécessaires à leur développement.

11. Elle garantit à tous, notamment à l'enfant, à la mère et aux vieux travailleurs, la protection de la santé, la sécurité matérielle, le repos et les loisirs. Tout être humain qui, en raison de son âge, de son état physique ou mental, de la situation économique, se trouve dans l'incapacité de travailler a le droit d'obtenir de la collectivité des moyens convenables d'existence.

12. La Nation proclame la solidarité et l'égalité de tous les Français devant les charges qui résultent des calamités nationales.

13. La Nation garantit l'égal accès de l'enfant et de l'adulte à l'instruction, à la formation professionnelle et à la culture. L'organisation de l'enseignement public gratuit et laïque à tous les degrés est un devoir de l'État.

14. La République française, fidèle à ses traditions, se conforme aux règles du droit public international. Elle n'entreprendra aucune guerre dans des vues de conquête et n'emploiera jamais ses forces contre la liberté d'aucun peuple.

15. Sous réserve de réciprocité, la France consent aux limitations de souveraineté nécessaires à l'organisation et à la défense de la paix.

16. La France forme avec les peuples d'outre-mer une Union fondée sur l'égalité des droits et des devoirs, sans distinction de race ni de religion.

17. L'Union française est composée de nations et de peuples qui mettent en commun ou coordonnent leurs ressources et leurs efforts pour développer leurs civilisations respectives, accroître leur bien-être et assurer leur sécurité.
18. Fidèle à sa mission traditionnelle, la France entend conduire les peuples dont elle a pris la charge à la liberté de s'administrer eux-mêmes et de gérer démocratiquement leurs propres affaires ; écartant tout système de colonisation fondé sur l'arbitraire, elle garantit à tous l'égal accès aux fonctions publiques et l'exercice individuel ou collectif des droits et libertés proclamés ou confirmés ci-dessus.

3

Droit administratif général

(2e année de licence en droit)

Les personnes morales de droit public

Sujet N° 5

Tout sujet de dissertation juridique doit être traité en fonction d'une méthode précise qu'il faut impérativement respecter.
Ceci étant, pour y procéder, il convient de suivre les **6 étapes suivantes** (dans une durée normale de **3 heures**) que sont : la **définition du sujet**, sa **compréhension**, le **recensement des idées** y **afférentes**, l'**établissement d'un plan détaillé**, la **rédaction de l'introduction**, et enfin, la **rédaction du reste du devoir et sa lecture**.

1. La définition du sujet (10 minutes)

A. Il convient, tout d'abord, de relever que le sujet est formulé au pluriel ; ce qui suppose une vision plus pratique, moins théorique du sujet.

Le sujet « la personnalité morale de droit public » supposerait, quant à son traitement, une vision plus théorique.

B. Cette étape consiste aussi, en second lieu, à identifier les mots-clés composant l'intitulé et à les définir précisément.

Il importe de définir la notion de « personne morale » (1), et ensuite d'aborder la spécificité de celle de « personne morale de droit public » (2).

1. La notion de « personne morale »

Aujourd'hui, toutes les personnes physiques sont des sujets de droit.

La considération ainsi accordée à la personne humaine a conduit à récuser l'existence de catégories au sein de telles personnes, telles que les esclaves, privés de l'existence juridique.

Toutefois, à côté des personnes physiques, les personnes morales constituent aussi aujourd'hui des sujets de droit.

Le droit considère certains groupements comme des personnes juridiques (c'est-à-dire sujets de droits et d'obligations) distinctes des membres les composant.

Ces groupements sont dénommés personnes morales et sont identifiés, en principe, par les caractères suivants :

– ils assurent une activité finalisée ;
– ils ont des organes propres qui les dirigent ;
– ils possèdent des moyens humains, matériels et financiers ;
– et enfin, ils sont sujets de droits et obligations.

La personnalité morale a pour effet de conférer au groupement la permanence et l'unité.

Ainsi, les actionnaires d'une société, les adhérents d'une association ne sont pas les mêmes dans le temps, mais la société et l'association restent juridiquement invariables.

De même, pour l'État et les autres personnes publiques : les dirigeants, appelés usuellement les « gouvernants » pour l'État, changent, mais la personne publique demeure toujours la même.

La doctrine a été pourtant longtemps partagée sur l'existence, et par là même, sur l'intérêt de cette notion de personne morale.

Ainsi, certains auteurs ont admis l'existence de personnes morales, soit par analogie des personnes morales et des personnes humaines, soit en soutenant qu'il existe une volonté collective du groupe (Hauriou et sa théorie de l'institution, par exemple).

D'autres ont estimé que la personne morale n'était qu'une pure fiction.

Pour certains, particulièrement négatifs, cette fiction est inutile, et il vaut mieux abandonner la notion de personne morale (Duguit, Jèze) ; c'est ainsi qu'un professeur résumait sa position en disant : je n'ai jamais dîné avec une personne morale et qu'un autre observait : nous sommes dix, nous formons une association, et nous sommes toujours dix, nous ne sommes pas onze.

Mais, pour d'autres, la personne morale est une fiction commode.

En réalité, ces deux théories lient trop la personne humaine et la personne juridique.

L'aptitude à la vie juridique pour un groupement quelconque est en effet une qualité abstraite.

Elle s'avère aujourd'hui une notion fort utile dans la mesure où elle permet de protéger surtout des intérêts collectifs.

En effet, si certains juristes éminents tels que Gaston Jèze ironisait sur le concept de personne morale en précisant qu'elle n'existait pas parce qu'il n'avait jamais déjeuné avec une telle entité ; pourtant, aujourd'hui, lors de repas d'affaires, c'est souvent elle qui paie l'addition alors qu'elle ne mange rien !

L'octroi de la personnalité juridique à certains groupements collectifs est donc une formule commode qui présente cinq intérêts :

1) Elle permet de distinguer les actes juridiques que les individus prennent ou passent pour leur propre compte et ceux qu'ils établissent pour un organisme collectif ;

2) La personne morale est propriétaire de son propre patrimoine, c'est-à-dire de biens distincts de ceux des individus qui l'animent ;
3) La personne morale est responsable des actes matériels commis pour son compte, de même qu'elle bénéficie des réparations pour le tort qui lui a été causé ;
4) Les droits et obligations, découlant des actes juridiques la concernant, sont les droits et obligations de la personne morale elle-même ;
5) La personne morale ne peut agir qu'en fonction d'intérêts précis pour lesquels elle a été créée : c'est le principe de la spécialité des personnes morales qui consacre une telle règle. Toutefois, certaines plus que d'autres sont chargées d'un grand nombre d'activités à accomplir et d'intérêts à satisfaire.

2. La notion de « personne morale de droit public »

Les personnes morales relèvent soit du droit privé, soit du droit public en fonction de critères relativement fiables de distinction.

Toutefois, quelques éléments de confusion remettent en cause cette distinction classique voire l'homogénéité de chacune des deux catégories.

En principe, les personnes morales de droit privé et les personnes publiques se distinguent nettement à partir de trois critères principaux, que sont :

– l'origine de leur création ;
– le caractère de leurs moyens d'action ;
– et enfin, le lien les unissant à leurs membres ou usagers.

C'est ainsi qu'en principe, les personnes morales de droit privé sont, en premier lieu, et normalement, constituées par des particuliers. Leur constitution résulte de la volonté des particuliers.

Elles ne bénéficient pas, en deuxième lieu, de prérogatives de puissance publique sauf si la loi où le règlement en dispose autrement.

Et en troisième lieu, et enfin, l'adhésion des particuliers à ces personnes est libre.

Ainsi, en est-il des associations, des sociétés commerciales, des fondations, ou encore, des syndicats.

Quant aux personnes morales de droit public, elles présentent très logiquement les caractéristiques inverses de celles des personnes morales de droit privé.

Ainsi, leur constitution résulte de la volonté sinon de l'État du moins d'une autre personne publique.

De même, disposent-elles obligatoirement de prérogatives de puissance publique.

In fine, les particuliers se doivent d'y adhérer, sauf toutefois pour les établissements publics.

Pendant longtemps, le but poursuivi par les personnes morales a été un critère de distinction entre celles relevant du droit privé et les autres.

Ainsi, les personnes publiques étaient considérées ne poursuivre que des buts non lucratifs, alors que les personnes morales de droit privé étaient censées ne vouloir satisfaire que des buts lucratifs, c'est-à-dire avoir pour seul ou essentiel objet de faire des profits.

Cet élément simpliste de distinction n'a pas résisté à l'épreuve des faits, et particulièrement d'ailleurs à l'évolution des contours de l'action administrative.

Il est désormais de peu d'efficacité dans la mesure où si des personnes morales de droit privé peuvent poursuivre un but lucratif, telles que les sociétés commerciales ou civiles, elles peuvent, elles aussi, avoir un but non lucratif, avoir une finalité désintéressée. C'est ainsi le cas d'un grand nombre d'associations, de syndicats, de mutuelles voire de fondations.

Ces dernières ont dès lors un rôle comparable à celui traditionnellement attribué aux collectivités publiques

De surcroît, certaines personnes morales de droit public ont une activité commerciale analogue aux sociétés privées, telles que les entreprises publiques constituées sous forme d'établissements publics à caractère industriel et commercial.

Si le critère du but poursuivi s'avère donc aujourd'hui peu efficace pour distinguer les deux catégories de personnes morales, il existe d'autres éléments rendant quelque peu plus confuse cette distinction pourtant classique du droit français.

Une tendance générale au rapprochement entre les personnes morales de droit privé et les personnes publiques se dessine, en effet, désormais, dans de très nombreux secteurs.

Certaines personnes morales de droit public sont largement soumises au droit privé, tels que les établissements à caractère industriel et commercial, alors que certaines personnes morales de droit privé sont largement soumises au droit public, telles que celles chargées de la gestion d'un service public administratif.

D'ailleurs, aux frontières du droit privé et du droit public, se trouve une catégorie nouvelle : celle des organismes privés chargés d'un service public qui sont parfois qualifiés de « personnes mixtes ».

Ce sont, en réalité, des personnes morales de droit privé qu'il faut mettre à part parce que, à certains égards, elles se rapprochent des personnes morales de droit public.

Enfin, il convient de préciser que tout cet ensemble de personnes morales, publiques et privées, est, finalement, hiérarchisé.

S'il peut apparaître paradoxal de voir l'État, qui domine tout le reste, se retrouver au même niveau qu'une commune ou une entreprise publique, et ce, en tant qu'élément du groupe « personnes publiques », dans la hiérarchie des personnes morales, l'État se situe au-dessus de toutes les autres.

En effet, dans la vie juridique, il les domine toutes, et toutes les autres dépendent de lui, même les personnes physiques.

Ainsi, l'État fixe leurs droits et leurs obligations comme ceux des personnes morales de droit privé ou des autres personnes morales de droit public.

Cela ne signifie pas, bien entendu, que l'État soit tout-puissant, ni que les autres personnes ne disposent d'aucun droit contre lui.

Il est clair que l'État est dirigé et contrôlé par des forces qui lui sont extérieures et qui prennent souvent la forme de personnes morales (sociétés capitalistes, partis politiques, etc.), mais il faut souligner l'importance de la forme et du contenu de l'État dans les sociétés organisées d'aujourd'hui.

Toutefois, ceci n'est pas pour rendre plus intelligible, bien que cela soit fort logique, la lecture de la distinction des deux catégories de personnes morales.

Quoi qu'il en soit, il convient *in fine* de souligner quelles sont les différentes composantes de la catégorie « personnes morales de droit public ».

Ce sont : l'État, les collectivités locales, les établissements publics, voire les « groupements d'intérêt public », d'origine récente et longtemps assimilés auxdits établissements. Mais, la jurisprudence semble aujourd'hui les en distinguer fermement (TC 14 février 2000, *GIP « Habitat et Interventions sociales pour les mal-logés et les sans-abri »*, DA 2000 n° 58).

Les groupements d'intérêt public sont apparus à l'origine dans le domaine de la recherche scientifique avec la loi du 15 juillet 1982 ; depuis, ils se sont multipliés dans des domaines variés tels que l'enseignement supérieur (loi du 26 janvier 1984), la formation continue (loi du 10 juillet 1989), ou encore, les ARH (Réforme Juppé de 1996) et les maisons des services publics (loi du 12 avril 2000). La loi n° 2004-1 du 2 janvier 2004 a aussi prévu que l'État, les départements et des personnes morales de droit public ou privé constituent un GIP pour gérer un service d'accueil téléphonique pour les enfants en danger (alinéa 1er de l'article L 226-6 du Code de l'action sociale et des familles). Ils sont aujourd'hui au nombre de 229 (2002).

Ce sont des personnes publiques, crées par convention, approuvée par arrêté ministériel ; ils sont destinés à servir de cadre, pendant une période de temps limitée, à la coopération voire au partenariat entre personnes publiques et privées, et ce, dans des matières diverses. Mais, la Cour de cassation a émis des doutes sur la qualification de « personne publique » d'un GIP « Service national d'accueil téléphonique pour l'enfance maltraitée » (SNATEM) parce que le statut contractuel le créant ne mentionne pas expressément une telle qualification (Cass. civ. 1e 2 mars 2004, *SNATEM*, Bull. civ. p. 59 (n° 74)).

Une mention particulière doit aussi être faite à la Banque de France qui, selon la jurisprudence administrative, non moins récente que celle précitée de la juridiction des conflits, serait à elle seule une nouvelle catégorie de personnes publiques (CE 22 mars 2000, *Syndicat national autonome du personnel de la Banque de France*, JCP 2000. IV. n° 2056).

Alors que le juge judiciaire s'évertue à voir à travers la Banque de France un établissement public administratif (Cass. civ. 1e 5 février 2002, *Banque de France c. Société éditions Catherine Audval*, D. 2002 p. 1128, note J.-P. Gridel)), la Haute juridiction administrative maintient avec fermeté sa nouvelle jurisprudence (CE 2 octobre 2002, *Banque de France et autres*, AJDA 2002 (n° 21) p. 1345, note J.-P. Marks).

Il y a aussi, depuis la loi n°2003-76 du 1er août 2003, l'Autorité des marchés financiers ainsi que l'Autorité de contrôle des assurances et des mutuelles qui sont qualifiées par cette loi d'« Autorité publique indépendante » et sont dotées de la personnalité juridique.

Enfin, il y a « *L'Institut de France ainsi que l'Académie francaise, l'Académie des inscriptions et belles-lettres, l'Académie des sciences, l'Académie des beaux-arts et l'Académie des sciences morales et politiques qui le composent sont des personnes morales de droit public à statut particulier placées sous la protection du Président de la République.*

Ils ont pour mission de contribuer à titre non lucratif au perfectionnement et au rayonnement des lettres, des sciences et des arts » (art. 35 de la loi n° 2006-450 du 18 avril 2006 pour la recherche).

Toutefois, si définir le sujet est une étape importante, encore faut-il lui trouver un ou des intérêts ; en effet, par principe, un enseignant ne pose pas un sujet de dissertation juridique pour obtenir seulement les définitions des mots essentiels, il veut surtout faire réfléchir les étudiants à partir de ce sujet.

Dès lors, il faut absolument comprendre cet ou ces intérêts, le ou les déceler.

Identifions-les en essayant de comprendre le sujet.

2. La compréhension du sujet (15 minutes)

Comprendre le sujet consiste donc à analyser « le » ou les intérêts présentés par le sujet.

Le plan se doit toujours de répondre à la question essentielle que recèle le sujet.

Par suite, il convient de mettre le sujet sous une forme interrogative, et par suite, de l'interroger.

Mais, cela ne doit sûrement pas empêcher de poser des questions telles que :

Question principale :

- Que sont les personnes publiques ?

Questions secondaires :

- Quelles sont-elles ? sont-elles nombreuses ?
- À quoi servent-elles ?

- Comment sont-elles juridiquement ? qu'est-ce qui les caractérisent en droit voire en droit public ? Comment les identifie-t-on ?
- Comment sont-elles organisées ? comment fonctionnent-elles ?
- Qu'est-ce qui les distinguent des personnes morales de droit privé ?
- Ont-elles un régime juridique propre ? Est-il tant différent de celui de ces dernières ?
- etc.

Plus les questions seront nombreuses, plus la réflexion sera intense et soutenue, plus le recensement sera intéressant, parce que déjà orienté vers la construction d'un plan.

En effet, la réflexion doit être encadrée par le sujet et par la démarche qu'impose le recours aux interrogations ; ainsi, le recensement de la matière oblige à adopter une démarche ciblée.

3. Le recensement (20 à 25 minutes)

Au regard des questions précédemment posées et de la matière sollicitée, un constat simple s'impose : il faut chercher des connaissances dans les seuls thèmes suivants. Ces derniers sont : la notion de personne publique et les catégories l'illustrant, leur régime juridique, mais aussi les rapports existants entre personnes publiques. De fait, le thème de la décentralisation concerne le régime juridique des personnes publiques.

Dès lors, le matériau de réflexion est vaste, et par suite, la réflexion peut être menée de plusieurs façons.

Au-delà de ce qui a déjà été exposé, dans le cadre de la définition de la notion de personne morale de droit public, il importe d'ajouter des compléments relatifs au statut particulier de cette catégorie d'acteurs juridiques.

Le régime juridique des personnes morales de droit public est spécifique à trois égards ; ce qui se justifie d'ailleurs par le caractère de droit public dont sont pourvues les personnes morales soumises à ce régime.

Les cinq traits particuliers d'un tel régime juridique sont :

- d'une part, la protection dont bénéficient les biens et les deniers des personnes publiques (A) ;
- d'autre part, l'impossibilité de principe opposée à ces personnes de recourir à l'arbitrage ou à la transaction (B) ;
- de surcroît, la responsabilité pénale qu'elles encourent (C) ;
- et enfin, la tutelle qu'elles exercent ou supportent (D).

A. La protection des biens et des deniers des personnes publiques

Les biens et les deniers des personnes publiques ne peuvent faire l'objet de voies d'exécution.

C'est ainsi que le Tribunal des conflits avait consacré, dès une décision du 9 décembre 1899, *Association syndicale du Canal de Gignac* (GAJA n° 7), l'exclusion des voies d'exécution contre les établissements publics (il s'agissait, en l'espèce, d'associations syndicales de propriétaires autorisées, qualifiées par le Tribunal des conflits, non sans émoi d'une partie de la doctrine de l'époque, d'établissements publics).

Ainsi, par principe, et en vertu d'une jurisprudence ancienne et aujourd'hui constante et même unanime, les personnes publiques sont insaisissables.

Et ce, qu'il s'agisse de la saisie-vente (sur les meubles) ou de la saisie-attribution (sur les créances).

De même, les procédures de redressement et de liquidation judiciaire ne s'appliquent pas aux personnes publiques.

Si aucun procédé de paiement forcé n'est donc applicable à l'encontre des personnes publiques, à l'inverse, ces dernières ont la faculté de recouvrer leurs créances en émettant des états exécutoires.

Elles contraignent ainsi directement leurs débiteurs sans passer par la justice.

Elles peuvent également se prévaloir d'une règle particulière relative à l'extinction de leurs dettes, la prescription quadriennale, selon laquelle, au-delà de quatre années après la contraction de la dette, les créanciers des personnes publiques ne peuvent plus réclamer cette dette.

Les règles sus-décrites apparaissent comme intangibles.

D'ailleurs, même la Cour de cassation n'a pas manqué de mettre fin aux tentatives jurisprudentielles pour ouvrir une brèche dans le sacro-saint principe de non-applicabilité des voies d'exécution aux personnes publiques.

Comme l'a illustré avec éclat et fermeté l'arrêt *Bureau de recherches géologiques et minières* (dit aussi BRGM), rendu par sa 1re chambre civile, le 21 décembre 1987 (RFDA 1988, p. 771, concl. L. Charbonnier, note B. Pacteau), et comme la même Cour le rappelle régulièrement (Cass. Com. 19 décembre 2000, *Société Lecomte travaux publics* et *Société France ingénierie topographie*, GP 2001, 1, p. 24 (Panorama de droit administratif de P. Graveleau)).

En effet, certains tribunaux avaient estimé possible l'application des voies d'exécution aux établissements publics industriels et commerciaux sous réserve que cette application ne remette pas en cause la continuité du service public.

La jurisprudence de la Haute juridiction judiciaire a ainsi mis un terme à une telle dérive qui visait toutefois, de manière fort louable, à faire obstacle à la protection jurisprudentielle ainsi accordée à certaines personnes publiques qui sont de très mauvaises payeuses.

Mais le régime particulier des personnes publiques n'est pas seulement spécifique en ce qu'il protège les personnes publiques, il peut aussi se caractériser en leur imposant des contraintes que n'ont justement pas à subir les personnes morales de droit privé.

Ainsi, l'exprime le refus de principe de permettre aux personnes publiques de pouvoir recourir à l'arbitrage.

B. L'impossibilité pour les personnes publiques de pouvoir recourir à l'arbitrage ou à la transaction

Les personnes publiques n'ont pas en effet que des prérogatives.

C'est ainsi qu'elles connaissent également certaines contraintes, comme l'impossibilité dans laquelle elles se trouvent de recourir à l'arbitrage ou de transiger pour résoudre leurs litiges.

1. L'arbitrage est un mode de règlement de conflits entre parties, décidant d'un commun accord, de faire appel à un tiers, l'arbitre, pour le trancher, et acceptant par avance de se soumettre à sa décision arbitrale.

Cet arbitre n'est donc pas un juge.

Malgré ce refus de principe, des dispositions législatives ont prévu la possibilité pour certaines entreprises publiques ayant le statut d'établissements publics industriels et commerciaux d'y recourir, mais de façon en général limitée et encadrée (c'est actuellement le cas pour la SNCF).

2. Quant à la transaction, elle se définit comme un mode non juridictionnel de règlement du litige, à l'amiable entre l'administré et l'administration, de façon directe (donc, sans l'aide d'un tiers conciliateur), afin de définir une solution.

Elle peut conduire à la rédaction d'un accord amiable reprenant la solution transactionnelle.

Elle a des effets juridiques certains, dans la mesure où si une action est pendante, elle oblige (en cas d'aboutissement de la transaction) le requérant à se désister volontairement de cette instance.

De même qu'elle empêche chaque partie à la transaction à saisir pour la première fois ou à nouveau le juge concernant les aspects du litige qu'elle a solutionné ; dans ces hypothèses, le juge administratif devra déclarer une telle action contentieuse irrecevable.

Dans sa rédaction, qui est demeurée inchangée depuis le décret du 27 mars 1804, l'article 2045, alinéa 3, du Code civil dispose que : « *les communes et les établissements publics ne peuvent transiger qu'avec l'autorisation expresse du roi* (du Premier ministre) ».

Toutefois, ces dispositions – qui ne concernent pas les départements qui tiennent la possibilité de transiger de la loi du 10 août 1871 – ne sont plus franchement actuelles.

En effet, les communes ont acquis ce droit, en même temps que les régions, de la loi du 2 mars 1982 qui a supprimé la tutelle de l'État sur les collectivités locales. Par ailleurs certains établissements publics tiennent le droit de transiger du texte qui les institue.

De surcroît, le juge administratif admet d'homologuer, sur demande des signataires, des transactions alors qu'aucun litige n'est engagé devant lui ; la recevabilité d'une telle demande contentieuse n'est toutefois admise par le juge que lorsque ces dernières permettent de résoudre des situations non régularisables et résultant soit de la constatation d'illégalités ou de déclarations d'annulation ou remédie à des difficultés particulières d'exécution (CE Ass. 6 décembre 2002, *Syndicat intercommunal des établissements du second degré du district de l'Haÿ-les-Roses*, AJDA, 2002, n° 23, p. 1420).

Il convient d'ajouter que, dans de nombreux domaines de l'action administrative (domaine d'activité douanière et fiscale, ou encore hospitalière), la « transaction » est institutionnalisée par le biais d'un mécanisme administratif faisant, le plus souvent, intervenir une commission (sur ce point : voir la loi du 4 mars 2002 sur les droits des patients qui a institué un mécanisme administratif d'indemnisation des dommages résultant des infections nosocomiales ou d'accidents médicaux ou d'affections iatrogènes).

Plus contraignant que le refus de recourir à l'arbitrage ou à la transaction, les personnes publiques risquent de voir aujourd'hui leur responsabilité pénale engagée.

C. La responsabilité pénale des personnes publiques

C'est une des innovations législatives les plus marquantes de ces dernières années.

La loi du 27 juillet 1992 a prévu la possibilité de l'engagement de la responsabilité pénale des personnes morales (privées comme publiques) devant les tribunaux judiciaires répressifs pour les infractions commises, pour leur compte, par leurs organes ou représentants.

Entrée en vigueur avec le nouveau Code pénal, cette disposition n'a pourtant pas la même portée selon qu'il s'agit de la responsabilité des personnes privées ou de celle des personnes publiques.

En effet, le principe de la responsabilité pénale des personnes publiques trouve sa limite dans les manifestations de la puissance publique.

Autrement dit, lorsqu'une infraction est commise dans l'exercice d'une activité qui donne lieu à la mise en œuvre de prérogatives de puissance publique, la personne publique en charge de cette activité est intouchable du point de vue pénal.

Ainsi, l'État bénéficie d'une protection absolue contre toute condamnation pénale.

Quant aux collectivités locales, la loi prévoit que leur responsabilité pénale ne peut être engagée que si l'infraction a été commise dans l'exercice d'activités susceptibles de faire l'objet de conventions de délégations de service public.

Les activités en question sont, par exemple, la distribution de l'eau ou de l'électricité, l'enlèvement et le traitement des ordures ménagères, ou encore, les transports routiers.

Toutefois, même lorsque les personnes publiques voient leur responsabilité pénale engagée, le régime des sanctions qui leur est applicable est atténué par rapport à celui qui est applicable aux personnes privées.

Ainsi, la plus grave des sanctions prononçables à l'encontre d'une personne morale, la dissolution, est exclue à l'encontre des personnes publiques, et ce, en vue de protéger la continuité du service plublic.

De même, l'exercice de certaines activités ne peut être prohibé.

En revanche, des amendes ou des fermetures d'établissements peuvent être prononcées.

En somme, l'hypothèse de l'engagement de la responsabilité pénale des personnes publiques, aussi audacieuse soit-elle, n'entame pas la logique protectrice du régime juridique particulier applicable à ces personnes.

D. La tutelle

Le pouvoir de tutelle est un contrôle exercé par une personne publique sur une collectivité décentralisée (collectivité locale ou établissement public), dans son intérêt et dans celui de l'intérêt général.

Elle peut comporter des attributions contraignantes à l'égard tant des autorités décentralisées (suspension et révocation voire substitution d'action) que de leurs actes (approbation, autorisation).

Il existe, en effet, quatre hypothèses distinctes de tutelles que sont :

- la tutelle sur les personnes ;
- la tutelle sur les actes ;
- la tutelle financière ;
- et la tutelle technique.

Essayons de construire avec tout cela un plan de raisonnement.

4. L'élaboration d'un plan détaillé (10 minutes)

Loin de fournir tel quel un tel plan, le « bon plan », – dans la mesure où il en existe souvent plus d'un –, il convient d'indiquer la trame du plan qui pourrait être ici adoptée.

Nous allons proposer deux plans en deux parties, sachant que le premier est plus dynamique sur le plan de la réflexion et le second est de facture plus classique.

A. Premier plan :

I – Les attributs des personnes morales de droit public

Remarque : au regard de la question principale posée, la réponse de cette partie est : ce sont des personnes morales qui ont des caractères propres, spécifiquement définis.

Les attributs des personnes publiques se distinguent selon qu'ils sont communs à toutes les personnes morales – et donc sont plutôt attachés à la personnalité morale – (a), et selon qu'ils découlent du seul caractère public des personnes morales agissant dans la sphère administrative (b).

a. Les attributs liés à la personnalité morale

- ce sont des sujets de droit ;
- ils disposent de nombreux droits et des obligations : droit d'ester en justice, droit de posséder et de gérer un patrimoine, droit de prendre ou de passer des actes juridiques, obligation de responsabilité, obligation de payer ses impôts, etc.. ;
- la responsabilité pénale des personnes morales, bien qu'adaptée pour les personnes publiques, est malgré tout commune aux deux catégories de personnes morales.

b. Les attributs liés au caractère public de la personne morale

- les avantages : possibilité de prendre des décisions et passer des contrats administratifs, possibilité d'exproprier, de réquisitionner, possibilité de bénéficier de la prescription quadriennale ;
- les protections : principe d'insaisissabilité des biens et des deniers publics ; règles protectrices de son domaine public ; impossibilité d'être condamnée à une somme qu'elle ne doit pas.

Transition : Une personne publique bénéficie de nombreux attributs particulièrement favorables à sa gestion, et ce, dans la mesure où elle n'est pas seulement une personne morale, mais qu'elle est aussi un acteur de la puissance publique.

Toutefois, ce statut large et généreux des personnes morales de droit public connaît des limites, des sujétions, du fait que les attributs accordés aux personnes publiques ne le sont jamais dans leur intérêt propre mais pour servir la collectivité sociale.

II – Les limites des personnes morales de droit public

Remarque : au regard de la question principale posée, la réponse de cette partie est : ce sont des personnes morales qui sont confrontées à des limites propres.

Les personnes morales de droit public connaissent aussi des contraintes, sont soumises à des sujétions ; celles-ci constituent des limites de leur action. Les limites sont duales puisqu'elles consistent autant dans les obligations imposées à ces personnes du fait de leur caractère public (a) que dans les contrôles auxquels elles sont soumises (b).

a. Les obligations des personnes publiques : les limites « juridiques »

– l'impossibilité de recourir à l'arbitrage ;
– le principe de spécialité.

b. Les contrôles des personnes publiques : les limites « administrative et juridictionnelle »

– la tutelle dans le cadre des décentralisations tant territoriale que fonctionnelle ;
– le contrôle juridictionnel (rôle du juge administratif).

B. Le second plan :

I – L'identification classique des personnes morales de droit public

Remarque : au regard de la question principale posée, la réponse de cette partie est : ce sont des personnes morales qui font l'objet d'une identification spécifique, d'une définition particulière, même si, aujourd'hui, elle est bien établie.

Cette identification suppose non seulement de définir le caractère essentiel des personnes publiques, c'est-à-dire leur personnalité morale de droit public (a) que d'en dresser la liste (b).

a. La définition de la personnalité morale de droit public

b. Les catégories de personnes publiques

Transition : Après avoir apporté une vision aussi large que complète de la notion de personne publique, il importe de relever que la spécificité de cette dernière réside plus dans son régime juridique que dans l'étude de sa notion.

La seconde partie peut connaître une alternative :

II – Le régime spécifique des personnes morales de droit public

Remarque : au regard de la question principale posée, la réponse de cette partie est : ce sont des personnes publiques qui sont soumises à un régime juridique propre, original.

Le régime juridique des personnes publiques est, en effet, particulièrement spécifique du fait qu'il est composé de nombreux avantages pour ces dernières (a) mais qu'il les soumet aussi à des contraintes, des obligations bien moins avantageuses (b).

a. Les avantagés liés à la personnalité publique

b. Les inconvénients découlant de la personnalité publique

Ou l'autre seconde partie suivante :

III – L'utilité relative de l'identification

a. Un régime exorbitant du droit commun

b. La concurrence de la gestion privée

- les personnes publiques peuvent, en effet, et d'une part, préférer la gestion privée à la gestion publique ;
- elles peuvent aussi, d'autre part, confier la gestion de leurs services publics à des personnes privées qui deviennent ainsi parfois leurs concurrentes ou celles des autres personnes publiques exerçant les mêmes services publics.

Une fois les grandes lignes du plan détaillé établi, il convient enfin de rédiger – sur le brouillon –, et par là même de « peaufiner », l'introduction.

5. La rédaction de l'introduction (20 à 25, selon le temps consacré au recensement)

Ici, l'introduction sur le premier plan proposé pourrait être la suivante :

« *Au début du XX*^e^ *siècle, G. Jèze affirmait qu'il n'avait jamais déjeuné avec une personne morale pour illustrer son opposition à une telle institution juridique. Le nombre et le rôle que jouent, dans la société occidentale actuelle, de telles personnes, démontrent aujourd'hui qu'une telle abstraction juridique est pourtant devenue incontournable.*

Ceci est d'ailleurs tout aussi vrai en droit public qu'en droit privé.

C'est ainsi qu'il existe aujourd'hui un grand nombre de personnes morales de droit public, telles que l'État, les collectivités locales, les établissements publics, les groupements d'intérêt public, la Banque de France, l'Autorité des marchés financiers, l'Autorité de contrôle des assurances et des mutuelles, ou encore, l'Institut de France.

Ces personnes morales, c'est-à-dire selon la formule de Marcel Waline, ces « centres d'intérêt juridiquement protégés », ont de par leur caractère public une véritable spécificité.

En effet, en tant que telle, elles bénéficient d'un vrai statut d'acteur juridique, titulaire de droit et redevable d'obligations à l'égard de la société.

Mais, la publicisation de leur personnalité morale suppose ou implique une originalité tenant tant à la particularité des compétences détenues par une personne morale de droit public que des protections parfois abusives dont une telle personne bénéficie.

Toutefois, il serait faux de croire qu'un tel régime juridique favorable pour les personnes publiques ne s'accompagne d'aucune limite, d'aucune contrainte aux pouvoirs de ces dernières ; il en va bien différemment.

De fait, la personne publique ne profite pas toujours de l'exercice des prérogatives de puissance publique en toutes circonstances, quelle que soit l'activité qu'elle exerce.

Ainsi, il existe des personnes publiques, tels les établissements publics, dont le régime juridique est strictement limité à l'exercice de la seule activité pour la réalisation de laquelle elles ont été créées.

De même, il serait tout aussi illusoire de penser que l'exercice par une personne publique de prérogatives de puissance publique ne connaît ni de bornes, ni de garde-fou dans la mesure où elle agit aujourd'hui dans un État de droit. Ce qui signifie qu'elle est soumise au respect de la légalité républicaine scrupuleusement contrôlée par le juge administratif.

Enfin, certaines personnes publiques, telles que les collectivités locales ou les établissements publics, sont astreintes à une surveillance plus ou moins contraignante dans le cadre de la tutelle s'exerçant sur elles.

C'est pourquoi, si les attributs des personnes morales de droit public aboutissent à conférer à ces dernières un régime juridique tout aussi favorable que protecteur (I), ce dernier connaît certaines limites non négligeables dans le cadre de sa mise en œuvre (II) ».

6. La rédaction du reste du devoir (1 heure 30 minutes) et la lecture (10 minutes)

Il convient de se reporter aux développements de la méthode générale.

La conclusion pourrait utilement s'interroger sur la remise en cause implicite et actuelle du concept de personne publique, du fait du développement de celui d'autorité administrative indépendante.

« Le propre de la personne morale de droit public c'est de constituer un sujet de droit bénéficiant d'une autonomie juridique ; mais, ce modèle tend à être remis en cause par de nouveaux concepts tels que celui des autorités administratives indépendantes, bénéficiant volontairement d'une certaine autonomie mais sûrement pas d'une personnalité morale.

Alors que parallèlement certaines personnes morales de droit public, telles que les établissements publics subissent le poids d'une tutelle parfois fort pesante et limitant par là même grandement leur autonomie affirmée.

Entre indépendance et autonomie, la dichotomie « personne publique » et « autorité administrative » tend, sinon à perdre, du moins à fortement compliquer la lisibilité de la notion de personnalité morale en droit public. »

Pour aller plus loin : conseils bibliographiques

Annexe N° 1

1. Sur la notion de personne morale :

Batteur (A.), *Droit des personnes et de la famille*, LGDJ, Collection « Manuel », 2e éd., 2004.

Renault-Brahinsky (C.), *Droit civil : les personnes*, Gualino éditeur/Fac Universités, Collection « Mémentos », 2e éd., 2004.

2. Sur la notion de personne morale de droit public :

Amadei (J. P.), *Le juge administratif n'est-il plus que le juge des personnes publiques ?*, RRJ, 2004, p. 217-232.

Fatôme (E.) et Moreau (J.), *L'établissement public territorial. Mode de gestion du service public ?*, AJDA, 1988, p. 699-704.

Gégout (Y.-L.), *Réflexions sur les groupements d'intérêt public (À propos de l'étude du Conseil d'État publiée en mars 1997)*, LPA, 16-04-1997, n° 46, p. 4-5.

Hertzog (R.), *Les personnes publiques n'ont pas de compétences*, Mélanges J. Waline, Dalloz, 2002, p. 235-253.

Jorion (B.), *Les groupements d'intérêt public : un instrument de gestion du service public administratif*, AJDA, 2004, n° 6, p. 305-314.

Lamethe (D.), *Les groupements d'intérêt public*, CJEG, 1984, p. 169-177.

Meyer (F.), *Réflexions sur la responsabilité pénale des personnes morales de droit public à la lumière des premières applications jurisprudentielles*, RFDA, 1999, p. 920-932.

Raimbault (P.), *La discrète généralisation de la responsabilité pénale des personnes morales*, AJDA 2004, n° 44, p. 2427-2430.

Un autre exemple de plan sur le sujet suivant

Annexe N° 2

« *Déconcentration et décentralisation* »

1. Remarques terminologiques préliminaires :

Dans le sujet posé, deux mots doivent être précisés.

Ce sont, d'une part, le mot « déconcentration », et d'autre part, celui de « décentralisation ».

A. **La déconcentration est un mode d'organisation administrative au sein d'une même personne morale de droit public, et pas seulement de l'État, qui consiste à transférer des compétences entre autorités de niveaux hiérarchiques différents, et plus exactement de l'autorité supérieure à l'autorité subordonnée.**

Dès lors, parce qu'elles agissent au nom et pour le compte d'une seule et même personne publique, les autorités déconcentrées sont soumises à un contrôle hiérarchique appelé communément le pouvoir hiérarchique[12].

B. **La décentralisation permet, quant à elle, d'attribuer aux collectivités décentralisées (collectivités locales et établissements publics) une personnalité juridique propre distincte de celle de la personne publique qui les a créées ; ce qui traduit au profit de telles institutions l'existence d'une sphère d'autonomie.**

Pour autant, cette autonomie a ses limites puisque les personnes publiques décentralisées demeurent, en principe, sous la tutelle de la collectivité publique créatrice.

---

12. Le pouvoir hiérarchique est une compétence qui appartient à une autorité administrative supérieure et qui lui permet de contrôler les actes de ses subordonnés ; il comprend traditionnellement des attributions d'instruction, d'annulation, de réformation, et plus rarement (sauf à l'égard du maire), de substitution d'action.
Les subordonnés n'ont pas d'intérêt à agir contre les actes de leurs supérieurs hiérarchiques - ce serait, dans le cas contraire, la négation de l'idée même de « hiérarchie -, « *sauf si ces dispositions porteraient atteinte à leurs droits et prérogatives ou affecteraient leurs conditions d'emploi et de travail* (CE 23 juillet 2003, *Syndicat Sud travail*, RFDA 2003 p. 1024 ; CE 29 novembre 2004, *Association Adiptol*, AJDA 2005, n°3, p. 167).

2. Plan :

Plan proposé :

I – D'un pouvoir sans partage à un pouvoir divisé

La déconcentration est une technique de répartition des compétences administratives au sein d'une même personne publique ; par suite, sa caractéristique essentielle tient au fait que le pouvoir ne s'accroît pas pour cette personne mais il est différemment réparti entre ses diverses autorités administratives (a).

Alors que le propre de la décentralisation, quelle que soit sa forme, consiste à partager pour une personne publique son pouvoir avec d'autres qu'elle crée à cet effet (b).

a. Un pouvoir sans partage

- la définition en insistant sur l'unicité de la personne publique mettant en œuvre la déconcentration et donc en la distinguant de la délocalisation[13] ;
- les avantages (proximité du pouvoir administratif (« C'est le même marteau qui frappe, mais on en a raccourci le manche » (phrase d'Odilon Barrot)) ; simplification des procédures administratives ; économie structurelle ; désencombrement du niveau administratif supérieur) ;
- le corollaire : la détention du pouvoir hiérarchique sans texte, sans que les agents puissent contester sa mise en œuvre ; cela assure le maintien de la cohérence de l'ensemble.

b. Un pouvoir divisé

- les conditions d'identification et la mise en exergue du fait qu'elle repose sur la création de personnes publiques distinctes de la détentrice initiale de la compétence partagée ;
- les formes de la décentralisation (territoriale ou fonctionnelle) illustrant la répétition du trait marquant de cette modalité d'organisation administrative ;
- par suite, l'instauration d'un rapport entre entités autonomes explique non seulement la nécessité d'un texte pour reconnaître une tutelle, mais aussi, la possibilité offerte aux contrôlés d'attaquer les décisions de l'autorité de tutelle (CE 18 avril 1902, *Commune de Néris-les-Bains*, GAJA, n° 10).

---

13. La déconcentration est une technique juridique mais la **délocalisation** est un aménagement territorial. C'est pourquoi, il ne faut pas confondre déconcentration et délocalisation. En effet, cette dernière étant un instrument d'aménagement du territoire qui consiste à transférer en province ou en banlieue des organismes parisiens présentant un intérêt national (l'exemple le plus marquant de délocalisation ces dernières années est le transfert de l'Ecole Nationale d'Administration à Strasbourg, achevé en janvier 2005).

Autre organisation de la même partie, exclusivement comparative :

La déconcentration et la décentralisation sont bien deux modes d'organisation administrative, apparemment identiques, dans la mesure où elles consistent en un transfert de compétences.

Mais, ce transfert n'est qu'apparemment identique dans la mesure où dans un cas – celui de la déconcentration – il est interne à la même personne publique, et dans l'autre, il est externe à celle-ci puisqu'il met en cause les rapports entre plusieurs personnes publiques.

Dès lors, ces deux techniques, malgré une modalité apparemment identique (b), mettent en jeu des acteurs juridiques différents (a).

a. Des acteurs juridiquement différents

- décentralisation ; concept de personne publique ;
- déconcentration ; notion d'autorité administrative[14].

b. Une modalité apparemment identique

- un transfert de compétence ; différent du transfert géographique (la délocalisation) ;
- mais, en matière déconcentration, c'est un transfert interne (entre autorités administratives) alors qu'en matière de décentralisation, c'est un transfert externe (entre personnes publiques) ;
- cette différence de modalité de transfert justifie le fait que le pouvoir hiérarchique ne repose sur aucun texte alors que la tutelle en nécessite un.

Transition : Comparer, sur le plan conceptuel, la décentralisation et la déconcentration, c'est mettre en exergue une différence fondamentale. Celle selon laquelle alors que la première ne s'applique qu'au sein d'une seule et même personne publique, la seconde n'est envisageable que dans l'hypothèse d'une pluralité de personnes publiques. Appréhender et comprendre ces deux notions dépend exclusivement de la bonne compréhension de ce point essentiel.

Toutefois, si cette différence est majeure sur le plan des définitions des deux concepts ici comparés, elle n'est pas la seule. En effet, cette comparaison se prolonge par la mise en valeur d'une autre distinction cruciale entre ceux-ci et

14. Le terme « autorité administrative » désigne soit une personne physique, soit un organe collégial, agissant au nom et pour le compte d'une personne publique, et investis à cet effet de compétences administratives, et plus particulièrement, disposant du pouvoir de décision unilatérale.
Ces autorités administratives, individuelles ou collégiales, dirigent, par l'exercice de leurs compétences, les personnes publiques dont elles sont les représentantes.
Ainsi, le Premier ministre, autorité administrative individuelle, dirige l'État, personne publique, en édictant des décrets ; de même, le conseil municipal, autorité administrative collégiale, dirige la commune, personne publique, en votant des délibérations.
Toutefois, les autorités administratives accomplissent leurs actes juridiques en mettant en œuvre les compétences que leur ont dévolues les textes constitutifs de la personne publique au nom de laquelle elles agissent.
De tels actes sont alors imputables à cette personne publique et non aux autorités décisionnaires.
Ainsi les actes du directeur d'un établissement public sont juridiquement ceux de ce dernier, personne publique, de même que ceux du conseil municipal engagent la commune.

tenant aux contrôles différents inhérents à ces deux techniques d'exercice des compétences administratives.

II – D'un contrôle généralisé à un contrôle limité

Si le contrôle s'exerçant dans le cadre de la déconcentration et celui afférent à la décentralisation sont, comme cela a déjà été évoqué, distinct dans leur définition principale, ils ont toutefois des traits communs. En effet, tous deux visent principalement à contrôler les autorités agissant au sein de la même personne publique et au nom de la collectivité décentralisée ; ce contrôle sur les « personnes » apparaît comme une constante en matière de déconcentration comme en matière de décentralisation (a). Mais, dans le cadre de ces modes d'organisation administrative, le contrôle sur les actes se retrouve aussi bien qu'ils se distinguent en ces modalités, en fonction de la technique étudiée (b).

a. Une constante : un contrôle sur les « personnes »

- pouvoir hiérarchique : c'est d'ailleurs son élément essentiel (instruction ; pouvoir disciplinaire ; notation ; plus rarement de substitution d'action) ;
- tutelle sur les personnes (les modalités (suspension, révocation, dissolution) ; la substitution d'action) ;

b. Une divergence : le contrôle sur les actes

- déconcentration : pouvoir d'annulation, de réformation ;
- décentralisation : pouvoir d'annulation (à nuancer dans le cadre territorial), d'autorisation, d'approbation voire de substitution d'action.
- nuancez le propos du fait du cas particulier des établissements publics !

3. Idée de conclusion :

La conclusion pourrait utilement s'interroger sur l'avenir de ces deux techniques de gestion administrative dans le cadre de la construction communautaire :

« La construction d'une démocratie moderne, intégrée à l'Union européenne, nécessite une déconcentration accélérée de la décision étatique et un approfondissement de la décentralisation surtout au profit des régions.

Par suite, l'intérêt de leur distinction est somme toute bien théorique dans la mesure où, sur le terrain, elles sont obligées d'aller de concert ».

Établissement public et service public

Sujet N°6

Reprenons les étapes définies dans la méthode en les respectant successivement et scrupuleusement.

Ces étapes sont : la **définition du sujet**, sa **compréhension**, le **recensement** des idées y afférentes, l'**établissement d'un plan détaillé**, la **rédaction de l'introduction**, et enfin, la **rédaction du reste du devoir et sa lecture**.

1. La définition du sujet (10 minutes)

Cette étape consiste à identifier les mots-clés composant l'intitulé et à les définir précisément.

Cette opération, apparemment simple, est essentielle, et ce, parce qu'elle oblige à commencer à borner le sujet. En effet, cette première façon de délimiter le sujet évite, si elle est faite correctement, un début de « hors sujet » !

Elle attire aussi l'attention sur la nécessité de bien maîtriser les définitions des mots essentiels des différents domaines du droit.

Cette remarque importante étant formulée, il apparaît avec évidence que, dans le sujet posé, deux mots doivent être précisés.

Ce sont, d'une part, le mot « **établissement public** », et d'autre part, celui de « **service public** ».

A. En effet, l'établissement public (EP) est une personne morale de droit public disposant à ce titre d'une certaine autonomie et chargée d'une mission particulière d'intérêt général (à la différence de l'État qui a une vocation générale).

Par suite, l'EP doit répondre à certains « critères » d'identification : posséder la personnalité morale de droit public, être rattaché à une collectivité territoriale et exercer une activité spéciale.

Il ne repose pas obligatoirement sur un territoire.

B. Le service public (SP), quant à lui, est une mission d'intérêt général, assurée ou assumée par une personne publique, et exercé sous un régime exorbitant du droit commun.

Toutefois, si définir le sujet est une étape importante, encore faut-il lui trouver un ou des intérêts ; en effet, par principe, un enseignant ne pose pas un sujet de dissertation juridique pour obtenir seulement les définitions des mots essentiels, il veut surtout faire réfléchir les étudiants à partir de ce sujet.

Dès lors, il faut absolument comprendre cet ou ces intérêts, le ou les déceler.

Identifions-le en essayant de comprendre le sujet.

2. La compréhension du sujet (15 minutes)

Comprendre le sujet consiste donc à analyser « le » ou les intérêts présentés par le sujet.

A. Tout d'abord, il convient de relever, sur un plan méthodologique, que toute juxtaposition, association de deux mots ou groupes de mots-clés dans un intitulé doit amener, en principe, à les comparer, et ce, de façon soit positive (leurs caractères communs), soit négative (leurs caractères divergents).

Dès lors, le plan devra être le reflet de cette comparaison.

Mais, cette règle ne s'applique que si les deux groupes de mots ou mots concernent le même type de notions, de concepts juridiques ; ce qui n'est pas exactement le cas ici.

Toutefois, et à la lumière de cette double remarque, le plan :

I. L'établissement public

II. Le service public est à prohiber.

Certes, un tel plan n'est pas, de par son contenu, en dehors du sujet, puisque, pour le traiter, il faut obligatoirement utiliser les mêmes éléments que pour rédiger un plan comparatif entre les deux notions.

Toutefois, adopter ce plan, c'est surtout prouver qu'aucune réflexion n'a précédé son élaboration, qu'aucun raisonnement juridique ne le sous-tend.

En effet, il ne faut pas perdre de vue que la dissertation juridique n'est pas seulement un exercice d'exposé de connaissances (elle ne l'est qu'accessoirement), elle est surtout un exercice de réflexion.

Ainsi, dans le cadre d'un tel type d'exercice, les connaissances servent, viennent au renfort d'un raisonnement juridique, d'une réflexion mais, en aucun cas, un « amas » de connaissances ne peut se substituer à un défaut de raisonnement.

B. Toutefois, si le plan comparatif ne s'impose pas ici, vu l'objet des termes du sujet, il convient, à défaut de comparer des notions incomparables, de trouver certains liens entre elles. D'où l'intérêt de se poser des questions telles que :

- quelle est l'influence du SP sur l'EP ?
- est-ce que l'EP influence le SP et en quoi (notion et régime juridique) ?

D'une part, il importe de souligner que l'EP est un gestionnaire de service public, un acteur de l'action administrative, alors que le SP est une activité, un élément de cette action. Ainsi, la différence de niveau des deux notions est évidente mais peut permettre de mieux trouver des rapports juridiques entre elles.

En somme, il y a autant de différences entre l'EP et le SP qu'entre le boulanger et l'action de pétrir le pain !

Mais, et la jurisprudence *Narcy* (CE 28 juin 1963, Rec. 401, RDP 1963 p. 1186, note M. Waline, AJDA 1964 p. 91, note A. de Laubadère) l'illustre avec force, l'identification de l'EP passe par celle du service public ! Voilà une première piste intéressante de réflexion.

De surcroît, il convient de préciser que ce lien est grandement distendu, parce que l'EP n'est plus, comme au XIXe siècle et au début du XXe siècle, le moyen par excellence d'exécution du SP ; il existe, en effet, d'autres modes de gestion du SP que l'EP. Par ailleurs, l'EP gère surtout aujourd'hui des missions d'intérêt général, qui ne sont pas obligatoirement constitutives de SP.

En somme, le lien originel entre EP et SP s'est grandement distendu dans la réalité administrative.

D'autre part, sur le plan, cette fois-ci, des régimes juridiques, il importe tout autant de relever, avec non moins de force, que la notion de SP, ou plus exactement, la distinction service public industriel et commercial (SPIC) – service public administratif (SPA) influe directement sur le régime contentieux des EP gestionnaires de ces activités.

Toutefois, le sujet est plus riche sur le terrain de la qualification des notions ainsi associées dans l'intitulé de la dissertation, et il est, par suite, difficile de trouver d'autres éléments de leur régime juridique pour construire le plan.

3. Le recensement (20 à 25 minutes)

C'est en cherchant les liens existant entre ces deux notions, et ce, relativement à leur définition, leurs critères d'identification et, très accessoirement, à leurs régimes juridiques, que seront utilement collectées les connaissances qui vont servir à construire le plan.

A. La qualification de l'établissement public

1. L'établissement public est une personne morale de droit public

Au milieu du XIXe siècle, s'est posée la question de l'identification des institutions publiques parmi des institutions spécialisées exerçant toutes des activités d'intérêt général.

La réponse à cette question fut la distinction entre EP, d'une part, et établissement d'utilité publique (EUP), d'autre part ; elle a surtout permis de mettre en évidence des indices d'identification du caractère public d'une institution.

a. La distinction « EP-EUP »

En 1856, plusieurs arrêts de la Cour de cassation ont donné naissance à la distinction EP/EUP et ont permis de dégager la conception moderne de l'EP.

Quels sont les « critères » de distinction entre ces deux types d'établissements ?

Si l'EP assure de façon générale une mission de service public et est soumis au droit public, l'EUP « se contente » de rendre un service d'utilité générale et est soumis au droit privé (associations, fondations).

L'EUP ne bénéficie donc pas des avantages liés au statut de droit public (ses biens et ses deniers ne sont pas protégés contre les voies d'exécution telle la saisie).

Les EUP les plus connus sont les Caisses d'épargne ou la Croix Rouge. Récemment, la loi n° 2004-130 du 11 février 2004 réformant le statut des professions juridiques et judiciaires a consacré sous cette formulation, d'une part, le Centre régional de formation professionnelle, dont le rôle est d'assurer la formation des élèves-avocats (article 18), et d'autre part, le Conseil national des barreaux qui assure la représentation de la profession d'avocat auprès des pouvoirs publics, fixe la déontologie de la profession et coordonne l'action des CRFP (article 25).

La qualification d'EUP est aussi souvent accordée aux fondations.

Pour connaître la nature d'un organisme (EP ou EUP ?), il existe trois méthodes d'identification.

La première consiste à se référer aux textes qui, dans la plupart des cas, qualifient expressément l'organisme.

Dans le silence des textes, il arrive que le juge puisse, en examinant les travaux préparatoires à la création de l'organisme, savoir qu'elle a été l'intention clairement exprimée de l'autorité qui l'a fondé.

Enfin, dans le silence absolu des textes, le juge recherche cette intention en analysant, d'une part, les règles relatives à l'organisation et au fonctionnement de l'organisme, et d'autre part, le régime juridique qui lui est appliqué.

Des indices concordants attesteront de la qualité de personne publique de l'institution.

Mais quels sont ces fameux indices ?

b. Les indices d'identification de l'EP

Par définition, un indice ne fournit qu'une présomption incertaine. Mais la concordance, l'accumulation de plusieurs indices, permet au juge de se forger son intime conviction et conclure au caractère public d'un établissement.

Plus il y aura des indices concordants, plus l'intime conviction du juge administratif sera arrêtée : ce cas de figure illustre avec force le pouvoir jurisprudentiel, la libre appréciation de ce juge.

Cette méthode est dite du « faisceau d'indices ».

Les indices, au nombre de quatre, sont les suivants :

1) **Le premier indice est lié à l'origine (de la création) de l'établissement.** Sa création par une personne publique donne un signe, une indication de son caractère public.
   En réalité, cet indice est bien fragile dans la mesure où, de plus en plus fréquemment, les personnes publiques créent également des organismes privés (TC 20 novembre 1961, *Centre régional de lutte contre le cancer Eugène Marquis*, AJDA 1962 p. 39).
2) **Le deuxième indice est lié à la finalité de l'activité exercée par l'établissement à qualifier.** Un but d'intérêt général (aisément identifiable en comparaison d'un intérêt commercial) fait présumer du caractère public de l'établissement en charge de l'activité.
   Là encore, les apparences peuvent être trompeuses. Alors qu'à l'origine, l'EP ne gérait qu'un SP, aujourd'hui, il gère une activité d'intérêt public et encore… C'est ainsi, par exemple, que de nombreuses entreprises publiques, sous forme d'établissement public à caractère industriel et commercial (EPIC), se livrent à une activité purement commerciale de la même façon que les sociétés privées. Inversement, certaines personnes morales de droit privé peuvent être investies de missions de service public.
3) **Le troisième indice est lié à la nature de la relation de l'établissement à qualifier avec la personne publique qui l'a créé.** Si celle-ci révèle des contraintes exorbitantes du droit commun pesant sur l'établissement (nomination des dirigeants par l'autorité publique ou tutelle administrative, par exemple), celui-ci est présumé avoir un caractère public.
   Comme les autres, cet indice peut être contredit. En effet, nombre d'organismes privés en charge d'une mission de service public sont soumis à des sujétions exorbitantes du droit commun.
4) **Le quatrième indice est lié à la question de savoir si l'établissement détient ou non des prérogatives de puissance publique** (exorbitantes du droit commun).

Autrement dit, peut-il, par exemple, prendre des décisions exécutoires (s'imposant à leurs destinataires) ou ses ressources ont-elles, au moins en partie, un caractère fiscal ?
Une réponse positive à l'une de ces deux questions est une indication du caractère public de l'établissement.
Toutefois, il convient de souligner que même les personnes privées, lorsqu'elles gèrent un service public, peuvent détenir de telles prérogatives en vue d'assurer cette mission d'intérêt général.

De façon générale, il n'y a plus de correspondance automatique entre la nature juridique de la personne morale et le droit qui lui est applicable.

Ainsi, des EP sont en grande partie soumis au droit privé (comme les EPIC) et des personnes morales de droit privé sont aussi soumises au droit public (celles qui bénéficient de délégations de services publics ou encore les sociétés d'économie mixte[15]).

Les indices ci-dessus évoqués ont été dégagés par la jurisprudence dite « du faisceau d'indices ».

Voici à présent quelques arrêts classiques illustrant cette jurisprudence :

- décision classique : TC 9 décembre 1899, *Association syndicale du canal de Gignac*, GAJA n° 7.

  Selon le tribunal des conflits, les associations syndicales de propriétaires sont des EP pour les raisons suivantes (4) : elles sont autorisées par le préfet, ont pour objet la réalisation de travaux d'intérêt collectif afin d'assurer la protection et la mise en valeur des terres sur une certaine surface, comportent une obligation d'adhésion et bénéficient de contributions des propriétaires qui ont un caractère fiscal ;
- CE Sect. 13 novembre 1959, *Navizet*, Rec. 592, RDP 1960 p. 1034, concl. C. Heumann.

  En l'espèce, le Conseil d'État conclut implicitement au caractère d'établissement public de l'Institut national des appellations d'origine compte tenu des éléments suivants (4) : son directeur est nommé par arrêté ministériel, il exerce une activité d'intérêt général ayant le caractère d'un SPA (protection des appellations d'origine), sa gestion fait l'objet d'un contrôle administratif et financier de la part de la personne publique qui l'a créé, ses ressources proviennent de taxes fiscales et d'une subvention étatique.

Si un établissement public est une personne morale de droit public, comme son premier critère d'identification l'indique avec force, il faut absolument qu'il

15. Ce sont des sociétés de droit privé dont la majorité du capital social appartient à des personnes publiques mais dont l'autre partie appartient à des acteurs privés : c'est une formule ancienne de partenariat public-privé.

est un lien de rattachement à une personne publique (le plus souvent celle qui l'a créé).

Intéressons-nous maintenant à l'importance de ce critère d'identification.

2. L'EP est rattaché à une personne publique

Seule une collectivité territoriale est en mesure de créer un EP et seule une loi détermine la personne publique de rattachement d'un EP (CE 25 octobre 2004, *Asaro et autres*, req. n° 258.540).

Celui-ci a pour raison d'être l'exercice, à la place ou dans le prolongement de l'État, de la région, du département ou de la commune, d'une activité, d'une mission qui revient à ces collectivités.

Chaque établissement public est donc rattaché à une collectivité territoriale : les EP nationaux ou de l'État sont environ 1 200, alors que ceux se rattachant aux régions, départements et aux communes (les établissements publics locaux : les hôpitaux publics ; sans oublier les établissements publics territoriaux[16], lieu de coopération des collectivités locales) sont à peu près au nombre de 50 000.

Cependant, la portée du rattachement est bien incertaine, et ce, pour 4 raisons.

En premier lieu, la personne morale créatrice d'un EP n'est pas nécessairement la collectivité de rattachement.

Bien que créés par le préfet donc l'État, les collèges et les lycées sont respectivement rattachés au département et à la région depuis 1983.

En deuxième lieu, il existe parfois une dissociation entre collectivité de rattachement et collectivité de tutelle.

Ainsi, tous les EP locaux sont soumis à la tutelle de l'État, bien qu'ils aient été créés par une collectivité locale. De même, en est-il pour le Centre national de la fonction publique territoriale (CNFPT) qui, « *bien que soumis à la tutelle des autorités de l'État et parce qu'il est rattaché à l'ensemble des communes françaises* », est un « *établissement public intercommunal* »[17].

En troisième lieu, il existe une dissociation entre la nature juridique de l'organisme assurant le service et le rattachement à une personne publique.

En effet, les organismes privés assurant un service public font eux aussi l'objet d'un rattachement.

Ainsi, avant de devenir un EP national en 1983, la SNCF était une société commerciale rattachée à l'État (société d'économie mixte nationale du 1er janvier 1938 au 31 décembre 1982).

---

16. Ce sont, par exemple, les communautés urbaines, les communautés d'agglomération, ou encore, les communautés de communes.
17. Grandclaudon (C.), *Mission historique. Des statuts juridiques*, CNFPT, document n°3, p. 8.

Enfin, et en quatrième lieu, il arrive que des EP ne soient pas clairement rattachés à une collectivité territoriale.

Pendant longtemps, les chambres de commerce et d'industrie, d'agriculture voire de métiers ont été privées de qualification textuelle et jurisprudentielle.

Le Conseil d'État les a reconnus comme des EP de l'État. Ainsi, ces EP sont-ils soumis à la tutelle de l'État sans être explicitement rattachés à l'État ou à une autre collectivité publique.

Néanmoins, dans plusieurs cas, le rattachement présente un intérêt dont voici deux exemples :

- tout d'abord, il apparaît logique que des représentants de la collectivité de rattachement assurent la direction et interviennent dans la gestion de l'EP ;
- le rattachement permet de déterminer le régime de la tutelle : en effet, la loi du 2 mars 1982 prévoit que la tutelle de l'État s'exerce sur les collectivités locales et leurs établissements publics. Les EP locaux et leurs collectivités de rattachement sont donc soumis au même régime de contrôle, lequel diffère de celui applicable aux EP nationaux.

Enfin, l'établissement est aussi caractérisé par sa soumission au principe de spécialité.

3. L'EP est soumis au principe de spécialité

1) Le principe de spécialité se définit avant tout comme une interdiction adressée à toute personne publique d'agir en dehors de ses compétences.

Pour l'État, le principe n'a pas d'intérêt puisqu'il a une vocation générale, il en va bien différemment pour les autres personnes publiques.

Ainsi, l'activité des EP est guidée par le principe de spécialité. Autrement dit, leur compétence est spécifique, particulière, limitée voire bornée, à l'inverse de la compétence générale de l'État.

Il découle de cette distinction l'obligation pour l'EP de ne pas aller au-delà de sa compétence et l'interdiction faite à la collectivité locale d'empiéter sur la compétence de l'EP.

Les arrêts suivants sont relatifs à l'obligation pour l'EP de se cantonner à l'exercice de sa mission :

- CE 22 mai 1903, *Caisse des écoles du 6e arrondissement de Paris*, S. 1903. III. 33, note M. Hauriou.

En l'espèce, le Conseil d'État estime qu'une caisse des écoles, dont la mission est de favoriser l'accès des plus démunis à l'école publique, ne peut exercer la même mission en faveur d'une école privée en y aidant des enfants indigents ;

– CE Sect. 4 juin 1954, *ENA*, Rec. 338 :

Le Conseil d'État constate que la mission de l'École nationale d'administration est de former des fonctionnaires. En intentant un recours contre une décision de mutation d'un de ses anciens élèves, l'école est sortie de sa spécialité ;

– CE 23 octobre 1985, *Commune de Blaye-les-Mines*, Rec. 297 :

Un syndicat de communes créé, pour étudier un projet d'adduction d'eau potable, ne peut pas mettre en œuvre lui-même le projet de distribution de cette eau.

– CAA Bordeaux 27 avril 2004, *Communauté intercommunale des villes solidaires*, AJDA 2004, n° 29, p. 1612 :

Un établissement public de coopération intercommunale n'est pas compétent pour financer un voyage d'étude d'élus locaux parce que ses statuts ne lui permettent pas d'œuvrer dans le domaine de la formation des élus locaux.

2) Mais, le principe de spécialité n'est pas seulement une interdiction pour une personne publique, c'est aussi une protection, souvent contre elle-même voire contre les autres.

C'est ainsi qu'il s'interprète aussi comme l'interdiction faite à toute collectivité publique d'empiéter sur la compétence d'un EP, elle a été prononcée par le Conseil d'État dans l'arrêt *Commune de Saint-Vallier* (CE Ass. 16 octobre 1970, Rec. 583, RA 1970 p. 530, note G. Liet-Veaux).

En l'espèce, le Conseil d'État estime qu'une commune qui a transféré des attributions (il s'agissait de la création d'une zone industrielle) à un syndicat de communes ne peut plus les exercer.

3) Pourtant, si le juge sanctionne les débordements et les empiétements, il sait aussi faire preuve de souplesse et interpréter largement le principe de spécialité.

Ainsi a-t-il admis qu'un EP puisse exercer des activités connexes (en rapport étroit) à son activité principale.

Par exemple, les chaînes de télévision du service public peuvent, sans sortir du cadre de leur mission, diffuser de la publicité.

En effet, les ressources financières ainsi procurées contribuent à la réalisation de leur mission.

L'étude de l'identification, de la qualification des EP suppose pour les cerner de mettre en exergue leur diversité et surtout d'établir aussi les critères de distinction entre EPA et EPIC.

4) La diversité des EP

La distinction entre établissement public administratif (EPA) et établissement public industriel et commercial (EPIC) est désormais classique.

Elle a été consacrée par la jurisprudence et reprise par certains textes.

Pourtant, la distinction EPA – EPIC n'est pas claire car elle s'articule sur la distinction service public administratif (SPA) – service public industriel et commercial (SPIC) (Voir son exposé *infra*), qui ne l'est pas davantage.

Qui plus est, le principe qui a été dégagé, à savoir que l'EPA gère un SPA et l'EPIC un SPIC, semble bien artificiel.

Par souci d'accorder davantage de souplesse de gestion à un EP, il arrive que ce dernier reçoive la qualification d'EPIC alors que son activité est administrative.

Ce tour de passe-passe illustre l'idée de plus en plus répandue selon laquelle les modes de la gestion privée sont plus adaptés que ceux de la gestion publique à l'accomplissement des missions d'intérêt général.

Quoi qu'il en soit, lorsque sa qualification ne correspond pas à la nature réelle de son activité, **l'EP est dit à visage inversé**.

Saisi de la question, le juge administratif peut s'affranchir des qualifications textuelles et procéder à la requalification de l'EP, c'est-à-dire à l'ajustement de la qualification au regard de la nature de l'activité.

Ainsi, le Tribunal des conflits a estimé que le FORMA (Fonds d'orientation et de réglementation des marchés agricoles, supprimé en 1986), qualifié d'EPIC, exerçait en réalité une activité purement administrative et l'a requalifié en EPA (TC 24 juin 1968, *Société Distilleries bretonnes*, Rec. 801, concl. Gégout).

D'autre part, l'EP, quelle que soit sa qualification, peut cumuler l'exercice d'une activité administrative et d'une activité industrielle et commerciale.

Est alors évoquée la notion d'**EP à « double visage »**.

Dans cette catégorie, on trouve par exemple, les chambres de commerce et d'industrie chargées du service public administratif de représentation des intérêts professionnels (et considérées à ce titre comme des EPA) mais également du service public industriel et commercial d'exploitation des installations portuaires et aéroportuaires (et considérées à ce titre comme des EPIC) : (TC 23 janvier 1978, *Marchand*, Rec. 643, D. 1978 p. 584, note P. Delvolvé).

Est aussi considéré comme un EP à double visage, l'Office national des forêts (ONF) chargé du SPIC d'exploitation des ressources forestières et du SPA de protection de la forêt (TC 9 juin 1986, *ONF*, Rec. 565), ou encore, Voies navigables de France (CE 3 décembre 2003, *Houte*, req. n° 233.612).

Il convient de relever *in fine qu'*une fois la nature d'un EP déterminée (en se fondant essentiellement sur l'examen de son activité), son régime juridique est théoriquement facile à déterminer.

En effet, aux EPA, s'applique principalement un régime de droit administratif (le personnel est composé d'agents publics, leurs contrats sont administratifs, leur comptabilité est soumise aux règles de la comptabilité publique) et aux EPIC un régime de droit privé (le personnel relève du droit du travail, leurs contrats sont de droit privé, leur comptabilité est commerciale).

Là encore, la pratique est différente de la théorie.

Pour comprendre cette divergence, il faut garder à l'esprit que les EPIC sont avant tout des personnes publiques. À ce titre, ils sont soumis en grande partie au droit public. Ensuite, il est de plus en plus fréquent que les EPA empruntent certains modes de gestion utilisés par les entreprises privées, lesquels leur procurent davantage de souplesse.

De fait, une fois caractérisé par ses critères et indices d'identification, l'établissement public bénéficie essentiellement (pour les EPA) voire principalement (pour les EPIC) d'un régime juridique de droit public.

B. L'identification du service public

1. L'identification jurisprudentielle de la notion même de service public

En vertu de la jurisprudence *Narcy* précitée, dont l'objet principal est d'ailleurs avant tout de distinguer un établissement public d'un établissement d'utilité publique (et donc de qualifier un organe, auteur d'un acte litigieux, d'une de ces notions), le juge administratif recourt à un double voire à un triple « critère » afin d'identifier un service public à l'occasion de l'étude d'une activité de l'administration.

À cet égard, il convient de souligner que si, par rigueur juridique, sera employé le terme de critère[18] pour viser les conditions d'identification du service public, voire des SPA et des SPIC, le terme d'indice s'avère plus adéquat.

En effet, le juge administratif, pour opérer de telles qualifications, s'appuie plus sur une « ambiance » résultant de la réunion de certains voire de tous les « critères » ci-après évoqués que sur la constatation scrupuleuse de la satisfaction de ces derniers.

C'est pourquoi, le mot « indice »[19] est parfois plus juste que celui de critère en ce domaine du droit administratif ; ce qu'illustre, par exemple et entre autres, la jurisprudence *Ville de Melun et autre* (CE 20 juillet 1990, Rec. 220).

Ceci étant, la jurisprudence *Narcy* permet de poser une définition, simple ou plus raffinée, du service public selon la qualité juridique de son gestionnaire.

En effet, si l'activité à qualifier est exécutée directement par une personne publique, alors elle sera constitutive d'un service public à la seule seconde condition qu'elle soit d'intérêt général (la première étant naturellement la présence d'une personne publique en tant que gestionnaire direct).

---

18. Élément permettant de manière relativement certaine de distinguer une chose d'une autre.
19. Signe apparent et probable mais plus incertain.

Alors que si elle est gérée par une personne privée quelconque, elle ne sera qualifiable de « service public » que si trois conditions cumulatives sont satisfaites.

Ces dernières sont les suivantes :

- en premier lieu, l'activité doit être assumée par une personne publique, c'est dire qu'elle est alors exercée par une personne privée mais sous le contrôle d'une personne publique, c'est-à-dire pour son compte, à ses lieux et place.
- En deuxième lieu, elle doit être aussi d'intérêt général.
- Et enfin, et en troisième lieu, elle doit être réalisée grâce à des prérogatives de puissance publique transférées à son gestionnaire privé par son créateur (en principe) et délégant publics.

En somme, dans les deux cas de figure, un critère, dont l'étude est particulièrement intéressante, se retrouve : c'est le critère finaliste, celui de l'intérêt général.

Alors que celui, plus matériel, relatif aux moyens inhérents à la gestion du service public, et par suite, à son régime juridique, ne permet que de qualifier l'activité gérée par une personne privée. Dans le cadre de ce critère, et bien que n'étant pas totalement étranger à l'étude du critère organique, le contrôle exercé par le délégant sur le gestionnaire doit être mentionné et même étudié.

Dès lors, seront successivement évoqués le critère commun d'identification du service public (a) et le double critère spécifique d'identification du service public géré par une personne privée (b).

a. le critère commun d'identification du service public : l'intérêt général

La condition première d'identification d'une activité en service public, quel que soit d'ailleurs son gestionnaire, est celle de l'intérêt général.

C'est l'élément le plus fondamental, et en même temps le plus subjectif, de l'identification du service public. C'est, en effet, un concept plus sociologique que juridique.

Servir l'intérêt général, c'est satisfaire les besoins collectifs d'une société donnée à un moment donné de son histoire.

Mais étant appréciée, en fonction des besoins à un moment donné de son histoire d'une société, et par la personne publique créatrice, la création d'un service public est donc fondamentalement subjective.

Ainsi, son essence est plus sociologique que juridique ; ce qui donne à cette notion autant une souplesse qu'une possibilité d'extension incontrôlable.

Bien évidemment, pour les services publics régaliens de l'État, liés à la souveraineté, cette conception n'a rien changé ; ce sont des « services publics par nature ».

En revanche, elle a favorisé la transformation de certaines activités en services publics, notamment en matière culturelle et sportive.

En effet, elle a grandement accompagné le développement de l'État-Providence.

C'est ainsi qu'à la Comédie française et au Théâtre aux armées, reconnus depuis le début du XXe siècle comme des services publics, sont venus s'ajouter les Maisons de l'art et de la culture, ainsi que certains théâtres nationaux ou municipaux. En effet, malgré l'opposition doctrinale passée de Maurice Hauriou (note sur l'arrêt *Astruc* (CE 7 avril 1916, S. 1916, III. 41)), le Conseil d'État a consacré l'activité théâtrale comme constitutive d'un service public dès 1944 (CE 21 janvier 1944, *Léoni*, Rec. 26).

Alors qu'en principe, pour le Conseil d'État, du fait des « *caractéristiques générales des jeux de hasard* », la mission de la Société française des jeux (personne morale de droit privé), consistant à organiser et à exploiter la loterie nationale, n'est pas constitutive d'une mission de service public (CE Sect. 27 octobre 1999, *Rolin*, AJDA 1999 (n° 12) p. 1043).

Cette reconnaissance a été élargie à des activités de loisirs en général. Ainsi, la jurisprudence a admis que la gestion d'un casino pouvait être un service public lorsque les profits dégagés contribuent à financer l'expansion touristique de la ville (CE 25 mars 1966, *Ville de Royan*, Rec. 237).

Peuvent aussi être des services publics, l'exploitation d'une plage (CE 30 mai 1975, *dame Gozzoli*, Rec. 325) ou l'organisation de compétitions sportives par les fédérations compétentes (CE Sect. 22 novembre 1974, *Fédération des industries françaises des articles de sport*, Rec. 577, concl. J. Théry).

De manière plus récente, mais non moins extensive, le juge administratif considère comme constitutive d'un service public toute activité d'information ou/et de communication des collectivités territoriales (TC 22 janvier 2001, *Préfet de la région Seine-Maritime c. TGI de Rouen ; Société Multicom c. Conseil régional de Haute-Normandie*, JCP 2001, II. N° 10650, note F.-X. Fort : la promotion publicitaire, confiée par contrat à la société requérante par la région défenderesse, de l'image de cette dernière, est un service public).

L'inconvénient d'une telle diversification des activités de service public a été de dénaturer quelque peu la notion mais aussi, selon certains, de dévaloriser « l'intérêt général ».

Au-delà de cette fragilité inhérente à la notion même de service public, il convient de remarquer que lorsque l'activité à qualifier est exécutée par une personne privée, le juge administratif renforce les critères d'identification.

C'est ainsi qu'il exige de ceux-ci d'être exorbitants du droit commun et donc à l'activité d'être gérée sous un régime juridique différent de celui du droit privé.

b. Le double critère spécifique d'identification du service public géré par une personne privée

Ainsi, la gestion publique, pourrait-on dire, doit marquer les traits caractéristiques du régime juridique du service public ainsi identifié.

Pendant longtemps, les services publics ont été exclusivement soumis à un régime particulier, exorbitant du droit commun : le régime de droit public.

Mais l'apparition des activités de service public, exercées de façon analogue aux activités privées, a marqué la soumission de ces services au droit privé et, de ce fait, a porté un rude coup au critère du régime juridique particulier de droit public.

Pourtant, celui-ci n'a pas perdu toute consistance.

En effet, même lorsqu'un service public est soumis au droit privé, le droit public doit imprégner son régime juridique ; à défaut, ce ne serait qu'une « pure » activité de droit privé.

C'est pourquoi, une activité d'intérêt général, même gérée par une personne privée, n'est qualifiable de service public qu'à la double condition que son gestionnaire bénéficie de prérogatives de puissance publique pour l'exécuter, d'une part, et d'autre part, qu'il soit soumis au contrôle de la personne publique concédante.

De par son régime exorbitant du droit commun, une telle activité est identifiable en tant que service public. Par suite, le double critère, permettant de qualifier ainsi une telle activité, est constitutif d'un critère plutôt formel.

C'est ainsi que le dépannage, le remorquage et l'évacuation des véhicules sur le réseau autoroutier et les voies assimilées sont un service public dès lors qu'ils constituent des missions d'intérêt général exercées sous le contrôle de la puissance publique et conférant aux titulaires privés agréés des prérogatives de puissance publique en les habilitant seuls à intervenir sur le réseau routier (CE 22 mars 2000, *Lasaulce*, CT-Intercommunalité 2000, n° 180, note T. Célérier).

Par ailleurs, il faut garder à l'esprit qu'il existe un fonds commun à tous les services publics sous la forme des lois du service public (continuité, adaptation, égalité et neutralité).

Mais si la qualification d'activités en services publics répond à des critères relativement précis en leur dénomination, peut être parfois plus vague dans leur définition, c'est l'inverse qui prévaut dans le cadre de la distinction jurisprudentielle des SPIC-SPA.

2. Les critères d'identification de la distinction SPA-SPIC

Services publics administratifs et services publics industriels et commerciaux ont toujours existé.

Mais, au XIXe siècle, les premiers étaient exclusivement assurés par les personnes publiques, alors que les seconds l'étaient par les personnes de droit privé auxquelles ils avaient été concédés.

Ce qui faisait d'ailleurs qu'on s'intéressait moins au caractère du service qu'au contrat réalisant sa concession ; ce qui était, par suite, une manière de respecter le principe selon lequel le secteur des activités industrielles et commerciales devait être réservé aux agents économiques privés.

Cette situation change au XXe siècle.

C'est ainsi que des organismes de droit privé assurent des SPA, tandis que les personnes publiques exploitent elles-mêmes, le plus souvent en régie, des SPIC.

Et comme le font les collectivités locales, certains établissements publics vont eux-mêmes cumuler les deux sortes de services.

Dès lors, il n'est plus possible de se reposer sur une simple distinction organique, qui n'est plus indicatrice du caractère des services assurés.

Il devient alors nécessaire de prendre en considération les activités de service public en elles-mêmes, de façon à trouver un ou plusieurs critères de distinction entre les SPA et les SPIC.

Mais, ce n'est qu'en 1956 que le Conseil d'État rendra l'arrêt qui, dissipant l'incertitude antérieure, déterminera les données à considérer en vue de se prononcer sur le caractère d'un service public (CE Ass. 16 novembre 1956, *Union syndicale des industries aéronautiques*, Rec. 434).

Se fondant sur trois « critères » de distinction (que sont : l'objet du service public, l'origine de ses ressources et les modalités de son fonctionnement), le juge administratif estime que si entre le service public à caractériser et l'activité d'une entreprise privée, il existe sur tous ces points une ressemblance, alors l'activité est un SPIC.

Mais, si au contraire il y a, sur un seul de ces trois points, une dissemblance entre ces deux types d'activités, alors celle à caractériser est un SPA.

Reprenons donc chacun de ses critères pour mieux préciser leur formulation incertaine à travers la jurisprudence au demeurant assez claire et précise les concernant.

a. L'objet du service public

Dans certains cas, l'évidence est nette.

C'est ainsi que la gestion d'un entrepôt frigorifique est à coup sûr une activité de SPIC (TC 17 décembre 1962, *Dame Bertrand*, Rec. 831, concl. J. Chardeau).

Mais pour d'autres, la discussion est ouverte.

C'est ainsi que l'exploitation par la ville de Vienne de son célèbre théâtre antique vise tant des préoccupations culturelles (donc plutôt de SPA) que commerciales (plutôt de SPIC). Ce n'est d'ailleurs qu'implicitement que le juge administratif a tranché en faveur de la qualification de SPA (CE Sect. 26 janvier 1968, *Dame Marron*, Rec. 68).

La même qualification implicite fut donnée par le Conseil d'État à l'activité d'exploitation du bac de l'île de Ré, alors même qu'une telle activité semblait, encore plus que la précédente, s'assimiler à celle d'une entreprise privée (CE Sect. 10 mai 1974, *Denoyez et Chorques*, Rec. 274).

Intéressons-nous maintenant à l'origine des ressources.

b. L'origine des ressources

C'est une donnée plus précise qui ne laisse guère de place *a priori* à la subjectivité.

C'est ainsi que le fait que les ressources du service proviennent, au moins principalement, des redevances (ayant le caractère de prix) perçues sur ses usagers, en contrepartie des prestations fournies, va dans le sens de son caractère industriel et commercial.

S'y oppose au contraire le financement du service par des subventions publiques ou des recettes fiscales.

Ne pouvait donc qu'être administratif le service en cause dans l'affaire *Union syndicale des industries aéronautiques*.

En effet, ce service tirait la plus grande partie de ses ressources de ressources de nature parafiscale.

De même en est-il de l'activité du Centre national pour l'aménagement des structures des exploitations agricoles, dont les dépenses de fonctionnement sont couvertes par des subventions de l'État et des régions (TC 19 février 1990, Rec. 387).

Qu'en est-il de leurs modalités de fonctionnement ?

c. Les modalités de fonctionnement

Elles sont telles parfois qu'elles excluent clairement le caractère industriel et commercial du service.

Ainsi en est-il lorsque le tarif des redevances est fixé de manière à exclure toute possibilité de bénéfices : c'est le cas du service fonctionnant donc au prix coûtant voire à perte (CE Sect. 30 juin 1950, *Société Merrienne*, Rec. 408) et *a fortiori* gratuitement (CE 26 juillet 1930, *Benoît*, Rec. 840).

De même, dans l'affaire *Union syndicale des industries aéronautiques*, le caractère industriel et commercial ne pouvait qu'être exclu du fait des modalités de fonctionnement du service public : notamment, exclusion de la possibilité d'avoir des comptes bancaires, dépôt obligatoire des fonds disponibles à la Caisse des dépôts et consignations, gestion financière soumise aux règles de la comptabilité publique.

Contribue à exclure également ce caractère, en ce qui concerne le Centre national pour l'aménagement des structures des exploitations agricoles, le fait que ses crédits sont limitatifs et soumis à approbation ministérielle (TC 19 février 1990, *Centre national pour l'aménagement des structures des exploitations agricoles*, précité).

Par ailleurs, le fait qu'un service soit assuré directement, c'est-à-dire en régie, par une personne publique, et surtout par une collectivité locale peut, dans certains cas litigieux, inciter ou aider à apprécier ses modalités de fonctionnement comme n'allant pas dans le sens de sa qualification de SPIC.

C'est ce qu'illustre probablement la qualification en SPA, par exemple, de l'exploitation d'une piscine municipale (CE Sect. 14 juin 1963, *Époux Hébert*, Rec. 364, concl. J. Méric).

De même qu'il est remarquable que la reconnaissance du caractère administratif du service public assuré par la ville de Cannes dans son Palais des Festivals et des Congrès soit appuyée, avec une certaine insistance dans la rédaction de l'arrêt, sur le fait que ce service était exécuté « *en régie directe avec un nombreux personnel relevant presque en totalité du statut du personnel communal* » (TC 19 décembre 1988, *Ponce*, Rec. 497).

En somme, se retrouve ici l'idée qu'un service public géré en régie par une personne publique est présumé administratif du fait de la présence organique particulièrement marquée.

Le doute profite donc à la présomption.

Toutefois, lorsqu'il y a doute, la gestion en régie ne saurait être une contre-indication à la qualification de SPIC.

Enfin, et malgré les idées reçues, lorsqu'un service bénéficie d'un monopole légal, ses modalités de fonctionnement ne lui impriment pas automatiquement un caractère administratif.

Ainsi, la jurisprudence ne fait pas d'un tel monopole une contre-indication du caractère industriel et commercial du service. La construction communautaire ne peut sur ce point qu'encourager cette jurisprudence déjà ancienne puisqu'elle découle d'un arrêt *Société Pétronaphte*, rendu par le Tribunal des conflits, le 22 février 1960 (Rec. 857) et a été confirmée par un arrêt du Conseil d'État, *Bouvet*, rendu le 9 janvier 1981 (req. n° 26.521). Toutefois, il convient de remarquer que la jurisprudence administrative la plus récente tend sinon à la nier du moins à la minimiser en constatant la présence d'un service public à l'occasion de qualification d'activités diverses exercées de manière exclusive par un délégataire privé (CE 22 mars 2000, *Lasaulce*, CT-Intercommunalité 2000, n° 180, note T. Célérier ; TC 23 septembre 2002, *Société Sotrame et Metalform*, AJDA, 2002, n° 23, p. 1437 ; CAA Nancy 14 novembre 2002, *TDF Câble Est et autre*, AJDA, 2002, n° 24, p. 1496).

4. L'élaboration d'un plan détaillé (10 minutes)

Loin de fournir tel quel un tel plan, le « bon plan », – dans la mesure où il en existe souvent plus d'un –, il convient d'indiquer la trame du plan qui pourrait être ici adoptée.

Nous allons en proposer plusieurs, 3 exactement, dont deux sont des variantes et un dernier, qui met en exergue une réflexion volontairement plus dynamique.

Les deux thèmes centraux sont, d'une part, leurs rapports entre les deux notions, et d'autre part, les prolongements de ces rapports à travers la distinction SPIC-SPA.

A. Premier et second plan :

Deux premières parties différentes sont possibles mais la seconde est toujours la même.

I – L'EP gère un SP

De manière traditionnelle, l'EP se définit comme un mode de gestion du SP (a). D'ailleurs, ce dernier permet, par voie de conséquence, d'identifier un tel établissement (b).

a. L'EP : un mode de gestion du SP

- décentralisation fonctionnelle ;
- principe de spécialité ;
- toutefois, ce n'est pas le seul mode de gestion du SP (régie, ou délégation).

b. Le SP : un élément essentiel d'identification de l'EP

- principe de la jurisprudence Narcy en matière de qualification de l'EP ;
- EP et EUP : des EP gèrent des activités d'intérêt général qui ne sont pas des SP (TC 1899, *Association syndicale des propriétaires du canal de Gignac*) ;
- Critique : jurisprudences contradictoires (1899 et 1963 au regard de la qualification de SP) : incohérence temporelle ou juridique ?

Autre première partie possible :

I – L'interdépendance des notions de SP et d'EP

a. La notion de SP permet d'identifier l'EP

- principe de la jurisprudence Narcy en matière de qualification de l'EP ;
- EP et EUP ;
- d'ailleurs Narcy est surtout connu plus pour l'identification du SP que pour celle de l'EP, alors que c'est cette question-là qui est au cœur de cet arrêt.

b. La notion d'EP sert à qualifier le SP

- principe de la jurisprudence Narcy en matière de qualification du SP : normalement toute activité générale gérée par une personne publique est automatiquement un SP ;
- il existe pourtant quelques cas rares où la mission d'intérêt général d'un EP n'est pas qualifiée par le juge administratif de SP, et ce, de manière volontaire ;
- ce qui est particulièrement critiquable et contestable et complique l'appréhension de la notion d'EP.

Transition : Comparer deux notions apparemment incomparables, cela revient obligatoirement à s'intéresser aux influences réciproques qu'elles exercent l'une sur l'autre, et ce, le plus souvent, à l'occasion de leur utilisation. Par suite, lorsque, comme ici, cela concerne des concepts juridiques, cela revient à apprécier l'impact de ces notions dans le cadre de leur identification, et par là même, à souligner le lien presque indissoluble liant l'EP au SP.

Cette influence quasi naturelle entre ces deux concepts fondamentaux du droit administratif général se prolonge d'ailleurs non moins naturellement à l'occasion de l'évocation de la distinction SPIC-SPA. En effet, le SP n'est pas un mais multiple ; il est peu riche en genre mais riche en nombre. Cette distinction a naturellement une influence directe sur la qualification juridique affinée de l'EP gestionnaire de tels services. Par suite, l'influence du SP sur la qualification se prolonge, à un autre degré, par l'appréhension de la distinction sus-évoquée.

II – La distinction SPIC-SPA détermine le caractère de l'EP

Il convient ici d'exposer la distinction SPIC-SPA (a) avant d'évoquer deux hypothèses où cette distinction complique plus qu'elle ne simplifie le travail de qualification de l'EP (b).

a. La cause : la distinction SPIC-SPA

- jurisprudence USIA ;
- les critères de distinction ;
- le flou de certaines jurisprudences.

b. Les symptômes les plus graves

- la « schizophrénie juridique » : l'EP à double visage ;
- la « mythomanie juridique » : l'EP à visage inversé.

B. Le troisième plan :

I – EP et SP : deux notions aux rapports classiquement étroits

Le secret de l'étroitesse des liens existant entre ces deux notions est que si, comme cela est classiquement admis, le SP détermine presque à coup sûr la qualification d'EP, l'inverse est non moins vrai ; mais, si cette seconde proposition est souvent moins connue, elle n'en est pas moins juste (a).

Toutefois, le SP approfondit aussi la qualification de l'EP dans la mesure où la distinction SPIC-SPA permet une meilleure identification du caractère de l'EP (b).

a. L'identification réciproque de l'EP et du SP

- principe de la jurisprudence Narcy en matière de qualification du SP : normalement toute activité générale gérée par une personne publique est automatiquement un SP ;
- limite du principe de la jurisprudence Narcy en matière de qualification de l'EP : certains EP, et ce, depuis fort longtemps gèrent des activités qualifiées d'intérêt général, mais pas pour autant de SP ; ce qui casse le lien entre ces deux notions : TC 9 décembre 1899, *Association syndicale du Canal de Gignac*, GAJA n° 7 ;

b. L'impact du caractère du SP sur celui de l'EP

- distinction SPIC-SPA ; conséquence : EPIC-EPA ;
- cas limites : EP à double visage et EP à visage inversé.

Transition : C'est donc à un double titre que le SP influence la qualification de l'EP ; toutefois, ce dernier, bien qu'à un seul titre, marque aussi profondément le travail d'identification du SP.

Mais, cette influence réciproque trouve aujourd'hui ses limites dans le fait que les définitions des deux concepts ici comparés évoluent et que, par suite, les liens entre ces deux notions se distendent.

II – EP et SP : deux notions aux rapports actuellement distendus

Il faut constater actuellement que l'EP n'est plus le seul mode de gestion du SP ; par suite, ce dernier est qualifié grâce à d'autres critères que celui d'être géré par un établissement public (a).

De même, l'EP, victime de son succès, connaît une crise d'identification qui rejaillit tout naturellement sur le travail de qualification du SP (b).

a. L'EP : un des modes de gestion du SP

- il existe en effet d'autres modes de gestion (régie et délégations) ;
- mais aussi, de nouvelles formes de personnes publiques gérant des SP (les GIP, par exemple, ou encore, la Banque de France).

b. L'influence de la crise de la notion de SP sur celle de l'EP

- le flou de la notion : cette notion est de plus en plus imprécise, elle est loin d'être encore un simple mode de gestion du SP ; d'où de multiples catégories imprécises d'EP (ex. : les EP culturels ou scientifiques) ;

– ainsi, l'illustre aussi l'imprécision actuelle des notions d'EP territorial ou d'EP consulaire ou universitaire ; ces établissements ne sont plus de simples techniques de gestion des SP.

Une fois les grandes lignes du plan détaillé établi, il convient enfin de rédiger, au brouillon tout d'abord, et par là même de « peaufiner », l'introduction, avant de la réécrire au propre.

5. La rédaction de l'introduction (20 à 25, selon le temps consacré au recensement)

A. L'introduction doit être composée, en principe, des éléments de la méthode générale.

Toutefois, il est évident qu'il est difficile, en deuxième année de licence en droit, d'intégrer une dimension historique dans l'introduction (cf. cours de théorie du Service public en Master 1, parcours « droit public »).

De plus, au-delà de la définition des mots-clés du sujet, il importe surtout, pour ce genre de sujet, d'évoquer longuement l'intérêt théorique, d'autant plus que son intérêt pratique est inexistant.

Par suite, de même qu'il n'existe pas « un bon plan », il n'existe pas non plus une seule introduction applicable pour tout sujet de dissertation.

C'est pourquoi, ici, l'essentiel de l'introduction est axé sur l'explication de l'intérêt théorique du sujet, et par voie de conséquence, la problématique.

B. Ici, l'introduction des deux premiers plans proposés pourrait être la suivante :

« À en croire, L. Blum, dans ses conclusions sur l'arrêt du Conseil d'État, Pichet, rendu le 21 juin 1912, « on naît EP, on ne le devient pas ». Pourtant la réalité juridique actuelle est moins existentialiste et simpliste puisque l'identification de l'établissement public (EP) implique voire présuppose celle du service public (SP).

Par suite, comparer l'EP et le SP paraît une opération délicate dans la mesure où elle ne peut consister à trouver des points communs et des différences entre ces deux notions. Et ce, parce que ces dernières sont des concepts de niveaux différents dans la théorie juridique, à tel point qu'elles semblent entre elles incomparables.

En effet, alors que l'EP est, en principe, une personne publique qui gère un SP, ce dernier se définit comme une mission d'intérêt général gérée, par une personne publique ou privée, toujours sous le contrôle d'une personne publique, en vertu de règles essentiellement dérogatoires au droit commun. Ainsi, l'EP est un acteur juridique doté de la personnalité morale de droit public, tandis que le SP est une activité qui peut être assurée par un tel acteur juridique.

Dès lors, la notion d'EP, se situe sur un plan organique, et plus précisément, relève du droit des institutions administratives, de l'organisation de l'administration, alors que celle de SP est un concept matériel, une vision active du droit administratif général.

Par suite, il y a autant de différences entre ces deux notions qu'entre le boulanger et le menuisier, tous deux acteurs juridiques, et leur action respective de pétrir le pain ou de scier le bois, qui ne sont que des activités.

Toutefois, dire qu'un EP est une personne publique qui gère un SP, selon la classique jurisprudence Narcy (CE 28 juin 1963), c'est, en somme, faire de la notion de service public un élément indispensable de l'identification de l'EP.

L'inverse est d'ailleurs tout aussi vrai dans la mesure où, selon la jurisprudence précitée, une activité d'intérêt général est qualifiable de service public dès lors que la personne, qui la gère, est une personne publique, telle qu'un EP.

Ainsi, la notion de service public permet de déterminer la qualification d'une personne morale en EP ; ces deux notions entretiennent donc des rapports leur permettant de s'identifier mutuellement.

Il importe de nuancer ce lien par le fait qu'une définition aujourd'hui plus extensive de l'EP vise à le considérer comme une personne publique gérant une mission d'intérêt général, qui ne serait pas systématiquement qualifiable de SP.

De même, l'approfondissement de la notion de SP, dans le cadre de la distinction service public industriel et commercial (SPIC) et service public administratif (SPA), permet de préciser la qualification d'un EP en établissement public administratif (EPA) ou en établissement public industriel et commercial (EPIC).

En effet, alors qu'un EPA est un EP qui gère un SPA, un EPIC est un EP qui exerce une activité qualifiée de SPIC.

Parfois, ce schéma, simple au demeurant, est perturbé lorsqu'un EP gère deux activités de SP, de caractère distinct, c'est-à-dire un SPA et un SPIC.

Il en va aussi ainsi quand un EP est qualifié, dans les textes, d'EPA ou d'EPIC, alors que l'étude du caractère de l'activité qu'il gère démontre que sa qualification est erronée et qu'il faut l'inverser.

C'est, dans le premier cas, une hypothèse d'EP à double visage, et dans le second, d'EP à visage inversé.

Dès lors, c'est la recherche précise du caractère du service public géré par l'EP, dans les circonstances précises posant le problème de sa qualification, qui détermine l'identification exacte du caractère de cet EP.

Par conséquent, l'étude de la distinction SPIC-SPA ou, en d'autres termes, l'approfondissement du caractère du service public géré par un établissement public, permettent de déterminer précisément le caractère de cet EP.

Premier plan : *C'est pourquoi, si la notion de SP sert à identifier celle d'EP, la détermination de son caractère découle directement de la distinction SPIC-SPA.*

Second plan : *C'est pourquoi, si les notions de SP et d'EP s'identifient réciproquement, la détermination du caractère du SP, à travers la distinction SPIC-SPA, sert à préciser celui de l'EP.*

6. La rédaction du reste du devoir (1 heure 30 minutes) et la lecture (10 minutes)

Il convient de se reporter aux développements de la méthode générale.

La conclusion pourrait utilement s'interroger sur l'avenir de l'opération de qualification de l'EP.

Elle pourrait être la suivante pour les deux premiers plans :

« *Du fait du rapport d'interdépendance entretenu par les notions d'EP et de SP, et plus particulièrement, de la première à l'égard de la seconde, toute fluctuation, toute imprécision de détermination de la seconde rejaillit sur celle de l'autre. C'est ainsi que s'explique l'une des raisons essentielles de la crise de la notion d'EP.* »

Et être celle-ci pour le troisième :

« *La construction communautaire risque de réduire le champ d'investigation du SP, et plus spécialement du SPIC ; toutefois, il faut espérer que cette évolution conduise à un travail de redéfinition du SP.*

Cela pourra peut-être permettre de remédier à la supposée crise de l'EP, qui à l'instar de celle du SP, trouve sa source, ou plutôt sa cause, dans l'interprétation trop générale donnée par la jurisprudence administrative du concept d'intérêt général. »

Pour aller plus loin : conseils bibliographiques

Annexe N° 1

1. Sur la notion d'établissement public :

Drago (R.), *Les crises de la notion d'établissement public*, LGDJ, 1950.

Borowski (A.), *L'établissement public local*, AJDA, 1987, p. 563-571.

Corail (de) (J.-L.), *Contribution du juge administratif à une théorie juridique de l'établissement public à caractère industriel et commercial*, Mélanges Charlier, éditions de l'Université et de l'Enseignement Moderne, 1981, p. 29-50.

Douence (J.-C.), *Le rattachement des établissements publics à une collectivité territoriale. Le cas des établissements publics locaux*, AJDA, 1971, p. 4-17.

Drago (R.), *Les établissements publics et la transaction*, Mélanges J. Waline, Dalloz, 2002, p. 185-192.

Durmarque (Y.), *Vicissitudes du principe de spécialité des établissements publics industriels et commerciaux*, Mélanges P. Sandevoir, L'Harmattan, 2000, p. 112-131.

Fatôme (E.), *À propos de la distinction entre les établissements publics à caractère administratif et les établissements publics à caractère industriel et commercial*, Mélanges R. Chapus, Montchrestien, 1992, p. 171-196.

Fatôme (E.), *À propos du rattachement des établissements publics*, Mélanges J. Moreau, Economica, 2003, p. 139-154.

Fatôme (E.), *La détermination du caractère des établissements publics*, AJDA, 2001, p. 222-225.

2. Sur la notion de service public :

Braconnier (S.), *Droit des services publics*, PUF, Collection « Thémis droit public », 2003.

Lachaume (J.-F.), Pauliat (H.) et Boiteau (C.), *Grands services publics*, A. Colin, Collection U, 3e éd., 2004.

Le Mestre (R.), *Droit du service public*, Gualino, Collection « Manuels », 2005.

Service public, services publics : déclin ou renouveau, EDCE, 1995, n° 46, p. 15-129.

Chevallier (J.), *Le service public*, PUF, Collection « Que sais-je ? », n° 2359, 5e éd., 2003.

Corail (de) (J.-L.), *La crise de la notion juridique de service public en droit administratif français*, LGDJ, 1954.

Espuglas (P.), *Le service public*, Dalloz, Collection « Connaissance du droit », 2e éd., 2002.

Truchet (D.), *Les fonctions de la notion d'intérêt général dans la jurisprudence du Conseil d'État*, LGDJ, bibliothèque de droit public, tome 125, 1977.

Villain-Courrier (A.-E.), *Contribution générale à l'étude de l'éthique du service public en droit anglais et français comparé*, Dalloz, Collection « Nouvelle Bibliothèque de Thèses », tome 40, 2004.

Corail (de) (J.-L.), *L'approche fonctionnelle du service public : sa réalité et ses limites*, AJDA, 1997, n° spéc., p. 20-28.

L'identification du service public dans la jurisprudence administrative, Mélanges G. Burdeau, LGDJ, 1977, p. 789-803.

Geffroy (J.-B.), *Service public et prérogative de puissance publique. Réflexions sur les déboires d'un couple célèbre*, RDP, 1987, p. 49-88.

Jourdan (P.), *La formation du concept de service public*, RDP, 1987, p. 89-118.

Latournerie (R.), *Sur un lazarre juridique : bulletin de santé de la notion de service public : agonie, convalescence ou jouvence*, EDCE, 1960, p. 61-159.

Laubadère (de) (A.), *Revalorisations récentes de la notion de service public en droit administratif français*, AJDA, 1961, p. 591-599.

Leclercq (C.), *La mission de service public*, D., 1966, p. 9-14.

Le Mestre (R.), *La notion de service public dans les systèmes juridiques des États membres de l'Union européenne*, RRJ, 2000, p. 199-221.

Lombard (M.), *L'avenir du service public au service du public*, in Chevalier (J.-M.), Ekeland (I.) et Frison-Roche (A.-M.) (sous la direction de), *L'idée de service public est-elle encore soutenable ?*, PUF, Collection « Droit Éthique et Société », 1999, p. 247-252.

Lombard (M.), *Service public et service universel ou la double inconstance*, Mélanges B. Jeanneau, Dalloz, 2002, p. 507-521.

Long (M.), *Service public, services publics : déclin ou renouveau*, RFDA, 1995, p. 497-503.

Un autre exemple de plan sur le sujet suivant

Annexe N° 2

« Service public et police administrative »

A. Premier plan :

I – La police administrative : un service public particulier

a. Un service public régalien

- séparation des pouvoirs ; notion d'Etat-gendarme ; monopole public ;
- en principe national mais de plus en plus local ;
- non marchand ; création obligatoire en tant que service public ;

b. Une finalité évolutive

- notion d'intérêt général ; l'ordre public un « intérêt général particulier » ?
- notion d'ordre public (définition du triptyque : sécurité, tranquillité et salubrité publiques) ;
- notion de « bon ordre », de moralité ou d'esthétisme ;

II – La police administrative : un régime juridique spécial

a. Un régime contraignant

- pas de contrat ;
- pas d'externalisation ; régie ; gestion que par des personnes publiques ;
- principe de continuité renforcé ; interdiction du droit de grève ;

b. Une compétence exclusive du juge administratif

- SPA ; ambiance de prérogative de puissance publique (interdiction, arrestation ; contrôle, etc.) ; personne publique ;
- caractère attractif au profit du juge administratif ; notion d'opération de police administrative ; distinction avec la police judiciaire ;

B. Second plan :

I – La police administrative, une mission de SPA

a. L'identification du SP policier

- notion de SP ; Narcy ;
- application pour la police administrative ;

b. Le caractère administratif de SP

- notion de SPA ; USIA ;
- application en l'espèce ;

II – La police administrative, une mission spécifique de SP

a. Une finalité spéciale d'intérêt général

- Voir le IB du premier plan ;

b. Un service public de la prévention

- distinction police administrative-police judiciaire ;
- exemples ;
- conséquences contentieuses.

Un autre exemple de plan sur le sujet suivant

Annexe N° 3

« La crise de la notion d'établissement public »

A. Le premier plan :

I – La première crise : l'identification de l'EP

L'EP est, en principe, une personne publique, qui est ainsi facile à qualifier, puisqu'elle bénéfice de tous les critères d'identification des personnes publiques (a). Mais, dans la réalité de l'action administrative et du fait de la jurisprudence administrative, cette qualification s'avère être plus difficile (b).

a. Des critères apparemment précis d'identification

- c'est une personne publique ;
- elle bénéficie d'une autonomie administrative et financière ;
- cette autonomie est toutefois nuancée par le principe de spécialité ;
- de plus, elle est limitée par l'exercice de tutelles.

b. Une identification concrètement incertaine

- EP et collectivité locale ; EP et GIP (groupements d'intérêt public) : à distinguer ;
- EP classique (technique de gestion du SP) et EP particulier (chambres consulaires et universités) ;
- les indices : TC 9 décembre 1899, *Association syndicale du canal de Gignac*, GAJA n° 7 ;
- sa principale faiblesse : grandement reposer sur le concept de service public, lui-même difficile d'application.

Transition : La première crise de l'EP est d'être une notion difficile à préciser ; une notion qui, en quelque sorte, a été victime de son succès.

Mais, cette crise se prolonge de manière plus moderne par le fait que les activités que gèrent les EP sont tellement diversifiées que leur qualification l'est devenue aussi. Ainsi, l'autre crise de l'EP concerne la difficulté d'appréhension par le droit de la distinction EPIC-EPA.

II – La seconde crise : la distinction EPIC-EPA

Il convient ici d'exposer la distinction (a) avant d'évoquer deux hypothèses où cette distinction complique plus qu'elle ne simplifie le travail de caractérisation de l'EP (b).

a. Une distinction imprécise

- jurisprudence USIA ;
- les critères de distinction ;
- le flou de certaines jurisprudences ;
- les conséquences contentieuses.

b. Une distinction limitée

- EP à double visage ;
- EP à visage inversé.

B. Le deuxième plan :

I – Les altérations de la notion d'EP

Ces altérations découlent, tout d'abord, de la sur-utilisation, parfois contrairement à sa définition intrinsèque, à sa signification première, de la technique de l'EP (a).

Mais, elles résultent tout autant de la dénaturation des critères d'identification de l'EP, conséquence directe de l'utilisation exponentielle de cette formule juridique depuis la fin du XIXe siècle (b).

a. L'altération de la technique de l'EP

- EP et collectivité locale ; EP et GIP (groupements d'intérêt public) : à distinguer ;
- EP classique (technique de gestion du SP) et EP particulier (chambres consulaires et universités).

b. L'altération des critères d'identification de l'EP

- les critères : TC 9 décembre 1899, *Association syndicale du canal de Gignac*, GAJA n° 7 ;
- sa principale faiblesse : grandement reposer sur le concept de service public, lui-même difficile d'application.

Transition : C'est donc à un triple titre que l'EP s'est, en quelque sorte, dénaturé en tant que concept juridique. En effet, imprécis aujourd'hui dans sa signification, sa définition et dans ses critères d'application, cette institution juridique se cherche désespérément une « seconde jeunesse théorique ».

Mais, cette crise se prolonge de manière plus moderne par le fait que l'EP n'est plus un mais duale dans la mesure où il doit désormais plutôt être appréhendé à travers la distinction EPIC-EPA qu'en lui-même. Ce qui ne « perturbe » qu'un peu plus l'intelligibilité de cette notion.

II – Les perturbations de la notion d'EP

La première perturbation résulte du fait que certains EP sont fort mal qualifiés, et ce, parfois de manière volontaire (a).

La seconde découle, quant à elle, du constat que certains d'entre eux, gérant tant un SPA qu'un SPIC, bénéficient d'une sorte de double qualification qui rend quelque peu factice voire difficile d'utilisation la distinction EPA-EPIC (b).

a. Les EP à visage inversé : la fausse qualification

- jurisprudence ***USIA*** (1956) ;
- les critères de distinction ;
- le cas d'espèce.

b. Les EP à double visage : la double qualification

- Le cas d'espèce ;
- les conséquences contentieuses.

C. Le troisième plan :

I – Les causes de la crise

a. Le relâchement du lien originel EP – SP

- les critères : TC 9 décembre 1899, Association syndicale du canal de Gignac, GAJA n° 7 ; et surtout, à partir de cette jurisprudence, la dissociation entre EP et SP au profit de celle entre EP et mission d'intérêt général ;
- de nombreux EP délèguent, qui plus est, leurs SP à d'autres personnes publiques et privées et perdent en quelque sorte leur raison d'être, même s'ils se spécialisent alors dans le contrôle de cette gestion et continuent à en assumer juridiquement la responsabilité principale ;

b. L'imprécision du caractère de l'EP

- la distinction SPIC-SPA ;
- les cas des EP à double visage ou à visage inversé ;

II – Les effets de la crise

a. L'affaiblissement du régime juridique de droit public de l'EP

- le développement des EPIC affaiblit la spécificité de droit public du régime juridique des EP ; ainsi, le personnel des EPIC relève presque exclusivement du droit privé (droit du travail) ;
- une évolution plus générale, qui touche aussi les EP, favorise plus le recours à la contractualisation qu'à l'acte unilatéral dans l'action administrative, et plus globalement, atténue l'usage des prérogatives de puissance publique.

En résumé, le caractère de droit public du régime juridique des EP est parfois de moins en moins visible même pour les EPA ;

b. L'émergence de nouveaux gestionnaires de SP

- création de diverses catégories d'EP en fonction des matières ;
- utilisation de l'EP pour gérer des entreprises plus que pour gérer des services publics (cas des entreprises publiques) ;
- concurrences nouvelles d'autres gestionnaires de SP : les personnes privées essentiellement au XXe siècle et à partir des années 1980 les GIP (groupements d'intérêt public), qui sont des personnes morales de droit public distinctes des EP.

Responsabilité et police

Sujet N° 7

Reprenons les étapes définies dans la méthode en les respectant successivement et scrupuleusement.
Ces étapes sont : la **définition du sujet**, sa **compréhension**, le **recensement** des idées y afférentes, l'**établissement d'un plan détaillé**, la **rédaction** de l'introduction, et enfin, la **rédaction** du reste du devoir et sa lecture.

1. La définition du sujet (10 minutes)

Cette étape consiste à identifier les mots-clés composant l'intitulé et à les définir précisément.

Cette opération, apparemment simple, est essentielle, et ce, parce qu'elle oblige à commencer à borner le sujet. En effet, cette première façon de délimiter le sujet évite, si elle est faite correctement, un début de « hors sujet » !

Elle attire aussi l'attention sur la nécessité de bien maîtriser, en droit administratif comme d'ailleurs dans toutes les matières juridiques, les définitions des mots essentiels des différents domaines du droit.

Cette remarque importante étant faite, il apparaît avec évidence que, dans le sujet posé, deux mots ou groupes de mots doivent être précisés.

Ce sont, d'une part, le mot « **responsabilité** » et d'autre part, celui de « police ».

A. La **responsabilité** est l'obligation de réparer le préjudice résultant soit de l'inexécution d'un contrat (responsabilité contractuelle), soit de la violation du devoir général de ne causer aucun dommage à autrui de son fait personnel ou du fait des choses dont on a la garde voire des personnes dont on répond (responsabilité délictuelle voire quasi-délictuelle).

Sachant que le cadre juridique général de réflexion étant le droit administratif, il convient de distinguer la responsabilité évoquée ici des autres formes de responsabilités : pénale ou disciplinaire ; en effet, le sujet ne vise, vu le cadre général de la matière, que la responsabilité civile.

Reste à savoir si ce n'est que la responsabilité administrative au sens de litiges indemnitaires en matière de réparation ne relevant au contentieux que du juge administratif ; cette question n'est pas fermée dans la mesure où l'intitulé évoque la responsabilité sans autre précision. Dès lors, la responsabilité peut être aussi judiciaire dans la mesure où la police judiciaire (**sur la distinction police administrative et police judiciaire** : voir *infra*) relevant au contentieux du juge judiciaire peut aussi donner prise à la responsabilité civile.

Toutefois, même si ce dernier point peut être abordé dans le plan, il convient de souligner que la matière (droit administratif général) dans le cadre de laquelle est posé le sujet est déjà une première borne mais implicite à ce dernier. Par suite, la référence à la responsabilité judiciaire de l'administration ne peut être qu'un élément d'une sous-partie voire, au mieux ou au pire, une sous-partie, mais pas plus.

De surcroît, et au regard exclusivement du droit administratif, il importe de relever aussi que la responsabilité administrative connaît diverses hypothèses (avec ou sans faute) et est sujette, quant à sa mise en œuvre, à la satisfaction cumulative de plusieurs conditions (cause du dommage, dommage et lien de causalité entre les deux).

Cette première définition situe donc le sujet dans le domaine du droit administratif qu'il concerne, c'est-à-dire celui des hypothèses et des conditions d'engagement de la responsabilité, plutôt administrative.

B. Intéressons-nous maintenant au terme de police.

En droit administratif, la police est une activité, et qui plus est, une activité traditionnelle, ou encore, un service public, puisqu'elle rappelle la conception originelle de l'État, c'est-à-dire l'Etat-gendarme.

Par suite, la police, en tant qu'activité, vise soit à prévenir tout trouble à l'ordre public, et a alors un caractère de prévention (on parle de police administrative), soit à réprimer tout trouble à l'ordre public, et a alors un caractère de répression (on parle de police judiciaire).

De surcroît, il convient de souligner que la police, ne peut en aucun cas être déléguée.

Ainsi, le fait pour une commune de concéder l'exploitation d'une plage ne peut avoir pour conséquence de transférer en même temps de telles compétences exorbitantes du droit commun au concessionnaire, même pour assurer l'ordre sur la seule plage (CE 17 juin 1932, *Commune de Castelnaudary*, Rec. 595).

De même, une commune ne peut conclure avec une société privée un contrat l'habilitant à exercer certaines activités de surveillance en vue du maintien de l'ordre public sur le territoire communal. En effet, le service public de police ne peut être exercé par la personne publique qui en détient la compétence qu'en régie, c'est-à-dire directement, avec ses propres moyens humains et matériels (CE Sect. 23 mai 1958, *Consorts Amoudruz*, Rec. 301).

Dès lors, la responsabilité en matière de police ne peut jamais être contractuelle, c'est toujours une responsabilité délictuelle ou quasi-délictuelle, selon l'acte commis et l'intention de son auteur.

Par voie de conséquence, et à la lumière des propos précédents, le sujet vise à mettre en rapport une activité particulière (bien que qualifiée aussi de service public) de l'administration avec une limite de cette action, le principe de responsabilité.

Ce premier travail de définition étant terminé, il importe de relever qu'il a permis :

- de situer le sujet dans les « chapitres » du droit administratif qu'il concerne, c'est-à-dire, celui de la police et celui de la responsabilité, en précisant que le chapitre de la police doit être moins utilisé que celui sur la responsabilité. En effet, en matière de police, ce qui importe, c'est la définition de cette dernière surtout, et plus particulièrement celle de police administrative.
- de commencer à entrapercevoir que l'intérêt du sujet se situe dans le lien entretenu entre les notions de l'intitulé qui semble pourtant se trouver à des degrés différents, c'est dire qui n'ont pas la même portée conceptuelle.
- En somme, si définir le sujet est une étape importante, encore faut-il lui trouver un ou des intérêts ; en effet, par principe, un enseignant ne pose pas un sujet de dissertation juridique pour obtenir seulement les définitions des mots essentiels, il veut surtout faire réfléchir les étudiants à partir de ce sujet.

Dès lors, il faut absolument comprendre cet ou ces intérêts, le ou les déceler.

Identifions-le en essayant de comprendre le sujet.

2. La compréhension du sujet (15 minutes)

Comprendre le sujet consiste donc à analyser « le » ou les intérêts présentés par le sujet.

A. Tout d'abord, il convient de relever, sur un plan méthodologique, que toute juxtaposition, association de deux mots ou groupes de mots-clés dans un intitulé doit amener, en principe, à les comparer, et ce, de façon soit positive (leurs caractères communs), soit négative (leurs caractères divergents).

Dès lors, le plan devra être le reflet de cette comparaison.

Par voie de conséquence, tout plan du style :

I – La police

II – La responsabilité

est à prohiber.

Certes, un tel plan n'est pas, de par son contenu, en dehors du sujet, puisque, pour le traiter, il faut obligatoirement utiliser les mêmes éléments que pour rédiger un plan comparatif entre les deux notions.

Toutefois, adopter ce plan, c'est surtout prouver qu'aucune réflexion n'a précédé son élaboration, qu'aucun raisonnement juridique ne le sous-tend.

En effet, il ne faut pas perdre de vue que la dissertation juridique n'est pas seulement un exercice d'exposé de connaissances (elle ne l'est qu'accessoirement), elle est surtout un exercice de réflexion.

Ainsi, dans le cadre d'un tel type d'exercice, les connaissances servent, viennent au renfort d'un raisonnement juridique, d'une réflexion mais, en aucun cas, un « amas » de connaissances ne pourra se substituer à un défaut de raisonnement.

De surcroît, et bien que le plan comparatif s'impose pour un tel sujet, ceci ne signifie pas automatiquement que la première partie concernera les caractères communs des deux notions posées et que la seconde sera exclusivement axée sur leurs divergences.

En effet, il se peut tout à fait que les caractères communs soient si peu nombreux et/ou si peu intéressants qu'il faudra absolument les évoquer rapidement dans l'introduction au bénéfice, dans les développements des parties, du seul exposé de leurs différences, et vice-versa.

B. Dès lors, pour comprendre le sujet, il faut apparemment avoir une démarche comparative entre les deux notions, mais il convient de la mener de façon raisonnée, réfléchie.

Pour ce faire, il convient d'interroger le sujet, de le transformer sous forme interrogative ou de « lui poser des questions ».

Sauf qu'ici, un problème se pose et il est de taille : les deux notions associées dans l'intitulé ne sont pas comparables parce qu'elles n'ont pas le même objet, elle se situe sur le plan de la réflexion juridique à deux niveaux différents, ce sont deux concepts divergents.

Le plan comparatif ne s'impose donc pas ici, vu l'objet des termes du sujet, parce qu'il est fort difficile de comparer des notions incomparables, de trouver certains liens entre elles.

Mais, il importe de souligner que la police étant un cadre d'activité de l'administration et le principe de responsabilité, une limite à cette action, il en découle que c'est le premier terme qui à un niveau supérieur au second dans la réflexion.

Plus clairement, cela signifie que le sujet peut se transformer en questions suivantes :

– quelles sont les hypothèses de responsabilité en matière de police ? Il convient alors de s'intéresser, plus particulièrement, parce qu'elles sont plus rares, aux hypothèses de responsabilité sans faute, s'il y en a en ce domaine ;
– est-ce que les conditions d'engagement de la responsabilité sont particulières lorsque le cadre d'intervention de la responsabilité est la police ?
– si oui (pourquoi s'interroger en cas de réponse négative : il suffit de relever que les conditions d'engagement de la responsabilité, en matière de police, sont classiques !), en quoi le sont-elles ? Il convient peut-être alors de spécifier l'interrogation en fonction de l'élément-condition ou des éléments d'engagement de la responsabilité qui est spécifique en matière de responsabilité.

En somme, le sujet peut se résumer à l'étude de la spécificité de la responsabilité lorsqu'elle intervient en matière de police ou à la constatation de l'absence de spécificité en ce domaine administratif, en fonction des réponses aux autres questions.

Ce sont donc les questions qui enrichissent le raisonnement ; c'est pourquoi, il faut interroger, transformer sous de multiples formes interrogatives le sujet. Plus les questions seront nombreuses, plus la réflexion sera intense et soutenue, plus le recensement sera intéressant, parce que déjà orienté vers la construction d'un plan.

En effet, la réflexion doit être encadrée par le sujet et par la démarche (ici comparative) qu'impose sa formulation ; ainsi, le recensement de la matière, dans le seul « chapitre » du droit administratif visé par le sujet (c'est-à-dire, celui de la responsabilité à la lumière de la police), oblige à adopter une vision ciblée du recensement.

3. Le recensement (20 à 25 minutes)

Il y a des sujets où dès la fin de la réflexion le plan apparaît logiquement et le recensement ne fait que l'habiller ; ce n'est pas le cas ici, dans la mesure où c'est le recensement « orienté » dont va découler le plan.

Toutefois, et au gré de l'intérêt du recensement, de ce que l'on va trouver, il est clair que le plan pourra peut-être s'inspirer des dichotomies-clés du droit administratif de la responsabilité, du style : responsabilité pour faute (RPF) et responsabilité sans faute (RSF), ou encore, forme de la responsabilité et conditions d'engagement de cette dernière.

À la lumière de ce recensement obligatoirement orienté par les questions dégagées lors de la phase de la compréhension du sujet, quatre remarques s'imposent.

1. En premier lieu, la question de la personne responsable du dommage causé en matière de police : cela peut être l'autorité administrative (**faute de service**), l'agent de police à titre personnel (thèmes de la responsabilité personnelle au titre de la **faute personnelle détachable** de l'exercice de sa fonction, voire du cumul de fautes (CE 3 février 1911, *Anguet*, Rec. 146) et de responsabilité (CE 26 juillet 1918, *Lemonnier*, Rec. 761, concl. L. Blum)) voire un collaborateur occasionnel du service (**responsabilité sans faute pour risque**).

Pour ce dernier cas, que le collaborateur soit volontaire, requis ou sollicité, il bénéficie de ce régime de responsabilité particulièrement favorable ; c'est ainsi qu'un tel agent est volontaire pour prêter main-forte à l'arrestation d'un malfaiteur (CE Sect. 17 avril 1953, *Pinguet*, Rec. 177),

Toutefois, le bénéfice d'un tel statut jurisprudentiel, si favorable aux « bons administrés », suppose que l'administré candidat à ce statut remplisse les trois conditions suivantes :

- que sa collaboration ait été justifiée : elle est sujette à appréciation essentiellement en matière de collaboration spontanée (CE 14 décembre 1981, *Guinard*, RDP 1982 p. 1447) ;
- que la collaboration ait été apportée à un service public : dès lors, identifier en tant que service public l'activité, à l'exécution de laquelle le collaborateur a apporté sa contribution, est une question importante de la mise en œuvre de ce régime favorable de responsabilité ;
- et enfin, que la collaboration ait été effective (CE 27 octobre 1961, Kormann, Rec. 601).

Deux remarques terminales s'imposent en matière de collaboration occasionnelle au service public :

D'une part, en matière de collaboration, il faut particulièrement bien diriger sa demande indemnitaire, parce que le juge administratif rejette comme « mal dirigée » une demande en réparation ne mettant pas en cause la bonne personne publique responsable ; ce qui est parfois fort difficile à déterminer en cas de collaboration spontanée.

C'est ainsi qu'une personne, portant secours à un malade mental échappé de l'asile, et qui est en train de se noyer dans un étang, ne participe pas au service public hospitalier mais au service communal de la police administrative (CE 14 octobre 1988, *Le Goff*, Rec. 341).

D'autre part, le régime de la collaboration occasionnelle du service public ne fait pas obstacle à ce qu'entre un collaborateur et la personne secourue existe un lien particulier de solidarité, tel qu'un lien d'ordre familial (CE Sect. 1er juillet 1977, *Commune de Coggia*, Rec. 301).

2. En deuxième lieu, et au regard des conditions d'engagement de la responsabilité, plus particulièrement pour faute, et même plus spécifiquement, à l'égard de cette dernière, il importe de relever le fait que le juge administratif semble souvent exiger une faute lourde en matière de police, même si une évolution se fait jour aujourd'hui.

La chasse gardée de la faute lourde est, en principe, celle des activités matérielles administratives d'exercice délicat.

Ainsi, en est-il, depuis les origines du contentieux de la réparation des activités de police administrative, générale ou spéciale, du service public pénitentiaire, du service public de la justice administrative, ou encore, des activités médicales.

En effet, depuis la jurisprudence *Tomaso Greco* (CE 10 février 1905, Rec. 139, concl. Romieu), la responsabilité administrative a été admise concernant l'activité de police administrative, mais en vertu d'une faute lourde.

Cette jurisprudence principielle a très vite connu une évolution en fonction du caractère de la mission de police administrative, mise en cause dans chaque demande indemnitaire.

C'est ainsi que, lorsque cette mission est juridique, la faute simple s'impose si et seulement si aucune difficulté particulière, inhérente à la mise en œuvre d'une telle mission, n'apparaît.

Par suite, si cette mission est matérielle, telle qu'une opération sur le terrain, il est évident que le recours à la faute lourde s'impose tout autant, sauf si une telle opération n'a posé aucun problème majeur.

En somme, à la distinction initiale « activité juridique-faute simple et activité matérielle-faute lourde », s'est peu à peu substituée celle relative à l'activité, dont l'exercice entraîne des difficultés particulières ou n'en entraîne pas.

C'est ainsi que le degré de difficulté rencontré dans l'exercice d'une activité voire d'une mission administrative est un critère second, mais aujourd'hui, particulièrement nécessaire à la bonne compréhension de la distinction originelle.

Toutefois, l'évolution jurisprudentielle qu'a connue récemment le régime de la responsabilité administrative, en matière d'activité de police administrative spéciale, telles que les activités de secours ou de sauvetage (CE Sect. 13 mars 1998, *Améon*, AJDA 1998 p. 418), laisse peut être augurer une évolution actuellement en maturation.

Ce que confirme l'arrêt *GIE La Réunion aérienne*, rendu par le Conseil d'État, le 3 mars 2003 (RFDA 2003 p. 646)[20]. Aux termes de cette jurisprudence, l'assureur requérant n'a certes pas obtenu réparation du dommage que lui a causé l'explosion d'un avion qu'il a dû rembourser à son propriétaire,

---

20. Même solution dans : CE 25 avril 2003, *M. et Mme Dardenne*, LPA, 08-10-2003, n° 201, p. 9 (concl. I. de Silva) : indemnisation d'un agent public, contraint de quitter l'Algérie du fait des menaces pour sa sécurité, pour la perte et la détérioration de ses biens du fait de négligences de l'administration (dans la garde et la conservation de ceux-ci).

alors même que l'attentat terroriste dont cet appareil a été l'objet a pu être commis du fait d'un « *manquement des services de police dans leur mission de surveillance des installations aéroportuaires* ». Mais, le juge administratif en a profité pour relever que l'engagement de la responsabilité de l'État dans une telle hypothèse résulte de la constatation d'une faute simple, tout en soulignant qu'en l'espèce aucune circonstance (aéroport clôturé et absence de menace quelconque) ne pouvait laisser supposer aux forces de police qu'un tel acte pourrait avoir lieu.

3. En troisième lieu, il y a un cas particulier de responsabilité pour faute résultant de la carence fautive dans l'exercice de ses pouvoirs de police par l'autorité administrative les détenant : l'obligation de prendre les mesures de police initiales. Elle s'impose à une autorité de police lorsque cette dernière se trouve confrontée à une situation où l'ordre public risque d'être troublé, et ce, de manière certaine.

Dans un tel cas, elle se doit d'agir, mais encore faut-il que la mesure de police qu'elle prend, réponde aux trois conditions suivantes posées par l'autre jurisprudence *Doublet* (CE 23 octobre 1959, Rec. 540).

Ces trois conditions consistent dans :

- la cause de cette mesure : une situation particulièrement dangereuse pour l'ordre public ;
- le but de cette mesure : faire cesser un péril grave ;
- le caractère de cette mesure : elle doit être, au vu des deux conditions précédentes, indispensable.

Par suite, toute abstention de l'autorité de police face à un tel trouble avéré à l'ordre public peut engager la responsabilité de la personne publique (CE 29 novembre 1963, *Escarot*, Rec. 596 ; CAA Nantes 21 mars 1990, *Consorts Dubouloz*, DA 1990 n° 363).

4. En quatrième lieu, il y a un grand nombre d'hypothèses de responsabilité sans faute à relever que ce soit, au-delà du cas déjà évoqué des collaborateurs occasionnels du service public.

En matière d'attroupement et en vertu de l'article L 2216-3 CGCT, les dommages causés par les attroupements et les rassemblements illustrent une hypothèse de responsabilité sans faute, du fait de la loi, à la charge de l'État et relevant depuis 1986 de la compétence juridictionnelle administrative.

En cas d'utilisation de choses ou de méthodes dangereuses (telles que des armes ou des engins dangereux, de quelle que nature qu'ils soient : CE Ass. 24 juin 1949, *Lecomte* (Rec. 306) et *Franquette et Daramy* (Rec. 307)), le régime de la responsabilité sans faute s'impose aussi.

Il est toutefois important de souligner que cette jurisprudence administrative n'admet la responsabilité sans faute que pour les dommages aux biens ou aux personnes étrangers à l'opération administrative ; pour les autres (participants ou destinataires), une responsabilité pour faute (faute simple) est requise : CE Sect. 27 juillet 1951, *Dame Aubergé et Dumont*, Rec. 447.

Quant aux méthodes libérales de surveillance des jeunes délinquants et des malades mentaux, visant à les responsabiliser, elles sont apparues dans le domaine de la responsabilité sans faute pour risque, à partir des années 1950, et ce, parce qu'elles ont trait à des modes de gestion de l'action administrative volontairement empreints de libéralisme (et non de laxisme), et par là même, qui s'avèrent être dangereuses, du fait des publics qu'elles concernent.

C'est ainsi que les méthodes libérales de rééducation en milieu semi-ouvert des jeunes délinquants leur offrent hélas différentes occasions, non seulement de s'évader, mais aussi et surtout, de causer différents dommages (vols de voiture, cambriolage etc.).

Dès lors, pour pallier les inconvénients de ces méthodes sans les remettre en cause, le juge administratif accorde au titre de la responsabilité sans faute pour risque, une indemnisation plus facile à obtenir : CE Sect. 3 février 1956, *Thouzellier*, Rec. 49.

En cas de rupture d'égalité devant les charges publiques, comme en cas de refus de concours de la force de police, c'est-à-dire chaque fois que l'administration refuse régulièrement à un administré l'octroi ou l'exercice d'un droit et lui cause un préjudice anormal et spécial, la victime peut obtenir réparation au titre de la responsabilité sans faute.

L'origine de cette hypothèse se trouve dans le refus régulier de l'administration d'exécuter une décision de justice favorable aux administrés, et leur causant un préjudice anormal et spécial.

Pourquoi est-ce qu'une autorité administrative peut régulièrement refuser de faire respecter un jugement pourtant revêtu de la formule exécutoire ?

Tout simplement pour éviter un trouble plus grave à l'ordre public.

C'est ainsi que, dans l'arrêt *Couitéas* (CE 30 novembre 1923, Rec. 789), le juge administratif a admis que le Gouvernement avait pu légalement refuser de mettre en mouvement la force armée pour assurer l'exécution d'un jugement, prononçant l'expulsion de tribus qui occupaient sans droit les propriétés tunisiennes du requérant. Mais, il a aussi affirmé qu'il se devait, et ce, pour la première fois, d'indemniser au titre de la responsabilité sans faute un tel refus, pourtant régulier.

De même, et par suite, le juge administratif a indemnisé les refus de l'administration de mettre en œuvre les jugements prononçant l'expulsion des grévistes, occupant irrégulièrement leurs lieux de travail (CE Ass. 3 juin 1938, *Société Cartonnerie Saint-Charles*, Rec. 529).

4. L'élaboration d'un plan détaillé (10 minutes)

Loin de fournir tel quel un tel plan, le « bon plan », – dans la mesure où il en existe souvent plus d'un –, il convient d'indiquer la trame du plan qui pourrait être ici adoptée.

Deux plans sont ici proposés :

A. Premier plan (très classique) :

I – Les hypothèses de responsabilité pour faute en matière de police administrative

a. Le caractère de la faute (de service ou personnelle)

b. Le degré de la faute (simple ou lourde)

c. La carence fautive (*Doublet*)

II – Les hypothèses de responsabilité sans faute en matière de police administrative

a. La carence régulière (Couitéas)

b. Les choses et les méthodes dangereuses

c. La collaboration occasionnelle

B. Second plan (un peu plus dynamique) :

I – La cause de la responsabilité en matière de police administrative

a. Le caractère de la faute

b. Les carences des autorités de police

- la carence régulière (*Couitéas*)
- la carence irrégulière (*Doublet*)

II – Les régimes de responsabilité en matière de police administrative

a. La responsabilité pour faute de principe

- la distinction faute simple-faute lourde ;
- exemple du service public pénitentiaire (faute lourde) ;
- exemple d'abandon (*Améon*).

b. La responsabilité sans faute exceptionnelle

- RSF pour risque : les choses et méthodes dangereuses ; les attroupements ; les méthodes libérales de surveillance ; la collaboration occasionnelle au service public ;
- RSP pour rupture du principe d'égalité devant les charges publiques : le refus de concours des forces de police.

Une fois les grandes lignes du plan détaillé établi, il convient enfin de rédiger, au brouillon tout d'abord, et par là même de « peaufiner » l'introduction, avant de la réécrire au propre.

5. La rédaction de l'introduction (20 à 25, selon le temps consacré au recensement)

Ici, l'introduction :

- Va commencer, dans le cadre du « quoi », par les définitions des termes de police et de responsabilité (voir plus haut) et indiquer que le terrain de la responsabilité ici étudiée ne sera que celui de la responsabilité délictuelle ou quasi-délictuelle du fait de l'interdiction de principe de contracter en matière de police (*Consorts Amoudruz*) ;
- Va se prolonger à travers la présentation de l'intérêt autant théorique que pratique du sujet, c'est-à-dire :
  - **sur le plan historique**, il faut remonter à la liaison État-gendarme-police-irresponsabilité de la puissance publique avant d'évoquer Blanco et Tomaso Greco, afin de bien montrer que dans un État de droit, la reconnaissance au début du XXe siècle de l'engagement de la responsabilité administrative, même pour faute lourde, en matière de police, est un symbole fort ;
  - **sur le plan pratique**, il convient de mettre en évidence le rôle de force et de contrainte que revendique la notion de police, ses agents, leurs missions et leurs actions ; par suite, il est normal dans un État de droit que la police, en tant qu'action administrative, soit soumise au principe de responsabilité, limite de l'action administrative dans tout État moderne et démocratique ;
- Va se poursuivre par l'intérêt théorique, qui consistera à mettre en évidence la ou les particularité(s) du voire des régimes de responsabilités en matière de police ; en effet, au-delà de l'absence ici de responsabilité contractuelle, on trouve des hypothèses nombreuses de responsabilité, pour faute ou sans faute.

Apparemment, si le contentieux de la responsabilité « policière » semble classique, il apparaît tout de même intéressant, tout d'abord, du fait de l'importance des cas de responsabilité sans faute, et ensuite, au regard des caractéristiques, en matière de police, des conditions d'engagement de cette responsabilité.

- Va se clore par l'exposé de la problématique : elle sert à expliquer le parti pris, le raisonnement arrêté, et que sous-tend le plan, et donc naturellement l'annonce de plan qui, par voie de conséquence, est le reflet de ce qu'il y a de plus intéressant à discuter dans le sujet posé.

Ainsi, ici, elle pourrait être formulée de la façon suivante : « *C'est pourquoi, en matière de police, la responsabilité se caractérise tant par les spécificités de la cause de son engagement (I) que par la multiplicité des hypothèses qu'elle recouvre (II)* » (pour le second plan proposé).

6. La rédaction du reste du devoir (1 heure 30 minutes) et la lecture (10 minutes)

Il convient de se reporter aux développements de la méthode générale.

Quant à la conclusion, elle pourrait utilement s'interroger sur le danger de l'absence de formalisme en droit administratif qui, certes, permet à l'administration d'agir avec une grande souplesse, mais qui peut s'avérer parfois pernicieuse sur le plan contentieux. L'imprécision des catégories d'actes décisoires ou non et de leur sort face à l'exercice d'un recours pour excès de pouvoir à leur encontre l'illustre parfaitement.

Pour aller plus loin : conseils bibliographiques

Annexe N° 1

1. Sur la notion de responsabilité :

Darcy (G.), *La responsabilité de l'administration*, Dalloz, Collection « Connaissance du droit, droit public », 1996.

Guettier (C.), *La responsabilité administrative*, LGDJ, Collection « Systèmes, droit administratif », 1996.

Jourdain (P.), *Les principes de la responsabilité civile*, Dalloz, Collection « Connaissance du droit », 6e éd., 2003.

Moreau (J.), *La responsabilité administrative*, PUF, Collection « Que sais-je ? », n° 2292, 2e éd, 1995

Paillet (M.), *La responsabilité administrative*, Dalloz, Collection « Cours », 1e éd., 1996.

Rougevin-Baville (M.), *La responsabilité administrative*, Hachette supérieur, Collection « Les Fondamentaux », 1992.

2. Sur la notion de police :

La police, Pouvoirs, 2002, n° 102, p. 5-128.

Bauer (A.) et Ventre (A.-M.), *Les polices en France*, PUF, Collection « Que sais-je ? », n° 2761, 2e éd., 2002.

Chavrier (G.), Les communes et la délinquance, Le Moniteur, Collection « Les guides juridiques de la gazette », n° 4, 2003.

Picard (E.), *La notion de police administrative*, Thèse, Paris II, 1978.

Roché (S.) (sous la direction de), *Réformer la police et la sécurité*, O. Jacob, 2004.

Melleray (F.), *L'obligation de prendre des mesures de police administrative initiales*, AJDA, 2005, n° 2, p. 71-76.

Vandermeeren (R.), *Force publique (refus de concours de la force publique)*, Répertoire de la responsabilité de la puissance publique, Dalloz, juin 2001, 15 p..

Vandermeeren (R.), *Police administrative et service public : quand la police administrative et le service public se rencontrent dans les salles de casinos et s'unissent sur les pistes de ski*, AJDA, 2004, n° 35, p. 1916-1922.

Vandermeeren (R.), *Police (responsabilité des services de police)*, Répertoire de la responsabilité de la puissance publique, Dalloz, avril 2005, 85 p.

Vimbert (C.), *L'ordre public dans la jurisprudence du Conseil constitutionnel*, RDP, 1994, p. 693-745.

Un autre exemple de plan sur le sujet suivant

Annexe N° 2

« Le principe de l'égalité devant les charges publiques (PEDCP) *et la responsabilité administrative »*

1. Définition :

Deux limites au sujet apparaissent dans son intitulé :

- un cadre général : la responsabilité administrative, à distinguer de la responsabilité de la puissance publique ;
- un domaine particulier : la responsabilité sans faute (RSF) puisque le principe évoqué est un des deux fondements de la responsabilité sans faute.

2. Remarques sur le recensement :

- au regard du principe étudié : pas de faute dans cette hypothèse mais en échange nécessité d'un préjudice anormal et spécial ainsi que d'un lien de causalité entre le dommage et l'activité, siège de cette hypothèse de RSF ;
- recensement justement de ces cas d'activités : RSF du fait des lois ou des conventions internationales ; RSF du fait des décisions administratives régulières ou de l'inexécution justifiée des décisions de justice (voire : RSF du fait des dommages permanents de travaux publics).
- le PEDCP est un PGD pour le Conseil d'État et un principe à valeur constitutionnelle pour le Conseil constitutionnel.

3. Plans proposés :

A. Premier plan :

I – Les divers cas de responsabilité du fait d'une rupture du PEDCP

a. La responsabilité du fait des lois ou des conventions internationales

1) *La Fleurette* (1938) ;
2) *Compagnie générale d'énergie radioélectrique* (1966) ;

b. La responsabilité du fait des décisions administratives régulières ou de l'inexécution des décisions de justice

1) *Couitéas* (1923) ;
2) *Ville de Nice c. Ferrari* (1990) ;

II – Les caractéristiques du régime de responsabilité du fait d'une rupture du PEDCP

a. Les conditions d'engagement de la RSF

1) dommage ;
2) lien de causalité ;

b. Les causes exonératoires

1) force majeure ;
2) faute de la victime ;

B. Second plan :

I – La cause de la rupture du PEDCP : le dommage

a. Un dommage apparemment classique

1) un dommage certain ;
2) un dommage direct ;
3) un dommage moral et/ou matériel ;

b. Un dommage effectivement spécifique

1) un dommage anormal et spécial (définitions) ;
2) insister sur l'anormalité du dommage en rapport avec la rupture du principe et l'objet même du principe ;

II – Le remède à la rupture du PEDCP : la réparation

a. L'autre modalité d'engagement de la RSF : le lien de causalité

1) définition ;
2) cas limite : *Banque populaire de la région économique de Strasbourg* (1987) ;

b. Les modalités d'indemnisation

1) une indemnisation souvent chiche ;
2) une indemnisation souvent minorée par la faute de la victime.

C. Troisième plan :

I – Le principe d'égalité : fondement d'une hypothèse particulière de RSF

a. Le principe

1) définition ;
2) sa valeur juridique ;

b. Un dommage effectivement spécifique

1) un dommage anormal et spécial (définitions) ;
2) insister sur l'anormalité du dommage en rapport avec la rupture du principe et l'objet même du principe ;

II – Le principe d'égalité : fondement d'un cas de responsabilité administrative

a. Les deux autres conditions d'engagement de la responsabilité administrative

1) la cause ;
2) le lien de causalité ;

b. Les causes exonératoires

1) la force majeure ;
2) la faute de la victime.

Voir :

Delvolvé (P.), *Le principe d'égalité devant les charges publiques*, LGDJ, Collection « Bibliothèque de droit public », 1966.

« Contrat administratif et contrat des personnes publiques »

Sujet N° 8

Reprenons les étapes définies dans la méthode en les respectant successivement et scrupuleusement.
Ces étapes sont : la **définition du sujet**, sa **compréhension**, le **recensement** des **idées** y afférentes, l'**établissement** d'un **plan détaillé**, la **rédaction** de l'**introduction**, et enfin, la **rédaction** du **reste** du **devoir** et sa **lecture**.

1. La définition du sujet (10 minutes)

Cette étape consiste à identifier les mots-clés composant l'intitulé et à les définir précisément.

Cette remarque importante étant faite, il apparaît avec évidence que, dans le sujet posé, deux mots ou groupes de mots doivent être précisés.

Ce sont, d'une part, les groupes de mots « contrat administratif » et d'autre part, ceux de « contrat des personnes publiques ».

A. Le **contrat administratif** est un contrat dont l'identification renvoie à des critères textuels ou jurisprudentiels ; ce qui entraîne, en principe, au contentieux la soumission de l'opération contractuelle administratif au seul juge administratif.

1. Les contrats administratifs constituent une catégorie de contrats passés en principe par l'administration ; cette dernière peut en effet conclure soit des contrats de droit privé, soit des contrats de droit public ou administratif.

C'est ainsi qu'une commune peut confier à une personne privée par un contrat de droit privé la gestion d'un café-restaurant-hôtel-épicerie (Cass. civ. 3e 30 janvier 2002, *Commune d'Arches*, Contrats et March. Publ. 2002, n° 4, n° 82, note G. Eckert).

Le choix par l'administration de l'une ou l'autre de ces formules est totalement discrétionnaire.

Toutefois, les contrats administratifs sont soumis à un régime juridique particulier, et surtout, permettent à la personne publique de bénéficier de prérogatives mettant son cocontractant dans une situation défavorable, parce qu'inégalitaire. Alors qu'en passant un contrat de droit privé, l'administration accepte d'être à égalité avec son cocontractant, ce qui peut s'avérer, sur le plan de l'exécution, défavorable, mais cette fois-ci, pour elle !

Il est donc important de déterminer parmi les contrats conclus par l'administration, ceux qui sont soumis au droit administratif.

2. Il convient aussi de rappeler les principes qui gouvernent le recours par l'administration à la technique contractuelle.

C'est ainsi qu'en droit public comme en droit privé, la technique contractuelle repose sur un accord de volontés entre deux ou plusieurs parties, destiné à produire des effets de droit, et ce, en principe, de manière réciproque.

En principe, le contrat doit être écrit – bien que le contrat verbal soit admis par le juge administratif[21] –, particulièrement quand un texte l'impose, et toujours en langue française, sinon le contrat est inopposable à l'administration, même si elle a accepté de le signer !

Le « contrat fait » est donc la loi entre les parties ; il s'impose à ces dernières et il n'est applicable en principe qu'à elles.

3. Enfin, et avant d'aborder la notion proprement dite de contrat administratif, à travers l'étude de ses critères d'identification, il est important de relever que la qualification de contrat administratif emporte, en principe, la reconnaissance de la compétence juridictionnelle administrative pour tous les litiges afférents à la conclusion, au contenu et à l'exécution (dont la rupture) d'un tel acte juridique.

Le juge administratif est alors présenté comme le juge naturel de l'opération contractuelle administrative c'est-à-dire des phases préparatoires, concomitante et d'exécution du contrat administratif. La règle vaut d'ailleurs aussi au profit du juge judiciaire au regard d'un contrat de droit privé.

D'ailleurs, cette règle contentieuse s'étend aux conventions annexes ou accessoires d'un contrat administratif puisque la nature juridique administrative de ce dernier acte se communique aux premières conventions (qui, en fait, sont secondes vis-à-vis de lui) : cette administrativité originelle est, en quelque sorte, contagieuse (Cass. civ. 3e 30 septembre 2003, *Syndicat mixte pour la production de chaleur à Bondy*, JCP 2003. IV. n° 2823 ; CE 29 septembre 2004, *ONIVEA*, CT-Intercommunalité 2004 n° 211, note J. Moreau)).

Certes, la réalité contentieuse est un peu moins simple et un peu plus complexe mais, malgré les exceptions, le principe demeure grandement respecté et appliqué par les juges tant administratif que judiciaire.

---

21. CE Sect. 20 avril 1956, *Epoux Bertin*, GAJA n°74.

4. *In fine*, deux remarques introductives terminales s'imposent :

– d'une part, l'approbation d'un contrat de droit privé par une autorité administrative ne saurait en aucune manière modifier la nature juridique de droit privé de ce contrat.

– et d'autre part, de la même façon, la qualification donnée par les parties au contrat de contrat administratif ou de contrat de droit privé est inopérante en droit administratif. Ainsi, une clause attributive de compétence à tel ou tel ordre de juridiction est sans conséquence pour le juge administratif : il l'écarte systématiquement en vue d'identifier la réalité de la nature juridique du contrat litigieux (CE 19 février 1988, SARL Pore Gestion, Rec. 77).

Par suite, nous évoquerons successivement :

– les contrats par détermination de la loi (paragr. 1) ;

– les contrats par détermination du juge (paragr. 2).

1. Les contrats par détermination de la loi

La détermination de la nature juridique des contrats par la loi joue tantôt au profit du juge judiciaire, tantôt à celui du juge administratif.

Quoi qu'il en soit, lorsque la loi impose une telle qualification, les parties ne peuvent pas aller contre.

Sont ainsi administratifs par détermination de la loi :

– les marchés de travaux publics, en vertu de l'article 4 de la loi du 28 pluviôse an VIII ;

– les contrats d'occupation du domaine public, selon le décret-loi du 17 juin 1938, mais en fait ou plutôt en droit aujourd'hui, aux termes de l'article L 2331-1 du code général de la propriété des personnes publiques (ordonnance n° 2006-460 du 21 avril 2006)

– les contrats d'emprunt public (loi des 17 juillet 1790 et 26 septembre 1793) ;

– les baux des sources minérales (arrêté consulaire du 3 floréal an VIII) ;

– les contrats d'engagement militaire (loi du 31 mars 1928) ;

– les contrats passés sous l'empire du Code des marchés publics (article 2 de la loi du 11 décembre 2001).

Alors que sont de droit commun par détermination légale les contrats :

– passés par l'administration et destinés à éviter des réquisitions (articles 10 à 25 de la loi du 11 juillet 1938) ;

– conclus entre la Poste et ses usagers, en application de l'article 25 de la loi du 2 juillet 1990, à l'exception – précise le texte – de ceux qui relèvent par leur nature de la juridiction administrative. Toutefois, et comme le dit, entre autres, M. le Professeur R. Chapus, « la nature est le dernier mot de la sagesse du juge ».

– dits « contrats emploi-solidarité », et ce, même si l'employeur est une personne publique gérant un service public administratif, du fait de leur qualification de « contrats de droit privé » posée (pour ne pas dire imposée) par l'article L 322-4 du Code du travail (TC 5 juin 2000, Mlle Tarte, req. n° 3.194 ; TC 23 octobre 2000, Mme Labarthe-Pon, req. n° 3.185).

Et, en effet, au lieu de nature, il convient mieux pour déterminer la qualification juridique d'un contrat, d'évoquer les critères juridictionnels d'identification des contrats administratifs.

2. Les contrats par détermination du juge

La qualification juridictionnelle est une qualification d'exception par rapport à la qualification légale : elle ne joue que lorsque la détermination légale est, pour le contrat à qualifier, inexistante.

Après quelques hésitations jurisprudentielles tournant autour de la dualité « service public et prérogatives de puissance publique » (à travers la notion de clauses exorbitantes du droit commun), la jurisprudence administrative est aujourd'hui stabilisée autour de la définition jurisprudentielle suivante du contrat administratif.

Aux termes de cette dernière, est un contrat administratif, le contrat passé par au moins une personne publique, et comportant soit des clauses exorbitantes du droit commun, soit la participation à l'exécution même d'un service public, ou soumis à un régime exorbitant du droit commun.

Ainsi, la qualification jurisprudentielle du contrat administratif met à l'honneur :

– le critère organique : à travers une condition nécessaire, c'est-à-dire la présence d'une personne publique, partie au contrat ;
– le critère matériel alternatif : la participation du contrat de par son objet à l'exécution d'une mission de service public ou la présence dans le contrat de dispositions particulières qualifiables de « clauses exorbitantes du droit commun » ou encore, la soumission du contrat à un régime exorbitant du droit commun.

Le droit ne serait pas matière scientifique, si chacun de ces critères n'était pas sujet à définition, précision voire approximation.

Dès lors, ils seront étudiés l'un après l'autre, mais, dès maintenant, il convient de souligner le caractère contestable de celui relatif au régime juridique du contrat à qualifier, puisqu'en principe, le régime juridique applicable à un acte juridique ne peut résulter que de la qualification juridique de ce dernier et non l'inverse !

a. La condition nécessaire : la présence d'au moins une personne publique, partie au contrat (le critère organique)

Pour que le contrat soit administratif, il faut qu'au moins l'un des cocontractants ait la qualité de personne publique.

D'où, un contrat conclu entre deux personnes publiques revêt normalement une nature juridique parce que, selon le Président Labetoulle, ce contrat se situe à la rencontre de deux gestions publiques.

C'est ce qu'illustre la décision principielle *UAP* (TC 21 mars 1983, Rec. 537).

Cette même décision renverse aussi la présomption en relevant que, lorsque le contrat fait naître entre les parties un « rapport de droit privé », tel que celui consistant à assurer à une des personnes publiques cocontractantes la possibilité de bénéficier des prestations du service public à caractère industriel et commercial géré par l'autre, le contrat est de droit privé (voir aussi, en guise d'illustration : CE 11 mai 1990, *Bureau d'aide sociale de Blénod-lès-Pont-à-Mousson*, AJDA 1990 p. 614[22]).

Est aussi, plus logiquement et par principe, de droit privé, un contrat passé entre deux personnes privées, et ce, parce qu'il marque la rencontre de deux gestions privées (CE 17 décembre 1999, *Société Ansaldo Industria et SA Bouygues*, DA 2000 n° 30 [23]).

C'est ainsi que les contrats conclus entre des entrepreneurs et des fournisseurs (CE 15 décembre 1971, *Commoy*, Rec. 773) ou entre des entrepreneurs et des tiers (CE 13 juin 1964, *Caisse franco-néerlandaise de cautionnement*, Rec. 331) sont des contrats de droit privé, et ce, même s'ils concernent l'action administrative et comprennent des clauses exorbitantes du droit commun.

Dès lors, des personnes privées gérant des services publics peuvent prendre des actes administratifs unilatéraux mais pas *a priori* passer des contrats administratifs, en l'absence de cocontractant public.

Toutefois, le Tribunal des conflits a admis une exception importante à ce principe.

C'est ainsi qu'il a considéré qu'un contrat conclu entre une société d'économie mixte (SEM) concessionnaire d'autoroute (personne privée) et des entrepreneurs pour la réalisation de tels travaux est un contrat administratif (TC 8 juillet 1963, *Société Entreprise Peyrot*, GAJA n° 84 ; TC 17 décembre 2001, *Hartmann et autre*, Bull. civ. p. 37, n° 25).

Le raisonnement du juge des conflits tient en deux propositions successives ; il relève :

---

22. Voir aussi CE 03 novembre 2003, *UGAP*, Contrats et March. Publ. 1/2004 n°3, note G. Eckert.

23. « *Considérant qu'un contrat conclu entre personnes privées est en principe un contrat de droit privé ; qu'il en va toutefois autrement dans le cas où l'une des parties au contrat agit pour le compte d'une personne publique* ».
Voir : CE 07 mars 2005, *Société Seco-Rail*, AJDA 2005, n°16, p. 909 ; TC 21 mars 2005, *Société Slibail Energie*, AJDA 2005, n°21, p. 1186, note J.-D. Dreyfus, DA 6/2005 n°83.

- tout d'abord, que les travaux concernent ici la construction d'une autoroute et constituent « par nature » (essence) une activité de l'État et des collectivités publiques en général ;
- et ensuite, qu'il n'y a pas lieu, en l'espèce, de traiter différemment, le cas où ce serait l'État qui assurerait directement la construction et celui où ce serait une personne privée agissant pour le compte de l'État.

Par suite, certains auteurs ont vu dans cette décision l'application de la théorie civiliste du mandat. Selon cette dernière, lorsque des personnes privées contractent, l'une d'elle peut agir pour le compte d'une autre qui lui a donné mandat pour ce faire.

D'où, en droit administratif, si une personne privée est réputée agir pour le compte d'une personne publique, cela satisfait le critère organique du contrat administratif.

Ce qui a été le cas de la SEM, réputée avoir agi pour le compte de l'État.

La décision *Société Entreprise Peyrot* paraissait cantonner parmi les travaux publics, aux seuls travaux autoroutiers.

Mais, l'arrêt *Société d'équipement de la région montpelliéraine* (CE Sect. 30 mai 1975, Rec. 326) et la décision *Commune d'Agde* (TC 7 juillet 1975, Rec. 798) l'ont étendue, quant à sa solution, aux travaux d'aménagement urbain (arrêt : construction de voies publiques ; décision : construction d'un réseau d'assainissement d'eau potable).

La décision *SEM du tunnel Sainte-Marie-aux-Mines* (TC 12 novembre 1984, AJDA 1985 p. 156) l'a aussi utilisée non plus pour la construction mais pour l'exploitation des autoroutes.

Elle a été aussi utilisée pour la passation de contrat de prêt par le Crédit foncier au profit de rapatriés de Tunisie, parce que l'organisme bancaire cocontractant distribué à ces derniers une subvention de l'État, et par suite, agissait au nom et pour le compte de ce dernier (CE Sect. 18 juin 1976, *Dame Culard*, AJDA 1976 p. 579).

Plus intéressante est la décision *Société Sotrame et autre* (TC 23 septembre 2002, JCP 2002. I. n° 190, n° 19, obs. A. Ondoua) à l'occasion de laquelle a été consacrée l'administrativité du contrat par lequel une société privée, agissant au nom et pour le compte de la CNAM et d'autres caisses nationales d'assurance-maladie, a confié à des sociétés privées l'étude, la réalisation, la normalisation et la promotion du système Sesam et de la carte Vitale.

Ainsi, le droit administratif satisfait le critère organique grâce à la théorie du mandat tant explicite qu'implicite.

Mais, si le critère organique est un critère nécessaire, afin de qualifier un contrat de contrat administratif, il est seul insuffisant pour emporter une telle qualification, encore faut-il en plus qu'un des trois critères possibles soit aussi satisfait.

b. Le critère matériel alternatif

Si le critère organique est un critère indispensable, il est toutefois insuffisant en lui-même pour qualifier un contrat de contrat administratif.

En effet, une fois le critère organique satisfait, il faut en plus que le contrat soit administratif de par son contenu ou son objet voire (pire) en fonction de son régime juridique.

Le critère matériel est dit alternatif parce qu'il suffit qu'une seule des illustrations sus-exposées de ce critère soit remplie pour que l'administrativité du contrat s'impose ; la satisfaction du critère organique étant naturellement supposée.

Reprenons donc chacun des critères matériels évoqués afin de mieux les définir.

1. La clause exorbitante du droit commun

Ce critère matériel est le plus ancien parce qu'il a été posé et surtout défini par l'arrêt *Société des granits porphyroïdes des Vosges* (CE 31 juillet 1912, GAJA n° 26).

De plus, il convient de souligner qu'une seule clause du contrat, qualifiée d'exorbitante, suffit pour identifier l'administrativité de ce dernier.

Toutefois, la quantité peut parfois gagner sur la qualité, puisque plusieurs clauses, faiblement exorbitantes, c'est-à-dire à l'égard desquelles le doute est permis, peuvent emporter la qualification du contrat en contrat administratif.

Mais, qu'est-ce qu'une clause exorbitante du droit commun ?

Elle est définie par les jurisprudences administrative et judiciaire comme la clause qui confère aux parties des droits ou qui met à leur charge des obligations « *étrangères par leur nature à celles qui sont susceptibles d'être librement consenties par quiconque dans le cadre des lois civiles et commerciales* ».

Cette définition est celle des deux catégories de clauses exorbitantes du droit commun, c'est-à-dire, d'une part, celles qui par leur objet sont exclues des relations privées, ou encore, et d'autre part, celles qui sont inhabituelles dans les contrats de droit privé.

Ces dernières sont d'ailleurs créatrices d'inégalités parce qu'elles confèrent à la personne publique une position de supériorité par rapport à son ou ses cocontractants.

Parmi la première espèce, se trouvent, par exemple, les clauses consentant des exonérations fiscales au cocontractant exploitant un cirque-théâtre municipal (TC 2 juillet 1962, *Consorts Cazautets*, Rec. 823), ou encore, celles conférant au cocontractant une compétence disciplinaire sur les élèves de la ferme-école qui lui est confiée à gérer (cas assez rare d'une clause emportant des effets sur les tiers : CE 3 juillet 1925, *de Mestral*, D. 1926. III. 17, concl. Cahen-Salvador et note L. Trotabas). Mais, le fait qu'une clause déroge au statut des baux commerciaux, en conférant un caractère précaire au droit conféré à l'occupant, ne suffit pas à lui seul à la qualifier de clause exorbitante du droit commun (Cass. civ. 3e 2 février 2005, *Office national des forêts*, AJDA 2005 p. 741).

Quant à la seconde espèce, elle est illustrée par un nombre plus grand d'exemples. Ces clauses-là se répartissent subtilement en différentes catégories.

Il y a, tout d'abord, celles qui permettent à l'administration de contrôler son ou ses cocontractants, telles que la clause accordant à une personne publique concédante de contrôler la gestion du vélodrome, confiée à une personne privé (CE Ass. 26 février 1965, Société du vélodrome du Parc des Princes, Rec. 133 ; CE 29 septembre 2004, ONIVEA, CT-Intercommunalité 2004 n° 211, note J. Moreau), celle prévoyant le contrôle par une personne publique du personnel employé et des tarifs pratiqués par un restaurant géré par une personne privée (TC 7 juillet 1980, Société d'exploitation touristique de Haute-Maurienne, Rec. 509), ou encore, celles lui accordant d'importants contrôles sur les modalités d'exploitation et la tarification pratiquées par son cocontractant privé (TC 20 juin 2005, SNC Société hôtelière guyanaise, RFDA 2005 p. 1055, AJDA 2005, n° 30, p. 1700).

Il y a, ensuite, celles obligeant le cocontractant de l'administration à lui demander son autorisation pour exécuter certaines tâches ou mener certaines opérations, telles que l'obligation de demander une autorisation de mettre en vente les stocks désignés par la personne publique (CE Sect. 10 mai 1963, *Société La Prospérité fermière*, Rec. 288).

De plus, il y a celles déterminant le comportement du cocontractant concernant, par exemple, la fréquence des spectacles à organiser (Voir la jurisprudence précitée *Consorts Cazautets*).

In fine, il y a celles conférant à la personne publique le droit de résilier ou de suspendre le contrat, quelles que soit les modalités (qu'il y ait ou non un préavis ou une mise en demeure imposés, qu'il y ait ou non une indemnité prévue : TC 16 janvier 1967, *Société du vélodrome du Parc des princes*, Rec. 652 ; CE 29 septembre 2004, *ONIVEA*, CT-Intercommunalité 2004 n° 211, note J. Moreau ; en sens contraire : CE 10 octobre 2003, *Commune de Lamentin*, DA 2/2004 n° 22).

Comme le dit si justement le Professeur R. Chapus, « *un jour, peut être, on saura ce qu'est exactement une « clause exorbitante du droit commun »* ».

Illustrant une certaine souplesse, le juge administratif admet de prendre en compte, au titre des clauses exorbitantes du droit commun, celles qui ne figurent pas directement dans le contrat à qualifier mais auxquelles le contrat renvoie.

Ainsi, en est-il lorsqu'un contrat se réfère à un cahier des charges qui comporte des clauses exorbitantes du droit commun, alors que le contrat n'en contient pas (CE 2 octobre 1981, *Commune de Borce*, Rec. 747 ; Cass. civ. 1e 6 janvier 2004, *Commune de Douai*, Bull. civ. I. p. 6, n° 8 : reconnaissance implicite d'une telle clause à travers les dispositions du cahier des charges parce ces dernières ne constituent pas « *une convention juridiquement distincte du contrat de concession, mais une simple clause de ce contrat liée aux autres par un rapport d'interdépendance* »).

Par voie de conséquence, l'insertion dans le contrat ou dans un acte s'y rattachant d'une ou plusieurs clauses exorbitantes du droit commun illustre la volonté des parties de se soustraire au droit privé.

Toutefois, cette volonté des cocontractants est mise en échec face au bloc de compétence judiciaire concernant les contrats conclus entre les gestionnaires d'un service public à caractère industriel et commercial (SPIC) et les usagers. En effet, ces contrats sont toujours des contrats de droit privé, même s'ils contiennent des clauses exorbitantes du droit commun (CE Sect. 13 octobre 1961, *Établissements Companon-Rey*, Rec. 767 ; TC 17 février 1962, *Dame Bertrand*, Rec. 831).

Il en va de même des contrats passés avec le personnel « du SPIC », dont seuls le comptable (si tant est qu'il soit un comptable public) et l'agent, chargé de la direction effective de l'ensemble du SPIC, sont des agents publics. Par suite, seuls les contrats de ces derniers peuvent être administratifs (CE 8 mars 1957, *Jalenques de Labeau*, Rec. 158).

Intéressons-nous maintenant à l'un des deux autres critères matériels possible à évoquer, celui – contestable au demeurant – du régime juridique exorbitant du droit commun du contrat à identifier.

2. Le régime exorbitant du droit commun

Selon l'arrêt *Société d'exploitation électrique de la rivière du Sant* (CE Sect. 19 janvier 1973, Rec. 48), un contrat peut être administratif, si le régime juridique sous lequel il est exécuté est de droit public au sens d'exorbitant du droit commun.

Dans cette affaire, concernant des contrats de fourniture d'électricité passés par EDF avec des producteurs autonomes d'électricité, le caractère administratif des contrats à qualifier a découlé des contraintes exorbitantes du droit commun, que leur ont imposées des textes législatifs ou réglementaires distincts.

L'étude de ce critère « honni » illustre le pragmatisme du juge administratif qui détecte pour l'identifier « une ambiance de droit public ».

Sa mention après celle des clauses exorbitantes du droit commun permet de mettre par ailleurs en exergue le fait qu'il approfondit, qu'il élargit ce critère matériel par l'importance qu'il accorde lui aussi au caractère dérogatoire au droit commun (à l'aspect de puissance publique, de gestion publique).

Il convient, de plus, de préciser que ce critère est très peu illustré d'exemples et qu'il s'avère être finalement plus « formel » que matériel.

Concernant son caractère particulièrement secondaire, il convient d'aller relever la formulation de l'arrêt *Commune de Moiselles*, rendu par le Conseil d'État, le 28 octobre 2002. En effet, a été nié le caractère administratif d'un contrat de cautionnement, alors que le critère organique est satisfait, du fait de l'absence de satisfaction de critère matériel ; mais, la Haute juridiction administrative ne se réfère au titre de ce dernier critère qu'à celui des clauses exorbitantes du droit commun et qu'à celui à venir de l'objet du contrat, en niant donc explicitement l'existence d'un quelconque troisième « critère matériel » qui aurait trait, quant à lui, au régime exorbitant du contrat (AJDA, 2002, n° 24, p. 1494 ; Voir aussi : Cass. civ. 1e 17 juin 2003, *Office national interprofessionnel des fruits, légumes et de l'horticulture*, JCP 2003. IV. n° 2413, obs. M.-C. Rouault).

Toutefois, le juge judiciaire le reconnaît puisque dans un arrêt *Syndicat mixte pour la production de chaleur à Bondy*, rendu par la Cour de cassation, en 1e chambre civile, le 30 septembre 2003, il a admis la qualification de contrat administratif à un contrat passé avec une personne publique par un mandataire d'une autre personne publique gérant un fonds alimenté par des deniers publics, et ce, en utilisant le critère « matériel » ici évoqué. En effet, la Haute juridiction judiciaire a estimé que les conditions de fonctionnement du fonds sont telles que ce dernier s'inscrit dans un « *contexte administratif* » et qu'il ne fonctionne que selon « *des règles exorbitantes du droit commun* » (AJDA 2003, n° 41, p. 2205, note J.-D. Dreyfus).

Elle a d'ailleurs réitéré son attachement à ce critère dans une espèce où elle était saisie par les producteurs autonomes d'électricité d'une action en responsabilité formée contre EDF en raison de pratiques anticoncurrentielles liées au refus de conclure des contrats d'achats d'électricité. Du fait du caractère encore alors obligatoire pour ces producteurs de la conclusion de tels contrats et de leur soumission à un régime exorbitant du droit commun, le juge judiciaire a décliné sa compétence au profit du juge administratif (Cass. civ. 1e 29 septembre 2004, *EDF*, AJDA 2005, n° 24, p. 1348, note P.-A. Jeanneney et L. Ayache).

Terminons donc par le dernier critère qui est, en revanche, moins exorbitant, c'est-à-dire celui de l'objet du contrat et de son rattachement à l'exécution d'un service public.

3. La participation à l'exécution même d'un service public

Ce critère semble avoir été dégagé et consacré par l'arrêt *Époux Bertin* (CE Sect. 20 avril 1956, GAJA n° 74).

Toutefois, depuis l'arrêt *Thérond* (CE 4 mars 1910, Rec.193 (concl. G. Pichat)), la référence au service public dans l'identification du contrat administratif n'a jamais vraiment été absente, même si à l'époque elle était plutôt implicite.

Dans l'affaire *Bertin*, était en cause un contrat verbal passé entre les époux Bertin et le chef d'un centre hébergeant des ressortissants soviétiques présents en France en 1944 et dépendant du Ministère des Anciens Combattants donc de l'État.

À la demande de ce chef, lesdits époux, chargés en vertu du contrat de nourrir et d'héberger ces ressortissants, durent leur fournir un supplément de nourriture. Mais, le problème advint parce que personne, même pas le Ministère précité, ne voulait payer ce supplément alimentaire.

Saisi, le juge administratif se déclara compétent au motif que « *ledit contrat a eu pour objet de confier à cet égard aux intéressés l'exécution même d'un service public* (sous-entendu du rapatriement) ».

Dès lors, le seul objet du contrat conféra à ce dernier une nature juridique administrative, sachant que le critère organique était, en l'espèce, évidemment satisfait.

Mais, qu'entend-on par « participation à l'exécution d'un service public » ? Ce n'est pas une simple collaboration au service public qui est recherchée par le juge mais une véritable participation directe.

Toutefois, aujourd'hui, le juge administratif tend à être très souple dans la façon d'apprécier l'objet du contrat par rapport à la mission de service public de l'espèce et donc dans la manière qu'il appréhende le lien existant entre les deux.

C'est ainsi qu'il estime désormais que constitue une modalité d'exécution du service public la fourniture par une commune de terrains et d'équipements devant permettre à une entreprise de s'implanter et de créer un certain nombre d'emplois (CE 26 juin 1974, *Société La maison des isolants de France*, Rec. 365) ou une prestation de formation dispensée par un organisme spécialisé (TC 29 décembre 2004, *Dorel*, RFDA 2005, p. 430).

De même, estime-t-il qu'un contrat de crédit-bail, conclu entre un établissement hospitalier et une personne privée relatif à la location d'un équipement médical, a pour objet de faire participer le crédit-bailleur à l'exécution du service public hospitalier (TC 23 février 2004, *Société Leasecom*, Bull. civ. p. 7 (n° 5)).

En revanche, ne remplit pas ce critère, le contrat, dont l'objet illustre une simple collaboration ponctuelle à l'exécution d'un service public, telle que la satisfaction des besoins courants (fourniture de matériels, par exemple) nécessaires à cette dernière (CE Sect. 11 mai 1956, *Société des transports Gondrand*, Rec. 202 ; TC 15 novembre 2004, *SA Loxxia Bail Slibail*, RFDA 2005 p. 429).

De même n'est pas illustratif d'une telle participation l'objet d'un contrat amenant une société d'édition à imprimer pour une commune des brochures dans lesquelles elle reprend des informations pratiques sur la vie communale, qui se retrouvent d'ailleurs dans divers autres guides et bottins (Cass. civ. 1e 16 novembre 2004, *Ville de Meaux c. Société Ciep*, JCP 2004. IV. n° 3489).

Cette première définition situe donc le sujet dans le domaine du droit administratif qu'elle concerne, c'est-à-dire celui des actes juridiques de l'administration, et plus particulièrement le contrat administratif.

B. Quant au concept de « contrat des personnes publiques », il vise de manière normale les contrats auxquels est partie au moins une personne publique ; c'est une notion réunissant les contrats au regard du seul critère organique des contrats administratifs ; ce critère doit être *a priori* entendu de manière stricte et originelle, mais peut-on pour autant faire abstraction faire de la « théorie du mandat » (explicite ou non) ? Ce serait un peu excessif.

Ce premier travail de définition étant terminé, il importe de relever qu'il a permis :

- de situer le sujet dans le « chapitre » du droit administratif qu'il concerne, c'est-à-dire, celui des « contrats administratif » ;
- incidemment, cela a conduit à le ramener dans le cadre de la définition, de la notion de tels actes, et par là même, à exclure du champ d'étude du sujet « le régime juridique de tels actes ».

Toutefois, si définir le sujet est une étape importante, encore faut-il lui trouver un ou des intérêts ; en effet, par principe, un enseignant ne pose pas un sujet de dissertation juridique pour obtenir seulement les définitions des mots essentiels, il veut surtout faire réfléchir les étudiants à partir de ce sujet.

Dès lors, il faut absolument comprendre cet ou ces intérêts, le ou les déceler.

Identifions-le en essayant de comprendre le sujet.

2. La compréhension du sujet (15 minutes)

Comprendre le sujet consiste donc à analyser « le » ou les intérêts présentés par le sujet.

A. Tout d'abord, il convient de relever, sur un plan méthodologique, que toute juxtaposition, association de deux mots ou groupes de mots-clés dans un intitulé doit amener, en principe, à les comparer, et ce, de façon soit positive (leurs caractères communs), soit négative (leurs caractères divergents).

Dès lors, le plan devra être le reflet de cette comparaison.

Par voie de conséquence, tout plan du style :

I – Le contrat administratif

II – Les contrats des personnes publiques,

est à prohiber.

Certes, un tel plan n'est pas, de par son contenu, en dehors du sujet, puisque, pour le traiter, il faut obligatoirement utiliser les mêmes éléments que pour rédiger un plan comparatif entre les deux notions.

Toutefois, adopter ce plan, c'est surtout prouver qu'aucune réflexion n'a précédé son élaboration, qu'aucun raisonnement juridique ne le sous-tend.

En effet, il ne faut pas perdre de vue que la dissertation juridique n'est pas seulement un exercice d'exposé de connaissances (elle ne l'est qu'accessoirement), elle est surtout un exercice de réflexion.

Ainsi, dans le cadre d'un tel type d'exercice, les connaissances servent, viennent au renfort d'un raisonnement juridique, d'une réflexion mais, en aucun cas, un « amas » de connaissances ne pourra se substituer à un défaut de raisonnement.

De surcroît, et bien que le plan comparatif s'impose pour un tel sujet, ceci ne signifie pas automatiquement que la première partie concernera les caractères communs des deux notions posées et que la seconde sera exclusivement axée sur leurs divergences.

En effet, il se peut tout à fait que les caractères communs soient si peu nombreux et/ou si peu intéressants qu'il faudra absolument les évoquer rapidement dans l'introduction au bénéfice, dans les développements des parties, du seul exposé de leurs différences, et vice-versa.

B. Dès lors, pour comprendre le sujet, il faut certes avoir une démarche comparative entre les deux notions, mais il convient de la mener de façon raisonnée, réfléchie.

Pour ce faire, il convient d'interroger le sujet, de le transformer sous forme interrogative.

C'est ainsi qu'il faudra ici se poser les questions suivantes :

- Qu'est-ce qui distingue le contrat administratif du contrat des personnes publiques ?
- Est-ce que leur distinction est claire et tranchée ? est-ce que cette distinction est entachée d'imprécisions ? si oui, lesquelles et pourquoi ?
- Qu'est-ce qui rapproche ces deux notions ?
- Est-ce qu'un risque de confusion entre ces deux notions est parfois possible ? si oui, pourquoi ?
- Quel est l'intérêt d'une telle distinction ? en somme, à quoi sert-elle ?

- Pourrait-on faire l'économie « juridique » d'une telle distinction ? si oui ou si non, pourquoi ?

Plus les questions seront nombreuses, plus la réflexion sera intense et soutenue, plus le recensement sera intéressant, parce que déjà orienté vers la construction d'un plan.

En effet, la réflexion doit être encadrée par le sujet et par la démarche (ici comparative) qu'impose sa formulation ; ainsi, le recensement de la matière, dans le seul « chapitre » du droit administratif visé par le sujet (c'est-à-dire, celui de la notion de contrat administratif), oblige à adopter une vision ciblée du recensement.

3. Le recensement (20 à 25 minutes)

Au regard des questions précédemment posées et de la matière sollicitée, un constat simple s'impose.

En effet, et là semble résider tout l'intérêt de la distinction : tous les contrats administratifs ne sont pas des contrats des personnes publiques et ces derniers ne sont pas tous des contrats administratifs.

Ainsi, ces deux notions ne coïncident pas ; dès lors, ce qui importe c'est de savoir pourquoi et en quoi !

A. En effet, en principe, tous les contrats passés qu'entre personnes publiques devraient être des contrats administratifs, comme semble l'affirmer par principe la décision *UAP*, mais l'objet de ces contrats peut les faire déclarer de droit privé s'ils font naître des rapports de droit privé.

Un critère matériel peut donc faire échec à un critère organique fortement présent.

B. Ensuite, si le contrat n'est passé que par une seule personne publique, il n'est administratif que si une des possibilités de critère matériel est aussi satisfaite.

Toutefois, le bloc de compétence judiciaire des rapports SPIC-usagers fait échec à cette règle.

C. Si aucune personne publique n'est partie au contrat, le contrat ne peut pas être, en principe administratif (CE 17 décembre 1999, *Société Ansaldo Industria et SA Bouygues*), sauf si la théorie du mandat remédie à cette supposée absence !

À la lumière de ce recensement obligatoirement orienté par les questions dégagées lors de la phase de la compréhension du sujet, un double constat s'impose :

- en premier lieu, le rôle (positif, par sa présence ou négatif, par son absence) joué par le critère organique dans ce sujet est essentiel ;
- en second lieu, l'inadéquation réciproque des deux notions peut sans grande difficulté nourrir le plan.

4. L'élaboration d'un plan détaillé (10 minutes)

Loin de fournir tel quel un tel plan, le « bon plan », – dans la mesure où il en existe souvent plus d'un –, il convient de s'intéresser aux deux plans suivants :

A. Premier plan :

I – Tous les contrats des personnes publiques sont des contrats administratifs

a. La présomption imposée

- décision *UAP* (1983) ;
- le corollaire renforçant le principe posé dans le a) (CE 17 décembre 1999, *Société Ansaldo Industria et SA Bouygues*).

b. La présomption atténuée

- hypothèse où une seule personne publique est partie au contrat ;
- nécessité alors d'un critère matériel : ici, le critère organique est nécessaire mais insuffisant !

II – Tous les contrats administratifs ne sont pas des contrats des personnes publiques

a. La présomption renversée

- cas de deux personnes publiques, parties au contrat mais dont le contrat est de droit privé du fait de son objet (rapport de droit privé : SPIC-usagers,

gestion du domaine privé ou gestion privée d'un service public ; CE 1990, *Bureau d'aide sociale de Blénod-lès-Pont-à-mousson*) ;
- insister sur les cas particuliers des contrats de droit privé s'inscrivant dans le bloc de compétence SPIC-usagers, malgré la présence d'une ou de plusieurs personnes publiques.

b. La présomption oubliée

- le rôle de la théorie du mandat (explicite ou implicite) et son extension par la jurisprudence (vu la place des travaux publics (WP) dans ces contrats, on pourrait tout aussi bien penser qu'ils sont administratifs parce que leur objet concerne l'exécution de WP ;
- le rôle des textes qualifiant les contrats d'administratifs même s'ils n'ont pas de personnes publiques, parties au contrat (exemple : contrat architecte-entrepreneur participant à la réalisation de travaux publics, contrat entre deux personnes privées mais administratif en vertu de l'article 4 de la loi du 28 pluviôse an VIII)).

B. Second plan :

I – Tous les contrats des personnes publiques ne sont pas des contrats administratifs

a. La présomption contestée

- la présomption : décision *UAP* (1983) et son corollaire (CE 17 décembre 1999, *Société Ansaldo Industria et SA Bouygues*) ;
- mais, cas de deux personnes publiques, parties au contrat mais dont le contrat est de droit privé du fait de son objet (rapport de droit privé) ;
- de plus, cas des contrats de droit privé malgré la présence d'une ou de plusieurs personnes publiques du fait que ces contrats s'inscrivent dans les rapports SPIC-usagers.

b. La nécessité de la satisfaction de la condition matérielle

- le cas d'une seule personne publique, partie au contrat ;
- le critère matériel alternatif (les hypothèses), ses caractères (cumulatif et alternatif).

II – Tous les contrats administratifs ne sont pas des contrats des personnes publiques

a. Les contrats administratifs par détermination de la loi

- le principe et les hypothèses ;
- importance de l'objet du contrat et non de la qualité des parties cocontractantes) ; en effet, les contrats même non passés par des personnes publiques peuvent ainsi être des contrats administratifs (exemple : con-

trat architecte-entrepreneur participant à la réalisation de travaux publics, contrat entre deux personnes privées mais administratif en vertu de l'article 4 de la loi du 28 pluviôse an VIII) ;

b. La « théorie » du mandat

- le rôle de la théorie du mandat (explicite ou implicite) ;
- son extension par la jurisprudence.

Une fois les grandes lignes du plan détaillé établi, il convient enfin de rédiger, au brouillon tout d'abord, et par là même de « peaufiner », l'introduction, avant de la réécrire au propre.

5. La rédaction de l'introduction (20 à 25 minutes, selon le temps consacré au recensement)

Ici, l'introduction :

- va commencer par définir le contrat par opposition à l'acte unilatéral et en définissant plus précisément le « contrat administratif » et le « contrat des personnes publiques » ;
- va se poursuivre en mettant en exergue l'intérêt pratique du sujet : le développement du recours à la technique contractuelle par les personnes publiques et l'intérêt de la qualification juridique du contrat administratif au regard de la détermination de la compétence juridictionnelle pour connaître de tout contentieux afférent à l'opération contractuelle ;
- va se prolonger par l'intérêt théorique découlant de la nécessité de mieux distinguer le champ du contrat administratif par rapport à celui des contrats des personnes publiques dans la mesure où cela illustre par exception le champ d'application de la gestion privée des services publics ;
- et va se nourrir de la problématique visant à mettre en exergue l'inadéquation, malgré les apparences, des deux concepts du sujet et pourquoi ;
- *in fine*, il y a naturellement l'annonce du plan.

Ainsi, ici, elle pourrait être formulée de la façon suivante : « *C'est pourquoi, si, en principe, tous les contrats des personnes publiques sont censés être des contrats administratifs (I), la réalité jurisprudentielle démontre que ce postulat théorique ne se vérifie pas toujours en pratique ; en effet, certains contrats pourtant administratifs ne sont pas des contrats passés, ne serait-ce que par une seule personne publique (II)* ».

6. La rédaction du reste du devoir (1 heure 30 minutes) et la lecture (10 minutes)

Il convient de se reporter aux développements de la méthode générale.

La conclusion pourrait utilement s'interroger sur le fait que la multiplication du recours au procédé contractuel administratif a eu des incidences directes sur la difficulté de sa qualification ; en effet, comme pour le service public, le contrat administratif est en quelque sorte victime de son succès. Une fréquence d'utilisation importante d'une notion finit donc par édulcorer ses critères d'identification.

Pour aller plus loin : conseils bibliographiques

Annexe N° 1

Sur la notion de contrat administratif :

Braconnier (S.), *Droit des contrats administratifs*, PUF, Collection « Thémis droit public », 1e éd., 2004.

Guettier (C.), *Droit des contrats administratifs*, PUF, Collection « Thémis », 1re éd., 2004.

Lichère (F.), *Droit des contrats publics*, Dalloz, Collection « Mémentos », 1re éd., 2005.

Richer (L.), *Le droit des contrats administratifs*, LGDJ, Collection « Manuels », 4e éd., 2004.

Hauser (M.), *Les contrats*, PUF, Collection « Que sais-je ? », n° 1677, 4e éd., 2002.

Prévost (C.-M.), *La volonté*, PUF, Collection « Que sais-je ? », n° 353, 2e éd., 1994.

Scarano (J.-P.), *Dictionnaire de droit des obligations*, Ellipses, Collection « Dictionnaire de droit », 2002.

Amselek (P.), *La qualification des contrats de l'administration par la jurisprudence*, AJDA, 1983, p. 3-7.

Brard (Y.), *Le mandat comme fondement des contrats administratifs entre personnes privées*, JCP, 1981, I. n° 3 032, 5 p.

Brenet (F.), *À propos de la théorie du contrat administratif, évolutions récentes*, AJDA, 2003, n° 18, p. 919-924.

Coudevylle (A.), *La notion de mandat en droit administratif*, AJDA, 1979, p. 7-22.

Fardet (C.), *La clause exorbitante et la réalisation de l'intérêt général*, AJDA, 2000, p. 115-119.

Lamarque (J.), *Le déclin du critère de la clause exorbitante*, Mélanges M. Waline, LGDJ, tome II, 1974, p. 497-518.

Lamarque (J.), *Les difficultés présentes et les perspectives d'avenir de la distinction entre les contrats administratifs et les contrats de droit privé*, AJDA, 1961, p. 123-133.

Lichère (F.), *L'évolution du critère organique du contrat administratif*, RFDA, 2002, p. 341-349.

Lichère (F.), *Le régime juridique exorbitant du droit commun, nouvelle exception au critère organique du contrat administratif*, DA, 1996, n° 5, p. 1-3.

Un autre exemple de plan sur le sujet suivant

Annexe N° 2

« Le critère organique est-il un bon critère de détermination du contrat administratif ? »

1. Trois remarques préliminaires :

Tout d'abord, le sujet est posé sous forme interrogative, le plan doit donc y répondre.

Ensuite, l'angle d'approche du sujet est celui du critère organique ; dès lors, même si les connaissances précédemment exposées sont les mêmes qui vont servir à traiter ce sujet, il convient de les présenter, de les développer différemment en fonction de cet angle de réflexion.

Enfin, il convient de relever l'adjectif « bon » associé à « critère », il signifie alors « efficace, utile » ; il amène à se poser la question de la manière suivante : le critère organique est-il un critère opérant dans l'opération de qualification d'un contrat en contrat administratif ?

2. Plan :

Plan proposé :

I – L'imperfection du critère organique comme critère de détermination du contrat administratif

a. Les contrats passés par au moins une personne publique

1) décision *UAP* (1983) ;
2) 1re imperfection : contrat illustrant le rapport de droit privé (CE 1990, *Bureau d'aide sociale de Blénod-lès-Pont-à-mousson*) ;
3) 2e imperfection : les contrats s'inscrivant dans les rapports SPIC-usagers ;

b. Les contrats passés qu'entre personnes privées

1) La satisfaction apparente du critère organique : le corollaire renforçant le principe posé dans le 1) du a. (CE 17 décembre 1999, *Société Ansaldo Industria et SA Bouygues*) : ces contrats sont, en principe, exclusivement, de droit privé ;
2) 3e imperfection : la théorie du mandat ;

3) 4e imperfection : les contrats par détermination de la loi (exemple : contrat architecte-entrepreneur participant à la réalisation de travaux publics, contrat entre deux personnes privées mais administratif en vertu de l'article 4 de la loi du 28 pluviôse an VIII) ;

II – L'insuffisance du critère organique comme critère de détermination du contrat administratif

a. La présence des clauses exorbitantes du droit commun (et le régime exorbitant du droit commun)

1) définitions ;
2) exemples ;

b. La participation à l'exécution même d'un service public

1) définition ;
2) exemples.

Un autre exemple de plan sur le sujet suivant

Annexe N° 3

« La place de la notion de service public dans la qualification du contrat administratif »

1. Définition :

Deux limites au sujet apparaissent dans son intitulé :

– un cadre général : la définition du contrat administratif ; ce qui signifie que n'entre pas dans le champ d'étude du sujet l'étude de son régime juridique ;

– un domaine particulier : la définition du contrat administratif comprend, d'une part, l'énonciation des qualités propres d'un objet permettant ainsi de le distinguer d'un autre objet, d'autre part, l'explication de la nature d'une chose par l'exposé de ses principales caractéristiques, et enfin, l'opération consistant à déterminer les caractères de quelque chose en indiquant avec précision son sens et sa nature.

Deux remarques :

– Le mot « place » vise le « rôle » !

– la référence à la notion de « rôle » suppose que l'on traite ainsi le sujet : quelle est l'utilité de la notion de service public en matière d'identification du contrat administratif ?

2. Le recensement :

– au regard du critère organique : le rôle du service public doit aussi être appréhendé au regard des contrats non administratifs, de même que par rapport aux contrats passés par des personnes privées gérant un service public ;

– au regard du critère matériel : ce n'est qu'un des trois critères jurisprudentiels possibles d'identification du contrat administratif.

3. Plan :

Remarques :

- le service public a une place seconde dans le cadre de la qualification du contrat administratif ;
- le service public a une place concurrencée.

Plan proposé :

I – Le critère du service public a une place seconde

a. La place prééminente du critère organique

b. Le rôle ambigu du service public au regard du critère organique

1) *UAP* et les rapports SPIC-usagers ;
2) la théorie du mandat ;

II – Le critère du service public est concurrencé

a. Les autres critères matériels et formels

1) Caractère cumulatif des critères organique et matériel/formel mais alternatif du critère matériel/formel ;
2) Les deux autres critères : clause exorbitante ; régime exorbitant.

b. La consécration tardive du service public

1) *Bertin* ;
2) L'identification aléatoire du service public.

DEUXIÈME PARTIE

LA MÉTHODE DU COMMENTAIRE DE DÉCISIONS DE JUSTICE

LISTE DES SUJETS CORRIGÉS DE COMMENTAIRE DE DÉCISIONS DU CONSEIL CONSTITUTIONNEL OU DE JUGEMENTS DE JURIDICTIONS ADMINISTRATIVES

1. Commentaire de décisions du Conseil constitutionnel (1re année de licence en droit) [231]

Préalables : [233]

- Présentation de l'architecture d'une décision du Conseil constitutionnel
- Conseils méthodologiques pour le commentaire d'une décision du Conseil constitutionnel

1er sujet : *Décision du Conseil constitutionnel du 14 septembre 1961* (JORF, 19 septembre 1961, p. 8631)[24] [241]

Thème : La compétence formelle du Conseil constitutionnel

2e sujet : *Décision du Conseil constitutionnel du 6 novembre 1962* (JORF, 7 novembre 1962, p. 10778)[25] [247]

Thème : La compétence matérielle du Conseil constitutionnel

3e sujet : *Décision du Conseil constitutionnel du 15 mars 1999 (n° 99-410 DC)* (JORF, 21 mars 1999, n° 68, p. 4234 ; et le texte de loi afférent : p. 4197)[26] [257]

Thème : Les instruments du contrôle de constitutionnalité des lois

---

24. GDCC n°12 (Rec. 55 ; Voir particulièrement : D. 1963 p. 17, note L. Hamon).
25. GDCC n°14 (Rec. 27 ; Voir particulièrement : D. 1963 p. 398, note L. Hamon).
26. Rec. 51, AJDA 1999 p. 324, ch. J.-E. Schoettl, Cahiers du Conseil constitutionnel 1999, n°7, p. 11, RDP 1999 p. 653, note J.-P. Camby, LPA 28-09-1999, n°193, p. 16, note E. Aubin, LPA 20-09-1999, n°187, p. 16, note M. Verpeaux, LPA 21-09-1999, n°188, p. 8, note B. Mathieu et M. Verpeaux, RTDC 1999 p. 725, note N. Molfessis.

2. Commentaire de jugements de juridictions administratives (2e année de licence en droit) [279]

Préalables : [281]

- *Présentation de l'architecture d'une décision du Conseil d'État*
- Conseils méthodologiques pour le commentaire d'une décision de justice administrative

1er sujet : Arrêt *Benjamin*, rendu par le Conseil d'État, le 19 mai 1933[27] [295]

Thème : Notion de police administrative. Contrôle de la légalité des mesures de police. Caractère nécessaire des mesures de police

2e sujet : Arrêt *Valet et autre*, rendu par le Conseil d'État, le 23 octobre 1974[28] [311]

Thème : Notion d'acte unilatéral. Distinction de l'acte unilatéral et du contrat. Principe de légalité. Contrôle de la légalité des décisions administratives

3e sujet : Arrêts *Hardouin*[29] et *Marie*[30], rendus par le Conseil d'État, en Assemblée plénière, le 17 février 1995 [329]

Thème : Notion de décision administrative. Caractère décisoire ou non décisoire d'un acte unilatéral. Mesures d'ordre intérieur. Recevabilité du recours pour excès de pouvoir

4e sujet : Arrêt *Rouquette et autres*, rendu par le Conseil d'État, en Assemblée plénière, le 5 mars 1999[31] [355]

Thème : Sources de la légalité. Hiérarchie des normes. Normes internationales. Théorie de la loi écran. Principe de légalité.

---

27. Rec. 541, D. 1933. III. 354, concl. Michel, S. 1934. III. 1, concl. et note A. Mestre, GAJA n°47, Lachaume p. 324.
28. Rec. 500, AJDA 1975 p. 363, note C.-L. Vier.
29. Rec. 82, RA 1996 p. 696, note A. de Lajartre, GP 1996, 1, p. 41, note S. Petit, RDP 1995 p. 1338, note O. Gohin, EDCE 1995, n°47, p. 362, D. 1995 p. 381, note Belloubet-Frier, Audijuris 1995, n°52, p. 51, note V. Sueur, LPA 28-04-1995, n°51, p. 11, note G. Vlachos, JCP 1995. II. n°22426, note M. Lascombe et F. Bernard, RFDA 1995 p. 822, note F. Moderne et p. 826, note J.-P. Céré, LPA 09-06-1995, n°69, p. 16, note N. Van Tuong, LPA 04-08-1995, n°93, p. 28, note V. A. Otepko, AJDA 1995 p. 379, ch. L. Touvet et J.-H. Stahl, GP 1995. 2. 10, note V. A. Otepko, DA 1995 n°558, Documents d'études 1996, n°6.08, p. 35, concl. P. Frydman, Lachaume p. 674.
30. Rec. 83, concl. P. Frydman, RFDA 1995 p. 353, concl., GP 1996, 1, p. 27, concl. et note S. Petit, DA 1995 n°557, Lachaume p. 673.
31. AJDA 1999 p. 420, ch. F. Raynaud et P. Fombeur, RFDA 1999 p. 357, concl. C. Maugüé, et p. 372, obs. D. de Béchillon et P. Terneyre, DA 1999 n°138.

1

Commentaire de décisions du Conseil constitutionnel

(1e année de licence en droit)

Préalables

Commentaire d'une décision du Conseil constitutionnel

Il convient, tout d'abord, de présenter l'architecture d'une décision du Conseil constitutionnel (I) avant, ensuite, d'exposer quelques conseils essentiels pour réussir un tel exercice (II).

I – Présentation de l'architecture d'une décision du Conseil constitutionnel

Il importe de ne pas s'intéresser au contenu de la décision ci-dessus utilisée comme « modèle » pour décrypter son architecture.

A. La « décision – modèle »

1 Décision n° 2005-202 L du 17 novembre 2005[32]

2 Nature juridique de dispositions du code de l'expropriation pour cause d'utilité publique

3 Le Conseil Constitutionnel a été saisi le 9 novembre 2005, par le Premier Ministre, dans les conditions prévues par le second alinéa de l'article 37 de la Constitution, d'une demande tendant à l'appréciation de la nature juridique des articles L 12-1, L 13-2, L 13-4, L 13-10, L 13-11, L 13-21, L 13-23, L 13-25, L 15-2, L 15-5, L 21-3 et L 22-1 du code de l'expropriation pour cause d'utilité publique, en tant qu'ils édictent des règles ou fixent des délais de procédure civile ;

4 LE CONSEIL CONSTITUTIONNEL,

5 Vu la Constitution, notamment ses articles 34, 37 et 62 ;

Vu l'ordonnance n° 58-1067 du 7 novembre 1958 modifiée portant loi organique sur le Conseil Constitutionnel, notamment ses articles 24, 25 et 26 ;

Vu l'ordonnance n° 58-997 du 23 octobre 1958 portant réforme des règles relatives à l'expropriation pour cause d'utilité publique ;

---

32. JORF, 23 novembre 2005, n° 272, p. 18 172 (ou JO électronique, texte n° 80 ou encore sur www.conseil-constitutionnel.fr : sur ce site, à la rubrique « décisions », sont consultables et téléchargeables toutes les décisions - en texte intégral - rendues par le Conseil constitutionnel, et ce, depuis son installation en 1958).
Voir sur la décision n° 2005-202 : AJDA 2005, n° 40, p. 2205, obs. S. Brondel.

5 Vu la loi n° 72-535 du 30 juin 1972 relative à la codification de textes législatifs, ensemble le décret n° 77-392 du 28 mars 1977 portant codification des textes législatifs concernant l'expropriation pour cause d'utilité publique ;
Vu le code de l'expropriation pour cause d'utilité publique ;
Vu les décisions du Conseil Constitutionnel n° 77-101 L du 3 novembre 1977 et n° 88-157 L du 10 mai 1988 ;
Vu la loi n° 2004-1343 du 9 décembre 2004 de simplification du droit, en son article 85 ;
Vu le décret n° 2005-467 du 13 mai 2005 portant modification du code de l'expropriation pour cause d'utilité publique ;

4 Le rapporteur ayant été entendu ;

6 1. Considérant que l'article 37 de la Constitution dispose : « *Les matières autres que celles qui sont du domaine de la loi ont un caractère réglementaire. – Les textes de forme législative intervenus en ces matières peuvent être modifiés par décrets pris après avis du Conseil d'État. Ceux de ces textes qui interviendraient après l'entrée en vigueur de la présente Constitution ne pourront être modifiés par décret que si le Conseil Constitutionnel a déclaré qu'ils ont un caractère réglementaire en vertu de l'alinéa précédent* » ; qu'aux termes du second alinéa de l'article 62 de la Constitution : « *Les décisions du Conseil Constitutionnel ne sont susceptibles d'aucun recours. Elles s'imposent aux pouvoirs publics et à toutes les autorités administratives et juridictionnelles* » ;
2. Considérant que, par ses décisions du 3 novembre 1977 et du 10 mai 1988 susvisées, le Conseil Constitutionnel a déclaré le caractère réglementaire de dispositions relatives à l'expropriation pour cause d'utilité publique issues de l'ordonnance du 23 octobre 1958 susvisée ; que si l'article 85 de la loi du 9 décembre 2004 susvisée, qui a abrogé l'ordonnance du 23 octobre 1958, prévoit qu'« a force de loi la partie législative du code de l'expropriation pour cause d'utilité publique » dans laquelle les dispositions en cause avaient été placées par le décret du 28 mars 1977 susvisé, cette circonstance n'a pas eu pour effet de retirer au Premier ministre l'autorisation qui lui avait été donnée de les modifier par décret ; que, dès lors, il n'y a pas lieu de se prononcer sur sa demande du 9 novembre 2005 tendant à apprécier de nouveau leur nature juridique,

7 DÉCIDE :

Art. 1 – Il n'y a lieu pour le Conseil Constitutionnel, à raison des motifs ci-dessus indiqués, de se prononcer sur la demande présentée par le Premier Ministre en application de l'article 37, alinéa 2, de la Constitution et tendant à l'appréciation de dispositions du code de l'expropriation pour cause d'utilité publique.
Art. 2 – La présente décision sera notifiée au Premier ministre et publiée au Journal officiel de la République française.

4 Délibéré par le Conseil Constitutionnel dans sa séance du 17 novembre 2005, où siégeaient : M. Pierre MAZEAUD, Président, M. Olivier DUTHEILLET de LAMOTHE, Mme Jacqueline de GUILLENCHMIDT, MM. Pierre JOXE et Jean-Louis PEZANT, Mme Dominique SCHNAPPER, M. Pierre STEINMETZ et Mme Simone VEIL.

B. Les explications

Reprenons chacun des éléments « numérotés » de la décision pour les expliquer.

1 Décision n° 2005-202 L du 17 novembre 2005 : une décision du Conseil constitutionnel est identifiée tant par son numéro (ici : 2005-202 L) que par la date à laquelle elle a été rendue (17 novembre 2005).

Le numéro est composé par l'année durant laquelle la décision a été rendue (ici : 2005) mais aussi par le numéro d'ordre de la décision durant l'année 2005 (ici, la décision sus-exposée est la « 202e de l'année 2005 »).

Ce numéro est enfin composé d'une lettre, d'un ensemble de lettres voire d'une périphrase renseignant sur l'objet de cette décision.

Le tableau suivant[33] explique le sens de tels « symboles » compris dans le numéro de la décision.

Type de décision	Exemple	Fondement
Numéro + AN : décision sur les élections législatives	93-1794 du 16 décembre 1993, A.N., Bouches du Rhône 16e circonscription	article 59
année + numéro + circonscription : décision sur les élections sénatoriales	8 novembre 2001 Sénat Moselle	article 59
année + numéro + D : relative à la déchéance d'un parlementaire	2000-12 D du 4 mai 2000	LO 136 du code électoral
année + numéro + I : décision sur examen de l'incompatibilité de certaines fonctions avec un mandat de parlementaire	89-10 I du 1er février 1990, Méric	article 59
année + intitulé de la décision : décision sur l'élection du président de la République	décision du 8 mai 2002 proclamant les résultats de l'élection du président de la République	article 58

33. Tableau établi par MM. O. Bernard et J-F. Boudet et tiré de l'ouvrage de *Travaux dirigés de droit constitutionnel*, Ellipses, 2002.

Type de décision	Exemple	Fondement
année + intitulé de la décision : décision de référendum	décision du 28 septembre 2000 décision proclamant les résultats du référendum du 24 septembre 2000 relatif au quinquennat	article 60
année + numéro + DC : relative à une déclaration de conformité à la Constitution	71-44 DC du 16 juillet 1971, Liberté d'association	article 61
année + numéro + FNR : décision rendue sur examen de fins de non-recevoir	79-11 FNR du 23 mai 1979	article 41
année + numéro + L : décision sur l'examen de textes de forme législative	93-174 L du 6 avril 1993, Nature juridique de certaines dispositions du code du Travail	article 37 alinéa 2
année + numéro + LP : décision sur examen de la conformité à la Constitution d'une loi du pays	2000-1 LP du 27 janvier 2000, loi de pays relative à l'institution d'une taxe générale sur les services. Cette décision est relative aux lois de pays en vertu de la loi organique n° 99-209 du 19 mars 1999 relative à la Nouvelle-Calédonie	article 77

2 Nature juridique de dispositions du code de l'expropriation pour cause d'utilité publique : c'est le nom de la décision au regard de son objet.

3 Le Conseil constitutionnel a été saisi le 9 novembre 2005, par le Premier ministre, dans les conditions prévues par le second alinéa de l'article 37 de la Constitution, d'une demande tendant à l'appréciation de la nature juridique des articles L 12-1, L 13-2, L 13-4, L 13-10, L 13-11, L 13-21, L 13-23, L 13-25, L 15-2, L 15-5, L 21-3 et L 22-1 du code de l'expropriation pour cause d'utilité publique, en tant qu'ils édictent des règles ou fixent des délais de procédure civile : ce « visa de procédure » expose tant l'identité du demandeur (aussi appelé « requérant » ; ici : le Premier ministre) que l'objet de la requête, les conclusions (c'est-à-dire « ce qui est demandé au juge » ; il convient ici de se reporter au passage commençant par : demande tendant à l'appréciation de...).

4 LE CONSEIL CONSTITUTIONNEL : c'est la juridiction dont émane la décision.

Il convient d'ajouter à cet élément, au risque de ne pas respecter l'ordre de la composition, les deux éléments suivants :

- « Le rapporteur ayant été entendu » : c'est l'évocation d'une obligation processuelle ;
- « Délibéré par le Conseil constitutionnel dans sa séance du 17 novembre 2005, où siégeaient : M. Pierre MAZEAUD, Président, M. Olivier DUTHEILLET de LAMOTHE, Mme Jacqueline de GUILLENCHMIDT, MM. Pierre JOXE et Jean-Louis PEZANT, Mme Dominique SCHNAPPER, M. Pierre STEINMETZ et Mme Simone VEIL » : c'est l'évocation d'une obligation processuelle visant les personnes ayant participé à l'audience ; cela permet aussi de se remémorer les noms des membres composant le Conseil constitutionnel. Toutefois, il convient de souligner que le Conseil en comporte normalement 9 : il manque dans cette énumération, le Professeur Jean-Claude Colliard. De plus, dans la mesure où les anciens Présidents de la République en sont membres de droit, et que désormais y siège à ce titre M. Valéry Giscard d'Estaing, le Conseil compte désormais 10 membres. Seul le dernier cité peut désormais siéger *ad mortem* alors que les autres n'y sont nommés que pour une durée de 9 ans à compter de la date de leur nomination (renouvellement par tiers tous les trois ans).

5 Le passage de « Vu la Constitution, notamment ses articles 34, 37 et 62 (jusqu'à...) Vu le décret n° 2005-467 du 13 mai 2005 portant modification du code de l'expropriation pour cause d'utilité publique ; » expose les « visas des textes » applicables en l'espèce et appliqués par le juge pour résoudre la question posée ou le litige qui lui est soumis.

Ces visas présentent les textes par ordre décroissant : de ceux qui ont la valeur juridique (la « force juridique ») la plus importante (ici : certaines dispositions (articles 34, 37 et 62) de la Constitution) à ceux qui ont la « plus faible » valeur juridique (ici : un décret).

6 Le passage de « *1. Considérant que l'article 37 de la Constitution* (jusqu'à...) *de nouveau leur nature juridique,* » explique le raisonnement du juge, c'est-à-dire les arguments qu'il développe pour justifier, motiver la décision qu'il apporte au cas d'espèce.

Ces arguments développés par le juge au soutien de sa décision constituent la « motivation » de sa décision de justice.

7 Le dernier passage de la décision, commençant par « *D É C I D E* : » et composé de deux articles, comporte la « décision » du juge.

Telle une conclusion, elle intervient logiquement à la suite de l'exposé de la motivation du juge. Elle est appelée le « dispositif » de la décision de justice.

Toutefois, il convient de noter que, formellement, ce dernier se présente plus comme un élément d'une décision de l'administration que comme un élément d'une décision de justice. C'est, en effet, un héritage, aujourd'hui exclusivement formel, d'une époque révolue où la justice était rendue par le Pouvoir exécutif !

II – Conseils essentiels pour réussir un commentaire d'une décision du Conseil constitutionnel

Le but d'un commentaire n'est nullement de :

- construire un commentaire trop riche en connaissances au risque de le confondre avec une dissertation juridique ;
- citer toute la jurisprudence antérieure et postérieure à la décision commentée au risque de faire de son commentaire un « bréviaire jurisprudentiel » sans idée majeure.

Mais, le vrai but d'un commentaire d'une décision de justice est d'en faire une bonne analyse et de l'expliquer de manière réfléchie.

Trois phases font alors de l'analyse un commentaire utile :

1) La première consiste à repérer des éléments aussi basiques que les « conditions de la saisine » : « Qui ? » « Comment ? » et « Pour demander quoi ? » : à cet égard, les « conclusions » de la requête sont intéressantes à étudier.

Dans le cadre de cette première phase, l'étudiant(e) peut s'interroger sur les circonstances historico-constitutionnelles de la décision commentée ; ce qui pourra enrichir d'autant l'introduction de son commentaire.

En effet, cette dernière doit se cantonner à exposer les circonstances de la décision, pas seulement au regard des « données contentieuses », des « conditions de la saisine du Conseil constitutionnel » mais aussi de l'environnement historique de la décision.

C'est la raison pour laquelle les deux premières décisions corrigées (Voir les sujets n° 1 et 2) concernent deux événements majeurs du début de la Cinquième République.

2) La deuxième doit servir à analyser la décision en portant son attention sur le raisonnement du juge constitutionnel, et par là même les solutions qu'il a dégagées pour régler la question ou le litige qui lui ont été soumis. Il est donc important de procéder à une analyse linéaire – après avoir numéroté les considérants – de la décision à commenter avant de poser les bases de toute réflexion !

Il convient aussi d'identifier les problèmes de droit posés au juge ou soulevés par ce dernier pour répondre à ou aux demande(s) du ou des requérant(s).

Pour ce faire, il convient de lire avec attention la décision à commenter, quitte à la lire deux ou trois fois avant de commencer à noircir son brouillon, et ce, pour mieux « s'en imprégner » !

3) La troisième doit amener l'étudiant(e) à exercer son esprit critique en comparant la solution arrêtée par le Conseil constitutionnel avec celle à

laquelle sa maîtrise du droit et de la jurisprudence constitutionnels l'aurait amené.

En effet, alors que l'introduction d'un commentaire d'une décision de justice doit exposer les données du litige, les développements des deux parties doivent consister à expliquer, à justifier voire à critiquer la solution et surtout la motivation arrêtées par le juge.

Trois conseils pratiques sont enfin à évoquer :

- il faut, tout d'abord, servir la décision de justice à commenter et en aucune façon s'en servir : il faut « la coller ».
- il faut, ensuite, avoir un recul formel vis-à-vis de la décision c'est-à-dire l'expliquer avec son propre vocabulaire afin d'éviter absolument de la « paraphraser ».
- il faut, enfin, lorsque la décision est suivie de questions soit se contenter, après avoir exposé les « données du litige », de répondre aux questions dans l'ordre dans lequel elles sont posées, soit d'y répondre à l'occasion d'un plan en deux parties devant répondre aux diverses questions posées. Pour s'essayer à cette deuxième démarche, encore faut-il être sûr de soi, sinon il convient de se cantonner à répondre aux questions dans l'ordre posé. L'humilité est parfois « mère de toutes les sagesses » !

Rien ne valant la pratique, il convient de lire attentivement les corrigés proposés ci-dessous.

Il importe *in fine* de souligner que, si des décisions récentes du Conseil constitutionnel sont données en examen, ce sont de plus en plus des « extraits » plus que des décisions *in extenso* au regard de la longueur coutumière des décisions actuelles. Cette longueur est le fait du nombre de plus en plus nombreux de moyens développés par les requérant dans le cadre de leur saisine du Conseil, particulièrement en matière de contrôle de constitutionnalité des lois.

C'est pourquoi, sacrifiant l'actualité, a été préféré comme 3e corrigé un commentaire aussi complet que possible d'une décision intégrale, parce que de « longueur raisonnable » (Voir sujet n° 3).

Décision du Conseil constitutionnel du 14 septembre 1961

Sujet N° 1

(JORF, 19 septembre 1961, p. 8631)[34]

Thème

La compétence formelle du Conseil constitutionnel.

I – Le texte

LE CONSEIL CONSTITUTIONNEL :

1 Consulté le 14 septembre 1961 par le **Président de l'Assemblée Nationale** sur le point de savoir si la motion de censure déposée au cours de la séance tenue le 12 septembre 1961 par cette Assemblée réunie de plein droit en vertu de l'article 16, alinéa 4, de la Constitution, peut être regardée comme recevable ;

3 Vu la Constitution

3 Vu l'ordonnance du 7 novembre 1958 portant loi organique sur le Conseil Constitutionnel

4 Considérant que **la Constitution a strictement délimité la compétence du Conseil Constitutionnel** ; que celui-ci ne saurait être appelé à statuer ou, à émettre un avis que dans les cas et suivant les modalités qu'elle a fixés ;

5 Considérant que le Conseil Constitutionnel ne peut être saisi par le Président de l'une ou de l'autre Assemblée du Parlement qu'en vertu des articles 41, 54 et 61, alinéa 2, de la Constitution ; que ces dispositions ne le font juge que de la recevabilité, au regard des articles 34 et 38 de la Constitution, des propositions de lois ou des amendements déposés par les membres du Parlement, ainsi que de la conformité à la Constitution des engagements internationaux ou des lois ordinaires ; qu'en outre, l'article 61 (1er alinéa), ne lui donne mission que d'apprécier la conformité à la Constitution des lois organiques et des règlements des Assemblées parlementaires après leur adoption par ces Assemblées et avant leur promulgation ou leur mise en application ; qu'**ainsi aucune des dispositions précitées de la Constitution, non plus d'ailleurs que l'article 16, ne donne compétence au Conseil Constitutionnel pour se prononcer en l'espèce.**

6 DECIDE :

Le Conseil Constitutionnel n'a pas compétence pour répondre à la consultation susvisée du Président de l'Assemblée Nationale.

7 Délibérée par le Conseil dans sa séance du 14 septembre 1961.

---

34. GDCC n°12 (Rec. 55 ; Voir particulièrement : D. 1963 p. 17, note L. Hamon).

II – Le commentaire

Nous évoquerons le contenu de la décision (1.), puis, son contexte (2.) avant de proposer un plan de commentaire (3.).

1. Le contenu de la décision

1 Le premier paragraphe concerne, d'une part, l'autorité, auteur de la saisine, en l'occurrence le Président de l'Assemblée nationale, et d'autre part, l'objet de sa demande c'est-à-dire savoir si une motion de censure déposée pendant la réunion de plein droit, entraînée par l'application de l'article 16 de la Constitution du 4 octobre 1958, est admissible.

En effet, si le Président de l'Assemblée nationale peut, en vertu de l'article 61 de la Constitution, demander au Conseil constitutionnel de prendre une décision de conformité (pour les lois organiques et le règlement parlementaire), on peut justement se demander s'il a une compétence pour demander un avis à ce Conseil.

2 et 3 Le deuxième paragraphe ainsi que le 3e sont des visas c'est dire qu'ils visent les textes sur lesquels se fonde le Conseil constitutionnel pour élaborer son raisonnement ; ils sont d'ailleurs classiques (la Constitution et l'ordonnance du 7 novembre 1958).

4 et 5 Le quatrième paragraphe concerne les motifs avancés par le Conseil constitutionnel ainsi que le 5e paragraphe ; mais alors que le 4e pose le principe sur lequel se fonde la décision, le 5e le met en œuvre en l'espèce et au regard des circonstances de cette dernière.

4 Le 4e est clair et s'exprime en deux temps :

- en premier lieu, « *la Constitution a* **strictement** *délimité la compétence du Conseil constitutionnel* », c'est dire que la Constitution prévoit expressément et limitativement les cas où le Conseil constitutionnel est compétent.
- en second lieu, conséquence directe de la première affirmation : le Conseil constitutionnel « *ne saurait être appelé à statuer ou à émettre un avis que dans les cas et suivant les modalités que la Constitution a fixés* », c'est dire que le Conseil constitutionnel ne peut statuer (c'est-à-dire prendre des décisions) ou conseiller (soit émettre des avis) que dans les seuls cas où la Constitution lui reconnaît ce rôle, admet son intervention et que selon les procédures (délais, autorité de saisine, etc.) prévues à cet effet.

En d'autres termes, et en résumé : le Conseil constitutionnel a une compétence d'attribution, non une compétence générale. Par suite, toute dérive vers le « Gouvernement des juges » est donc en principe prohibée donc impossible.

5 Le cinquième paragraphe est la mise en œuvre du principe précédemment posé : le Conseil constitutionnel vérifie si la demande d'avis qui lui est adressée entre bien dans les attributions énoncées à son profit par le Constitution.

Après avoir relevé qu'il peut être saisi par le « *Président de l'un ou l'autre Assemblée* », ici le Président de l'Assemblée nationale, il énonce les trois cas d'une telle saisine prévus par le texte constitutionnel :

- en premier lieu, et en vertu de l'article 41 de la Constitution, dans le cadre de la procédure législative, un Président d'une Assemblée parlementaire ne peut saisir le Conseil constitutionnel que pour contrôler la recevabilité des propositions de loi ou des amendements à la lumière des articles 34 et 38 de la Constitution ;
- en deuxième lieu, et cette fois-ci en application de l'article 54 de la Constitution, avant toute ratification d'un traité international, il peut en être saisi afin de vérifier si ce traité ne comporte pas de clause contraire à la Constitution ; dans ce cas, la ratification imposerait au préalable une révision de la Constitution ;
- en troisième et dernier lieu, l'alinéa 2 de l'article 61 de la Constitution permet au Conseil constitutionnel d'être saisi, avant la promulgation d'une « petite loi » (loi votée par le Parlement mais pas encore promulguée), du contrôle de sa conformité à la Constitution voire, aujourd'hui, au bloc de constitutionnalité.

En d'autres termes, et en résumé : dans aucun des cas sus exposés où le Président de l'Assemblée nationale peut saisir le Conseil constitutionnel, n'existe à son profit la possibilité de lui demander un avis. En effet, toutes les hypothèses évoquées ne concernent que des décisions de contrôle d'actes juridiques divers (proposition de loi, amendement, traité international ou « petite loi ») et en aucune façon de « simples » demandes d'avis. Par voie de conséquence, il apparaît avec évidence que la question posée n'entre pas dans le champ des compétences conférées par la Constitution au Conseil constitutionnel.

Enfin, il importe de souligner que si le Conseil constitutionnel évoque l'article 16 de la Constitution, c'est pour mieux insister sur le fait que même cet article ne lui confère pas la compétence de répondre à une demande d'avis du Président de l'Assemblée nationale. En effet, si cet article prévoit la possibilité, durant sa mise en œuvre, pour le Conseil d'être consulté, ce n'est qu'à l'initiative, et selon son besoin, du Président de la République.

6 Le sixième paragraphe concerne le dispositif c'est-à-dire l'énoncé de la décision rendue par le Conseil constitutionnel ; ce passage est explicite puisqu'il affirme que « *Le Conseil constitutionnel n'a pas compétence pour répondre à la consultation susvisée du Président de l'Assemblée nationale* ».

Il conclut donc négativement sur la question de la compétence du Conseil constitutionnel à connaître ou non de la demande d'avis litigieuse sans trancher au fond cette dernière.

7 Le septième et dernier paragraphe vise, quant à lui, la date de la décision c'est-à-dire celle à laquelle elle a été rendue, c'est-à-dire débattue.

Il est à souligner la diligence avec laquelle le Conseil constitutionnel l'a prise puisque, saisi le 14 septembre, il statue le jour même !

2. Le contexte historique

Pendant la Guerre d'Algérie, le général de Gaulle décida à la suite du putsch d'Alger de mettre en œuvre l'article 16 de la Constitution du 4 octobre 1958, et ce, du 23 avril au 30 septembre 1961.

Ce recours à l'article 16 était contestable dans la mesure où sa mise en œuvre suppose, en principe, que soient menacées l'indépendance nationale, les institutions de la République, l'intégrité de son territoire ou l'exécution de ses engagements internationaux.

Le remède utilisé alors par le Chef de l'État contre le putsch était donc disproportionné au regard de sa cause, et ce, pour deux raisons : d'une part, il n'y eut jamais durant cette période d'interruption du fonctionnement régulier des pouvoirs publics (ce n'était alors qu'une menace et cela le restera), et d'autre part, dès le 25 avril 1961, tout était rentré dans l'ordre.

Nonobstant la disparition de la cause, pour ne pas dire de la justification, de l'application de l'article 16 précité, le général de Gaulle maintint ce régime d'exception au risque d'exaspérer les parlementaires. En effet, si ces derniers étaient certes réunis de plein droit, en vertu de l'alinéa 4 de l'article 16, ils ne pouvaient toutefois pas légiférer du fait de l'alinéa 1 de cette même disposition constitutionnelle.

C'est pourquoi, ils déposèrent une motion de censure afin de montrer leur défiance à l'égard du Gouvernement, et incidemment leur agacement à la Présidence de la République, tout en espérant renverser le premier !

Mais, le Président de l'Assemblée nationale d'alors, n'étant pas certain que les parlementaires pouvaient en de telles circonstances constitutionnelles déposer une motion de censure, a demandé au Conseil constitutionnel de lui donner son avis sur ce point.

La Haute juridiction constitutionnelle, face à cette demande, se pose une question de forme sans aborder la question de fond.

C'est ainsi qu'elle s'interroge sur le fait de savoir si elle est compétente pour trancher une telle question, pour répondre à un tel avis. Avant de dire le droit, se demande-t-elle logiquement et préalablement, si elle a le droit de le dire ! Dès lors, le premier problème juridique qui se pose en l'espèce concerne la compétence du Conseil constitutionnel (le Conseil constitutionnel est-il compétent pour répondre à une demande d'avis du Président de l'Assemblée nationale ?)

Le Conseil constitutionnel, à la lumière de la décision étudiée, y répond en deux temps : d'une part, il affirme qu'il ne détient qu'une compétence d'attribution déterminée par diverses dispositions de la Constitution (paragr. n° 4 et 5), et d'autre part, et par voie de conséquence, il s'estime incompétent après avoir constaté que la demande d'avis qui lui est soumise n'entre pas dans son champ textuel de compétence (paragr. n° 5).

3. Le plan de commentaire

Plan proposé :

I – La compétence d'attribution du Conseil constitutionnel

Le Conseil constitutionnel a voulu explicitement posé (a), dans sa décision du 14 septembre 1961, qu'il n'était nullement le gardien de la Constitution, c'est dire qu'il ne bénéficiait pas d'une compétence générale.

Et ceci est d'autant plus net que, dans son premier considérant, le Conseil constitutionnel tient à préciser que, lorsqu'il est compétent, il est tenu de respecter les procédures prévues dans la Constitution pour exercer ses compétences (b).

a. Un principe bien assis

- le Président de la République est gardien de la Constitution (article 5 C) ;
- les principales dispositions constitutionnelles afférentes au Conseil constitutionnel illustrent avec évidence qu'il n'a aucune compétence générale pour se positionner, face au Président de la République, comme un « gardien de la Constitution ».

b. Un principe bien tenu

- le Conseil constitutionnel a deux types de compétences : prendre des décisions de conformité ou conseiller certaines autorités précisément définies (telles que le Président de la République en matière de mise en œuvre de l'article 16 de la Constitution) ;
- il est aussi tenu au respect de certains délais.

II – L'incompétence de principe du Conseil constitutionnel

Dans le second considérant de sa décision, le Conseil constitutionnel, après avoir exposé les principales hypothèses dans lesquelles le Président de l'Assemblée nationale peut le saisir (a), constate qu'aucune des hypothèses n'est remplie en l'espèce et oppose par voie de conséquence son incompétence à la demande d'avis (b).

a. Les différentes hypothèses de saisine du Conseil constitutionnel par le Président de Gaulle de l'Assemblée nationale

– il convient de reprendre et d'expliquer les hypothèses mentionnées dans la décision et afférentes aux articles 41, 54 et 61, alinéas 1 et 2, de la Constitution.

b. L'impossible hypothèse du 14 septembre 1961

– en passant en revue, à la lumière de l'espèce, les cas exposés ci-dessus et en évoquant même l'hypothèse de l'article 16 de la Constitution, on ne peut confirmer la position du Conseil constitutionnel au regard de sa déclaration d'incompétence.

Idée de conclusion :

« Le caractère hautement politique de la question posée et les circonstances délicates de l'espèce expliquent ô combien il est parfois difficile pour un juge constitutionnel de rendre la « justice » de manière sereine alors que les pressions de toutes sortes et au plus haut niveau de l'État se font pressantes autour de lui. Pourtant, à la lumière de cette « décision de jeunesse » du Conseil constitutionnel, il apparaissait déjà, tel que l'on le connaît aujourd'hui, comme une « juridiction politique » tout aussi prudente qu'adulte. »

Décision du Conseil constitutionnel du 06 novembre 1962 (n° 99-410 DC)

Sujet N° 2

(JORF, 7 novembre 1962, p. 10778)[35]

Thème

La compétence matérielle du Conseil constitutionnel

I – Le texte

Décision n° 62-20 du 6 novembre 1962
Loi relative à l'élection du Président de la République au suffrage universel direct, adoptée par le référendum du 28 octobre 1962

1 Saisi par le Président du Sénat, sur la base de l'article 61, 2e alinéa, de la Constitution, du texte de la loi relative à l'élection du Président de la République au suffrage universel direct et adoptée par le peuple par le référendum du 28 octobre 1962, aux fins d'appréciation de la conformité de ce texte à la Constitution ;

2 Vu la Constitution ;

3 Vu l'ordonnance du 7 novembre 1958 portant loi organique sur le Conseil Constitutionnel ;

4 Considérant que la compétence du Conseil Constitutionnel est strictement délimitée par la Constitution ainsi que par les dispositions de la loi organique du 7 novembre 1958 sur le Conseil Constitutionnel prise pour l'application du titre VII de celle-ci ; que le Conseil ne saurait donc être appelé à se prononcer sur d'autres cas que ceux qui sont limitativement prévus par ces textes ;

5 Considérant que, si l'article 61 de la Constitution donne au Conseil Constitutionnel mission d'apprécier la conformité à la Constitution des lois organiques et des lois ordinaires qui, respectivement, doivent ou peuvent être soumises à son examen, sans préciser si cette compétence s'étend à l'ensemble des textes de caractère législatif, qu'ils aient été adoptés par le peuple à la suite d'un référendum ou qu'ils aient été votés par le Parlement, ou si, au contraire, elle est limitée seulement à cette dernière catégorie, il résulte de l'esprit de la Constitution qui a fait du Conseil Constitutionnel un organe régulateur de l'activité des pouvoirs publics que les lois que la Constitution a entendu viser dans son article 61 sont uniquement les lois votées par le Parlement et non point celles qui, adoptées par le Peuple à la suite d'un référendum, constituent l'expression directe de la souveraineté nationale ;

6 Considérant que cette interprétation résulte également des dispositions expresses de la Constitution et notamment de son article 60 qui détermine le rôle du Conseil Constitutionnel en matière du référendum et de l'article 11 qui ne prévoit aucune formalité entre l'adoption d'un projet de loi par le peuple et sa promulgation par le Président de la République ;

7 Considérant, enfin, que cette même interprétation est encore expressément confirmée par les dispositions de l'article 17 de la loi organique susmentionnée du 7 novembre 1958 qui ne fait

35. GDCC n°14 (Rec. 27 ; Voir particulièrement : D. 1963 p. 398, note L. Hamon).

état que des « lois adoptées par le Parlement » ainsi que par celles de l'article 23 de ladite loi qui prévoit que « *dans le cas où le Conseil Constitutionnel déclare que la loi dont il est saisi contient une disposition contraire à la Constitution sans constater en même temps qu'elle est inséparable de l'ensemble de la loi, le Président de la République peut promulguer la loi à l'exception de cette disposition, soit demander aux Chambres une nouvelle lecture* » ;

8 Considérant qu'il résulte de ce qui précède qu'aucune des dispositions de la Constitution ni de la loi organique précitée prise en vue de son application ne donne compétence au Conseil Constitutionnel pour se prononcer sur la demande susvisée par laquelle le Président du Sénat lui a déféré aux fins d'appréciation de sa conformité à la Constitution le projet de loi adopté par le Peuple français par voie de référendum le 28 octobre 1962 ;

9 DÉCIDE :

Art. 1 – Le Conseil Constitutionnel n'a pas compétence pour se prononcer sur la demande susvisée du Présiden t du Sénat.

Art. 2 – La présente décision sera publiée au Journal officiel de la République française.

10 Délibéré par le Conseil dans sa séance du 6 novembre 1962.

II – Le commentaire

Nous évoquerons le contenu de la décision (1.), puis, son contexte (2.) avant de proposer un plan de commentaire (3.).

1. Le contenu de la décision

1 Le premier paragraphe concerne, d'une part, l'autorité, auteur de la saisine, en l'occurrence le Président du Sénat, et d'autre part, l'objet de sa demande c'est-à-dire soumettre au Conseil constitutionnel le contrôle de constitutionnalité d'une loi référendaire, à l'instar de toute loi ordinaire votée par le Parlement, et ce, en application de l'article 61, alinéa 2[36], de la Constitution.

Mais, la question est plus intéressante qu'il n'y paraît dans la mesure où il convient alors de se demander si toutes les « sortes » de lois sont incluses dans le champ du contrôle de la constitutionnalité des « lois ». Par suite, il convient ici de se demander si une loi référendaire peut faire l'objet d'un tel contrôle de constitutionnalité.

1 et 3 Le deuxième paragraphe ainsi que le 3e sont des visas c'est dire qu'ils visent les textes sur lesquels se fonde le Conseil constitutionnel pour élaborer son

---

36. Alinéa 1 : « *Les lois organiques, avant leur promulgation, et les règlements des Assemblées parlementaires, avant leur mise en application, doivent être soumis au Conseil Constitutionnel qui se prononce sur leur conformité à la Constitution* ».
Alinéa 2 : « *Aux mêmes fins, les lois peuvent être déférées au Conseil Constitutionnel, avant leur promulgation, par le Président de la République, le Premier ministre, le Président de l'Assemblée nationale, le Président du Sénat ou soixante députés ou soixante sénateurs* » (le dernier passage a été ajouté par la réforme constitutionnelle du 29 octobre 1974).

raisonnement ; ils sont d'ailleurs classiques (la Constitution et l'ordonnance du 7 novembre 1958).

6 7 Le quatrième paragraphe concerne les motifs avancés par le Conseil constitutionnel ainsi que les 5e, 6e et 7e paragraphes ; mais alors que le 4e pose le principe sur lequel se fonde la décision, les 5e, 6e et 7e le mettent en œuvre en l'espèce et au regard des circonstances de cette dernière en utilisant différentes modalités de l'interprétation juridique.

4 Le 4e est clair et s'exprime en deux temps :

– en premier lieu, « *la compétence du Conseil constitutionnel est strictement délimitée par la Constitution ainsi que par les dispositions de la loi organique du 7 novembre 1958 sur le Conseil constitutionnel prise pour l'application du titre VII de celle-ci* », c'est dire que la Constitution et l'ordonnance portant loi organique la complétant et concernant le Conseil constitutionnel prévoient expressément et limitativement les cas où le Conseil est compétent.
– en second lieu, conséquence directe de la première affirmation : le Conseil constitutionnel « *ne saurait être appelé à se prononcer sur d'autres cas que ceux qui sont limitativement prévus par ces textes* », c'est dire que le Conseil constitutionnel ne peut statuer (c'est-à-dire prendre des décisions) voire conseiller (soit émettre des avis) que dans les seuls cas où la Constitution lui reconnaît ce rôle, admet son intervention et que selon les procédures (délais, autorité de saisine, etc.) prévues à cet effet.

En d'autres termes, et en résumé : le Conseil constitutionnel a une compétence d'attribution, non une compétence générale. Par suite, toute dérive vers le « Gouvernement des juges » est donc en principe prohibée donc impossible.

5 et 7 Dans les 3 paragraphes suivant l'énoncé du principe de la compétence strictement entendue du Conseil constitutionnel, en fonction des textes constitutionnel et organique le régissant, sont expliquées les raisons de la solution apportée par le juge constitutionnel à la demande formulée par le Président du Sénat.

Chacun de ces paragraphes est intéressant parce qu'il est rédigé par le Conseil constitutionnel en fonction d'une technique de raisonnement différente.

Il existe en droit 5 modes différents d'interprétation[37] :

– l'**interprétation sémiotique** consistant à se cantonner au texte tel qu'il est rédigé quitte parfois à devoir interpréter les termes qu'il comporte. C'est cette interprétation qui semble prédominer dans la démarche de principe du Conseil constitutionnel telle qu'elle est évoquée dans le considérant n° 1 (ou paragraphe 4) de la décision ici étudiée. Mais ce raisonnement butte souvent face aux imprécisions des textes voire leurs

37. Pour plus de détails : voir Cohendet (M.-A.), *Méthodes de travail. Droit public*, Montchrestien, 1994, p. 22-28.

silences. Elle tend à représenter la méthode originelle – pour ne pas dire « de l'époque révolutionnaire », lorsque le juge ne peut raisonner en dehors des termes mêmes du texte sans en appeler à l'interprétation de l'Assemblée constituante par le recours au « référé législatif » – d'interprétation puisqu'elle se réfère strictement et exclusivement au « contenu du texte », à la « lettre (même) du texte ».

- **l'interprétation téléologique** (ou finaliste) qui consiste à interpréter un texte en fonction du but recherché par son auteur ; raison d'être (*ratio legis*) du texte qu'il convient souvent d'identifier avant de l'appliquer au cas d'espèce, dans lequel on souhaite utiliser le texte alors même que son contenu ne permet pas à première vue de l'appliquer. Ce qui donne à cette méthode d'interprétation une dimension plus subjective dans la mesure où tout un chacun peut considérer qu'un même texte ne poursuit pas le même objectif. L'interprétation téléologique s'enrichit par des variantes que sont les raisonnements *a fortiori*, *a pari*, ou encore, *a contrario*.
- **l'interprétation génétique** qui se réfère à la genèse d'un texte, à l'intention de ses auteurs, en un mot « *à son esprit* » : les travaux préparatoires du texte à interpréter (particulièrement pour les textes constitutionnels et législatifs) sont alors d'un secours inépuisable.
- **l'interprétation systémique** consiste à s'inspirer d'autres textes, proches de celui à interpréter voire du système juridique (et donc des principes) auxquels il se rattache, comme par exemple en s'inspirant des textes ayant trait à la même matière juridique, afin de mieux comprendre le texte litigieux.
- **l'interprétation fonctionnelle** consiste à utiliser un texte pour obtenir un résultat satisfaisant alors même que le texte n'est pas strictement adapté à la situation à laquelle on souhaite l'appliquer. Cette méthode de raisonnement peut ainsi donner une seconde jeunesse à un texte en l'appliquant à une situation à laquelle il n'a pas été destiné lors de son édiction. Cette interprétation est sûrement la plus subjective et par là même la plus aléatoire.

5 Le cinquième paragraphe est la mise en œuvre du principe précédemment posé : le Conseil constitutionnel vérifie si la demande qui lui est adressée entre bien dans les attributions énoncées à son profit par le Constitution.

Pour ce faire, le Conseil constitutionnel se réfère à l'article de la Constitution qui, par excellence, détermine son rôle de « contrôleur de la constitutionnalité des lois », l'article 61.

Il rappelle ainsi qu'en vertu de ce texte, ne sont visées que les « lois organiques » – obligatoirement soumises à son contrôle – et les « lois ordinaires » – qui peuvent l'être.

Comme le relève le Conseil constitutionnel, aucune précision n'est apportée dans le texte sur le fait de savoir si toutes les lois ordinaires sont visées par cet article, et ce, quelles que soient les modalités de leur adoption ou si ce dernier vise expressément et exclusivement les seules lois votées par le Parlement.

C'est en usant d'un raisonnement « génétique » (**voir ci-dessus la définition de « l'interprétation génétique »**), s'inspirant de « *l'esprit de la Constitution* » que le Conseil en déduit que « *les lois que la Constitution a entendu viser dans son article 61 sont uniquement les lois votées par le Parlement et non point celles* [...] *adoptées par le Peuple à la suite d'un référendum* ».

6 Le sixième paragraphe permet au Conseil constitutionnel de conforter sa position précédente en relevant qu'en matière de contrôle de la régularité des opérations référendaires, les articles 11 et 60[38] de la Constitution ne prévoient « *aucune formalité entre l'adoption d'un projet de loi par le peuple et sa promulgation par le président de la République* ».

Le raisonnement ici utilisé par le Conseil constitutionnel est une « interprétation systémique » (**voir ci-dessus la définition de « l'interprétation systémique »**).

7 Le septième paragraphe, quant à lui, renchérit dans le sens du Conseil constitutionnel en relevant que l'ordonnance, portant loi organique du 7 novembre 1958 et concernant le Conseil constitutionnel, est heureusement plus précise que l'article 61 de la Constitution.

En effet, cette ordonnance évoque, dans son article 17, que le contrôle de constitutionnalité opéré par le Conseil constitutionnel ne s'intéresse qu'aux « *lois adoptées par le Parlement* ».

De même, elle précise, en son article 23, que, suite à une censure partielle d'une « petite loi » suite à un tel contrôle, le Président de la République peut soit promulguer la loi amputée de la ou des dispositions censurées – si tant est que le Conseil constitutionnel n'ait pas considéré ces dispositions comme étant inséparables du reste du texte –, soit « *demander aux chambres une nouvelle lecture* » de cette « petite loi ». Cette seconde possibilité offerte au Président de la République, suite à une censure partielle d'une « petite loi » opérée par le Conseil constitutionnel dans le cadre de l'exercice de son contrôle de constitutionnalité, démontre avec évidence que le contrôle de constitutionnalité ne peut pas concerner des lois référendaires. En effet, ces dernières, étant adoptées par le peuple, elles ne pourraient pas être renvoyées devant les chambres si, une fois le Conseil constitutionnel saisi de leur constitutionnalité, il les censurait partiellement.

La juridiction constitutionnelle use ici d'une interprétation sémiotique pour raisonner (**voir ci-dessus la définition de « l'interprétation sémiotique »**).

---

38. « *Le Conseil constitutionnel veille à la régularité des opérations de référendum prévues aux articles 11 et 89 et au titre XV. Il en proclame les résultats* ».

8 À la lumière des considérants n° 2, 3 et 4 (ou paragraphes 5, 6 et 7), le Conseil constitutionnel décide logiquement qu'aucun texte tiré de la Constitution ou de la loi organique ne peut justifier le contrôle de constitutionnalité d'une loi référendaire.

Par suite, le Conseil constate son incompétence à pouvoir trancher la question que lui a soumise le Président du Sénat.

9 Le neuvième paragraphe concerne le dispositif c'est-à-dire l'énoncé de la décision rendue par le Conseil constitutionnel ; ce passage est explicite puisqu'il affirme, dans le strict prolongement du paragraphe 8, que « *Le Conseil constitutionnel n'a pas compétence pour se prononcer sur la demande susvisée du président du Sénat* ».

Il conclut donc négativement sur la question de la compétence du Conseil constitutionnel à connaître ou non de la demande de contrôle de constitutionnalité d'une loi référendaire.

10 Le dixième et dernier paragraphe vise, quant à lui, la date de la décision c'est-à-dire celle à laquelle elle a été rendue, c'est-à-dire débattue.

Il est à souligner la diligence avec laquelle le Conseil constitutionnel l'a prise puisque, le référendum a eu lieu le 28 octobre 1962, et sans connaître précisément la date de la saisine, il importe de souligner que la décision est rendue seulement quelques jours plus tard !

2. Le contexte historique

Pour réformer le mode d'élection du Président de la République (de scrutin indirect en suffrage universel direct), une réforme de l'article 6 de la Constitution du 4 octobre 1958 s'imposait.

C'est pourquoi, le général de Gaulle décida d'y procéder par la voie de l'article 11 de la Constitution[39]. Et ceci, alors même que la révision de la Constitution relève normalement de la procédure instituée par l'article 89 de la Constitution.

Le projet de loi soumis à référendum souffrait de certaines lacunes : il ne mentionnait pas l'avis du Conseil d'État, ni le fait qu'il était pris sur proposition

39. « *Le Président de la République, sur proposition du Gouvernement pendant la durée des sessions ou sur proposition conjointe des deux Assemblées, publiées au Journal Officiel, peut soumettre au référendum tout projet de loi portant sur l'organisation des pouvoirs publics, sur des réformes relatives à la politique économique ou sociale de la nation et aux services publics qui y concourent, ou tendant à autoriser la ratification d'un traité qui, sans être contraire à la Constitution, aurait des incidences sur le fonctionnement des institutions.*
Lorsque le référendum est organisé sur proposition du Gouvernement, celui-ci fait, devant chaque Assemblée, une déclaration qui est suivie d'un débat.
Lorsque le référendum a conclu à l'adoption du projet de loi, le président de la République promulgue la loi dans les quinze jours qui suivent la proclamation des résultats de la consultation ».

du Gouvernement alors que l'article 11 susvisé l'exige ; il mentionnait en revanche l'avis – défavorable au demeurant – du Conseil constitutionnel.

La question de l'espèce posée par le recours du Président du Sénat, M. Gaston Monnerville, au Conseil constitutionnel, après proclamation des résultats de la votation référendaire, était donc la suivante : le contrôle de constitutionnalité des lois s'exerce-t-il sur l'ensemble des lois, et donc *a fortiori* aux lois référendaires ou seulement sur celles qui ont été adoptées par le Parlement ?

L'argumentation du Président du Sénat d'alors, pour affirmer la compétence du Conseil constitutionnel, était la suivante :

- selon l'article 61, alinéa 2, de la Constitution, le Conseil constitutionnel est compétent pour apprécier la conformité à la Constitution de toutes les lois, sans distinction entre les lois votées par le Parlement et celles adoptées par voie référendaire.
- Selon l'article 3, alinéa 1[40], de la Constitution, la souveraineté nationale s'exprime, sur un pied d'égalité, tant par le recours au référendum que par l'expression des représentants ; il est donc logique que les lois ordinaires comme les lois référendaires soient toutes deux contrôlées sur le plan de leur constitutionnalité par le Conseil constitutionnel.

3. Le plan de commentaire

Plan proposé :

I – L'absence de contrôle du Conseil constitutionnel dans la procédure référendaire

Il apparaît avec évidence à la lecture de la décision du Conseil constitutionnel que l'article 11 de la Constitution ne reconnaît aucunement au Conseil un quelconque pouvoir de contrôle de la constitutionnalité de la loi référendaire. Il suffit pour s'en convaincre de rappeler les étapes de la procédure référendaire prévue par l'article 11 (a).

De même s'évince-t-il avec tout autant d'évidence que le rôle du juge constitutionnel, en matière de contrôle de la régularité des opérations référendaires, est totalement silencieux au sujet d'un quelconque contrôle de constitutionnalité de la loi « votée » par le peuple (b).

a. La procédure de l'article 11 de la Constitution

- il convient de reprendre les étapes procédurales et par là même le contenu de l'article 11 de la Constitution ;

40. « *La souveraineté nationale appartient au peuple qui l'exerce par ses représentants et par la voie du référendum* ».

– incidemment peuvent être rappelées, en guise d'ajouts de connaissances, tant les critiques afférentes au recours à une telle votation référendaire pour procéder à une révision constitutionnelle (l'article 11 vise normalement le « référendum législatif ») que les expériences de votations référendaires appliquant l'article 11.

b. Le rôle du conseil Constitutionnel en matière référendaire

– il convient, au-delà de la seule mention de l'article 60 de la Constitution, de rappeler et de détailler les compétences du Conseil constitutionnel en tant que « juge référendaire ». Ainsi, peut-il désigner des représentants pour veiller au bon déroulement du scrutin, ou encore, proclamer officiellement les résultats ;
– il examine les réclamations relatives aux opérations référendaires, et d'ailleurs, en vertu de deux décisions des 25 juillet (*Hauchemaille*)[41] et 23 août (*Larouturrou*)[42] 2000, à propos de l'organisation du référendum visant à réduire à 5 ans la durée du mandat du Président de la République), il s'est même reconnu une compétence juridictionnelle pour examiner la légalité des décrets préparatoires aux opérations référendaires.
– Par suite, il s'est estimé compétent pour connaître du décret décidant de soumettre à référendum un projet de loi ainsi que des contestations relatives à des décrets tant à l'organisation du référendum qu'à la campagne référendaire ; les autres actes préparatoires relèvent, quant à eux, de la compétence du Conseil d'État.

II – La loi référendaire absente du contrôle de constitutionnalité

Le contrôle de constitutionnalité des lois est une opération juridique essentielle, devenue une garantie de l'État de Droit, mais encore faut-il pouvoir déterminer avec précision son champ d'application.

Par suite, au-delà de l'étude de cette technique de contrôle juridictionnel, l'espèce étudiée a le mérite d'avoir permis au juge constitutionnel, peu de temps après son installation, de s'interroger sur les actes soumis à son contrôle.

a. Le contrôle de constitutionnalité des lois

– il convient de présenter le contrôle de constitutionnalité au regard (rapidement) de l'organe l'exerçant, de son objet (plus longuement) et de son intérêt juridique.

---

41. Rec. 117, Cahiers du Conseil constitutionnel 2000, n°9, p. 9, LPA 02-08-2000, n°153, p. 20, note J.-E. Schoettl, RFDA 2000 p. 1004, note R. Ghevontian, DA 2000 chron. n°10, note B. Maligner, LPA 11-01-2001, n°8, p. 13, note P. Jan, D. 2001 p. 1844, note R. Ghevontian, LPA 04-10-2002, n°199, p. 4, note J.-M. Garrigou-Lagrange.
42. Rec. 134, Cahiers du Conseil constitutionnel 2000, n°9, p. 20, RFDC 2000 p. 840, note A. Roux, DA 2000 chron. n°10, note B. Maligner, RFDA 2000 p. 1004, note R. Ghevontian, LPA 29-08-2000, n°172, p. 12, note J.-E. Schoettl.

- il ne convient toutefois pas de faire ici une leçon trop étendue de contentieux constitutionnel au regard des apports au droit constitutionnel voire au droit des libertés fondamentales de la jurisprudence du Conseil constitutionnel.

b. L'exclusion des lois référendaires des textes contrôlés

- à la lumière de la décision ici commentée, il est important d'expliquer pourquoi le Conseil constitutionnel refuse d'exercer le contrôle de constitutionnalité aux lois référendaires et ainsi avoir une vision apparemment réductrice du champ d'application de ce contrôle ;
- il convient pour ce faire d'évoquer ici deux catégories d'arguments développés par le Conseil, pour justifier sa solution : tout d'abord, ceux découlant du paragraphe 5, puis ceux visés par le paragraphe 7.

Idée de conclusion :

« Le Constitution du 4 octobre 1958 rend possible le recours au peuple en cas de conflit ou de difficulté grave.

Le peuple n'est plus alors un organe quotidien de fonctionnement de la République mais il n'est pas pour autant sans intérêt sur le plan constitutionnel.

En effet, il est la source du pouvoir de décision en cas de conflits entre les diverses institutions nationales.

Il convient de ne jamais oublier que tout pouvoir procède du peuple ; par suite, le Conseil constitutionnel ne peut contrôler la loi référendaire au risque de devoir censurer l'expression de la volonté du constituant originaire, et ce, malgré, comme en l'espèce, l'utilisation inconstitutionnelle de l'article 11 de la Constitution. »

Décision du Conseil constitutionnel du 15 mars 1999 (n° 99-410 DC)[43]

Sujet N° 3

(JORF, 21 mars 1999, n° 68, p. 4234 ; et le texte de loi afférent : p. 4197)

Thème

Les instruments du contrôle de constitutionnalité des lois.

I – Le texte

No 99-410 DC du 15 mars 1999

Loi organique relative à la Nouvelle-Calédonie

Le Conseil Constitutionnel a été saisi, le 16 février 1999, par le Premier ministre, conformément aux disposions des articles 46 et 61, alinéa 1, de la Constitution, du texte de la loi organique relative à la Nouvelle-Calédonie ;

LE CONSEIL CONSTITUTIONNEL :
Vu la Constitution et notamment les articles 76 et 77 résultant de la loi constitutionnelle n° 98-610 du 20 juillet 1998 relative à la Nouvelle-Calédonie ;
Vu l'ordonnance n° 58-1067 du 7 novembre 1958 modifiée portant loi organique sur le Conseil Constitutionnel, notamment le chapitre II du titre II de ladite ordonnance ;
Vu l'accord sur la Nouvelle-Calédonie signé à Nouméa le 5 mai 1998 ;
Vu la loi n° 85-98 du 25 janvier 1985 modifiée relative au redressement et à la liquidation judiciaires des entreprises ;
Vu l'avis du congrès du territoire de la Nouvelle-Calédonie en date du 12 novembre 1998 ;
Le rapporteur ayant été entendu ;
1) Considérant que, le 5 mai 1998, a été signé à Nouméa, entre le Gouvernement de la République française et les représentants des principales formations politiques de Nouvelle-Calédonie, un « accord sur la Nouvelle-Calédonie » qui, outre un « Préambule », comprend un « Document d'orientation » relatif, en son point 1, à « l'identité kanak », en son point 2, aux « institutions », en son point 3, aux « compétences », en son point 4, au « développement économique et social » et, en son point 5, à « l'évolution de l'organisation politique de la Nouvelle-Calédonie » ; que, comme le prévoyait le point 6 de ce même document, relatif à « l'application de l'accord », une loi constitutionnelle a été adoptée par le Parlement réuni en Congrès le 6 juillet 1998, laquelle a rétabli un titre XIII de la Constitution désormais intitulé : « Dispositions

43. Rec. 51, AJDA 1999 p. 324, ch. J.-E. Schoettl, Cahiers du Conseil constitutionnel 1999, n° 7, p. 11, RDP 1999 p. 653, note J.-P. Camby, LPA 28-09-1999, n° 193, p. 16, note E. Aubin, LPA 20-09-1999, n° 187, p. 16, note M. Verpeaux, LPA 21-09-1999, n° 188, p. 8, note B. Mathieu et M. Verpeaux, RTDC 1999 p. 725, note N. Molfessis.

transitoires relatives à la Nouvelle-Calédonie » et comprenant deux articles 76 et 77 ainsi rédigés :

Art. 76 – « *Les populations de la Nouvelle-Calédonie sont appelées à se prononcer avant le 31 décembre 1998 sur les dispositions de l'accord signé à Nouméa le 5 mai 1998 et publié le 27 mai 1998 au Journal officiel de la République française.*

Sont admises à participer au scrutin les personnes remplissant les conditions fixées à l'article 2 de la loi n° 88-1028 du 9 novembre 1988.

Les mesures nécessaires à l'organisation du scrutin sont prises par décret en Conseil d'État délibéré en conseil des ministres ».

Art. 77 – « *Après approbation de l'accord lors de la consultation prévue à l'article 76, la loi organique, prise après avis de l'assemblée délibérante de la Nouvelle-Calédonie, détermine, pour assurer l'évolution de la Nouvelle-Calédonie dans le respect des orientations définies par cet accord et selon les modalités nécessaires à sa mise en œuvre :*

– les compétences de l'État qui seront transférées, de façon définitive, aux institutions de la Nouvelle-Calédonie, l'échelonnement et les modalités de ces transferts, ainsi que la répartition des charges résultant de ceux-ci ;

– les règles d'organisation et de fonctionnement des institutions de la Nouvelle-Calédonie et notamment les conditions dans lesquelles certaines catégories d'actes de l'assemblée délibérante pourront être soumises avant publication au contrôle du Conseil Constitutionnel ;

– les règles relatives à la citoyenneté, au régime électoral, à l'emploi et au statut civil coutumier ;

– les conditions et les délais dans lesquels les populations intéressées de la Nouvelle-Calédonie seront amenées à se prononcer sur l'accession à la pleine souveraineté.

Les autres mesures nécessaires à la mise en œuvre de l'accord mentionné à l'article 76 sont définies par la loi » ;

2) Considérant qu'en application de l'article 77 précité, le Parlement a adopté, le 16 février 1999, la loi organique relative à la Nouvelle-Calédonie soumise au Conseil Constitutionnel ;

SUR LES NORMES DE RÉFÉRENCE ET L'ÉTENDUE DU CONTRÔLE EXERCÉ PAR LE CONSEIL CONSTITUTIONNEL SUR LA LOI ORGANIQUE PRÉVUE À L'ARTICLE 77 DE LA CONSTITUTION :

3) Considérant, en premier lieu, que rien ne s'oppose, sous réserve des prescriptions des articles 7, 16 et 89 de la Constitution, à ce que le pouvoir constituant introduise dans le texte de la Constitution des dispositions nouvelles qui, dans les cas qu'elles visent, dérogent à des règles ou principes de valeur constitutionnelle, ces dérogations pouvant n'être qu'implicites ; que tel est le cas en l'espèce ; qu'il résulte en effet des dispositions du premier alinéa de l'article 77 de la Constitution que le contrôle du Conseil Constitutionnel sur la loi organique doit s'exercer non seulement au regard de la Constitution, mais également au regard des orientations définies par l'accord de Nouméa, lequel déroge à un certain nombre de règles ou principes de valeur constitutionnelle ; que, toutefois, de telles dérogations ne sauraient intervenir que dans la mesure strictement nécessaire à la mise en œuvre de l'accord ;

4) Considérant, en deuxième lieu, qu'en raison de ce changement des circonstances de droit, il y a lieu, pour le Conseil Constitutionnel, de procéder à l'examen de l'ensemble des dispositions de la loi organique, alors même que certaines d'entre elles ont une rédaction ou un contenu identique à ceux de dispositions antérieurement déclarées conformes à la Constitution par le Conseil Constitutionnel ou figurant dans la loi n° 88-1028 du 9 novembre 1988 portant dispo-

sitions statutaires et préparatoires à l'autodétermination de la Nouvelle-Calédonie en 1998, adoptée par le peuple français à la suite d'un référendum ;

SUR LA PROCÉDURE SUIVIE :

5) Considérant que la consultation prévue à l'article 76 de la Constitution est intervenue le 8 novembre 1998 ; que les populations consultées ont approuvé l'accord signé à Nouméa le 5 mai 1998 ; que le projet dont est issue la loi soumise au Conseil Constitutionnel a été transmis au congrès du territoire de la Nouvelle-Calédonie qui a émis un avis le 12 novembre 1998 ; que ce projet a été délibéré en Conseil des ministres et enregistré à la présidence de l'Assemblée nationale le 25 novembre 1998 ; qu'il a été soumis à la délibération et au vote de l'Assemblée nationale dans les conditions prévues à l'article 46 de la Constitution ; que son examen par le Parlement a respecté les autres prescriptions constitutionnelles relatives à la procédure législative ; qu'ainsi, la loi organique soumise au Conseil Constitutionnel a été adoptée dans les conditions prévues par la Constitution ;

SUR LES ARTICLES 1 A 6 :

6) Considérant que la loi examinée comprend six articles avant son titre Ier ;

7) Considérant que l'article 1 fixe les limites des trois provinces de la Nouvelle-Calédonie et les conditions dans lesquelles ces limites peuvent être modifiées ; qu'il dresse également la liste des aires coutumières ; que l'article 2, en son premier alinéa, désigne ainsi les institutions de la Nouvelle-Calédonie : le congrès, le Gouvernement, le sénat coutumier, le conseil économique et social et les conseils coutumiers ; que le deuxième alinéa du même article fait du haut-commissaire de la République le dépositaire des pouvoirs de la République et le représentant du Gouvernement ; qu'aux termes du troisième alinéa : « *La Nouvelle-Calédonie est représentée au Parlement et au Conseil économique et social de la République dans les conditions fixées par les lois organiques* » ; que l'article 3 dispose que les provinces et les communes de la Nouvelle-Calédonie sont des collectivités territoriales de la République et qu'elles s'administrent librement par des Assemblées élues au suffrage universel direct, dans les conditions prévues au titre IV en ce qui concerne les provinces ; que l'article 4 définit la citoyenneté de la Nouvelle-Calédonie ; que l'article 5 prévoit que la Nouvelle-Calédonie détermine librement les « *signes identitaires permettant de marquer sa personnalité aux côtés de l'emblème national et des signes de la République* » et « *peut décider de modifier son nom* » ; qu'enfin l'article 6 dispose que, en Nouvelle-Calédonie, le droit de propriété s'exerce, en matière foncière, sous la forme de la propriété privée, de la propriété publique et des terres coutumières ;

8) Considérant, en premier lieu, que, si le premier alinéa de l'article 2 ne mentionne pas les Assemblées de province parmi les institutions de la Nouvelle-Calédonie, alors que le point 2 de l'accord de Nouméa fait figurer ces Assemblées parmi lesdites institutions, la loi organique ne méconnaît pas pour autant l'obligation que lui fait l'article 77 de la Constitution de déterminer les règles d'organisation et de fonctionnement des institutions de la Nouvelle-Calédonie « *dans le respect des orientations définies par cet accord et selon les modalités nécessaires à sa mise en œuvre* », dès lors que l'ensemble de ses dispositions, en particulier de celles de son titre IV consacré aux provinces, confère implicitement mais nécessairement aux Assemblées de province les caractéristiques d'une institution de la Nouvelle-Calédonie ; que, par suite, le premier alinéa de l'article 2 n'est pas contraire à la Constitution ;

9) Considérant, en deuxième lieu, que, si députés et sénateurs sont élus au suffrage universel, direct pour les premiers, indirect pour les seconds, chacun d'eux représente au Parlement la Nation tout entière et non la population de sa circonscription d'élection ; que le troisième alinéa

de l'article 2 de la loi organique doit dès lors être entendu comme se bornant à rappeler que, comme l'a déjà prévu le législateur organique, des élections législatives et sénatoriales se tiennent en Nouvelle-Calédonie ; que, sous cette réserve, le troisième alinéa de l'article 2 n'est pas contraire à la Constitution ;

10) Considérant que les autres dispositions des articles 1 à 6 sont conformes à la Constitution ;

SUR LE TITRE I :

11) Considérant que ce titre, qui comprend les articles 7 à 19, est relatif au statut civil coutumier et à la propriété coutumière ; qu'il met en œuvre, conformément à l'article 77 de la Constitution, les stipulations des points 1.1 et 1.4 de l'accord de Nouméa ;

12) Considérant que les articles 10 à 13 déterminent les modes d'acquisition du statut civil coutumier ; qu'en particulier, aux termes de l'article 10 : « *L'enfant légitime, naturel ou adopté dont le père et la mère ont le statut civil coutumier, a le statut civil coutumier* » ; que cette disposition doit être entendue comme conférant également le statut civil coutumier à l'enfant dont la filiation n'est établie qu'à l'égard d'un seul parent de ce même statut ; que, si la filiation de cet enfant venait à être établie à l'égard de l'autre parent, il ne saurait conserver le statut civil coutumier que si ce parent a lui-même le statut civil coutumier ;

13) Considérant que, sous cette réserve, l'article 10 n'encourt aucune critique d'inconstitutionnalité ; qu'il en va de même des autres dispositions du titre Ier ;

SUR LE TITRE II :

14) Considérant que ce titre est relatif aux compétences ; qu'il comprend les articles 20 à 61 ;

15) Considérant que l'article 24 est ainsi rédigé :

« *Dans le but de soutenir ou de promouvoir l'emploi local, la Nouvelle-Calédonie prend au bénéfice des citoyens de la Nouvelle-Calédonie et des personnes qui justifient d'une durée suffisante de résidence des mesures visant à favoriser l'exercice d'un emploi salarié, sous réserve qu'elles ne portent pas atteinte aux avantages individuels et collectifs dont bénéficient à la date de leur publication les autres salariés.*

De telles mesures sont appliquées dans les mêmes conditions à la fonction publique de la Nouvelle-Calédonie et à la fonction publique communale. La Nouvelle-Calédonie peut également prendre des mesures visant à restreindre l'accession à l'exercice d'une profession libérale à des personnes qui ne justifient pas d'une durée suffisante de résidence.

La durée et les modalités de ces mesures sont définies par des lois du pays » ;

16) Considérant, en premier lieu, que le principe de mesures favorisant les personnes durablement établies en Nouvelle-Calédonie, pour l'accès à un emploi salarié ou à une profession indépendante, ou pour l'exercice d'un emploi dans la fonction publique de la Nouvelle-Calédonie ou dans la fonction publique communale, trouve son fondement constitutionnel dans l'accord de Nouméa ; que celui-ci stipule en effet, dans son préambule, qu'« *afin de tenir compte de l'étroitesse du marché du travail, des dispositions seront définies pour favoriser l'accès à l'emploi local des personnes durablement établies en Nouvelle-Calédonie* » ; qu'en outre, en vertu du point 2 de l'accord, la citoyenneté de la Nouvelle-Calédonie, qui fonde les restrictions apportées au corps électoral appelé à désigner les « institutions du pays », sert aussi de « *référence pour la mise au point des dispositions qui seront définies pour préserver l'emploi local* » ; qu'enfin, selon le point 3.1.1 de l'accord de Nouméa : « *la Nouvelle-Calédonie mettra en place, en liaison avec l'État, des mesures destinées à offrir des garanties particulières pour le droit à l'emploi de ses habitants. La réglementation sur l'entrée des personnes non établies en Nouvelle-Calédonie sera confortée. Pour les professions indépendantes, le droit d'établissement*

pourra être restreint pour les personnes non établies en Nouvelle-Calédonie. Pour les salariés du secteur privé et pour la fonction publique territoriale, une réglementation locale sera définie pour privilégier l'accès à l'emploi des habitants » ;

17) Considérant, en second lieu, que les modalités retenues par l'article 24 pour favoriser l'emploi local respectent également l'habilitation donnée à la loi organique par l'article 77 de la Constitution ; qu'il appartiendra aux « lois du pays » prises en application de l'article 24, et susceptibles d'être soumises au contrôle du Conseil Constitutionnel, de fixer, pour chaque type d'activité professionnelle et chaque secteur d'activité, la « durée suffisante de résidence » mentionnée aux premier et deuxième alinéas de cet article en se fondant sur des critères objectifs et rationnels en relation directe avec la promotion de l'emploi local, sans imposer de restrictions autres que celles strictement nécessaires à la mise en œuvre de l'accord de Nouméa ; qu'en tout état de cause, cette durée ne saurait excéder celle fixée par les dispositions combinées des articles 4 et 188 pour acquérir la citoyenneté de la Nouvelle-Calédonie ;

18) Considérant que, sous cette réserve, l'article 24 n'est pas contraire à la Constitution ; qu'il en va de même des autres dispositions du titre II ;

SUR LE TITRE III :

19) Considérant que ce titre est relatif aux institutions de la Nouvelle-Calédonie ; qu'il comprend les articles 62 à 156 ;

20) Considérant que le chapitre II, qui comprend les articles 99 à 107, est relatif aux « lois du pays », délibérations du congrès ayant force de loi ; que l'article 99 définit leur domaine d'intervention ; que les articles 100, 101 et 102 déterminent leurs conditions d'adoption ; que l'article 103 institue une procédure de nouvelle délibération de tout ou partie de ces lois ; que les articles 104 et 105 définissent les conditions dans lesquelles le Conseil Constitutionnel peut être saisi et se prononce sur ces lois ; que l'article 106 est relatif à leur promulgation ; que l'article 107 fixe leur régime juridique ;

21) Considérant que l'article 103 ouvre au haut-commissaire, au Gouvernement, au président du Congrès, au Président d'une Assemblée de province ou à onze membres du congrès la faculté de demander une seconde délibération d'une « loi du pays » ou de certaines de ses dispositions dans les quinze jours qui suivent son adoption ;

22) Considérant que l'article 104 dispose qu'une « loi du pays » qui a fait l'objet d'une nouvelle délibération en application de l'article 103 peut être déférée au Conseil Constitutionnel, aux termes d'une saisine contenant un exposé des moyens de fait et de droit qui la fondent, par le haut-commissaire, le Gouvernement, le Président du Congrès, le Président d'une Assemblée de province ou dix-huit membres du congrès, dans les dix jours suivant la nouvelle délibération ;

23) Considérant qu'aux termes de l'article 77 de la Constitution : « ... *la loi organique détermine... : les règles d'organisation et de fonctionnement des institutions de la Nouvelle-Calédonie et notamment les conditions dans lesquelles certaines catégories d'actes de l'assemblée délibérante pourront être soumises avant publication au contrôle du Conseil Constitutionnel...* » ;

24) Considérant que l'article 104 prévoit qu'une « loi du pays » doit avoir fait l'objet d'une nouvelle délibération pour être déférée au Conseil Constitutionnel et subordonne dès lors la recevabilité du recours à la condition que les dispositions contestées d'une « loi du pays » aient fait l'objet d'une nouvelle délibération ; que la procédure ainsi instituée, qui met en œuvre les dispositions précitées de l'article 77 de la Constitution, ne méconnaît aucune règle ou principe de valeur constitutionnelle ;

25) Considérant que l'article 107 définit la nature juridique des « lois du pays », ainsi que la procédure selon laquelle il peut être constaté par le Conseil d'État qu'une disposition de « loi du pays » est intervenue en dehors des matières mentionnées à l'article 99 ; qu'en pareil cas, la légalité de cette disposition pourra être critiquée devant la juridiction administrative compétente ;

26) Considérant que les dispositions prévues par les articles 99 à 107 sont conformes à la Constitution ; qu'il en va de même des autres dispositions du titre III ;

SUR LE TITRE IV :

27) Considérant que ce titre est consacré aux provinces ; qu'il comprend les articles 157 à 184 ; qu'il n'encourt aucune critique d'inconstitutionnalité ;

SUR LE TITRE V :

28) Considérant que ce titre, qui comprend les articles 185 à 199, est relatif aux élections au congrès et aux Assemblées de province ;

En ce qui concerne le chapitre II :

29) Considérant que ce chapitre est consacré au corps électoral et aux listes électorales pour les élections au congrès et aux Assemblées de province ; qu'il comprend les articles 188 et 189 ;

30) Considérant que l'article 188 est ainsi rédigé :

« *I.- Le congrès et les Assemblées de province sont élus par un corps électoral composé des électeurs satisfaisant à l'une des conditions suivantes :*

a) Remplir les conditions pour être inscrits sur les listes électorales de la Nouvelle-Calédonie établies en vue de la consultation du 8 novembre 1998 ;

b) Être inscrits sur le tableau annexe et domiciliés depuis dix ans en Nouvelle-Calédonie à la date de l'élection au congrès et aux Assemblées de province ;

c) Avoir atteint l'âge de la majorité après le 31 octobre 1998 et soit justifier de dix ans de domicile en Nouvelle-Calédonie en 1998, soit avoir eu un de leurs parents remplissant les conditions pour être électeur au scrutin du 8 novembre 1998, soit avoir un de leurs parents inscrit au tableau annexe et justifier d'une durée de domicile de dix ans en Nouvelle-Calédonie à la date de l'élection.

II.- Les périodes passées en dehors de la Nouvelle-Calédonie pour accomplir le service national, pour suivre des études ou une formation ou pour des raisons familiales, professionnelles ou médicales ne sont pas, pour les personnes qui y étaient antérieurement domiciliées, interruptives du délai pris en considération pour apprécier la condition de domicile » ;

31) Considérant que l'article 189 comprend des dispositions permanentes relatives à la tenue « *de la liste électorale spéciale à l'élection du congrès et des Assemblées de province* » et « *du tableau annexe des électeurs non admis à participer au scrutin* » ;

32) Considérant qu'aux termes du I de l'article 189 : « *Les électeurs remplissant les conditions fixées à l'article 188 sont inscrits sur la liste électorale spéciale à l'élection du congrès et des Assemblées de province. Cette liste est dressée à partir de la liste électorale en vigueur et du tableau annexe des électeurs non admis à participer au scrutin* » ; que les II et III du même article ont trait à la composition et aux attributions de la commission administrative spéciale chargée, dans chaque bureau de vote, d'établir la liste électorale spéciale et le tableau annexe ; qu'en vertu des IV, V et VI du même article, la liste électorale spéciale et le tableau annexe sont permanents et font chaque année l'objet d'une révision et de rectifications dans les conditions qu'ils précisent ; qu'enfin le VII dispose que « *l'Institut territorial de la statistique et des études écono-*

miques tient un fichier général des électeurs inscrits sur les listes électorales de la Nouvelle-Calédonie pour l'élection du Président de la République, des députés à l'Assemblée nationale, des conseils municipaux et du Parlement européen et pour les référendums ; ce fichier comporte également les électeurs inscrits sur la liste électorale spéciale à l'élection du congrès et des Assemblées de province » ; qu'il résulte de ces dispositions que le tableau annexe comprend à tout moment les électeurs inscrits sur les listes électorales de la Nouvelle-Calédonie pour l'élection du Président de la République, des députés à l'Assemblée nationale, des conseils municipaux et du Parlement européen et pour les référendums, mais qui ne sont pas admis à participer à l'élection des Assemblées de province et du congrès ; que le tableau annexe est régulièrement mis à jour pour en extraire les personnes accédant au corps électoral restreint appelé à élire les Assemblées de province et le congrès et pour y porter les noms des personnes nouvellement installées qui ne peuvent participer qu'aux autres élections ;

33) Considérant qu'il ressort des dispositions combinées des articles 188 et 189 que doivent notamment participer à l'élection des Assemblées de province et du congrès les personnes qui, à la date de l'élection, figurent au tableau annexe mentionné au I de l'article 189 et sont domiciliées depuis dix ans en Nouvelle-Calédonie, quelle que soit la date de leur établissement en Nouvelle-Calédonie, même postérieure au 8 novembre 1998 ; qu'une telle définition du corps électoral restreint est au demeurant seule conforme à la volonté du pouvoir constituant, éclairée par les travaux parlementaires dont est issu l'article 77 de la Constitution, et respecte l'accord de Nouméa, aux termes duquel font partie du corps électoral aux Assemblées des provinces et du congrès, notamment, les électeurs qui, « *inscrits au tableau annexe, rempliront une condition de domicile de dix ans à la date de l'élection* » ;

34) Considérant que les articles 188 et 189 ne sont pas contraires à la Constitution et ne méconnaissent pas l'habilitation donnée à la loi organique par l'article 77 de la Constitution ;

En ce qui concerne le chapitre IV :

35) Considérant que ce chapitre, qui comprend les articles 194 à 197, est relatif aux conditions d'inéligibilité et aux incompatibilités ;

36) Considérant que l'article 195 définit les cas d'inéligibilité au congrès et aux Assemblées de province ;

37) Considérant que sont inéligibles aux termes du 5° du I de cet article : *Les personnes déclarées inéligibles en application des articles 192, 194 et 195 de la loi n° 85-98 du 25 janvier 1985 relative au redressement et à la liquidation judiciaires des entreprises* » ;

38) Considérant que les articles 192, 194 et 195 de la loi précitée du 25 janvier 1985 sont ainsi rédigés :

Art. 192 – « *Dans les cas prévus aux articles 187 à 190, le tribunal peut prononcer, à la place de la faillite personnelle, l'interdiction de diriger, gérer, administrer ou contrôler, directement ou indirectement, soit toute entreprise commerciale, artisanale, toute exploitation agricole et toute personne morale, soit une ou plusieurs de celles-ci.*

L'interdiction mentionnée au premier alinéa peut également être prononcée à l'encontre de toute personne mentionnée à l'article 185 qui, de mauvaise foi, n'aura pas remis au représentant des créanciers la liste complète et certifiée de ses créanciers et le montant de ses dettes dans les huit jours suivant le jugement d'ouverture ».

Art. 194 – « *Le jugement qui prononce soit la faillite personnelle, soit l'interdiction prévue à l'article 192 emporte l'incapacité d'exercer une fonction publique élective. L'incapacité s'applique également à toute personne physique à l'égard de laquelle la liquidation judiciaire a été prononcée. Elle prend effet de plein droit à compter de la notification qui en est faite à l'intéressé par l'autorité compétente* ».

Art. 195 – « *Lorsque le tribunal prononce la faillite personnelle ou l'interdiction prévue à l'article 192, il fixe la durée de la mesure, qui ne peut être inférieure à cinq ans. Il peut ordonner l'exécution provisoire de sa décision. Les déchéances, les interdictions et l'incapacité d'exercer une fonction publique élective cessent de plein droit au terme fixé, sans qu'il y ait lieu au prononcé d'un jugement.*

La durée de l'incapacité d'exercer une fonction publique élective résultant du jugement de liquidation judiciaire est de cinq ans.

Le jugement de clôture pour extinction du passif rétablit le chef d'entreprise ou les dirigeants de la personne morale dans tous leurs droits. Il les dispense ou relève de toutes les déchéances, interdictions et incapacité d'exercer une fonction publique élective.

Dans tous les cas, l'intéressé peut demander au tribunal de le relever, en tout ou partie, des déchéances et interdictions et de l'incapacité d'exercer une fonction publique élective s'il a apporté une contribution suffisante au paiement du passif.

Lorsqu'il y a relèvement total des déchéances et interdictions et de l'incapacité, la décision du tribunal emporte réhabilitation » ;

39) Considérant que la conformité à la Constitution d'une loi déjà promulguée peut être appréciée à l'occasion de l'examen des dispositions législatives qui la modifient, la complètent ou affectent son domaine ; que le 5° du I de l'article 195 de la loi soumise au Conseil Constitutionnel étend aux élections au congrès et aux Assemblées de province de Nouvelle-Calédonie le domaine d'intervention des dispositions des articles 192, 194 et 195 de la loi du 25 janvier 1985 précitée ; qu'en conséquence il appartient au Conseil Constitutionnel de s'assurer que ces dispositions sont conformes à la Constitution ;

40) Considérant qu'aux termes de l'article 8 de la Déclaration des droits de l'homme et du citoyen : « *La loi ne doit établir que des peines strictement et évidemment nécessaires, et nul ne peut être puni qu'en vertu d'une loi établie et promulguée antérieurement au délit, et légalement appliquée* » ;

41) Considérant que le principe de nécessité des peines implique que l'incapacité d'exercer une fonction publique élective ne peut être appliquée que si le juge l'a expressément prononcée, en tenant compte des circonstances propres à l'espèce ; que la possibilité ultérieurement offerte au juge de relever l'intéressé, à sa demande, de cette incapacité, au cas où il a apporté une contribution suffisante au paiement du passif, ne saurait à elle seule assurer le respect des exigences qui découlent du principe de nécessité énoncé à l'article 8 de la Déclaration des droits de l'homme et du citoyen ;

42) Considérant que, dès lors, en instituant une incapacité d'exercer une fonction publique élective d'une durée en principe au moins égale à cinq ans, applicable de plein droit à toute personne physique à l'égard de laquelle a été prononcée la faillite personnelle, l'interdiction prévue à l'article 192 de la loi du 25 janvier 1985 ou la liquidation judiciaire, sans que le juge qui décide de ces mesures ait à prononcer expressément ladite incapacité, l'article 194 de cette loi méconnaît le principe de nécessité des peines ; que doivent être également déclarées contraires à la Constitution, comme en étant inséparables, les dispositions de l'article 195 de ladite loi faisant référence à l'incapacité d'exercer une fonction publique élective ; qu'en conséquence, les dispositions du 5° du I de l'article 195 de la loi organique soumise à l'examen du Conseil Constitutionnel doivent être regardées comme contraires à la Constitution ;

43) Considérant que les autres dispositions du titre V ne sont contraires à aucune règle, ni à aucun principe de valeur constitutionnelle ;

SUR LES TITRES VI à VIII :

44) Considérant que les titres VI, VII et VIII sont respectivement relatifs au haut-commissaire de la République et à l'action de l'État ; au contrôle juridictionnel, financier et budgétaire ; au rééquilibrage et au développement économique, social et culturel ; qu'ils n'encourent aucune critique d'inconstitutionnalité ;

SUR LE TITRE IX :

45) Considérant que ce titre est consacré à la consultation sur l'accession à la pleine souveraineté ; qu'il comprend les articles 216 à 221 ;

En ce qui concerne l'article 216 :

46) Considérant que l'article 216, qui prévoit les modalités de convocation des personnes appelées à participer à la consultation et dispose que le corps électoral se prononce à la majorité des suffrages exprimés, n'encourt pas de critique d'inconstitutionnalité ;

En ce qui concerne l'article 217 :

47) Considérant que l'article 217 est ainsi rédigé :

« *La consultation est organisée au cours du mandat du congrès qui commencera en 2014 ; elle ne peut toutefois intervenir au cours des six derniers mois précédant l'expiration de ce mandat. Sa date est fixée par une délibération du congrès adoptée à la majorité des trois cinquièmes de ses membres. Si à l'expiration de l'avant-dernière année du mandat du congrès commençant en 2014 celui-ci n'a pas fixé la date de la consultation, elle est organisée à une date fixée par le Gouvernement de la République, dans les conditions prévues au II de l'article 216, dans la dernière année du mandat.*

Si la majorité des suffrages exprimés conclut au rejet de l'accession à la pleine souveraineté, une deuxième consultation sur la même question peut être organisée à la demande écrite du tiers des membres du congrès, adressée au haut-commissaire et déposée à partir du sixième mois suivant le scrutin. La nouvelle consultation a lieu dans les dix-huit mois suivant la saisine du haut-commissaire à une date fixée dans les conditions prévues au II de l'article 216.

Aucune demande de deuxième consultation ne peut être déposée dans les six mois précédant le renouvellement général du congrès. Elle ne peut en outre intervenir au cours de la même période.

Si la majorité des suffrages exprimés conclut une seconde fois au rejet de l'accession à la pleine souveraineté, le comité des signataires mentionné à l'accord signé à Nouméa le 5 mai 1998 examine les conditions dans lesquelles sera poursuivie la mise en l'œuvre des dispositions de l'accord.

En cas de dissolution du congrès, aucune consultation au titre du présent article ne peut avoir lieu dans un délai de six mois suivant le renouvellement du congrès »

48) Considérant qu'aux termes de l'article 77 de la Constitution : « *Après approbation de l'accord lors de la consultation prévue à l'article 76, la loi organique, prise après avis de l'assemblée délibérante de la Nouvelle-Calédonie, détermine, pour assurer l'évolution de la Nouvelle-Calédonie dans le respect des orientations définies par cet accord et selon les modalités nécessaires à sa mise en œuvre :... – les conditions et les délais dans lesquels les populations intéressées de la Nouvelle-Calédonie seront amenées à se prononcer sur l'accession à la pleine souveraineté* » ;

49) Considérant que l'accord de Nouméa stipule en son point 5, consacré à l'évolution de l'organisation politique de la Nouvelle-Calédonie :

« *Au cours du quatrième mandat* (de cinq ans) *du Congrès, une consultation électorale sera organisée. La date de cette consultation sera déterminée par le Congrès, au cours de ce mandat, à la majorité qualifiée des trois cinquièmes.*

Si le Congrès n'a pas fixé cette date avant la fin de l'avant-dernière année de ce quatrième mandat, la consultation sera organisée, à une date fixée par l'État, dans la dernière année du mandat.

La consultation portera sur le transfert à la Nouvelle-Calédonie des compétences régaliennes, l'accès à un statut international de pleine responsabilité et l'organisation de la citoyenneté en nationalité.

Si la réponse des électeurs à ces propositions est négative, le tiers des membres du Congrès pourra provoquer l'organisation d'une nouvelle consultation qui interviendra dans la deuxième année suivant la première consultation. Si la réponse est à nouveau négative, une nouvelle consultation pourra être organisée selon la même procédure et dans les mêmes délais. Si la réponse est encore négative, les partenaires politiques se réuniront pour examiner la situation ainsi créée » ;

50) Considérant qu'il résulte clairement des stipulations précitées de l'accord de Nouméa qu'en premier lieu, en cas de réponse négative à la première consultation, une deuxième consultation doit être organisée au cours de la deuxième année suivant la première consultation, lorsque la demande en est faite par le tiers des membres du congrès ; qu'en deuxième lieu, en cas de réponse négative à la deuxième consultation, une troisième consultation doit être organisée selon la même procédure et dans les mêmes délais ; qu'enfin, la réunion du comité des signataires de l'accord de Nouméa pour examiner la situation née de réponses négatives ne peut intervenir qu'à l'issue de trois consultations successives ;

51) Considérant, d'une part, qu'en cas de réponse négative à la première consultation, le deuxième alinéa de l'article 217 doit être entendu comme imposant l'organisation d'une deuxième consultation à la demande écrite du tiers des membres du congrès ;

52) Considérant, d'autre part, qu'en prévoyant la réunion du comité des signataires, afin d'examiner la situation résultant de réponses négatives successives, non pas à l'issue d'une troisième consultation mais dès l'issue de la deuxième, le quatrième alinéa de l'article 217 a méconnu l'obligation que faisait au législateur organique l'article 77 de la Constitution de respecter les orientations définies par l'accord de Nouméa et de fixer les modalités nécessaires à sa mise en œuvre ; qu'il y a lieu dès lors de déclarer le quatrième alinéa de l'article 217 non conforme à la Constitution ;

53) Considérant que les autres dispositions de l'article 217, relatives aux deux premières consultations, sont séparables du quatrième alinéa ; qu'elles sont conformes aux stipulations de l'accord de Nouméa applicables aux deux premières consultations ; que le législateur organique a l'obligation constitutionnelle de prévoir une troisième consultation en cas de réponse négative aux deux précédentes ;

En ce qui concerne l'article 218 :

54) Considérant que cet article définit le corps électoral appelé à participer à la consultation sur l'accession à la pleine souveraineté conformément au point 2.2.1 de l'accord de Nouméa ; qu'il se borne ainsi à mettre en œuvre l'article 77 de la Constitution ;

En ce qui concerne les autres articles du titre IX :

55) Considérant que ces articles ne sont contraires à aucune règle, ni à aucun principe de valeur constitutionnelle ;

SUR LE TITRE X :

56) Considérant que ce titre comporte des dispositions diverses et transitoires ; qu'elles sont conformes à la Constitution ;

SUR LE CARACTÈRE ORGANIQUE DES DISPOSITIONS DE LA LOI :

57) Considérant que les dispositions de l'article 58, relatives au détachement et à l'intégration des fonctionnaires de la Nouvelle-Calédonie dans la fonction publique de l'État et dans la fonction publique territoriale soumise à la loi n° 84-53 du 26 janvier 1984, de l'article 61, relatives à la titularisation dans la fonction publique de l'État d'agents non titulaires de l'État, et de l'article 207, relatives à la présidence des chambres territoriales des comptes de la Nouvelle-Calédonie et de la Polynésie française, ne concernent pas des matières que l'article 77 de la Constitution a placées dans le champ de compétence de la loi organique ; que les autres dispositions de la loi soumise à l'examen du Conseil Constitutionnel présentent, en vertu de l'article 77 de la Constitution, un caractère organique ;

DECIDE :

Art. 1 – Sont déclarés contraires à la Constitution le (5) du I de l'article 195 et le quatrième alinéa de l'article 217 de la loi organique relative à la Nouvelle-Calédonie.

Art. 2 – Sous les réserves d'interprétation qui précèdent, les autres dispositions de cette loi, tant celles qui ont le caractère de loi organique que celles qui ont le caractère de loi, sont déclarées conformes à la Constitution.

Art. 3 – La présente décision sera publiée au *Journal officiel* de la République française.

Délibéré par le Conseil Constitutionnel dans sa séance du 15 mars 1999, où siégeaient : MM. Roland DUMAS, Président, Georges ABADIE, Michel AMELLER, Jean-Claude COLLIARD, Yves GUENA, Alain LANCELOT, Mme Noëlle LENOIR, M. Pierre MAZEAUD et Mme Simone VEIL.

II – Le commentaire : exemple de « corrigé rédigé »

La décision, ici commentée, a été rendue par le Conseil constitutionnel, le 15 mars 1999, et ce, sous le numéro 99-410 DC.

Elle se distingue d'une autre décision du même jour, portant le numéro 99-409, et ayant trait au contrôle de constitutionnalité d'une loi ordinaire accompagnant la loi organique, dont le contrôle fait l'objet de la précédente décision.

Ces deux lois ont, en effet, un objet commun qui se résume dans l'établissement d'un nouveau statut pour la Nouvelle-Calédonie.

Située dans le Pacifique Sud, à 15 000 kilomètres seulement des côtes australiennes et à 5 000 de celles de Tahiti, le territoire néo-calédonien est un archipel d'une superficie de plus de 19 000 kilomètres carrés.

Découverte au XVIIIe siècle, il est devenu définitivement une possession française en 1853.

C'est en 1946 que, comme les autres colonies récentes de la République française, la Nouvelle-Calédonie opta pour le statut de territoire d'Outre-mer.

Ce statut lui a d'ailleurs été conservé depuis lors à travers de multiples modifications : se décomptent à ce jour pas moins de 12 statuts successifs.

Toutefois, un trait dominant demeure, dans le cadre d'une telle évolution, c'est l'autonomie de plus en plus renforcée accordée à ce territoire en vertu d'une décentralisation approfondie. En effet, dès 1976 (28 décembre 1976), puis en 1984 (6 septembre 1984), en 1985 (23 août 1985) et en 1988 (9 novembre 1988), les textes se succèdent afin d'amener voire d'encourager la marche vers l'indépendance souveraine de cette collectivité locale à statut aujourd'hui très particulier.

C'est ainsi que la question calédonienne, ponctuée de négociations serrées entre les parties en présence que sont le RPCR (Rassemblement pour la Calédonie dans la République) et le FLNKS (Front de libération nationale kanak socialiste), a donné lieu, le 5 mai 1998, à la conclusion des accords de Nouméa, ainsi que, par suite, à une révision de la Constitution en date du 20 juillet 1998, et ce, afin d'accompagner la marche sus-évoquée.

Cette révision constitutionnelle a ainsi ajouté au texte de 1958, un titre XIII, intitulé « Dispositions transitoires relatives à la Nouvelle Calédonie » et comprenant 2 articles (les articles 76 et 77) d'ailleurs cités dans la décision commentée.

En application de ces dispositions constitutionnelles, une loi organique, complétée d'ailleurs par une loi ordinaire du même jour, c'est-à-dire du 19 mars 1999, a modifié, une nouvelle fois, le statut de la Nouvelle-Calédonie, et ce, comme le relève le Conseil constitutionnel en respectant scrupuleusement la procédure visée par l'article 77 précité et donc conformément au texte constitutionnel.

Ces textes sont, peut-être, d'ailleurs, le point d'orgue de l'évolution de ce statut, du moins dans le cadre de la République française, dans la mesure où ils évoquent l'organisation d'un référendum d'autodétermination, à renouvellement éventuel et successif, entre 2014 et 2019.

Ainsi, antérieurement à sa promulgation, et en application des articles combinés 46 et 61 (en ses deux premiers alinéas pour ce dernier) de la Constitution du 4 octobre 1958, le Conseil constitutionnel a été saisi du contrôle de la conformité au bloc de constitutionnalité de la loi organique précitée.

En effet, une loi organique a pour objet de préciser l'organisation et le fonctionnement des pouvoirs publics, dans le cadre des principes posés par la Constitution ; elle est donc une loi d'application de la Constitution. D'ailleurs, cette dernière y renvoie expressément comme, dans le cas présent, l'a fait l'article 77 de la Constitution.

Elle intervient, dès lors, dans les cas prévus par la Constitution ; aux origines de la Ve République, et en vertu de son texte constitutionnel fondateur, les lois organiques complétaient l'installation des pouvoirs publics ; aujourd'hui, comme l'illustre l'article 77, leur objet peut être plus large, ou du moins il a évolué. C'est ainsi que ce dernier article énonce que la loi organique contrôlée «… *détermine* […], *dans le respect des orientations définies* (par l'accord du 5 mai 1998) *et selon les modalités nécessaires à sa mise en œuvre* », les nouvelles modalités du statut de la Nouvelle-Calédonie. Par voie de conséquence, et au vu de leur objet, le Conseil constitutionnel a *in fine* relevé que diverses dispositions ayant trait essentiellement au droit de la fonction publique, et ayant pourtant été intégrées à la loi organique incriminée, n'avaient pas un caractère organique mais législatif ordinaire.

De valeur juridique, *infra*-constitutionnelle mais *supra*-législative, la loi organique fait, par ailleurs, l'objet d'une procédure particulière d'adoption, visée par l'article 46 de la Constitution, et particulièrement d'un contrôle obligatoire par le Conseil constitutionnel.

Toutefois, il apparaît avec évidence que la loi organique ici contrôlée, au vu de la rédaction de l'article 77 de la Constitution, ne vise pas exclusivement, comme la définition d'une telle loi le suppose en principe, à compléter cet article constitutionnel mais plutôt à assurer la mise en œuvre de l'accord de Nouméa du 5 mai 1998. Ce qui, par suite, amène le Conseil constitutionnel, dans le cadre de son contrôle, à vérifier la conformité de cette loi «… *au regard* (dit-il) *des orientations définies par l'accord de Nouméa* ». Est-ce à dire que cet accord aurait une valeur constitutionnelle et serait ainsi une norme de référence s'intégrant au bloc de constitutionnalité ? Pourquoi pas, mais ce ne serait pas alors l'un des moindres problèmes voire paradoxes posés par cette décision.

Mais, sans pourtant se prononcer explicitement sur la valeur juridique de l'accord de Nouméa, le Conseil constitutionnel, dans le cadre du contrôle de la loi organique contestée, a fait échec à certains principes à valeur constitutionnelle tels que le principe d'égalité en faisant prévaloir systématiquement les termes mêmes de cet accord.

Néanmoins, conscient de la hardiesse de son raisonnement, le Conseil constitutionnel a essayé de concilier la logique indépendantiste voulue par les pouvoirs publics et le respect dû à l'État de droit, en jouant de ses techniques de contrôle que sont les réserves d'interprétation, symboles de son pouvoir d'interprétation souverain et reflets des règles impératives d'application des lois ainsi contrôlées.

Par suite, c'est à une censure bien limitée que le Conseil constitutionnel a abouti en déclarant non conformes, d'une part, une disposition (le 5° du I de l'article 195 LO) étendant aux élections locales de Nouvelle-Calédonie le principe d'inéligibilité résultant d'une décision juridictionnelle de faillite personnelle, et d'autre part, une autre disposition (article 217 LO) concernant les modalités procédurales de la consultation à venir sur l'accession à l'indépendance souveraine de la Nouvelle-Calédonie.

Violant directement l'accord de Nouméa, pour la seconde disposition censurée, bien éloignée par son contenu de l'objet de l'accord pour la première, leur déclaration de non-conformité trouve leur justification en fonction de leur lien avec cet accord. Il en va d'ailleurs de même des dispositions non censurées parce que protégées par ce même accord et par le fait qu'elles appliquent strictement ce dernier. En somme, cette décision du Conseil constitutionnel est presque plus riche eu égard à ses refus de censure que quant aux rares censures auxquelles elle a effectivement procédé.

Ainsi, obnubilé par la préservation de cet accord politique, à la valeur juridique bien douteuse, le Conseil constitutionnel a fait prévaloir strictement son respect au détriment, parfois, de principes constitutionnels qu'il protège, en principe, rigoureusement et vigoureusement.

C'est pourquoi, le Conseil constitutionnel, dans la décision commentée, a non seulement imposé le strict respect de l'accord de Nouméa (1), tout en, par suite, admettant pour ce faire la violation du principe constitutionnel d'égalité (2).

1. Le strict respect, imposé par le Conseil constitutionnel, de l'accord de Nouméa

Fait assez rare en matière de rédaction d'une décision du Conseil constitutionnel, ce dernier s'est senti obligé, pour mieux faire comprendre sinon accepter sa décision, d'exposer son mode de raisonnement préalablement à l'exposé de ce dernier.

C'est donc à la lumière du considérant n° 3 que doit se lire cette décision.

En effet, aux termes de ce considérant, la juridiction constitutionnelle pose que le pouvoir constituant peut déroger aux principes et règles à valeur constitutionnelle.

Toutefois, apportent-ils une précision et deux limites à cette règle de principe, qui, au passage, suppose (bien qu'elle n'existe pas) qu'il y aurait, en droit français, une hiérarchie très claire et précise des règles constitutionnelles.

La précision apportée à cette règle principielle est aussi simple que riche : elle consiste à admettre des dérogations aussi bien explicites qu'implicites. L'implicite semble d'ailleurs ici particulièrement choyé par le Conseil constitutionnel qui, à travers le contrôle de la loi organique, normalement vis-à-vis du seul article 77, proclame le respect dû par cette loi à l'accord de Nouméa sans, à aucun moment de l'exposé du raisonnement, reconnaître explicitement une valeur constitutionnelle à un tel accord. Mais, l'arrêt *Sarran*, rendu par le Conseil d'État, en Assemblée plénière, le 30 octobre 1998, n'a-t-il pas lui-même constitutionnalisé l'article 2 de la loi du 9 novembre 1988, déjà relative à la Nouvelle-Calédonie, du fait de sa seule mention à l'article 76 de la Constitution ?

À cette précision, s'ajoutent toutefois deux limites concernant la règle affirmée par le Conseil constitutionnel et selon laquelle le pouvoir constituant peut déroger à toutes les normes à valeur constitutionnelle.

Tout d'abord, et par sa décision même, le Conseil constitutionnel limite la portée de sa règle en excluant de son champ d'application trois articles de la Constitution que sont les articles 7, 16 et 89 de la Constitution. En effet, il estime que l'objet voire une partie de l'objet de ces articles est insusceptible d'être sujet de dérogations.

C'est ainsi qu'en vertu de l'article 7 de la Constitution, en cas de vacance ou d'empêchement du président de la République, les articles 49 et 50 (concernant la responsabilité gouvernementale) et 89 (ayant trait à la révision constitutionnelle) sont inapplicables : de telles règles constitutionnelles si fondamentales pour la préservation de l'ordre public sont donc insusceptibles de dérogations constitutionnelles.

De même, l'article 16 de la Constitution pose, dans son régime juridique, que, lorsque l'état d'exception est mis en œuvre, la dissolution de l'Assemblée nationale s'avère exclue. Pour la même raison que précédemment, cette modalité de l'article 16 de la Constitution s'avère exclue du champ de la dérogation constitutionnelle. *In fine*, l'article 89 de la Constitution, quant à lui, vise l'impossibilité de réviser la Constitution en cas d'atteinte au territoire national ou pour remettre en cause la forme représentative du régime politique français ; là encore, et pour les mêmes explications, toute dérogation constitutionnelle s'avère ici impossible.

Si le pouvoir constituant, selon le Conseil constitutionnel, ne peut déroger à ces quelques règles constitutionnelles, il est, à l'égard du reste des normes à valeur constitutionnelle, totalement souverain.

Toutefois, le Conseil constitutionnel, lui-même, a envisagé une seconde limite à l'application de ces règles constitutionnelles. En effet, précise le juge constitutionnel, les dérogations que le pouvoir constituant peut apporter aux règles constitutionnelles ne peuvent intervenir que si et seulement si elles sont strictement nécessaires à la mise en œuvre de l'accord.

En l'espèce, respectant aussi scrupuleusement que possible, les principes d'application de la règle autorisant le pouvoir constituant à déroger aux règles constitutionnelles, le Conseil constitutionnel fait systématiquement prévaloir la règle et l'esprit de l'accord de Nouméa.

Il ne semble d'ailleurs limiter les effets de ses propres directives de raisonnement que, lorsque la disposition incriminée s'avère être bien éloignée du centre d'intérêt fondamental de cet accord. Par suite, en de telles hypothèses, très rares au demeurant, ce qui pourrait passer comme une exception à la règle n'est en fait qu'une bien pâle voire bien fausse limite.

C'est pourquoi, après avoir évoqué les illustrations du principe que s'est imposé le Conseil constitutionnel (A), sera examiné la fausse limite (B) à ce dernier qui, finalement, ne fait que renforcer d'autant la rigueur du principe.

A. Les illustrations du principe

Les illustrations du principe permettent de démontrer que le juge constitutionnel fait prévaloir le strict respect de l'accord de Nouméa.

Elles sont au nombre de trois.

Tout d'abord, il y a celle, tirée du considérant n° 7, aux termes duquel l'alinéa 1 de l'article 2, précédant le Titre I de la loi organique, expose les diverses institutions de la Nouvelle-Calédonie, mais omet de citer les Assemblées de province alors même que l'accord de Nouméa les inclut comme étant de telles institutions.

Mais, dans la mesure où, selon le considérant n° 8, l'ensemble des dispositions visant les provinces, et regroupées dans le Titre IV de la loi organique, confère nécessairement aux Assemblées de province – même implicitement donc – les caractères d'une institution, le Conseil constitutionnel conclut au respect par l'alinéa précité de la Constitution et, en fait incidemment, de l'accord de 1998.

Ensuite, le considérant n° 11 énonce une seconde illustration. En effet, le Conseil constitutionnel y relève que les articles 7 et 19 du Titre I de la loi organique, relatif au statut coutumier tant des personnes que des biens, mettent en œuvre les stipulations de l'accord de Nouméa, en – précise-t-il – ses points 1.1 et 1.4.

Incidemment, et par suite, il en conclut la constitutionnalité de telles dispositions organiques qui, souligne-t-il, ont été prises «... *conformément à l'article 77 de la Constitution* ».

Toutefois, et enfin, dans le considérant n° 52, le Conseil constitutionnel censure, du fait du non-respect des orientations de l'accord de Nouméa, l'article 217 de la loi organique, qui concerne les modalités processuelles de la consultation relative au transfert à la Nouvelle-Calédonie des compétences de l'État français.

Par voie de conséquence, ces quelques illustrations, contenues dans la décision commentée, illustre avec quelle rigueur le Conseil constitutionnel a appliqué son principe aux termes desquels il a fait prévaloir l'accord de Nouméa à l'égard de toutes les dispositions de la loi organique contrôlée. La censure finale illustre, de surcroît, sa volonté de ne pas se dérober face aux conséquences logiques de sa règle, et ce, malgré le fondement incertain de celle-ci ou, plus exactement, la valeur juridique contestable de l'accord.

Mais, il apparaît aussi avec évidence que le Conseil constitutionnel n'a fait prévaloir avec rigueur sa règle et, par là même, le respect de l'accord de Nouméa sur la loi organique que, lorsque les dispositions de celles-ci intéressaient directement l'objet et l'esprit même de cet accord.

Ainsi, comme il l'a lui-même expliqué en limitant ainsi sa règle de principe, seules les dérogations strictement nécessaires sont admissibles.

Malgré tout, cette sorte de limite à l'application de la règle est en fait une fausse limite au vu du lien fort distendu existant entre l'accord proprement dit et l'objet même de la disposition organiquement contestée.

Une hypothèse se rattachant à ce cas de figure se distingue, en l'espèce, pour mieux renforcer le sentiment de fausse limite s'y attachant.

B. La fausse limite du principe

C'est une telle hypothèse à laquelle se rattache le considérant n° 4.

En effet, le Conseil constitutionnel y a censuré, comme violant le principe de nécessité des peines, les articles 192 et 194 de la loi du 25 janvier 1985, instituant une incapacité d'exercer une fonction publique élective d'une durée d'au moins 5 ans à l'encontre d'une personne ayant fait l'objet d'une décision juridictionnelle de faillite personnelle. L'article 195 de la loi organique, étendant aux élections locales néo-calédoniennes les articles précités, a donc été considéré comme contraire à la Constitution par le Conseil constitutionnel.

En fait, échappant complètement aux objets essentiels, plutôt politico-institutionnels, de l'accord de Nouméa, les dispositions ainsi censurées par le Conseil constitutionnel donnent à ce dernier l'occasion de retrouver sa latitude de contrôle de dispositions législatives ordinaires.

Dès lors, c'est moins le respect de principes constitutionnels plus importants au regard du respect dû à l'accord de Nouméa que l'intérêt étranger de la disposition censurée par rapport à cet accord, qui a justifié l'attitude apparemment audacieuse du juge constitutionnel.

Il importe, par ailleurs, de remarquer que l'hypothèse ici rapidement exposée vise le contrôle indirect, c'est-à-dire par voie d'exception, d'une loi déjà promulguée, et ce, à l'occasion d'une loi qui affecte son domaine.

C'est ici un heureux contrôle par voie d'exception qui vise un cas d'inéligibilité aux relents passéistes et archaïques. En effet, chasser de la sphère politique, le commerçant malchanceux ou incompétent, n'est-ce pas mélanger les genres et vouloir faire bien lourdement peser sur ce dernier une double sanction ? Ainsi, à la perte pécuniaire s'ajouterait une sorte d'exclusion politico-sociale.

Le Conseil constitutionnel a rappelé, dans le cadre d'une conception moderne de la démocratie, que le mauvais affairiste n'est pas systématiquement, et surtout pas « par voie de conséquence », un mauvais citoyen.

Finalement, en faisant ainsi prévaloir le respect, de façon parfois fort rigoureux, de l'accord sur la loi organique, le Conseil constitutionnel a, dans les exemples sus-énoncés, limité les effets de son contrôle. Ce qui, naturellement s'avère bien différent lorsque cette prévalence, accordée à l'accord, a pour conséquence de permettre la violation d'un principe à valeur constitutionnelle, et plus particulièrement, à deux reprises dans la décision étudiée, du principe d'égalité.

2. La violation, voulue par le Conseil constitutionnel, du principe constitutionnel d'égalité

En admettant que l'accord de Nouméa puisse, dans son application, conduire à déroger à des principes à valeur constitutionnelle, il semblait évident que, d'entrée de jeu, le Conseil constitutionnel annonçait une validation de violation de tels principes dans le cadre de sa révision.

C'est ainsi qu'à deux reprises, le Conseil a justifié deux modalités d'application du principe d'égalité : en premier lieu, en matière d'embauche, et en second lieu, en matière électorale.

Par suite, la loi organique déroge non seulement au principe d'égal accès aux emplois publics ou privés (A), mais aussi au principe d'égal accès au service public (B).

A. La loi organique déroge au principe d'égal accès aux emplois publics ou privés

Cette première violation d'une des illustrations du principe d'égalité est mise en exergue par le considérant n° 16 de la décision étudiée.

Le titre II de la loi organique, qui comprend les articles 20 et 61, comporte des mesures favorisant, en matière d'emplois tant publics que privés, les personnes durablement établies en Nouvelle-Calédonie.

De telles mesures portent avec évidence atteinte au principe d'égalité, principe à valeur constitutionnelle.

En effet, ce principe, contenu originellement dans la Déclaration des droits de l'homme et du citoyen du 26 août 1789, est consacré par le Conseil constitutionnel comme appartenant au bloc de constitutionnalité, en application de sa décision *Liberté d'association* du 16 juillet 1971, et ce, dès le 27 décembre 1973 par sa décision *Taxation d'office* ; cette consécration a d'ailleurs été régulièrement confirmée depuis lors par une jurisprudence constante.

C'est ainsi, d'ailleurs, qu'en matière d'accès aux emplois publics, le Conseil d'État consacre ce principe d'égalité avec force comme un principe à valeur constitutionnelle, et ce, en se référant à la Déclaration de 1789.

Le juge administratif considère d'ailleurs l'importance de ce principe en mentionnant qu'il est non seulement un principe à valeur constitutionnelle, mais aussi, selon lui, un principe général du droit, et ce, afin de mieux assurer son respect ?

Toutefois, et malgré les garanties jurisprudentielles dont bénéficie ce principe, le Conseil constitutionnel y a fait échec et a admis sa violation en considérant comme conformes à la Constitution les dispositions organiques sus-évoquées.

De fait, le principe d'égalité suppose, sur tout le territoire de la République, c'est-à-dire tant métropolitain que d'outre-mer, de traiter identiquement des personnes se trouvant dans des situations comparables, sauf si un motif d'intérêt général justifie une dérogation.

Dès lors, ici, en tolérant une priorité à l'embauche tant dans les sphères publiques que privées, le Conseil constitutionnel autorise, en légitimant les articles organiques critiqués, que la Nouvelle-Calédonie connaisse un système de discrimination à l'embauche en fonction, toutefois, d'un critère précis et favorisant particulièrement les Néo-Calédoniens de souche, c'est-à-dire la « *durée suffisante de résidence* ».

Par voie de conséquence, se comprend mieux l'attitude du juge constitutionnel qui, conscient des violations constitutionnelles ainsi commises, prend soin, d'une part, de rappeler que ces dispositions organiques ont été prises dans le strict respect de l'accord de Nouméa ; à cet égard, sont à relever les développements nourris par le juge constitutionnel, relativement au contenu même des divers points de l'accord de Nouméa, que les articles critiqués mettent en œuvre.

D'autre part, et usant alors d'une méthode particulière qui est celle des réserves d'interprétation, le Conseil constitutionnel rappelle, dans son considérant n° 17, que la condition de « *durée suffisante de résidence* » doit s'entendre strictement et donc, de façon limitée. C'est ainsi que le juge constitutionnel pose très clairement qu'une telle durée «… *ne saurait excéder celle fixée par* (des articles de la loi organique) *pour acquérir la citoyenneté de la Nouvelle-Calédonie* ».

En somme, afin de faire respecter le texte même de l'accord de Nouméa, le juge constitutionnel a préféré sacrifier le principe d'égal accès aux emplois à l'application de ce dernier, et donc, légitimer les dispositions contestées de la loi organique.

Par suite, et pour les mêmes raisons, il a justifié la « dérogation », pour ne pas dire la violation – terme peut être dur mais peut être plus juste (!) – du principe d'égalité devant le service.

B. La loi organique déroge au principe d'égalité devant le service public

Le principe d'égalité semble aussi mis en cause en matière électorale comme l'illustre le considérant n° 33.

En ce considérant, le juge constitutionnel relève que le titre V de la loi organique attaquée pose la définition d'un corps électoral restreint au regard des seules élections au Congrès, organe délibérant de Nouvelle-Calédonie, et aux Assemblées de province, organes délibérants des collectivités locales néo-calédoniennes que sont les provinces de Nouvelle-Calédonie.

En effet, les articles 188 et 189 du chapitre II de ce titre considèrent que les seuls électeurs, pouvant participer à de telles élections, sont ceux qui sont domiciliés depuis 10 ans en Nouvelle-Calédonie, quelle que soit la date de leur établissement dans ce territoire d'outre-mer, c'est-à-dire même postérieurement au 8 novembre 1998.

Pourtant, et selon une jurisprudence constitutionnelle aujourd'hui constante, le Conseil constitutionnel, comme d'ailleurs le Conseil d'État, consacrent un principe à valeur constitutionnelle, le principe d'égalité des citoyens devant le service. Ce qu'a encore récemment rappelé, par exemple, la Haute juridiction administrative, dans son arrêt d'assemblée plénière, *Le Déaut et Commune de Saint-Louis*, qu'elle a rendu le 13 novembre 1998.

Jurisprudence qui, au demeurant, trouve sinon son fondement du moins son écho dans l'article 3 de la Constitution qui, en disposant que « *sont électeurs* [...] *tous les nationaux français majeurs, des deux sexes, jouissant de leurs droits civils et politiques* », n'a, en aucune façon, ajouté une condition restrictive à la notion de corps électoral qui aurait, par exemple, trait à l'ancienneté de la résidence sur le territoire national des nationaux.

Toutefois, là encore, l'écran, constitué par l'accord de Nouméa *via* sa référence dans l'article 77 de la Constitution, fait échec à la censure par le Conseil constitutionnel d'une telle inconstitutionnalité patente et relevée à demi-mot par la Haute juridiction constitutionnelle.

Ainsi, énonce-t-elle, dans une formulation, aussi ambiguë que gênée, que la définition retenue par la loi organique d'un «... *corps électoral restreint est au demeurant seule conforme à la volonté du pouvoir constituant* ».

Conscient de l'atteinte ainsi portée à la République et voulant préserver l'unité, du moins apparente, de cette dernière, le Conseil constitutionnel a rappelé, dès le début de sa décision, et à travers une réserve d'interprétation, contenue dans le considérant n° 9, qu'il veille à sauvegarder l'État unitaire, et surtout l'indivisibilité de la République.

Ainsi, relève-t-il, dans le considérant n° 7, que l'alinéa 3 de l'article 2, précédant le titre I de la loi organique, se borne à rappeler que les parlementaires sont les représentants de la Nation toute entière et non de la population de la circonscription électorale.

En effet, aux termes de ce texte, « *la Nouvelle-Calédonie est représentée au Parlement et au Conseil économique et social de la République dans les conditions fixées par les lois organiques* ».

Par suite, et seulement parce que cet article se borne à la réserve (il faut donc se cantonner à l'interpréter ainsi), la loi organique semble ainsi respecter le cadre de l'État français, dans ses caractères fondamentaux d'État unitaire souverain et indivisible.

Par voie de conséquence, cet alinéa est conforme, selon le Conseil constitutionnel, à l'article 2.

D'ailleurs, dans son article 3, précédant le titre I, la loi organique énonce que les provinces et les communes de la Nouvelle-Calédonie sont des collectivités territoriales (bien qu'ici le terme « locales » serait grandement préférable) de la République – *a priori*, et jusqu'à présent – française !

Toutefois, une telle mention fait ressurgir avec plus de force l'ambivalence de ce nouveau statut, et surtout de sa finalité, au vu du cadre où ils ont pris naissance.

Cette réserve d'interprétation masque toutefois mal que la constitutionnalisation de circonstance de l'accord de Nouméa n'est qu'une parade afin d'éviter de poser la question essentielle, c'est-à-dire celle de la justification d'une procédure d'accession à l'indépendance souveraine d'une collectivité d'outre-mer de la République, contournant volontairement l'application de l'article 53, alinéa 3, de la Constitution, pourtant prévu à cet effet.

De fait, aux termes de cet alinéa, « *nulle cession, nul échange, nulle adjonction de territoire n'est valable sans le consentement des populations intéressées* ».

Par suite, cet accord, préparant cette autonomie souveraine, est au regard de cet article soit inutile, soit lui-même partiellement anticonstitutionnel.

Finalement, et particulièrement à la lumière de ces derniers développements, il apparaît que la décision ici commentée du Conseil constitutionnel est une décision plus d'opportunité que de droit. D'ailleurs, de façon bien exceptionnelle, et conscient de cela, le Conseil constitutionnel n'a-t-il pas assez fréquemment dans sa décision mentionnée le terme de « circonstances ».

En somme, elle symbolise à ceux qui voudraient trop souvent l'oublier que, bien souvent difficile à définir, la fonction gouvernementale a une véritable réalité qui ne s'exprime pas toujours à travers des actes de Gouvernement insusceptibles, en principe, de tout recours.

En effet, l'accord de Nouméa, grandement mis en cause dans cette espèce, n'est-il pas simplement un accord politico-gouvernemental, constitutionnalisé implicitement par nécessité plus que par conviction par le Conseil constitutionnel ?

Dès lors, l'un des intérêts de cette décision, et non l'un des moindres, est de ne pas oublier que la fonction gouvernementale est contrôlable, que l'immunité juridictionnelle, dont elle bénéficie trop souvent, est entendue de manière quelque peu archaïque. Et que, par suite, c'est dans le cadre d'un contrôle volontairement limité que cette fonction étatique pourrait peut-être, en vue de l'édification d'un État de droit moderne, retrouver la place que, sinon elle mérite, du moins elle occupe.

2

Commentaire de jugements de juridictions administratives

(2e année de licence en droit)

Préalables

Commentaire d'une décision de justice administrative

Il convient, tout d'abord, de présenter l'architecture d'une décision du Conseil d'État (I) avant, ensuite, d'exposer quelques conseils essentiels pour réussir un tel exercice (II).

I – Présentation de l'architecture d'une décision du Conseil d'État

Il importe de ne pas s'intéresser au contenu de la décision ci-dessus utilisée comme « modèle » pour décrypter son architecture.

A. La « décision – modèle »

1 Conseil d'État statuant au contentieux
2 N° 212943
M. Wauquiez-Motte, Rapporteur
M. Goulard, Commissaire du Gouvernement
3 Lecture du 26 février 2003

1 RÉPUBLIQUE FRANÇAISE AU NOM DU PEUPLE FRANÇAIS

4 Vu la requête et le mémoire complémentaire, enregistrés les 29 septembre et 13 décembre 1999 au secrétariat du contentieux du Conseil d'État, présentés pour la SOCIÉTÉ PROTECTRICE DES ANIMAUX, dont le siège est 39, boulevard Berthier à Paris (75017) ; la SOCIÉTÉ PROTECTRICE DES ANIMAUX demande au Conseil d'État :

1°) d'annuler l'arrêt en date du 20 juillet 1999 par lequel la cour administrative d'appel de Marseille a rejeté sa requête tendant à l'annulation du jugement en date du 29 janvier 1997 par lequel le tribunal administratif de Montpellier a annulé, à la demande de l'Association de défense des animaux victimes d'ignominies ou de désaffection (DAVID), la décision de la Présidente de la délégation locale de Lézignan-Corbières de la SOCIÉTÉ PROTECTRICE DES ANIMAUX refusant la communication des registres d'entrée et de sortie du refuge exploité sur le territoire de la commune du 30 août 1994 au 30 juillet 1995 ainsi que les comptes financiers et les registres sanitaires pour la même période ;

2°) de condamner l'association de défense des animaux victimes d'ignominies ou de désaffection (DAVID) à lui verser la somme de 15 000 F au titre de l'article L 761-1 du code de justice administrative ; Vu les autres pièces du dossier ;

5 Vu le code rural ;

Vu la loi n° 78-753 du 17 juillet 1978 ;

Vu le code de justice administrative ;

1 Après avoir entendu en séance publique :

– le rapport de M. Wauquiez-Motte, Auditeur,

– les observations de la SCP Coutard, Mayer, avocat de la SOCIÉTÉ PROTECTRICE DES ANIMAUX,

– les conclusions de M. Goulard, Commissaire du Gouvernement ;

6 Considérant qu'aux termes de l'article 2 de la loi du 17 juillet 1978 dans sa rédaction applicable au présent litige : « *Sous réserve des dispositions de l'article 6 les documents administratifs sont de plein droit communicables aux personnes qui en font la demande, qu'ils émanent des administrations de l'État, des collectivités territoriales, des établissements publics ou des organismes, fussent-ils de droit privé, chargés de la gestion d'un service public* » ;

Considérant qu'il ressort des pièces du dossier soumis aux juges du fond que la SOCIÉTÉ PROTECTRICE DES ANIMAUX a créé et géré jusqu'en juillet 1995, avec l'accord verbal du maire de la commune de Lézignan-Corbières, un refuge-fourrière destiné à recevoir les animaux abandonnés ; que, si cette activité présentait un caractère d'intérêt général, son exercice ne comportait en l'espèce la mise en œuvre d'aucune prérogative de puissance publique ; que les conditions d'organisation et de fonctionnement de cet établissement n'avaient fait l'objet ni d'une définition précise ni d'un contrôle effectif de la part de la commune, et que la délégation locale de la SOCIÉTÉ PROTECTRICE DES ANIMAUX, qui ne comportait aucun membre du conseil municipal, gérait ce service de façon autonome ; que la seule circonstance que la commune ait participé financièrement à l'activité de l'association n'est pas de nature, dans ces conditions, à faire regarder celle-ci comme chargée par la commune de la gestion d'un service public ; qu'il s'ensuit que le juge administratif n'est pas compétent pour statuer sur la requête de l'association de défense des animaux victimes d'ignominies ou de désaffection tendant à la communication de documents détenus par la délégation locale de Lézignan-Corbières de la SOCIÉTÉ PROTECTRICE DES ANIMAUX ;

Considérant qu'il résulte de ce qui précède, et sans qu'il soit besoin d'examiner les autres moyens de la requête, que l'arrêt attaqué de la cour administrative d'appel de Marseille, qui a admis la compétence de la juridiction administrative, doit être annulé ;

Considérant qu'il y a lieu, dans les circonstances de l'espèce, de régler l'affaire au fond en application des dispositions de l'article L 821-2 du code de justice administrative ;

Considérant qu'ainsi qu'il vient d'être dit, le juge administratif n'était pas compétent pour connaître d'une demande tendant à la communication de documents détenus par la SOCIÉTÉ PROTECTRICE DES ANIMAUX et relatifs à la gestion du refuge-fourrière de Lézignan-Corbières ; que, par suite, c'est à tort que, par le jugement attaqué, le tribunal administratif de Montpellier a statué sur la demande de l'association de défense des animaux victimes d'ignominies ou de désaffection ; qu'il y a lieu d'annuler ce jugement et de rejeter, comme portée devant une juridiction incompétente pour en connaître, la demande présentée par l'association devant le tribunal administratif de Montpellier ;

6 Sur les conclusions tendant à l'application des dispositions de l'article L 761-1 du code de justice administrative :

Considérant qu'il n'y a pas lieu, dans les circonstances de l'espèce, de faire application des dispositions de l'article L 761-1 du code de justice administrative et de condamner l'association de défense des animaux victimes d'ignominies ou de désaffection à payer à la SOCIÉTÉ PROTECTRICE DES ANIMAUX la somme qu'elle demande au titre des frais exposés par elle et non compris dans les dépens ;

DÉCIDE :

7 Art. 1 – L'arrêt en date du 20 juillet 1999 de la cour administrative d'appel de Marseille et le jugement en date du 29 janvier 1997 du tribunal administratif de Montpellier sont annulés.

Art. 2 – La requête présentée par l'association de défense des animaux victimes d'ignominies ou de désaffection devant le tribunal administratif de Montpellier est rejetée.

Art. 3 – Les conclusions de la SOCIÉTÉ PROTECTRICE DES ANIMAUX tendant à l'application de l'article L 761-1. – du code de justice administrative sont rejetées.

Art. 4 – La présente décision sera notifiée à la SOCIÉTÉ PROTECTRICE DES ANIMAUX, à l'association de défense des animaux victimes d'ignominies ou de désaffection et au ministre de l'intérieur, de la sécurité intérieure et des libertés locales.

B. Les explications

Reprenons chacun des éléments « numérotés » de la décision pour les expliquer.

Et ce, parce qu'une bonne lecture d'une décision de justice, même administrative, nécessite de se repérer dans celle-ci, surtout si cette dernière est un « blanc » (une décision originale).

C'est ainsi qu'il convient de se rappeler que :

1 Il existe un grand nombre d'indications, dans le corps de la décision de justice, se référant aux règles de procédure inhérentes au procès administratif.

Le principe impose que « *tout jugement doive porter en lui-même ou faire par lui-même la preuve de sa régularité* ».

Par suite, le jugement est irrégulier si les exigences procédurales requises n'ont pas été respectées.

De plus, même si elles l'ont été, le jugement peut être considéré comme irrégulier si ce denier ne comporte pas les mentions requises. Ces mentions procédurales sont nombreuses et diverses (la mention du nom des juges, de la date d'audience, de la date de lecture, la publicité des débats, l'audition du commissaire du Gouvernement, etc.) ;

Ainsi, et au-delà, au début de la décision, de la mention de la juridiction qui a rendu la décision (ici, le « Conseil d'État »), sont mentionnés les noms des rapporteurs et du commissaire du Gouvernement.

Mais aussi, et surtout, est précisé le fait que le rapporteur s'est exprimé, que les représentants des parties ou celles-ci se sont exprimées et qu'enfin le commissaire du Gouvernement a lu ses conclusions ; ces mentions sont non seulement obligatoires mais importantes pour attester que le débat devant le juge administratif a bien été contradictoire.

Remarquons, *in fine*, que la mention de la formation de jugement, ayant rendu la décision commentée, est importante dans la mesure où si cette dernière a été rendue par une formation solennelle de la juridiction (par exemple, au Conseil d'État : la Section du contentieux, ou mieux, l'Assemblée plénière), cela signifie que la décision étudiée recèle sûrement un problème juridique fondamental pour avoir entraîné la réunion d'une telle formation de jugement.

1 Les numéros figurant au début d'une telle décision sont les numéros d'enregistrement de la ou des requêtes ; il y a autant de numéros qu'il y a eus de requêtes déposées dans le cadre de l'espèce étudiée.

3 La date : il peut y en avoir deux sur la décision de justice. Si c'est le cas : l'une est celle de la séance, c'est-à-dire celle à la date à laquelle l'affaire a été appelée à l'audience publique, alors que l'autre est celle de la lecture, celle de la date à laquelle la décision est devenue exécutoire (ou entrée en vigueur).

La « bonne date » d'une décision de justice est celle de sa lecture : ici, c'est le 26 février 2003.

4 Ce sont les visas des requêtes, c'est-à-dire les visas comportant la mention des parties à l'instance et l'exposé de leurs conclusions (c'est-à-dire ce que les parties demandent au juge administratif).

Concernant les parties, il convient de souligner que le ou les noms figurant en premier sur l'arrêt et mentionnés dans les visas des requêtes sont ceux des demandeurs ou des requérants (ceux, contre lesquels la décision étudiée est rendue, sont les défendeurs).

Il convient, comme dans la décision prise en modèle, de souligner que le demandeur peut varier en fonction des instances. En effet, celui qui demande en première instance peut devenir défendeur en appel, lorsqu'il a obtenu gain de cause et que c'est le défendeur de première instance qui forme donc appel contre le jugement qui lui est défavorable.

Dès lors, le « défendeur de première instance » deviendra « demandeur en appel » (on dit aussi « appelant ») alors que le « demandeur en première instance » sera alors, en appel, le « défendeur » (on dit aussi « l'intimé »).

La situation peut se retourner, à nouveau ou pour la première fois (si le demandeur a perdu en première instance et a gagné seulement après avoir formé appel du jugement du tribunal administratif) en cassation, dans la mesure où le demandeur en cassation peut être le défendeur en appel et le demandeur en appel peut alors devenir le défendeur en cassation.

Ici, en lisant bien les visas des requêtes, on s'aperçoit que la demanderesse de première instance a été l'**Association de défense des animaux victimes d'ignominies ou de désaffection (DAVID)**. Comme cette dernière a gagné en première instance et en appel, c'est la **Société protectrice des animaux**, qui a été défenderesse en première instance, qui est devenue demanderesse tant en appel qu'en cassation.

Les visas de la requête sont aussi intéressants parce qu'ils permettent de collecter tant des éléments de procédure que de connaître l'objet des requêtes des parties et ce qu'elles demandent (les « conclusions ») au juge administratif.

Il importe, *in fine*, de relever que les conclusions ou demandes doivent être absolument distinguées, sur un plan terminologique, du terme de « moyens » parce que ce dernier signifie « *l'argumentation soutenant, justifiant la conclusion* » ; c'est pourquoi, les moyens, développés par les parties au procès administratif au soutien de leurs prétentions, ne figurent jamais dans les visas

5 les « visas des textes » applicables en l'espèce et appliqués par le juge pour résoudre la question posée ou le litige qui lui est soumis.

Ces visas présentent les textes par ordre décroissant : de ceux qui ont la valeur juridique (la « force juridique ») la plus importante (ici : le Code rural) à ceux qui ont la « plus faible » valeur juridique (ici : le Code de Justice administrative, sûrement en sa partie réglementaire).

6 Le corps de la décision de justice administrative est constitué par les motifs. Le principe est celui de l'obligation de motiver les décisions de justice sous réserve d'une disposition législative expresse contraire.

Ce principe n'est certes nullement une obligation d'ordre public mais il n'est pas pour autant sans importance, et ce, pour deux raisons.

En premier lieu, les juges statuent au nom du peuple français ; ils doivent donc rendre compte des raisons de leur décision ; et en second lieu, la motivation contribue à une bonne administration de la justice en obligeant les juges à la rigueur.

C'est la partie la plus importante de la décision juridictionnelle dans la mesure où le juge y indique les arguments juridiques (les motifs) sur lesquels il fonde sa décision.

Dans une décision de justice administrative, l'exposé des motifs se présente comme une longue phrase ponctuée d'un ou plusieurs « Considérant » (ou « Attendu », pour le juge judiciaire) ; toutefois, en vue d'une plus grande clarté, la décision peut être subdivisée en plusieurs sous-parties grâce à des « sous-titres » tels que « *Sur le moyen tiré du défaut de motivation* », « *Sur la légalité* », etc..

Par principe, le juge se doit de répondre à tous les moyens invoqués par le demandeur aussi nombreux qu'ils puissent être (CE Ass. 7 juillet 1978, *Croissant*, AJDA 1978 p. 559 : rejet successif de 12 moyens). Si ce principe joue pour les cas où le juge rejette le litige au fond (à distinguer de la forme, inhérente, quant à elle, à la recevabilité du recours), il en va différemment lorsque le demandeur obtient satisfaction. Dans ce dernier cas, les obligations du juge sont restreintes et il peut statuer sur le vu d'un seul moyen : c'est le principe de l'économie des moyens, énoncé explicitement par certains arrêts (CE 29 mai 1963, *Maurel*, Rec. 334).

Ce principe connaît deux illustrations :

- soit le juge soulève un moyen d'ordre public (c'est-à-dire un moyen que le juge peut relever d'office ou que le justiciable peut soulever devant n'importe quel juge, à tout moment de l'instance ou de la procédure) ; le jugement est alors rendu « *sans qu'il soit besoin d'examiner les moyens de la requête* ». Le moyen d'ordre public le plus connu est celui de l'incompétence (CE 10 juin 1988, *Département de l'Orne*, Rec. 233) ;
- soit le juge se limite à faire apparaître le bien-fondé d'un seul des moyens invoqués ; le jugement est alors rendu « *sans qu'il soit besoin d'examiner les autres moyens de la requête* » (CE Ass. 21 octobre 1988, *Fédération des parents d'élèves de l'enseignement public*, Rec. 361).

7 Il importe aussi de préciser que pour répondre à une question de droit qui lui est posée le juge administratif construit le plus souvent ses réponses en construisant un syllogisme.

Cela signifie qu'il vise voire explique les règles et/ou les principes de droit qui vont lui être utile pour résoudre la question posée ; ce développement constitue la « majeure » de son raisonnement.

Puis, il applique ces règles et/ou principes aux faits de l'espèce ; ce développement est appelé la « mineure » du raisonnement.

Enfin, il tire les conséquences de droit du raisonnement en droit et en fait qu'il a développé au regard de la question posée. On peut dire qu'il conclut son raisonnement en apportant la solution à cette question.

Formellement, et en principe, la majeure, la mineure et la conclusion se trouvent évoquées dans des considérants distincts et à la suite les uns des autres dans l'ordre d'enchaînement du raisonnement sus-exposé.

En reprenant une partie de l'arrêt de référence, on peut distinguer les trois étapes du syllogisme de la manière suivante :

La majeure du raisonnement

Considérant qu'aux termes de l'article 2 de la loi du 17 juillet 1978 dans sa rédaction applicable au présent litige : « *Sous réserve des dispositions de l'article 6 les documents administratifs sont de plein droit communicables aux personnes qui en font la demande, qu'ils émanent des administrations de l'État, des collectivités territoriales, des établissements publics ou des organismes, fussent-ils de droit privé, chargés de la gestion d'un service public* » ;

La mineure du raisonnement

Considérant qu'il ressort des pièces du dossier soumis aux juges du fond que la SOCIÉTÉ PROTECTRICE DES ANIMAUX a créé et géré jusqu'en juillet 1995, avec l'accord verbal du maire de la commune de Lézignan-Corbières, un refuge-fourrière destiné à recevoir les animaux abandonnés ; que, si cette activité présentait un caractère d'intérêt général, son exercice ne comportait en l'espèce la mise en œuvre d'aucune prérogative de puissance publique ; que les conditions d'organisation et de fonctionnement de cet établissement n'avaient fait l'objet ni d'une définition précise ni d'un contrôle effectif de la part de la commune, et que la délégation locale de la SOCIÉTÉ PROTECTRICE DES ANIMAUX, qui ne comportait aucun membre du conseil municipal, gérait ce service de façon autonome ; que la seule circonstance que la commune ait participé financièrement à l'activité de l'association n'est pas de nature, dans ces conditions, à faire regarder celle-ci comme chargée par la commune de la gestion d'un service public ; qu'il s'ensuit que le juge administratif n'est pas compétent pour statuer sur la requête de l'association de défense des animaux victimes d'ignominies ou de désaffection tendant à la communication de documents détenus par la délégation locale de Lézignan-Corbières de la SOCIÉTÉ PROTECTRICE DES ANIMAUX ;

La conclusion du raisonnement

Considérant qu'il résulte de ce qui précède, et sans qu'il soit besoin d'examiner les autres moyens de la requête, que l'arrêt attaqué de la cour administrative d'appel de Marseille, qui a admis la compétence de la juridiction administrative, doit être annulé ;

8 Le dispositif commence, sur le plan formel, par « *décide* » et se poursuit par un certain nombre d'articles (article 1er, article 2, etc..).

Cette présentation formelle ressemble à celle d'un texte administratif quelconque (décret, par exemple) et rappelle l'époque où le juge administratif était avant tout au service du Chef de l'État.

Sur un plan, cette fois-ci, matériel, le dispositif contient la décision finale du juge : il est donc la conclusion logique de la motivation. Le dernier article a trait aux destinataires du jugement.

II - Conseils essentiels pour réussir un commentaire d'une décision de justice administrative

Toute décision de justice doit être traitée en fonction d'une méthode précise qu'il faut impérativement respecter.

Mais, il est plus facile d'aborder cette méthode en théorie que de l'appliquer pratiquement.

Ceci étant, pour y procéder, il convient de suivre les 6 **étapes suivantes** (dans une durée normale de **3 heures**) que sont : la **lecture de la décision**, la **lecture de repérage de cette dernière**, **l'établissement de la fiche de jurisprudence**, **la recherche des idées de commentaire au regard de l'apport essentiel de la décision**, **l'établissement d'un plan détaillé**, et enfin, **la rédaction de l'introduction, du reste du devoir et sa lecture**.

1. La lecture de la décision de justice commentée (15 minutes)

Elle impose de lire au moins une fois, le plus souvent jusqu'à trois fois, correctement le jugement ; en effet, un bon commentaire de décision de justice suppose que le candidat la maîtrise presque parfaitement.

De plus, cette lecture doit permettre à l'étudiant de relever certains détails formels, telle que l'utilisation d'une terminologie erronée en guise de qualification juridique.

L'importance ici accordée à la lecture de la décision commentée doit être approfondie avec un résumé linéaire de celle-ci à l'occasion d'une lecture de repérage.

2. La lecture de repérage de la décision de justice commentée (10 minutes)

Comprendre parfaitement la décision étudiée, après une lecture répétée, implique de la résumer considérant par considérant, si c'est une décision de justice administrative, ou attendu par attendu, si elle émane de l'ordre juridictionnel judiciaire.

Cette lecture dite de repérage permet ainsi de se détacher progressivement du matériau brut de la décision de justice, de « mettre à nu » le raisonnement du juge.

Elle est aussi l'occasion de mettre en exergue des formulations contestables, des « montages de réflexion » critiquables.

Cette dissection du jugement permet de réfléchir sur l'arrêt en évitant d'avoir l'esprit continuellement « embrumé » par les formulations du jugement !

Elle sert, enfin, à mettre de côté les faits (mélangés au raisonnement du juge).

D'ailleurs, pour mieux se détacher de ce dernier, à l'état brut, il convient aussi d'établir la fiche de jurisprudence du jugement commenté.

3. L'établissement de la fiche de jurisprudence (15 minutes)

A. Elle a pour but essentiel de mettre en valeur l'apport d'une décision juridictionnelle.

Elle se décompose en 5 étapes que sont :

- les faits : il ne faut pas tous les reprendre mais seulement ceux qui vont être utiles pour comprendre le ou les problèmes juridiques traités par le jugement ; ainsi, leur exposé doit être clair mais succinct.
- la procédure : son exposé doit mentionner la juridiction dont émane la décision commentée (TA, CAA, CE, TC, Cass., CA ou toute autre juridiction), le contentieux en cause (pleine juridiction, excès de pouvoir, conflit positif ou négatif, etc.), et enfin, le niveau de l'instance (1re, appel ou cassation).

  Il faut exposer aussi le passé procédural si tant est que cela apparaisse dans le jugement : il faut absolument éviter de faire du droit-fiction.

  Si l'arrêt commenté est un arrêt du Conseil d'État, il convient, s'il a été rendu par une des deux formations solennelles de cette Haute juridiction de le préciser ici.
- les problèmes de droit : il y en a un ou plusieurs ; chaque problème doit faire l'objet d'une formulation la plus précise possible.
- le sens de la décision : elle consiste à savoir si le recours est accepté ou refusé ; il ne faut pas trop développer ce point sauf peut-être en matière de responsabilité (du fait du contenu détaillé des « peines pécuniaires » prononcées à l'encontre de la ou des personnes responsables).
- et enfin, la motivation : il faut présenter la ou les réponses juridiques à chaque problème de droit évoqué, et là encore, il convient d'être clair et précis dans l'exposé des réponses.

Une fois la fiche de jurisprudence établie, encore convient-il de recenser les idées qu'inspire le jugement étudié, étape essentielle avant l'établissement du plan détaillé.

4. La réflexion sur le jugement ou du moins les idées-clés de celui-ci (25 minutes)

À la lumière de la fiche de jurisprudence, il convient, tout d'abord, de résoudre le cas pratique ainsi rédigé au vu de ses connaissances, et ensuite, de le comparer à la solution apportée par le juge.

En effet, un commentaire de décision de justice suppose de la part de l'étudiant :

- soit une démarche « passive mais vigilante » consistant à expliquer, à justifier le jugement soumis à partir du moment où ce dernier confirme une jurisprudence constante ; par suite, ce sujet implique un plan classique mettant en exergue des connaissances doctrinales, jurisprudentielles voire textuelles tout en se servant systématiquement du contenu du texte étudié.

  Toutefois, ce type de sujet est assez rare, et souvent, il faut s'en méfier. En effet, il recèle parfois un piège tel qu'une extension jurisprudentielle classique mais à un domaine où elle ne devrait pas l'être : dans cette hypothèse, le raisonnement du juge est peut-être facile à expliquer mais il faut que l'attention porte sur les conditions de cette application jurisprudentielle apparemment trop classiques pour être facile à justifier sans mesure, ni prudence !
- soit une démarche « active » visant à critiquer le jugement commenté ou à justifier le revirement ou l'avancée qu'il opère.

  En effet, le sujet de commentaire le plus courant porte sur un jugement « novatoire », un jugement apportant quelque chose « en plus ou en moins » à l'état du droit.

  Dès lors, le « bon » commentaire à pour objet de mettre en exergue ce qu'apporte la décision de justice commentée au regard de la connaissance de l'état du droit existant avant cet arrêt.

  Par suite, le plan doit, plus que replacer l'arrêt dans une évolution chronologique, faire ressortir la spécificité de l'espèce étudiée et l'expliquer.

Dans ces deux cas de figure, l'étudiant prouve au correcteur qu'il réfléchit, qu'il raisonne : le tout n'est pas de se servir d'un texte pour exposer un « amas de connaissances » mais de le servir en le mettant en valeur, en mettant en exergue son intérêt.

Ces remarques étant faites, comment établir son plan détaillé ?

5. L'élaboration d'un plan détaillé (10 minutes)

A. Plan proposé :

C'est à partir des idées recensées au regard des points clés du jugement étudié que l'étudiant doit dégager deux « grandes idées », deux idées directrices voire une seule en l'illustrant par deux de ses aspects fondamentaux.

Mais, chaque masse dégagée doit comporter une unité interne et doit entretenir avec l'autre un rapport assurant au devoir une unité globale.

Cette vision éminemment théorique de la structure essentielle du plan détaillé repose sur l'idée d'un plan comportant deux parties ; il se peut toutefois qu'il soit composé de trois parties mais c'est plus rare parce que c'est beaucoup plus difficile à construire. Par suite, le plan en deux parties est la règle, celui en trois est plutôt l'exception, mais, quoi qu'il en soit, le plan ne doit jamais être composé de plus de trois parties.

La confection du plan est une étape difficile qu'il faut soumettre au respect des cinq règles suivantes :

1) **En premier lieu**, il est rare qu'il n'y ait qu'un seul plan possible : en général, plusieurs constructions de plan sont possibles, il faut alors choisir la meilleure, au sens de la plus pertinente, la plus dynamique sur le plan de la réflexion juridique.

2) **En deuxième lieu**, le plan doit couvrir « tout le sujet mais rien que le sujet, c'est-à-dire rien en dehors du sujet » ; traiter un sujet de commentaire ne consiste pas à développer toutes les connaissances connues en rapport direct voire indirect avec le jugement commenté mais à réfléchir par rapport à l'intérêt principal de ce dernier, au (x) problème(s) essentiel(s) qu'il recèle. Le but n'est donc en aucun cas de faire du remplissage.

3) **En troisième lieu**, les deux parties doivent être équilibrées, il faut alors éviter un plan où la première monopolise les 2/3 des développements ; si c'est le cas, il faut alors essayer de scinder cette première partie en deux et ainsi aboutir à un plan en trois parties.

4) **En quatrième lieu**, chaque partie doit être elle-même construite, structurée. Ainsi doit-elle commencer par une brève introduction énonçant l'organisation interne de la partie, c'est-à-dire les sous parties (deux voire, maximum, trois) ; cela s'appelle le « chapeau introductif ».

De même, dans le corps des développements, chaque paragraphe doit, en principe, correspondre à une « petite idée ».

Enfin, une transition « courte » doit être rédigée entre chaque sous-partie et une plus longue (et donc plus nourrie) doit l'être entre les deux parties ; en effet, la transition entre les deux parties est très importante et doit être composée d'un résumé de la première et d'une annonce de l'objet de la seconde (mais sûrement pas de son contenu car cela sera le rôle du chapeau introductif de cette seconde partie).

5) **En cinquième lieu**, les intitulés doivent être soignés ; ils ne doivent pas être, en principe trop longs ; toutefois, il convient de nuancer cette règle. En effet, à force d'être systématiquement trop courts, certains intitulés deviennent

incompréhensibles. Dès lors, il est parfois préférable que les intitulés des parties soient un peu longs afin qu'ils résument bien l'idée générale contenue dans leurs développements ; quant à ceux des sous-parties, ils peuvent être plus courts dans la mesure où éclairés par l'intitulé de la partie et par le chapeau introductif, ils sont normalement, même formellement ramassés, plus facilement compréhensibles. De plus, il peut être intelligent de reprendre, sans en abuser, certaines formulations ou seulement un mot bien choisis et tirés du jugement étudié pour confectionner son intitulé.

Mais, les intitulés d'un plan de commentaire doivent « coller » autant que possible au jugement étudié en utilisant des éléments-clés de fait ou certaines de ses expressions pour les rédiger !

Il convient de préciser *in fine* que les plans-phrases et les intitulés à forme interrogative sont, en principe à éviter.

Une fois les grandes lignes du plan détaillé établi, il convient enfin de rédiger – sur le brouillon -, et par là même de « peaufiner » l'introduction, le reste du devoir, et même, le lire.

6. La rédaction, de l'introduction (15 minutes), mais aussi, du reste du devoir (1 heure 20 minutes) dont la conclusion sans oublier la lecture du devoir (10 minutes)

A. L'introduction doit être composée des éléments suivants :

- en premier lieu, elle doit permettre grâce à « l'attaque » de situer le jugement dans la matière du droit administratif à laquelle il se rattache, mais aussi et surtout, de bien cibler « d'entrée de jeu » le ou les problèmes juridiques essentiels traités par la décision de justice.
- en deuxième lieu, elle doit exposer la fiche de jurisprudence (voir *supra*) ;
- en troisième et dernier lieu, elle doit mettre en évidence les intérêts que présente le commentaire d'un tel jugement, par suite, elle contient l'exposé d'une problématique et l'annonce d'un plan que cette dernière prépare et donc sous-entend.

Il convient de souligner avec force qu'il faut éviter de formuler l'annonce de plan, de façon un tant soit peu simpliste, du style : « nous verrons, dans une première partie,..., puis, nous étudierons, dans une seconde partie,... » ; en effet, la langue française recèle un grand nombre de prépositions et de conjonctions voire de propositions prépositives ou conjonctives, dont il faut user, afin de rédiger l'annonce de plan de façon « normale » !

B. Quant au développement du devoir, il doit être l'occasion de suivre la trame de raisonnement et la logique du plan détaillé ; en effet, il peut tout aussi bien être desservi par une rédaction peu rigoureuse que par un défaut de raisonnement.

C. La conclusion, dans un commentaire d'arrêt, a un objet limité mais précis : elle consiste à résumer la portée essentielle du jugement commenté.

D. Dès lors, il ne faut jamais oublier qu'en principe, une fois le devoir, rédigé, il convient de consacrer – sur le temps de l'épreuve – au moins 10 voire 15 bonnes minutes à sa lecture.

Si cette lecture vous agace en fin de copie : veillez à la lire au fur et à mesure ; ainsi, pouvez-vous lire l'introduction dès sa rédaction terminée, puis chaque sous-partie dès que leur point final est posé.

Rien, en effet, n'agace plus aujourd'hui les correcteurs que les fautes d'orthographe et de style oubliées, le plus souvent, par inattention !

Arrêt *Benjamin*, rendu par le Conseil d'État, le 19 mai 1933[44]

Sujet N° 1

Thème

Notion de police administrative. Contrôle de la légalité des mesures de police. Caractère nécessaire des mesures de police.

I – Le texte de l'arrêt

LE CONSEIL D'ÉTAT :

Vu les lois des 30 juin 1881 et 28 mars 1907 ;
Vu la loi du 5 avril 1884 ;
Vu les lois des 7-14 octobre 1790 et 24 mai 1872 ;

5 1) Considérant que les requêtes susvisées dirigées contre deux arrêtés du maire de Nevers interdisant deux conférences, présentent à juger les mêmes questions ; qu'il y a lieu de les joindre pour y être statué par une seule décision ;

En ce qui concerne l'intervention de la Société des gens de lettres :

2) Considérant la Société des gens de lettres a intérêt à l'annulation des arrêtés attaqués ; que dès lors, son intervention est recevable ;

Sur la légalité des décisions attaquées :

3) Considérant que s'il incombe au maire, en vertu de l'article 97 de la loi du 5 avril 1884, de prendre les mesures qu'exige le maintien de l'ordre, il doit concilier l'exercice de ses pouvoirs avec le respect de la liberté de réunion garantie par les lois des 30 juin 1881 et 28 mars 1907 ;

4) Considérant que pour interdire les conférences du sieur René Benjamin, figurant au programme de galas littéraires organisés par le syndicat d'initiative de Nevers, qui présentaient toutes deux le caractère de conférences publiques, le maire s'est fondé sur ce que la venue du Sieur René Benjamin à Nevers était de nature à troubler l'ordre public ;

5) Considérant qu'il résulte de l'instruction, que l'éventualité de troubles, alléguée par le maire de Nevers, ne présentait pas un degré de gravité tel qu'il n'ait pu, sans interdire la conférence, maintenir l'ordre en édictant les mesures de police qu'il lui appartenait de prendre ; que, dès lors, sans qu'il y ait lieu de statuer sur le moyen tiré du détournement de pouvoir, les requérants sont fondés à soutenir que les arrêtés attaqués sont entachés d'excès de pouvoir ;

44. Rec. 541, D. 1933. III. 354, concl. Michel, S. 1934. III. 1, concl. et note A. Mestre, GAJA n°47, Lachaume p. 324.

Art. 1 – L'intervention de la société des gens de lettres est admise.

Art. 2 – Les arrêtés susvisés du maire de Nevers sont annulés.

Du 19 mai 1933.- Cons. d'Ét., Assemblée. – MM. Ingrand, rap.- Michel, concl.- Morillot et Beurdeley, av.

II – Le commentaire de l'arrêt

Un commentaire d'arrêt, en droit administratif, suppose de l'attention dans la lecture de l'arrêt, mais aussi et surtout, un respect scrupuleux d'une certaine méthodologie ; le sens juridique voire critique fera le reste (cf. **méthodologie générale du commentaire d'arrêt**).

En effet, commenter un arrêt impose au préalable une double ou triple **lecture du sujet**, afin de bien « s'en imprégner », puis commence par **l'établissement** (au brouillon) **de la fiche de jurisprudence**, se poursuit par une phase de réflexion aboutissant à **l'établissement d'un plan détaillé** et, s'achève par la **rédaction et la lecture du devoir**.

Reprenons chacune de ces **5 étapes** afin de mieux scinder méthodologiquement ce type d'épreuve.

1. La lecture du sujet (20 minutes)

Commenter un arrêt impose une double ou triple lecture du sujet, afin de bien s'imprégner, de la décision et comprendre le ou les problèmes juridiques soulevés.

La phase préparatoire du commentaire débute par une lecture de repérage qui ne doit pas excéder cinq minutes.

Ce survol a pour but d'identifier le thème général abordé et de détecter certaines informations essentielles, comme la juridiction, auteur de l'arrêt, la formation au sein de laquelle elle a siégé pour statuer et la date de la décision. Ces éléments renseignent sur la portée de votre arrêt. L'arrêt commenté est rendu par le Conseil d'État.

Pour faciliter une telle lecture, et par la suite l'étude de l'arrêt, un conseil pratique s'impose : numéroter les considérants.

Ensuite, il convient de procéder à une lecture analytique afin de comprendre les faits à l'origine du litige, le ou les problèmes de droit posés aux juges et le raisonnement justifiant leur solution.

Il importe alors de ne surligner que les mots et expressions clés. Il ne faut pas abuser de son « surligneur » ou de votre feutre au risque de ne plus pouvoir détecter les éléments essentiels et de perdre le fil de sa lecture en se déconcentrant.

La rédaction de l'arrêt *Benjamin* étant particulièrement succincte, le surlignage est d'autant plus inutile. Il ne faut en retenir que quelques formulations voire groupes de mots-clés.

2. Constitution de la fiche d'arrêt (20 à 30 minutes)

La fiche de jurisprudence est, en quelque sorte, l'antichambre, le préalable du commentaire. Ce « premier cliché » de l'arrêt est important parce qu'il permet de disséquer ses points-clés et de « mettre à nu » le raisonnement du juge.

Avant de commencer la préparation de la fiche de jurisprudence, il convient de méditer ces trois remarques.

Tout d'abord, il convient de souligner que la fiche de jurisprudence, en droit administratif, est différente de « l'analyse du jugement en droit privé », dans la mesure où, généralement, n'y sont pas développées les argumentations des parties. Et ce, parce que, le plus souvent, les jugements administratifs ne comportent pas l'exposé de telles argumentations.

Ensuite, il faut relever que si le candidat a l'impression de déjà connaître l'arrêt parce qu'il en a entendu parler en cours ou en TD, ou parce qu'il a eu le courage de lire les conclusions du commissaire du Gouvernement y afférentes. Cette connaissance l'aidera à mieux cerner le ou les problèmes juridiques. Toutefois, il doit se méfier, il ne doit commenter que le texte qui lui est fourni !

En l'espèce, vous pouvez consulter utilement **les conclusions rédigées par le commissaire du Gouvernement Michel** ; elles sont publiées au Recueil Dalloz de 1933, dans la troisième partie, p. 54 à 57 ou au Recueil Sirey de 1934, dans la troisième partie, p. 1 à 6.

Soyez curieux et lisez aussi, sous cet arrêt, dans le recueil Sireil précité et aux mêmes pages, accompagnant ainsi les conclusions, la **note d'Achille Mestre**.

Enfin, lorsque l'arrêt est court et peu explicite, une analyse linéaire et minutieuse des quelques groupes de mots voire, parfois seulement, de certains mots s'impose afin de mettre en exergue l'essentiel du jugement.

Pour ce type d'arrêt, la lecture, ne serait-ce que des conclusions du commissaire du Gouvernement – surtout lorsque c'est un arrêt fondamental du droit administratif –, est presque incontournable.

En effet, la rédaction succincte de l'arrêt ne peut être palliée que grâce à ces dernières.

Ces précisions étant faites, la fiche de jurisprudence se divise en cinq rubriques : l'exposé des **faits**, la **procédure**, le ou les **problème(s) de droit** (formulés éventuellement sous forme de **questions juridiques**), la **solution retenue**, et enfin, les **motifs**.

Voici comment se présente, en l'espèce, votre fiche d'arrêt :

A. Les faits

Présentez-les de façon chronologique.

La présentation des faits peut être différente selon que vous connaissez ou non l'affaire dans la mesure où l'arrêt commenté est en lui-même particulièrement discret sur les faits.

Par suite, deux présentations des faits vous sont proposées selon que vous avez une quelconque connaissance de l'arrêt ou que vous n'en avez aucune.

Si vous connaissez un peu l'affaire : « *Dans le cadre d'un programme de galas littéraires, organisés par le syndicat d'initiative de Nevers, M. René Benjamin devait donner une conférence publique. Du fait de troubles allégués par la tenue de cette dernière, le maire de la commune a interdit, une première fois, cette réunion. Le syndicat décida alors de la maintenir en la faisant passer pour une réunion privée ; ce qui amena le maire à l'interdire à nouveau* ».

Si vous ne connaissez nullement l'arrêt, il faut donc vous cantonner aux rares faits évoqués dans le texte soumis : « *Dans le cadre d'un programme de galas littéraires, organisés par le syndicat d'initiative de Nevers, M. René Benjamin devait tenir deux réunions publiques. Du fait de troubles allégués en rapport avec ces dernières, le maire de Nevers a interdit ces conférences publiques par deux arrêtés municipaux distincts* ».

B. La procédure

« *Ce sont les deux arrêtés municipaux d'interdiction de la réunion* (dans le cas de la première présentation des faits) *ou ces deux arrêtés* (dans le cas de la seconde exposition des faits) *qui ont été attaqués devant le Conseil d'État – juge administratif à l'époque de droit commun en première instance -, et ce, par la société des gens de lettres, d'une part, et d'autre part, par M. Benjamin et le syndicat organisateur* ».

C. Les problèmes de droit

En l'espèce, s'agissant d'un recours pour excès de pouvoir, le seul problème juridique posé, au fond, est celui de la **légalité de l'acte attaqué**.

Ce type de recours contentieux **vise à demander au juge administratif d'annuler une décision administrative**. Cette demande n'est satisfaite que si le juge constate que la légalité de l'acte est viciée.

En l'espèce, aucune question de compétence juridictionnelle ou de recevabilité de la demande n'apparaît, seule l'étude de la légalité interne de l'acte s'impose donc au juge.

En effet, la question de la recevabilité de la demande en annulation de la Société des gens de lettres est sans grande importance, d'autant plus qu'elle n'a pas posé problème au juge administratif et que l'arrêt ne s'appesantit pas dessus.

Toutefois, il en va bien différemment de la question essentielle de cet arrêt concernant le contrôle de la légalité exclusivement interne des décisions administratives contestées. Et ce d'autant plus qu'est en cause, en l'espèce, la question de l'adéquation du droit aux faits à la lumière du principe de proportionnalité, c'est-à-dire le contrôle de l'adaptation de la mesure de police au trouble qu'elle tend à prévenir.

D. La solution retenue

Vous reprendrez la solution dans votre introduction en la faisant suivre de « *au (x) motif(s) que…* » ou de « *aux motifs suivants* ». Si, toutefois, l'exposé de la solution constitue une phrase complète, vous la compléterez d'une phrase du style « *Cette annulation ou ce rejet a été justifié(e) par les motifs suivants* ».

« En l'espèce, la Haute juridiction administrative a annulé les deux arrêtés municipaux incriminés pour la raison suivante ».

E. Les motifs

Synthétisez-les sans les paraphraser.

Rendez compte de toutes les questions suscitées par l'étude de la légalité des actes administratifs attaqués. Ce qui est particulièrement plus facile, comme en l'espèce, lorsque le problème juridique est unique ; ce qui rend alors le choix du plan plus difficile.

« Il s'évince avec force des faits de l'espèce (« de l'instruction ») que les troubles prétendus, motivant pourtant la mesure de police d'interdiction des réunions, n'étaient que de réalisation incertaine et d'une gravité pas assez importante pour justifier une mesure de police aussi extrême et attentatoire à une liberté aussi fondamentale que la liberté de réunion ».

3. L'établissement du plan détaillé (30 minutes)

A. Plan proposé :

a. Recherches des idées devant être développées dans le devoir

Reprenez les problèmes de droit identifiés dans votre fiche de jurisprudence. Remémorez-vous les chapitres de votre cours qui y font référence. Attention ne tombez pas dans l'écueil de la dissertation, ne sélectionnez que les éléments qui sont directement concernés par votre arrêt !

L'intérêt essentiel de l'arrêt Benjamin est de consacrer l'exercice du contrôle de proportionnalité des mesures de police ; c'est ainsi qu'il est présenté traditionnellement, et ce, bien qu'il ait synthétisé plutôt une évolution jurisprudentielle de ce type de contrôle.

Par suite, cet arrêt est classiquement un arrêt fondamental, dont l'objet exclusif est d'exposer les éléments du raisonnement du juge administratif dans le cadre du contrôle du caractère nécessaire d'une mesure de police.

Toutefois, au risque de nous répéter, cet arrêt est particulièrement succinct dans sa rédaction et il convient de faire parler ses silences.

De plus, il importe de souligner que l'étude de tout contrôle, de façon fort simpliste au demeurant, suppose de bien dissocier, d'une part, les éléments constitutifs de ce dernier (I), et d'autre part, ses modalités d'exercice (II).

C'est donc selon cette démarche que sera étudié l'arrêt, et par là même, mis en exergue ses points les plus importants.

I – Les éléments du contrôle des arrêtés d'interdiction de la réunion de M. Benjamin

Ces éléments sont au nombre de deux : il y a, tout d'abord, la cause de la mesure de police, l'élément de référence, c'est-à-dire le trouble « allégué » à l'ordre public (a). Ensuite, il convient de s'intéresser à la mesure de police proprement dite, à l'élément contrôlé, en somme, à l'objet du contrôle, et ce, à travers l'étude de la compétence de l'autorité de police administrative (b).

a. Le trouble « allégué » à l'ordre public

Évoquez cette notion-clé, dans le cadre du contrôle du caractère nécessaire d'une mesure de police, cela implique de savoir ce qu'est l'ordre public puis ce qui constitue une atteinte à ce dernier.

1) La notion d'ordre public est un concept aujourd'hui fort important, particulièrement depuis que le Conseil constitutionnel l'a consacré comme étant un objectif à valeur constitutionnelle (CC 21 janvier 1994, *Communication audiovisuelle*, DA 1994 n° 130).

De façon très classique, voire limitée, cette notion est cantonnée à la définition qu'en a posée l'article L 2212-2 CGCT qui fait référence à la trilogie traditionnelle : sécurité publique, tranquillité publique et salubrité publique.

2) Toutefois, se pose une question importante : est-ce que cette trilogie est suffisante pour illustrer ce que recouvre totalement la notion d'ordre public ?

On doit répondre négativement à cette question, et ce, pour les trois raisons suivantes.

D'une part, l'article L 2212-2 CGCT fait aussi référence à une notion peu ou mal définie, celle de « bon ordre » ; est-ce à ce titre ou en vue d'une définition extensive de l'ordre public que le Conseil d'État a justifié dans le cadre de la mise en œuvre de pouvoir de police des mesures ayant trait à la préservation de l'esthétisme (CE 23 octobre 1936, *Union parisienne des syndicats de l'imprimerie*, Rec. 906) ?

Quoi qu'il en soit, la Haute juridiction administrative retient une définition plus extensive, ou du moins plus large de la notion d'ordre public, que celle traditionnellement et précédemment évoquée.

D'autre part, la prise en compte par le juge administratif, en matière de police administrative, de la notion d'ordre moral est quelque peu dangereuse mais réelle.

Dangereuse, parce que, comme le relevait si justement M. Hauriou, « *la police ne poursuit pas l'ordre moral dans les idées et dans les sentiments, elle ne pourchasse pas les désordres moraux* [...] *si elle l'essayait, elle verserait immédiatement dans l'oppression des consciences* ».

Réelle pourtant, dans la mesure où le juge administratif censure à ce titre certaines mesures de police administrative. C'est ainsi qu'il a admis qu'une autorité de police peut interdire des dénominations données à des voies privées qui seraient contraires à l'ordre public et aux bonnes mœurs (CE 19 juin 1974, *Broutin*, Rec. 346).

De même, admet-il qu'un maire puisse interdire la projection d'un film, ayant pourtant obtenu le visa ministériel nécessaire à son exploitation, lorsque cette projection risque d'entraîner des troubles matériels (tels que des violences entre les personnes opposées et celles favorables à cette projection, quelle que soit la raison de cette opposition au demeurant) ou lorsque ladite projection est de nature à préjudicier à l'ordre public à raison du caractère immoral du film et des circonstances locales (CE Sect. 18 décembre 1959, *Société Les films Lutetia*, Rec. 693 ; Sect. 14 octobre 1960, *Société les films Marceau*, Rec. 533 ; Sect. 23 décembre 1960, *Union générale cinématographique*, Rec. 731).

In fine, le juge administratif a donné une lecture de la notion de police administrative en matière de moralité dans deux espèces particulières concernant toutefois le même cas de figure, celui du lancer de nain (CE Ass. 27 octobre 1995, *Commune de Morsang-sur-Orge* et *Ville d'Aix-en-Provence*, Rec. 372).

En cette double affaire, le juge administratif a admis la légalité d'arrêtés municipaux posant l'interdiction d'une animation de discothèque, le lancer de nain !

En effet, la Haute juridiction administrative a considéré, en de telles circonstances, justifié l'exercice par le maire de ses pouvoirs de police au motif qu'une telle attraction porte atteinte à la dignité de la personne humaine.

Non contente d'elle-même, elle a ajouté, fort maladroitement au demeurant, que cette solution s'impose « *même en l'absence de circonstances locales* ».

Plus heureuse, a-t-elle précisé, utilement et volontairement, « *alors même que des mesures de protection avaient été prises pour assurer la sécurité du nain et même si ce dernier se prêtait librement contre rémunération à cette exhibition* » (afin de mieux écarter la liberté du travail comme de celle du commerce et de l'industrie).

Toutefois, comme l'a reconnu le commissaire du Gouvernement P. Frydman, dans ses conclusions sur ces arrêts, savoir si le lancer de nain est ou non contraire à la moralité publique, cela relève de l'intime conviction de chacun.

Est à relever que le juge communautaire a justifié pour la même raison l'interdiction administrative d'un jeu, appelé le « laserdrome », organisé dans un établissement de jeux pour jeunes, et consistant à tirer sur des cibles humaines munies d'un gilet spécial avec des lasers inoffensifs. En effet, ce jeu banalise les homicides et la violence et attente donc à la dignité de la personne humaine (CJCE 14 octobre 2004, *Oméga*, AJDA 2004, n° 3, p. 152, note A. Walter).

C'est pourquoi, d'une façon générale, s'il est parfois utile que le juge administratif fasse de la morale, c'est à condition toutefois qu'il en fasse le moins possible.

D'ailleurs, ne reconnaît-il pas illégal l'arrêté d'un maire, qui pourtant viserait à interdire dans sa commune la distribution gratuite de journaux ou de feuilles d'information comprenant de la publicité télématique à caractère licencieux (CE 16 octobre 1996, *Commune de Taverny*, GP 1998, 2, p. 522).

Enfin, dernière extension limitée et critiquable, bien qu'utile de la notion d'ordre public, c'est son utilisation pour justifier l'édiction de mesures de police visant à protéger les individus contre eux-mêmes.

Ainsi, en a-t-il été lorsque le Premier ministre, par un décret du 28 juin 1973, a imposé aux conducteurs et passagers des véhicules à deux roues de porter un casque et à ceux des véhicules automobiles à mettre une ceinture de sécurité (à l'origine à l'avant et aussi maintenant à l'arrière).

3) Il faut aussi préciser que les exigences du maintien de l'ordre public sont susceptibles de variation dans le temps. C'est ainsi qu'aujourd'hui, le maintien de la sécurité publique se traduit par l'édiction de mesures beaucoup plus diverses qu'autrefois, notamment en matière de circulation sur les voies publiques. Et ce d'autant plus que, désormais, la sécurité inclut, en matière de circulation et de stationnement, de nouveaux facteurs tels que la commodité et la facilité.

D'où, au nom de la sécurité publique, l'institution sur certaines voies publiques de couloirs, réservés à des catégories déterminées de véhicules automobiles, la fermeture à certaines heures de certaines voies à la circulation et au stationnement des véhicules automobiles ou à des catégories de celles-ci, la limitation de la durée de stationnement sur les voies publiques ou son interdiction totale.

4) Par suite, le trouble à l'ordre public s'entend comme une atteinte à l'un des éléments sus-définis de l'ordre public.

Il est parfois évident de caractériser un tel trouble, et ce, bien que sa faiblesse intrinsèque en matière de police administrative c'est-à-dire de police de prévention de tels troubles, c'est de les anticiper.

En effet, la police administrative est préalable à la réalisation du trouble, alors que la police judiciaire a pour objet de réprimer une infraction pénale commise, supposée l'être ou sur le point de l'être.

En somme, la police judiciaire n'intervient que lorsque le trouble, que visait à éviter la police administrative, a été réalisé et qu'une infraction a par suite été commise.

C'est ainsi qu'est constitutif, depuis 1951 (de façon certaine), d'une opération de police judiciaire, tout acte juridique et/ou matériel pris (pour le premier) ou commis (pour le second) par une autorité de police, en relation avec une infraction pénale déterminée (CE Sect. 11 mai 1951, *Consorts Baud*, Rec. 265 ; TC 7 juin 1951, *Dame Noualek*, Rec. 636, concl. J. Delvolvé).

C'est pourquoi, par exemple, le placement en garde à vue d'une personne à l'encontre de laquelle il existe des raisons plausibles de soupçonner qu'elle a commis ou tenté de commettre une infraction, a le caractère d'une opération de police judiciaire (TC 22 mars 2004, *Stoffel*, Bull. civ. p. 15 (n° 11), RFDA 2004 p. 1030).

Dès lors, le trouble à l'ordre public, en matière de police administrative, n'est toujours que supposé, envisagé, quant à sa réalisation, puisque justement la fin exclusive de cette police est d'éviter qu'il ne se réalise.

Ainsi, l'appréciation d'éventuels troubles, au regard desquels une mesure de police administrative est prise, est des plus ambiguë voire aléatoire. De plus, elle amène l'autorité administrative, titulaire de tels pouvoirs de police, à faire de la prospective juridique, à envisager l'inadmissible, l'inacceptable, le trouble à l'ordre public.

Par suite, est évidemment illégal l'arrêté municipal réglementant les convois funèbres sur la voie publique et interdisant notamment aux membres du clergé, revêtus de leurs habits sacerdotaux, d'accompagner à pied ces convois, conformément à la tradition locale (CE 19 février 1909, *Abbé Olivier*, Rec. 181).

En effet, dans une telle hypothèse, il apparaît avec force que la mesure de police municipale contestée ne repose sur aucun motif tiré de la nécessité de maintenir l'ordre sur la voie publique.

Toutefois, sont beaucoup plus délicats à apprécier, comme en l'espèce, les troubles éventuels à l'ordre public, et surtout le degré de tels troubles, parce que cette appréciation-là découle de la justification de la mesure de police prise.

Parce qu'en effet, en l'espèce, une chose est sûre, la conférence de M. Benjamin, quelle que soit la modalité de son déroulement, allait entraîner des manifestations plus ou moins importantes, plus ou moins attentatoires à l'ordre public.

D'ailleurs, l'arrêt, par une formule pour le moins elliptique, ne s'y est pas trompé en estimant que, bien que cette réunion allât causer des troubles « éventuels », elle «… *ne présentait pas un degré de gravité tel que…* » ; ainsi, le juge administratif a considéré, dans l'arrêt *Benjamin*, que des troubles à l'ordre public étaient probables concomitamment à la tenue de la réunion du requérant.

Toutefois, tout est une question d'évaluation de l'importance du trouble à l'ordre public considéré. D'où, la nécessité, par suite, de bien identifier la mesure de police préconisée pour remédier à ce trouble, et ce, à l'occasion de l'étude de la compétence de l'autorité de police administrative.

b. La compétence de l'autorité municipale en matière de police administrative

1) Le maire a des attributions de police administrative très larges ; ce qui l'amène à régir sinon toute la vie locale grâce à ses arrêtés municipaux de police du moins une bonne partie de l'activité de sa commune.

Le Code général des collectivités territoriales consacre d'ailleurs un titre entier, le Titre 1er, du Livre 2e (intitulé « *Administration et services communaux* »), de la deuxième partie (sur la commune) dudit Code, soit les articles L 2211-1 à L 2216-3.

L'importance et le nombre de ces compétences de police sont d'ailleurs illustrés par certaines formulations du Code. C'est ainsi qu'aux termes de l'article L 2211-1, « *le maire concourt par son pouvoir de police à l'exercice des missions de sécurité publique* ». De même qu'à ceux de l'article L 2212-1, il est dit que « *le maire est chargé, sous le contrôle administratif du représentant de l'État dans le département, de la police municipale, de la police rurale* [...] ».

Toutefois, ces compétences ne sont pas instituées au seul profit du maire mais à celui de l'intérêt général.

C'est pourquoi, si, malgré le flou des formules textuelles, il semble que ces attributions policières soient constitutives de compétences discrétionnaires, leur auteur peut être obligé de les exercer en certaines circonstances. Ainsi, apparemment libre de les mettre en œuvre en vue, toutefois, de prévenir tout trouble potentiel à l'ordre public, il peut être aussi amené à devoir les exercer.

2) En effet, lorsqu'une telle obligation existe, tout manquement d'une autorité de police à cette obligation est non seulement constitutif d'une illégalité mais peut aussi engager la responsabilité de la personne publique au nom de laquelle elle devrait agir.

Deux hypothèses sont à différencier.

D'une part, l'obligation d'appliquer une réglementation préétablie : lorsqu'une réglementation de police a été édictée, toute autorité de police, même celle dont elle émane, doit veiller à la mise en œuvre de cette réglementation.

Ainsi, doivent être prises toutes les mesures (décisions, interventions sur le terrain...) nécessaires à assurer l'application effective de cette réglementation.

Ce principe a été rappelé par la jurisprudence *Doublet* (CE Sect. 14 décembre 1962, Rec. 680).

D'autre part, l'obligation de prendre les mesures de police initiales : elle s'impose à une autorité de police lorsque cette dernière se trouve confrontée à une situation où l'ordre public est troublé.

Dans un tel cas, elle se doit d'agir, mais encore faut-il que la mesure de police qu'elle prend, réponde aux trois conditions suivantes posées par l'autre jurisprudence *Doublet* (CE 23 octobre 1959, Rec. 540).

Ces trois conditions consistent dans :

- la cause de cette mesure : une situation particulièrement dangereuse pour l'ordre public ;
- le but de cette mesure : faire cesser un péril grave ;
- le caractère de cette mesure : elle doit être, au vu des deux conditions précédentes, indispensable.

Par suite, toute abstention de l'autorité de police face à un tel trouble avéré à l'ordre public peut engager la responsabilité de la personne publique (CE 29 novembre 1963, *Escarot*, Rec. 596 ; CAA Nantes 21 mars 1990, *Consorts Dubouloz*, DA 1990 n° 363).

3) De plus, certaines mesures de police ne peuvent pas être prises par celui qui détient pourtant légalement le pouvoir de les prendre.

En effet, si l'autorité de police peut édicter toute mesure visant à réprimer toute atteinte à l'ordre public, certaines mesures sont hors de sa portée : elle n'est pas compétente pour les prendre.

Par suite, certaines mesures de polices sont prohibées par la loi.

C'est ainsi qu'une autorité de police, même compétente, ne peut pas prendre des mesures de police visant à soumettre une activité ou une action quelconque des administrés à un système de déclaration ou d'autorisation.

Seul le législateur peut en effet prendre de telles mesures (CE Ass. 22 juin 1951, *Daudignac*, Rec. 362).

De même, elle ne peut pas prescrire les moyens par lesquels doivent être respectées les mesures de police édictées sauf si aucun choix n'est possible.

En effet, s'il n'y a qu'un seul moyen de pouvoir respecter une prescription posée par une mesure de police, l'autorité de police peut le préciser en imposant dans sa mesure le respect de la prescription.

Mais, dans le cas contraire, c'est-à-dire dans l'hypothèse d'une pluralité de choix en vue de respecter la mesure de police, il revient aux administrés d'apprécier les modalités qu'ils utiliseront ; par suite, le texte de police n'a pas à leur imposer tel choix plutôt que tel autre, l'utilisation de tel moyen plutôt que tel autre.

4) En l'espèce, la mesure de police est simple et consiste de manière radicale à l'interdiction de la réunion de M. Benjamin, et ce, bien que la liberté de réunion, comme le relève d'ailleurs l'arrêt, est protégé et par là même garantie par divers textes législatifs.

Reste donc à savoir si, au vu des troubles de manifestation, précédemment évoqués, la mesure est proportionnée, nécessaire.

Par suite, une fois les éléments du contrôle posés, une autre question doit être traitée, celle de l'intensité, des degrés du contrôle, c'est-à-dire les modalités de ce dernier.

II – Les modalités de contrôle des arrêtés d'interdiction de la réunion de M. Benjamin

Pour bien comprendre le contrôle, effectué par le juge administratif, du caractère proportionné de la mesure de police d'interdiction de la réunion de M. Benjamin, il convient d'exposer les divers degrés du contrôle d'une telle mesure (a), avant de s'intéresser plus particulièrement à l'espèce (b).

a. Les différents degrés du contrôle

Il y a, tout d'abord, le contrôle particulier des interdictions générales et absolues, qui bien qu'apparemment étranger à l'espèce, permet de mieux comprendre le contrôle des autres mesures de police.

1) La liberté étant la règle et la mesure de police l'exception, le juge administratif a une méfiance vis-à-vis de mesures de police constitutives d'interdictions générales et absolues.

En effet, plus elles sont générales et absolues, plus il les suspecte d'illégalité.

D'ailleurs, souvent il appuie sa reconnaissance de la légalité d'une mesure de police d'une formulation du style que l'interdiction édictée n'est « *ni générale, ni absolue* » (CE 18 janvier 1991, *Société Multypromotion*, Rec. 16).

Toutefois, c'est malgré tout toujours une question d'espèce.

C'est ainsi que le Conseil d'État a estimé comme légale une interdiction du Préfet de la Manche à l'adresse des photofilmeurs, pendant la saison touristique et sur toute la portion de la route nationale conduisant au Mont-Saint-Michel.

En effet, le juge administratif a justifié une telle interdiction, pourtant générale et absolue, nécessaire au motif que l'affluence exceptionnelle des touristes, pendant la période estivale, rend particulièrement dangereuse l'exercice d'une telle activité sur une voie publique si encombrée (CE 13 mars 1968, *Leroy*, Rec. 178).

En revanche, il a considéré comme illégale une interdiction de circulation de certains poids lourds sur l'ensemble d'un territoire communal, parce qu'une telle interdiction n'était justifiée que dans certaines portions du territoire de la commune.

Par suite, cette mesure, dans les circonstances de l'espèce, présentait une généralité excessive par rapport aux fins recherchées (CE 14 décembre 1988, *Société des ciments français*, DA 1989 n °47).

En l'espèce, les arrêtés municipaux d'interdiction de la réunion de M. Benjamin ne constituaient pas à proprement parler des interdictions générales et absolues, et ce, parce que leur objet n'était pas d'interdire toutes les réunions publiques se déroulant sur le territoire communal de Nevers.

En effet, ces arrêtés ne visaient qu'un conférencier au vu des troubles allégués par la tenue de ses réunions. Ainsi, la liberté de réunion ne se trouvait pas, de manière générale et absolue, entravée sur tout le territoire communal.

Par suite, au-delà de l'atteinte portée à une liberté si fondamentale, ces mesures de police ne portaient pas une atteinte absolue à l'exercice de la liberté de réunion, mais elles avaient pour objet exclusif d'empêcher, de manière générale, la tenue de la conférence de M. Benjamin.

Dès lors, c'est au vu de la liberté, même partiellement, « sacrifiée », et par là même de l'objet des arrêtés municipaux contestés, que le juge administratif a été amené à renforcer son contrôle sur ces actes.

2) Dans la mesure où un acte de police restreint toujours l'exercice d'une liberté, encore faut-il que cette restriction soit nécessaire, adaptée et proportionnée aux risques de troubles à l'ordre public qu'elle tend à prévenir.

Pour vérifier une telle nécessité, le juge administratif identifie le trouble à l'ordre public prévenu par la mesure de police ainsi que la mesure préconisée et enfin, estime l'adéquation entre les deux, et ce, pour répondre à la question suivante : est-ce que la mesure de police édictée est justifiée par le trouble à l'ordre public qu'elle veut prévenir ?

Dès lors, savoir si une telle mesure est finalement nécessaire, c'est une question d'appréciation fort subjective, qui variera non seulement en fonction de la mesure de police préconisée, mais aussi et surtout, selon les circonstances de chaque espèce.

Par suite, la jurisprudence originelle de ce contrôle du caractère nécessaire de la mesure de police, l'arrêt *Benjamin* (CE 19 mai 1933, Rec. 541), ne peut se comprendre véritablement qu'à la lecture, la lumière des conclusions du commissaire du Gouvernement Michel (D. 1933. III. 354).

Par voie de conséquence, est légale une mesure de police qui maintient l'ordre public sans qu'aucune autre mesure de police plus rigoureuse ou moins contraignante ne soit nécessaire (CE 21 janvier 1966, *Legastellois*, Rec. 45 ; 23 juillet 1991, *Lemonne*, Rec. 314).

Dans le cas contraire, lorsqu'elle est trop excessive dans sa rigueur, trop attentatoire à la liberté qu'elle entrave, au vu du trouble éventuel à l'ordre public, elle sera déclarée illégale (CE Sect. 15 décembre 1961, *Chiaretta*, Rec. 709 ; 3 juin 1994, *Commune de Coulommiers*, Rec. 287).

En somme, l'appréciation de la nécessité de ces mesures passe par leur rapport avec les faits dont elles procèdent ; elles sont nécessaires dans la mesure où elles ne sont pas excessives, c'est-à-dire disproportionnées.

b. Le caractère disproportionné des arrêtés municipaux

1) C'est à la lumière des remarques précédentes que doit être étudié le contrôle particulièrement circonstancié effectué par le juge administratif en cette espèce.

Il est vrai, à cet égard, que l'arrêt *Benjamin* est peu parlant. En effet, le Conseil d'État annule les arrêtés municipaux d'interdiction au motif, pour le moins elliptique, que « *les troubles* […] *ne présentai* (en) *t pas un degré de gravité tel qu'il* (le maire) *n'ait pu sans interdire la conférence, maintenir l'ordre en édictant la mesure de police qu'il lui appartenait de prendre* ».

2) C'est donc plus dans les conclusions du commissaire fort détaillées, sur le plan des faits, que l'on comprend mieux le pragmatisme avec lequel le juge administratif opère le contrôle du caractère nécessaire de la mesure de police. En effet, une mesure de police n'est proportionnée donc légale que si, une fois prise, elle est adaptée au trouble à éviter, et par suite, à la liberté entravée.

Ce que le Conseil d'État confirme, dans l'arrêt Benjamin, en relevant que « *s'il incombe au maire, en vertu de l'article* […] *de prendre les mesures qu'exige le maintien de l'ordre, il doit concilier l'exercice de ses pouvoirs avec le respect de la liberté de réunion garantie par les lois des 30 juin 1881 et 28 mars 1907* ».

C'est pourquoi, ledit commissaire relève que si « *le maintien de l'ordre sur la voie publique est* […] *l'une des tâches fondamentales de l'autorité municipale et, dans le cas où le seul moyen véritablement efficace pour prévenir les troubles pouvant résulter d'une réunion consisterait à interdire la réunion elle-même, nous admettrions parfaitement que le maire aurait le pouvoir de prononcer cette interdiction. Mais nous nous hâtons d'ajouter que, pour qu'une pareille interdiction fût admissible, il faudrait des circonstances tout particulièrement graves et de nature à prévaloir sur le principe de liberté dont le législateur de 1881 a entendu assurer le respect* ».

« *Mais* (ajoute-t-il) *nous estimons qu'il n'y avait pas à Nevers d'indices suffisants pouvant faire craindre des atteintes à l'ordre public de nature à justifier une décision d'interdiction. Le maire signale simplement la protestation de certains instituteurs, l'annonce d'une contre-manifestation, le fait que des affiches auraient été lacérées. Mais il lui appartenait d'user des moyens dont il disposait, et, si ceux-ci étaient insuffisants, de faire appel, au besoin, à la gendarmerie et à la garde républicaine mobile pour assurer le maintien de l'ordre. Les requérants indiquent que, dans une grande ville où la population ouvrière est nombreuse, le maire, M. Edouard Herriot, a su prendre toutes les mesures nécessaires pour assurer le respect de la liberté de pensée et de la liberté de parole à l'occasion d'une conférence de M. René Benjamin et que l'ordre le plus parfait n'a cessé de régner à Lyon lors de cette conférence. Il incombait au maire de Nevers de prendre toutes mesures identiques ou analogues. Nous estimons, dès lors, qu'en interdisant la conférence de M. René Benjamin, il a commis une violation certaine de la loi du 30 juin 1881* » (Recueil Sirey, 1934, p. 6).

3) En somme, et comme l'a relevé si pertinemment Achille Mestre, dans sa note, «… *le maire est tenu de maintenir l'ordre dans la commune, mais il ne peut poursuivre cette fin par tous les moyens ; son action ne saurait dépasser les bornes tracées par les lois, dont il est, par ailleurs, chargé d'assurer l'exécution. Il y a là un équilibre, une conciliation délicate, entre les nécessités de l'ordre public et les exigences de la liberté* » (Recueil Sirey, 1934, p. 2).

C'est pourquoi, précise-t-il, à la suite du Conseil d'État, qu'« *il y aurait une hypothèse dans laquelle l'interdiction d'une réunion publique demeurerait possible par l'autorité municipale, c'est celle où l'interdiction constituerait le seul moyen efficace pour empêcher des troubles graves. On peut imaginer telle réunion, qui tenue dans certaines circonstances de temps et de lieu, pourrait paraître une sorte de défi à l'opinion publique locale, susceptible de provoquer une effervescence que les mesures ordinaires de police seraient impuissantes à calmer. Le maire a la charge du maintien de l'ordre dans sa commune, qui sera d'ailleurs responsable des dommages résultant de crimes ou délits commis à force ouverte ou par violence par les attroupements. Si l'interdiction de la réunion projetée s'avère le seul procédé possible pour assurer la tranquillité publique, le maire pourra l'employer* » (Recueil Sirey, 1934, p. 2).

B. Le plan détaillé :

L'élaboration du plan détaillé est ici assez simple. Reprenez tels quels les développements précédents.

Le plan du commentaire est d'ailleurs celui qui a servi à la recherche des idées ; il peut apparaître un peu « théorique » pour un plan de commentaire d'arrêt.

Ceci est vrai, et cela pour deux raisons : d'une part, parce que c'est un arrêt de principe qui pose plutôt une synthèse théorique (aboutissement d'une évolution jurisprudentielle) du contrôle du caractère nécessaire des mesures de police, et d'autre part, et par suite, parce que sa rédaction est trop elliptique pour pouvoir échapper à des développements théoriques plus nombreux que dans le cas où l'arrêt est long et donc riche de remarques inhérentes à sa formulation.

L'objet de votre devoir, autrement dit son fil directeur, consiste à démontrer que votre arrêt illustre, pour la première fois, les caractéristiques du contrôle du caractère proportionné ou non des mesures de police.

4. La rédaction du commentaire (1 heure 30 minutes) et la lecture du devoir (15 minutes)

Quelques conseils s'imposent concernant la lecture puis, et surtout, la rédaction.

A. La **lecture** est une dernière étape importante du devoir ; elle rebute le plus souvent ; dès lors, pour s'y astreindre « en douceur », il peut s'avérer efficace de relire au fur et à mesure sa copie, une fois par exemple, que l'introduction et chaque sous-partie sont rédigées. Cela aboutit, en principe, à une lecture en cinq reprises (« par morceaux ») du devoir.

De plus, cette méthode permet à son rédacteur d'avoir toujours à l'esprit ce qu'il vient d'écrire et peut ainsi éviter les répétitions si néfastes pour l'obtention d'une note correcte.

Quoi qu'il en soit, rien n'agace plus aujourd'hui les correcteurs que les fautes d'orthographe et de style oubliées, le plus souvent, par inattention !

B. Quant à la **rédaction**, elle commence par un exercice, souvent considéré comme difficile, celui de l'introduction.

Il n'en est rien, en fait, si comme cela doit être fait, une fiche de jurisprudence a été scrupuleusement et minutieusement rédigée.

En effet, une introduction de commentaire d'arrêt doit avant tout présenter l'arrêt et *in fine* mettre en exergue la problématique arrêtée pour présenter au mieux le raisonnement du juge.

Dès lors, l'introduction doit commencer par un chapeau introduisant l'arrêt, et sûrement pas, par une attaque théorique, digne d'une dissertation juridique !

Ainsi, une telle attaque a pour objet de rattacher, en quelque sorte, les arrêts étudiés au domaine du droit administratif qu'ils concernent, et ce, de la façon suivante :

« L'arrêt Benjamin, rendu le 19 mai 1933, par le Conseil d'État, expose de manière aussi elliptique que didactique la méthode de contrôle du caractère nécessaire des mesures de police ».

La suite de l'introduction doit enchaîner, en utilisant la fiche de jurisprudence, les faits, la procédure, les problèmes de droit, la solution et les motifs.

À la fin de l'exposé de la fiche et à la lumière des motifs, il importe, en un voire deux paragraphes, de poser la réflexion, la problématique, sur laquelle tout le devoir reposera, c'est-à-dire d'expliquer les deux thèmes-clés du devoir et le lien les unissant ; en somme, l'exposé de la problématique permet de faire comprendre le « ressort », la logique du devoir.

L'introduction se termine par l'annonce de plan.

Il faut toutefois éviter de formuler l'annonce de plan, de façon un tant soit peu simpliste, du style : « nous verrons, dans une première partie,..., puis, nous étudierons, dans une seconde partie,... » ; en effet, la langue française recèle un grand nombre de prépositions et de conjonctions voire de propositions prépositives ou conjonctives, dont il faut user, afin de rédiger l'annonce de plan de façon « normale » !

Ainsi, ici, elle pourrait être formulée de la façon suivante : « *C'est pourquoi, l'étude du contrôle du caractère nécessaire des mesures de police, tel qu'opéré par l'arrêt, amènera, tout d'abord, à s'intéresser aux éléments constitutifs de ce dernier, et ensuite, à ses modalités d'exercice* ».

Quant à la rédaction proprement dite des deux parties, des développements, elle doit être l'occasion de suivre la trame de raisonnement et la logique du plan détaillé ; en effet, le devoir peut tout aussi bien être desservi par une rédaction peu rigoureuse que par un défaut de raisonnement.

Par suite, là encore, la nécessité d'une lecture apparaît avec force et évidence.

Enfin, pour la conclusion, – si tant est qu'elle soit exigée (tout dépend des usages universitaires, qui varient sur ce point, selon les universités : le plus simple est donc de demander à l'enseignant !) –, elle doit résumer la portée de l'arrêt.

Ainsi, pouvez-vous conclure : « *Gardienne des libertés publiques, la jurisprudence Benjamin veille, en consacrant le contrôle du caractère nécessaire, proportionné des mesures de police administrative, à circonscrire les effets exorbitants des pouvoirs de police. Ainsi, fonde-t-elle l'utilité de la défense de l'ordre public dans la société tout en exigeant de ses défenseurs, les détenteurs de telles prérogatives, de ne les mettre en œuvre qu'en respectant scrupuleusement les libertés essentielles, fondamentales des administrés. Cet arrêt, au-delà de la position juridique qu'il fixe et arrête, s'inscrit dans la longue série des jugements administratifs défendant la tradition française libérale – à l'instar de ceux illustrant la « théorie des principes généraux du droit » – face aux risques d'arbitraire administratif* ».

Arrêt *Valet et autre*, rendu par le Conseil d'État, le 23 octobre 1974[45]

Sujet N° 2

Thème

Notion d'acte unilatéral. Distinction de l'acte unilatéral et du contrat. Principe de légalité. Contrôle de la légalité des décisions administratives.

I – Le texte de l'arrêt

Conseil d'État statuant au contentieux N° 88034
Publié au Recueil Lebon
M. Richard, Rapporteur
Mme G. Évisse, Commissaire du Gouvernement
M. Heumann, Président
Lecture du 23 octobre 1974

RÉPUBLIQUE FRANÇAISE AU NOM DU PEUPLE FRANÇAIS

VU LA REQUÊTE SOMMAIRE ET LE MÉMOIRE AMPLIATIF PRÉSENTES POUR LE SIEUR VALET [LUCIEN, LOUIS], BOUCHER, DEMEURANT 66 RUE DE VAUGIRARD A PARIS 6e ET L'ASSOCIATION POUR LA DÉFENSE DES INTÉRÊTS PROFESSIONNELS DE LA BOUCHERIE DU BASSIN PARISIEN, DONT LE SIÈGE SOCIAL EST A MONTFORT L'AMAURY [YVELINES], 3 RUE DE PARIS, AGISSANT POURSUITES ET DILIGENCES DE SON PRÉSIDENT EN EXERCICE, LADITE REQUÊTE ET LEDIT MÉMOIRE ENREGISTRES AU SECRÉTARIAT DU CONTENTIEUX DU CONSEIL D'ÉTAT LES 25 JUILLET 1972 ET 8 FÉVRIER 1973 ET TENDANT A CE QU'IL PLAISE AU CONSEIL ANNULER POUR EXCÈS DE POUVOIR L'ARRÊTE DU MINISTRE DE L'ÉCONOMIE ET DES FINANCES EN DATE DU 24 MAI 1972 RELATIF AUX PRIX DES VIANDES DE BOUCHERIE ;

VU L'ORDONNANCE DU 30 JUIN 1945 ; VU L'ARRÊTE DU MINISTRE DE L'ÉCONOMIE ET DES FINANCES EN DATE DU 29 NOVEMBRE 1968 ; VU L'ORDONNANCE DU 31 JUILLET 1945 ET LE DÉCRET DU 30 SEPTEMBRE 1953 ; VU LE CODE GÉNÉRAL DES IMPÔTS ;

SUR LE MOYEN TIRE DE CE QUE L'ARRÊTE ATTAQUE N'A PAS ÉTÉ SIGNE PAR TOUS LES MINISTRES INTÉRESSES :

1) CONSIDÉRANT QU'AUX TERMES DE L'ARTICLE 1er DE L'ORDONNANCE DU 30 JUIN 1945 « *LES DÉCISIONS RELATIVES AUX PRIX DE TOUS PRODUITS ET SERVICES SONT PRISES : 1°] PAR ARRÊTES INTERMINISTÉRIELS DU MINISTRE CHARGE DE L'ÉCONOMIE NATIONALE ET DU MINISTRE RESPONSABLE POUR LES PRODUITS DONT LA LISTE EST ÉTABLIE*

45. Rec. 500, AJDA 1975 p. 363, note C.-L. Vier.

PAR DÉCRET RENDU SUR LA PROPOSITION DU MINISTRE DE L'ÉCONOMIE NATIONALE ; 2°] PAR ARRÊTES DU MINISTRE DE L'ÉCONOMIE NATIONALE POUR TOUS LES AUTRES PRODUITS ET SERVICES » ;

2) CONSIDÉRANT QUE LE DÉCRET PRÉVU AU 1° DE L'ARTICLE PRÉCITÉ N'AYANT PAS ÉTÉ PUBLIE A LA DATE OU EST INTERVENU L'ARRÊTE ATTAQUE, LE MINISTRE DE L'ÉCONOMIE ET DES FINANCES QUI AVAIT EN MATIÈRE DE PRIX LES ATTRIBUTIONS DU MINISTRE CHARGE DE L'ÉCONOMIE NATIONALE ÉTAIT, EN VERTU DU 2° DU MÊME ARTICLE, COMPÈTENT POUR PRENDRE SOUS SA SEULE SIGNATURE LES DÉCISIONS RELATIVES AUX PRIX DE TOUS LES PRODUITS ET SERVICES ;

SUR LE MOYEN TIRE DE CE QUE L'ARRÊTE ATTAQUE NE RESPECTE PAS LE RÉGIME DE FIXATION DES PRIX PAR VOIE RÉGLEMENTAIRE, PRÉVU PAR L'ORDONNANCE DU 30 JUIN 1945 ET MÉCONNAÎT LE PRINCIPE DE LA PUBLICATION DES DÉCISIONS RÉGLEMENTAIRES :

3) CONSIDÉRANT QUE L'ARRÊTE ATTAQUE A POUR OBJET DE FIXER, ÂPRES CONCERTATION AVEC LA PROFESSION, LE RÉGIME DE PRIX APPLICABLE PAR LES DÉTAILLANTS EN VIANDE DE BOUCHERIE ; QU'A CET EFFET IL ENTÉRINE UN ENGAGEMENT PROFESSIONNEL DÉTERMINENT LES MODALITÉS DE CALCUL DES PRIX MAXIMA APPLICABLES, POUR CERTAINES CATÉGORIES DE PRODUITS, PAR LES DÉTAILLANTS SOUMIS AU RÉGIME DIT DE LA LIBERTÉ CONVENTIONNELLE ; QU'EN OUTRE, IL DONNE COMPÉTENCE AUX PRÉFETS POUR ARRÊTER LES CONDITIONS DANS LESQUELLES LES DÉTAILLANTS ADHÉRENT A CE RÉGIME AINSI QUE POUR TAXER LES PRIX APPLICABLES PAR CEUX QUI N'Y ADHÉRENT PAS ;

4) CONSIDÉRANT QUE CET ARRÊTE, AINSI QUE L'ENGAGEMENT PROFESSIONNEL QU'IL REND APPLICABLE ET DONT LES DISPOSITIONS S'Y INCORPORENT, NE CONSTITUE PAS UN ENGAGEMENT CONTRACTUEL DE L'ADMINISTRATION MAIS UNE DÉCISION UNILATÉRALE A CARACTÈRE RÉGLEMENTAIRE PRISE EN ACCORD AVEC LA CONFÉDÉRATION NATIONALE DE LA BOUCHERIE FRANÇAISE ; QUE, DÈS LORS, LES REQUÉRANTS NE SONT PAS FONDÉS A SOUTENIR QUE LEDIT ARRÊTE CONTREVIENDRAIT AUX DISPOSITIONS DE L'ARTICLE 1er DE L'ORDONNANCE DU 30 JUIN 1945, QU'IL MÉCONNAÎTRAIT L'IMPOSSIBILITÉ POUR L'ADMINISTRATION DE CONCLURE UNE CONVENTION SUR L'EXERCICE DE SES POUVOIRS DE POLICE OU QUE LES DÉTAILLANTS EN VIANDE DE BOUCHERIE NE POURRAIENT ÊTRE SOUMIS, SANS LEUR ADHÉSION EXPRESSE, AU RÉGIME DE FIXATION DES PRIX QU'IL INSTITUE ET QUI RÉSULTERAIT D'UNE CONVENTION DISTINCTE DE L'ARRÊTE. QUE L'ENGAGEMENT PROFESSIONNEL A ÉTÉ PUBLIE AU BULLETIN OFFICIEL DES PRIX EN MEME TEMPS QUE L'ARRETE ; QU'AINSI, LE MOYEN TIRE DE LA NON PUBLICATION DE L'ENGAGEMENT PROFESSIONNEL MANQUE EN FAIT ; QUE LA CIRCONSTANCE QUE LES ARRÊTES PRÉFECTORAUX DE TAXATION, DONT LES DISPOSITIONS SONT APPLICABLES AUX ENTREPRISES QUI REFUSENT DE SE PLACER SOUS LE RÉGIME DIT DE LA LIBERTÉ CONVENTIONNELLE, REPRENDRAIENT EN FAIT LE CONTENU DE L'ENGAGEMENT PROFESSIONNEL EST SANS INCIDENCE SUR LA LÉGALITÉ DE L'ARRÊTE ATTAQUE ;

SUR LES MOYENS TIRES DE CE QUE L'ARRÊTE ATTAQUE MÉCONNAÎT CERTAINES DISPOSITIONS DE L'ARRÊTE MINISTÉRIEL DU 29 NOVEMBRE 1968 :

5) CONSIDÉRANT QUE L'ARRÊTE ATTAQUE A LA MÊME FORCE JURIDIQUE QUE L'ARRÊTE DU 29 NOVEMBRE 1968, ÉMANANT AUSSI DU SEUL MINISTRE DE L'ÉCONOMIE ET DES FINANCES ET INVOQUE PAR LES REQUÉRANTS ; QU'IL A, DES LORS, PU LÉGALEMENT DÉROGER AUX RÈGLES GÉNÉRALES DU RÉGIME DIT DE LIBERTÉ CONVENTIONNELLE DES PRIX QUE CET ARRÊTE ANTÉRIEUR AVAIT FIXÉES ;

SUR LE MOYEN TIRE DE CE QUE L'ARRÊTE ATTAQUE OPÈRE UNE DISCRIMINATION ILLÉGALE ENTRE LES DÉTAILLANTS EN VIANDE DE BOUCHERIE :

6) CONSIDÉRANT QU'EN PRENANT EN COMPTE, POUR CALCULER LE PRIX MAXIMUM AUTORISE, LE PRIX D'ACHAT MOYEN PONDÉRÉ AU COURS DU MOIS PRÉCÉDANT LA PÉRIODE D'APPLICATION DES PRIX DES CONVENTIONS DÉPARTEMENTALES, L'ARRÊTE ATTAQUE, ENTÉRINANT SUR CE POINT L'ARTICLE 2 DE L'ENGAGEMENT PROFESSIONNEL NATIONAL, N'A OPÈRE AUCUNE DISCRIMINATION ILLÉGALE ENTRE DES DÉTAILLANTS QUI NE SERAIENT TROUVES DANS LA MÊME SITUATION ;

7) CONSIDÉRANT QUE, DE TOUT CE QUI PRÉCÈDE, IL RÉSULTE QUE LE SIEUR VALET ET L'ASSOCIATION POUR LA DÉFENSE DES INTÉRÊTS PROFESSIONNELS DE LA BOUCHERIE DU BASSIN PARISIEN NE SONT PAS FONDES A DEMANDER L'ANNULATION DE L'ARRÊTE ATTAQUE ;

DÉCIDE :

Art. 1 – LA REQUÊTE SUSVISÉE DU SIEUR VALET ET DE L'ASSOCIATION POUR LA DÉFENSE DES INTÉRÊTS PROFESSIONNELS DE LA BOUCHERIE DU BASSIN PARISIEN EST REJETÉE.

Art. 2 – LE SIEUR VALET ET L'ASSOCIATION POUR LA DÉFENSE DES INTÉRÊTS PROFESSIONNELS DE LA BOUCHERIE DU BASSIN PARISIEN SUPPORTERONT LES DÉPENS.

Art. 3 – EXPÉDITION DE LA PRÉSENTE DÉCISION SERA TRANSMISE AU MINISTRE DE L'ÉCONOMIE ET DES FINANCES.

II – Le commentaire de l'arrêt

Un commentaire d'arrêt, en droit administratif, suppose de l'attention dans la lecture de l'arrêt, mais aussi et surtout, un respect scrupuleux d'une certaine méthodologie ; le sens juridique voire critique fera le reste (cf. **méthodologie générale du commentaire d'arrêt**).

En effet, commenter un arrêt impose au préalable une double ou triple **lecture du sujet**, afin de bien « s'en imprégner », puis commence par **l'établissement** (au brouillon) **de la fiche de jurisprudence**, se poursuit par une phase de réflexion aboutissant à **l'établissement d'un plan détaillé** et, s'achève par la **rédaction et la lecture du devoir**.

Reprenons chacune de ces **4 étapes** afin de mieux scinder méthodologiquement ce type d'épreuve.

1. La lecture du sujet (20 minutes)

Elle suppose d'être intellectuellement active mais matériellement passive ; ce qui signifie, d'une part, que l'attention du candidat durant la lecture doit être soutenue et concentrée, et d'autre part, que ce dernier ne doit pas « stabilobosser » toutes les secondes son texte au risque de perdre systématiquement le fil de sa lecture.

Il convient, à cet égard, de remarquer que le marqueur est parfois le pire ennemi du candidat dans la mesure où, à force d'agrémenter le texte de travail d'une palette de couleurs, il perd son attention en même temps que les passages-clés de l'arrêt.

La lecture, activité essentiellement passive, est donc une étape obligée beaucoup plus importante que le candidat le pense en général.

Au regard des ambiguïtés rédactionnelles présentées par l'espèce à commenter, une telle opération doit être ici strictement respectée.

Pour faciliter une telle lecture, et par la suite l'étude de l'arrêt, un conseil pratique peut s'imposer : **numéroter les considérants** du jugement étudié.

Une lecture concentrée et particulièrement attentive conduit avec, en principe, une certaine facilité à rédiger la fiche de jurisprudence de la décision de justice à commenter.

2. L'établissement de la fiche de jurisprudence (25 minutes)

La fiche de jurisprudence est, en quelque sorte, l'antichambre, le préalable du commentaire de l'arrêt ; c'est pourquoi, ce premier cliché de l'arrêt est important parce qu'il permet de disséquer ses points-clés et de « mettre à nu » le raisonnement du juge.

Avant d'exposer la « méthode de la fiche de jurisprudence en droit administratif », il faut formuler trois remarques préalables.

Tout d'abord, il convient de souligner que la fiche de jurisprudence se distingue quelque peu de « l'analyse du jugement en droit privé », dans la mesure où les argumentations des parties y sont omises. Et ce, parce que, le plus souvent, les jugements administratifs ne comportent pas l'exposé de telles argumentations.

Ensuite, il faut relever que, si le candidat connaît le sujet posé pour avoir lu, par exemple, les conclusions du commissaire du Gouvernement y afférentes (celles concernant l'arrêt *Valet* ne sont pas publiées ; mais, une note de **C.-L. Vier** l'est à l'**AJDA (Actualité juridique. Droit administratif)** de 1975, aux **pages 363-367**), il doit éviter d'utiliser ce que ne comporte pas l'arrêt, pour développer la fiche de jurisprudence.

En effet, cette dernière doit être le reflet synthétique du **seul** contenu de l'arrêt.

Enfin, il importe de préciser que la rédaction de la fiche de jurisprudence peut être utilement précédée par une analyse linéaire du jugement, considérant par considérant. Cette étape est nécessaire dans le cas où l'arrêt est long et compliqué.

Cette analyse doit être sommaire puisqu'elle ne doit consister qu'à résumer succinctement au brouillon les idées-clés des considérants ; d'ailleurs, elle peut être effectuée en réunissant plusieurs considérants à partir du moment où ces derniers concernent un même moyen.

De plus, elle permet de répertorier les faits. En effet, l'une des difficultés, en droit administratif, de l'établissement de la fiche de jurisprudence est que les faits ne sont pas cantonnés à un ou des considérants précis ; mais, ils sont, le plus souvent, mélangés, au gré des différents considérants du jugement, au raisonnement du juge.

Ces précisions étant formulées, la fiche de jurisprudence doit comporter **5 phases** que sont : l'exposé des **faits**, de la **procédure**, du/des **problème(s) de droit** (éventuellement sous forme de **questions juridiques**), de la **solution retenue**, et enfin, des **motifs**.

A. Les faits

Ils sont ici fort simples et donc fort courts à exposer ; par suite, il faut éviter d'inventer pour leur donner une ampleur qui pourrait être grandement préjudiciable au devoir.

De plus, il importe de remarquer que, lorsque les faits sont plus nombreux que dans la présente espèce, il est fortement recommandé de les présenter, de façon chronologique, en partant du fait le plus ancien au plus récent.

Exposons-les donc.

Faits : *Par arrêté, en date du 24 mai 1972, le Ministre de l'Économie et des Finances a fixé le régime applicable par les détaillants en viande de boucherie après accord avec la Confédération nationale de la boucherie française.*

B. La procédure

La procédure est une étape importante, qui consiste à préciser quelle est la **juridiction** qui a rendu l'arrêt commenté, le **type de recours contentieux** à l'issue duquel il a été rendu, et enfin, le **degré de l'instance.**

Il convient de souligner, comme en l'espèce, que si le Conseil d'État est l'auteur **en premier ressort** de l'arrêt commenté, il faut le relever et l'expliquer, parce que cela indique que l'acte attaqué est un acte important.

En effet, à par les cas où le Conseil d'État est saisi du fait de l'extraterritorialité du litige (lorsque celui-ci est né à l'étranger) ou parce que le différend concerne un acte dont le champ d'application s'étend au-delà du ressort territorial d'un seul tribunal administratif, les contentieux relèvent en premier ressort du Conseil d'État en fonction de l'importance des actes administratifs qu'ils mettent en cause.

C'est ainsi que la Haute juridiction administrative connaît directement des demandes en annulation (en première instance, on parle de « recours pour excès de pouvoir ») :

- de décrets et ordonnances,
- des actes des ministres ayant un caractère réglementaire ou ayant été pris obligatoirement après avis du Conseil d'État,
- des décisions des organismes collégiaux à compétence nationale.

De même qu'il juge en première instance les litiges ayant trait à la situation individuelle des fonctionnaires nommés par décret du Président de la République, ou encore, ceux ayant trait aux élections de l'Assemblée de Corse, des conseils régionaux ou du Parlement européen.

La procédure, à la lumière de ces remarques, doit être ainsi présentée.

Procédure : *C'est cet acte que M. Valet et l'Association pour la défense des intérêts professionnels de la boucherie du bassin parisien attaquent, devant le Conseil d'État, dans le cadre d'un recours pour excès de pouvoir, et ce, en première instance, puisque cet acte est un acte ministériel à portée nationale (c'est-à-dire dépassant le ressort d'un seul tribunal administratif) et, qui plus est, a un caractère réglementaire.*

C. Les problèmes de droit

C'est une étape particulièrement délicate dans l'exposé de l'arrêt dans la mesure où elle illustre la bonne compréhension ou non de l'arrêt.

En droit administratif général, les problèmes juridiques « généraux » sont apparemment simples puisqu'ils ne peuvent, en principe, que concerner la compétence juridictionnelle, la recevabilité de la requête, et enfin, le fond du litige.

Naturellement, plus il faut préciser le problème de droit, plus l'exercice s'avère délicat.

1) En l'espèce, puisque c'est un recours pour excès de pouvoir, il apparaît avec évidence qu'un des problèmes juridiques se posant au fond est celui de la **légalité de l'acte attaqué**. De fait, un tel recours contentieux a pour objet de demander au juge administratif d'annuler une décision administrative, que le requérant estime irrégulière ; cette demande ne sera satisfaite que si le juge constate que cet acte est vicié quant à sa légalité, et ce, à l'occasion du contrôle de cette dernière.

De plus, il n'est pas toujours évident et/ou utile de préciser chaque question de légalité ; en effet, le plus souvent, comme d'ailleurs en l'espèce, elles sont si nombreuses que les résumer toutes empêcherait de synthétiser les questions de droit.

Il vaut ainsi mieux réserver l'exposé de la richesse du contrôle de la légalité à l'exposé des motifs de l'arrêt.

Il en irait autrement si l'essentiel des questions juridiques posées concernait un ou deux moyens de légalité bien délimités.

2) Quant à l'autre et premier problème de l'arrêt étudié, il met en cause la **qualification juridique de l'acte incriminé.**

En effet, en l'espèce, et c'est l'un des intérêts majeurs de cette jurisprudence, l'acte attaqué, l'arrêté du 24 mai 1972, a un objet simple : entériner un accord professionnel, c'est-à-dire un acte de caractère contractuel.

En somme, l'acte critiqué n'a de raison d'être que parce que l'acte contractuel négocié existe ; par suite, le juge administratif, à travers la demande d'annulation de cet arrêté ministériel, se doit de déterminer la qualification juridique du groupe d'actes formé par l'arrêté et l'engagement professionnel puisque le premier, de par son objet, est totalement lié à l'existence du second.

Ceci étant, il convient de relever dès maintenant que si le choix s'offrant au juge à l'égard de la qualification de ce groupe d'actes semblait simple (le qualifier d'acte contractuel ou d'acte unilatéral), les conséquences de la qualification retenue sont plus complexes.

En effet, quelle que soit cette dernière, il faudra alors soumettre l'un des deux actes à un régime juridique qui sera étranger à son caractère juridique propre, et par là même, en tirer toutes les conséquences dans le cadre du présent litige.

Ainsi, les **questions ou problèmes de droit** sont les suivants :

- *la qualification juridique de l'arrêté du 24 mai 1972 (ou qu'elle est.... ?) ;*
- *la légalité de l'arrêté du 24 mai 1972 (ou est-ce que cet acte est légal ?).*

D. La solution retenue

Cette phase de l'élaboration de la fiche de jurisprudence est l'une des plus sommaire et sert plutôt de clause de style lors de la rédaction complète de la fiche de jurisprudence.

C'est ainsi que, lors de la rédaction de l'introduction, il suffit de prolonger la phrase de la solution, par un « au (x) motif(s) que... » si ces derniers ne sont pas trop nombreux ou, dans le cas contraire, par un « aux motifs suivants. ».

Solution : *La requête est rejetée.*

E. Les motifs

Ils doivent être présentés en fonction des questions posées et refléter la richesse des réponses apportées par le juge administratif, sans toutefois relever de la simple et seule **paraphrase** ; il faut donc résumer l'essentiel de l'arrêt.

C'est ainsi que, répondant à la première question juridique posée au juge, la première motivation de l'arrêt est la suivante : *L'arrêté du 24 mai 1972, et l'engagement professionnel qu'il incorpore, ne constituent pas un engagement contractuel mais une « décision unilatérale à caractère réglementaire prise en accord [...] ».*

Quant à la réponse à la seconde question, elle doit refléter les sous-questions du contrôle de la légalité d'un tel acte, de façon toutefois succincte.

La réponse à la seconde question juridique est donc la suivante : *Cet arrêté est légal dans la mesure où le défaut de signature est infondé* (**considérants** n° 1-2), *les griefs relatifs à son caractère contractuel* (**considérants** n° 3-4) *ou à la violation par lui du principe d'égalité* (**considérant** n° 6) *sont inopérants, et enfin, il a régulièrement abrogé l'arrêté du 29 novembre 1968 puisqu'ils ont la même valeur juridique* (**considérant** n° 5).

Une fois la fiche établie au brouillon, la structure de l'arrêt est ainsi dépouillée, les principaux éléments sont mis en exergue, l'effort de réflexion peut commencer afin d'établir un plan détaillé.

3. L'établissement du plan détaillé (30 minutes)

A. Plan proposé :

Cette étape impose de porter un regard éventuellement critique sur l'arrêt à étudier.

En effet, commenter un arrêt ne suppose pas seulement d'analyser son contenu (c'est le rôle de la fiche de jurisprudence), mais surtout, de comparer le raisonnement arrêté par le juge administratif au regard du droit et de la jurisprudence administratifs.

Ainsi, le commentaire doit consister à expliquer l'arrêt par rapport à ses connaissances doctrinales et jurisprudentielles en justifiant la position prise par le juge, en la nuançant voire en la remettant en cause ; cette manière de comparer l'état du droit positif à la ou aux solution(s) qu'il contient permet de mettre assez vite en exergue en quoi le jugement posé est novateur, confirmatif ou contestable.

C'est en effet, l'apport « en moins », « en plus » voire « en rien » de la décision de justice étudiée qui doit, en principe, servir de ressort au commentaire d'arrêt, et ce, parce qu'un tel exercice ne doit en aucune façon être le prétexte à une dissertation juridique.

En somme, le commentaire d'arrêt doit servir la décision de justice et non s'en servir.

Les réflexions, qu'inspire l'arrêt ici étudié, tournent obligatoirement autour des deux problèmes de droit identifiés dans le cadre de l'établissement de sa fiche de jurisprudence.

Ce n'est qu'après l'exposé de cette double réflexion qu'un plan détaillé sera proposé.

B. Recherches des idées de commentaire :

I – La qualification juridique de l'arrêté et de l'engagement professionnel qu'il incorpore

Si un arrêté ministériel est par essence un acte unilatéral, sa qualification est remise en cause, lorsque son objet est d'entériner un engagement professionnel.

Certes, une telle situation juridique est aujourd'hui loin d'être rare puisque la politique contractuelle, des personnes publiques ou, encouragée par les personnes publiques, touche des domaines de plus en plus nombreux et variés tels que le droit du travail ou celui de la sécurité sociale.

En l'espèce, la qualification juridique de l'arrêté attaqué se pose avec d'autant plus d'acuité que ce n'est pas ce seul acte qui doit être appréhendé par le juge administratif ; c'est en effet l'ensemble, le groupe d'actes que constitue ce dernier acte avec l'engagement professionnel, puisque l'objet essentiel de l'arrêté ministériel est d'entériner cet engagement.

Dès lors, la question posée au juge administratif l'amène à faire un double choix apparemment simple.

1) Tout d'abord, le premier consiste à savoir si ces deux actes, malgré leur lien fonctionnel évident, doivent être juridiquement appréhendés séparément ou ensemble.

S'ils sont envisagés séparément, il suffit de distinguer l'engagement professionnel qui est un contrat et l'arrêté ministériel qui est, quant à lui, un acte unilatéral.

En effet, l'acte administratif unilatéral est une manifestation de volonté de l'administration destinée à régir le comportement de tiers à son édiction.

Alors que le contrat est certes aussi un acte juridique mais il est destiné à régir les relations réciproques de ses auteurs ; il ne s'impose donc pas en principe à eux sans qu'ils aient au préalable donné leur consentement, et par là même, accepter les obligations réciproques découlant de sa conclusion.

C'est ainsi que l'engagement professionnel critiqué a permis aux professionnels de la boucherie (en l'occurrence, la Confédération nationale de la boucherie française) de fixer entre eux les prix des viandes de boucherie, dans le cadre d'un régime dit de « liberté conventionnelle ».

Ayant été entériné par le Ministre de l'Économie et des Finances, et par là même, étendu à l'ensemble du territoire national, il s'est trouvé doté d'un effet obligatoire et impératif même à l'égard des tiers à sa conclusion, tels que les requérants.

Par suite, cet engagement, en vertu de l'arrêté l'entérinant, bénéficie pour sa mise en œuvre de tout « l'arsenal contraignant de l'État » puisque les préfets se voient investis d'une compétence de sanction à l'égard des bouchers refusant d'appliquer l'engagement.

En somme, l'entérinement de l'engagement professionnel par l'arrêté le rend applicable à tous les bouchers, même – et surtout – à ceux qui n'ont pas participé à sa négociation et à sa conclusion, et ce, sous l'étroite surveillance préfectorale.

C'est pourquoi, le Conseil d'État précise que les détaillants en viande n'ont pas à accepter ou refuser le régime fixé par l'engagement professionnel entériné par l'arrêté (**considérant n° 4**) ; ce régime leur est imposé, il bénéficie ainsi du privilège du préalable et de l'autorité de la chose décidée résultant de la présence juridique de l'arrêté ministériel.

Il convient ainsi de remarquer qu'un tel acte qui est, de par son contenu, son objet, un acte unilatéral, ne peut en aucune façon être qualifié de contrat.

Envisager séparément les deux actes qui, de par leur contenu et leur modalité de formation, ont des caractères très différents, c'est certes juridiquement simpliste mais, finalement, relativement contestable à la lumière de l'objet de l'arrêté.

Dès lors, et dans la mesure où les deux actes litigieux forment ensemble un « tout indivisible », il faut les qualifier juridiquement ensemble.

2) Ensuite, l'autre et second choix s'ouvrant au juge dans le cadre de cette opération de qualification juridique n'est pas moins simple et logique, tout en étant fort ambiguë.

Reconnaître une nature contractuelle à l'arrêté ministériel serait le choix le plus extrême et le plus incompréhensible, et ce, même si son objet est d'entériner l'engagement professionnel négocié.

Mais, la reconnaissance à l'ensemble « arrêté et engagement » de la qualification d'acte unilatéral, qui plus est, à caractère réglementaire, implique implicitement que l'engagement professionnel de l'espèce devienne, par la volonté du juge administratif, un acte unilatéral ; ou du moins, soit considéré comme tels par ce dernier.

Pour ce faire, le juge a rejeté, dans la rédaction de l'arrêt *Valet*, toute référence à un quelconque « engagement contractuel » pour parler de l'engagement professionnel indirectement contesté.

De même, a-t-il été en quelque sorte contraint d'utiliser une formule de qualification juridique particulièrement contestable en précisant que cet ensemble d'actes juridiques est un acte unilatéral, à caractère réglementaire, « *pris en accord* ».

En effet, à la lecture de la définition précitée de l'acte unilatéral, on ne peut que relever et critiquer cette formulation jurisprudentielle qui associe des éléments pour le moins contraires.

a) Cette espèce illustre que la distinction usuelle entre l'acte unilatéral et le contrat n'est pas toujours aussi évidente en pratique qu'elle semble l'être en théorie.

C'est ainsi qu'il existe parmi les actes unilatéraux, des « contrats types » qui s'imposent au « cocontractant », alors que sont des contrats les contrats d'adhésion, dont le contenu ne peut pas être discuté par l'administré-partie au contrat (tels que les contrats d'abonnement téléphonique).

De même, compliquant encore cette distinction, il existe des actes négociés, c'est-à-dire des actes qualifiés par le juge administratif d'actes unilatéraux, bien que résultant de la conclusion d'une convention ; c'est le cas, par exemple, d'un arrêté ministériel approuvant et/ou étendant un accord professionnel (CE 23 octobre 1974, *Valet*, Rec. 500 ; Sect. 22 mars 1973, *Syndicat de commerce en gros des équipements pour véhicules*, Rec. 181). Cette même qualification s'applique d'ailleurs à des arrêtés ministériels entérinant les tarifs d'honoraires de praticiens (CE Sect. 18 février 1977, *Hervouët*, Rec. 98, concl. P. Dondoux ; Sect. 17 mars 1997, *Syndicat des médecins d'Aix et sa région*, DA 1997 n° 301).

Parfois, le juge administratif qualifie même d'acte unilatéral une convention passée au lieu et place d'un acte justement unilatéral, et ce, dans le domaine de l'organisation des services publics (CE Sect. 23 février 1968, *Picard*, Rec. 131 ; Sect. 18 mars 1977, *Chambre de commerce de la Rochelle*, Rec. 153, concl. J. Massot).

Enfin, il existe des actes mixtes, compliquant encore plus la distinction acte unilatéral-contrat, c'est-à-dire des actes mi-contractuels et mi-unilatéraux tels que, par excellence, la concession de service public. En effet, les contrats de concession de service public contiennent pour partie des clauses contractuelles (celles qui déterminent la durée de la concession et les avantages financiers consentis au concessionnaire voire au concédant) et pour l'autre partie, des « clauses » à caractère réglementaire (c'est-à-dire les dispositions du contrat fixant les conditions dans lesquelles le concessionnaire doit s'acquitter de sa mission, et notamment, les modalités de ses rapports avec les usagers).

S'inscrivant donc dans cette deuxième catégorie d'actes juridiques rendant floue la distinction théorique « acte unilatéral-contrat », la qualification d'acte unilatéral de l'ensemble d'actes ici incriminés semble logique, bien que ses effets soient contestables.

En effet, de par sa formulation et le fait qu'elle nie la spécificité intrinsèque et l'existence juridique propre de l'engagement professionnel, elle est grandement critiquable.

b) Ainsi, l'engagement professionnel, incorporé à l'arrêté, n'est plus juridiquement *a priori* appréhendé que comme une annexe de ce dernier ; cette fusion juridiquement préjudiciable à l'engagement est explicitement évoquée dans le **considérant n° 6**, à travers la formulation : « *l'arrêté attaqué entérinant sur ce point l'article 2 de l'engagement professionnel* ».

Mais, une telle critique omet de rappeler qu'en l'absence de l'engagement professionnel, l'arrêté n'aurait pas juridiquement existé et que, même si l'engagement semble assimiler à l'arrêté, l'administration ne peut en aucune façon le modifier unilatéralement ; elle est liée par son contenu.

Ainsi, la négation de l'autonomie juridique de l'engagement professionnel est plus apparente que réelle dans la mesure où, si le Conseil d'État a pris le parti de l'incorporer à l'arrêté du 24 mai 1972, il ne peut ainsi complètement inhiber la « vie juridique propre » d'un tel acte.

Toutefois, suivant la logique de son raisonnement et de la qualification juridique unique, et donc le refus de reconnaître à l'arrêté et à l'engagement un caractère contractuel, la haute juridiction administrative en tire deux conséquences directes, sur le plan du contrôle de la légalité d'un tel acte (**considérant n° 4**).

C'est ainsi qu'elle considère que :

- l'arrêté ne contrevient pas à l'article 1er de l'ordonnance du 30 juin 1945 ;
- l'arrêté ne méconnaît pas l'impossibilité pour l'administration de conclure une convention sur l'exercice de ses pouvoirs de police ; en effet, en matière de police, une telle impossibilité est élevée au rang de principe selon une jurisprudence constante (CE 17 juin 1932, *Commune de Castelnaudary,* Rec. 595 ; CE Sect. 23 mai 1958, *Consorts Amoudruz,* Rec. 301).

c) De plus, à travers ce même contrôle, se dégagent les nouveaux traits du régime juridique de l'engagement professionnel incorporé à l'arrêté.

Le Conseil d'État précise ce régime en matière d'adhésion et de publication.

En effet, et en principe, les engagements professionnels ne sont négociés qu'entre organisations syndicales voire entre ces dernières et l'État mais ne sont normalement signés que par ces dernières, ne sont pas publiés et ne s'appliquent qu'aux membres concernés de la profession qu'après d'ailleurs leurs accords exprès ou tacites.

C'est ainsi que l'engagement professionnel entériné par l'arrêté, bénéficiant de l'autorité de la chose décidée, s'impose à tous les bouchers, sans que leur adhésion expresse soit nécessaire. En prenant une telle position, et par là même, en rejetant un des moyens des requérants (**considérant** n° 4), le juge administratif a donc, sur le plan du champ d'application de l'engagement professionnel, posé une spécificité à son régime juridique normal. En cela, il n'a finalement que fait prévaloir la logique du choix de l'unilatéralité reconnu implicitement à un tel acte.

De même, dorénavant, et toujours selon la volonté du juge administratif, un engagement professionnel, ainsi étendu par un arrêté ministériel, doit être publié. C'est pourquoi, la Haute juridiction administrative, après avoir vérifié la publicité suffisante de l'engagement, du fait de sa publication au Bulletin officiel des prix, rejette le moyen des requérants visant son défaut de publication (**considérant** n° 4).

Ce nouvel élément du régime juridique particulier des engagements professionnels entérinés est d'autant plus intéressant que l'obligation de publier un acte réglementaire entraîne des conséquences importantes en matière d'opposabilité d'un tel acte aux administrés et de déclenchement du délai de recours contentieux (2 mois francs) en cas de recours pour excès de pouvoir.

Ces solutions, posées par le juge administratif, à l'occasion du contrôle de légalité de l'arrêté, marquent sa volonté de tirer toutes les conséquences de droit sur le régime juridique de l'engagement professionnel de la qualification juridique, même critiquable, arrêtée.

Évoquons à présent la légalité proprement dite de l'arrêté.

II – La légalité de l'arrêté

Au-delà des moyens, et par là même des **considérants** (n° 3-4), concernant la qualification juridique de l'ensemble « arrêté et engagement », les requérants ont soulevé trois autres moyens de légalité concernant exclusivement la régularité de l'arrêté.

Ces moyens ne sont nullement novateurs dans leur formulation par les demandeurs et les réponses, que le juge administratif leur a apportées, ne le sont pas plus.

En effet, les moyens de légalité ainsi soulevés ont trait à des problèmes classiques de droit que sont : le défaut de signature (vice de forme ; **considérant** n° 1-2), la violation d'un acte réglementaire (**considérant** n° 5) et du principe d'égalité (**considérant** n° 6) par l'arrêté incriminé (une double violation directe de la loi).

Ces trois moyens sont successivement rejetés par le Conseil d'État.

a) Pour le premier, ce qu'il faut remarquer c'est la formulation des considérants qui peuvent faire hésiter quant à la dénomination du moyen de légalité en cause : une incompétence ou un vice de forme ?

Certes, le chapeau (en italique) des **considérants** n° 1-2 met bien en exergue le défaut de signature (vice de forme).

Toutefois, il importe de ne jamais oublier que si une autorité administrative est compétente avec une ou plusieurs autres pour prendre un acte, le défaut de sa signature sur l'*instrumentum* de cet acte peut être le signe soit d'une omission matérielle, soit – plus grave – de son absence dans la prise de cet acte.

Dans le second cas, il apparait avec évidence que la constatation matérielle du défaut de signature illustre aussi l'incompétence viciant l'acte litigieux : non seulement la signature d'un de ses auteurs fait défaut, mais tout simplement un de ses auteurs fait défaut !

Toutefois, le juge administratif se doit, en principe, de répondre à tous les moyens des parties, mais dans le strict cadre de leur formulation par ces dernières.

Le problème se pose malgré tout de façon un peu différente ici puisque le moyen d'incompétence est un moyen d'ordre public ; ce qui signifie que si ce vice est constaté par le juge, il peut le soulever à tout moment et à tout degré de l'instance, et ce, même si les parties ne l'ont pas développé dans leur argumentation contentieuse.

Du fait du caractère injustifié du vice de forme, le juge s'est borné à rejeter le moyen en l'état sans faire appel au vice d'incompétence.

b) Pour les deuxième et troisième, le moyen (une violation directe de la loi) est rapporté par le juge de façon aussi succincte qui l'y a répondu.

Dans le premier cas, les requérants arguaient que l'arrêté incriminé violait un autre arrêté ministériel qui lui était chronologiquement antérieur ; selon une règle classique, découlant directement de la logique de la hiérarchie des normes, tout acte à caractère réglementaire peut modifier un autre acte, même antérieur, à partir du moment où ils ont la même valeur juridique (l'arrêt parle de « force juridique »).

Dès lors, l'inopérance d'un tel moyen s'imposait avec évidence ; c'est ce que le juge a constaté en le rejetant.

Dans le second cas, ils estimaient que l'arrêté contesté violait un principe général du droit, le principe d'égalité devant la loi (CE Sect. 9 mars 1951, *Société des concerts du Conservatoire*, Rec. 151).

Ce principe résulte de l'article 6 de la Déclaration des droits de l'homme et du citoyen et le Conseil constitutionnel lui reconnaît une valeur constitutionnelle (décision du 12 juillet 1979, *Loi relative à certains ouvrages reliant les voies nationales ou départementales*, Rec. 31).

Selon ce principe, si doivent être traités identiquement des administrés se trouvant dans la même situation, doivent aussi être traités différemment d'autres administrés étant dans des situations distinctes.

En matière d'égalité devant la loi, le problème n'est pas tant de savoir ce que signifie le principe que de savoir quand il s'applique.

En effet, le principe s'applique entre des administrés appartenant à la même catégorie ; il ne s'applique pas à ceux appartenant à des catégories différentes.

Dès lors, il importe de déterminer dans quelles conditions peuvent être créées des catégories distinctes d'administrés tenant en échec le principe d'égalité, même si fréquemment l'instauration de traitements différents vise à corriger des inégalités de fait.

Ainsi, les différences de traitement sont légales entre les différentes catégories d'administrés, dès lors que cette distinction catégorielle repose, soit sur des différences appréciables de situation (entre les usagers : habitant résidant ou non dans la commune procurant le service public, d'où des tarifications différentes ; ou au regard des prestations fournies : l'inscription sur la liste rouge justifie un abonnement plus cher), soit sur des considérations d'intérêt général en rapport avec les conditions d'exploitation du service public, soit sur la loi.

Toutefois, si l'administré bénéficie d'un droit à un traitement identique à celui réservé à ceux appartenant à la même catégorie, il ne bénéficie pas d'un droit à la création de catégorie particulière qui pourtant serait parfois plus adaptée à la spécificité de sa situation (ex. : les handicapés physiques).

Il ne s'agirait d'ailleurs pas d'un corollaire du principe d'égalité de traitement mais d'un droit à l'inégalité de traitement.

En l'espèce, les demandeurs contestaient, au titre du principe d'égalité, la méthode de calcul utilisée dans l'engagement professionnel afin d'arrêter le prix maximum autorisé pour les viandes de boucherie ; l'absence de précision apportée par le juge administratif sur le moyen soulevé par les parties limite considérablement l'appréhension pratique de ce dernier.

En effet, le juge rejette toute discrimination illégale au regard de la méthode de calcul arrêtée : puisque telle qu'elle est expliquée dans le considérant (n° 6 : prise en compte d'un prix d'achat moyen pondéré), elle ne peut que concerner identiquement tous les détaillants en viandes de boucherie.

L'inopérance de ce dernier moyen s'est imposée au juge avec non moins de force que le précédent ; c'est pourquoi, il l'a lui aussi rejeté.

Envisageons maintenant, à la lumière de toutes ces remarques de réflexion, une ébauche de plan détaillé.

C. Le plan détaillé :

Si l'élaboration du plan détaillé était une reprise, tels quels, des développements précédents, ce plan risquerait d'être déséquilibré, non seulement quantitativement, mais aussi et surtout, sur le plan de son intérêt.

Dès lors, pour pallier ce double écueil, il semble utile et efficace d'établir deux parties ayant trait : d'une part, à « **La qualification juridique de l'arrêté ministériel du 24 mai 1972 et de l'engagement professionnel s'y incorporant (I)** », et d'autre part, à « **La légalité de l'arrêté du 24 mai 1972 et ses conséquences sur le régime juridique de l'engagement professionnel (II)** ».

Dans la première partie, il convient de bien distinguer, comme cela a été fait précédemment : tout d'abord, « **Les deux choix de la qualification juridique (I A)** », et ensuite, « **Les effets de la qualification juridique (I B)** » ; les effets concernent tant le rejet des moyens se fondant sur le caractère contractuel de l'ensemble contesté d'actes que l'ambiguïté critiquable de la qualification (et par là même, de la formulation) arrêtée.

La seconde partie, quant à elle, concerne, en premier lieu, « **La légalité proprement dite de l'arrêté du 24 mai 1972 (II A)** », et ensuite, « **Les conséquences (en matière d'adhésion et de publication) du contrôle de légalité de l'arrêté attaqué sur le régime juridique de l'engagement professionnel (II B)** ».

Il convient *in fine* de souligner ici une certaine longueur des intitulés ; ceci est naturellement voulu par le type de sujet – pratique – qu'est le commentaire d'arrêt ; en effet, les intitulés ne pourraient être très courts que s'il s'agissait d'une dissertation juridique.

Par suite, leur longueur a comme principal souci de « coller » au mieux à l'arrêt, de bien montrer au correcteur que c'est l'arrêt qui a été commenté, et surtout pas, que ce dernier a servi de prétexte à une dissertation juridique.

À la lumière de cette ébauche de plan détaillé, la rédaction du devoir peut commencer.

4. La rédaction (1 heure 30 minutes) et la lecture (15 minutes) du devoir

Quelques conseils s'imposent concernant la lecture puis, et surtout, la rédaction.

a) **La lecture** est une dernière étape importante du devoir ; elle rebute le plus souvent. Dès lors, pour s'y astreindre « en douceur », il peut s'avérer efficace de relire au fur et à mesure sa copie, une fois par exemple, que l'introduction et chaque sous-partie sont rédigées. Cela aboutit, en principe, à une lecture en cinq reprises (« par morceaux ») du devoir.

De plus, cette méthode permet à son rédacteur d'avoir toujours à l'esprit ce qu'il vient d'écrire et peut ainsi éviter les répétitions si néfastes pour l'obtention d'une note correcte.

Quoi qu'il en soit, rien n'agace plus aujourd'hui les correcteurs que les fautes d'orthographe et de style oubliées, le plus souvent, par inattention !

b) *Quant à* **la rédaction**, *elle commence par un exercice, souvent considéré comme difficile, celui de l'introduction.*

Il n'en est rien, en fait, si comme cela doit être fait, une fiche de jurisprudence a été scrupuleusement et minutieusement rédigée.

En effet, une introduction de commentaire d'arrêt doit avant tout présenter l'arrêt et *in fine* mettre en exergue la problématique arrêtée pour présenter au mieux le raisonnement du juge.

Dès lors, l'introduction doit commencer par un chapeau introduisant l'arrêt, et sûrement pas, par une attaque théorique, digne d'une dissertation juridique !

Ainsi, une telle attaque a pour objet de rattacher, en quelque sorte, l'arrêt étudié au domaine du droit administratif qu'il concerne, et ce, de la façon suivante :

« *L'arrêt Valet, rendu par le Conseil d'État, le 23 octobre 1974, s'intéresse aux délicats problèmes de la qualification et du régime juridiques d'un ensemble de deux actes de caractère juridique différent, l'un étant contractuel et l'autre, unilatéral* ».

La suite de l'introduction doit enchaîner, en utilisant la fiche de jurisprudence, les faits, la procédure, les problèmes de droit, la solution et les motifs.

À la fin de l'exposé de la fiche et à la lumière des motifs, il importe, en un voire deux paragraphes, de poser la réflexion, la problématique, sur laquelle tout le devoir reposera, c'est-à-dire d'expliquer les deux thèmes-clés du devoir et le lien les unissant ; en somme, l'exposé de la problématique permet de faire comprendre le « ressort », la logique du devoir.

L'introduction se termine par l'annonce de plan.

Il faut toutefois éviter de formuler l'annonce de plan, de façon un tant soit peu simpliste, du style : « nous verrons, dans une première partie,..., puis, nous étudierons, dans une seconde partie,... » ; en effet, la langue française recèle un grand nombre de prépositions et de conjonctions voire de propositions prépositives ou conjonctives, dont il faut user, afin de rédiger l'annonce de plan de façon « normale » !

Ainsi, ici, elle pourrait être formulée de la façon suivante : « *Si le Conseil d'État tranche la question de la qualification juridique de l'arrêté du 24 mai 1972 et de l'engagement professionnel s'y incorporant en le qualifiant d'acte unilatéral, il ébauche, à travers le contrôle de sa légalité, un régime juridique particulier pour l'engagement professionnel étendu* ».

Quant à la rédaction proprement dite des deux parties, des développements, elle doit être l'occasion de suivre la trame de raisonnement et la logique du plan détaillé ; en effet, le devoir peut tout aussi bien être desservi par une rédaction peu rigoureuse que par un défaut de raisonnement.

Par suite, là encore, la nécessité d'une lecture apparaît avec force et évidence.

Enfin, pour la conclusion, – si tant est qu'elle soit exigée (tout depend des usages universitaires, qui varie sur ce point, selon les universités : le plus simple est donc de demander à l'enseignant !) – , elle doit résumer la portée de l'arrêt.

Ainsi, peut-elle, en rappelant le dévoloppement de la politique contractuelle actuelle des personnes publiques, mettre en exergue, dans la présente espèce, tous les dangers de la qualification juridique arrêtée; en effet, « *si l'administration qui négocie, qui contracte est une administration apparemment plus démocratique, elle génère par l'invention de ces nouvelles formules d'action des problèmes juridiques si aigus qu'il risque de remettre en cause une classification aussi classique que celle résidant dans la distinction « acte unilatéral-contract »* »

Arrêts *Hardouin* et *Marie*, rendus par le Conseil d'État, en Assemblée plénière, le 17 février 1995

Sujet N° 3

Thème

Notion de décision administrative. Caractère décisoir ou non décisoir d'un acte unilatéral. Mesures d'ordre intérieur. Recevabilité du recours pour excès de pouvoir.

I – Les textes des arrêts

A. Arrêt *Hardouin*

Conseil d'État statuant au contentieux N° 107766
Publié au Recueil Lebon
Assemblée
M. Ph. Boucher, Rapporteur
M. Frydman, Commissaire du Gouvernement
M. Long, Président
SCP Masse-Dessen, Georges, Thouvenin, Avocat
Lecture du 17 février 1995

RÉPUBLIQUE FRANÇAISE AU NOM DU PEUPLE FRANÇAIS

Vu la requête sommaire et le mémoire complémentaire enregistrés les 12 juin 1989 et 6 octobre 1989 au secrétariat du Contentieux du Conseil d'État, présentés pour M. Philippe Hardouin, demeurant « Le Clos », Mazet par Beaufort-en-Vallée (49250) ; M. Hardouin demande au Conseil d'État :

1. d'annuler le jugement du 6 avril 1989 par lequel le tribunal administratif de Rennes a rejeté sa demande tendant à l'annulation de la décision du 14 mars 1986 aux termes de laquelle le ministre de la défense a rejeté son recours hiérarchique contre la punition de dix jours d'arrêt qui lui avait été infligée le 8 novembre 1985, ensemble à l'annulation de cette dernière décision ;

2. d'annuler pour excès de pouvoir les décisions des 8 novembre 1985 et 14 mars 1986 ;

Vu les autres pièces du dossier ;

Vu la loi n° 72-662 du 13 juillet 1972 ;

Vu le décret n° 75-675 du 28 juillet 1975 modifié par le décret n° 78-1024 du 11 juillet 1978 et n° 85-914 du 21 août 1985 ;

Vu la loi n° 79-587 du 11 juillet 1979 ;

Vu le code des tribunaux administratifs et des cours administratives d'appel ;

Vu l'ordonnance n° 45-1708 du 31 juillet 1945, le décret n° 53-934 du 30 septembre 1953 et la loi n° 87-1127 du 31 décembre 1987 ;

Après avoir entendu en audience publique :

– le rapport de M. Philippe Boucher, Conseiller d'État,
– les observations de la SCP Masse-Dessen, Georges, Thouvenin, avocat de M. Philippe Hardouin,
– les conclusions de M. Frydman, Commissaire du Gouvernement ;

1) Considérant qu'aux termes du dernier alinéa de l'article 30 du décret du 28 juillet 1975 modifié portant règlement de discipline générale dans les armées : « *À l'exception de l'avertissement, les sanctions disciplinaires font l'objet d'une inscription motivée au dossier individuel ou au livret matricule* » ; que l'article 31 du même décret, dans sa rédaction résultant du décret du 21 août 1985 dispose : « *Les arrêts sanctionnent une faute grave ou très grave ou des fautes répétées de gravité moindre. Le militaire effectue son service dans les conditions normales mais il lui est interdit, en dehors du service de quitter son unité ou le lieu désigné par son chef de corps* [...]. *Le nombre de jours d'arrêt susceptibles d'être infligés est de un à quarante. Pendant l'exécution de cette punition, le militaire ne peut prétendre au bénéfice d'une permission* » ; que, tant par ses effets directs sur la liberté d'aller et venir du militaire, en dehors du service, que par ses conséquences sur l'avancement ou le renouvellement des contrats d'engagement, la punition des arrêts constitue une mesure faisant grief, susceptible d'être déférée au juge de l'excès de pouvoir ; que M. Hardouin est, dès lors, fondé à demander l'annulation du jugement attaqué, par lequel le tribunal administratif de Rennes a rejeté comme non recevables ses conclusions tendant à l'annulation de la décision du 14 mars 1986 par laquelle le ministre de la défense a rejeté son recours contre la punition de dix jours d'arrêts qui lui a été infligée le 8 novembre 1985 par le commandant de son unité ;

Considérant qu'il y a lieu d'évoquer et de statuer immédiatement sur la demande présentée par M. Hardouin devant le tribunal administratif de Rennes ;

2) Considérant qu'il ressort des pièces du dossier que, conformément aux dispositions de l'article 33 du décret du 28 juillet 1975 modifié, M. Hardouin a été mis à même de s'expliquer devant son chef de corps avant qu'une punition ne lui soit infligée ;

3) Considérant que si M. Hardouin, se fondant sur les dispositions de la loi du 11 juillet 1979, soutient que la décision par laquelle le ministre de la défense a rejeté son recours hiérarchique contre la décision qui lui avait infligé des arrêts, est irrégulière faute d'être motivée, l'obligation de motivation des sanctions posées par cette loi concerne la décision infligeant la sanction et non la décision qui se borne à rejeter la réclamation contre cette sanction ;

4) Considérant qu'il est établi que, lors de son retour le 8 novembre 1985 vers 0 h 45 sur l'unité navale sur laquelle il servait, M. Hardouin, alors maître timonier manifestait des signes d'ébriété ; qu'il a refusé de se soumettre à l'épreuve d'alcootest ; que ces faits étaient de nature à justifier une punition disciplinaire et qu'en infligeant une punition de 10 jours d'arrêt, l'autorité militaire n'a pas commis d'erreur manifeste d'appréciation ;

5) Considérant qu'il résulte de tout ce qui précède que M. Hardouin n'est pas fondé à soutenir que la décision du ministre de la défense, en date du 14 mars 1986, est entachée d'excès de pouvoir ;

DÉCIDE :

Art. 1 – Le jugement du tribunal administratif de Rennes en date du 6 avril 1989 est annulé.

Art. 2 – La demande présentée par M. Hardouin devant le tribunal administratif de Rennes, ensemble le surplus des conclusions de sa requête sont rejetés.

Art. 3 – La présente décision sera notifiée à M. Philippe Hardouin et au ministre d'État, ministre de la défense.

B. Arrêt *Marie*

Conseil d'État statuant au contentieux N° 97 754

Publié au Recueil Lebon

Assemblée

M. Ph. Boucher, Rapporteur

M. Frydman, Commissaire du Gouvernement

M. Long, Président

Lecture du 17 février 1995

RÉPUBLIQUE FRANÇAISE AU NOM DU PEUPLE FRANÇAIS

Vu la requête et le mémoire complémentaire, enregistrés les 6 mai 1988 et 10 juin 1988 au secrétariat du Contentieux du Conseil d'État, présentés par M. Pascal Marie, demeurant 1, rue Souham prolongée à Tulle (19000) ; M. Marie demande au Conseil d'État :

1. d'annuler le jugement du tribunal administratif de Versailles qui, le 29 février 1988, a rejeté comme irrecevable sa demande tendant à l'annulation pour excès de pouvoir de la décision du 29 juin 1987 par laquelle le directeur de la maison d'arrêt des hommes de Fleury-Mérogis lui a infligé la sanction de la mise en cellule de punition pour une durée de huit jours, avec sursis, ensemble la décision implicite du directeur régional des services pénitentiaires rejetant son recours contre ladite sanction ;

2. d'annuler ces deux décisions pour excès de pouvoir ;

Vu les autres pièces du dossier ;

Vu le code de procédure pénale ;

Vu le code des tribunaux administratifs et des cours administratives d'appel ;

Vu l'ordonnance n° 45-1708 du 31 juillet 1945, le décret n° 53-934 du 30 septembre 1953 et la loi n° 87-1127 du 31 décembre 1987 ;

Après avoir entendu en audience publique :

– le rapport de M. Philippe Boucher, Conseiller d'État,

– les conclusions de M. Frydman, Commissaire du Gouvernement ;

1) Considérant qu'aux termes de l'article D. 167 du code de procédure pénale : « *La punition de cellule consiste dans le placement du détenu dans une cellule aménagée à cet effet et qu'il doit occuper seul ; sa durée ne peut excéder quarante-cinq jours…* » ; que l'article D. 169 du même code prévoit que « *La mise en cellule de punition entraîne pendant toute sa durée, la privation de cantine et des visites. Elle comporte aussi des restrictions à la correspondance autre que familiale…* » ; qu'en vertu de l'article 721 du même code, des réductions de peine peuvent être accordées aux condamnés détenus en exécution de peines privatives de liberté « *s'ils ont*

donné des preuves suffisantes de bonne conduite » et que les réductions ainsi octroyées peuvent être rapportées « *en cas de mauvaise conduite du condamné en détention* » ; que, eu égard à la nature et à la gravité de cette mesure, la punition de cellule constitue une décision faisant grief susceptible d'être déférée au juge de l'excès de pouvoir ; que M. Marie est, dès lors, fondé à demander l'annulation du jugement attaqué, par lequel le tribunal administratif de Versailles a rejeté comme non recevable sa demande tendant à l'annulation de la décision du 29 juin 1987 par laquelle le directeur de la maison d'arrêt de Fleury-Mérogis lui a infligé la sanction de mise en cellule de punition pour une durée de huit jours, avec sursis, ainsi que de la décision implicite du directeur régional des services pénitentiaires rejetant son recours hiérarchique contre cette décision ;

2) Considérant qu'il y a lieu d'évoquer et de statuer immédiatement sur la demande présentée par M. Marie devant le tribunal administratif de Versailles ;

3) Considérant qu'aux termes de l'article D. 262 du code de procédure pénale, « *Les détenus peuvent, à tout moment, adresser des lettres aux autorités administratives et judiciaires françaises* [...] *Les détenus qui mettraient à profit la faculté qui leur est ainsi accordée soit pour formuler des outrages, des menaces ou des imputations calomnieuses, soit pour multiplier des réclamations injustifiées ayant déjà fait l'objet d'une décision de rejet, encourent une sanction disciplinaire, sans préjudice de sanctions pénales éventuelles* » ;

4) Considérant que, pour infliger à M. Marie la sanction de huit jours, avec sursis, de cellule de punition, le directeur de la maison d'arrêt de Fleury-Mérogis s'est fondé sur ce que la lettre du 4 juin 1987 adressée par ce détenu au chef du service de l'inspection générale des affaires sociales, pour se plaindre du fonctionnement du service médical de l'établissement, avait le caractère d'une réclamation injustifiée ;

5) Considérant qu'il ne ressort pas des pièces du dossier et qu'il n'est du reste pas allégué, que cette réclamation, à la supposer injustifiée, ait fait suite à de précédentes plaintes ayant fait l'objet de décisions de rejet ; que si le Garde des Sceaux, Ministre de la Justice soutient que cette réclamation comportait des imputations calomnieuses, un tel grief ne figure pas dans les motifs de la décision attaquée et qu'au surplus, si la lettre de M. Marie énonce des critiques dans des termes peu mesurés, elle ne contient ni outrage, ni menace, ni imputation pouvant être qualifiés de calomnieux ; que, dès lors, en prenant la décision attaquée, le directeur de la maison d'arrêt dont la décision a été implicitement confirmée par le directeur régional des services pénitentiaires, s'est fondé sur des faits qui ne sont pas de nature à justifier une sanction ; que, par suite, et sans qu'il soit besoin d'examiner les autres moyens de la requête, M. Marie est fondé à demander l'annulation de ces décisions ;

DÉCIDE :

Art. 1 – Le jugement du 29 février 1988 du tribunal administratif de Versailles est annulé.

Art. 2 – La décision susvisée du 29 juin 1987 du directeur de la maison d'arrêt de Fleury-Mérogis, ensemble la décision implicite du directeur régional des services pénitentiaires, sont annulées.

Art. 3 – La présente décision sera notifiée à M. Pascal Marie et au ministre d'État, Garde des Sceaux, Ministre de la Justice.

II – Le commentaire comparé des deux arrêts

Pour réussir votre commentaire d'arrêt en droit administratif, vous devez procéder, étape par étape, en respectant une certaine méthodologie (cf. méthodologie du commentaire d'arrêt, appliquée au droit public, détaillée étape par étape et illustrée d'un exemple type). Votre « sens juridique » et votre esprit critique feront le reste.

1. La lecture du sujet (20 minutes)

Commenter un arrêt impose une double ou triple lecture du sujet, afin de bien « vous imprégner », de la décision et comprendre le ou les problèmes juridiques soulevés.

La phase préparatoire de votre commentaire débute par une lecture de repérage qui ne doit pas excéder cinq minutes. Ce survol a pour but de faciliter votre concentration, d'identifier le thème général abordé et de détecter certaines informations essentielles, comme la juridiction, auteur de l'arrêt, la formation au sein de laquelle elle a siégé pour statuer et la date de la décision. Ces éléments vous renseignent sur la portée de votre arrêt. Les arrêts que vous commentez sont rendus par le Conseil d'État, siégeant en Assemblée plénière. Vous pouvez en déduire d'emblée que les présents litiges soulèvent des difficultés juridiques importantes.

Procédez maintenant à une lecture analytique afin de comprendre les faits à l'origine du litige, le ou les problèmes de droit posés aux juges et le raisonnement justifiant leur solution. Soyez intellectuellement actif (ve) et concentré(e). « Surlignez » uniquement les mots et expressions clés. N'abusez pas de votre « surligneur » ou de votre feutre au risque de ne plus pouvoir détecter les éléments essentiels et de perdre le fil de votre lecture en vous déconcentrant.

La rédaction des arrêts *Hardouin* et *Marie* n'est pas complexe mais un peu longue ; par suite, il convient de numéroter leurs considérants (6 pour *Hardouin* et 5 pour *Marie*).

Vous gagnez ainsi du temps pour la constitution de vos fiches de jurisprudence et pour mieux vous repérer dans vos deux arrêts.

2. L'établissement des deux fiches de jurisprudence (25 minutes)

Votre fiche de jurisprudence est, en quelque sorte, l'antichambre, le préalable de votre commentaire. Ce « premier cliché » de l'arrêt est important parce qu'il vous permet de disséquer ses points-clés et de « mettre à nu » le raisonnement du juge.

Avant de commencer la préparation de votre fiche d'arrêt, méditez ces trois remarques.

1) **La fiche de jurisprudence, en droit administratif, est différente de « l'analyse du jugement en droit privé »**, dans la mesure où, généralement, vous n'y développez pas les argumentations des parties. Et ce, parce que, le plus souvent, les jugements administratifs ne comportent pas l'exposé de telles argumentations.

2) Peut-être avez-vous l'impression de déjà connaître l'arrêt parce que vous en avez entendu parler en cours ou en TD, ou parce que vous avez eu le courage de lire les conclusions du commissaire du Gouvernement y afférentes. Cette connaissance vous aidera à mieux cerner le ou les problèmes juridiques. **Toutefois, méfiez-vous, vous ne devez commenter que le texte qui vous est fourni !**

En l'espèce, vous pouvez consulter, si vous avez le temps, **les conclusions rédigées par le commissaire du Gouvernement Frydman** ; elles sont publiées au Recueil Lebon, p. 83 à 98.

Soyez curieux et lisez, sous cet arrêt, la chronique de :

- L. Touvet et J.-H. Stahl : Actualité juridique. Droit administratif (AJDA), 1995, n° 5, p. 379-383.
- Ainsi que les notes de :
- N. Belloubet-Frier : Recueil Dalloz (D.), 1995, p. 381-386.
- J.-P. Céré : Revue française de droit administratif (RFDA), 1995, p. 826-833 ;
- O. Gohin : Revue de Droit Public (RDP), 1995 p. 1338- 1345 ;
- A. de Lajartre : Revue administrative (RA), 1996, p. 696-705 ;
- M. Lascombe et F. Bernard : La Semaine juridique (JCP), édition générale (éd. G.). II. n° 22 426, 4 p. ;
- F. Moderne : Revue française de droit administratif (RFDA), 1995, p. 822-826 ;
- Otepko (V. A.) : Les Petites Affiches (LPA), 04-08-1995, n° 93, p. 28-32.
- S. Petit : Gazette du Palais (GP), 07/08-06-1996, p. 37-42 ;
- V. Sueur : Audijuris, 1995, n° 52, p. 51-55 ;
- Nguyen Van Tuong : LPA, 09-06-1995, n° 69, p. 16-19 ;
- G. Vlachos : LPA, 28-04-1995, n° 51, p. 11-13.

3) Lorsque votre arrêt est long et compliqué, **une analyse linéaire du jugement, considérant par considérant, s'impose** pour rédiger votre fiche de jurisprudence.

Cette analyse sommaire consiste à résumer au brouillon les idées-clés des considérants. Vous pouvez, d'ailleurs, réunir plusieurs considérants s'ils concernent un même moyen.

Cette analyse vous aide à comprendre les faits. L'une des difficultés, que pose, en droit administratif, l'établissement de la fiche de jurisprudence est que les faits ne sont pas cantonnés à un ou des considérants précis. Ils sont, le plus souvent, mélangés, au gré des différents considérants du jugement

Divisez votre fiche de jurisprudence en cinq rubriques : l'exposé des faits, la procédure, le ou les problème(s) de droit (formulés éventuellement sous forme de questions juridiques), la solution retenue, et enfin, les motifs.

Voici comment se présente, en l'espèce, votre fiche d'arrêt, sachant qu'ici, dans la mesure où deux arrêts sont à commenter simultanément, à chaque étape de la fiche se retrouveront les deux espèces étudiées.

Toutefois, pour une question de clarté de l'exposé du contenu des arrêts, les faits et la procédure seront, de manière exceptionnelle présentée successivement, espèce par espèce.

A. Les faits et la procédure

Présentez-les de façon chronologique.

Il importe, de plus, de se cantonner à l'exposé des faits contenus dans chaque arrêt, sauf si vous connaissez l'arrêt par ailleurs ; bien que cela soit toujours maladroit et peut gêner le correcteur de retrouver dans votre fiche des faits qui ne figurent pas dans le texte soumis à votre attention.

Faits et procédure de la première espèce (Hardouin)

Faits : « *La première espèce s'intéresse à M. Hardouin, maître timonier sur un navire de guerre. Lors d'une escale de son bâtiment, ce dernier fit une sortie nocturne et ne revint sur son unité navale qu'à 00 h 45, mais dans un état apparent d'ébriété.*

Après avoir refusé de se soumettre à un alcootest et s'être expliqué devant son chef de corps, il a fait, le jour même, l'objet d'une punition de 10 jours d'arrêt en application de l'article 31 du décret du 28 juillet 1975.

Aux termes de cet article, « les arrêts sanctionnent une faute grave ou très grave ou des fautes répétées de gravité moindre ».

Il l'a contestée devant le Ministre de la Défense nationale qui, par une décision, en date du 14 mars 1986, a rejeté son recours contre la sanction infligée par le commandant de l'unité ».

Procédure : « *C'est cette décision du 8 novembre 1985 ainsi que celle du 14 mars 1986, prise sur recours hiérarchique, que M. Hardouin déféra à la censure du Tribunal administratif de Rennes, qui jugea la demande non recevable, par un jugement du 6 avril 1989. Il a alors formé appel contre cette décision de justice* ».

Faits et procédure de la seconde espèce (Marie)

Faits : « *La seconde espèce concerne M. Marie, détenu à la maison d'arrêt de Fleury-Mérogis.*

L'article D 262 du Code de procédure pénale accorde aux prisonniers le droit d'adresser à tout moment des lettres aux autorités administratives et judiciaires françaises. Ce même article prévoit qu'encourent une sanction disciplinaire, sans préjudice des sanctions pénales éventuelles, les détenus qui mettraient à profit la faculté qui leur est ainsi accordée soit pour formuler des outrages, des menaces ou des imputations calomnieuses, soit pour multiplier des réclamations injustifiées ayant déjà fait l'objet d'une décision de rejet.

Faisant usage de cette possibilité, le 4 juin 1987, M. Marie adressa au chef du service de l'inspection générale des affaires sociales une lettre dans laquelle il se plaignait du fonctionnement du service médical de son établissement dans des termes apparemment peu agréables.

Le 29 juin 1987, le directeur de la maison d'arrêt considéra cette lettre comme ayant le caractère d'une réclamation injustifiée au sens de l'article précité et lui infligea une sanction disciplinaire d'une durée de huit jours de mise en cellule de punition, avec sursis.

Il a alors saisi d'un recours hiérarchique contre cette décision le directeur régional des services pénitentiaires, qui rejeta implicitement sa demande ».

Procédure : « *Le 29 février 1988, c'est à son tour le Tribunal administratif de Versailles qui rejeta pour irrecevabilité sa demande d'annulation non seulement de la punition mais aussi de cette dernière décision de refus de l'annuler. Il a donc formé appel contre ce jugement* ».

Il est ici utile de clore la présentation de la procédure des deux espèces par une formulation les associant, et ce, d'autant plus qu'ils ont été rendus sur des conclusions communes prononcées par le commissaire du Gouvernement Frydmann :

« *C'est sur ces deux jugements et, par l'effet dévolutif de l'appel, sur les décisions administratives contestées, que le Conseil d'État a statué* ».

B. Les problèmes de droit

En l'espèce, il importe de souligner avec force que le recours intenté est un appel, c'est-à-dire une demande en annulation d'une décision de justice, rendue en première instance.

Pour annuler un jugement, le juge d'appel contrôle, tout d'abord, sa régularité formelle (est-ce que les juges de première instance ont respecté les règles processuelles en vertu desquelles ils devaient juger ?) ; elle ne pose ici aucune difficulté et surtout aucune question sur le plan juridique.

Mais, il peut aussi prononcer son annulation si les juges de première instance ont mal jugé au fond, soit si le jugement est entaché d'une irrégularité matérielle.

Par suite, le juge d'appel ne pourra annuler le jugement qu'à la condition que les premiers juges se soient trompés dans leur raisonnement, et par suite, dans la solution donnée au litige.

En somme, sur le fond du litige, le juge d'appel va « rejuger » les demandes en annulation, c'est-à-dire réétudier la recevabilité de ces requêtes et, par suite, la légalité des décisions contestées.

S'agissant de telles demandes, le problème juridique principal posé, au fond, est apparemment celui de la **légalité de l'acte attaqué**.

En effet, ce type de demande contentieuse, **visant à demander au juge administratif d'annuler une décision administrative**, n'est satisfait que si le juge constate que la légalité de l'acte est viciée.

Toutefois, si la question de la légalité des actes, dont l'annulation est demandée, est fondamentale, il ne faut pas négliger les questions préalables tenant à la compétence juridictionnelle et à la recevabilité de ces demandes.

En l'espèce, si aucune question de compétence juridictionnelle ne se pose, il en va différemment pour la recevabilité de la requête qui est au cœur des deux arrêts étudiés. En effet, en première instance, un recours pour excès de pouvoir n'est recevable que si quatre conditions sont réunies.

Deux de ces conditions sont inhérentes au requérant, à l'auteur du recours, et les deux autres au recours lui-même, à la demande d'annulation de l'acte administratif contesté.

Les deux premières conditions de recevabilité de cette demande contentieuse sont, d'une part, la capacité (il convient alors de se reporter aux règles civilistes, reprises telles quelles par le juge administratif), et d'autre part, l'intérêt à agir (il faut que le requérant justifie d'un intérêt à demander l'annulation de la décision attaquée).

Les deux autres conditions de recevabilité du recours pour excès de pouvoir s'intéressent, en premier lieu, au caractère décisoire de l'acte incriminé (en effet, seuls les actes administratifs ayant ce caractère juridique peuvent faire l'objet d'une demande en annulation devant le juge de l'excès de pouvoir), et en second lieu, au caractère définitif dudit acte (n'est susceptible de recours pour excès de pouvoir que la décision administrative qui est temporellement encore attaquable).

En ces espèces, la première question juridique est celle de la qualification juridique des actes attaqués : sont-ce ou non des décisions susceptibles de demandes en annulation, ou comme le disent les arrêts, sont-ce des « mesures faisant grief » ? Ainsi, le premier problème de droit posé par ces arrêts a trait à une question de recevabilité desdites demandes.

Quant à la seconde, elle concerne, par voie de conséquence, la légalité des actes administratifs attaqués.

Mais, cette seconde question est, au vu de l'intérêt essentiel des arrêts, d'autant plus accessoire que son règlement n'a pas posé de difficultés particulières au juge administratif. C'est d'ailleurs pourquoi, la suite du commentaire se focalisera sur la première question juridique (ou du moins, la solution apportée), et par suite, se cantonnera à l'exposé de la motivation pour l'étude de la seconde question.

C. La solution retenue

Vous reprendrez la solution dans votre introduction en la faisant suivre de « *au (x) motif(s) que...* » ou de « *aux motifs suivants* ». Si, toutefois, comme en l'espèce, l'exposé de la solution constitue une phrase complète, vous la compléterez par une phrase du style « *Ce rejet ou cette annulation a été justifié(e) par les motifs suivants* ».

« Le 17 février 1994, la Haute juridiction administrative, dans deux arrêts d'assemblée, annula les deux jugements des tribunaux administratifs de Strasbourg et de Rennes ; mais alors qu'elle a, par suite, maintenu la sanction de M. Hardouin, elle a anéanti la punition infligée à M. Marie. Ces positions jurisprudentielles ont été justifiées par les motifs suivants ».

D. Les motifs

Synthétisez-les sans les paraphraser.

Rendez compte de toutes les réponses apportées aux différentes questions suscitées par l'étude tant de la recevabilité des demandes en annulation que de la légalité des actes administratifs attaqués, mais en présentant distinctement la motivation de chaque espèce.

« Dans l'affaire Hardouin, le juge administratif a estimé recevable la demande en annulation de la sanction puisque cette mesure constitue une « mesure faisant grief » « tant par ses effets directs sur la liberté d'aller et de venir du militaire en dehors du service que par ses conséquences sur l'avancement ou le renouvellement des contrats d'engagement ». Mais, il a rejeté, au fond, cette demande en estimant, d'une part, que le requérant avait été mis à même de s'expliquer devant son chef de corps et que le respect des droits de la défense avait donc été respecté, d'autre part, que la décision du Ministre de la Défense n'avait pas à être motivée à l'instar de la punition, et enfin, qu'au vu des circonstances de l'espèce (« signes d'ébriété », « refus de se soumettre à l'épreuve d'alcootest »), l'autorité militaire n'avait pas commis d'erreur manifeste d'appréciation des faits ».

Dans la seconde espèce, l'affaire Marie, le même juge a considéré le recours recevable parce qu'« eu égard à la nature et à la gravité de cette mesure, la punition de cellule constitue une décision faisant grief » et a annulé cette dernière viciée d'une erreur manifeste d'appréciation des faits (la punition n'est pas fondée « sur des faits de nature à » la justifier).

3. L'établissement d'un plan détaillé (30 minutes)

A. Plan proposé :

a. Recherches des idées devant être développées dans le devoir

Reprenez les problèmes de droit identifiés dans vos fiches de jurisprudence. Remémorez-vous les chapitres de votre cours qui y font référence. Attention ne tombez pas dans l'écueil de la dissertation, ne sélectionnez que les éléments qui sont directement concernés par vos arrêts !

Vous avez compris, qu'en l'espèce, l'intérêt essentiel de chaque arrêt réside non pas dans le contrôle de légalité – somme toute classique et peu détaillé dans le texte – des actes attaqués mais dans le fait qu'ils le soient ; en d'autres termes, ce qui importe ici est que les sanctions administratives contestées soient devenues attaquables devant le juge administratif, c'est dire qu'elles soient désormais considérées comme décisoires, et par suite, susceptibles de recours pour excès de pouvoir et donc d'annulation pour cause d'illégalité.

Dès lors, les arrêts, comme souvent c'est le cas pour les arrêts de principe, donnent lieu dans leur commentaire à des développements un peu plus théoriques qu'à l'ordinaire ; en effet, il convient ici de mettre en exergue ce qu'est ou qu'était la notion de mesure d'ordre intérieur pour bien faire comprendre en quoi les arrêts commentés sont innovatoires.

Toutefois, mettre en valeur l'apport d'un arrêt au regard de l'état du droit, n'exclut pas, bien au contraire, une vision nuancée voire critique de cet apport au regard non pas du seul état du droit qu'il touche mais, bien évidemment, à celui de la matière juridique dans laquelle il s'insère.

I – Les arrêts Hardouin et Marie ont restreint le champ d'application des mesures d'ordre intérieur

Afin de mieux comprendre en quoi les arrêts commentés ont modifié l'état du droit des mesures d'ordre intérieur (b), encore faut-il expliquer ce que recouvre cette notion (a). Sachant toutefois que les arrêts *Hardouin* et *Marie* s'inscrivent plus dans un mouvement jurisprudentiel général d'affaiblissement de cette notion qu'ils ne marquent à eux seuls le commencement de son déclin ; ils n'en sont qu'une étape même si elle est importante.

a. Les domaines traditionnels des mesures d'ordre intérieur

La notion de mesure d'ordre intérieur est difficile à cerner. En effet, si elle est définie comme une mesure exclusivement interne n'ayant aucun effet juridique sur la situation d'un agent ou d'un administré, il est alors facilement admissible qu'elle soit insusceptible de recours.

Cette définition ne permet pas toutefois d'embrasser toutes les hypothèses que recouvre une telle notion, et ce, au regard de la richesse de la jurisprudence administrative.

C'est ainsi que le juge administratif qualifie ainsi des mesures qui, d'une manière ou d'une autre, modifient la situation juridique des intéressés. Par suite, selon que la modification est insignifiante ou non, le juge aura raison ou non de les exclure de son contrôle pour ainsi éviter l'encombrement de son prétoire.

Peuvent donc être distinguées, à la lumière de ces observations liminaires, trois catégories de mesures d'ordre intérieur.

Tout d'abord, il y a les mesures ou les ordres qui, répondant aux nécessités d'organisation du service, s'adressent aux agents ; ces derniers, soumis au pouvoir hiérarchique, sont alors considérés comme ne pouvant pas attaquer de telles mesures devant le juge administratif. Ce dernier leur dénie d'ailleurs, lorsqu'ils exercent de tels recours, tout intérêt à agir.

Ainsi, illustrent ce premier groupe : un simple réaménagement des tâches confiées à un agent (CE 4 juillet 1958, *Commune de Anglet*, Rec. 411 ; CE 9 novembre 1992, *Bonnamy*, req. n° 95 102), le refus d'accorder une audience à un subordonné (CE 12 octobre 1955, *Reix*, Rec. 771 ; CE 29 juillet 1994, *Delestrade*, req. n° 115 543), le refus d'accorder à un fonctionnaire le bénéfice d'une régie d'avance (CE Sect. 13 juillet 1979, *Melki*, AJDA 1980 p. 193), l'interdiction faite à un agent d'accéder à certains locaux (CE 10 février 1967, *Dupré*, Rec. 881 ; CE 8 mars 1993, *Riollot*, Rec. 803), les modalités de remplacement d'un agent pendant son absence (CE 6 juin 1986, *Coupet*, req. n° 45 516), ou encore, l'interdiction faite à un officier d'entrer en rapport avec la presse à propos d'affaires relatives au service (CE 19 janvier 1990, *Beau*, Rec. 911).

Ensuite, sont aussi qualifiées de mesures d'ordres intérieurs certaines mesures s'opposant à un administré ; ce qui est d'autant plus délicat que ce dernier n'est pas aussi strictement subordonné à la volonté de l'administration que ses agents. Le refus de contrôle de ces mesures a dès lors dû trouver un autre fondement que celui du pouvoir hiérarchique. Il est donc parfois justifié par l'idée que l'atteinte portée par ces mesures à la situation de l'administré est trop minime pour lui permettre un recours sans risquer d'encombrer inutilement le prétoire du juge administratif. Au gré de la conception, que se feront les juges français ainsi que (et surtout) les juges européens (particulièrement ceux de la Cour européenne des droits de l'homme), de l'avancée de l'État de Droit, cette deuxième catégorie est à coup sûr celle qui risque de décroître en nombre dans les décennies à venir.

En attendant, elle comporte différentes illustrations telles que l'acte administratif mutant un étudiant d'un groupe de TD à un autre (CE 11 janvier 1967, *Bricq*, Rec. 881), affectant un collégien dans une classe (CE Sect. 5 novembre 1982, *Attard*, Rec. 374) ou répartissant les élèves d'une école maternelle entre les sections de cette école (CE 30 septembre 1994, *Sulzer*, Rec. 1097). Ces solutions jurisprudentielles se justifient, à la lumière de la motivation de la jurisprudence *Sulzer*, parce qu'elles concernent des actes administratifs n'ayant par eux-mêmes aucune conséquence sur la scolarité des enfants.

Toutefois, pendant longtemps, cette catégorie a aussi comporté une illustration, pourtant plus attentatoire que les précédentes aux libertés individuelles : celle de l'interdiction du port de certains insignes ou de certains vêtements (CE Sect. 21 octobre 1938, *Lote*, Rec. 788 ; CE 20 octobre 1954, *Chapou*, Rec. 541).

Mais, il convient de souligner qu'appartiennent à coup sûr à ce groupe, de manière traditionnelle et pour longtemps encore, toutes les circulaires interprétatives, les directives et toutes les notes et instructions de service n'ayant pas un caractère décisoire. En effet, ces actes d'administration interne n'ont, par définition, aucun effet direct sur les administrés dans la mesure où elles ne modifient pas par elles-mêmes l'état du droit.

La troisième et dernière catégorie de mesures d'ordre intérieur est celle des sanctions disciplinaires prises par l'administration à l'encontre de certains usagers ou agents.

Ces mesures sont certes, parfois, minimes quant à leurs effets sur leurs destinataires ; ainsi en est-il lorsqu'elles ont pour objet d'envoyer un élève en retenue pendant la récréation, lorsqu'un détenu se voit privé d'achat à la cantine ou une recrue d'une permission de sortie (CE 18 octobre 1918, *Voltrine*, Rec. 908 ; CE 18 mars 1992, *Suc*, Req. n° 60 970), ou encore, lorsqu'un militaire est réprimandé (CE 24 octobre 1978, *Agostini*, Rec. 773).

Mais, dans d'autres cas, ces sanctions sont particulièrement attentatoires aux libertés individuelles ; dès lors, leur absence de contrôle peut être assimilée à un déni de justice. Ainsi en est-il des actes qui ont été considérés, en leur temps, par le juge de l'excès de pouvoir comme n'ouvrant pas droit à contestation ; c'est le cas d'actes administratifs, ayant infligé à un militaire des arrêts de forteresse (CE 11 juillet 1947, *Dewavrin*, Rec. 307) ou retiré à un détenu un régime spécial de détention pour le mettre en régime cellulaire ou en isolement (CE 8 décembre 1967, *Kayanakis*, Rec. 475 ; CE 5 novembre 1993, *Michon*, req. n° 125 422) ou fixé une entrave au pied d'un détenu pour l'attacher à son lit d'hôpital pendant plus d'un mois (CE 5 juin 1989, *Genghini*, req. n° 82 272), le plaçant dans un quartier de haute sécurité (CE Ass. 27 janvier 1984, *Caillol*, Rec. 28, avec les conclusions à lire de B. Genevois publiées dans la RFDA de 1984 p. 483), ou encore, adressant deux avertissements à un agent public (CE 29 décembre 2004, *M. Z… et Syndicat national des artistes musiciens de la Gironde*, AJDA 7 mars 2005 p. 511).

Malgré les vastes champs que recouvre la notion de mesure d'ordre intérieur, il importe de souligner qu'elle subit depuis longtemps un reflux, dont les arrêts Hardouin et Marie constituent une étape importante.

b. L'évolution des domaines des mesures d'ordre intérieur

C'est, en effet, par petites touches que, dans chacun des trois domaines précités de mesures d'ordre intérieur, une évolution s'est faite conduisant à un reflux assez important de cette notion.

Ainsi, s'agissant des agents publics, le recours leur est devenu possible si la mesure d'organisation du service réduit trop les responsabilités qui leur étaient antérieurement confiées (CE 26 avril 1978, *Crumeyrolle*, Rec. 189 ; CE

16 décembre 1992, *Commune de Brétigny-sur-Orge c. Plumejeau*, req. n° 106 009 ; CE 11 juin 2003, *Lejeune*, AJDA, 2003, n° 37, p. 1993, concl. R. Schwartz ; CE 27 juillet 2005 ; *Pataki*, AJDA 2005, n° 37, p. 2084) ou si elle modifie considérablement l'organisation du service (CE Sect. 7 mars 1993, *Guyonvarc'h*, AJDA 1980 p. 193 ; 6 décembre 1993, *Tirrily*, req. n° 115 029). Il en est de même des mesures qui peuvent avoir des effets pécuniaires ou porter atteinte au statut des personnels.

Quant aux décisions concernant les administrés, l'état du droit a également évolué. Certaines décisions de justice ont considéré comme décisoires, donc susceptibles de recours pour excès de pouvoir, les actes administratifs suivants. Ainsi, en est-il du passage dans la classe supérieure (CE 6 juillet 1949, *Andrade*, Rec. 331), de l'affectation dans un établissement (CE 12 octobre 1973, *Lida*, Rec. 558), d'un changement d'orientation (CE 1er décembre 1965, *Neher*, Rec. 648), du refus d'envoyer un élève en classe de neige (CE Sect. 1er avril 1977, *Époux Deleersnyder*, Rec. 173), ou encore, de la décision d'une directrice d'une école maternelle d'affecter des enfants jumeaux dans des classes différentes (CAA Versailles 17 février 2005, *M. et Mme José D...*, AJDA 2005, n° 16, p. 895, note G. Pellissier).

Peuvent se ranger dans cette même évolution, toujours au profit des usagers, les décisions administratives portant atteinte à des droits considérés comme fondamentaux, tels que, pour les détenus, la liberté de correspondance avec leur avocat (CE 12 mars 1980, *Centre hospitalier de Sarreguemine*, Rec. 141), ou encore, celle ayant pour objet d'installer un portique de détection à l'entrée d'une maison d'arrêt (CE 21 octobre 1988, *Syndicat des avocats de France*, Rec. 373).

Si les décisions *Hardouin* et *Marie* sont fondamentales, c'est parce que, même si elles ne sont pas les premières à avoir porté atteinte aux différents domaines des mesures d'ordre intérieur, elles ont attenté à la troisième catégorie de celles-ci, celles des sanctions infligées aux administrés ou aux agents. En somme, elles ont, bien tardivement au demeurant, attenté à un bloc monolithique de mesures d'ordre intérieur particulièrement attentatoires aux libertés fondamentales.

Elle faisait suite à un arrêt fondamental, qui avait considéré que les sanctions prises contre les élèves par les autorités administratives de l'établissement scolaire étaient décisoires.

En effet, sonnant le glas des jurisprudences administratives *Chapou* et *Lote*, l'important arrêt *Kherouaa* (AJDA 1992 p. 788) a considéré comme recevable le recours pour excès de pouvoir contre des décisions d'exclusion d'élèves du fait qu'elles portaient un « voile islamique » et violaient ainsi l'interdiction de porter, dans une enceinte scolaire, au nom de la laïcité, un signe distinctif à caractère religieux. Le juge administratif les a d'ailleurs annulées en estimant que le « voile islamique » portait par les jeunes filles exclues n'était pas en lui-même un signe ostentatoire ou troublant l'ordre public. Ce qu'a remis en cause depuis lors la loi du 15 mars 2004.

Les affaires *Hardouin* et *Marie* ont donc, dans cette même catégorie de mesures d'ordre intérieur, permis au juge administratif de se prononcer sur les sanctions visant cette fois-ci des militaires (donc des agents publics) et des détenus (des usagers du service public pénitentiaire).

Désormais, s'agissant des punitions militaires, il est certain que la mise aux arrêts n'est plus, quel que soit le nombre de jours d'arrêt, une mesure d'ordre intérieur, et ce, depuis la jurisprudence *Hardouin*. Et il ne peut qu'en aller de même pour le blâme (CE 12 juillet 1995, *Maufroy*, Rec. 304).

À l'inverse, l'avertissement demeure une mesure d'ordre intérieur (CE 8 février 1999, *Etienne*, req. n° 180 856, 181 785 et 182 171), compte tenu notamment qu'il n'est pas inscrit au dossier du militaire et ne le « suivra » pas durant la suite de sa carrière. Mais, si cette considération est décisive, le sort de la punition de consigne, qui y est inscrite, doit rejoindre celui des arrêts et du blâme.

Quant aux établissements pénitentiaires, ils apparaissent comme le lieu d'une hécatombe de mesures d'ordre intérieur, qui y étaient pourtant florissantes.

Peut-être, seront toujours reconnues comme telles les sanctions les moins contraignantes, telles que le « travail de nettoyage des locaux » (durée globale de 40 heures au plus), la « mise à pied d'un emploi » (8 jours au plus), ou encore, la privation de la cantine (2 mois au plus, réserve faite des achats de tabac, produits d'hygiène et de correspondance).

D'ailleurs, la « mise en isolement », mesure de précaution et de sécurité, qui peut, du reste, être demandée par le détenu lui-même, reste une mesure d'ordre intérieur. En effet, le juge administratif a considéré « *qu'une telle mesure, qui n'a pas pour effet d'aggraver les conditions de détention, n'est pas, par nature, susceptible d'exercer une influence sur la situation juridique de la personne qui en est l'objet* » (CE 28 février 1996, Fauqueux, Rec. 52).

Au contraire, la mise en cellule disciplinaire (45 jours, au plus, pour les fautes les plus graves) qui fut incluse dans la catégorie des mesures d'ordre intérieur (TA Strasbourg 2 juillet 1991, Théron, AJDA 1992 p. 77), en est désormais certainement exclue en vertu de la jurisprudence *Marie* pour les motifs cumulés qu'elle entraîne privation de cantine, de visites et de toutes activités et qu'elle peut avoir des conséquences défavorables sur les possibilités de remise de peine.

Quant aux décisions de transfèrement d'un détenu d'un établissement pénitentiaire dans un autre, si elles ont été considérées comme des mesures d'ordre intérieur (CE 8 décembre 1967, *Kayanakis*, précité), elles font actuellement l'objet d'une jurisprudence orientée en sens contraire (CAA Paris 16 février 1999, *Belin*, RFDA 2000 p. 819 ; TA Poitiers 1er juillet 1999, *Morales*, JCP 1999. II. N° 10 204).

En somme, les jurisprudences *Hardouin* et *Marie* ont indéniablement fait reculer les zones de non-droit dans lesquelles se réfugiaient jusqu'alors certains actes administratifs ; le constater est rassurant mais le comprendre est encore plus réconfortant.

C'est pourquoi, cette constatation doit être éclairée par l'exposé des raisons de ce revirement de jurisprudence opéré par ces jurisprudences, mais aussi, par une vision peut être un peu critique de cette motivation au regard non de l'État de Droit mais de la cohérence du droit administratif.

II – Les motifs factuels et critiquables du revirement de jurisprudence opéré par les arrêts *Hardouin* et *Marie*

Comprendre les raisons très circonstanciées, au demeurant, de ces revirements (a), implique aussi d'avoir une vision critique à l'égard des motivations les sous-tendant et les justifiant (b).

a. L'appréciation circonstanciée du caractère décisoire des mesures attaquées dans les arrêts *Hardouin* et *Marie*

À en juger par les très intéressantes conclusions du commissaire du Gouvernement Frydmann sur ces arrêts, la position de la Haute juridiction administrative résulte directement des circonstances de chaque espèce. En effet, selon lui, la jurisprudence administrative exclut de la catégorie des actes insusceptibles de recours, « *les décisions ayant en réalité pour effet de porter une atteinte substantielle aux droits ou libertés ou à la situation juridique ou statutaire de leurs destinataires* » (Recueil Lebon, 1995, p. 88).

C'est pourquoi, le commissaire du Gouvernement a proposé le revirement contenu dans les deux arrêts commentés en prenant en compte les « *conséquences préjudiciables qui s'attachent, pour les personnes concernées, au prononcé de sanctions disciplinaires* », sans oublier de préciser qu'une telle évolution jurisprudentielle constituerait « un considérable progrès du droit » (Recueil Lebon, 1995, p. 86).

« *Ainsi,* (poursuit-il,) *s'agissant des détenus, l'exemple de la punition de cellule disciplinaire, dont a en l'occurrence fait l'objet M. Marie, apparaît particulièrement démonstratif. L'article D 167 du code de procédure pénale définit en effet cette sanction comme le placement à l'isolement dans une cellule spécialement aménagée à cet effet – c'est-à-dire dépourvue de tout élément de confort autre que strictement nécessaire à l'entretien physique –, cependant que l'article D 169 précise pour sa part que : « la mise en cellule de punition entraîne pendant toute sa durée la privation de cantine et de visites (et) comporte aussi des restrictions à la correspondance [...] ». Or, même si la sévérité de ce régime disciplinaire se trouve certes relativisée par le fait que les détenus ont, par définition, déjà été privés de leur liberté par la Justice, il est clair que l'application d'une telle sanction entraîne une très sensible aggravation des conditions matérielles dans lesquelles s'effectue la détention. Et cette aggravation s'accompagne d'ailleurs d'une atteinte sensible à l'exercice de certains droits individuels que l'incarcération de la personne sanctionnée n'est pas réputée lui avoir en elle-même retirés. Enfin, cette punition a, au surplus, des effets d'autant plus sérieux que sa durée maximale – qui est en France, de 45 jours – excède très sensiblement celle admise dans l'ensemble des pays européens voisins, où elle n'est, par exemple, que de 15 jours en Italie ou de 28 jours en Allemagne* » (Recueil Lebon, 1995, p. 86-87).

« *En outre – et il convient d'y insister – le prononcé d'une telle sanction a indirectement pour effet de préjudicier aux possibilités de libération anticipée du détenu puni. L'article 721 du code de procédure pénale, qui définit le terme d'octroi des réductions de peine susceptibles d'être prononcées par le juge d'application des peines, prévoit en effet que celles-ci peuvent être accordées aux détenus « s'ils ont donné des preuves suffisantes de bonne conduite ». Or, cette « bonne conduite » se trouve en pratique précisément appréciée, pour une très large part, en fonction du relevé des sanctions disciplinaires prononcées au cours de la détention – étant entendu que la mention, au dossier de l'intéressé, d'une sanction grave, telle qu'une mise en cellule de punition, suffit en général à ajourner la réduction de peine envisagée. Du reste, le lien ainsi établi entre libération anticipée et sanctions disciplinaires se poursuit au-delà même de l'octroi d'une telle réduction de peine, dans la mesure où l'article 721 précité précise expressément que cette dernière peut être ultérieurement rapportée « en cas de mauvaise conduite du condamné en détention » »* (Recueil Lebon, 1995, p. 87).

C'est pourquoi, reprenant – plus succinctement – ces éléments dans son premier considérant, le juge administratif a estimé que la décision attaquée était un acte attaquable « *eu égard à sa nature et à sa gravité* ».

Cette position jurisprudentielle est d'ailleurs d'autant plus justifiée dans le cas de M. Marie que sa demande était apparemment des plus légitime. En effet, l'intéressé s'était permis d'attirer l'attention des services pénitentiaires sur le fait qu'il ne parvenait pas à se voir prodiguer des soins dentaires, alors qu'il souffrait d'une fracture de deux incisives depuis son arrestation, laquelle s'était déroulée dans des conditions quelque peu mouvementées.

Dès lors, la sanction, dont il a été l'objet, reposait sur des faits sinon non établis, du moins probablement inexacts ; d'ailleurs, « *pour considérer comme fautive la réclamation de l'intéressé, critiquant l'insuffisance des soins médicaux qui lui étaient dispensés, l'administration a en effet essentiellement relevé, dans sa décision, que celui-ci avait été reçu au service dentaire de la maison d'arrêt le 9 juin 1987 – soit cinq jours après avoir adressé son courrier à l'Inspection générale des affaires sociales. Or, une telle circonstance ne démontre évidemment en rien – on serait tenté de dire au contraire… – que cette réclamation ait été injustifiée à la date à laquelle elle a été formée* » (Recueil Lebon, 1995, p. 97).

« *Quant aux punitions prononcées à l'encontre des militaires, elles n'ont pas moins de conséquences sur la situation de leurs destinataires.*

[…] *Une telle sanction (comme celle infligée à M. Hardouin), qui peut d'ailleurs être assortie d'une période d'isolement pur et simple dans un local fermé, apporte donc à la liberté d'aller et de venir – à laquelle les militaires ne sauraient être réputés avoir renoncé, en dehors du service, du seul fait de leur engagement dans l'Armée – des restrictions importantes.*

Mais il convient surtout de souligner ici que les punitions prononcées à l'encontre des militaires ont, contrairement à une idée répandue, des conséquences sensibles sur leur carrière.

[…] *Il est donc clair que les sanctions ainsi visées peuvent être prises en considération par l'autorité hiérarchique à l'occasion de décisions d'ordre statutaire, telles que, notamment la notation ou l'avancement. Et on relèvera, par analogie, que c'est précisément dans une telle inscription au dossier que, compte tenu du préjudice de carrière susceptible d'en résulter, votre jurisprudence situe le critère de la mesure d'ordre intérieur en matière de décisions individuelles dans la fonction publique civile. C'est ainsi que, si vous jugez habi-*

tuellement que la décision d'adresser à un agent de sévères observations sur son comportement n'est pas susceptible de recours (CE 6 mai 1953, Thomassot, Rec. 206 ou 10 février 1967, Dupré, Rec. T. 881), celle-ci perd cependant ce caractère de mesure d'ordre intérieur dès lors qu'elle spécifie que les observations en cause seront versées au dossier de l'intéressé (CE 25 mars 1981, Ministre du Budget c. Arbault, Rec. T. 859).

Enfin – et au-delà des textes eux-mêmes – il importe de souligner que la mention au dossier de sanctions disciplinaires a, dans la pratique, une influence déterminante sur la notation et sur l'avancement des militaires. Cette tendance s'est d'ailleurs encore renforcée dans les années récentes où, en raison notamment d'une réduction du nombre d'emplois de commandement et de divers facteurs démographiques défavorables, les promotions au sein des armées se sont faites plus difficiles. Aussi le prononcé d'une punition relativement grave suffit-il aujourd'hui bien souvent, dans les faits, à freiner l'avancement de l'intéressé, voire à bloquer définitivement sa carrière ou, s'il s'agit d'un militaire servant sous contrat, à entraîner le non-renouvellement de ce contrat » (Recueil Lebon, 1995, p. 87-88).

Par suite, reprenant ces divers éléments dans son premier considérant, la Haute juridiction administrative en a déduit que « *tant par ses effets directs sur la liberté d'aller et de venir du militaire en dehors du service que par ses conséquences sur l'avancement ou le renouvellement des contrats d'engagement, la punition des arrêts constitue une mesure faisant grief* ».

« *Au total, on voit que les punitions infligées tant aux détenus qu'aux militaires comportent en réalité des effets de droit et de fait qui, non seulement, s'avèrent plus sensibles que ceux de bien d'autres actes dont le juge administratif examine chaque jour la légalité, mais surtout, rendent à nos yeux indispensables la soumission de telles sanctions à un contrôle juridictionnel* » (Recueil Lebon, 1995, p. 88).

Se comprend dès lors parfaitement le revirement jurisprudentiel sus-exposé, tant par son pragmatisme que par le service qu'il rend à l'extension de l'État de Droit. Ce qui est d'autant plus exact, dans l'affaire Marie, que « *... la sanction en cause (... y) apparaît fâcheusement teintée d'arbitraire* » (Recueil Lebon, 1995, p. 97).

Toutefois, il convient peut-être d'apporter un soutien sinon mesuré, du moins nuancé, aux espèces commentées, et ce, au regard des défauts qu'elles peuvent comporter.

Par suite, c'est à une analyse quelque peu plus critique des arrêts étudiés qui va ci-après être exposée.

Remarque : c'est en vous inspirant largement de ces passages des conclusions du commissaire du Gouvernement Frydmann et des deux premiers considérants des deux arrêts commentés qu'il convient de rédiger, de manière peut-être plus personnelle cette sous-partie.

b. Le raisonnement critiquable du Conseil d'État

Il l'est à deux égards.

1) Tout d'abord, il l'est sur le plan de la qualification juridique des actes administratifs contestés ; en effet, dans les deux espèces, le juge administratif admet la recevabilité des demandes en annulation des sanctions contestées en estimant qu'elle constitue une « *mesure* (Hardouin) *ou une décision* (Marie) *faisant grief* ». Une telle formulation est critiquable, bien qu'elle soit utilisée par la jurisprudence et une partie de la doctrine.

En effet, dire *a contrario* qu'un acte, constitutif d'une mesure d'ordre intérieur, est une mesure ne faisant pas grief, c'est sous-entendre que cette mesure n'emporte aucune conséquence sur la situation juridique du requérant, et par suite et surtout, qu'il n'a pas d'intérêt à agir contre elle.

Alors qu'en principe, certaines mesures prises par l'administration peuvent être décisoires, donc susceptibles d'annulation par le juge de l'excès de pouvoir, sans pour autant permettre à quiconque de l'attaquer ; en effet, seuls pourront le faire les justiciables à qui cette décision fera « grief » – notion entendue plus ou moins largement selon la volonté du juge – c'est-à-dire ceux qui, en principe, ont intérêt à l'attaquer, à agir.

Le grief, causé par un acte, implique donc l'appréciation de l'intérêt à agir de l'auteur de sa demande en annulation, et en aucune façon, l'estimation de son caractère décisoire.

En effet, un acte unilatéral n'est décisoire que, lorsqu'il a pour effet d'affecter l'ordonnancement juridique (c'est-à-dire l'ensemble des droits et des obligations constituant un ordre juridique) et s'impose aux tiers sans leur consentement.

L'affectation de l'ordonnancement juridique par un acte unilatéral confère à ce dernier un caractère décisoire, si cette affectation vise tant à le modifier qu'à le maintenir en l'état.

L'ordonnancement juridique d'un individu – c'est-à-dire l'ensemble des droits dont il est titulaire et des obligations auxquelles il est soumis – peut être, tout d'abord, modifié ; il en est ainsi, lorsqu'une personne possède le droit d'occuper une partie d'un trottoir (pour le kiosque à journaux qu'elle exploite, par exemple) et, que lors de la demande de renouvellement de cette autorisation, elle se voit opposer un refus.

Titulaire jusqu'à présent d'un droit d'occuper le domaine public communal – même si une telle occupation est, en principe, considérée comme précaire et révocable à tout moment -, le refus de lui renouveler son autorisation a pour effet direct de retrancher de son ordonnancement juridique un tel droit.

Cet ordonnancement peut être, ensuite et aussi, maintenu en l'état, lorsqu'une personne, non titulaire d'un droit à construire sur son terrain, se voit refuser par le maire de la commune – sur le territoire duquel se trouve sa parcelle – l'autorisation d'y édifier une construction.

Par voie de conséquence, et à la lumière des propos précédents, tout acte unilatéral de l'administration, qui n'a pas une de ces deux caractéristiques lui permettant d'être qualifié de décisoire, est non décisoire.

L'intérêt essentiel de la distinction entre ces deux catégories d'actes administratifs est simple : seules les décisions sont susceptibles de recours pour excès de pouvoir (REP), alors qu'en principe, les actes unilatéraux non décisoires (vœux, avis, propositions, etc.) ne peuvent pas faire l'objet d'un tel recours.

Ainsi, le juge administratif ne connaît, dans le cadre du contrôle de légalité des actes juridiques pris par l'administration, que des décisions administratives, donc qu'une partie seulement des actes administratifs unilatéraux.

Ce recours contentieux, exercé devant le juge administratif (en premier ressort, devant le tribunal administratif dans le ressort duquel se trouve l'auteur de l'acte, voire, devant le Conseil d'État pour certaines décisions administratives, telles que les décrets ou les actes réglementaires des ministres) a pour seul objet d'obtenir l'annulation de l'acte unilatéral décisoire attaqué.

Dès lors, le lien semble évident entre la qualification juridique en décision ou non d'un acte unilatéral et la recevabilité d'un tel recours.

Par suite, et à plus d'un titre, le qualificatif de « grief » accolé au terme de « mesure » ou de « décision » est sinon superfétatoire, du moins maladroit, et ce, parce que la formule de « mesure faisant grief » est souvent présentée comme un synonyme « parfait » du terme de décision ; à coup sûr, les arrêts étudiés sont, sur ce point, critiquables.

2) Ensuite, et surtout, le raisonnement du Conseil d'État est aussi critiquable au regard du critère utilisé pour déterminer si un acte administratif est ou non décisoire, est ou non susceptible de recours pour excès de pouvoir. En effet, un acte est une mesure d'ordre intérieur si elle n'emporte pas ou, pire, peu ou pas assez, de conséquences pernicieuses sur la situation juridique du requérant alors qu'elle est décisoire dans le cas contraire.

Un tel critère est particulièrement subjectif pour une jurisprudence intervenant dans un contentieux, celui de l'excès de pouvoir, présenté classiquement comme un contentieux éminemment objectif.

En effet, considérer qu'un acte administratif, constitutif d'une mesure d'ordre intérieur est un acte d'une importance si minime qu'il ne mérite pas d'être discuté devant le juge administratif, c'est contestable. Et ce, parce que cette justification lie curieusement la qualification juridique d'un acte à son importance, réelle ou supposée d'ailleurs.

C'est pourtant la « thèse » défendue par le commissaire du Gouvernement Frydmann, selon lequel, *« il [...] apparaît en effet ni indispensable en droit, ni souhaitable en opportunité d'admettre aujourd'hui la recevabilité des recours dirigés contre des sanctions susceptibles d'être prononcées en matière disciplinaire, et dont certaines ne comportent en vérité que des effets tout à fait mineurs »* (Recueil Lebon, 1995, p. 95).

Tout en admettant la recevabilité des demandes en annulation de certaines sanctions, telles que celles des espèces, en leur déniant pour l'avenir la qualification de « mesures d'ordre intérieur », au motif que « *la plupart de ces sanctions portent en réalité des atteintes manifestes tant aux droits et libertés des intéressés qu'à leur situation juridique ou statutaire* » (Recueil Lebon, 1995, p. 86).

Il résulte de ces considérations que la recevabilité des requêtes de MM. Hardouin et Marie découlent du degré d'importance et de gravité des mesures attaquées. Ces dernières sont graves en ce sens que, pour Hardouin, elle a des conséquences sur l'avancement ou le renouvellement du contrat d'engagement du requérant ainsi que sur sa liberté d'aller et de venir, et pour Marie, elle entrave encore plus cette dernière et risque d'aggraver le déroulement de sa détention.

Mais, finalement, qu'est-ce qui distingue l'appréciation des juges de première instance de celle de l'Assemblée du Conseil d'État ? L'épée de Damoclès que constitue la Convention européenne de sauvegarde des droits de l'homme et des libertés fondamentales du 4 novembre 1950, et par là même, la jurisprudence Cour européenne des droits de l'homme ?

En effet, plusieurs décisions de cette Cour s'étaient assez nettement prononcées, dès le début des années 1970 et antérieurement à 1995 (CEDH 8 juin 1976, *Engel et autres*, Rec. CEDH, série A, n° 22 ; CEDH 25 mars 1983, *Silver*, Rec. CEDH, série A, n° 61 ; CEDH 28 juin 1984, *Campbell et Fell*, Rec. CEDH, série A, n° 80), contre l'existence des mesures d'ordre intérieur, ou du moins, pour la reconnaissance d'un droit à contester devant un tribunal impartial de telles mesures ! Ce qu'elle a confirmé récemment[46].

Dans sa jurisprudence, la Cour européenne tient évidemment compte de l'importance de la sanction prononcée ; dans l'hypothèse où elle présente une certaine gravité, elle relèvera de la matière pénale quelle que soit la qualification interne retenue.

Dans ces conditions, convenait-il de laisser en l'état une jurisprudence dont il était prévisible qu'elle serait condamnée par la juridiction européenne ? Mais, convenait-il pour autant de s'arrêter en si bon chemin en maintenant injustifiables des sanctions au prétexte, pour le moins difficile voire ambigu, à mettre en œuvre ?

Le Président Raymond Odent, dans ses Cours de contentieux administratifs, ne définissait-il pas « *les mesures d'ordre intérieur* (comme des actes) *insusceptibles de recours contentieux* (... au sens d'actes qui), *d'une part, ont un caractère exclusivement interne à l'administration qui les prend, d'autre part, n'ont aucun effet sur la situation juridique de ceux qui les subissent, et enfin, sont purement discrétionnaires* » (fascicule I, Les cours de droit, 1977-1978, p. 982).

Toutes les mesures d'ordre intérieur, ou considérées comme telles, sont-elles aujourd'hui de si peu d'importance, « minimes », que l'irrecevabilité des demandes en annulation est à coup sûr assurée ?

46. CEDH 27 janvier 2005, *Ramirez Sanchez*, AJDA 2005, n°5, p. 237, obs. M. Brillié et p. 1388, note D. Costa.

Pourtant, considérer qu'une telle mesure n'a aucun effet juridique sur la situation de ses destinataires, c'est parfois refuser d'admettre l'existence de conséquences juridiques pourtant indiscutables.

En effet, « (...l') *absence d'effets dépend souvent d'une fiction juridictionnelle qui refuse d'admettre l'existence de conséquences juridiques pourtant indiscutables. C'est ce qui ressort du célèbre et si contestable arrêt Caillol : le juge a déclaré irrecevable le recours a raison de l'objet même de la mesure, à savoir une décision de placement d'un prisonnier en quartier de sécurité renforcée (CE Ass. 27 janvier 1984, Rec. 28)* » (Voir : N. Belloubet-Frier, Note sous les arrêts Hardouin et Marie, D. 1995, p. 383).

Par suite, est-il bien justifié de maintenir, encore actuellement, dans la catégorie des mesures d'ordre intérieur, certaines sanctions ?

Ainsi, dans l'arrêt *Fauqueux*, est-il logique, cohérent de considérer comme insusceptible de tout recours contentieux une décision de l'administration pénitentiaire de mettre l'intéressé à l'isolement (CE 28 février 1996, Rec. 52) ?

Certains diront à juste titre que l'administration ne prendra ce type de mesure que pour protéger les autres détenus voire pour protéger le détenu en faisant l'objet ; ceci est en effet louable, mais qu'en sera-t-il si un détenu est ainsi isolé des autres détenus en guise de représailles ?

La jurisprudence *Marie* devrait en effet, au vu de ces circonstances contestables, si bien mises en exergue par le commissaire du Gouvernement Frydmann, amener le juge administratif à ne concevoir, que de manière particulièrement restrictive, la qualification de mesure d'ordre intérieur pour les sanctions infligées aux usagers ou aux agents.

C'est pourquoi, le Conseil d'État (CE 30 juillet 2003, *Ministre de la Justice C. Remli*, RFDA 2003 p. 1030 ; voir aussi : TA Melun 11 mars 2004, *Bonnal*, AJDA 2004, n° 25, p. 1364, note K. Weidenfeld) considère désormais que la décision de placer, à titre préventif, un détenu dans une cellule disciplinaire constitue une décision, à l'instar de la Cour administrative d'appel de Paris (CAA Paris, plén., 29 juin 2001, *Frerot*, DA 2001 n° 263 ; CAA Paris 5 novembre 2002, *Remli*, AJDA 2003 (n° 4) p. 175, note D. Costa ; voir aussi : CAA Paris 10 mars 2003, *Ghellam*, req. n° 02PA03398) ; alors qu'il y a peu encore il qualifiait un tel acte de mesure d'ordre intérieur (CE 12 mars 2003, *garde des Sceaux, Ministre de la Justice C. Frérot*, AJDA 2003, n° 11, p. 521) !

Il a, en effet, considéré dans sa nouvelle position jurisprudentielle que « [...] *le placement à l'isolement d'un détenu contre son gré constitue, eu égard à l'importance de ses effets sur les conditions de détention, une décision susceptible de faire l'objet d'un recours pour excès de pouvoir* » (CE 30 juillet 2003, *Ministre de la Justice C. Remli*, préc.).

Ce que la Cour européenne des droits de l'homme a récemment confirmé (CEDH 27 janvier 2005, *Ramirez Sanchez*, AJDA 2005, n° 5, p. 237, obs. M. Brillié et p. 1388, note D. Costa).

Mais, considère-t-il que la décision d'un directeur d'établissement pénitentiaire de placer un détenu en cellule disciplinaire à titre préventif durant 48 heures n'est pas constitutive d'une sanction disciplinaire mais d'une mesure d'ordre intérieur, et ce, contrairement aux conclusions du commissaire du Gouvernement Terry Olson (CE 12 mars 2003, *Ministre de la Justice c.*

M. *Maxime Frérot*, AJDA, 2003, n° 24, p. 1271, spécialement p. 274). Alors que, dans le même arrêt, il estime que la sanction de mise en cellule disciplinaire pour une durée de 8 jours sans sursis est, quant à elle, une sanction disciplinaire (c'est une application, cette fois-ci, directe et cohérente de la jurisprudence précitée *Marie*).

De même, la Cour administrative d'appel de Nancy estime que le refus de distribuer son courrier à un détenu est une mesure d'ordre intérieur (CAA Nancy 24 mars 2005, *garde des Sceaux, Ministre de la Justice c. M. Micle L...*, AJDA 18 avril 2005 p. 808, obs. M.-C. de Montecler) et celle de Nantes qu'est ainsi qualifié une décision de déclassement de son emploi d'un détenu (CAA Nantes 29 juin 2005, *Plachenault*, RFDA 2005 p. 861).

B. Le plan détaillé :

L'élaboration du plan détaillé est ici assez simple. Reprenez tels quels les développements précédents.

L'objet de votre devoir, autrement dit son fil directeur, consiste à démontrer que votre arrêt illustre le recul de la mesure d'ordre intérieur en matière de sanction administrative, tout en mettant en relief les limites et les défauts d'un tel revirement jurisprudentiel.

4. La rédaction du commentaire (1 heure 30 minutes) et la lecture du devoir (15 minutes)

Quelques conseils s'imposent concernant la lecture puis, et surtout, la rédaction.

A. La **lecture** est une dernière étape importante du devoir ; elle rebute le plus souvent ; dès lors, pour s'y astreindre « en douceur », il peut s'avérer efficace de relire au fur et à mesure sa copie, une fois par exemple, que l'introduction et chaque sous-partie sont rédigées. Cela aboutit, en principe, à une lecture en cinq reprises (« par morceaux ») du devoir.

De plus, cette méthode permet à son rédacteur d'avoir toujours à l'esprit ce qu'il vient d'écrire et peut ainsi éviter les répétitions si néfastes pour l'obtention d'une note correcte.

Quoi qu'il en soit, rien n'agace plus aujourd'hui les correcteurs que les fautes d'orthographe et de style oubliées, le plus souvent, par inattention !

B. Quant à **la rédaction**, elle commence par un exercice, souvent considéré comme difficile, celui de l'introduction.

Il n'en est rien, en fait, si comme cela doit être fait, une fiche de jurisprudence a été scrupuleusement et minutieusement rédigée.

En effet, une introduction de commentaire d'arrêt doit avant tout présenter l'arrêt et *in fine* mettre en exergue la problématique arrêtée pour présenter au mieux le raisonnement du juge.

Dès lors, l'introduction doit commencer par un chapeau introduisant l'arrêt, et sûrement pas, par une attaque théorique, digne d'une dissertation juridique !

Ainsi, une telle attaque a pour objet de rattacher, en quelque sorte, les arrêts étudiés au domaine du droit administratif qu'ils concernent, et ce, de la façon suivante :

« *Par deux arrêts, en date du 17 février 1995, le Conseil d'État a, une fois de plus, affiché sa volonté de restreindre considérablement le domaine des mesures d'ordre intérieur* ».

La suite de l'introduction doit enchaîner, en utilisant la fiche de jurisprudence, les faits, la procédure, les problèmes de droit, la solution et les motifs.

À la fin de l'exposé de la fiche et à la lumière des motifs, il importe, en un voire deux paragraphes, de poser la réflexion, la problématique, sur laquelle tout le devoir reposera, c'est-à-dire d'expliquer les deux thèmes-clés du devoir et le lien les unissant ; en somme, l'exposé de la problématique permet de faire comprendre le « ressort », la logique du devoir.

L'introduction se termine par l'annonce de plan.

Il faut toutefois éviter de formuler l'annonce de plan, de façon un tant soit peu simpliste, du style : « nous verrons, dans une première partie,..., puis, nous étudierons, dans une seconde partie,... » ; en effet, la langue française recèle un grand nombre de prépositions et de conjonctions voire de propositions prépositives ou conjonctives, dont il faut user, afin de rédiger l'annonce de plan de façon « normale » !

Ainsi, ici, elle pourrait être formulée de la façon suivante : « *Il ressort avec évidence des jurisprudences sus-exposées qu'elles contribuent directement à la réduction du champ des mesures d'ordre intérieur ; toutefois, si, sur ce point, leur existence est salutaire parce qu'elles servent utilement l'État de Droit, il convient toutefois de nuancer leur portée. En effet, ces jurisprudences, de par les circonstances de leur rédaction, reposent sur une motivation qui peut apparaître critiquable au regard de la logique inhérente au droit administratif général. C'est pourquoi, si les arrêts Hardouin et Marie restreignent les domaines de telles mesures, le revirement, qu'elles opèrent, repose sur des motifs factuels et un tant soit peu critiquables* ».

Quant à la rédaction proprement dite des deux parties, des développements, elle doit être l'occasion de suivre la trame de raisonnement et la logique du plan détaillé ; en effet, le devoir peut tout aussi bien être desservi par une rédaction peu rigoureuse que par un défaut de raisonnement.

Par suite, là encore, la nécessité d'une lecture apparaît avec force et évidence.

Enfin, pour la conclusion, – si tant est qu'elle soit exigée (tout dépend des usages universitaires, qui varient sur ce point, selon les universités : le plus simple est donc de demander à l'enseignant !) -, elle doit résumer la portée de l'arrêt.

Ainsi, peut-elle s'interroger utilement sur le sens de ce mouvement jurisprudentiel enclenché par les jurisprudences étudiées et qui vise aujourd'hui à étendre le contrôle de légalité à un grand nombre de mesures d'organisation interne de l'administration. En effet, ce mouvement développe la protection des libertés publiques des usagers et des agents publics.

Par suite, convient-il de le mettre en parallèle avec la politique jurisprudentielle ancienne du Conseil d'État favorisant la promotion de telles libertés et leur protection, et dont les principes généraux du droit sont aujourd'hui encore une belle illustration.

Arrêt *Rouquette et autres*, rendu par le Conseil d'État, en Assemblée plénière, le 5 mars 1999[47]

Sujet N° 4

Thème

Sources de la légalité. Hiérarchie des normes. Normes internationales. Théorie de la loi écran. Principe de légalité.

I – Le texte de l'arrêt

Conseil d'État statuant au contentieux N° 194658 196116
Publié au Recueil Lebon
Assemblée
M. Donnat, Rapporteur
Mme M Ugüé, Commissaire du Gouvernement
M. Denoix de Saint Marc, Président
Lecture du 5 mars 1999

RÉPUBLIQUE FRANÇAISE AU NOM DU PEUPLE FRANÇAIS

Vu 1°), sous le n° 194 658, la requête, enregistrée le 4 mars 1998 au secrétariat du contentieux du Conseil d'État, présentée par M. Rémi ROUQUETTE et Mme Hélène LIPIETZ, demeurant 31, rue des Mézeraux à Melun (77000) ; M. ROUQUETTE et Mme LIPIETZ demandent au Conseil d'État l'annulation pour excès de pouvoir du décret n° 98-108 du 26 février 1998 relatif aux allocations familiales et modifiant le code de la sécurité sociale ;

Vu 2°), sous le n° 196 116, la requête, enregistrée le 23 avril 1998 au secrétariat du contentieux du Conseil d'État, présentée par M. Emmanuel DU BESSET, demeurant 7, chemin de la Croix de Montfleury à Corenc (38700) ; M. DU BESSET demande au Conseil d'État d'annuler pour excès de pouvoir le décret n° 98-108 du 26 février 1998 relatif aux allocations familiales et modifiant le code de la sécurité sociale et de condamner l'État à lui verser la somme de 200 F au titre de l'article 75-I de la loi du 10 juillet 1991 ;

Vu les autres pièces des dossiers ;

Vu la Convention européenne de sauvegarde des droits de l'homme et des libertés fondamentales signée le 4 novembre 1950 ;

Vu le code européen de la sécurité sociale fait à Strasbourg le 16 avril 1964 ;

Vu le pacte international relatif aux droits économiques, sociaux et culturels, ouvert à la signature à New York le 19 décembre 1966 ;

---

47. AJDA 1999 p. 420, ch. F. Raynaud et P. Fombeur, RFDA 1999 p. 357, concl. C. Maugüé, et p. 372, obs. D. de Béchillon et P. Terneyre, DA 1999 n°138.

Vu le code de la sécurité sociale ;
Vu la loi n° 97-1164 du 19 décembre 1997 de financement de la sécurité sociale ;
Vu la loi n° 91-647 du l0 juillet 1991 ;
Vu l'ordonnance n° 45-1708 du 31 juillet 1945, le décret n° 53-934 du 30 septembre 1953 et la loi n° 87-1127 du 31 décembre 1987 ;
Après avoir entendu en audience publique :

- le rapport de M. Donnat, Auditeur,
- les conclusions de Mme Maugüé, Commissaire du Gouvernement ;

1) Considérant que les requêtes émanant, d'une part, de M. ROUQUETTE et Mme LIPIETZ et, d'autre part, de M. DU BESSET sont dirigées contre le même décret ; qu'il y a lieu de les joindre pour statuer par une seule décision ;

2) Considérant qu'aux termes de l'article L 521-1 du code de la sécurité sociale, dans sa rédaction issue de l'article 23 de la loi du 19 décembre 1997 : « *Les allocations familiales sont attribuées à partir du deuxième enfant à charge. Ces allocations [...] sont attribuées au ménage ou à la personne dont les ressources n'excèdent pas un plafond qui varie en fonction du nombre d'enfants à charge* » ;

3) Sur le moyen tiré de l'incompatibilité entre les dispositions introduites à l'article L 521-1 du code de la sécurité sociale par la loi du 19 décembre 1997 et les stipulations du pacte international relatif aux droits économiques, sociaux et culturels (articles 2, 9 et 10) et du code européen de la sécurité sociale (articles 39 et 45) :

4) Considérant qu'aux termes de l'article 2 du pacte international relatif aux droits économiques, sociaux et culturels, publié au Journal officiel de la République française du 1er février 1981 : « *Les États parties au présent pacte s'engagent à garantir que les droits qui y sont énoncés seront exercés sans discrimination aucune fondée sur [...] la fortune* » ; qu'aux termes de l'article 9 : « *Les États parties au présent pacte reconnaissent le droit de toute personne à la sécurité sociale, y compris les assurances sociales* » ; qu'aux termes de l'article 10 : « *Une protection et une assistance aussi larges que possible doivent être accordées à la famille* » ; qu'aux termes de l'article 39 du code européen de la sécurité sociale, publié au Journal officiel de la République française du 9 avril 1987 : « *Toute partie contractante pour laquelle la présente partie du code est en vigueur doit garantir aux personnes protégées l'attribution de prestations aux familles* » ; qu'aux termes de l'article 45 : « *Lorsque les prestations consistent en un paiement périodique, elles doivent être accordées pendant toute la durée de l'éventualité* » ; qu'aux termes de l'article 40, cette éventualité est « *la charge d'enfants* » ; que ces stipulations, qui ne produisent pas d'effets directs à l'égard des particuliers, ne peuvent être utilement invoquées à l'appui de conclusions tendant à l'annulation du décret attaqué ;

Sur le moyen tiré de l'incompatibilité entre les dispositions introduites à l'article L 521-1 du code de la sécurité sociale par la loi du 19 décembre 1997 et les stipulations de l'article 14 de la Convention européenne de sauvegarde des droits de l'homme et des libertés fondamentales et de l'article premier du premier protocole additionnel à cette convention :

5) Considérant qu'aux termes de l'article 14 de la Convention européenne de sauvegarde des droits de l'homme et des libertés fondamentales : « *La jouissance des droits et libertés reconnus dans la présente convention doit être assurée, sans distinction aucune, fondée notamment sur [...] la fortune* » ; qu'aux termes de l'article premier du premier protocole additionnel à la convention : « *Toute personne physique ou morale a droit au respect de ses biens* » ;

6) Considérant que le législateur, en subordonnant à une condition de ressources le bénéfice des allocations familiales, a entendu maintenir l'équilibre financier de la branche famille de la sécurité sociale, qui est un objectif d'utilité publique, et s'est fondé sur des critères objectifs et rationnels en rapport avec les buts de la loi ; que, dès lors, les requérants ne sont pas fondés à soutenir que les dispositions de l'article L 521-1 du code de la sécurité sociale porteraient une atteinte disproportionnée au droit au respect de leurs biens ou méconnaîtraient le principe de non-discrimination dans le droit au respect des biens qui résulte des stipulations combinées de l'article 14 de la Convention européenne de sauvegarde des droits de l'homme et des libertés fondamentales et de l'article premier du premier protocole additionnel à la convention ;

7) Considérant que le législateur a prévu une majoration du plafond de ressources institué pour l'attribution des allocations familiales lorsque les deux conjoints exercent une activité professionnelle productrice de revenus ; qu'ainsi les requérants ne sont, en tout état de cause, pas fondés à soutenir que les dispositions de l'article L 521-1 du code de la sécurité sociale pénaliseraient l'exercice d'une activité professionnelle par la mère et introduiraient quant au droit au respect des biens de chacun des conjoints une discrimination selon le sexe qui serait contraire aux stipulations combinées de l'article 14 de la Convention européenne de sauvegarde des droits de l'homme et des libertés fondamentales et de l'article premier du premier protocole additionnel à la convention ;

Sur le moyen tiré du principe de confiance légitime :

8) Considérant que les dispositions de l'article L 521-1 du code de la sécurité sociale, dans leur rédaction issue de la loi du 19 décembre 1997, ne sont pas au nombre des actes pris par les autorités nationales pour la mise en œuvre du droit communautaire ; qu'ainsi, et en tout état de cause, les requérants ne sauraient valablement soutenir, en se référant au droit issu du traité du 25 mars 1957 instituant la Communauté économique européenne devenue la Communauté européenne, que le Conseil d'État devrait écarter l'application de l'article L 521-1 du code précité au motif qu'il serait contraire au principe de confiance légitime ;

Sur le moyen tiré de la méconnaissance par le décret attaqué du rapport annexé à la loi du 19 décembre 1997 :

9) Considérant qu'aux termes de l'article L.O. 111-3, ajouté au code de la sécurité sociale par la loi organique du 22 juillet 1996 : « *Chaque année, la loi de financement de la sécurité sociale : 1° Approuve les orientations de la politique de santé et de sécurité sociale et les objectifs qui déterminent les conditions générales de l'équilibre financier de la sécurité sociale* » ; qu'en vertu de l'article L.O. 111-4, ajouté au code précité par la même loi, le projet de loi de financement de la sécurité sociale de l'année est accompagné d'un « *rapport présentant les orientations de la politique de santé et de sécurité sociale et les objectifs qui déterminent les conditions générales de l'équilibre financier de la sécurité sociale* » ;

10) Considérant que les orientations et les objectifs présentés par le rapport accompagnant la loi de financement de la sécurité sociale ne sont pas revêtus de la portée normative qui s'attache aux dispositions de celle-ci ; que, par suite, M. DU BESSET ne saurait utilement soutenir que le décret attaqué méconnaîtrait les indications contenues dans le rapport annexé à la loi du 19 décembre 1997 ;

Sur le moyen tiré de ce que le décret attaqué porterait atteinte au principe d'égalité devant les charges publiques :

11) Considérant, d'une part, que le principe de l'attribution des allocations familiales sous une condition de ressources résulte des termes mêmes de la loi ; qu'il n'appartient pas au Conseil

d'État statuant au contentieux d'apprécier la conformité de la loi au principe constitutionnel d'égalité devant les charges publiques ;

12) Considérant, d'autre part, que le décret attaqué met en œuvre la différence de traitement établie par la loi selon des critères objectifs et rationnels en rapport avec les buts de la loi, en particulier en ce qui concerne la nature des charges susceptibles d'être déduites des revenus imposables ; que ces dispositions réglementaires ne méconnaissent pas le principe général d'égalité devant les charges publiques ;

Sur le moyen tiré de ce que le décret serait entaché d'une rétroactivité illégale :

13) Considérant que l'autorité réglementaire agissant dans sa sphère de compétence peut prévoir que le respect des conditions mises à l'octroi d'une prestation de sécurité sociale sera apprécié par référence à une période antérieure à celle au titre de laquelle cette prestation est servie, sans que soit méconnu le principe général de non-rétroactivité des actes administratifs, dès lors que les effets de droit attachés à cette prise en compte ne valent eux-mêmes que pour l'avenir ;

14) Considérant que le décret du 26 février 1998, publié au Journal officiel de la République française du 27 février 1998, dispose dans son article 4 qu'il s'applique pour la détermination des droits au bénéfice des allocations familiales à compter du 1er mars 1998 ; qu'ainsi, et alors même que les revenus pris en compte pour apprécier le respect de la condition de ressources posée par la loi correspondent à une période antérieure à sa date d'entrée en vigueur, le décret ne méconnaît pas le principe de non-rétroactivité des actes administratifs ;

15) Considérant qu'il résulte de ce qui précède que les requérants ne sont pas fondés à demander l'annulation du décret qu'ils attaquent, qui n'est entaché d'aucune illégalité externe ;

Sur les conclusions de M. DU BESSET tendant à l'application des dispositions de l'article 75-I de la loi du 10 juillet 1991 :

16) Considérant que les dispositions de l'article 75-I de la loi du 10 juillet 1991 font obstacle à ce que l'État, qui n'est pas dans la présente instance la partie perdante, soit condamné à payer à M. DU BESSET la somme qu'il demande au titre des frais exposés par lui et non compris dans les dépens ;

DÉCIDE :

Art. 1 – Les requêtes de M. ROUQUETTE, de Mme LIPIETZ et de M. DU BESSET sont rejetées.

Art. 2 – La présente décision sera notifiée à M. Rémi ROUQUETTE, à Mme Hélène LIPIETZ, à M. Emmanuel DU BESSET, au ministre de l'emploi et de la solidarité, au ministre de l'intérieur, au ministre de l'économie, des finances et de l'industrie et au Premier ministre.

II – Le commentaire de l'arrêt

Un commentaire d'arrêt, en droit administratif, suppose de l'attention dans la lecture de l'arrêt, mais aussi et surtout, un respect scrupuleux d'une certaine méthodologie ; le sens juridique voire critique fera le reste (cf. **méthodologie générale du commentaire d'arrêt**).

En effet, commenter un arrêt impose au préalable une double ou triple **lecture du sujet**, afin de bien « s'en imprégner », puis commence par **l'établissement** (au brouillon) **de la fiche de jurisprudence**, se poursuit par une phase de réflexion aboutissant à l'établissement d'un plan détaillé et, s'achève par la rédaction et la lecture du devoir.

Reprenons chacune de ces 4 étapes afin de mieux scinder méthodologiquement ce type d'épreuve.

1. La lecture du sujet (20 minutes)

Elle suppose d'être intellectuellement active mais matériellement passive ; ce qui signifie, d'une part, que l'attention du candidat durant la lecture doit être soutenue et concentrée, et d'autre part, que ce dernier ne doit pas « stabilobosser » toutes les secondes son texte au risque de perdre systématiquement le fil de sa lecture.

Il convient, à cet égard, de remarquer que le marqueur est parfois le pire ennemi du candidat dans la mesure où, à force d'agrémenter le texte de travail d'une palette de couleurs, il perd son attention en même temps que les passages-clés de l'arrêt.

La lecture, activité essentiellement passive, est donc une étape obligée beaucoup plus importante que le candidat le pense en général.

Au regard des ambiguïtés rédactionnelles présentées par l'espèce à commenter, une telle opération doit être ici strictement respectée.

Pour faciliter une telle lecture, et par la suite l'étude de l'arrêt, un conseil pratique peut s'imposer : numéroter les considérants du jugement étudié.

Une lecture concentrée et particulièrement attentive conduit avec, en principe, une certaine facilité à rédiger la fiche de jurisprudence de la décision de justice à commenter.

2. L'établissement de la fiche de jurisprudence (25 minutes)

La fiche de jurisprudence est, en quelque sorte, l'antichambre, le préalable du commentaire de l'arrêt ; c'est pourquoi, ce premier cliché de l'arrêt est important parce qu'il permet de disséquer ses points-clés et de « mettre à nu » le raisonnement du juge.

Avant d'exposer la « méthode de la fiche de jurisprudence en droit administratif », il faut formuler trois remarques préalables.

Tout d'abord, il convient de souligner que la fiche de jurisprudence se distingue quelque peu de « l'analyse du jugement en droit privé », dans la mesure où les argumentations des parties y sont omises. Et ce, parce que, le plus souvent, les jugements administratifs ne comportent pas l'exposé de telles argumentations.

Ensuite, il faut relever que, si le candidat connaît le sujet posé pour avoir lu, par exemple, les conclusions du commissaire du Gouvernement y afférentes, il doit éviter d'utiliser ce que ne comporte pas l'arrêt, mais les écrits le concernant, pour développer la fiche de jurisprudence.

En effet, cette dernière doit être le reflet synthétique du **seul** contenu de l'arrêt.

À cet égard, il convient de relever que les conclusions afférentes à l'arrêt *Rouquette* ont été rédigées par Mme C. Maugüé et sont publiées à la **RFDA (Revue française de droit administratif) de 1999, p. 357 et ss.**, et que différentes chroniques (de F. Raynaud et P. Fombeur, à l'**AJDA (Actualité juridique. Droit administratif)** de **1999, p. 462 et ss.**) et notes (de D. de Béchillon et P. Terneyre, à la **RFDA, p. 372 et ss.**) existent.

Enfin, il importe de préciser que la rédaction de la fiche de jurisprudence peut être utilement précédée par une analyse linéaire du jugement, considérant par considérant. Cette étape est nécessaire dans le cas où l'arrêt est long et compliqué.

Cette analyse doit être sommaire puisqu'elle ne doit consister qu'à résumer succinctement au brouillon les idées-clés des considérants ; d'ailleurs, elle peut être effectuée en réunissant plusieurs considérants à partir du moment où ces derniers concernent un même moyen.

De plus, elle permet de répertorier les faits. En effet, l'une des difficultés, en droit administratif, de l'établissement de la fiche de jurisprudence est que les faits ne sont pas cantonnés à un ou des considérants précis ; mais, ils sont, le plus souvent, mélangés, au gré des différents considérants du jugement, au raisonnement du juge.

Ces précisions étant formulées, la fiche de jurisprudence doit comporter **5 phases** que sont : l'exposé des **faits**, de la **procédure**, du/des **problème(s) de droit** (éventuellement sous forme de **questions juridiques**), de la **solution retenue**, et enfin, des **motifs**.

A. Les faits

Ils sont ici fort simples et donc fort courts à exposer ; par suite, il faut éviter d'inventer pour leur donner une ampleur qui pourrait être grandement préjudiciable au devoir.

De plus, il importe de remarquer que, lorsque les faits sont plus nombreux que dans la présente espèce, il est fortement recommandé de les présenter, de façon chronologique, en partant du fait le plus ancien au plus récent.

Exposons-les donc.

Faits : *Le 19 décembre 1997, le législateur national a adopté un texte portant modification du Code de la sécurité sociale.*

Aux termes de l'article 23 de cette loi, modifiant l'article 521-1 de ce Code, est posé le principe de l'attribution des allocations familiales sous une double condition.

La première consiste à n'attribuer de telles allocations qu'à partir du deuxième enfant à charge.

Quant à la seconde, elle a pour objet de n'accorder ces allocations qu'en fonction d'un plafond de ressources variant d'ailleurs selon le nombre d'enfants à charge.

Cette seconde condition a fait l'objet, quant à la détermination de ses modalités de mise en œuvre, du décret n° 98-108 du 26 février 1998.

Ce dernier a, en effet, fixé dans le strict respect de l'objet et des buts de la loi précitée, non seulement les revenus pris en compte pour apprécier le respect de la condition de ressource ainsi que la nature des charges susceptibles d'en être déduites, mais aussi la période de référence de ces revenus en vue du calcul de la prestation servie.

B. La procédure

La procédure est une étape importante, qui consiste à préciser quelle est la **juridiction** qui a rendu l'arrêt commenté, le **type de recours contentieux** à l'issue duquel il a été rendu, et enfin, le **degré de l'instance.**

Il convient de souligner que si le Conseil d'État, est l'auteur **en premier ressort** de l'arrêt commenté, comme en l'espèce, il faut le relever et l'expliquer, parce que cela indique que l'acte attaqué est un acte important.

En effet, à part les cas où le Conseil d'État est saisi du fait de l'extraterritorialité du litige (lorsque celui-ci est né à l'étranger) ou parce que le différend concerne un acte dont le champ d'application s'étend au-delà du ressort territorial d'un seul tribunal administratif, les contentieux relèvent en premier ressort du Conseil d'État en fonction de l'importance des actes administratifs qu'ils mettent en cause.

C'est ainsi que la Haute juridiction administrative connaît directement des demandes en annulation (en première instance, on parle de « recours pour excès de pouvoir ») :

- de décrets et ordonnances,
- des actes des ministres ayant un caractère réglementaire ou ayant été pris obligatoirement après avis du Conseil d'État,
- des décisions des organismes collégiaux à compétence nationale.

De même qu'il juge en première instance les litiges ayant trait à la situation individuelle des fonctionnaires nommés par décret du président de la République, ou encore, ceux ayant trait aux élections de l'Assemblée de Corse, des conseils régionaux ou du Parlement européen.

De plus, et toujours comme en l'espèce, si l'arrêt a été rendu par une formation solennelle du Conseil d'État que sont la Section du contentieux (elle comporte 17 membres) ou l'Assemblée du contentieux (c'est la formation la plus élevée ; elle comprend 12 membres), il faut aussi le remarquer parce que cela indique que le présent litige soulève des difficultés juridiques particulièrement conséquentes.

La procédure, à la lumière de ces remarques, doit être ainsi présentée.

Procédure : *Utilisant le prétexte de la publication de cet acte réglementaire, M. Rouquette et M*[me] *Lipietz, d'une part, et M. du Besset, d'autre part, l'ont attaqué dans le cadre de recours pour excès de pouvoir afin de remettre en cause la condition de ressource susvisée* (considérants n° 1-2).

Ces recours ont naturellement été exercés directement devant le Conseil d'État, du fait que le décret qu'ils visent relève en matière d'annulation de la compétence exclusive de la Haute juridiction administrative.

De surcroît, et dans la mesure où ces recours se rapportent à une même affaire (ou plutôt concernent un même acte) et présentent donc un lien de connexité entre eux, le Conseil d'État a procédé à leur jonction afin d'y statuer par une même décision.

In fine, il convient aussi de relever que cet arrêt a été rendu par l'Assemblée du contentieux dudit Conseil ; ce qui met en évidence l'intérêt et l'importance des questions juridiques qu'il pose et traite.

C. Les problèmes de droit

C'est une étape particulièrement délicate dans l'exposé de l'arrêt dans la mesure où elle illustre la bonne compréhension ou non de l'arrêt.

En droit administratif général, les problèmes juridiques « généraux » sont apparemment simples puisqu'ils ne peuvent, en principe, que concerner la compétence juridictionnelle, la recevabilité de la requête, et enfin, le fond du litige.

Naturellement, plus il faut préciser le problème de droit, plus l'exercice s'avère délicat.

En l'espèce, puisque ce sont des recours pour excès de pouvoir, il apparaît avec évidence que le seul problème juridique se posant au fond est celui de la légalité de l'acte attaqué.

Ce type de recours contentieux a pour objet de demander au juge administratif d'annuler une décision administrative, que le requérant estime irrégulière ; cette demande ne sera satisfaite que si le juge constate que cet acte est vicié quant à sa légalité, et ce, à l'occasion du contrôle de cette dernière.

De plus, il n'est pas toujours évident et/ou utile de préciser chaque question de légalité ; en effet, le plus souvent, elles sont si nombreuses que les résumer toutes empêcherait de synthétiser les questions de droit.

Il vaut ainsi mieux réserver l'exposé de la richesse du contrôle de la légalité à l'exposé des motifs de l'arrêt.

Il en va autrement si l'essentiel des questions juridiques posées concerne un ou deux moyens de légalité bien délimités ; c'est justement le cas en l'espèce.

En effet, aucune question importante de compétence juridictionnelle ou de recevabilité de la demande en annulation n'apparaît, seule l'étude de la légalité interne, qui plus est, du décret est soumise au juge (malgré la référence maladroite de l'arrêt à la légalité externe).

Qui plus est, à travers l'examen par le juge de la violation directe de la loi, ce qui fait l'intérêt de cet arrêt, c'est, dans le cadre du contrôle de la légalité du décret incriminé, le contrôle de compatibilité opéré entre la disposition législative (l'article L 521-1 du Code de la sécurité sociale), dont il découle et qu'il met en œuvre, et des normes internationales et européennes.

Mais, ensuite, n'est pas moins intéressant le contrôle de conformité du décret litigieux à diverses normes de droit interne, telles que des principes jurisprudentiels classiques (des « principes généraux du droit »), mais aussi et surtout, un rapport annexé à la loi du 19 décembre 1997.

Ainsi, **le problème de droit** se résume ainsi : la légalité du décret du 26 février 1998 (ou est-ce que cet acte est légal ?).

Mais, son exposé devra être beaucoup plus nourri, du fait de la richesse de son contenu, apparemment trop simple.

C'est ainsi qu'il peut être présenté (en lisant son exposé à la suite de celui de la procédure) :

Pourtant, quoi de plus classique pour le juge administratif, dans le cadre de demandes en annulation, que de se pencher sur l'étude de la légalité interne d'un acte administratif même décrétale, et plus précisément, sur l'étude de la violation directe de la « loi », voire plus exactement des actes internationaux et internes, par ce décret.

À cet égard, doit ici être soulignée la probable erreur de plume de l'arrêt faisant référence au contrôle non de la légalité interne de l'acte contesté mais de sa légalité externe, alors que la Haute juridiction administrative n'évoque en l'espèce aucun vice d'incompétence, de forme ou de procédure.

Toutefois, ce n'est pas tant ici la question principale posée qui a entraîné la réunion de la formation solennelle du Conseil d'État, mais plutôt les questions secondaires qu'elle implique, et par là même, les réponses à leur apporter.

En effet, l'étude de la régularité du décret a amené la Haute juridiction administrative à s'interroger sur la compatibilité de la disposition législative le fondant à divers textes d'origine européenne ou internationale, mais aussi, sur sa conformité à des normes de droit interne classiques, telles que des principes jurisprudentiels voire un rapport annexé à une loi.

C'est ainsi, tout d'abord, que les requérants ont estimé que l'article L 521-1 du Code de la sécurité sociale était incompatible avec différentes dispositions du Pacte international relatif aux droits économiques, sociaux et culturels du 16 décembre 1966, du Code européen de la sécurité sociale, de la Convention européenne de sauvegarde des droits de l'homme et des libertés fondamentales du 4 novembre 1950 et de son protocole additionnel. De même qu'ils ont considéré qu'il serait contraire au principe de confiance légitime.

Par ailleurs, ils ont aussi argué, directement contre le décret cette fois-ci, que celui-ci méconnaîtrait des principes généraux du droit, tels que le principe d'égalité devant les charges publiques ou le principe de non-rétroactivité des actes administratifs, ainsi que le rapport annexé à la loi de financement de la sécurité sociale du 19 décembre 1997.

D. La solution retenue

Cette phase de l'élaboration de la fiche de jurisprudence est l'une des plus sommaire et sert plutôt de clause de style lors de la rédaction complète de la fiche de jurisprudence.

C'est ainsi que, lors de la rédaction de l'introduction, il suffit de prolonger la phrase de la solution, par un « au(x) motif(s) que… » si ces derniers ne sont pas trop nombreux ou, dans le cas contraire, par un « **aux motifs suivants** ».

Si, toutefois, comme en l'espèce, l'exposé de la solution réside en une phrase complète, il suffit de la faire suivre soit par une phrase du style « ce rejet a été justifié par les motifs suivants » ou de les enchaîner tout simplement par un « En effet,… ».

Solution : *La Haute juridiction administrative a malgré tout rejeté ces demandes en annulation et donc confirmé la légalité du décret attaqué, ainsi que, et par suite, refusé d'accorder à M. du Besset des frais irrépétibles au titre de l'article 75-I de la loi du 10 juillet 1991* (considérant n° 15).

E. Les motifs

Ils doivent être présentés en fonction de la ou des questions posées et refléter la richesse des réponses apportées par le juge administratif, sans toutefois relever de la simple et seule **paraphrase** ; il faut donc résumer l'essentiel de l'arrêt.

C'est ainsi que la motivation de la présente espèce doit être présentée de telle manière que les différentes périodes du raisonnement du juge, au regard des questions de droit posées, ressortent clairement.

En somme l'exposé des réponses apportées par le juge à l'étude de la seule légalité interne du décret doit refléter les sous-questions du contrôle de la légalité d'un tel acte, de façon toutefois succincte.

La motivation (elle se lit à la suite du résumé de la procédure) de l'arrêt doit être ainsi présentée :

En effet, elle a, en premier lieu, écarté de son contrôle certaines normes internationales qui, soit n'avaient pas d'effet direct tel que les dispositions du Pacte international de 1966 ou du Code européen de la sécurité sociale (**considérant n° 3**)*, soit étaient étrangères au droit interne français à l'instar du principe de confiance légitime* (**considérant n° 7**)*. Le Conseil d'État voit d'ailleurs en ce dernier principe une règle propre au seul droit communautaire (CE 16 mars 1998, Mlle Poujol, DA 1998 n°149, obs. R. S.).*

Par suite, et en deuxième lieu, elle a donc procédé au contrôle de compatibilité entre la disposition législative appliquée et les articles de la Convention européenne de 1950 et de son premier protocole additionnel, et ce, pour mieux rejeter les moyens de légalité y afférents (**considérants n° 4 à 6**).

In fine, et en troisième lieu, dans le cadre de la confrontation des dispositions décrétales litigieuses aux actes de droit interne susmentionnés, le Conseil d'État a écarté du débat le rapport comme dépourvu de toute valeur normative (**considérants n° 8-9**)*, de même qu'il a constaté l'absence de violation par ces dispositions des principes généraux du droit précédemment énumérés* (**considérants n° 10 à 14**).

Une fois la fiche établie au brouillon, la structure de l'arrêt est ainsi dépouillée, les principaux éléments sont mis en exergue, l'effort de réflexion peut commencer afin d'établir un plan détaillé.

3. L'établissement du plan détaillé (30 minutes)

A. Plan proposé :

Cette étape impose de porter un regard éventuellement critique sur l'arrêt à étudier.

En effet, commenter un arrêt ne suppose pas seulement d'analyser son contenu (c'est le rôle de la fiche de jurisprudence), mais surtout, de comparer le raisonnement arrêté par le juge administratif au regard du droit et de la jurisprudence administratifs.

Ainsi, le commentaire doit consister à expliquer l'arrêt par rapport à ses connaissances doctrinales et jurisprudentielles en justifiant la position prise par le juge, en la nuançant voire en la remettant en cause ; cette manière de comparer l'état du droit positif à ou aux solution(s) qu'il contient permet de mettre assez vite en exergue en quoi le jugement posé est novateur, confirmatif ou contestable.

C'est en effet, l'apport « en moins », « en plus » voire « en rien » de la décision de justice étudiée qui doit, en principe, servir de ressort au commentaire d'arrêt, et ce, parce qu'un tel exercice ne doit en aucune façon être le prétexte à une dissertation juridique.

En somme, le commentaire d'arrêt doit servir la décision de justice et non s'en servir.

Les réflexions, qu'inspire l'arrêt ici étudié, tournent obligatoirement autour des problèmes de droit identifiés dans le cadre de l'établissement de sa fiche de jurisprudence.

Ce n'est qu'après l'exposé de cette réflexion qu'un plan détaillé sera proposé.

Dans le cadre de l'examen de l'arrêt et de l'établissement de la fiche de jurisprudence, il est apparu avec évidence que le contrôle de légalité du décret attaqué s'opère à un double degré : entre, d'une part, la norme législative qu'il applique et les normes internationales et européennes, et d'autre part, entre lui et d'autres normes de droit internes de valeur juridique différente de la sienne.

Évoquons donc chacun de ces degrés de contrôle opéré dans l'arrêt par la Haute juridiction administrative.

I – Le contrôle de compatibilité entre la disposition législative du 19 décembre 1997 et les normes internationales et européennes précédemment évoquées.

Selon les arrêts *Nicolo*, rendu par le Conseil d'État, en Assemblée plénière, le 20 octobre 1989 (Rec. 190) et *Société des cafés Jacques Vabre*, rendu par la Cour de cassation, en chambre mixte, le 24 mai 1975 (AJDA 1975 p. 820), les normes internationales seraient *a priori* supérieures à toutes les lois même à celles qui sont postérieures à leur introduction en droit interne.

Toutefois, affirmer ce principe à la lecture de ces décisions, c'est omettre que ces dernières ne concernent que des traités internationaux, mais aussi et surtout, que cette règle de principe est conditionnée tant par les termes de l'article 55 de la Constitution du 4 octobre 1958 que par la jurisprudence administrative relative, par exemple, à la notion d'effet direct d'un tel acte international. (a)

En effet, un traité n'a de portée supérieure aux lois internes qu'à la condition d'avoir été régulièrement ratifié et publié et d'être doté d'un effet direct, c'est-à-dire de pouvoir être invoqué par les administrés.

C'est d'ailleurs, le défaut de ce caractère qui a amené, dans l'espèce étudiée, le Conseil d'État à refuser de contrôler l'article L 521-1 du Code de la sécurité sociale à la lumière de différentes dispositions tant du Pacte international relatif aux droits économiques, sociaux et culturels que du Code européen de la sécurité sociale.

Toutefois, une fois cet obstacle passé, une norme internationale, telle que la Convention européenne des droits de l'homme et des libertés fondamentales ou son premier protocole additionnel, peuvent servir d'instruments de référence dans le cadre du contrôle de compatibilité de la disposition législative mise en cause en l'espèce. (b)

Sachant que le terme même de compatibilité entre la norme internationale et la disposition législative litigieuse illustre, en cette affaire, comme en tant d'autres, la souplesse d'un tel contrôle, bien différent du contrôle classique de légalité des seuls actes administratifs qui se retrouve à travers le concept de conformité de ces derniers à l'ordre juridique français.

C'est ainsi que le contrôle de l'article L 521-1 du Code de la sécurité sociale, en tant que fondement juridique du décret attaqué, a amené la Haute juridiction administrative a non seulement contrôlé l'effet direct des normes internationales et européennes invoquées par les requérants, mais aussi, la compatibilité proprement dite de certaines de ces dernières avec la disposition législative critiquée.

a. La règle de l'effet direct (considérant n° 3)

Quelle que soit la portée de l'autorité supérieure des traités sur les normes de valeur infra-constitutionnelle de droit interne, elle ne peut être invoquée par les justiciables qu'à la seule condition que ces traités soient dotés d'un effet direct.

C'est dire, en somme, que si de telles conventions internationales créent des droits et des obligations au profit et à la charge des administrés et non pas seulement entre les États signataires.

L'appréciation d'une telle condition est parfois aussi délicate que le résultat peut en être contestable, comme l'illustre d'ailleurs l'arrêt Garcia Henriquez, rendu par le Conseil d'État, en Assemblée plénière, le 8 mars 1985 (Rec. 70 ; AJDA, 1985 p. 406) relativement à une disposition d'une convention d'extradition.

En l'espèce, seuls les termes des dispositions des conventions internationales invoquées expliquent, sans toujours justifier cette jurisprudence, que le Conseil d'État nie un tel effet direct à certaines d'entre elles.

C'est ainsi qu'il refuse cet effet à l'article 2 du Pacte international relatif aux droits économiques, sociaux et culturels qui dispose que :

- *« Les États-parties au présent pacte s'engagent à garantir que les droits qui y sont énoncés seront exercés sans discrimination aucune fondée sur [...] la fortune ».*

Alors qu'il le reconnaît à l'article 14 de la Convention européenne des droits de l'homme et des libertés fondamentales, aux termes duquel :

- *« La jouissance des droits et libertés reconnus dans la présente convention doit être assurée, sans distinction aucune, fondée notamment sur [...] la fortune ».*

En somme, seule la formulation du Pacte, – c'est-à-dire le fait que la reconnaissance énoncée de droit est essentiellement interétatique alors que, dans la Convention, elle s'adresse aux ressortissants des États signataires -, explique à la lumière de l'exposé de la règle de l'effet direct la dureté de la jurisprudence administrative dans l'appréciation de cette condition.

En effet, au-delà de l'article 2 du Pacte, la lecture dans l'arrêt du contenu de l'article 10 du même Pacte, ou encore, des articles 40 et 45 du Code européen de sécurité sociale laisse quelque peu perplexe par rapport au fait que le juge administratif, de façon particulièrement autoritaire, et sans grande explication, leur dénie tout effet direct.

Toutefois, la conséquence contentieuse d'un tel défaut d'effet direct est aussi simple que claire : les soulever, les évoquer à l'encontre d'une quelconque disposition législative est inutile.

Ainsi, cette règle rappelle fort opportunément qu'au-delà des conditions de l'introduction régulière des normes internationales en droit interne, le juge administratif a d'autres moyens juridictionnels afin de faire éventuellement échec à une trop importante « internationalisation » du droit interne français.

Toutefois, la rudesse, et en même temps, la richesse prometteuse de la règle de l'effet direct, contrastent quelque peu avec la souplesse apparente du contrôle exercé par le juge administratif à l'égard des dispositions législatives, lorsque ces dernières sont confrontées à des normes internationales.

b. Le contrôle de compatibilité proprement dit (considérants n° 4 à 6)

Le contrôle du juge administratif vis-à-vis d'un article législatif a essentiellement pour objet de rechercher non sa conformité aux normes internationales de référence mais d'assurer sa compatibilité avec ces dernières.

En effet, depuis la jurisprudence *Nicolo*, si une telle incompatibilité ne se constate pas, alors le juge administratif écarte la disposition législative.

Ce qui signifie que, dans une certaine mesure, cette dernière disposition peut être différente de ce qu'elle devrait être pour se trouver conforme à la norme internationale qui lui est supérieure, et qu'elle peut même dans une certaine mesure lui être contraire.

Dès lors, un tel contrôle ne s'exercera pas sans pragmatisme, sans subjectivité voire sans opportunité de la part du juge administratif. C'est ainsi que ce dernier pourra apprécier le seuil au-delà duquel la différence devient rupture et la contrariété contradiction.

Par suite, pour qu'une disposition législative et une norme internationale soient incompatibles, pour ne pas dire que la première soit relativement conforme à la seconde, il ne doit pas exister de différend ou de contrariété fondamentaux entre ces deux normes.

D'ailleurs, le juge administratif considère souvent les normes législatives dans leur ensemble pour éviter des censures d'une disposition en particulier qui risqueraient, au final, d'être préjudiciables à la lisibilité de certains textes de loi.

C'est donc, dans cet esprit, empreint de souplesse et de pragmatisme que le Conseil d'État a rejeté, en l'espèce, les moyens fondés sur l'article 14 de la Convention européenne et sur l'article 1er de son premier protocole additionnel.

En effet, le juge administratif a mis, tout d'abord, en avant la philosophie essentielle du dispositif législatif, représenté par l'article L 521-1 du Code de la sécurité sociale, dans la mesure où il a relevé expressément que le recours par le législateur à la condition de ressource pour le bénéfice des allocations familiales vise essentiellement à maintenir l'équilibre financier de la branche familiale de la sécurité sociale qui est, selon lui, un objectif d'utilité publique.

Dès lors, la solution arrêtée par le Conseil d'État doit se lire à la lumière de cet élément primant qui rappelle, s'il en était besoin, que l'intérêt général est, pour le juge administratif, une partie toujours invisible mais toutefois toujours présente dans son prétoire.

De surcroît, la Haute juridiction administrative n'a toutefois pas nié qu'il y aurait une relative contradiction entre l'article L 521-1 du Code de la sécurité sociale et les normes internationales soulevées par les requérants en estimant que les dispositions (de cet article) ne porteraient pas une atteinte disproportionnée au droit au respect des biens des personnes physique ou morale, énoncé par l'article 1er du premier protocole additionnel de la Convention européenne.

En niant l'existence d'une atteinte disproportionnée, le juge administratif laisse toutefois entendre qu'il y aurait malgré tout une atteinte de l'article L 521-1 du Code de la sécurité sociale à cette disposition internationale, mais *a priori* une atteinte mineure.

En ne poussant pas son exigence au-delà de celle de la compatibilité, la jurisprudence administrative assure en cette espèce, la souplesse des articulations entre le droit national et le droit international (et notamment européen) et contribue ainsi aux chances de coexistence pacifique entre l'un et l'autre.

Ce n'est donc, dans le strict respect de la hiérarchie des normes, qu'après avoir contrôlé la compatibilité de l'article L 521-1 du Code de la sécurité sociale, fondement du décret attaqué, aux normes internationales évoquées par les requérants, que le juge administratif exerce un contrôle direct de ce décret.

II – Le contrôle du décret du 26 février 1998

C'est de façon plus classique que le juge administratif examine le respect par le décret contesté des normes qui sont censées lui être juridiquement supérieures, telles que les principes généraux du droit – que sont le principe d'égalité devant les charges publiques et le principe de non-rétroactivité des actes administratifs. (a)

Toutefois, comme le rappelle fort opportunément, en cette espèce, le juge administratif, un acte administratif doit certes être conforme aux actes qui lui sont hiérarchiquement supérieurs, mais encore, faut-il que ces actes soient constitutifs d'une norme. (a)

a. Le caractère normatif ou non du rapport annexé à la loi (considérants n° 8-9)

Seule une règle ayant valeur normative est une règle obligatoire et contraignante.

Dès lors, un acte, n'ayant pas un tel caractère, ne peut en aucune façon imposer son respect aux actes administratifs.

D'ailleurs, même parmi ces derniers, tous ne sont pas normatifs, seuls le sont, en principe, ceux qui ont un caractère décisoire.

C'est ainsi, par exemple, que les directives n'ont pas un tel caractère, et par suite, elles sont insusceptibles de faire, directement, l'objet d'un recours pour excès de pouvoir (CE Sect. 11 décembre 1970, *Crédit foncier de France*, Rec. 750).

En effet, la directive est un acte de rationalisation et de facilitation de l'action administrative. Elle tend ainsi à fixer une ligne de conduite, une politique que le chef de service définit afin d'assurer la cohérence des décisions prises par ses subordonnés.

Dès lors, la directive ne décide pas, elle oriente !

En l'espèce, le contrôle du décret attaqué est confronté à l'existence d'un acte, un rapport annexé à la loi du 19 décembre 1997, que les requérants estiment être de valeur législative.

Ainsi, sa méconnaissance par le décret vicierait ce dernier.

Toutefois, le juge administratif relève l'objet de ce rapport, tel qu'il découle de l'article LO 111-4 du Code de la sécurité sociale ; selon son objet, il fixe des orientations et des objectifs en matière tant de politique de santé et de sécurité sociale que d'équilibre financier de cette dernière.

Par suite, et bien qu'une directive n'ait, quant à elle, qu'une valeur administrative, c'est pour la même raison tenant à leur objet, et par là même, à leur définition, que le rapport comme elle se voient dénier toute portée normative.

Privé d'une telle portée, le rapport litigieux n'a *a fortiori* aucune valeur législative.

C'est pourquoi, son éventuelle méconnaissance par le décret contesté n'a, comme le relève si justement la Haute juridiction administrative, aucune utilité.

Ceci étant, une lecture croisée des articles LO 111-3 et LO 111-4 du Code de la sécurité sociale démontre que le rapport annexé à la loi de financement de la sécurité sociale expose les orientations et les objectifs de la politique de santé et de sécurité sociale, que ladite loi approuve.

Comment alors ne pas voir, dans ce rapport, le prolongement normal d'une telle loi ? Comment, par suite, nier une valeur législative à une annexe qui semble être l'exposé détaillé de la loi ?

Peut-être, tout simplement, pour la même raison que la circulaire n'a pas la valeur juridique de la norme qu'elle explique, voire n'a parfois pas de valeur normative.

Toutefois, il en va bien différemment du respect dû par les actes administratifs aux principes généraux du droit qui sont des normes jurisprudentielles impératives de valeur juridique au moins supra-administrative, pour ne pas dire supra-décrétale.

b. Les principes généraux du droit (considérants n° 10 à 14)

À défaut d'être juridiquement nés, en même temps que la décision *Blanco*, et donc en quelque sorte avec le droit administratif, leur mention se retrouve pourtant dans une décision du Tribunal des conflits, du 8 février 1873, la décision *Dugave et Bransiet* (Rec. 1er supplément, p. 70).

Mais, ce n'est qu'en 1945, avec l'arrêt *Aramu et autres*, rendu le 26 octobre 1945 par le Conseil d'État, en Assemblée plénière (Rec. 213) que le premier d'entre eux, le principe général du respect des droits de la défense, a été officiellement consacré.

Bien que, toutefois, ce même principe avait été silencieusement consacré en 1944 dans un arrêt *Dame veuve Trompier-Gravier*, rendu par le Conseil d'État, en Section, le 5 mai 1944 (Rec. 133).

Depuis le Conseil d'État a multiplié leur consécration jurisprudentielle ; fondés sur aucun texte – du moins, en principe – et donc *a priori* créés *ex nihilo*, les principes généraux du droit font aujourd'hui florès, même et surtout, dans des domaines novateurs de l'action administrative.

C'est ainsi que, parmi eux, se trouvent tant le principe d'égalité devant les charges publiques (CE Ass. 7 février 1958, *Syndicat des propriétaires de forêts de chêne-liège d'Algérie*, Rec. 74) que le principe de non-rétroactivité des actes administratifs (CE Ass. 25 juin 1948, *Société du journal de l'Aurore*, Rec. 289).

Il est d'ailleurs à relever que le premier d'entre eux est aussi consacré depuis 1979 (CC 12 juillet 1979) comme étant un principe à valeur constitutionnelle.

Ce qu'a d'ailleurs fait remarquer le Conseil d'État, en l'espèce, en relevant pertinemment qu'il n'est pas juge de la constitutionnalité des lois, c'est-à-dire de l'article L 521-1 du Code de la sécurité sociale.

En effet, affirmer pour la Haute juridiction administrative que le décret contesté violerait un tel principe à valeur constitutionnelle, ce serait censurer cette disposition législative, dont le décret incriminé n'est qu'une mesure d'exécution stricte.

Dès lors, et du fait de cette double reconnaissance, et par là même, de cette double valeur juridique, du principe d'égalité, le juge administratif a donc opéré un double contrôle.

Ainsi, a-t-il justement refusé de l'opérer, sur un plan exclusivement constitutionnel, pour mieux s'y consacrer, sur un plan cette fois-ci strictement administratif.

À travers ce contrôle, il apparaît de façon évidente qu'aucune discrimination arbitraire ou aucune situation inégalitaire n'ont été posées par le décret contesté.

Au contraire, ainsi que le relève le juge administratif, la « *différence de traitement établie* » l'est « *selon des critères objectifs et rationnels en rapport avec les buts de la loi* ».

C'est ainsi qu'à tous égards, l'intérêt général est satisfait, et par là même, les dérogations au principe d'égalité sont ici particulièrement justifiées.

Par ailleurs, et bien qu'en principe, un acte administratif, même de caractère réglementaire, ne puisse avoir d'effets sur le passé, sauf si une loi l'y autorise, rien n'empêche qu'il s'applique à des situations passées.

En effet, dire qu'un acte réglementaire s'applique immédiatement ne signifie pas qu'il ne s'applique qu'aux situations à venir mais qu'il s'applique aux situations en cours, c'est-à-dire même celles nées dans le passé mais dont les effets sont à venir.

Ce que rappelle une jurisprudence abondante du Conseil d'État, depuis l'arrêt *Commune de Bordères-sur-l'Echey*, rendu en Section, le 15 février 1975 (Rec. 178).

C'est ainsi que le juge administratif a admis, en l'espèce, que le décret litigieux pouvait prévoir, en vue de l'octroi des allocations familiales, la prise en compte des revenus antérieurs à son édiction, afin d'apprécier le respect de la condition de ressources, posée par la loi, et ce, parce que les effets de droit attachés à cette prise en compte ne valent que pour l'avenir.

Envisageons maintenant, à la lumière de toutes ces remarques, une ébauche de plan détaillé.

B. Le plan détaillé :

L'élaboration du plan détaillé est ici assez simple puisqu'il suffit de reprendre, tels quels, les développements précédents.

Toutefois, il est intéressant de trouver un ressort dans le plan, découlant directement et simplement du double contrôle opéré par le juge administratif.

En effet, il apparaît aujourd'hui, et l'arrêt ici commenté en est une illustration supplémentaire, que la disparition de la théorie de la loi-écran en 1989, a en quelque sorte doublé le contrôle de légalité des actes administratifs, lorsque ces derniers sont supposés avoir violé des normes internationales.

Ainsi, quand ces actes sont pris, en vertu d'une disposition législative, c'est par rapport à cette dernière, et non plus tant par rapport à eux-mêmes qu'un premier contrôle est opéré par le juge administratif, et ce, en confrontant le texte législatif aux normes internationales invoquées.

Puis, c'est dans le cadre d'un second contrôle, mettant cette fois-ci, en opposition l'acte administratif attaqué et les normes de droit interne, que le même juge achève en quelque sorte le contrôle d'un tel acte.

Dès lors, ce dernier, pris en application d'une disposition législative donne lieu, tout d'abord, à ce qui peut être dénommé un contrôle par voie d'exception, et ensuite, à un contrôle par voie d'action.

C'est ainsi que l'étude de la légalité du décret du 26 février 1998 aboutit à une présentation scindée en fonction du double contrôle opéré par la Haute juridiction administrative.

Dès lors, pour bien refléter l'intérêt et la richesse d'un tel contrôle, il semble utile et efficace d'établir deux parties concernant : d'une part, « le contrôle par voie d'exception de l'article L 521-1 du Code de la sécurité sociale », et d'autre part, « le contrôle par voie d'action du décret du 26 février 1998 ».

Dans la première partie, il convient de bien distinguer, comme cela a été fait précédemment : tout d'abord, « l'effet direct des normes internationales et européennes », et ensuite, « les modalités de contrôle d'une disposition législative par le juge administratif ».

La seconde partie, quant à elle, concerne, en premier lieu, « le caractère normatif obligatoire des normes de référence », et ensuite, « le respect dû aux principes généraux du droit ».

C. Plan détaillé :

I – Le contrôle par voie d'exception de l'article L 521-1 du Code de la sécurité sociale

a. L'effet direct des normes internationales et européennes

1) définition ;
2) application critiquable dans l'espèce ;

b. Les modalités de contrôle d'une disposition législative par le juge administratif

1) compatibilité-conformité ;
2) application souple en l'espèce ;

II – Le contrôle par voie d'action d'une disposition décrétale par le juge administratif

a. Le caractère normatif obligatoire des instruments de référence

1) question du caractère normatif ;
2) application de l'espèce ;

b. Le respect dû aux PGD

1) définition ;
2) application pour les deux (égalité ; non-rétroactivité).

Il convient *in fine* de souligner ici une certaine longueur des intitulés ; ceci est naturellement voulu par le type de sujet – pratique – qu'est le commentaire d'arrêt ; en effet, les intitulés ne pourraient être très courts que s'il s'agissait d'une dissertation juridique.

Par suite, leur longueur a comme principal souci de « coller » au mieux à l'arrêt, de bien montrer au correcteur que c'est l'arrêt qui a été commenté, et surtout pas, que ce dernier a servi de prétexte à une dissertation juridique.

À la lumière de cette ébauche de plan détaillé, la rédaction du devoir peut commencer.

4. La rédaction (1 heure 30 minutes) et la lecture (15 minutes) du devoir

Quelques conseils s'imposent concernant la lecture puis, et surtout, la rédaction.

A. La lecture est une dernière étape importante du devoir ; elle rebute le plus souvent ; dès lors, pour s'y astreindre « en douceur », il peut s'avérer efficace de relire au fur et à mesure sa copie, une fois par exemple, que l'introduction et chaque sous-partie sont rédigées. Cela aboutit, en principe, à une lecture en cinq reprises (« par morceaux ») du devoir.

De plus, cette méthode permet à son rédacteur d'avoir toujours à l'esprit ce qu'il vient d'écrire et peut ainsi éviter les répétitions si néfastes pour l'obtention d'une note correcte.

Quoi qu'il en soit, rien n'agace plus aujourd'hui les correcteurs que les fautes d'orthographe et de style oubliées, le plus souvent, par inattention !

B. Quant à la rédaction, elle commence par un exercice, souvent considéré comme difficile, celui de l'introduction.

Il n'en est rien, en fait, si comme cela doit être fait, une fiche de jurisprudence a été scrupuleusement et minutieusement rédigée.

En effet, une introduction de commentaire d'arrêt doit avant tout présenter l'arrêt et *in fine* mettre en exergue la problématique arrêtée pour présenter au mieux le raisonnement du juge.

Dès lors, l'introduction doit commencer par un chapeau introduisant l'arrêt, et sûrement pas, par une attaque théorique, digne d'une dissertation juridique !

Ainsi, une telle attaque a pour objet de rattacher, en quelque sorte, l'arrêt étudié au domaine du droit administratif qu'il concerne, et ce, de la façon suivante :

« *L'arrêt Rouquette et autres, rendu par le Conseil d'État, en Assemblée plénière, le 19 février 1999, illustre à quel point la hiérarchie des normes kelsénienne, souvent présentée à l'origine comme un concept exclusivement théorique, a aujourd'hui des implications pratiques fort nombreuses, et ce, dans des matières juridiques aussi diverses que le droit de la sécurité sociale.* »

La suite de l'introduction doit enchaîner, en utilisant la fiche de jurisprudence, les faits, la procédure, les problèmes de droit, la solution et les motifs.

À la fin de l'exposé de la fiche et à la lumière des motifs, il importe, en un voire deux paragraphes, de poser la réflexion, la problématique, sur laquelle tout le devoir reposera, c'est-à-dire d'expliquer les deux thèmes-clés du devoir et le lien les unissant ; en somme, l'exposé de la problématique permet de faire comprendre le « ressort », la logique du devoir.

L'introduction se termine par l'annonce de plan.

Il faut toutefois éviter de formuler l'annonce de plan, de façon un tant soit peu simpliste, du style : « nous verrons, dans une première partie,..., puis, nous étudierons, dans une seconde partie,... » ; en effet, la langue française recèle un grand nombre de prépositions et de conjonctions voire de propositions prépositives ou conjonctives, dont il faut user, afin de rédiger l'annonce de plan de façon « normale » !

Ainsi, ici, elle pourrait être formulée de la façon suivante : « *C'est ainsi que l'étude de la légalité du décret du 26 février 1998 aboutit, non seulement, par exception, au contrôle de l'article L 521-1 du Code de la sécurité sociale, mais aussi et naturellement, à un contrôle par voie d'action (sous-entendu par rapport aux actes de droit interne) du décret* ».

Quant à la rédaction proprement dite des deux parties, des développements, elle doit être l'occasion de suivre la trame de raisonnement et la logique du plan détaillé ; en effet, le devoir peut tout aussi bien être desservi par une rédaction peu rigoureuse que par un défaut de raisonnement.

Par suite, là encore, la nécessité d'une lecture apparaît avec force et évidence.

Enfin, pour la conclusion, – si tant est qu'elle soit exigée (tout dépend des usages universitaires, qui varient sur ce point, selon les universités : le plus simple est donc de demander à l'enseignant !) –, elle doit résumer la portée de l'arrêt.

Ainsi, peut-elle rappeler que si les normes internationales sont devenues des instruments de référence usuels du juge administratif, dans le cadre du contrôle de légalité des actes administratifs, l'effet direct de ces normes, en tant que condition de leur introduction en droit interne, est une arme apparemment efficace du juge pour limiter leur impact sur ce droit. Cette remarque devant toutefois être nuancée à l'égard des normes communautaires, dont la place en droit interne est renforcée tant par les traités communautaires que par – et surtout – les articles 88-1 à 88-4 de la Constitution du 4 octobre 1958. « *En somme, entre dureté et souplesse, à travers cette fois-ci le contrôle de compatibilité opéré par le juge administratif entre les normes internationales et les dispositions législatives, ce juge semble faire contre mauvaise fortune bon cœur, afin de garder à son édifice jurisprudentiel la cohérence que plus d'un siècle de patience et de travail lui a donnée* ».

TROISIÈME PARTIE

LA MÉTHODE DU COMMENTAIRE DE TEXTE ET DU CAS PRATIQUE

LISTE DES SUJETS CORRIGÉS DE COMMENTAIRE DE TEXTE ET DE CAS PRATIQUES

1

Commentaire de texte

(1e et 2e année de licence en droit)

Préalable

Conseils méthodologiques pour réussir un commentaire de texte

Un commentaire de texte suppose une grande attention dans la lecture du sujet, qui est en général un matériau assez dense, et surtout, un bon esprit d'analyse et de synthèse.

Quant à la méthodologie de ce type d'exercice, elle est souvent maîtrisée par le candidat dans la mesure où elle est la même que celle qu'il utilisait au lycée pour les commentaires de texte de français ou d'histoire-géographie.

Ce type d'exercice fait souvent peur dans les facultés de droit, parce que le sujet est obligatoirement juridique et plus ou moins long ; mais, à part cela, c'est loin d'être une épreuve plus difficile que la dissertation juridique ou le commentaire d'arrêt.

Commenter un texte impose donc au préalable une double voire une triple lecture du sujet (1) afin de parfaitement le maîtriser ; ensuite, une analyse sommaire mais précise (2) des points-clés du texte s'impose, suivie de l'établissement du plan détaillé (3), avant la rédaction et la lecture du devoir (4).

1. La lecture du sujet (20 à 30 minutes selon la longueur du texte)

Elle suppose d'être intellectuellement active mais matériellement passive ; ce qui signifie, d'une part, que l'attention du candidat durant la lecture doit être soutenue et concentrée, et d'autre part, que ce dernier ne doit pas « stabilobosser » toutes les secondes son texte au risque de perdre systématiquement le fil de sa lecture.

Il convient, à cet égard, de remarquer que le marqueur est parfois le pire ennemi du candidat dans la mesure où, à force d'agrémenter le texte de travail d'une palette de couleurs, il perd son attention en même temps que les passages-clés du texte.

La lecture, activité essentiellement passive, est donc une étape obligée beaucoup plus importante que le candidat le pense en général.

Une lecture concentrée et particulièrement attentive conduit avec, en principe, une certaine facilité à analyser sommairement au brouillon, mais avec précision, le texte à commenter.

2. L'analyse sommaire et précise du texte (25 minutes)

Cette étape est essentielle dans l'élaboration du commentaire dans la mesure où le texte est tant le matériau à étudier que les bornes du commentaire.

En effet, le commentaire du texte vise exclusivement à expliquer un texte à la lumière des connaissances et nullement à mettre en valeur ces dernières à l'occasion d'un mot du texte y faisant référence.

Ainsi, l'avantage à ne pas négliger pour le candidat face à ce type de sujet, c'est qu'il n'a, en principe, à apporter au commentaire du texte que quelques connaissances pour étayer les points-clés du texte étudié.

Encore faut-il identifier ces « points-clés » du texte, et par là même, ne pas, parfois, être dépassé par un texte trop riche et trop long.

C'est le rôle de l'analyse que de trier, en quelque sorte, les éléments du texte : plus ce dernier sera long, plus l'attention et la rigueur dans son analyse seront nécessaires.

Une bonne analyse conduit, en principe, directement à l'établissement du plan détaillé avec assez peu de temps de réflexion.

Pour la mener à bien, il convient de ne pas trop compliquer sa tâche mais d'y procéder soit « article par article » – comme ici – lorsque le texte est un acte rédigé selon les règles administratives formelles traditionnelles, soit « paragraphe par paragraphe » lorsqu'il est tiré d'un manuel ou d'un ouvrage présenté classiquement.

À la fin, juste avant et en vue d'établir le plan détaillé, il est intéressant de regrouper le contenu des différents articles du texte ; cette étape se situe, en quelque sorte, à la limite de l'analyse et de la synthèse.

Pour résumer synthétiquement cette analyse linéaire, il convient de regrouper les éléments de cette dernière qui ont des traits communs, qui permettent de dégager des thèmes cohérents ; en bref, cette opération est un préalable indispensable à l'établissement du plan détaillé puisqu'elle va permettre de synthétiser le matériau de ce dernier.

3. L'établissement du plan détaillé (30 minutes)

Cette étape impose parfois de porter un regard éventuellement critique sur le texte étudier ou, plus classiquement, de l'expliquer.

Il convient ici d'éviter la paraphrase même dans la présentation du texte.

En effet, comme pour la dissertation juridique, l'intérêt essentiel de cet exercice est de présenter le ou les textes à commenter de manière réfléchie et raisonnée. En somme d'offrir une lecture structurée, sur le plan juridique, à partir du matériau dégagé grâce à l'analysé linéaire du ou des textes commentés.

Il convient donc d'organiser les éléments tirés de la lecture de repérage en les agrémentant de ses connaissances pour mieux faire comprendre au correcteur le sens du texte voire le critiquer.

Une fois le plan détaillé établi, la rédaction du devoir peut commencer.

4. La rédaction (1 heure 20 à 1 heure 30 minutes, selon le temps de la lecture du sujet) et la lecture du devoir (15 minutes)

Quelques conseils s'imposent concernant la lecture puis, et surtout, la rédaction.

A. **La lecture** est une dernière étape importante du devoir ; elle rebute le plus souvent ; dès lors, pour s'y astreindre « en douceur », il peut s'avérer efficace de relire au fur et à mesure sa copie, une fois par exemple, que l'introduction et chaque sous-partie sont rédigées. Cela aboutit, en principe, à une lecture en cinq reprises (« par morceaux ») du devoir.

De plus, cette méthode permet à son rédacteur d'avoir toujours à l'esprit ce qu'il vient d'écrire et peut ainsi éviter les répétitions si néfastes pour l'obtention d'une note correcte.

Quoi qu'il en soit, rien n'agace plus aujourd'hui les correcteurs que les fautes d'orthographe et de style oubliées, le plus souvent, par inattention !

B. Quant à **la rédaction**, elle commence par un exercice, souvent considéré comme difficile, celui de l'introduction.

Celle du commentaire de texte doit correspondre à une démarche en cinq étapes visant à :

- en premier lieu, présenter le texte commenté avec – éventuellement – une courte attaque ;
- en deuxième lieu, le situer dans le temps (ce qui est peu parlant pour un texte récent) et selon les circonstances de son édiction ou sa rédaction. Fixer le contexte historique d'un texte est souvent plus facile en droit constitutionnel qu'en droit administratif général.
- en troisième lieu, exposer sommairement l'essentiel de son contenu, de son objet (afin d'éviter de vider de toute substance son commentaire) voire écarter des éléments du texte sans grand intérêt pour la suite du commentaire ;

- en quatrième lieu, et surtout, mettre en exergue l'intérêt ou les intérêts juridiques du texte, ce qui va donc servir à « nourrir » la problématique de son commentaire ;
- en cinquième et dernier lieu, l'annonce du plan.

En effet, une introduction de commentaire de texte doit avant tout présenter le texte et *in fine* mettre en exergue la problématique arrêtée pour présenter au mieux le raisonnement sous-tendant le commentaire.

Dès lors, l'introduction doit commencer par un chapeau introduisant le plus rapidement possible le texte étudié, et sûrement pas, par une attaque théorique, digne d'une dissertation juridique !

Quant à l'annonce de plan, il faut préciser qu'elle doit éviter d'être formulée, de façon un tant soit peu simpliste, du style : « nous verrons, dans une première partie,..., puis, nous étudierons, dans une seconde partie,... » ; en effet, la langue française recèle un grand nombre de prépositions et de conjonctions voire de propositions prépositives ou conjonctives, dont il faut user, afin de rédiger l'annonce de plan de façon « normale » !

Pour la rédaction proprement dite des deux parties, des développements, elle doit être l'occasion de suivre la trame de raisonnement et la logique du plan détaillé ; en effet, le devoir peut tout aussi bien être desservi par une rédaction peu rigoureuse que par un défaut de raisonnement.

Par suite, là encore, la nécessité d'une lecture apparaît avec force et évidence.

Enfin, pour la conclusion, – si tant est qu'elle soit exigée (tout dépend des usages universitaires, qui varient sur ce point, selon les universités : le plus simple est donc de demander à l'enseignant !) –, elle doit résumer la portée du texte.

A

Droit constitutionnel

(1e année de licence en droit)

Commentaire des chapitres 3, 4 et 5 de la Constitution du 4 novembre 1848

Sujet N° 1

Thème

Histoire constitutionnelle. IIe République (1848-1851). Séparation stricte des pouvoirs. Constitution du 3 septembre 1791. Constitution des États-Unis d'Amérique de 1787.

I – Le texte à commenter

LA CONSTITUTION DU 4 NOVEMBRE 1848

AU NOM DU PEUPLE FRANÇAIS, L'ASSEMBLÉE NATIONALE a adopté, et, conformément à l'article 6 du décret du 28 octobre 1848, le Président de l'Assemblée Nationale promulgue la CONSTITUTION dont la teneur suit :

Préambule

[...]

Constitution

[...]

CHAPITRE III – DES POUVOIRS PUBLICS

Art. 18 – Tous les pouvoirs publics, quels qu'ils soient, émanent du peuple. – Ils ne peuvent être délégués héréditairement.

Art. 19 – La séparation des pouvoirs est la première condition d'un Gouvernement libre.

CHAPITRE IV – DU POUVOIR LÉGISLATIF

Art. 20 – Le peuple français délègue le pouvoir législatif à une Assemblée unique.

Art. 21 – Le nombre total des représentants du peuple sera de sept cent cinquante, y compris les représentants de l'Algérie et des colonies françaises.

Art. 22 – Ce nombre s'élèvera à neuf cent pour les Assemblées qui seront appelées à réviser la Constitution.

Art. 23 – L'élection a pour base la population.

Art. 24 – Le suffrage est direct et universel. Le scrutin est secret.

Art. 25 – Sont électeurs, sans condition de cens, tous les Français âgés de vingt et un ans, et jouissant de leurs droits civils et politiques.

Art. 26 – Sont éligibles, sans condition de domicile, tous les électeurs âgés de vingt-cinq ans.

Art. 27 – La loi électorale déterminera les causes qui peuvent priver un citoyen français du droit d'élire et d'être élu. – Elle désignera les citoyens qui, exerçant ou ayant exercé des fonctions dans un département ou un ressort territorial, ne pourront y être élus.

Art. 28 – Toute fonction publique rétribuée est incompatible avec le mandat de représentant du peuple. – Aucun membre de l'Assemblée nationale ne peut, pendant la durée de la législature, être nommé ou promu à des fonctions publiques salariées dont les titulaires sont choisis à volonté par le pouvoir exécutif. – Les exceptions aux dispositions des deux paragraphes précédents seront déterminées par la loi électorale organique.

Art. 29 – Les dispositions de l'article précédent ne sont pas applicables aux Assemblées élues pour la révision de la Constitution.

Art. 30 – L'élection des représentants se fera par département, et au scrutin de liste. – Les électeurs voteront au chef-lieu du canton ; néanmoins, en raison des circonstances locales, le canton pourra être divisé en plusieurs circonscriptions, dans la forme et aux conditions qui seront déterminées par la loi électorale.

Art. 31 – L'Assemblée nationale est élue pour trois ans, et se renouvelle intégralement. – Quarante-cinq jours au plus tard avant la fin de la législature, une loi détermine l'époque des nouvelles élections. – Si aucune loi n'est intervenue dans le délai fixé par le paragraphe précédent, les électeurs se réunissent de plein droit le trentième jour qui précède la fin de la législature. – La nouvelle Assemblée est convoquée de plein droit pour le lendemain du jour où finit le mandat de l'Assemblée précédente.

Art. 32 – Elle est permanente. – Néanmoins, elle peut s'ajourner à un terme qu'elle fixe. – Pendant la durée de la prorogation, une commission, composée des membres du bureau et de vingt-cinq représentants nommés par l'Assemblée au scrutin secret et à la majorité absolue, a le droit de la convoquer en cas d'urgence. – Le Président de la République a aussi le droit de convoquer l'Assemblée. – L'Assemblée nationale détermine le lieu de ses séances. – Elle fixe l'importance des forces militaires établies pour sa sûreté, et elle en dispose.

Art. 33 – Les représentants sont toujours rééligibles.

Art. 34 – Les membres de l'Assemblée nationale sont les représentants, non du département qui les nomme, mais de la France entière.

Art. 35 – Ils ne peuvent recevoir de mandat impératif.

Art. 36 – Les représentants du peuple sont inviolables. – Ils ne pourront être recherchés, accusés, ni jugés, en aucun temps, pour les opinions qu'ils auront émises dans le sein de l'Assemblée nationale.

Art. 37 – Ils ne peuvent être arrêtés en matière criminelle, sauf le cas de flagrant délit, ni poursuivis qu'après que l'Assemblée a permis la poursuite. – En cas d'arrestation pour flagrant délit, il en sera immédiatement référé à l'Assemblée, qui autorisera ou refusera la continuation des poursuites. Cette disposition s'applique au cas où un citoyen détenu est nommé représentant.

Art. 38 – Chaque représentant du peuple reçoit une indemnité, à laquelle il ne peut renoncer.

Art. 39 – Les séances de l'Assemblée sont publiques. – Néanmoins, l'Assemblée peut se former en comité secret, sur la demande du nombre de représentants fixé par le règlement. – Chaque représentant a le droit d'initiative parlementaire ; il l'exercera selon les formes déterminées par le règlement.

Art. 40 – La présence de la moitié plus un des membres de l'Assemblée est nécessaire pour la validité du vote des lois.

Art. 41 – Aucun projet de loi, sauf les cas d'urgence, ne sera voté définitivement qu'après trois délibérations, à des intervalles qui ne peuvent pas être moindres de cinq jours.

Art. 42 – Toute proposition ayant pour objet de déclarer l'urgence est précédée d'un exposé des motifs. – Si l'Assemblée est d'avis de donner suite à la proposition d'urgence, elle en ordonne le renvoi dans les bureaux et fixe le moment où le rapport sur l'urgence lui sera présenté. – Sur ce rapport, si l'Assemblée reconnaît l'urgence, elle le déclare, et fixe le moment de la discussion. – Si elle décide qu'il n'y a pas urgence, le projet suit le cours des propositions ordinaires.

CHAPITRE V – DU POUVOIR EXÉCUTIF

Art. 43 – Le peuple français délègue le Pouvoir exécutif à un citoyen qui reçoit le titre de Président de la République.

Art. 44 – Le président doit être né Français, âgé de trente ans au moins, et n'avoir jamais perdu la qualité de Français.

Art. 45 – Le Président de la République est élu pour quatre ans, et n'est rééligible qu'après un intervalle de quatre années. – Ne peuvent, non plus, être élus après lui, dans le même intervalle, ni le Vice-président, ni aucun des parents ou alliés du président jusqu'au sixième degré inclusivement.

Art. 46 – L'élection a lieu de plein droit le deuxième dimanche du mois de mai. – Dans le cas où, par suite de décès, de démission ou de toute autre cause, le président serait élu à une autre époque, ses pouvoirs expireront le deuxième dimanche du mois de mai de la quatrième année qui suivra son élection. – Le président est nommé, au scrutin secret et à la majorité absolue des votants, par le suffrage direct de tous les électeurs des départements français et de l'Algérie.

Art. 47 – Les procès-verbaux des opérations électorales sont transmis immédiatement à l'Assemblée nationale, qui statue sans délai sur la validité de l'élection et proclame le Président de la République. – Si aucun candidat n'a obtenu plus de la moitié des suffrages exprimés, et au moins deux millions de voix, ou si les conditions exigées par l'article 44 ne sont pas remplies, l'Assemblée nationale élit le Président de la République, à la majorité absolue et au scrutin secret, parmi les cinq candidats éligibles qui ont obtenu le plus de voix.

Art. 48 – Avant d'entrer en fonction, le Président de la République prête au sein de l'Assemblée nationale le serment dont la teneur suit : – *En présence de Dieu et devant le Peuple français, représenté par l'Assemblée nationale, je jure de rester fidèle à la République démocratique, une et indivisible, et de remplir tous les devoirs que m'impose la Constitution.*

Art. 49 – Il a le droit de faire présenter des projets de loi à l'Assemblée nationale par les ministres. – Il surveille et assure l'exécution des lois.

Art. 50 – Il dispose de la force armée, sans pouvoir jamais la commander en personne.

Art. 51 – Il ne peut céder aucune portion du territoire, ni dissoudre ni proroger l'Assemblée nationale, ni suspendre, en aucune manière, l'empire de la Constitution et des lois.

Art. 52 – Il présente, chaque année, par un message, à l'Assemblée nationale, l'exposé de l'état général des affaires de la République.

Art. 53 – Il négocie et ratifie les traités. – Aucun traité n'est définitif qu'après avoir été approuvé par l'Assemblée nationale.

Art. 54 – Il veille à la défense de l'État, mais il ne peut entreprendre aucune guerre sans le consentement de l'Assemblée nationale.

Art. 55 – Il a le droit de faire grâce, mais il ne peut exercer ce droit qu'après avoir pris l'avis du Conseil d'État. – Les amnisties ne peuvent être accordées que par une loi. – Le Président de la République, les ministres, ainsi que toutes autres personnes condamnées par la Haute Cour de justice, ne peuvent être graciées que par l'Assemblée nationale.

Art. 56 – Le Président de la République promulgue les lois au nom du peuple français.

Art. 57 – Les lois d'urgence sont promulguées dans le délai de trois jours, et les autres lois dans le délai d'un mois, à partir du jour où elles auront été adoptées par l'Assemblée nationale.

Art. 58 – Dans le délai fixé pour la promulgation, le Président de la République peut, par un message motivé, demander une nouvelle délibération. – L'Assemblée délibère : sa résolution devient définitive ; elle est transmise au Président de la République. – En ce cas, la promulgation a lieu dans le délai fixé pour les lois d'urgence.

Art. 59 – À défaut de promulgation par le Président de la République, dans les délais déterminés par les articles précédents, il y serait pourvu par le Président de l'Assemblée Nationale.

Art. 60 – Les envoyés et les ambassadeurs des puissances étrangères sont accrédités auprès du Président de la République.

Art. 61 – Il préside aux solennités nationales.

Art. 62 – Il est logé aux frais de la République, et reçoit un traitement de six cent mille francs par an.

Art. 63 – Il réside au lieu où siège l'Assemblée nationale, et ne peut sortir du territoire continental de la République sans y être autorisé par une loi.

Art. 64 – Le Président de la République nomme et révoque les ministres. – Il nomme et révoque, en Conseil des Ministres, les agents diplomatiques, les commandants en chef des armées de terre et de mer, les préfets, le commandant supérieur des gardes nationales de la Seine, les gouverneurs de l'Algérie et des colonies, les procureurs généraux et autres fonctionnaires d'un ordre supérieurs – Il nomme et révoque, sur la proposition du ministre compétent, dans les conditions réglementaires déterminées par la loi, les agents secondaires du Gouvernement.

Art. 65 – Il a le droit de suspendre, pour un terme qui ne pourra excéder trois mois, les agents du pouvoir exécutif élus par les citoyens. – Il ne peut les révoquer que de l'avis du Conseil d'État. – La loi détermine les cas où les agents révoqués peuvent être déclarés inéligibles aux mêmes fonctions. – Cette déclaration d'inéligibilité ne pourra être prononcée que par un jugement.

Art. 66 – Le nombre des ministres et leurs attributions sont fixés par le pouvoir législatif.

Art. 67 – Les actes du Président de la République, autres que ceux par lesquels il nomme et révoque les ministres, n'ont d'effet que s'ils sont contresignés par un ministre.

Art. 68 – Le Président de la République, les ministres, les agents et dépositaires de l'autorité publique, sont responsables, chacun en ce qui le concerne, de tous les actes du Gouvernement et de l'administration. – Toute mesure par laquelle le Président de la République dissout l'Assemblée nationale, la proroge ou met obstacle à l'exercice de son mandat, est un crime de haute trahison. – Par ce seul fait, le président est déchu de ses fonctions ; les citoyens sont tenus de lui refuser obéissance ; le pouvoir exécutif passe de plein droit à l'Assemblée nationale. Les juges de la Haute Cour de justice se réunissent immédiatement à peine de forfaiture : ils convoquent les jurés dans le lieu qu'ils désignent, pour procéder au jugement du président et de ses complices ; ils nomment eux-mêmes les magistrats chargés de remplir les fonctions du ministère public. – Une loi déterminera les autres cas de responsabilité, ainsi que les formes et les conditions de la poursuite.

Art. 69 – Les ministres ont entré dans le sein de l'Assemblée nationale ; ils sont entendus toutes les fois qu'ils le demandent, et peuvent se faire assister par des commissaires nommés par un décret du Président de la République.

Art. 70 – Il y a un Vice-président de la République nommé par l'Assemblée Nationale, sur la présentation de trois candidats faite par le président dans le mois qui suit son élection. – Le Vice-président prête le même serment que le président. – Le Vice-président ne pourra être choisi parmi les parents et alliés du président jusqu'au sixième degré inclusivement. – En cas d'empêchement du président, le Vice-président le remplace. – Si la présidence devient vacante, par décès, démission du président, ou autrement, il est procédé, dans le mois, à l'élection d'un président.

[...]

II – Le commentaire du texte

Pour y procéder, nous commencerons par situer le contexte historique et constitutionnel (1.), puis, nous procéderons à une analyse linéaire du texte (2.), avant de faire un résumé des idées collectées (3.), et enfin, nous exposerons le plan détaillé du commentaire ainsi que divers éléments de rédaction (4.).

1. Le contexte historique et constitutionnel

A. Le contexte historique

Sur fond de corruption, de lutte autour du suffrage universel et de crise économique et sociale, la monarchie de Juillet s'effondre lors du soulèvement du 22 février 1848.

Nonobstant l'abdication de Louis-Philippe au profit de son petit-fils, le Comte de Paris, le Gouvernement provisoire, présidé par Dupont de l'Eure et comprenant entre autres Ledru-Rollin, Arago, Blanc et Lamartine, proclame le 24 février 1848 la République.

Il prend aussi, le 5 mars 1848, deux décisions très importantes que sont :

– l'abolition de l'esclavage ;
– et l'établissement du suffrage universel masculin.

De plus, il organise l'élection d'une Assemblée constituante de 900 membres, qui aura lieu le 23 avril 1848 ; elle se réunit la première fois le 4 mai 1848.

Parmi ses membres, on compte des républicains de la Révolution de février en majorité et quelques socialistes, dont une vingtaine d'ouvriers.

L'élaboration de la Constitution est alors confiée par cette Assemblée à une commission de 18 membres, comportant entre autres Alexis de Tocqueville.

Cette Assemblée procède aussi à la création des « Ateliers nationaux » pour lutter contre le chômage.

Mais, l'échec des Ateliers nationaux conduit à un soulèvement populaire réprimé par l'armée en juin 1848 ; l'Assemblée constituante confie alors l'Exécutif le 28 juin 1848 au général Cavaillac, qualifié pour la circonstance de « président du Conseil ». Ces événements ne seront pas sans conséquence sur l'avenir de ce régime dans la mesure où la province va commencer à prendre peur du fait de tels débordements.

Malgré cela, est adoptée par 739 voix contre 30 la Constitution du 4 novembre 1848 sans ratification populaire puisqu'elle a été rédigée et adoptée par une Assemblée spécialement élue à cet effet.

Le 10 décembre 1848, est élu à une large majorité en tant que Président de la République Louis Napoléon Bonaparte, futur Napoléon III. Alors que le seront, les 13 et 14 mai 1849, les députés siégeant à l'Assemblée nationale, parmi lesquels se trouve une importante majorité monarchiste.

B. Le contexte constitutionnel

La Constitution du 4 novembre 1848 comporte 12 titres et 116 articles.

Elle a deux traits dominants : son esprit et son objet.

Sur le plan de son esprit, c'est celui de « 1848 » identifié par la, aujourd'hui, célèbre formule républicaine « Liberté, égalité, fraternité ». Ainsi, l'illustre le Chapitre II de la Constitution, consacré aux droits des citoyens garantis par la Constitution ; il reprend et étend en quelque sorte la tradition des droits de l'homme et du citoyen de 1789.

Au regard de son objet, elle met en place un « modèle » de séparation stricte des pouvoirs, qu'elle présente comme « *la première condition d'un Gouvernement libre* » (article 19 du Chapitre III) ; ce qui rappelle beaucoup la formulation et surtout l'esprit de l'article 16 de la Déclaration des Droits de l'Homme et du Citoyen du 26 août 1789.

Mais, comme les constitutionnalistes français, particulièrement d'alors, confondent « séparation des organes » et « séparation des fonctions », le modèle américain n'y est que très partiellement repris. En effet, s'il y a bien dans la Constitution de 1848 une séparation stricte (rappelant la Constitution américaine de 1787) entre les organes et les fonctions, il manque des moyens d'action réciproques au profit de chaque organe à l'égard de la fonction détenue par l'autre. Ceci existe pourtant en germes dans la Constitution américaine et a été, aux États-Unis, développé par la pratique.

C'est pour cela que le commentaire des chapitres III à V (articles 18 à 70) s'avère intéressant parce que se trouve alors au cœur du commentaire le ressort essentiel de la Constitution de 1848 : un Exécutif fort élu au suffrage universel direct (chapitre V : articles 43 à 70) et un Législatif unique (Chapitre IV : articles 20 à 42).

2. La lecture de repérage des textes

L'analyse sera menée en distinguant chaque chapitre.

A. Le Chapitre III (articles 18 et 19)

- Art. 18 : le régime politique présenté repose sur la souveraineté nationale (« *Tous les pouvoirs publics, quels qu'ils soient, émanent du peuple* »).
- Art. 19 : la « séparation des pouvoirs » est présentée comme une garantie essentielle de la démocratie.

B. Le Chapitre IV (articles 20 à 42)

1. La composition de l'Assemblée unique

- la fonction législative est exercée par une Assemblée parlementaire unique (**article 20**), l'Assemblée nationale, qui comprend 750 membres (**article 21**) voire 900 en cas de révision de la Constitution (**article 22**) ; tous sont élus au suffrage universel direct (**articles 23** et **24**).
- les électeurs sont tous les habitants âgés de 21 ans (**article 25**) alors que l'éligibilité se situe à 25 ans (**article 26**).
- l'assemblée est élue pour 3 ans (**article 31**) au scrutin départemental de liste (**article 30**).

2. Le statut des parlementaires

- des hypothèses d'inéligibilité (**article 27**) et d'incompatibilité (**article 28**) sont prévues mais les secondes ne sont pas toujours applicables (**article 29**).
- les députés sont rééligibles (**article 33**) et sont pourvus d'un mandat représentatif (**articles 34** et **35**) ; ils bénéficient d'immunités parlementaires (**articles 36** et **37**) et perçoivent une indemnité (**article 38**).

3. Le fonctionnement de l'Assemblée

- l'Assemblée est permanente et, si elle se met en congé, elle crée une commission *ad hoc*, qui peut la convoquer d'urgence. Elle dispose de moyens militaires nécessaires à son indépendance et détermine ses lieux de séance (**article 32**).
- ses séances sont normalement publiques (**article 39**) ; chaque parlementaire à un droit d'initiative (**article 39**).
- le quorum est fixé à « 50 % des voix plus une » des membres de l'Assemblée (**article 40**) ; la procédure législative suppose trois lectures (**article 41**) avec un cas particulier en cas d'urgence (**article 42**).

C. Le Chapitre V (articles 43 à 70)

1. Le statut du président de la République

- il détient le pouvoir exécutif (article 43).
- il doit être âgé d'au moins de 30 ans et avoir toujours été français (article 44).
- il est élu pour 4 ans au suffrage universel direct avec certaines modalités (article 46) ; mais son mandat n'est pas immédiatement renouvelable (article 45).
- c'est l'Assemblée nationale qui vérifie la régularité de l'élection présidentielle (article 47).
- il doit être élu par la moitié des suffrages exprimés (et par au moins deux millions de voix) ; sinon le Président est élu par l'Assemblée nationale à la majorité absolue des votants parmi les 5 candidats les mieux placés (article 47).
- il doit prêter serment (celui-ci comporte d'ailleurs une référence religieuse) avant toute entrée en fonction (article 48).
- il est flanqué d'un Vice-président « à l'américaine » (article 70).
- il peut faire l'objet d'une procédure d'impeachment aboutissant donc à l'éventuel engagement de sa responsabilité pénale (article 68).
- à noter diverses autres modalités secondaires concernant son statut (articles 61, 62 et 63).

2. Les attributions du président de la République

- il dispose de la force armée mais ne peut pas la commander en personne (article 50) ; il veille à la défense nationale (article 54) mais il ne peut pas déclarer la guerre sans le consentement de l'Assemblée nationale (article 54).
- il ne peut céder le territoire, ni suspendre la Constitution (article 51).
- il négocie et ratifie les traités ; les traités ne sont définitifs qu'après avoir obtenu préalablement l'approbation de l'Assemblée nationale (article 53) ; il accrédite le personnel diplomatique (article 60).
- il a le droit de grâce sauf pour les personnes condamnées par la Haute Cour de justice ; l'amnistie, quant à elle, appartient à l'Assemblée nationale (article 55).
- il nomme et révoque le personnel administratif, particulièrement la haute fonction publique (article 64) et peut suspendre tout agent élu du pouvoir exécutif (article 65).
- il nomme les ministres et les révoque (article 64) ; ces derniers contresignent les actes présidentiels (article 67).

À cet égard, on peut se demander l'intérêt de ce contreseing dans la mesure où les ministres ne sont responsables que devant le Président de la République et nullement devant l'Assemblée nationale.

- les ministres peuvent entrer à l'Assemblée nationale quand ils le demandent (**article 69**) ; leur nombre et leurs attributions sont fixés par la loi (**article 66**).
- le Président peut convoquer l'Assemblée nationale (**article 32**).
- il peut présenter des projets de loi à l'Assemblée nationale par l'intermédiaire des ministres (**article 49**).
- il présente annuellement un message à l'Assemblée nationale sur l'état général des affaires de la République (**article 52**).
- il promulgue les lois (**article 56**) selon diverses modalités (**article 57**) ; si le Président de la République ne promulgue pas la loi, c'est le Président de l'Assemblée nationale qui y procède (**article 59**).
- il peut demander une nouvelle délibération dans le délai de promulgation mais cette prérogative ne s'assimile pas à un droit de veto (**article 58**).
- il assure et surveille l'exécution des lois (**article 49**).
- il ne peut pas dissoudre, ni proroger l'Assemblée nationale (**article 51**).

3. Le regroupement des idées et le recensement (par une lecture plus approfondie des textes) des connaissances utiles pour les étayer

Si le Président de la République est irresponsable politiquement, il ne peut toutefois ni dissoudre l'Assemblée nationale, ni refuser les lois votées par elle mais seulement demander une nouvelle délibération.

Quant à l'Assemblée nationale, elle bénéficie certes d'une permanence mais elle ne peut ni engager la responsabilité des ministres, ni contrôler plus globalement le travail de l'Exécutif.

Le monocamérisme, l'absence du droit de dissolution voire de droit de veto au profit de l'Exécutif, l'absence pour le Législatif de moyens de contrôle du précédent sont les principaux défauts de ce régime politico-constitutionnel.

4. Le plan détaillé et quelques éléments de rédaction

Plan proposé :

I – Une séparation stricte des pouvoirs imposée par la Constitution

Après avoir affirmé, dans son article 19, son attachement à la séparation des pouvoirs comme principe essentiel de tout Gouvernement libre, la Constitution du 4 novembre 1848 campe face à face une fonction législative détenue par une Assemblée unique (article 20) (a) et une fonction exécutive se trouvant dans les mains d'un seul homme, le Président de la République (article 43) (b).

a. L'Assemblée nationale

- il convient, tout d'abord, d'expliquer les raisons du recours au monocamérisme en 1848.

  Ces raisons sont triples :
  - historique : c'est une façon pour les révolutionnaires de 1848 de prendre le contre-pied de la Restauration (1814/5-1830) et de la Monarchie de Juillet (1830-1848) qui, au titre du dualisme, connaissait une Chambre des Pairs, d'origine héréditaire ;
  - juridique : l'article 34 pose clairement que les représentants sont ceux de la France entière ;
  - politique : la « chambre unique » répond au désir des révolutionnaires de 1848 de mettre en place une chambre forte, une fonction législative revigorée.
- il faut ensuite exposer le contenu de l'analyse linéaire concernant la composition de l'Assemblée et le statut de ses parlementaires.

Transition : Pour contrebalancer un « pouvoir législatif » fort et éventuellement parer à toute nouvelle émeute, les constituants se prononcent, contrairement à la position de Jules Grévy, pour un « pouvoir exécutif » non moins puissant que le Législatif.

b. Le Président de la République

- il faut ici exposer le contenu de l'analyse linéaire concernant tant le statut que les attributions du Président de la République.

Transition : Alors que le régime aurait pu être parlementaire par le développement des articles 67 et 68, c'est son caractère présidentiel voire présidentialiste qui va l'emporter au gré de la pratique.

II – Une séparation stricte des pouvoirs déjouée par la pratique

Par le défaut de certains moyens d'action réciproques existant dans la Constitution américaine pour réguler les rapports entre les deux « pouvoirs » (a), exécutif et législatif, ainsi que par l'évolution des faits (b), le régime de 1848 va vite être emporté au profit de l'émergence d'un régime plus autoritaire et personnalisé.

a. Les carences de la Constitution du 4 novembre 1848

- la mise en œuvre de la Constitution de 1848 va faire ressortir trois choses importantes qui vont compliquer les rapports entre les deux « pouvoirs » exécutif et législatif :
  - d'une part, l'absence de droit de veto du Président qui l'empêche d'intervenir dans la procédure législative ; la seconde délibération ne pouvant jouer le rôle de veto.
  - d'autre part, le droit d'initiative lui est certes reconnu mais est entouré de multiples garanties qui tendent plutôt à paralyser (article 49) : pour le mettre en œuvre, il doit consulter le Conseil d'État (article 75) qui est par ailleurs élu par l'Assemblée nationale (article 72).
  - et enfin, l'absence d'une seconde chambre qui fait de l'Assemblée nationale une Assemblée forte aux attributions importantes, sans oublier que la chambre unique bénéficie de la même légitimité démocratique que le Président de la République ; tous deux sont en effet élus au suffrage universel direct.
- ces défauts sont ennuyeux pour deux raisons :
  - d'une part, les attributions partagées entre les deux « pouvoirs », à l'instar de ce que l'on trouve dans la Constitution américaine, sont nombreuses et importantes. Elles concernent, en effet, le pouvoir de guerre (article 54), la compétence diplomatique (article 53), la révocation des fonctionnaires (articles 64 et 65), sans compter les multiples interventions du Président de la République dans le cadre de la procédure législative (articles 32, 49, 52, 56 et 58, par exemple) ;
  - d'autre part, le Président n'a certes pas le droit de dissolution mais le « pouvoir exécutif » est politiquement irresponsable face à l'Assemblée nationale (malgré l'hypothèse de la responsabilité pénale). Cela peut sembler logique ; pourtant, au vu des modalités institutionnelles de fonctionnement de ce régime, un blocage est tout à fait possible sans que l'un puisse destituer l'autre autrement que par la force ! Les constituants en étaient d'ailleurs d'autant plus conscients qu'ils ont, pour essayer de l'éviter, reconnu à l'Assemblée nationale de pouvoir détenir une force armée (article 32) ou rejeté l'idée d'un mandat immédiatement renouvelable (article 45) ; et enfin, ils ont, pour la même raison, prévu en cas de dissolution irrégulière, de prorogation du mandat de l'Assemblée ou de perturbation à l'exercice de ce dernier, par le Président, le droit de résistance à l'oppression de la population et la traduction d'office du Président devant la Haute Cour de justice (article 68).

Transition : De par ses silences et ses imprécisions, la Constitution de 1848 était porteuse d'une situation de conflit – ce qui explique l'étonnement (ironique) de certains auteurs face à sa longévité (3 ans !) – que la situation politique n'a fait qu'accentuer voire précipiter.

b. L'épreuve des faits

- tout d'abord, le suffrage universel va porter à la Présidence un bonapartiste et à l'Assemblée nationale une majorité monarchiste (orléanistes et légitimistes), et tout ceci au sein d'une République ! Deux « pouvoirs » forts, démocratiquement légitimes, mais sans moyens constitutionnels de pression réciproques.

  Alors que l'Assemblée nationale aspire à la monarchie, le Président rêve de l'Empire ; leurs antagonismes s'estompent dans un seul domaine : la suppression des libertés publiques. Le cri « Vive la République » est même interdit.
- ensuite, la crise fut causée par deux événements distincts :
  - le refus de l'Assemblée nationale de réviser la Constitution sur la question de la non-réélection du Président ;
  - le vote de la loi du 31 mai 1850 limitant le suffrage universel en exigeant une condition de résidence de 3 ans dans la commune pour pouvoir voter ; d'où, l'exclusion principalement des ouvriers du corps électoral.
- enfin, dans la nuit du 1er au 2 décembre 1851 (date anniversaire du sacre de Napoléon Ier et de la victoire d'Austerlitz), se déroula le coup d'État fomenté par le Président de la République, Louis Napoléon Bonaparte. À cette occasion, il fit afficher sur les murs de Paris un décret prononçant la dissolution de l'Assemblée nationale et du Conseil d'État, le rétablissement du suffrage universel, le prononcé de l'état de siège, et enfin, la convocation des électeurs à un référendum pour donner les plein pouvoirs constituants au Prince-Président pour rédiger une Constitutions fondée sur 5 principes (un Chef d'État nommé pour 10 ans, la responsabilité des ministres devant le Président, un Conseil d'État nommé par le Président, un Corps législatif élu au suffrage universel et une seconde chambre représentant les « illustrations du pays » et exerçant un pouvoir modéré). Le référendum eut lieu le 20 décembre 1851 et la nouvelle Constitution fut promulguée le 14 janvier 1852.

B. Quelques éléments de rédaction

Pour l'**introduction**, il convient de la rédiger de manière plus courte que dans le cas d'une dissertation ou d'un commentaire d'arrêt.

Elle doit être composée de la manière suivante :

- une phrase d'attaque : elle peut être au choix : soit l'article 16 de la Déclaration des Droits de l'Homme et du Citoyen du 26 août 1789, soit la phrase célèbre de Lamartine sur la Constitution de 1848 (« *Ce sera un rêve si vous voulez, mais cela aura été un beau rêve pour la*

France et pour le genre humain »), soit plus personnelle (« *La Constitution du 4 novembre 1848 vit le jour à un moment de l'histoire constitutionnelle française où la monarchie vint à perdre son souffle et le peuple à reprendre haleine : la voix des citoyens voulut alors se faire entendre* »). Elle doit aussitôt se poursuivre par la mention des extraits du texte à commenter ; en effet, la phrase d'attaque n'est qu'une entrée en matière pour mieux présenter le texte étudié. Le commentaire de texte, ne l'oublions pas, est une épreuve pratique et non théorique !

- le contexte historique (voir *supra*).
- le contexte juridique (voir *supra*) et la présentation sommaire du texte à commenter.
- la problématique : il convient ici de mettre en exergue le conflit porté par l'architecture institutionnelle de la Constitution du 4 novembre 1848.
- l'annonce de plan.

Pour la **conclusion**, on peut proposer, par exemple, le modèle suivant :

« La séparation stricte des pouvoirs n'a jamais fonctionné en France, elle n'offre pas les mêmes avantages que la séparation souple ; et ce, d'autant plus que la Constitution de 1848 comporte une seconde ambivalence : celle de ne pas avoir tranché nettement entre le régime parlementaire et le régime présidentiel.

À bien des égards, donc, la Constitution du 4 novembre 1848, était fort mal conçue mais quel régime politique aurait pu résister à son invasion par ses ennemis politiques ? ».

Commentaire de divers textes afférents aux origines de la Constitution du 4 octobre 1958

Sujet N° 2

Thème

Histoire constitutionnelle. Ve République. Origine et mise en place de la Constitution du 4 octobre 1958

Seront étudiés le Discours de Bayeux du 16 juin 1946 (extraits) (I), puis la loi du 3 juin 1958 (II), et enfin, le Discours de Michel Debré devant le Conseil d'État le 27 août 1958 (III).

Le Discours de Bayeux du 16 juin 1946 (extraits)

Évoquons le texte à commenter (A) avant d'aborder le commentaire proprement dit (B).

A. Le texte à commenter

« *Du Parlement, composé de deux Chambres et exerçant le pouvoir législatif, il va de soi que le pouvoir exécutif ne saurait procéder, sous peine d'aboutir à cette confusion des pouvoirs dans laquelle le Gouvernement ne serait bientôt plus rien qu'un assemblage de délégations. Sans doute aura-t-il fallu, pendant la période transitoire où nous sommes, faire élire par l'Assemblée nationale constituante le président du Gouvernement provisoire, puisque, sur la table rase, il n'y avait aucun autre procédé acceptable de désignation. Mais il ne peut y avoir là qu'une disposition du moment. En vérité, l'unité, la cohésion, la discipline intérieure du Gouvernement de la France doivent être des choses sacrées, sous peine de voir rapidement la direction même du pays impuissante et disqualifiée. Or, comment cette unité, cette cohésion, cette discipline, seraient-elles maintenues à la longue si le pouvoir exécutif émanait de l'autre pouvoir auquel il doit faire équilibre, et si chacun des membres du Gouvernement, lequel est collectivement responsable devant la représentation nationale tout entière, n'était, à son poste, que le mandataire d'un parti ?*

C'est donc du chef de l'État, placé au-dessus des partis, élu par un collège qui englobe le Parlement mais beaucoup plus large et composé de manière à faire de lui le Président de l'Union française en même temps que celui de la République, que doit procéder le pouvoir exécutif. Au chef de l'État la charge d'accorder l'intérêt général quant au choix des hommes avec l'orientation qui

> se dégage du Parlement. À lui la mission de nommer les ministres et, d'abord, bien entendu, le Premier, qui devra diriger la politique et le travail du Gouvernement. Au chef de l'État la fonction de promulguer les lois et de prendre les décrets, car c'est envers l'État tout entier que ceux-ci et celles-là engagent les citoyens. À lui la tâche de présider les Conseils du Gouvernement et d'y exercer cette influence de la continuité dont une nation ne se passe pas. À lui l'attribution de servir d'arbitre au-dessus des contingences politiques, soit normalement par le conseil, soit, dans les moments de grave confusion, en invitant le pays à faire connaître par des élections sa décision souveraine. À lui, s'il devait arriver que la patrie fût en péril, le devoir d'être le garant de l'indépendance nationale et des traités conclus par la France.

B. Le commentaire du texte

Pour y procéder, nous commencerons par situer le contexte historique et constitutionnel (1.), puis, nous procéderons à une analyse linéaire du texte (2.), avant de faire un résumé des idées collectées (3.), et enfin, nous exposerons le plan détaillé du commentaire ainsi que divers éléments de rédaction (4.).

1. Le contexte historique et constitutionnel

Le général de Gaulle a créé, à Alger, le Gouvernement provisoire de la République française (GPRF), en avril 1944, mais il s'engagea en même temps à réunir une Assemblée constituante au plus tard un an après la Libération du territoire national.

Une fois, à Paris, le GPRF décida de faire trancher par voie référendaire la question du devenir constitutionnel national ; d'où, lors du référendum du 21 octobre 1945, deux questions furent posées aux Français :

- « *Voulez-vous que l'Assemblée élue ce jour soit constituante ?* » Dire « oui » signifiait ne plus vouloir de la IIIe République ;
- « *Voulez-vous que, jusqu'à l'adoption d'une nouvelle Constitution, les pouvoirs publics soient organisés selon le texte joint ?* »

Le « double oui » l'emporta à 96 % à la première question et à 66 % à la seconde.

Les élections de l'Assemblée constituante eurent lieu à la représentation proportionnelle et donnèrent la nouvelle image de l'échiquier politique français dans la mesure où 302 députés sur 586 étaient socialistes et communistes.

Le régime provisoire établi par le référendum et la loi du 2 novembre 1945 est de type parlementaire rationalisé avec une chambre unique et la confusion des fonctions de Chef de l'État et de Président du Conseil. Ces fonctions sont confiées à l'unanimité au général de Gaulle. La chambre dispose du « pouvoir » législatif et du pouvoir constituant.

L'Assemblée constituante n'est élue que pour 7 mois et son projet de Constitution doit être soumis à référendum dans le mois à l'expiration de son mandat ; en cas de rejet, une nouvelle Assemblée constituante doit être élue pour une nouvelle période de 7 mois.

L'Assemblée a du mal à se mettre d'accord sur un texte ; face à cette pagaille politicienne, le général de Gaulle démissionne le 20 janvier 1946.

Le projet de Constitution émergera en avril 1946 ; il est finalement favorable à un régime politique rappelant grandement la pratique de celui de la IIIe République, mais cette fois-ci inscrit dans le texte du projet. Ce dernier prévoit, en effet, une Assemblée unique, un président de la République (« *pour inaugurer les chrysanthèmes* ») et un Président du Conseil élu par l'Assemblée nationale sans l'intervention du président de la République.

C'était donc l'émergence officielle d'un « régime d'assemblée (unique) ».

Le projet fut soumis à référendum le 5 mai 1946 mais il fut repoussé par les Français ; par suite, une nouvelle Assemblée fut élue le 2 juin 1946.

Cette dernière est dominée par le MRP (droite modérée) ; elle adoptera un projet de Constitution, le 30 septembre 1946 ; il fut soumis à référendum le 13 octobre 1946 et adopté puis promulgué le 27 octobre 1946.

Mais, pendant cette période, un événement se produisit, sans grande importance sur le moment, mais beaucoup plus pour l'avenir. En effet, le 16 juin 1946, à Bayeux, le général de Gaulle prononça un discours, devenu grandement célèbre depuis. Et ce, parce que ce texte comporte tous les grands principes de la Constitution du 4 octobre 1958.

Ce texte, et particulièrement les extraits commentés, fustige les pratiques politiciennes de la IIIe République et finalement diagnostique assez bien les causes de l'échec de ce régime politique – au-delà même de la Seconde guerre mondiale, qui n'a finalement que précipité sa chute et par là même sa fin, malgré sa longévité - ; de même qu'il énonce les principes chers au général de Gaulle : un Chef d'État fort, un pouvoir exécutif dual ainsi qu'un Premier ministre découlant du Président de la République.

2. La lecture de repérage du texte

A. Les critiques de la IIIe République et surtout de la confusion des pouvoirs

Selon le général de Gaulle, la confusion des pouvoirs s'explique par le fait que le « pouvoir » exécutif procède du Parlement.

L'animosité de de Gaulle à l'égard du « Législatif » a deux causes :

– en premier lieu, il rejette le système des partis : en effet, selon lui, ce système n'est rien d'autre que le compromis entre les divers groupes politiques du Parlement ; ces derniers, qui plus est, ne représentent et ne défendent que leurs intérêts particuliers en vue de constituer un Gouvernement de coopération, d'union nationale, pour ne pas dire plutôt d'« union partisane ».

D'ailleurs, le général de Gaulle conclut sur ce point explicitement en déclarant : « *Or, comment la cohésion serait-elle maintenue si chacun des membres du Gouvernement* [...] *n'était à son poste que le mandataire d'un parti ?* »

– en second lieu, il refuse le « Gouvernement d'Assemblée » : il condamne explicitement ici la IIIe République, voire plus tard la IVe !

En effet, selon lui, la soumission du « pouvoir » exécutif au « pouvoir » législatif a pour principale et dangereuse conséquence d'aboutir à l'anarchie et à la dictature d'une Assemblée, dont tous les ordres et toutes les décisions procèdent et, vis-à-vis de laquelle le « pouvoir » exécutif n'est qu'un exécutant.

B. La conception de la « séparation des pouvoirs » énoncée dans le texte

Le général de Gaulle est, tout d'abord, favorable à la séparation nette des pouvoirs, mais aussi à leur équilibre ; ainsi, dans la première phase, distingue-t-il bien, d'une part, le Parlement qui exerce ainsi le « pouvoir » législatif, et d'autre part, le « pouvoir » exécutif dont on saura plus tard qu'il sera exercé par le président de la République puis par le Premier ministre, qui procède d'ailleurs du premier.

Il est, ensuite, favorable au bicamérisme dans le cadre du « pouvoir » législatif ; en effet, selon lui, « *le Parlement* (est) *composé de deux chambres* ».

Enfin, la prééminence de l'exécutif, et plus spécialement celle du Chef de l'État, est affirmée avec force : « *C'est donc du Chef de l'État, placé au-dessus des partis élus par un collège qui englobe le Parlement* [...] *que doit procéder le pouvoir exécutif* ». Le second paragraphe est particulièrement éloquent sur ce point.

C. Les idées clés du général De Gaulle qui se retrouveront dans la Constitution du 4 octobre 1958

La séparation des pouvoirs proposée dans le texte - « pouvoir » exécutif et « pouvoir » législatif sont séparés mais équilibrés avec toutefois une prééminence du Chef de l'État – se retrouve parfaitement dans le schéma constitutionnel et institutionnel de la Ve République ; il en est de même concernant le bicamérisme.

Le rôle du Président de la République est déterminé tel qu'il le sera en 1958, ainsi finalement, que les rapports au sein de l'« Exécutif » ; en effet :

- il est prévu qu'il soit élu par un large collège (il ne sera élu au suffrage universel direct qu'après la révision constitutionnelle de 1962) ;
- il est présenté comme « au-dessus des partis » : c'est l'esprit du futur article 5 de la Constitution du 4 octobre 1958 ;
- de lui, doit procéder le « pouvoir » exécutif ; c'est pourquoi, dans ladite Constitution :
  - il nomme le Premier ministre et les autres ministres sur proposition du précédent (article 8 C) ;
  - il préside les conseils du Gouvernement (article 9 C) ;
  - il promulgue les lois (article 10 C) ;
  - il recourt à la décision souveraine (articles 3 et 11 C) ;
  - il signe les ordonnances (article 13 C) ;
  - il nomme les hauts fonctionnaires (article 13 C) ;
  - il a un « pouvoir » spécial en cas de péril national grave (article 16 C).
  - alors que le Premier ministre dirige la politique et le travail du Gouvernement (article 21 C).

3. Le regroupement des idées et le recensement (par une lecture plus approfondie des textes) des connaissances utiles pour les étayer

Il convient de reprendre son cours à la lumière des idées et thèmes développés dans le 2° ci-dessus.

Il convient tout autant de se reporter à la première partie de l'ouvrage relatif à la dissertation juridique, et en particulier au corrigé du sujet n° 3, qui porte sur « L'exécutif sous la Ve République ».

4. Le plan détaillé et quelques éléments de rédaction

Plan proposé :

I – Une séparation « tranchée »

Pour le général de Gaulle, aboutir à une séparation tranchée des deux « pouvoirs » essentiels, législatif et exécutif, passe avant tout par le cantonnement du « Législatif ». Pour ce faire, il est favorable, d'une part, à retirer au Parlement l'élection du Président de la République (a), et d'autre part, à confier à ce dernier la désignation des ministres (b).

a. La désignation du Président de la République

- remise en cause de l'élection du Président de la République par le Parlement (comme sous la IIIe République) ;
- modification annoncée des conditions d'élection de cette autorité exécutive (par un collège électoral élargi) ;
- modification évolutive puisqu'à partir de 1962, elle se fera au suffrage universel direct.

b. La nomination des ministres

- les ministres ne doivent pas représenter les partis ;
- rôle accru du Président de la République dans la composition du Gouvernement, et au préalable dans le choix du Premier ministre ;
- annonce de l'évolution de la responsabilité gouvernementale qui de « devant le Parlement » se transformera en « devant le Président » !

Transition : La vision du cantonnement du Parlement passe aussi par un renforcement, au sein de l'Exécutif, du statut du Président de la République.

II – Un Président « renforcé »

Le général de Gaulle souhaite avant tout de restaurer le rôle de l'Exécutif, et plus particulièrement du Président de la République. Pour y arriver, il décrit la fonction présidentielle de manière fort symbolique (a), mais accorde à son détenteur des attributions fort étendues (b).

a. Une fonction symbolique

- on retrouve dans le texte les divers éléments de l'article 5 de l'actuelle Constitution du 4 octobre 1958 : il convient de mettre en parallèle les textes.

b. Des attributions importantes

- de même, on retrouve dans le texte les divers éléments des compétences actuelles du Président de la République : il convient de mettre en parallèle les textes.

A. Quelques éléments de rédaction

Pour l'**introduction**, il convient de la rédiger de manière plus courte que dans le cas d'une dissertation ou d'un commentaire d'arrêt.

Elle doit être composée de la manière suivante :

- une phrase d'attaque : elle doit présenter le texte à commenter ; en effet, la phrase d'attaque n'est qu'une entrée en matière pour mieux présenter le texte étudié. Le commentaire de texte, ne l'oublions pas, est une épreuve pratique et non théorique !
- le contexte historique (voir *supra*).

- le contexte juridique (voir *supra*) et la présentation sommaire du texte à commenter.
- la problématique : il convient ici de mettre en exergue la double idée gaullienne essentielle : cantonnement du « pouvoir » législatif au profit du renforcement du « pouvoir » exécutif voire « présidentiel ».
- l'annonce de plan.
- Pour la **conclusion**, il convient de résumer rapidement l'apport du texte commenté.

La loi du 3 juin 1958

Évoquons le texte à commenter (A) avant d'aborder le commentaire proprement dit (B).

A. Le texte à commenter

Article unique. – Par dérogation aux dispositions de son article 90, la Constitution sera révisée par le Gouvernement investi le 1er juin 1958 et ce dans les formes suivantes :

Le Gouvernement de la République établit un projet de Loi constitutionnelle mettant en œuvre les principes ci-après :

1. Seul le suffrage universel est la source du pouvoir. C'est du suffrage universel ou des instances élues par lui que dérivent le pouvoir législatif et le pouvoir exécutif ;

2. Le pouvoir exécutif et le pouvoir législatif doivent être effectivement séparés de façon que le Gouvernement et le Parlement assument chacun pour sa part et sous sa responsabilité la plénitude de leurs attributions ;

3. Le Gouvernement doit être responsable devant le Parlement ;

4. L'autorité judiciaire doit demeurer indépendante pour être à même d'assurer le respect des libertés essentielles telles qu'elles sont définies par le Préambule de la Constitution de 1946 et la Déclaration des Droits de l'homme à laquelle il se réfère

5. La Constitution doit permettre d'organiser les rapports de la République avec les peuples qui lui sont associés.

Pour établir le projet, le Gouvernement recueille l'avis d'un comité consultatif où siègent notamment des membres du Parlement désignés par les commissions compétentes de l'Assemblée Nationale et du Conseil de la République. Le nombre des membres du comité consultatif désignés par chacune des commissions est au moins égal au tiers du nombre des membres de ces commissions ; le nombre total des membres du comité consultatif désigné par les commissions est égal aux deux tiers des membres du comité.

Le projet de loi arrêté en Conseil des Ministres après avis du Conseil d'État, est soumis au référendum. La loi constitutionnelle portant révision de la Constitution est promulguée par le président de la République dans les huit jours de son adoption.

B. Le commentaire du texte

Pour y procéder, nous commencerons par situer le contexte historique et constitutionnel (1.), puis, nous procéderons à une analyse linéaire du texte (2.), avant de faire un résumé des idées collectées (3.), et enfin, nous exposerons le plan détaillé du commentaire ainsi que divers éléments de rédaction (4.).

1. Le contexte historique et constitutionnel

Le 15 avril 1958, après l'incident de Sakiet Sidi Youssef du 8 février 1958 (bombardement d'un village tunisien par l'armée française dans le cadre des opérations militaires afférentes à la Guerre d'Algérie), le Gouvernement de Félix Gaillard démissionne.

Le 13 mai 1958, Pierre Pflimlin va alors se présenter à l'investiture pour la Présidence du Conseil ; ce qui provoque des émeutes à Alger ; en effet, ce dernier est favorable aux négociations avec le FLN, ce qui ne pouvait que faire réagir les Français d'Algérie.

Mais, le 15 mai 1958, le général de Gaulle publie un communiqué par lequel il annonce être prêt pour « *assurer les pouvoirs de la République* » et tient une conférence de presse à ce sujet le 19 mai suivant.

Ayant pu s'imposer au bon moment, dans un pays où les gaullistes sont encore peu nombreux, l'idée de recourir à lui dans une telle situation s'impose alors à tous. En conséquence, Pflimlin démissionne à son tour le 27 mai 1958.

Aussitôt, le Président de la République d'alors, René Coty, informe le Parlement par un message qu'il propose la Présidence du Conseil au « *plus illustre des Français* » et précise que si l'Assemblée nationale n'investit pas de Gaulle, lui, René Coty, politiquement irresponsable sous la IVe République, démissionnera.

Dès lors, de Gaulle, en sollicitant l'investiture le 1er juin 1958, précise qu'il sollicite les « pleins pouvoirs » (il les obtiendra le 2 juin) et que le Gouvernement procédera à la révision de la Constitution (il sera investi de cette mission par la loi du 3 juin 1958).

Le général de Gaulle devint donc, à partir du 1er juin 1958, le dernier Président du Conseil de la IVe République, en quelque sorte le « fossoyeur » d'un régime (la IVe République) que les Français n'avaient jamais vraiment adopté et pour lequel ils n'étaient donc pas prêts à se battre pour le conserver plus longtemps.

Devenu, Président du Conseil, il veut surtout donner à la France une Constitution à sa mesure, ou du moins aux mesures qu'il lui reconnaît. Elle s'inspirera d'ailleurs grandement des principes qu'il avait posés dès 1946, dans son célèbre **Discours de Bayeux du 16 juin 1946** (**1er texte commenté**).

Cette élaboration va se faire dans la stricte légalité mais sans l'intervention du Parlement.

Sur le plan de la « légalité », en effet, il n'y a pas de rupture juridique entre les IVe et Ve Républiques dans la mesure où la Constitution du 4 octobre 1958 est issue, dans un premier temps, de la mise en œuvre de la procédure de révision de la IVe République (**article 90 de la Constitution du 27 octobre 1946 : voir annexe n° 1**), et dans un second temps, de la loi du 3 juin 1958, produit de cette procédure.

D'ailleurs, le général de Gaulle manifesta clairement sa volonté de « *faire en sorte que ce qui est doit être réformé le soit, à partir des institutions actuelles* ».

D'ailleurs, la loi constitutionnelle du 3 juin 1958 évoque plus une « révision » que l'élaboration d'une nouvelle Constitution. Pourtant, il est manifeste que le Gouvernement a reçu, par cette loi, le pouvoir d'élaborer une nouvelle Constitution ; ce dont il ne se privera pas au demeurant.

La tradition de la rédaction de la Constitution par une Assemblée constituante était rompue. Toutefois, la loi du 3 juin 1958 précisait la nature du régime politique et que sa ratification serait soumise au peuple.

Le référendum eut d'ailleurs lieu, le 28 septembre 1958, en métropole et en outre-mer. En métropole, elle fut adoptée par 17 688 790 voix contre 4 624 511 voix et 4 016 614 abstentions. En outre-mer d'alors, l'ancien Empire colonial français, toutes les collectivités l'acceptèrent sauf la Guinée qui devint alors *ipso facto* indépendante.

La Constitution ainsi approuvée fut promulguée le 4 octobre et publiée au journal officiel de la République française le lendemain.

Les premières élections à l'Assemblée nationale se déroulèrent les 23 et 30 novembre 1958, celle du Président de la République le 21 décembre 1958, le Gouvernement Debré fut formé les 08 et 9 janvier 1959, et enfin, les élections sénatoriales eurent lieu le 26 avril 1959.

2. La lecture de repérage du texte

La loi du 3 juin 1958 impose, dans le cadre de la procédure de révision de la IVe République, le respect des principes fondamentaux de tout régime démocratique et que sont :

- le recours au suffrage universel comme source de tout pouvoir ;
- la séparation des « pouvoirs » exécutif et législatif ;
- la responsabilité du Gouvernement devant le Parlement ;
- l'indépendance de l'autorité judiciaire ;
- la définition de nouvelles relations entre la France et son empire colonial, qui sera appelée « la Communauté ».

Elle prévoit aussi la procédure d'adoption de la nouvelle Constitution.

Elle a été adoptée à la chambre basse par 350 voix contre 151 (et 70 abstentions) et à la chambre haute par 256 contre 30.

Cette révision ne fut pas adoptée, ni même élaborée ou examinée par le Parlement. Son élaboration fut, en effet, confiée à un groupe de travail présidé par Michel Debré, alors Garde des Sceaux, ministre de la Justice.

Un comité ministériel puis le Conseil des ministres arrêtèrent un texte.

Un comité consultatif constitutionnel, composé de 39 personnes (16 provenant de l'Assemblée nationale, 10 du Sénat et 13 désignés par le Président du Conseil, examina le texte.

Il fut ensuite soumis au Conseil d'État pour avis et définitivement arrêté par le Conseil des ministres. La Constitution fut définitivement adoptée par voie référendaire.

3. Le regroupement des idées et le recensement (par une lecture plus approfondie des textes) des connaissances utiles pour les étayer

Il convient au regard du texte étudié de mettre en évidence, d'une part, les principes qu'il défend, et d'autre part, les spécificités de la procédure de révision qu'il met en place.

En effet, la procédure d'élaboration du nouveau texte constitutionnel donne à ce dernier deux atouts vis-à-vis de la Constitution de la IVe République. Tout d'abord, en échappant au Parlement, elle a pu avoir une unité certaine, une cohérence évidente et ainsi prévoir avant tout la stabilité du régime ; ensuite, en restant dans le fil de la « légalité » et sanctionnée par un référendum, elle bénéficie d'une assise populaire juridique incontestée.

Toutefois, et en vue d'établir le plan détaillé, le candidat peut soit écarter la procédure d'adoption dans l'introduction et construire un plan qu'à partir des principes, quitte à faire l'économie de celui concernant la « Communauté » ; soit tout en écartant des principes ce dernier élément, traiter tant des autres principes que de la procédure d'élaboration.

Dans la mesure où la procédure d'élaboration a été précédemment évoquée, reprenons les quatre principes autres que celui sur la Communauté :

a) Le **principe de séparation des « pouvoirs »** : « *Le pouvoir exécutif et le pouvoir législatif doivent être effectivement séparés de façon que le Gouvernement et le Parlement assument chacun pour sa part et sous sa responsabilité la plénitude de leurs attributions* ».

Ainsi, dans le Discours de Bayeux, le général de Gaulle disait que « *toutes les expériences exigent que les pouvoirs publics : législatif, exécutif et judiciaire soient nettement séparés et fortement équilibrés* ». La mise en œuvre du principe aboutit à un régime parlementaire rationalisé avec deux éléments très importants que sont :

- d'une part, une séparation effective des deux « pouvoirs » ;
- et d'autre part, le Gouvernement et le Parlement travaillent sur un pied d'égalité afin que l'équilibre des « pouvoirs » soit assuré.

Sur la séparation effective, elle se vérifie tant pour le « pouvoir » exécutif que pour le « pouvoir » législatif.

Concernant le premier, il convient de souligner que le Gouvernement demeure responsable devant le Parlement (articles 20, 49 et 50 de la Constitution du 4 octobre 1958 (C)), mais il est issu non de l'Assemblée nationale mais du Président de la République (article 8 C), et ce, afin d'éviter « *toute confusion des pouvoirs dans laquelle le Gouvernement ne serait bientôt plus rien qu'un assemblage de délégation* » (cf. **Discours de Bayeux**). De plus, le Gouvernement gouverne (articles 20 et 21 C) mais, encore faut-il lui laisser le temps d'où l'investiture du Gouvernement par l'Assemblée nationale est implicitement abolie (articles 8 et 49, al. 1, C), les conditions pour l'adoption d'une motion de censure sont fort difficiles à réunir (articles 49, al. 2, C), sans compter que le Gouvernement dispose d'un pouvoir réglementaire autonome (article 37 C).

Pour le « pouvoir » législatif, cette fois-ci, il doit légiférer dans son domaine (article 34 C), mais son travail est contrôlé par le Conseil constitutionnel qui, de plus en plus, est juge de la régularité des élections législatives ; de plus, les fonctions de parlementaire et de ministre sont incompatibles (articles 23 et 25 C).

Concernant le travail des deux « pouvoirs », législatif et exécutif, sur un pied d'égalité, c'est plus vrai en théorie qu'en pratique, ne serait-ce que parce que le Gouvernement (ou le Premier ministre) intervient grandement dans le cadre de la procédure législative et qu'il peut demander au Président de la République de dissoudre l'Assemblée nationale (article 12 C).

b) **La responsabilité du Gouvernement devant le Parlement** : « *le Gouvernement doit être responsable devant le Parlement* » et la mise en œuvre de la Constitution le confirme (article 20 (énoncé du principe), 49 (question de confiance et motion de censure) et 50 C (obligation affirmée du Gouvernement de démissionner lorsque l'Assemblée nationale adopte une motion de censure ou lorsqu'elle désapprouve le programme ou la déclaration de politique générale du Gouvernement)).

c) Le principe de l'**indépendance de l'autorité judiciaire.** Titre VIII : *De l'autorité judiciaire* (articles 64 à 66 C) : « *pour qu'elle puisse être à même d'assurer le respect des libertés essentielles des citoyens* », ce n'est plus, dans la Constitution de 1958, un « Pouvoir » mais une « *autorité* » (article 66 C) ; à ce titre, elle est « *gardienne des libertés individuelles* ». C'est le Président de la République qui est le garant de son indépendance (article 64 C) et qui joue un rôle important au sein du Conseil supérieur de la magistrature (article 65 C).

d) Le principe de la **démocratie** : « *seul le suffrage universel est la source de tout pouvoir. C'est du suffrage universel ou des instances élues par lui que dérivent le pouvoir législatif et le pouvoir exécutif* ».

C'est pourquoi, la Constitution comporte un Titre 1er, intitulé « *De la Souveraineté* » (articles 2, 3 et 4 C).

C'est aussi de ce principe que découle le mode de désignation du Président de la République : originellement au suffrage universel indirect puis, avec le référendum de 1962 et la révision constitutionnelle des articles 6 et 7 C, au suffrage universel direct ; comme d'ailleurs, depuis l'origine de la Ve République, pour les députés alors que les sénateurs continuent à être élus au suffrage universel indirect (article 24 C).

C'est le principe démocratique qui légitime le recours au peuple par voie référendaire (article 3 C) pour adopter des lois ordinaires (article 11 C) ou des lois constitutionnelles (article 89 C).

4. Le plan détaillé et quelques éléments de rédaction

Le plan détaillé :

- Si est écartée du plan la procédure d'élaboration de la Constitution, se présente le plan suivant :

I – D'une séparation effective des « pouvoirs »

Traditionnellement, la loi du 3 juin 1958 énonce comme principe clé de la nouvelle Constitution, le principe de séparation des pouvoirs dont le contenu originel a finalement peu évolué (a). De même, réaffirme-t-elle, comme son corollaire moderne, la nécessité de préserver la responsabilité gouvernementale (b).

a. Le contenu du principe

b. Son corollaire : la responsabilité gouvernementale

Transition : Non seulement les parlementaires ont tenu fermement à rappeler aux futurs constituants la nécessité de respecter la séparation des pouvoirs, comme « règle architecturale essentielle » de toute Constitution, mais ils n'ont pas oublié que la fin de ce principe est la préservation de la liberté.

Par suite, et au-delà de la théorie de la séparation des pouvoirs, ils ont tenu à imposer aussi le respect de la démocratie.

II – D'une empreinte démocratique certaine

La démocratie, et par là même la liberté, est défendue à deux égards par les parlementaires : tant par l'affirmation de l'indépendance de l'autorité judiciaire (a) que par le rappel que le suffrage universel – qu'il soit ou non direct – est une caution démocratique fondamentale de toute institution politico-constitutionnelle (b).

a. L'indépendance de l'autorité judiciaire

b. La sanction du suffrage universel

– Si est maintenue dans le plan la procédure d'élaboration de la Constitution, se présente le plan suivant :

I – D'une séparation idéale des « pouvoirs »

Même chapeau introductif que dans le plan précédent.

a. Le principe : les trois pouvoirs distincts

b. Son corollaire : la responsabilité gouvernementale

Même transition que dans le plan précédent.

II – D'un idéal démocratique du régime

L'idéal démocratique du « nouveau » régime est défini par les parlementaires tant au regard de la définition de la procédure d'élaboration de la future Constitution (a) que par le rappel du suffrage universel comme marque incontournable de cet idéal (b).

a. La procédure d'élaboration

b. La sanction du suffrage universel

B. Quelques éléments de rédaction

Pour l'introduction, il convient de la rédiger de manière plus courte que dans le cas d'une dissertation ou d'un commentaire d'arrêt.

Elle doit être composée de la manière suivante :

– une phrase d'attaque : elle doit présenter le texte à commenter ; en effet, la phrase d'attaque n'est qu'une entrée en matière pour mieux présenter le texte étudié. Le commentaire de texte, ne l'oublions pas, est une épreuve pratique et non théorique !

Ainsi, peut être utilement utilisée une phrase tirée de la Déclaration d'investiture, prononcée par le général de Gaulle, le 1er juin 1958 : « *Le Gouverne-*

ment que je vais former moyennant votre confiance vous saisira sans délai d'un projet de réforme de l'article 90 de la Constitution, de telle sorte que l'Assemblée nationale donne mandat au Gouvernement d'élaborer puis de proposer au pays, par la voie du référendum, les changements indispensables ».

L'introduction peut alors ainsi se poursuivre : « *C'est pourquoi, avant de se séparer jusqu'à une date indéterminée, les députes furent pressés d'adopter sur l'insistance du Gouvernement une loi constitutionnelle, qui est promulguée le 3 juin 1958. C'est cette loi qui est ici commentée* ».

- le contexte historique (voir *supra*).
- le contexte juridique (voir *supra*) et la présentation sommaire du texte à commenter.
- la problématique : elle varie en fonction du plan adopté, bien que finalement elle mette en évidence les deux éléments « théoriques » clés du texte et de la future Constitution du 4 octobre 1958 : la séparation des pouvoirs dans le respect de la démocratie.
- l'annonce de plan.
- Pour la conclusion, il convient de résumer rapidement l'apport du texte commenté.

Discours de Michel Debré devant le Conseil d'État, le 27 août 1958 (extraits)

Évoquons le texte à commenter (A) avant d'aborder le commentaire proprement dit (B).

A. Le texte à commenter

« Avec une rapidité inouïe, au cours des dernières années, l'unité et la force de la France se sont dégradées, nos intérêts essentiels ont été gravement menacés, notre existence en tant que nation indépendante et libre mise en cause. À cette crise politique majeure, bien des causes ont contribué. La défaillance de nos institutions est, doublement, une de ces causes ; nos institutions n'étaient plus adaptées, c'est le moins qu'on puisse dire, et leur inadaptation était aggravée par de mauvaises mœurs politiques qu'elles n'arrivaient point à corriger.

L'objet de la réforme constitutionnelle est donc clair.

Il est d'abord, et avant tout, d'essayer de reconstruire un pouvoir sans lequel il n'est ni État, ni démocratie, c'est-à-dire, en ce qui nous concerne, ni France, ni République.

Il est ensuite, dans l'intérêt supérieur de notre sécurité et de l'équilibre du monde, de sauvegarder et de rénover cet ensemble que nous appelons traditionnellement la France d'outre-mer.

Ces deux objectifs, à elle seule la Constitution ne permet pas de les atteindre. Mais elle doit être construite de telle sorte qu'elle ne soit pas un obstacle et qu'au contraire elle y aide puissamment.

Une première volonté a dominé ce projet : refaire le régime parlementaire de la République. Une seconde volonté à conduit à préciser comment, autour de la France, on pouvait établir une Communauté.

Donner à la France un régime parlementaire

Le Gouvernement a voulu rénover le régime parlementaire. Je serai même tenté de dire qu'il veut l'établir, car pour de nombreuses raisons, la République n'a jamais réussi à l'instaurer.

La raison de ce choix est simple. Le régime d'assemblée, ou régime conventionnel, est impraticable et dangereux. Le régime présidentiel est présentement hors d'état de fonctionner en France.

L'impossible régime d'assemblée

Le régime d'assemblée, ou conventionnel, est celui où la totalité du pouvoir, en droit et en fait, appartient à un Parlement, et plus précisément, à une Assemblée. L'Assemblée n'est pas seulement le pouvoir législatif et le contrôle budgétaire. Elle est la politique et le Gouvernement, qui tient d'elle l'origine de son autorité et qui, dépendant de son arbitraire, n'est que son commis. Ses décisions ne peuvent être critiquées par personne, fussent-elles contraires à la Constitution. Leur domaine est illimité et l'ensemble des pouvoirs publics est à leur discrétion. Le fonctionnement de l'Assemblée la met en mesure d'exercer cette tâche : sessions qui n'ont pratiquement pas de fin ; commissions multiples et puissantes ; système de vote par délégation qui permet de multiplier les séances et les scrutins.

Ai-je besoin de continuer la description ? Ce régime est celui que nous avons connu. On a tenté de corriger ses défauts en modifiant le règlement de l'Assemblée. Peine perdue ! Celles des modifications contraires au fonctionnement du régime conventionnel ne sont pas appliquées, ou elles sont impuissantes. On a tenté un nouveau remède en augmentant les pouvoirs de la deuxième Assemblée. Peine également perdue ! La division en deux chambres est une bonne règle du régime parlementaire, car elle permet à un Gouvernement indépendant de trouver, par la deuxième Assemblée, un secours utile contre la première ; en régime conventionnel, on neutralise ou plutôt on diminue l'arbitraire d'une Assemblée par l'autre sans créer l'autorité. On a tenté enfin un remède par des coalitions ou contrats entre partis. Peine toujours perdue ! L'entente entre fractions ne résiste pas au sentiment d'irresponsabilité que donne à chacune d'entre elles et à ses membres le fonctionnement du régime d'assemblée.

Les difficultés majeures du régime présidentiel

Le régime présidentiel est la forme du régime démocratique qui est à l'opposé du régime d'assemblée. Sa marque est faite de l'importance du pouvoir donné en droit et en fait à un chef d'État élu au suffrage universel.

Les pouvoirs, dans un tel régime, ne sont pas confondus. Ils sont au contraire fort rigoureusement séparés. Les Assemblées législatives sont dépourvues de toute influence gouvernementale : leur domaine est celui de la loi, et c'est un domaine bien défini. Elles approuvent également le budget et, normalement, les traités. En cas de conflit, le Président, pour le résoudre, dispose d'armes telles que le veto ou la promulgation d'office. La justice occupe une place à part et d'ordinaire privilégiée afin d'assurer la défense des individus contre ce chef très puissant et contre les conséquences d'une entente entre ce chef et les Assemblées.

Les qualités du régime présidentiel sont évidentes. L'État a un chef, la démocratie un pouvoir et la tentation est grande, après avoir pâti de l'anarchie et de l'impuissance, résultats d'un régime conventionnel, de chercher refuge dans l'ordre et l'autorité du régime présidentiel.

Ni le Parlement dans sa volonté de réforme manifestée par la loi du 3 juin, ni le Gouvernement lorsqu'il a présenté, puis appliqué cette loi, n'ont succombé à cette tentation, et c'est, je crois, sagesse. La démocratie en France suppose un Parlement doté de pouvoirs politiques. On peut imaginer deux Assemblées législatives et budgétaires uniquement, c'est-à-dire subordonnées. Mais nous devons constater que cette conception ne coïncide pas avec l'image traditionnelle et, à bien des égards, légitime, de la République.

À cette raison de droit, s'ajoutent deux raisons de fait qui sont, l'une et l'autre, décisives.

Le président de la République a des responsabilités outre-mer ; il est également le président de la Communauté. Envisage-t-on un corps électoral comprenant, universellement, tous les hommes, toutes les femmes de la France métropolitaine, de l'Algérie, de l'Afrique noire, de Madagascar, des îles du Pacifique ? Cela ne serait pas raisonnable et serait gravement de nature à nuire à l'unité de l'ensemble comme à la considération que l'on doit au chef de l'État.

Regardons, d'autre part, la situation intérieure française et parlons politique. Nous voulons une forte France. Est-il possible d'asseoir l'autorité sur un suffrage si profondément divisé ? Doit-on oublier qu'une part importante de ce suffrage, saisie par les difficultés des années passées, adopte, à l'égard de la souveraineté nationale, une attitude de révolte qu'un certain parti encadre avec force pour des objectifs que des hommes d'État et de Gouvernement ne peuvent accepter ?

La cause me paraît entendue. Le régime présidentiel est actuellement dangereux à mettre en œuvre.

Les conditions du régime parlementaire

Pas de régime conventionnel, pas de régime présidentiel : la voie devant nous est étroite, c'est celle du régime parlementaire. À la confusion des pouvoirs dans une seule Assemblée, à la stricte séparation des pouvoirs avec priorité au chef de l'État, il convient de préférer la collaboration des pouvoirs : un chef de l'État et un Parlement séparés, encadrant un Gouvernement issu du premier et responsable devant le second, entre eux un partage des attributions donnant à chacun une semblable importance dans la marche de l'État et assurant les moyens de résoudre les conflits qui sont, dans tout système démocratique, la rançon de la liberté.

Le projet de Constitution, tel qu'il vous est soumis, a l'ambition de créer un régime parlementaire. Il le fait par quatre séries de mesures ou séries de mesures :

1) un strict régime des sessions ;

2) un effort pour définir le domaine de la loi ;

3) une réorganisation profonde de la procédure législative et budgétaire ;

4) une mise au point des mécanismes juridiques indispensables à l'équilibre et à la bonne marche des fonctions politiques.

1. Les Assemblées, en régime parlementaire, ne sont pas des organes permanents de la vie politique. Elles sont soumises à des sessions bien déterminées et assez longues pour que le travail législatif, le vote du budget et le contrôle politique soient assurés dans de bonnes conditions, mais aménagées de telle sorte que le Gouvernement ait son temps de réflexion et d'action.

Le texte qui vous est soumis prévoit deux sessions ordinaires, l'une à l'automne, de deux mois et demi, et destinée avant tout au budget, l'autre au printemps, de trois mois au plus, et destinée avant tout au travail législatif. Des sessions extraordinaires peuvent être décidées à la volonté du Gouvernement ou de la majorité du Parlement ; leur objet et leur durée sont limités. Les unes et les autres sont prolongées d'une manière automatique si le Gouvernement n'a pas déposé le budget en temps utile ou si l'opposition, par une motion de censure, entend imposer un débat de politique générale. De nouvelles élections, un message extraordinaire du président de la République peuvent amener également de courtes sessions extraordinaires.

Cette réglementation, stricte mais libérale, doit satisfaire aussi bien les exigences du Gouvernement que celle de l'opposition.

2. L'article où l'on a tenté de définir le domaine de la loi est de ceux qui ont provoqué le plus d'étonnement. Cette réaction est surprenante. Du point de vue des principes, la définition est normale et c'est la confusion de la loi, du règlement, voire de la mesure individuelle qui est une absurdité. Du point de vue des faits, notre système juridique était arrivé à un tel point de confusion et d'engorgement qu'un des efforts les plus constants, mais tenté en vain au cours des dix dernières années, était de « désencombrer » un ordre du jour parlementaire accablé par l'excès des lois passées depuis tant d'années en des domaines où le Parlement n'a pas normalement compétence législative. Un observateur de notre vie parlementaire aurait pu, entre les deux guerres, mais davantage encore depuis la Libération, noter cette double déviation de notre organisation politique : un Parlement accablé de textes et courant en désordre vers la multiplication des interventions de détail, mais un Gouvernement traitant sans intervention parlementaire des plus graves problèmes nationaux. Le résultat de ces deux observations conduisait à une double crise : l'impuissance de l'État du fait que l'administration était ligotée par des textes inadmissibles, la colère de la nation du fait qu'une coalition partisane placée au Gouvernement la mettait devant de graves mesures décidées sans avoir été préalablement soumises à un examen sérieux. Définir le domaine de la loi, ou plutôt du Parlement, ce n'est pas réduire la vie parlementaire, c'est également, par détermination des responsabilités du Gouvernement, assurer entre le ministère et les Assemblées une répartition nécessaire des tâches.

Tout ce qui touche aux libertés publiques et aux droits individuels ne peut être réglementé que par la loi. Tout ce qui touche aux pouvoirs publics et aux structures fondamentales de l'État ne peut être réglementé que par la loi. En d'autres domaines – attributions de l'État dans la vie économique et sociale notamment –, la loi fixe les principes. Le budget, les traités importants sont du domaine de la loi. Le Parlement doit ratifier l'état de siège. Il est seul compétent pour déclarer la guerre. Votre commission envisage qu'une loi organique puisse, après examen, étendre ce domaine ; à ce correctif, qu'il faudra employer avec prudence, le Gouvernement ne fait pas obstacle, car il donnera une souplesse utile à un partage dont le principe est nécessaire.

La définition du domaine de la loi donne au règlement, c'est-à-dire à la responsabilité du Gouvernement, un domaine étendu. Il faut en outre qu'une arme soit donnée au Gouvernement pour éviter les empiétements à venir : c'est l'exception d'irrecevabilité qui peut être contestée par l'Assemblée, auquel cas le Conseil constitutionnel, dont nous parlerons tout à l'heure, a mission d'arbitrer.

Le Gouvernement peut accepter, à l'occasion, une intervention parlementaire hors le domaine de la loi. Cette intervention ne modifie pas le partage ni ses conséquences. En sens inverse, le Parlement peut déléguer au Gouvernement le droit de statuer en matière législative ; à l'expiration de la délégation, le législateur retrouve son domaine.

3. Notre procédure législative et budgétaire était une des marques les plus nettes du caractère d'assemblée qui était celui de notre régime démocratique. Le texte soumis à vos délibérations propose des modifications qui peuvent à certains paraître secondaires ; en droit et en fait, elles sont fondamentales.

Le Gouvernement peut exercer une influence décisive dans la fixation de l'ordre du jour des Assemblées. Il a le droit en effet d'exiger la priorité pour ses projets, également pour les propositions qu'il accepte. Ainsi on ne verra plus un Gouvernement déposer un projet et se désintéresser de son sort. Ainsi on ne verra plus une Assemblée obliger le Gouvernement à une discussion d'ordre politique simplement pour obtenir le fonctionnement de la procédure législative. Si ce Gouvernement « nourrit » les Assemblées, celles-ci travailleront de concert avec lui. Cette règle a sa contrepartie normale : un jour par semaine est réservé aux questions des parlementaires. La voix de l'opposition est ainsi assurée de se faire entendre.

Le nombre des commissions permanentes est réduit à six dans chaque Assemblée et en aucun cas le texte établi par la commission ne peut se substituer au texte du Gouvernement. Les commissions sont d'utiles organes d'étude et de contrôle à condition qu'elles ne soient pas trop spécialisées – elles se substituent alors à l'administration ou exercent sur les services une influence qui n'est pas d'une bonne nature – et à condition qu'elles donnent un avis sur le texte qui leur est présenté, sans avoir l'inadmissible responsabilité d'en établir un autre, contre lequel le Gouvernement, qui, lui, est responsable, se trouve dans une situation défensive, c'est-à-dire périlleuse et, en toute hypothèse, absurde.

La procédure législative est profondément rénovée et, j'ose le dire, améliorée. La règle est de nouveau celle des lois de 1875 : il faut l'accord des deux Assemblées. Est également maintenue en vigueur la règle traditionnelle du Parlement français : celle du droit d'amendement de chaque parlementaire. Mais des transformations importantes ont été décidées.

D'abord, le droit d'amendement peut être réglementé ; c'est-à-dire que les Assemblées peuvent fixer un délai au-delà duquel il est interdit de déposer de nouveaux amendements : ce délai est celui de l'examen en commission. Le Gouvernement peut également demander un vote d'ensemble pour rejeter une série d'amendements.

Ensuite le Gouvernement peut hâter la discussion législative en provoquant, après qu'une première lecture dans chaque chambre ait révélé des oppositions, la réunion d'une commission paritaire de députés et de sénateurs. Le texte issu des délibérations de cette commission est proposé aux deux chambres. Au cas où cette procédure n'aboutit pas, et après un nouvel examen par les deux chambres, le Gouvernement peut demander à l'Assemblée nationale de statuer en dernier ressort. Cette procédure a fait ses preuves à l'étranger. Elle est de nature à créer une véritable et efficace délibération parlementaire.

Cette description de la nouvelle procédure législative ne serait pas complète si elle n'était suivie de l'indication des règles précises que le projet fixe à la procédure budgétaire. Le temps des débats est limité pour les deux chambres et les amendements qui diminuent les recettes ou augmentent les dépenses sont interdits. Quand le temps des débats est écoulé – à condition que le budget ait été déposé en temps voulu –, le Gouvernement peut promulguer la loi de finances. Les expériences que nous avons vécues depuis trop d'années justifient cette procédure qui peut paraître brutale à qui ne connaît pas la brutalité semblable de tous les régimes parlementaires disciplinés.

Une dernière innovation est à signaler, dont l'objet est de diminuer l'arbitraire, tant gouvernemental que parlementaire, en tout ce qui touche les pouvoirs publics. La Constitution ne peut pas tout réglementer en ce domaine. Il n'est pas bon, cependant, qu'une loi soit hâtivement rédigée et votée. Une procédure particulière, simplement marquée par un long temps de réflexion et des pouvoirs accrus du Sénat est destinée à faire des lois organiques des textes dotés d'une plus grande stabilité, c'est-à-dire, comme il se doit, entourés d'un plus grand respect. Le fonctionnement des Assemblées, les grandes règles de l'organisation de l'État, la magistrature feront l'objet, notamment, de lois organiques.

4. Le projet de Constitution, rédigé à la lumière d'une longue et coûteuse expérience, comporte certains mécanismes très précis qui n'auraient pas leur place dans un texte de cette qualité si nous ne savions qu'ils sont nécessaires pour changer les mœurs. Quand on veut briser de mauvaises habitudes, il faut de rigoureux impératifs. C'est dans cette catégorie de mesures qu'il faut ranger l'obligation du vote personnel, les incompatibilités qui accompagnent la fonction ministérielle, le contrôle de la constitutionnalité des lois, enfin la procédure minutieuse de la motion de censure.

L'obligation de vote personnel est une exigence morale et politique à la fois. Depuis plus d'un demi-siècle le Parlement français est le seul au monde qui puisse délibérer en l'absence de parlementaires, grâce au système inouï des « boîtiers ». On ne peut, à la vérité, trouver meilleure preuve du régime d'assemblée, car ce mécanisme permet d'assurer la permanence parlementaire et de réduire en servitude le Gouvernement. Aucun effort réglementaire n'a permis de redresser la situation. Bien au contraire, le recours, dans la précé-

dente Constitution, à des majorités qualifiées pour des votes, sinon ordinaires, du moins courants, a abouti à donner obligatoirement le caractère constitutionnel au vote par délégation. On ne peut imaginer manifestation plus nette, ni cause plus dangereuse, de la déviation de notre régime. La délégation de vote est si coutumière que le projet n'a pas osé l'annuler totalement, mais les dispositions prises doivent le faire disparaître. La délégation, en effet, doit demeurer très exceptionnelle. Quand elle sera admise, nul ne pourra avoir plus de deux bulletins. C'est déjà un immense et profond changement et il faut souhaiter que la loi d'application soit des plus strictes.

L'incompatibilité des fonctions ministérielles et du mandat parlementaire a fait, et fera encore, couler beaucoup d'encre. On peut estimer en effet qu'une telle mesure n'est pas dans la nature du régime parlementaire. Certes, il faut des incompatibilités, mais, dans les pays parlementaires anglo-saxons, elles existent plutôt entre le mandat local et le mandat parlementaire ; c'est le régime présidentiel qui pratique la césure entre ministre et député ou sénateur. Cependant, la pratique française, qui ne connaît quasiment aucune incompatibilité, a favorisé l'instabilité d'une manière telle qu'il serait coupable de ne pas réagir ! La fonction ministérielle est devenue un galon, une étoile ou plutôt une brisque comme les militaires en connaissent et qui rappelle une campagne. On reconnaît les politiciens chevronnés au nombre de brisques qu'ils portent sur la manche ! Le pouvoir n'est plus exercé pour le pouvoir : il est ambitionné pour le titre qu'il donne et les facilités de carrière ou d'influence qu'il procure à ceux qui l'ont approché ou qui sont susceptibles de l'approcher encore. Au début de la IIIe République, les mœurs étaient différentes. C'était le temps où le vote personnel était encore de rigueur et les parlementaires qui devenaient ministres ne votaient plus, ne siégeaient plus. Jules Ferry, à la veille du débat sur l'affaire de Langson, dont il devinait qu'il pouvait lui être fatal, rappela cependant cette règle à ses ministres. Quelle chute dans nos mœurs depuis cette époque ! La règle de l'incompatibilité est devenue une sorte de nécessité pour briser ce qu'il était convenu d'appeler la « course aux portefeuilles », jeu mortel pour l'État. Le projet l'étend de telle sorte qu'il est bien entendu pour tous que l'on ne pourra désormais accéder à une fonction ministérielle qu'à condition de s'y consacrer entièrement.

Il fallait enfin supprimer cet arbitraire parlementaire qui, sous prétexte de souveraineté, non de la nation (qui est juste), mais des Assemblées (qui est fallacieux), mettait en cause, sans limites, la valeur de la Constitution, celle de la loi et l'autorité des gouvernements.

La création du Conseil constitutionnel manifeste la volonté de subordonner la loi, c'est-à-dire la volonté du Parlement, à la règle supérieure édictée par la Constitution. Il n'est ni dans l'esprit du régime parlementaire, ni dans la tradition française, de donner à la justice, c'est-à-dire à chaque justiciable, le droit d'examiner la valeur de la loi. Le projet a donc imaginé une institution particulière que peuvent seules saisir quatre autorités : le président de la République, le Premier ministre, les deux présidents d'Assemblées. À ce conseil d'autres attributions ont été données, notamment l'examen du règlement des Assemblées et le jugement des élections contestées, afin de faire disparaître le scandale des invalidations partisanes. L'existence de ce conseil, l'autorité qui doit être la sienne représentent une grande et nécessaire innovation. La Constitution crée ainsi une arme contre la déviation du régime parlementaire.

La difficile procédure de la motion de censure doit tempérer le défaut que nous connaissons bien et depuis trop longtemps. La question de confiance est l'arme du Gouvernement, et de lui seul. Les députés ne peuvent user que de la motion de censure, et celle-ci est entourée de conditions qui ne sont discutées que par ceux qui ne veulent pas se souvenir. L'expérience a conduit à prévoir en outre une disposition quelque peu exceptionnelle pour assurer, malgré les manœuvres, le vote d'un texte indispensable.

Faisons le bilan.

Régime des sessions, domaine de la loi, procédure législative, mécanisme du fonctionnement des Assemblées : en vérité, il n'est rien qui ne soit justifié par notre passé, proche ou moins proche, il n'est rien qui ne soit inspiré par la volonté d'assurer la bonne marche des institutions parlementaires.

S'il n'y avait les pouvoirs du Sénat, l'incompatibilité des fonctions ministérielles et la réglementation détaillée de la motion de censure, on pourrait dire que rien de ce qui est contenu dans le projet n'est nouveau, car on le trouve dans les constitutions ou les traditions des pays parlementaires, notamment de la Grande-Bretagne. Il est d'ailleurs facile de comprendre pourquoi il faut à la France une puissante deuxième chambre, des ministres indépendants du Parlement et une procédure difficile de la motion de censure : notre régime électoral nous empêche de connaître les majorités cohérentes qui assurent, sans règles détaillées, la bonne marche du régime parlementaire. Ah ! si nous avions la possibilité de faire surgir demain une majorité nette et constante, il ne serait pas nécessaire de prévoir un Sénat dont le rôle principal est de soutenir, le cas échéant, un Gouvernement contre une Assemblée trop envahissante parce que trop divisée ; il ne serait pas besoin de faire régner l'ordre et la stabilité en coupant les liens entre les partis et le Gouvernement ; il ne serait pas utile de consacrer de longs développements à la motion de censure. Mais quelque désir que l'on ait d'une loi électorale neuve et majoritaire et quelque nécessaire qu'elle soit, nul n'a le droit en France, présentement, de tirer une traite sur un avenir dont nous savons trop bien qu'il sera fait longtemps encore de divisions politiques, c'est-à-dire de majorités menacées, trop aisément, d'éclatement, et qu'il faut contraindre à la sagesse. Parce qu'en France la stabilité gouvernementale ne peut résulter d'abord de la loi électorale, il faut qu'elle résulte au moins en partie de la réglementation constitutionnelle, et voilà qui donne au projet son explication décisive et sa justification historique. Si nous voulons que le futur régime parlementaire de la démocratie française ne connaisse qu'un Gouvernement par législature, il n'est pas possible d'agir autrement. (....)

Le président de la République

Si vous me permettez une image empruntée à l'architecture, je dirai qu'à ce régime parlementaire neuf, et à cette Communauté qui commence à s'ébaucher, il faut une clef de voûte. Cette clef de voûte, c'est le président de la République.

Ses pouvoirs

Chaque fois, vous le savez, qu'il est question, dans notre histoire constitutionnelle, des pouvoirs du président de la République, un curieux mouvement a pu être observé : une certaine conception de la démocratie voit, a priori, dans tout président de la République, chef de l'État, un danger et une menace pour la République. Ce mouvement existe encore de nos jours. N'épiloguons pas et admirons plutôt la permanence des idéologies constitutionnelles.

Le président de la République doit être la clef de voûte de notre régime parlementaire. Faute d'un vrai chef d'État, le Gouvernement, en l'état actuel de notre opinion, en fonction de nos querelles historiques, manque d'un soutien qui lui est normalement nécessaire. C'est dire que le Président de notre République ne peut être seulement, comme en tout régime parlementaire, le chef d'État qui désigne le Premier ministre, voire les autres ministres, au nom de qui les négociations internationales sont conduites et les traités signés, sous l'autorité duquel sont placées l'armée et l'administration. Il est, dans notre France, où les divisions intestines ont un tel pouvoir sur la scène politique, le juge supérieur de l'intérêt national. À ce titre, il demande, s'il estime utile, une deuxième lecture des lois dans le délai de leur promulgation (disposition déjà prévue et désormais classique) ; il peut également (et ces pouvoirs nouveaux sont d'un intérêt considérable) saisir le Comité constitutionnel s'il a des doutes sur la valeur de la loi au regard de la Constitution. Il peut apprécier si le référendum, qui doit lui être demandé par le Premier ministre ou les présidents des Assemblées, correspond à une exigence nationale. Enfin, il dispose de cette arme capitale de tout régime parlementaire qui est la dissolution.

Est-il besoin d'insister sur ce que représente la dissolution ? Elle est l'instrument de la stabilité gouvernementale. Elle peut être la récompense d'un Gouvernement qui paraît avoir réussi, la sanction d'un Gouvernement qui paraît avoir échoué. Elle permet entre le chef de l'État et la nation un bref dialogue qui peut régler un conflit ou faire entendre la voix du peuple à une heure décisive.

Ce tableau rapidement esquissé montre que le président de la République, comme il se doit, n'a pas d'autre pouvoir que celui de solliciter un autre pouvoir : il sollicite le Parlement, il sollicite le Comité constitutionnel, il sollicite le suffrage universel. Mais cette possibilité de solliciter est fondamentale.

En tant que Président de la Communauté, le président de la République dispose de pouvoirs qui ne sont pas de même nature, car il n'est plus, là, le chef d'un État parlementaire. Il est le chef d'un régime politique collégial, destiné par l'autorité de son Président, et par l'autorité des gouvernements membres, à faciliter la création d'une politique commune. Le Président de la Communauté représente toute la Communauté et c'est à cet égard que son autorité en matière de défense nationale et d'affaires étrangères est essentielle. Il préside le Conseil exécutif, il saisit le Sénat de la Communauté.

À ces pouvoirs normaux de chef de l'État, soit en tant que président de la République parlementaire, soit en tant que Président de la Communauté, le projet de Constitution ajoute des pouvoirs exceptionnels. On en a tant parlé qu'on n'en parle plus, car, sans doute, certains esprits s'étaient un peu hâtés de critiquer avant de lire attentivement. Quand des circonstances graves, intérieures ou extérieures, et nettement définies par un texte précis, empêchent le fonctionnement des pouvoirs publics, il est normal à notre époque dramatique, de chercher à donner une base légitime à l'action de celui qui représente la légitimité. Il est également normal, il est même indispensable, de fixer à l'avance certaines responsabilités fondamentales. À propos de cet article on a beaucoup parlé du passé. On a moins parlé de l'avenir, et c'est pourtant pour l'avenir qu'il est fait. Doit-on, en 1958, faire abstraction des formes modernes de guerre ? À cette question la réponse est claire : on n'a pas le droit, ni pour ce cas ni pour d'autres, d'éliminer l'hypothèse de troubles profonds dans notre vie constitutionnelle. C'est pour l'hypothèse de ces troubles profonds qu'il faut solennellement marquer où sont les responsabilités, c'est-à-dire les possibilités d'action.

Sa désignation

Cette responsabilité normale du chef de l'État en régime parlementaire, cette responsabilité normale du chef de l'État à la tête de la Communauté, cette responsabilité exceptionnelle du chef de l'État en période tragique, voilà qui exige que sa désignation soit entourée de soins particuliers.

Peut-on continuer, selon la tradition depuis 1875, de le faire désigner par les deux chambres du Parlement ? Nous savons où mène un tel collège électoral : le président de la République est un arbitre entre les partis membres du Parlement, et cet arbitre, quelle que soit sa valeur morale, éprouve beaucoup de mal à sortir de l'étroit domaine où il est enfermé moins par les textes que par son mode d'élection. Il faut à la République et à la Communauté une personnalité qui soit bien plus qu'un arbitre entre les partis et il est peu probable qu'un collège électoral réduit au seul Parlement puisse aboutir au résultat souhaité. Au surplus, le Parlement, demain, sera la République seule, c'est-à-dire la métropole, les départements d'outre-mer, quelques territoires. Or des représentants de la Communauté doivent être présents si l'on veut marquer au départ la double fonction du président de la République.

Le suffrage universel ne donne pas un corps électoral normal dans un régime parlementaire. Le Président qui est l'élu du suffrage universel est un chef politique attaché à l'œuvre quotidienne du Gouvernement et du commandement ; recourir au suffrage universel, c'est recourir à la Constitution présidentielle qui a été écartée pour les raisons qui ont été dites au début de cet exposé.

On est alors mené par la force des choses à un collège composé d'élus politiques qui ne soient pas seulement les parlementaires : les conseillers généraux, les conseillers municipaux. La seule difficulté de ce collège est constituée par le grand nombre de petites communes et la représentation relativement faible des grandes villes. Ce problème est un problème politique, mais il faut bien voir qu'il est posé par une caractéristique nationale que nous devons admettre à moins de sombrer dans l'idéologie. La France est composée de milliers et de milliers de communes : ce fait est un fait français, un des aspects fondamentaux de notre sociologie. Les inconvénients de cette force considérable des petites communes doivent, il est vrai, être corrigés. Le projet qui vous est soumis accorde aux grandes villes une représentation équitable en donnant à leurs conseils municipaux la possibilité d'élire des électeurs supplémentaires proportionnellement à leur population ; en réduisant par ailleurs la représentation des conseils municipaux des communes et des petites villes soit au maire seul, soit au maire et à ses adjoints, le projet rétablit un équilibre raisonnable. En même temps, sur des bases identiques, également très valables, on peut parvenir à une représentation, dans le collège électoral du président de la République, des territoires et des futurs États de la Communauté.

Pour assurer la légitimité du chef de la République française, il faut donner à son corps électoral une image aussi conforme que possible à ce qu'est la France politique. Pour assurer la légitimité du futur chef de la Communauté, il faut assurer une participation raisonnable des États membres à ce corps électoral. Le projet s'est attaché à répondre à cette double préoccupation ; il n'aboutit donc pas, comme vous le voyez, à un mécanisme qui aurait été inventé pour élire le général De Gaulle, lequel n'a pas besoin d'un tel mécanisme ! Le projet a pour ambition d'établir l'élection du président de la République sur des bases telles qu'il réponde aux nécessités de notre siècle.

Conclusion

Réforme du régime parlementaire, effort pour construire une Communauté, enfin, et pour l'un et pour l'autre, définition des nouvelles fonctions du président de la République et désignation précise de son corps électoral : ai-je besoin de vous dire en terminant que cette tâche a été entreprise dans le respect des principes fixés d'un commun accord entre le Gouvernement du général De Gaulle et les Assemblées parlementaires, accord qui s'est manifesté par la loi du 3 juin dernier.

« SEUL LE SUFFRAGE UNIVERSEL EST LA SOURCE DU POUVOIR. » : qu'il s'agisse du législatif et de l'exécutif, cette règle a été respectée. Le collège électoral, le mode de scrutin pour l'élection du président de la République ont été précisés dans la Constitution même. En ce qui concerne les Assemblées, nous sommes demeurés dans la tradition républicaine : la loi électorale de l'une et de l'autre est extérieure à la Constitution. Il est simplement entendu que les députés sont élus au suffrage universel direct et que le Sénat assure la représentation des collectivités électorales. Les règles fondamentales de la démocratie française sont donc maintenues.

« LE POUVOIR EXÉCUTIF ET LE POUVOIR LÉGISLATIF DOIVENT ÊTRE EFFECTIVEMENT SÉPARÉS. » : de bons esprits ont fait remarquer que la séparation des pouvoirs était un dogme caduc. S'il s'agit de nous apprendre qu'il n'y a pas séparation absolue des pouvoirs, mais qu'en fait comme en droit le pouvoir est « un », je n'ai pas attendu ces bons esprits pour le savoir et l'ai même écrit avant eux. Mais ce que ces bons esprits ne disent pas, c'est que faute de séparation dans la nomination et l'organisation des différentes fonctions, suivies d'un partage dans les tâches, le régime vire à la dictature ; tout caduc qu'est le dogme de la séparation des pouvoirs, il faut cependant que les fonctions essentielles du pouvoir soient divisées, si l'on veut éviter l'arbitraire et tenter d'associer à la fois autorité et liberté. Le texte qui vous est présenté établit, pour la première fois dans notre histoire constitutionnelle d'une manière aussi nette, la séparation des autorités à l'origine de leur pouvoir et leur collaboration pour réaliser l'unité de pensée et d'action.

« LE GOUVERNEMENT DOIT ÊTRE RESPONSABLE DEVANT LE PARLEMENT. » : ce principe est la ligne directrice du régime parlementaire que le projet a l'ambition d'instituer. Ce principe ne signifie pas que la responsabilité doit être égale devant les deux chambres. Le Parlement de la République comprend comme il se doit, selon notre tradition, une Assemblée nationale et un Sénat, mais cette seconde chambre (qui reprend son nom ancien) ne doit pas sortir du rôle éminent qui est le sien : rôle législatif, rôle budgétaire ; les attribu-

tions politiques sont le fait de l'Assemblée nationale, et ce n'est qu'à titre exceptionnel que le Sénat peut, à la demande du Gouvernement, sortir de son rôle normal. La responsabilité du Gouvernement ne signifie pas davantage qu'elle soit mise en cause d'une manière quotidienne et illimitée ; sur ce point, les meilleurs raisonnements ne valent rien et c'est l'expérience qui l'emporte. La responsabilité du Gouvernement est établie selon des procédures qui doivent éviter le risque d'instabilité.

« L'AUTORITÉ JUDICIAIRE DOIT DEMEURER INDÉPENDANTE. » : un titre spécial affirme l'indépendance de la justice, maintient l'inamovibilité des magistrats du siège, reconstitue un Conseil supérieur de la magistrature et fait du président de la République le garant des qualités éminentes du pouvoir judiciaire. Des lois organiques vous seront prochainement soumises qui appliqueront, d'une manière plus claire et plus nette qu'il ne le fut jamais, ces principes nécessaires à l'équilibre du pouvoir démocratique.

« LA CONSTITUTION DOIT PERMETTRE D'ORGANISER LES RAPPORTS DE LA RÉPUBLIQUE AVEC LES PEUPLES QUI LUI SONT ASSOCIÉS. » : de cet immense effort vous avez eu, au moins du point de vue juridique, un aperçu ; et la politique du Gouvernement, représentée avant toute chose par l'action du général De Gaulle, manifeste l'orientation donnée à cet effort d'association.

Après ce rappel des principes de la loi du 3 juin, et avant de conclure, j'évoquerai trois articles du projet qui, du point de vue de la liberté, présentent un intérêt majeur : l'article sur les partis politiques, l'article sur la liberté de questionner le Gouvernement reconnue à l'opposition, l'article sur l'autorité du pouvoir judiciaire au regard de la liberté individuelle.

On a voulu voir dans l'article qui traite des partis politiques une dangereuse machine de guerre. Où en sommes-nous arrivés qu'une affirmation telle que « les partis doivent respecter le principe de la souveraineté nationale et la démocratie » fasse crier à l'arbitraire ? Nous vivons dans un monde où la fourberie est reine. De quel droit ceux qui ont pour mission de fortifier la France et de consolider la République pourraient-ils accepter d'ouvrir à deux battants les institutions de l'État à des formations qui ne respecteraient point le principe sans lequel il n'y a ni France ni République ? Le silence de la Constitution eût été grave et les critiques alors auraient été justifiées !

Il n'a pas été assez dit que cette affirmation est la conséquence d'une autre. Le projet déclare : « Les partis et groupements politiques concourent à l'expression du suffrage. Ils se forment et exercent leur activité librement ». Ces deux phrases sont capitales. Elles sont, du point de vue constitutionnel, la négation de tout système totalitaire qui postule un seul parti. De la manière la plus catégorique, et en même temps la plus solennelle, notre future Constitution proclame sa foi démocratique et fonde les institutions sur cette expression fondamentale de la liberté politique qui est la pluralité des partis.

Un article du projet, après avoir, par un premier paragraphe, donné au Gouvernement une responsabilité majeure dans la fixation de l'ordre du jour des Assemblées, précise ensuite : « Une séance par semaine est réservée, par priorité, aux questions des membres du Parlement et aux réponses du Gouvernement ». Cette disposition est la marque décisive du régime parlementaire et des droits reconnus, dans ce régime, à l'opposition. Le Gouvernement responsable de l'État, donc de la législation, est normalement maître de l'ordre du jour des Assemblées. Aucun retard ne doit être toléré à l'examen d'un texte gouvernemental, si ce n'est celui qui résulte de son étude. La loi, le budget et toutes les affaires qui sont de la compétence du Parlement ne sont pas, pour le Parlement, un monopole. L'intervention des Assemblées est un contrôle et une garantie. Il ne faut pas, cependant, qu'un Gouvernement accapare les travaux des Assemblées au point que l'opposition ne puisse plus manifester sa présence. Si elle ne doit pas pouvoir faire obstruction, elle doit pouvoir interroger. C'est l'objet de ce « jour par semaine » réservé aux questions. Il est bien entendu que ces questions ne peuvent, à la volonté de l'interpellateur, se terminer par une motion de confiance ni de censure. Seul le Gouvernement peut poser la question de confiance et la motion de censure est soumise à une procédure pour laquelle le nouveau texte constitutionnel s'inspire des projets qui étaient en cours d'approbation devant l'Assemblée nationale. Mais l'existence constitutionnelle du droit d'interpeller est une pierre de touche de la liberté parlementaire.

À la fin du titre réservé à l'autorité judiciaire, un article est demeuré à l'abri de la critique comme de l'éloge. Il paraît ne pas avoir été compris. C'est celui qui dit : « Nul ne peut être arbitrairement détenu. L'autorité judiciaire, gardienne de la liberté individuelle, assure le respect de ce principe dans les conditions prévues par la loi ». On sait que la disposition du droit anglo-saxon dite habeas corpus est souvent citée en modèle. C'est se rendre coupable d'injure à la justice de ne pas déférer un citoyen dans le jour qui suit son arrestation. La garantie est grande et elle est la clef de voûte de tout régime qui prétend respecter la liberté individuelle. La souplesse des règles constitutionnelles anglaises permet de combiner cet impératif avec un autre impératif, celui de la sécurité de l'État. En temps de guerre, en cas de troubles, un acte du Parlement suspend l'application de l'habeas corpus. Notre système rigide empêche une si heureuse combinaison. Affirmer dans un article le principe de la compétence judiciaire immédiate et totale, puis donner au Gouvernement le droit, par décret, fût-il soumis à ratification, ce n'est pas, ce ne peut être d'un heureux effet. Cependant le Gouvernement du général De Gaulle a voulu, pour affirmer la légitimité libérale de la France, aller plus loin qu'on ne l'a fait jusqu'à présent. Après le rappel du principe – nul ne peut être arbitrairement détenu –, il donne compétence à la seule justice pour l'appliquer, et renvoie à la loi. Cette loi sera préparée et promulguée en des termes qui essaieront de combiner les exigences fondamentales des droits individuels et les droits de l'État et d'assurer la sécurité de la nation comme celle des citoyens. Nous pourrons, à cet égard, faire mieux encore que le droit anglo-saxon.

Liberté des partis politiques (liberté essentielle de la démocratie), liberté d'interpeller le Gouvernement (liberté essentielle du régime parlementaire), liberté de chaque citoyen garantie par le pouvoir judiciaire (liberté essentielle de l'individu) : le projet de Constitution est inspiré par le plus généreux respect de la liberté. Cette réforme constitutionnelle est la dernière chance donnée aux hommes et aux partis qui pensent que la France peut à la fois demeurer une des fortes nations du monde et une démocratie. « La dernière chance » : c'est le général De Gaulle qui a prononcé ces mots et il avait le droit de les prononcer, lui sans qui cette chance ne pourrait être saisie, lui sans qui notre État et notre liberté courraient présentement les plus graves périls.

Naturellement, les textes sont les textes et ils ne sont que cela. Que seront, demain, les mouvements du monde ? Que seront, demain, les forces politiques intérieures ? Nul ne peut avec assurance répondre à ces questions qui dominent notre destin. Notre tâche cependant doit être influencée par ce fait que ces mouvements seront profonds et brutaux, que ces forces politiques seront passionnées. Notre tâche doit également être influencée par cet autre fait que nous sommes déjà arrivés aux échéances de mille difficultés. Notre époque est celle du déséquilibre, de l'instabilité, des problèmes sans cesse remis en cause.

Si nous ne voulons pas que la France dérive, si nous ne voulons pas que la France soit condamnée, une première condition est nécessaire : un pouvoir. Nous voulons donner un pouvoir à la République. Nous voulons donner un pouvoir à la Communauté.

Notre ambition ne peut aller plus loin. Une Constitution ne peut rien faire d'autre que d'apporter des chances aux hommes politiques de bonne foi qui, pour la nation et la liberté, veulent un État, c'est-à-dire, avant toute autre chose, un Gouvernement.

B. Le commentaire du texte

Pour y procéder, nous commencerons par situer le contexte historique et constitutionnel (1.), puis, nous procéderons à une analyse linéaire du texte (2.), avant de faire un résumé des idées collectées (3.), et enfin, nous exposerons le plan détaillé du commentaire ainsi que divers éléments de rédaction (4.).

1. Le contexte historique et constitutionnel

Il convient de se reporter aux développements concernant la loi du 3 juin 1958 (voir *supra*).

2. La lecture de repérage du texte

a. Les raisons

Elles sont, selon Michel Debré, multiples : le délabrement de l'État, et donc du « pouvoir » occasionné par la IVe République, la défaillance des institutions, du système multipartisan et de la représentation proportionnelle, ainsi que le délabrement de la morale politique.

Certes, la IIIe République fait l'objet de certaines critiques mais plus modérées que celles de la IVe République dans la mesure où la première avait, selon lui, un avantage essentiel : un esprit c'est-à-dire des mœurs, une morale.

b. Les modalités proposées

Pour remédier aux défauts sus-exposés, il convient, selon Michel Debré, de modifier la structure institutionnelle française avec deux éléments importants :

- rénover le parlementarisme rationalisé ;
- mettre en place un Chef d'État puissant, une « clef de voûte ».

Ainsi, tout en refusant le régime d'assemblée (impossible) et le régime présidentiel (difficile à mettre en œuvre), les constituants de 1958 font le choix d'un régime parlementaire de style orléaniste, d'un régime dont la lecture est plus conforme à Montesquieu comme le rappelle Michel Debré dans sa conclusion (séparation des fonctions exécutive et législative, indépendance de l'autorité judiciaire, responsabilité du Gouvernement devant le Parlement : en somme, une véritable collaboration des « pouvoirs »).

3. Le regroupement des idées et le recensement (par une lecture plus approfondie des textes) des connaissances utiles pour les étayer

Il convient de se reporter à son cours ainsi qu'à la première partie de l'ouvrage relatif à la dissertation juridique, et en particulier au corrigé du sujet n° 3, qui porte sur « L'exécutif sous la Ve République ».

4. Le plan détaillé et quelques éléments de rédaction

Le plan détaillé :

I – Un cadre : un parlementarisme rationalisé

S'évertuant à rappeler les fondements constitutionnels de cette formule tant dans le corps du texte que dans sa conclusion (a), Michel Debré, pragmatique, l'illustre aussi concrètement par les techniques de rationalisation contenues dans le projet de Constitution (b).

a. Un postulat : la collaboration des pouvoirs

- séparation des fonctions ;
- responsabilité du Gouvernement devant le Parlement ;
- accessoirement, indépendance de l'autorité judiciaire.

Transition : Toutefois, si l'auteur montre son intérêt pour le régime parlementaire, il tend aussi à montrer son attachement à sa rationalisation, afin d'éviter un retour au régime d'assemblée honni (et durement décrit).

b. Des modalités : les techniques de rationalisation du parlementarisme

- elles sont fort différentes mais toutes visent à strictement cantonner la souveraineté parlementaire afin de revenir à un jeu institutionnel plus favorable à « l'Exécutif » au regard :
  - du régime des sessions parlementaires ;
  - du cantonnement du domaine de la loi (article 34 C) et de la protection du domaine réglementaire (exception d'irrecevabilité, délégalisation), sans oublier le rôle du Conseil constitutionnel à l'occasion du contrôle de constitutionnalité des lois ;
  - rénovation et encadrement des procédures législatives (ordre du jour, commissions permanentes, droit d'amendement, bicamérisme, procédures budgétaires, lois organiques) avec un avantage pour les parlementaires (les questions orales et écrites) ;
  - le statut constitutionnel du parlementaire (vote personnel, incompatibilité des fonctions parlementaire et ministérielle) ;
  - les nouvelles modalités de l'engagement de la responsabilité gouvernementale (motion de censure et question de confiance).

Transition : Cette formule de parlementarisme rationalisé, qui tend avant tout à combattre l'instabilité gouvernementale, – mal détestable des Républiques précédentes, dû en partie au système partisan -, est nécessaire mais insuffisante aux yeux de Michel Debré.

En effet, selon ce dernier, il faut pour parachever la nouvelle structure institutionnelle française, une clef de voûte, le Chef de l'État.

II – Une clef de voûte : le Président de la République

Comme il faut un « Pouvoir » fort dans l'État, il faut pour personnifier ce dernier, un homme fort, le Président de la République. Et pour y parvenir, il bénéficiera d'un mode de désignation spécifique (a) et d'attributions conséquentes (b).

a. Une désignation élargie

- une fin : asseoir sa responsabilité à l'intérieur et à l'extérieur (« la Communauté ») ;
- deux refus : l'élection parlementaire des IIIe et IVe République ainsi que l'élection au suffrage universel direct (sinon c'est un régime présidentiel).
- une représentation équitable pour un homme, dont la légitimité est indispensable.

Transition : A une institution dont la place est essentielle au cœur du régime, on a octroyé un mode de désignation particulier mais aussi des attributions conséquentes.

b. Des attributions étendues

- la possibilité de demander au Parlement une 2e lecture de la « petite loi » ;
- la saisine du Conseil constitutionnel ;
- le recours possible au référendum ;
- le droit de dissolution ;
- le futur article 16 C.

B. Quelques éléments de rédaction

Pour l'introduction, il convient de la rédiger de manière plus courte que dans le cas d'une dissertation ou d'un commentaire d'arrêt.

Elle doit être composée de la manière suivante :

- une phrase d'attaque : elle doit présenter le texte à commenter ; en effet, la phrase d'attaque n'est qu'une entrée en matière pour mieux présenter le texte étudié. Le commentaire de texte, ne l'oublions pas, est une épreuve pratique et non théorique !

Ainsi, peut-elle commencer par un passage du discours : « *Si nous ne voulons pas que la France dérive, si nous ne voulons pas que la France soit condamnée. Une première condition est nécessaire : un Pouvoir. Nous voulons donner un Pouvoir à la République. Nous voulons donner un Pouvoir à la Communauté* ».

Puis, se poursuivre ainsi : « *Tout est dit, l'esprit de la Constitution du 4 octobre 1958 tend avant tout à réhabiliter le statut d'un pouvoir, « l'Exécutif » ; c'est ce que démontre Michel Debré dans son discours ici commenté et prononcé devant le conseil d'État le 27 août 1958* ».

- le contexte historique (voir *supra*).
- le contexte juridique (voir *supra*) et la présentation sommaire du texte à commenter. Il convient d'écarter ici l'étude de la Communauté, vu le peu d'intérêt de cette formule juridique à la lumière de l'actuelle Constitution de la Ve République.
- la problématique : il convient ici de mettre en exergue le fait que, « *Selon Michel Debré, la Constitution du 4 octobre 1958 est fondée sur deux refus : celui du passé (en priorité la IVe mais aussi incidemment la IIIe) ainsi que celui des déviations de la séparation des pouvoirs (régime d'assemblée et régime présidentiel). Par suite, la future Constitution tente une lecture plus classique de la séparation des pouvoirs, selon le garde des Sceaux d'alors, en rationalisant le parlementarisme et en rénovant le rôle du Chef de l'État* ».
- l'annonce de plan : « *C'est pourquoi, pour ne garder du régime parlementaire comme du régime présidentiel que les avantages, les constituants de 1958, tout en maintenant comme cadre essentiel du régime, un parlementarisme rénové, rationalisé, ont créé un « Exécutif » fort en la présence du Président de la République* ».

Pour la conclusion, il convient de résumer rapidement l'apport du texte commenté.

Ainsi, peut-on proposer :

« Michel Debré défend une structure institutionnelle visant à assurer la stabilité gouvernementale qui, à défaut de majorité, doit trouver son fondement dans la « réglementation constitutionnelle ». Il tend aussi à réconcilier l'histoire constitutionnelle française avec une lecture plus conforme de Montesquieu.

Soucieux d'équilibre, de liberté et de justice, Michel Debré n'est pas pour autant inconscient, il sait que la pratique est quelquefois la pire ennemie des meilleures Constitutions, et encore une fois, cette dernière a frappé sous la Ve République en accentuant la présidentialisation du régime au détriment de l'équilibre initial ».

B

Droit administratif

(2e année de licence en droit)

Commentaire comparé des textes suivants

Sujet N° 1

Article 1er du Titre II et section 2 du chapitre 4 du Titre III de la Constitution du 3 septembre 1791 ;
Articles 78 à 84 de l'Acte constitutionnel du 24 juin 1793 ;
Articles 3 à 6 et 174 à 201 de la Constitution du 05 fructidor an III (22 août 1795) ;
Article 76 à 80 de la Constitution du 4 novembre 1848 ;
Titre VIII de l'avant-projet de Constitution du 19 avril 1946 ;
Titre X de la Constitution du 27 octobre 1946.

Thème

Notions de déconcentration et de décentralisation. Évolution des notions et difficultés de leur identification à travers l'étude de divers textes.

I – Les textes à commenter

1°) Article 1er du Titre II et section 2 du chapitre 4 du Titre III de la Constitution du 3 septembre 1791

TITRE II – DE LA DIVISION DU ROYAUME, ET DE L'ÉTAT DES CITOYENS

Art. 1 – Le Royaume est un et indivisible : son territoire est distribué en quatre-vingt-trois départements, chaque département en districts, chaque district en cantons.

[...]

TITRE III – DES POUVOIRS PUBLICS

[...]

CHAPITRE IV – DE L'EXERCICE DU POUVOIR EXÉCUTIF

[...]

SECTION 2 – DE L'ADMINISTRATION INTÉRIEURE

Art. 1 – Il y a dans chaque département une administration supérieure, et dans chaque district une administration subordonnée.

Art. 2 – Les administrateurs n'ont aucun caractère de représentation. – Ils sont des agents élus à temps par le peuple, pour exercer, sous la surveillance et l'autorité du roi, les fonctions administratives.

Art. 3 – Ils ne peuvent, ni s'immiscer dans l'exercice du Pouvoir législatif, ou suspendre l'exécution des lois, ni rien entreprendre sur l'ordre judiciaire, ni sur les dispositions ou opérations militaires.

Art. 4 – Les administrateurs sont essentiellement chargés de répartir les contributions directes, et de surveiller les deniers provenant de toutes les contributions et revenus publics dans leur territoire. – Il appartient au Pouvoir législatif de déterminer les règles et le mode de leurs fonctions, tant sur les objets ci-dessus exprimés, que sur toutes les autres parties de l'administration intérieure.

Art. 5 – Le roi a le droit d'annuler les actes des administrateurs de département, contraires aux lois ou aux ordres qu'il leur aura adressés. – Il peut, dans le cas d'une désobéissance persévérante, ou s'ils compromettent par leurs actes la sûreté ou la tranquillité publique, les suspendre de leurs fonctions.

Art. 6 – Les administrateurs de département ont de même le droit d'annuler les actes des sous-administrateurs de district, contraires aux lois ou aux arrêtés des administrateurs de département, ou aux ordres que ces derniers leur auront donnés ou transmis. – Ils peuvent également, dans le cas d'une désobéissance persévérante des sous-administrateurs, ou si ces derniers compromettent par leurs actes la sûreté ou la tranquillité publique, les suspendre de leurs fonctions, à la charge d'en instruire le roi, qui pourra lever ou confirmer la suspension.

Art. 7 – Le roi peut, lorsque les administrateurs de département n'auront pas usé du pouvoir qui leur est délégué dans l'article ci-dessus, annuler directement les actes des sous-administrateurs, et les suspendre dans les mêmes cas.

Art. 8 – Toutes les fois que le roi aura prononcé ou confirmé la suspension des administrateurs ou sous-administrateurs, il en instruira le Corps législatif. – Celui-ci pourra ou lever la suspension, ou la confirmer, ou même dissoudre l'administration coupable, et s'il y a lieu, renvoyer tous les administrateurs ou quelques-uns d'eux aux tribunaux criminels, ou porter contre eux le décret d'accusation.

[...]

2°) Articles 78 à 84 de l'Acte constitutionnel du 24 juin 1793

Des corps administratifs et municipaux

Art. 78 – Il y a dans chaque commune de la République une administration municipale ; – Dans chaque district, une administration intermédiaire ; – Dans clinique département, une administration centrale.

Art. 79 – Les officiers municipaux sont élus par les Assemblées de commune.

Art. 80 – Les administrateurs sont nommés par les Assemblées électorales de département et de district.

Art. 81 – Les municipalités et les administrations sont renouvelées tous les ans par moitié.

Art. 82 – Les administrateurs et officiers municipaux n'ont aucun caractère de représentation. – Ils ne peuvent, en aucun cas, modifier les actes du Corps législatif, ni en suspendre l'exécution.

Art. 83 – Le Corps législatif détermine les fonctions des officiers municipaux et des administrateurs, les règles de leur subordination, et les peines qu'ils pourront encourir.

Art. 84 – Les séances de municipalités et des administrations sont publiques.

3°) Articles 3 à 6 et 174 à 201 de la Constitution du 05 fructidor an III (22 août 1795)

TITRE PREMIER – DIVISION DU TERRITOIRE

[...]

Art. 3 – La France est divisée en départements. – Ces départements sont : *[liste des 89 départements de la métropole]*.

Art. 4 – Les limites des départements peuvent être changées ou rectifiées par le Corps législatif ; mais, en ce cas, la surface d'un département ne peut excéder cent myriamètres carrés (quatre cents lieues carrées moyennes *[lieue moyenne linéaire = 2 566 toises]*)

Art. 5 – Chaque département est distribué en cantons, chaque canton en communes. – Les cantons conservent leurs circonscriptions actuelles. – Leurs limites pourront néanmoins être changées ou rectifiées par le Corps législatif ; mais, en ce cas, il ne pourra y avoir plus d'un myriamètre (deux lieues moyennes de deux mille cinq cent soixante-six toises chacune) de la commune la plus éloignée au chef-lieu du canton.

Art. 6 – Les colonies françaises sont parties intégrantes de la République, et sont soumises à la même loi constitutionnelle.

[...]

TITRE VII – CORPS ADMINISTRATIFS ET MUNICIPAUX

Art. 174 – Il y a dans chaque département une administration centrale, et dans chaque canton une administration municipale au moins.

Art. 175 – Tout membre d'une administration départementale ou municipale doit être âgé de vingt-cinq ans au moins.

Art. 176 – L'ascendant et le descendant en ligne directe, les frères, l'oncle et le neveu, et les alliés aux mêmes degrés, ne peuvent simultanément être membres de la même administration, ni s'y succéder qu'après un intervalle de deux ans.

Art. 177 – Chaque administration de département est composée de cinq membres ; elle est renouvelée par cinquième tous les ans.

Art. 178 – Toute commune dont la population s'élève depuis cinq mille habitants jusqu'à cent mille, a pour elle seule une administration municipale.

Art. 179 – Il y a dans chaque commune, dont la population est inférieure à cinq mille habitants, un agent municipal et un adjoint.

Art. 180 – La réunion des agents municipaux de chaque commune forme la municipalité de canton.

Art. 181 – Il y a de plus un président de l'administration municipale, choisi dans tout le canton.

Art. 182 – Dans les communes, dont la population s'élève de cinq à dix mille habitants, il y a cinq officiers municipaux ; Sept, depuis dix mille jusqu'à cinquante mille ; Neuf, depuis cinquante mille jusqu'à cent mille.

Art. 183 – Dans les communes, dont la population excède cent mille habitants, il y a au moins trois administrations municipales. – Dans ces communes, la division des municipalités se fait de manière que la population de l'arrondissement de chacune n'excède pas cinquante mille individus, et ne soit pas moindre de trente mille. La municipalité de chaque arrondissement est composée de sept membres.

Art. 184 – Il y a, dans les communes divisées en municipalités, un bureau central pour les objets jugés indivisibles par le Corps législatif. – Ce bureau est composé de trois membres nommés par l'administration de département, et confirmé par le Pouvoir exécutif.

Art. 185 – Les membres de toute administration municipale sont nommés pour deux ans, et renouvelés chaque année par moitié ou par partie la plus approximative de la moitié, et alternativement par la fraction la plus forte et par la fraction la plus faible.

Art. 186 – Les administrateurs de département et les membres des administrations municipales peuvent être réélus une fois sans intervalle.

Art. 187 – Tout citoyen qui a été deux fois de suite élu administrateur de département ou membre d'une administration municipale, et qui en a rempli les fonctions en vertu de l'une et l'autre élection, ne peut être élu de nouveau qu'après un intervalle de deux années.

Art. 188 – Dans le cas où une Administration départementale ou municipale perdrait un ou plusieurs de ses membres par mort, démission ou autrement, les administrateurs restants peuvent s'adjoindre en remplacement des administrateurs temporaires, et qui exercent en cette qualité jusqu'aux élections suivantes.

Art. 189 – Les administrations départementales et municipales ne peuvent modifier les actes du Corps législatif, ni ceux du Directoire exécutif, ni en suspendre l'exécution. – Elles ne peuvent s'immiscer dans les objets dépendant de l'ordre judiciaire.

Art. 190 – Les administrateurs sont essentiellement chargés de la répartition des contributions directes et de la surveillance des deniers provenant des revenus publics dans leur territoire. – Le Corps législatif détermine les règles et le mode de leurs fonctions, tant sur ces objets, que sur les autres parties de l'Administration intérieure.

Art. 191 – Le Directoire exécutif nomme, auprès de chaque administration départementale et municipale, un commissaire qu'il révoque lorsqu'il le juge convenable. – Ce commissaire surveille et requiert l'exécution des lois.

Art. 192 – Le commissaire près de chaque administration locale, doit être pris parmi les citoyens domiciliés depuis un an dans le département où cette administration est établie. – Il doit être âgé de vingt-cinq ans au moins.

Art. 193 – Les administrations municipales sont subordonnées aux administrations de département, et celles-ci aux ministres. – En conséquence, les ministres peuvent annuler, chacun dans sa partie, les actes des administrations de département ; et celles-ci, les actes des administrations municipales, lorsque ces actes sont contraires aux lois ou aux ordres des autorités supérieures.

Art. 194 – Les ministres peuvent aussi suspendre les administrations de département qui ont contrevenu aux lois ou aux ordres des autorités supérieures ; et les administrations de département ont le même droit à l'égard des membres des administrations municipales.

Art. 195 – Aucune suspension ni annulation ne devient définitive sans la confirmation formelle du Directoire exécutif.

Art. 196 – Le Directoire peut aussi annuler immédiatement les actes des administrations départementales ou municipales. – Il peut suspendre ou destituer immédiatement, lorsqu'il le croit nécessaire, les administrateurs soit de département, soit de canton, et les envoyer devant les tribunaux de département lorsqu'il y a lieu.

Art. 197 – Tout arrêté portant cassation d'actes, suspension ou destitution d'administrateur, doit être motivé.

Art. 198 – Lorsque les cinq membres d'une administration départementale sont destitués, le Directoire exécutif pourvoit à leur remplacement jusqu'à l'élection suivante ; mais il ne peut choisir leurs suppléants provisoires, que parmi les anciens administrateurs du même département.

Art. 199 – Les administrations, soit de département, soit de canton, ne peuvent correspondre entre elles que sur les affaires qui leur sont attribuées par la loi, et non sur les intérêts généraux de la République.

Art. 200 – Toute administration doit annuellement le compte de sa gestion. – Les comptes rendus par les administrations départementales sont imprimés.

Art. 201 – Tous les actes des corps administratifs sont rendus publics par le dépôt du registre où ils sont consignés, et qui est ouvert à tous les administrés. – Ce registre est clos tous les six mois, et n'est déposé que du jour qu'il a été clos. – Le Corps législatif peut proroger, selon les circonstances, le délai fixé pour ce dépôt.

4°) Article 76 à 80 de la Constitution du 4 novembre 1848
CHAPITRE VII – DE L'ADMINISTRATION INTÉRIEURE

Art. 76 – La division du territoire en départements, arrondissements, cantons et communes est maintenue. Les circonscriptions actuelles ne pourront être changées que par la loi.

Art. 77 – Il y a : 1° Dans chaque département, une administration composée d'un préfet, d'un conseil général, d'un conseil de préfecture ; 2° Dans chaque arrondissement, un sous-préfet ; 3° Dans chaque canton, un conseil cantonal ; néanmoins, un seul conseil cantonal sera établi dans les villes divisées en plusieurs cantons ; 4° Dans chaque commune, une administration, composée d'un maire, d'adjoints et d'un conseil municipal.

Art. 78 – Une loi déterminera la composition et les attributions des conseils généraux, des conseils cantonaux, des conseils municipaux, et le mode de nomination des maires et des adjoints.

Art. 79 – Les conseils généraux et les conseils municipaux sont élus par le suffrage direct de tous les citoyens domiciliés dans le département ou dans la commune. Chaque canton élit un membre du conseil général. – Une loi spéciale réglera le mode d'élection dans le département de la Seine, dans la ville de Paris et dans les villes de plus de vingt mille âmes.

Art. 80 – Les conseils généraux, les conseils cantonaux et les conseils municipaux peuvent être dissous par le président de la République, de l'avis du Conseil d'État. – La loi fixera le délai dans lequel il sera procédé à la réélection.

5°) Titre VIII de l'avant-projet de Constitution du 19 avril 1946
TITRE VIII – DES COLLECTIVITÉS LOCALES

Art. 114 – La République française, une et indivisible, reconnaît l'existence de collectivités territoriales. Ces collectivités sont les communes et départements, les territoires et fédérations d'outre-mer. Elles s'administrent librement, conformément à la loi nationale.

Art. 115 – Le cadre, l'étendue, le regroupement éventuel et l'organisation des communes et départements, territoires et fédérations d'outre-mer sont fixés par la loi.

Art. 116 – Les collectivités locales sont administrées aux différents échelons par des conseils élus, dans les conditions fixées par les lois électorales, au suffrage universel. L'exécution des décisions de ces conseils est assurée par leur maire ou président.

Art. 117 – La coordination de l'activité des fonctionnaires de l'État la représentation des intérêts nationaux et le contrôle administratif des collectivités locales sont assurés dans le cadre départemental par des délégués du Gouvernement désignés en Conseil des ministres.

Art. 118 – La loi déterminera les conditions dans lesquelles le conseil général administrera les affaires départementales. Le président du conseil général, assisté du bureau, assurera en permanence l'exécution des décisions du conseil général.
La loi déterminera également les conditions dans lesquelles fonctionneront les services locaux des administrations centrales, de manière à rapprocher l'administration des administrés.

Art. 119 – Les intérêts propres des territoires d'outre-mer sont administrés et gérés par des Assemblées locales, élues au suffrage universel et direct, dont le régime électoral, la composition et la compétence sont déterminés par des lois spéciales assurant la liberté du vote.
Ceux de ces territoires qui forment un groupe ou une fédération élisent une Assemblée dont la composition et la compétence sont fixées par des lois spéciales.

Art. 120 – Le ministre chargé de l'ensemble des problèmes de la France d'outre-mer est assisté, pour chaque fédération ou groupe de territoire d'un sous-secrétaire d'État résident.
Celui-ci veille à l'application des lois. Il coordonne les services publics de l'Union française et contrôle le fonctionnement des administrations locales.
Il est responsable du maintien de l'ordre et de la défense du groupe ou de la fédération de territoires

6°) Titre X de la Constitution du 27 octobre 1946

TITRE X – DES COLLECTIVITÉS TERRITORIALES

Art. 85 – La République française, une et indivisible, reconnaît l'existence de collectivités territoriales.

Ces collectivités sont les communes et départements, les territoires d'outre-mer.

Art. 86 – Le cadre, l'étendue, le regroupement éventuel et l'organisation des communes et départements, territoires d'outre-mer, sont fixés par la loi.

Art. 87 – Les collectivités territoriales s'administrent librement par des conseils élus au suffrage universel.

L'exécution des décisions de ces conseils est assurée par leur maire ou leur président.

Art. 88 – La coordination de l'activité des fonctionnaires de l'État, la représentation des intérêts nationaux et le contrôle administratif des collectivités territoriales sont assurés, dans le cadre départemental, par les délégués du Gouvernement, désignés en Conseil des ministres.

Art. 89 – Des lois organiques étendront les libertés départementales et municipales ; elles pourront prévoir, pour certaines grandes villes, des règles de fonctionnement et des structures différentes de celles des petites communes et comporter des dispositions spéciales pour certains départements ; elles déterminent les conditions d'application des articles 85 à 88 ci-dessus.

Des lois détermineront également les conditions dans lesquelles fonctionneront les services locaux des administrations centrales, de manière à rapprocher l'administration des administrés.

II – Le commentaire comparé des textes

Vu le nombre de textes à étudier, il convient, en priorité à effectuer une lecture linéaire des textes (1.), puis de faire un résumé des idées collectées (2.), de proposer ensuite un plan (3.), et enfin, de donner quelques conseils de rédaction (4.).

1. La lecture de repérage des textes

A. Article 1er du Titre II et section 2 du chapitre 4 du Titre III de la Constitution du 3 septembre 1791

- Art. 1[48] :
- Royaume un et indivisible donc **État unitaire** (thème récurrent dans les textes commentés) ;
- Division du territoire en **départements** (83) auxquels correspond organiquement l'**administration supérieure**, eux-mêmes divisés en **districts** auxquels correspond l'**administration subordonnée**, eux-mêmes séparés en **cantons** ;
- La subordination des diverses administrations territoriales fait appel au concept de **pouvoir hiérarchique**.

Art. 2 :

- Élection des agents publics par le peuple (explication théorique et historique ; cf. EUA aujourd'hui) ;
- Surveillance du Roi : il est apparemment le supérieur hiérarchique de toute l'administration.

Art. 3 :

- **Expression de la séparation des « pouvoirs » avec la mention dans l'article de l'idée de « fonction administrative ».**

Art. 4 :

- Compétences : elles sont soit expresses (financières essentiellement), soit déterminées par la **loi**.

Art. 5 à Art. 8 : les modalités d'exercice du pouvoir hiérarchique

Art. 5 : droit d'**annulation** du **Roi** des actes des administrateurs du département ; droit de **suspension** par le **Roi** des administrateurs du département.

Art. 6 : les **mêmes droits** sont reconnus aux **administrateurs du département** à l'égard des actes de ceux des districts, **mais** la suspension des agents suppose l'**information du Roi** qui peut lever ou confirmer la mesure prise.

Art. 7 : droit pour le Roi de se **substituer aux administrateurs du département** pour sanctionner les actes des sous-administrateurs du district ou **les suspendre**.

48. La lettre « A (suivie d'un chiffre) » désigne le mot « article ».

Art. 8 : le Roi, en cas de suspension, d'un agent public doit en informer le **Corps législatif**, qui confirmera (et en tirera d'autres conséquences de droit) ou infirmera : **immixtion du législatif dans l'exécutif**.

Mots clés de ce texte : État unitaire – déconcentration élective (on parle d'administrateurs) – pouvoir hiérarchique interne (Roi-département-Corps législatif) – compétences déterminées par le législateur.

B. Articles 78 à 84 de l'Acte constitutionnel du 24 juin 1793

Art. 78/79/80/81 :

- L'État est désigné sous le vocable « **République** » ;
- Il est divisé en **départements** auxquels correspond organiquement une administration dite **centrale** composée d'administrateurs « nommés » par des Assemblées électives de département ; ces départements sont eux-mêmes divisés en **districts** connaissant la même organisation mais l'administration est alors dénommée **intermédiaire** ; ils sont eux-mêmes séparés en **communes** gérées par une administration municipale animée par des officiers élus par des Assemblées de commune ;
- Ils sont tous renouvelés par moitié annuellement (**article** 81).

Art. 82 :

- Ils ne sont pas des représentants : c'est donc un système de **déconcentration** ;
- Ils sont tous strictement obligés de respecter la loi.

Art. 83 :

- C'est d'ailleurs la loi qui détermine toutes les modalités de leurs statuts et surtout leurs compétences.

Art. 84 :

- Les **séances** de ces diverses administrations sont **publiques** : élément rare et récent de **démocratie locale**.

Mots clés de ce texte : État unitaire implicite à travers la **République** (?) – déconcentration apparemment semi-élective et semi-nominative (on parle d'administrateurs et d'officiers) – statuts et compétences déterminées par le législateur – publicité des séances (germe de la démocratie locale ?).

C. Articles 3 à 6 et 174 à 201 de la Constitution du 05 fructidor an III (22 août 1795)

Art. 3/5/6 :

- **France** : référence apparente à un État unitaire ? : voir **article** 199 ;
- Cet État est divisé en départements, eux-mêmes divisés en cantons et eux-mêmes composés de communes, sans oublier, c'est une nouveauté : les **colonies françaises** (apparition de l'Outre-mer).

Art. 4/5 :

- Importance du législateur pour délimiter les circonscriptions territoriales.

Art. 174 :

- Le département est dirigé par une administration centrale, dont la composition est déterminée par l'article 177 ;
- Dans le canton, il y a au moins une administration communale, dont les modalités de composition et de désignation sont évoquées par les articles 178 à 185 ;
- Deux éléments importants ressortent des articles relatifs à la désignation des administrateurs : la nomination (article 185) et la durée des mandats (département : 5 ans et renouvellement par 1/5e annuellement ; commune : 2 ans et renouvellement par moitié annuellement).

Art. 175/176/186/187 :

- Art. 175 : éligibilité ;
- Art. 176 : incompatibilité ;
- Art. 186 et 187 : conditions de redésignation.

Art. 188 :

- Vacance et fonctionnement.

Art. 189 :

- Séparation des pouvoirs au profit du législatif : protection de la loi.

Art. 190 :

- Compétences principalement déterminées par le législateur (cf. article 4, section II, Constitution de 1791).

Art. 191/192 : statut (article 192) et rôle (article 191) du commissaire, représentant l'État, l'exécutif :

- Art. 191 : il surveille et requiert l'exécution des lois ;
- Art. 192 : conditions à remplir pour exercer cette fonction.

Art. 193. :

- Contrôle sur les actes avec différents degrés locaux de contrôle.

Art. 194 :

- Contrôle sur les personnes avec différents degrés locaux de contrôle.

Art. 195 :

- Contrôle des contrôles avec l'obligation de confirmation par le Directoire.

Art. 196 :

- Pouvoir de substitution dans l'exercice des contrôles du même Directoire.

Art. 197/198 :

- Limites particulières de l'exercice des contrôles ;
- Art. 197 : obligation de motiver les actes de contrôle : forme de transparence démocratique ?

Art. 199 :

- Respect dû à l'unité de la République : refus aux administrations subordonnées de discuter sur les intérêts généraux.

Art. 200/201 :

- Contrôle financier et apparemment publicité des comptes ;
- Publicité des actes administratifs.

Mots clés de ce texte : État unitaire à travers la référence à la France (?) et la question des « intérêts généraux (**article** 199) – déconcentration nominative – contrôles développés sur les actes et sur les personnes – compétences déterminées par le législateur – motivation des actes de contrôle et publicité des actes financiers et administratifs (germe de démocratie locale ?).

D. article 76 à 80 de la Constitution du 4 novembre 1848

Art. 76/77 :

- La France est divisée en départements, gérés par un préfet, un conseil général et un conseil de préfecture ; ils sont divisés en arrondissement, à la tête desquels se trouvent les sous-préfets ; ceux-ci sont décomposés en cantons dirigés par un conseil cantonal ; et à la base de cette pyramide institutionnelle, il y a une commune avec un maire, des adjoints et un conseil municipal.

Art. 78 :

- Importance du rôle du législateur dans la détermination du statut des collectivités locales et des représentants locaux ;
- Cette importance se retrouve dans le cas de la détermination du statut des « premières » collectivités locales à statut particulier (**article 79, al.** 2).

Art. 79 :

- Élection au SUD des représentants locaux.

Art. 80 :

- Contrôle sur les personnes.

Mots clés de ce texte : Décentralisation élective – tutelle sur les actes – statuts des collectivités locales déterminés par le législateur.

E. Titre VIII de l'avant-projet de Constitution du 19 avril 1946

Art. 114/115/116/118 :

- La France est explicitement présentée comme un État unitaire (**un et indivisible**) ;
- Elle est divisée en communes, départements et en territoires et fédérations d'Outre-mer ;
- L'importance de la loi est rappelée avec force puisqu'il est dit qu'elles s'administrent librement **conformément à la loi nationale** (al. 3) ;

  Il convient d'associer à cette compétence législative, celle qui lui est reconnue à l'**article** 115, relativement à la délimitation des territoires de ces collectivités, celle de l'**article** 118, concernant le statut du département et de l'administration déconcentrée, et enfin, celle de l'**article** 119, ayant trait aux statuts des territoires et fédérations d'Outre-mer.

- Les représentants de ces collectivités locales sont tous élus (**article** 116).

Art. 117/120 : Contrôles de l'État sur les collectivités locales :

- Art. 117 : évocation du contrôleur et de son rôle en tant qu'autorité supérieure déconcentrée et de tutelle des collectivités décentralisées : on parle de « délégués du Gouvernement » ;
- Art. 120 : contrôle ministériel sur les collectivités locales d'Outre-mer.

Mots clés de ce texte : Décentralisation élective – autorités de tutelle – statuts des collectivités locales déterminés par le législateur (nombreuses illustrations) – évocation du « principe de libre administration des collectivités locales » (**article** 114).

F. Titre X de la Constitution du 27 octobre 1946

Art. 85 :

- Référence à l'État unitaire (« *La République française est une et indivisible* ») ;
- La France est découpée en département, communes et territoires d'Outre-mer.

Art. 86 :

- Le rôle du législateur apparaît avec la question des limites territoriales des collectivités locales.

Art. 87 :

- Évocation du « principe de libre administration des collectivités locales » ;
- Évocation, par là même, de l'élection des représentants locaux au suffrage universel direct.

Art. 88 :

- Mention d'une autorité de tutelle (le Délégué du Gouvernement) et de son rôle double à l'égard tant de l'administration décentralisée que de celle déconcentrée.

Art. 89 :

- Importance de la compétence législative pour la fixation du statut des collectivités locales, ainsi que de celles plus particulières.

Mots clés de ce texte : Décentralisation élective – tutelle – statuts des collectivités locales déterminés par le législateur.

2. Le regroupement des idées et recensement (par une lecture plus approfondie des textes) des connaissances utiles pour les étayer

En reprenant les mots-clés de chaque texte, des thèmes dominants se dégagent :

A. Article 1er du Titre II et section 2 du chapitre 4 du Titre III de la Constitution du 3 septembre 1791

Mots clés de ce texte : État unitaire – déconcentration élective (on parle d'administrateurs) – pouvoir hiérarchique interne (Roi-département-Corps législatif) – compétences déterminées par le législateur.

B. Articles 78 à 84 de l'Acte constitutionnel du 24 juin 1793

Mots clés de ce texte : État unitaire implicite à travers la **République** (?) – déconcentration apparemment semi-élective et semi-nominative (on parle d'administrateurs et d'officiers) – statuts et compétences déterminées par le législateur – publicité des séances (germe de la démocratie locale ?).

C. Articles 3 à 6 et 174 à 201 de la Constitution du 05 fructidor an III (22 août 1795)

Mots clés de ce texte : État unitaire à travers la référence à la France (?) et la question des « intérêts généraux (**article** 199) – déconcentration nominative – contrôles développés sur les actes et sur les personnes – compétences déterminées par le législateur – motivation des actes de contrôle et publicité des actes financiers et administratifs (germe de démocratie locale ?).

D. Article 76 à 80 de la Constitution du 4 novembre 1848

Mots clés de ce texte : Décentralisation élective – tutelle sur les actes – statuts des collectivités locales déterminés par le législateur.

E. Titre VIII de l'avant-projet de Constitution du 19 avril 1946

Mots clés de ce texte : Décentralisation élective – autorités de tutelle – statuts des collectivités locales déterminés par le législateur (nombreuses illustrations) – évocation du « principe de libre administration des collectivités locales » (**article** 114).

F. Titre X de la Constitution du 27 octobre 1946

Mots clés de ce texte : Décentralisation élective – tutelle – statuts des collectivités locales déterminés par le législateur.

Ces thèmes sont les suivants :

- État unitaire (1791, 1946) : explicitement !
- Division territoriale évolutive mais constante avec certaines permanences dans les découpages territoriaux : département et commune (toujours et dès 1791 !) le canton (1791, 1795 et 1848) : le district de 1793 n'est-ce pas le canton renommé ?
- Déconcentration (1791, 1793, 1795) et décentralisation (1848 et 1946) ;
- Le contrôle est interne à l'administration en 1791 et 1793 et s'en distingue du fait qu'il vise, entre autres (aussi la déconcentration), la décentralisation à partir de 1848 ; il est à souligner le système particulier du contrôle en 1795 avec deux sortes de contrôles (interne et externe) ;
- Contrôle sur les actes (importance, en particulier, du pouvoir d'annulation en 1791) ;
- Contrôle sur les personnes : une certaine permanence ;
- Nomination ou élection des administrateurs ou représentants ; attention en 1791 et 1793, même les fonctionnaires sont élus, mais à partir de 1848, l'élection ne symbolise plus que la décentralisation ;
- Rôle-clé et important du législateur : c'est le garant de la cohérence de l'action administrative et de l'unité de l'État, en quelque sorte !
- Sort particulier à partir de 1795 pour l'Outre-mer et admission d'un traitement local différencié pour certaines collectivités locales ;
- Quelques velléités de transparence et de démocratie dans les constitutions de 1793 et de 1795.

3. Plan proposé

I – L'État unitaire français déconcentré puis décentralisé

a. L'État français unitaire

- la distinction État unitaire-État fédéral ;
- conséquence : importance du rôle du législateur.

b. L'État français déconcentré (1791-1793 et 1795)

- importance de la nomination ou de la pseudo-élection ;
- importance de la structure administrative pyramidale et hiérarchisée.

c. L'État français décentralisé (1848 et 1946)

- principe de libre administration des collectivités locales ;
- le retour au suffrage universel direct pour désigner les élus locaux ;
- importance du statut local et de l'Outre-mer dès 1795.

Transition : Au-delà d'une certaine stabilité de l'organisation territoriale de la France malgré le changement de son organisation administrative, il reste que le contrôle étatique sur les portions de son territoire ne l'est pas moins.

II – Un contrôle étatique institutionnalisé et somme toute stable

a. Un contrôle étatique institué

- dans les deux cas, on retrouve le contrôle et même doublement dans la Constitution de 1795 ;
- naissance implicite du pouvoir hiérarchique (1791) et de la tutelle (1946).

b. Un contrôle dual permanent

- le contrôle sur les actes ;
- le contrôle sur les personnes : importance de la suspension (héritage de la déconcentration, de 1791, cela n'expliquerait-il pas sa difficile conciliation avec le principe de libre administration des collectivités locales ?).

c. Un contrôle démocratique ébauché

- la publicité des séances (1793) ;
- la publicité des actes administratifs et financiers (1795) ;
- la motivation des actes de contrôle (1795).

4. Quelques éléments de rédaction

Pour l'introduction, elle peut se présenter ainsi :

- Attaque : présenter les textes ;
- Aspect historique : l'évolution vers la décentralisation ;
- Aspect théorique : le couple « autonomie de l'administration et (c'est là, le problème le plus aigu parce que tout est question de degré pour savoir si l'on est face à un système déconcentré ou décentralisé) son contrôle » ;
- Annonce de plan.

Quant à la conclusion, elle pourrait être la suivante :

« Il est bien plus facile de distinguer en théorie la déconcentration et la décentralisation que de l'identifier en pratique, c'est un peu le principal constat auquel ce commentaire permet d'aboutir. Et ce, parce que l'identification de ces deux formules d'administration se fait à travers des montages juridiques parfois ambigus c'est-à-dire pouvant emprunter aux deux philosophies d'organisation de l'État sous-tendant ces deux techniques d'exercice du pouvoir politique ».

Commentaire du décret n° 94-3 du 3 janvier 1994

Sujet N° 1

portant création de la Bibliothèque nationale de France

Thème

Notion d'établissement public. Étude du statut d'un tel établissement.

I – Le texte à commenter

Décret n° 94-3 du 3 janvier 1994
Décret portant création de la Bibliothèque nationale de France

Le Président de la République,

Sur le rapport du Premier ministre, du ministre de l'économie, du ministre de la culture et de la francophonie et du ministre du budget, porte-parole du Gouvernement,

Vu la Constitution, et notamment son article 13, ensemble l'ordonnance n° 58-436 du 28 novembre 1958 portant loi organique concernant les nominations aux emplois civils et militaires de l'État, et notamment son article 1er ;

Vu le code du domaine de l'État ;

Vu le code de la propriété intellectuelle ;

Vu le code des marchés publics ;

Vu la loi n° 92-546 du 20 juin 1992 relative au dépôt légal ;

Vu le décret du 30 juin 1934 relatif à la bibliothèque de documentation internationale contemporaine et à la bibliothèque de l'Arsenal ;

Vu le décret du 25 octobre 1935 fixant la liste des offices et établissements autonomes de l'État assujettis au contrôle financier ;

Vu le décret du 30 octobre 1935 relatif à la fusion des bibliothèques musicales ;

Vu le décret du 8 avril 1938 portant création d'une phonothèque nationale ;

Vu le décret n° 53-1227 du 10 décembre 1953 relatif à la réglementation comptable applicable aux établissements publics nationaux à caractère administratif ;

Vu le décret n° 59-587 du 29 avril 1959 modifié relatif aux nominations aux emplois de direction de certains établissements publics, entreprises publiques et sociétés nationales ;

Vu le décret n° 62-1587 du 29 décembre 1962 modifié portant règlement général sur la comptabilité publique ;

Vu le décret n° 64-486 du 28 mai 1964 modifié relatif aux régies de recettes et aux régies d'avances des organismes publics ;

Vu le décret n° 81-169 du 20 février 1981 relatif à la fixation des tarifs dans les musées, monuments et collections appartenant à l'État ;

Vu le décret n° 90-437 du 28 mai 1990 fixant les conditions et les modalités de règlement de frais occasionnés par les déplacements des personnels civils sur le territoire métropolitain de la France lorsqu'ils sont à la charge de l'État, des établissements publics à caractère administratif et de certains organismes subventionnés ;

Vu le décret n° 93-1429 du 31 décembre 1993 relatif au dépôt légal ;

Vu l'avis du comité technique paritaire de la Bibliothèque nationale en date du 8 décembre 1993 ;

Vu l'avis du comité technique paritaire de l'Établissement public de la Bibliothèque de France en date du 8 décembre 1993 ;

Vu l'avis du comité technique paritaire du ministère de la culture et de la francophonie en date du 10 décembre 1993 ;

Le Conseil d'État (section de l'intérieur) entendu ;

Le conseil des ministres entendu,

TITRE I : DISPOSITIONS GÉNÉRALES

Art. 1 – Il est créé, sous le nom de Bibliothèque nationale de France, un établissement public national à caractère administratif, placé sous la tutelle du ministre chargé de la culture.

Son siège est à Paris.

Art. 2 – La Bibliothèque nationale de France a pour missions :

1° De collecter, cataloguer, conserver et enrichir dans tous les champs de la connaissance, le patrimoine national dont elle a la garde, en particulier le patrimoine de langue française ou relative à la civilisation française ;

À ce titre :

elle exerce, en vertu de l'article 5, alinéa 2, de la loi du 20 juin 1992 susvisée, les missions relatives au dépôt légal confiées par cette loi et les décrets pris pour son application à la Bibliothèque nationale ; elle gère, pour le compte de l'État, dans les conditions prévues par la loi du 20 juin 1992 susvisée, le dépôt légal dont elle est dépositaire. Elle en constitue et diffuse la bibliographie nationale ;

elle rassemble, au nom et pour le compte de l'État, et catalogue des collections françaises et étrangères d'imprimés, de manuscrits, de monnaies et médailles, d'estampes, de photographies, de cartes et plans, de musique, de chorégraphies, de documents sonores, audiovisuels et informatiques ;

elle participe à l'activité scientifique nationale et internationale ;

2° D'assurer l'accès du plus grand nombre aux collections, sous réserve des secrets protégés par la loi, dans des conditions conformes à la législation sur la propriété intellectuelle et compatible avec la conservation de ces collections ;

À ce titre :

elle conduit des programmes de recherche en relation avec le patrimoine dont elle a la charge, particulièrement sur la bibliothéconomie ;

elle coopère avec d'autres bibliothèques et centres de recherche et de documentation français ou étrangers, notamment dans le cadre des réseaux documentaires ;

elle participe, dans le cadre de la politique définie par l'État, à la mise en commun des ressources documentaires des bibliothèques françaises ;

elle permet la consultation à distance en utilisant les technologies les plus modernes de transmission des données ;

le chef de la mission de la recherche et de la technologie au ministère chargé de la culture ;

le chef de la mission scientifique et technique au ministère chargé de l'enseignement supérieur et de la recherche ;

2° Deux membres des corps des conservateurs des bibliothèques et assimilés affectés à la Bibliothèque nationale de France élus par leurs pairs selon des modalités définies par le règlement intérieur de l'établissement ;

3° Deux membres représentant les autres personnels scientifiques et techniques de l'établissement élus par leurs pairs selon des modalités définies par le règlement intérieur de l'établissement ;

4° Trois personnalités qualifiées désignées par arrêté du ministre chargé de la culture ;

5° Sept représentants d'institutions scientifiques et documentaires, françaises et étrangères, désignés par arrêté du ministre chargé de la culture.

En cas de vacance définitive d'un siège, pour quelque cause que ce soit, un autre membre est désigné dans les mêmes conditions pour la durée du mandat restant à courir.

Le président de l'établissement, le directeur général, le directeur du livre et de la lecture ou son représentant et le directeur chargé des bibliothèques universitaires au ministère chargé de l'enseignement supérieur ou son représentant assistent aux séances avec voix consultative.

Art. 14 – Le président du conseil scientifique est nommé au sein de ce conseil par arrêté du ministre chargé de la culture.

Les membres autres que les membres de droit sont nommés pour une durée de trois ans, renouvelable une fois.

Le président et les membres du conseil scientifique ne peuvent prendre ou conserver aucun intérêt ni occuper aucune fonction dans les entreprises traitant avec l'établissement pour des marchés de travaux, de fournitures et de prestations, ni assurer de prestations pour ces entreprises, à l'exception des entreprises d'édition.

Les fonctions de membre du conseil scientifique ne sont pas rémunérées. Toutefois, elles ouvrent droit aux indemnités de déplacement et de séjour prévues par le décret du 28 mai 1990 susvisé.

Art. 15 – Le conseil scientifique se réunit au moins une fois par an, sur convocation de son président. Il est consulté sur toutes les questions relatives aux orientations de l'établissement et à ses activités de recherche et fait toutes propositions relatives à la politique scientifique de l'établissement.

TITRE III : RÉGIME FINANCIER

Art. 16 – Les opérations financières et comptables de l'établissement sont effectuées conformément aux dispositions des décrets du 10 décembre 1953 et du 29 décembre 1962 susvisés.

L'établissement est soumis au contrôle financier de l'État institué par le décret du 25 octobre 1935 susvisé.

Les attributions du contrôleur financier et les modalités d'exercice de son contrôle sont fixées par arrêté conjoint du ministre chargé de la culture et du ministre chargé du budget.

Nota : Décret n° 2005-436 du 9 mai 2005 article 19 : Dans tous les textes réglementaires où ils apparaissent, les mots : « contrôleur d'État », « contrôleur financier »,

« inspecteur de l'industrie et du commerce », « inspecteur général de l'industrie et du commerce » et « inspecteur général des postes et télécommunications » sont remplacés par les mots : « membre du corps du contrôle général économique et financier ». De même, les mots : « contrôleurs d'État », « contrôleurs financiers », « inspecteurs de l'industrie et du commerce », « inspecteurs généraux de l'industrie et du commerce » et « inspecteurs généraux des postes et télécommunications » sont remplacés par les mots : « membres du corps du contrôle général économique et financier ».

Art. 17 – L'agent comptable de l'établissement est nommé par arrêté conjoint du ministre chargé de la culture et du ministre chargé du budget.

Art. 18 – Les ressources de l'établissement comprennent :

1° Les subventions, avances, fonds de concours ou contributions qui lui sont attribués par l'État, les collectivités locales, les établissements publics et sociétés nationales et les personnes privées ;

2° Le produit des droits d'entrée et de visite ;

3° Les dons et legs ;

4° Le produit des concessions ;

5° Le produit des participations ;

6° Le produit des aliénations ;

7° Les revenus des biens meubles et immeubles ;

8° Le produit des opérations commerciales de l'établissement et, de façon générale, toutes autres recettes provenant de l'exercice de ses activités ;

9° Toutes autres recettes ou ressources permises par les lois et règlements en vigueur.

Art. 19 – Les dépenses de l'établissement comprennent :

1° Les frais de personnel ;

2° Les frais de fonctionnement ;

3° Les frais d'étude ;

4° Les frais d'équipement ;

5° De manière générale, toutes dépenses nécessaires à l'accomplissement de ses missions.

Art. 20 – Des régies d'avances et de recettes peuvent être créées auprès de l'établissement dans les conditions prévues par le décret du 28 mai 1964 susvisé.

TITRE IV : DISPOSITIONS TRANSITOIRES ET FINALES

Art. 21 – La Bibliothèque nationale de France reçoit la garde des ouvrages, documents et collections ayant fait l'objet du dépôt légal auprès de la Bibliothèque nationale ou acquis à titre gratuit ou onéreux par la Bibliothèque nationale ou par l'Établissement public de la Bibliothèque de France.

La Bibliothèque nationale de France acquiert et conserve pour le compte de l'État les documents et objets achetés sur les crédits dont elle dispose, ou provenant de dons et legs qui pourraient lui être consentis.

Les collections mentionnées à l'article 2 du présent décret restent la propriété inaliénable de l'État.

Art. 22 – La Bibliothèque nationale de France est substituée aux droits et obligations de la Bibliothèque nationale et de l'Établissement public de la Bibliothèque de France.

Art. 23 – Jusqu'à la première élection des représentants du personnel et des représentants des usagers, le conseil d'administration siège valablement sans ces représentants. Les représentants du personnel et les usagers siègent dès leur élection ; leur mandat prend fin à la même date que celui des membres nommés.

L'élection des représentants du personnel aura lieu dans un délai de quatre mois à compter de la publication du présent décret.

Art. 24 – Jusqu'à la nomination du président de la Bibliothèque nationale de France, le directeur du livre et de la lecture au ministère chargé de la culture exerce à titre intérimaire les fonctions de président. Il peut déléguer sa signature.

Art. 25 – Sont abrogés :

le décret n° 83-226 du 22 mars 1983 modifié relatif à l'organisation et au régime financier de la Bibliothèque nationale :

les décrets n° 89-745, n° 89-746 et n° 89-747 du 17 octobre 1989 relatifs, respectivement, au statut d'emploi de l'administrateur-délégué, du directeur scientifique et du directeur technique de la Bibliothèque nationale ;

le décret n° 89-777 du 13 octobre 1989 portant création de l'Établissement public de la Bibliothèque de France.

Art. 26 – Dans le décret n° 93-1429 du 31 décembre 1993 relatif au dépôt légal, les mots : « Bibliothèque nationale » sont remplacés par les mots : « Bibliothèque nationale de France » et les mots : « administrateur général » sont remplacés par le mot : « président ».

Le 2e de l'article 41 du même décret est remplacé par les dispositions suivantes :

« 2e Un représentant de la Bibliothèque nationale de France, désigné par son président. »

Art. 27 – La liste annexée au décret du 29 avril 1959 susvisé est ainsi modifiée :

I. – Les mentions suivantes sont insérées :

« Établissements ou sociétés : Bibliothèque nationale de France ;

« Emplois : présidents du conseil d'administration. »

II. – Les mentions suivantes sont supprimées :

« Établissements ou sociétés : Bibliothèque nationale ;

« Emplois : administrateur général. »

Art. 28 – Le présent décret entre en vigueur le 1er janvier 1994.

Art. 29 – Le Premier ministre, le ministre des affaires étrangères, le ministre de l'économie, le ministre de la culture et de la francophonie, le ministre du budget, porte-parole du Gouvernement, le ministre de l'enseignement supérieur et de la recherche et le ministre de la fonction publique sont chargés, chacun en ce qui le concerne, de l'exécution du présent décret, qui sera publié au Journal officiel de la République française.

FRANÇOIS MITTERRAND,

Par le Président de la République :

Le Premier ministre, ÉDOUARD BALLADUR

Le ministre de la culture et de la francophonie, JACQUES TOUBON

Le ministre des affaires étrangères, ALAIN JUPPÉ

Le ministre de l'économie, EDMOND ALPHANDÉRY

Le ministre du budget, porte-parole du Gouvernement, NICOLAS SARKOZY
Le ministre de l'enseignement supérieur et de la recherche, FRANÇOIS FILLON
Le ministre de la fonction publique, ANDRÉ ROSSINOT

II – Le commentaire du texte

Il convient, en priorité d'effectuer une lecture linéaire des textes (1), puis de faire un résumé des idées collectées (2), de proposer ensuite un plan (3), et enfin, de donner quelques conseils de rédaction (4).

1. La lecture de repérage des textes

Au préalable, il convient de remarquer le découpage du texte étudié (ce dernier est scindé en **4 titres**) et de s'intéresser aux intitulés de certains d'entre eux dans la mesure où ce texte pose le statut d'une « organisation, institution apparemment administrative ».

En effet, au-delà du premier titre peu évocateur (**Dispositions générales**) et du dernier peu engageant (**Titre IV : Dispositions transitoires et finales**), les deux autres sont à retenir : **Titre II : Organisation administrative** et **Titre III : Régime financier**.

Cette remarque étant faite, il convient à présent – au brouillon -, « article par article », de procéder à l'analyse sommaire mais précise des seuls éléments importants du texte, qui comporte **29 articles**.

Art. 1 : il est très intéressant parce qu'il ne comprend pas moins de trois renseignements essentiels pour le commentaire ; ce sont les suivants :

- Il pose la dénomination de l'institution exposée « *Bibliothèque nationale de France* (BNF) » ;
- Il la qualifie juridiquement en mentionnant qu'elle est « *un établissement public* (EP) », donc une personne morale de droit public (PMDP) (**Voir les notions d'EP**[49] **et PMDP**[50]**)** ; et, il ajoute que cet EP a un « *caractère administratif* », c'est dire que c'est un EPA (établissement public administratif).

  Ainsi, cet article pose que la BNF est un EP gérant un service public administratif (SPA) (**Voir la distinction SPIC-SPA**) ; par suite, *a priori*, les activités confiées à la BNF sont constitutives d'une telle mission de service public.

49. Voir, dans la première partie de cet ouvrage, le corrigé du sujet de dissertation juridique n°6 (*Etablissement public et service public*).
50. Voir, dans la première partie de cet ouvrage, le corrigé du sujet de dissertation juridique n°5 (*Les personnes morales de droit public*).

- *In fine*, il précise quelle autorité administrative exerce la tutelle à laquelle tout EP est soumis (**Voir le statut de l'établissement public**[51] ainsi que les notions de « décentralisation fonctionnelle » (distincte de celle de « décentralisation territoriale ») et de tutelle) : c'est le Ministre de la Culture.

  Ainsi, il indique, à travers cette mention ministérielle que cet EP est soumis à la tutelle de l'État, que c'est donc un EP national (Voir la distinction EP locale et EP national) ; en effet, un ministre, en tant que membre du Gouvernement est un représentant de l'État (PMDP).

Art. 2 : il concerne justement la mission, la fameuse « activité de SPA » énoncée à travers les multiples tâches, dont elle est composée dans un article formellement long ; sur le plan méthodologique, la longueur de cet article est très intéressante parce qu'elle rappelle ici qu'il faut s'affranchir – autant que possible – de la forme pour s'attacher au fond.

En effet, cet article, bien que plus nourri en mots que le précédent, est moins important que ce dernier.

C'est en cela que l'analyse du texte peut s'avérer être une étape difficile parce qu'elle suppose, presqu'à chaque moment de l'étude du texte, de faire des choix, qui naturellement ne seront pas sans conséquence sur le plan détaillé final.

Ici, il convient essentiellement de s'en tenir aux chapeaux des 1°-2°-3° et 4° et de les regrouper : c'est ainsi que les deux premiers paragraphes visent à privilégier le rôle de la BNF dans le rayonnement culturel français en France et à l'étranger (1° : « *collecter, cataloguer, conserver et enrichir dans tous les domaines de la connaissance le patrimoine national* » ; 2° : « *assurer l'accès du plus grand nombre aux collections* ») ; de même que les deux derniers s'intéressent aux modalités de ce rayonnement en évoquant les conditions matérielles de la conservation et la préservation du patrimoine culturel français géré par la BNF (3° et 4°).

Art. 3 : il concerne les moyens de sa mission.

Ce point est intéressant parce qu'un EP, en tant que personne morale de droit public (PMDP), dispose de la personnalité morale et, à ce titre, est titulaire de droit et soumis à des obligations comme tout autre acteur de l'ordre juridique ; par ailleurs, et toujours du fait de sa qualification juridique, la BNF détient des **prérogatives de puissance publique** (Voir cette notion[52]), des moyens exorbitants du droit commun, que ne détiennent pas, en principe, les particuliers.

Dès lors, l'étude de cet article doit se faire à la lumière de ces deux éléments.

---

51. Voir, dans la première partie de cet ouvrage, le corrigé du sujet de dissertation juridique n°6 (*Etablissement public et service public*).
52. Voir, dans la première partie de cet ouvrage, le corrigé du sujet de dissertation juridique n°6 (*Etablissement public et service public*).

C'est, en effet, en tant que PMDP, titulaire de droits, que la BNF peut se constituer et posséder un patrimoine mobilier et immobilier (1° et 8°), conclure (2° ; 4° ; 5° et 7°), accorder des subventions (3° ; signe de son autonomie budgétaire) ou investir (6°) ; une seule prérogative de puissance publique semble apparaître à travers ce long énoncé : pouvoir délivrer des autorisations d'occuper son domaine public (5°).

De plus, il convient de souligner qu'en tant qu'établissement public, et bien que doté de la PMDP, un EP ne peut agir et surtout utiliser ses moyens d'action que tant qu'il reste dans sa sphère de compétence : cette borne à l'exercice de ses attributions est évoquée à travers le principe de spécialité (Voir cette notion[53]). C'est en pensant à ce principe que doit s'entendre le membre de phrase suivant du 7° : «... *utile à l'exercice de ses missions* ».

In fine, cet article agrémente l'article 2 d'une nouvelle mission éventuelle dévolue à la BNF : celui de pouvoir participer, dans ses domaines de compétences, à l'élaboration et à la mise en œuvre de règles de droit tant interne qu'européen ou international.

Art. 4 : il concerne l'organe exécutif apparemment dirigeant de la BNF, le conseil d'administration (CA) ; cet article est assez long et finalement peu intéressant, ce qui l'est est implicite.

En effet, il importe ici de souligner, d'une part, la place conséquente de ce conseil dans l'organisation de la BNF (n'est-il pas mentionné en premier dans le titre, pourtant exclusivement axé sur « l'organisation administrative » de la BNF ?) ; et d'autre part, l'importance des représentants de l'État, membres de droit (tels que le directeur de l'administration générale du Ministère chargé de la culture voire celui chargé des bibliothèques universitaires au Ministère chargé de l'enseignement supérieur) ou nommés (3°), qui sont autant de marques explicites de la tutelle exercée par l'État à l'égard de la BNF.

Art. 5 : il évoque le statut des membres du CA, dont le Président de l'établissement : cet article vise, en particulier, les incompatibilités auxquelles l'exercice de telles fonctions les confronte sans toutefois préciser quelle autorité est compétente pour contrôler leur respect.

Art. 6 : il s'intéresse au fonctionnement du CA et n'a pas beaucoup plus d'intérêt que le précédent.

Toutefois, et toujours pour étayer la tutelle pesant sur la BNF, il importe de souligner la place prépondérante faite au sein de cet établissement, et surtout dans le cadre de son fonctionnement, au ministère de tutelle.

À cet égard, sont à relever les objets des alinéas (au sens de « paragraphes ») 1 (le droit du Ministre chargé de la culture de convoquer le

---

53. Voir, dans la première partie de cet ouvrage, le corrigé du sujet de dissertation juridique n°6 (*Etablissement public et service public*).

CA) et 2 (les questions dudit ministre sont inscrites de droit à l'ordre du jour) de cet article.

Art. 7 : il a trait aux attributions dévolues au CA ; il n'est pas très instructif, à part qu'il évoque incidemment une autre prérogative de puissance publique : « prélever des droits d'entrée ».

Art. 8 : il est très intéressant à la lumière d'une bonne connaissance de la tutelle puisqu'il évoque un aspect de cette dernière : la tutelle sur les délibérations prises par le CA.

En effet, selon l'objet de ces actes administratifs, le Ministre chargé de la culture peut s'opposer à leur mise en œuvre ainsi qu'à leur exécution (alinéas 1 et 2), ou encore, refuser de les approuver expressément (alinéa 3).

Art. 9 : il concerne la composition et le rôle du bureau du conseil d'administration.

Il peut être relevé que l'emprise de la tutelle étatique dans sa composition est presque inexistante ; toutefois, ses compétences ne semblent pas très importantes du fait de la lecture précédente de celles du CA. Finalement, il n'a que peu d'intérêt.

Art. 10 : il évoque (enfin !) le statut d'une autorité administrative, déjà plusieurs fois citée : le Président de l'établissement ; les modalités de sa désignation illustrent l'emprise de la tutelle du Ministère chargé de la culture sur la BNF, puisqu'il est « *nommé par décret en Conseil des ministres pour une durée* (courte) *de trois ans renouvelables* (encore ne faut-il pas – peut-être – déplaire au Ministère de tutelle...), *sur proposition du Ministre chargé de la culture* ».

Art. 11 : bien qu'évoqué après le CA et le bureau de ce dernier, le rôle – ici défini – du Président de l'établissement semble en faire le seul « chef » de la BNF, en posant dès le début qu'il «... *dirige l'établissement* » ; à ce titre, il exerce au sein de l'établissement, et particulièrement à l'égard du personnel, un véritable pouvoir hiérarchique (Voir cette notion[54]).

Ce qui est loin d'être sans ambiguïté sur la réalité du centre du pouvoir à la BNF, et ce, d'autant plus que dès le 1°, il est présenté – classiquement au demeurant, pour ce type d'établissement – comme le simple exécutant des délibérations du CA.

In fine, il convient de souligner que le 7° de l'article, en évoquant la représentation en justice de la BNF par son Président, reconnaît implicitement le droit pour cet établissement d'agir en justice ; ce qui est tout à fait normal au profit d'une institution qui est une personne morale de droit public.

---

54. Voir, dans la première partie de cet ouvrage, le corrigé du sujet de dissertation juridique n° 5bis (*Déconcentration et décentralisation*).

Art. 12 : il présente tant le statut que la fonction de « directeur général de la BNF », dont les modalités de désignation en font une sorte de « bras-droit » du Président de l'établissement. En effet, c'est sur proposition de ce dernier qu'il est nommé par décret ; son sort est ainsi, en quelque sorte, lié à celui du Président.

Malgré tout, cet article n'a pas d'intérêt particulier.

Art. 13 : il pose la composition du Conseil scientifique de la BNF et démontre à nouveau l'emprise de la tutelle étatique sur cet organisme à travers la présentation des membres de droit (deux représentants de chacun des deux ministères déjà évoqués : culture et enseignement supérieur) ainsi que les modalités de désignation des autres membres (10 membres nommés par le Ministre chargé de la culture sur un total de 17 membres : 4° et 5°)

Art. 14 : il s'intéresse au statut des membres du Conseil scientifique et de son président ; il n'a que peu d'intérêt, sauf que pour renforcer encore, s'il en était besoin, le thème de la tutelle, il convient de relever que le président de ce Conseil est « *nommé* (... en son sein) *par arrêté du ministre chargé de la culture* ».

De plus, à l'instar de l'article 5, il prévoit, pour les membres de ce Conseil, des incompatibilités, sans prévoir, là encore, quelle autorité les contrôlera.

Art. 15 : il expose assez rapidement et sans grand intérêt le fonctionnement du Conseil scientifique.

Art. 16 : il s'intéresse – ainsi que les articles 18 (ressources) et 19 (dépenses) à l'autonomie financière de la BNF ; signe, que cette institution est dotée d'une personnalité juridique avec comme corollaire sa soumission à une tutelle budgétaire évoquée, quant à ses modalités, dans les alinéas 2 et 3.

Art. 17 : même remarque sur la tutelle financière concernant la désignation de l'agent comptable de l'établissement.

Art. 18 : voir l'article 16, sinon rien de particulier n'est à signaler.

Art. 19 : voir l'article 16, sinon rien de particulier n'est à signaler.

Art. 20 : cet article ainsi que le 1° de l'article 18, et les articles 16 et 17, illustrent que les modes de gestion de la BNF semblent plutôt inspirés de la comptabilité publique : ce sont *a priori* des modes de gestion publique

Art. 21 : cet article est intéressant à deux égards.

D'une part, il complète les missions de la BNF, telles qu'elles ont été définies à l'article 2 ; en effet, les 2 premiers alinéas évoquent le rôle, déjà évoqué, de la BNF dans la préservation et le développement des collections, dont elle a la garde.

D'autre part, il pose le statut juridique de son patrimoine, en évoquant comme caractère de ce dernier, l'inaliénabilité ; seul le domaine public d'une personne morale de droit public est inaliénable alors que son autre domaine possible, le domaine privé, est soumis à un régime comparable à celui de la propriété privée. Il convient de préciser que les biens des personnes publiques ne peuvent être répartis qu'entre ces deux domaines ; le domaine public à la différence du domaine privé est géré sous l'empire d'un régime juridique exorbitant du droit commun, marqué, entre autres, par les caractères d'inaliénabilité et d'imprescriptibilité. Pouvoir posséder un domaine public constitue pour une personne publique une prérogative de puissance publique.

Art. 22 à 24 : ils posent les mesures transitoires relatives à la substitution à la Bibliothèque nationale et à l'Établissement public de la bibliothèque de France de la BNF, sans toutefois présenter un grand intérêt.

Art. 25 à Art. 27 : ils procèdent par voie de conséquence à un toilettage des textes existants.

Art. 28 : il prévoit la date d'application du décret de façon plus symbolique que régulière dans la mesure où, malgré la date du décret (3 janvier 1994), il la fixe au 1er janvier, violant ainsi le principe de non-rétroactivité des actes administratifs (CE Ass. 25 juin 1948, *Société du journal de l'Aurore*, Rec. 289).

Art. 29 : il vise les ministres chargés de l'exécution du présent décret, pris par le Président de la République d'alors (François Mitterand) ; ce qui explique la présence matérielle sur cet acte des contreseings des ministres visés, en plus de celui du Premier ministre.

Pour résumer synthétiquement cette analyse linéaire, il convient de regrouper les éléments de cette dernière qui ont des traits communs, qui permettent de dégager des thèmes cohérents ; en bref, cette opération est un préalable indispensable à l'établissement du plan détaillé puisqu'elle va permettre de synthétiser le matériau de ce dernier.

2. Le regroupement des idées et le recensement (par une lecture plus approfondie des textes) des connaissances utiles pour les étayer

Il importe de relever, tout d'abord, que :

- L'article 1 pose la qualification juridique complète de la BNF ;
- Les articles 2, 3 – alinéa 10 – et 21 – alinéas 1 et 2 – s'intéressent à ses missions ;
- Les articles 3 et 18 à 20 concernent ses moyens d'action administratifs et financiers ;

- Les articles 4 à 7 (CA), 9 (bureau), 10 à 11 (Président), 12 (Directeur général) et 13 à 15 (Conseil scientifique) posent l'organisation administrative de la BNF, marque de son autonomie organique ;
- Les articles 4, 6, 8, 10, 13, 14, 16 et 17 visent les tutelles sur les personnes (4, 6, 10, 13 et 14), les actes (8) et les finances (16 et 17) de la BNF ;
- Sont à évacuer dans l'introduction la mention de l'objet des articles 22 à 24 (les dispositions transitoires), 25 à 27 (le toilettage des textes réglementaires), 28 (l'entrée en vigueur du décret) et 29 (les modalités d'exécution du décret).

Ce premier regroupement d'articles permet d'aboutir au constat suivant :

Il apparaît que nombreux sont les articles qui ont trait et qui illustrent la qualification juridique de personne morale de droit public de la BNF (article 1), et surtout, sa personnalité juridique à travers l'évocation de ses droits et ses obligations (article 3, 11-7° et 21-3), ses prérogatives de puissance publique (article 3-5°, 7-10° et 21-3), et par suite, de son autonomie tant administrative (Titre II, articles 4 à 15) que financière (Titre III, articles 16 à 20).

Mais, c'est une personne morale de droit public d'une catégorie particulière puisque la BNF est un EPA ; d'où l'intérêt de rappeler la référence indirecte au principe de spécialité (article 3-7°) ainsi que de s'intéresser à la qualification en SPA de son activité à travers le texte.

Enfin, et surtout, parce que c'est un EPA, la BNF est soumise à une tutelle (Voir les articles précédemment répertoriés sur ce thème) qui est triplement évoquée dans le texte à travers les contrôles exercés par l'autorité de tutelle sur les organes de la BNF (principalement, quant à leur composition voire, parfois (pour le CA), relativement à leur fonctionnement), ses actes et ses finances.

3. Plan proposé

Cette étape impose parfois de porter un regard éventuellement critique sur le texte étudier ou, plus classiquement, de l'expliquer.

Le décret commenté se prête surtout à l'explication plus qu'à la critique.

En effet, et dans le prolongement de la synthèse ci-dessus arrêtée, il apparaît avec une certaine évidence que le texte étudié expose deux idées simples que sont : d'une part, « la BNF est un EPA » (La qualification de la BNF en EPA) (1re partie), et d'autre part, « la BNF est soumise à des tutelles » (La soumission de la BNF aux tutelles ou La « mise sous tutelle » de la BNF) (2e partie).

Dans la première partie, il convient d'étudier, tout d'abord, et comme cela a été fait précédemment, le fait que « La BNF est une personne morale de droit public » (A).

Puis, il importe de prolonger cette première réflexion par une seconde, selon laquelle « La BNF gère un SPA » (B) ; ici, et en reprenant les jurisprudences *Narcy* (CE 28 juin 1963, Rec. 401) et *USIA* (CE Ass. 16 novembre 1956, Rec. 434), il sera intéressant de démontrer que l'activité de la BNF constitue un SP

(***Narcy***) et que ce dernier a un caractère administratif et non industriel et commercial (***USIA***).

En effet, il est évident que l'activité de la BNF (**articles 2, 3-10** et **21-1,2**) a un caractère d'intérêt général, et dans la mesure où elle est gérée par un EPA (**article 1**), donc une PMDP, elle est bien constitutive d'un service public.

De plus, de par son objet (bien que la BNF puisse exercer quelques activités à caractère plutôt industriel et commercial : **article 18-8**), ses ressources (même si elles semblent diversifiées, il est assez évident que la part des subventions publiques est, dans le budget de ce type d'organisme, supérieure aux ressources « privées ») et ses modalités de gestion et de fonctionnement (du fait des éléments nombreux et concordant montrant l'emprise de l'État sur l'organisation, le fonctionnement et les finances de la BNF), le service public géré par la BNF est un SPA.

Ainsi, la BNF est un EPA, non seulement en vertu de sa qualification textuelle explicite posée par l'**article 1** du décret ici commenté, mais aussi, du fait des caractéristiques propres de cet organisme directement tirées du texte.

Toutefois, si cet établissement bénéficie, par suite, d'une véritable autonomie administrative et financière, il est soumis à un triple contrôle, tant interne qu'externe, à travers les tutelles auxquelles il est soumis.

C'est pourquoi, la **seconde partie** doit concerner la soumission de la BNF aux tutelles évoquées dans le texte.

Ces dernières sont tant organiques (« **Les tutelles sur les organes** » (A)) qu'administrative et financière (« **Les tutelles sur les actes et les finances** » (B)).

En effet, et comme l'illustre le second membre de phrase de l'**article 1**, la BNF est soumise à la tutelle du Ministre de la culture.

Cette dernière apparaît à deux titres, sur deux plans.

Tout d'abord, malgré l'autonomie administrative de la BNF, le rôle prépondérant du Ministre de la culture dans le choix des membres et le fonctionnement des différents organes collégiaux de la BNF ainsi que dans la désignation des autres autorités exécutives illustrent l'existence d'une tutelle importante sur les différents organes de la BNF ; il convient aussi de rappeler que relève peut être de cette tutelle le contrôle des incompatibilités de certains membres des organes collégiaux (CA et Conseil scientifique).

Ensuite, la BNF voit les délibérations du CA soumises à un contrôle classique sur les actes (tutelle sur les actes), de même que ses comptes sont scrupuleusement vérifiés par les services financiers de l'État dans le cadre d'une tutelle financière.

Il convient *in fine* de souligner ici une certaine longueur des intitulés ; ceci est naturellement voulu par le type de sujet – pratique – qu'est le commentaire de texte ; en effet, les intitulés ne pourraient être très courts que s'il s'agissait d'une dissertation juridique.

Par suite, leur longueur a comme principal souci de « coller » au mieux au texte, afin de bien montrer au correcteur que c'est le texte qui a été commenté, et surtout pas, que ce dernier a servi de prétexte à une dissertation juridique.

À la lumière de cette ébauche de plan détaillé, la rédaction du devoir peut commencer.

4. Quelques éléments de rédaction

A. L'**introduction** peut être rédigée de la façon suivante.

Pour l'attaque, il convient, par exemple, de commencer ainsi :

« *Depuis la légendaire bibliothèque d'Alexandrie, les nations les plus puissantes, ont, à travers les siècles, construit des bibliothèques importantes, afin d'essayer, non seulement, de collecter en un seul lieu « le savoir universel », mais aussi, par suite, de le rendre accessible au plus grand nombre.*

La France n'a pas échappé à cette ambition louable, comme l'illustre le décret n° 94-3 du 3 janvier 1994, ici commenté, fixant le statut de la « nouvelle » Bibliothèque nationale de France. »

Pour restituer le texte dans le temps, et surtout dans l'espace, il suffit, par exemple, de poursuivre ainsi :

« *En effet, s'il existe de nombreuses bibliothèques publiques, se trouvait à Paris, et ce, jusqu'en 1994, une Bibliothèque nationale.*

Cette dernière bénéficiait d'un statut d'établissement public au titre du décret n° 89-777 du 13 octobre 1989, aujourd'hui abrogé.

Mais, la vétusté de ses locaux a amené les pouvoirs publics, sous l'impulsion du Président de la république, François Mitterand, à édifier de nouveaux bâtiments, et par là même à rénover son statut.

C'est ainsi, d'une part, qu'a été érigée à Paris une construction digne d'un tel sanctuaire intellectuel et composé de quatre bâtiments de style moderne, en forme de livres ouverts.

Et que, d'autre part, le décret précité du 3 janvier 1994 a posé les nouvelles règles d'organisation et de fonctionnement de la « Bibliothèque nationale de France (BNF) ».

La suite de l'introduction doit enchaîner, en limitant l'exposé du texte à quelques remarques sommaires, mais surtout, en développant – pour ne pas y revenir – les quelques articles de la fin du texte, sans grand intérêt, mais qu'il ne faut pas complètement omettre au risque que le correcteur croit que la lecture s'est arrêtée à la fin du **Titre III**, du fait de l'intitulé du **Titre IV**.

Ainsi, se poursuit-elle :

« *Ce décret a donc tout naturellement substitué la BNF aux droits et obligations de la Bibliothèque nationale et de l'établissement public de la Bibliothèque de France, en vertu de l'article 22 du décret précité, tout en prévoyant, dans ses articles 23 et 24, quelques mesures transitoires avant la mise en place de l'organisation administrative de ce nouvel établissement.*

De même qu'il a, par voie de conséquence, abrogé et modifié la réglementation en vigueur jusqu'à son édiction, et ce, aux termes des articles 25 à 27.

*Une seule anomalie, relative à son édiction, est à relever. En effet, et en violation du principe de non-rétroactivité des actes administratifs (***CE Ass. 25 juin**

1948, Société du journal de l'Aurore, Rec. 289), *ce décret, bien que daté du 3 janvier 1994, dispose, en son article 28, qu'il entre en vigueur le 1er janvier de cette même année.*

Mais, cette irrégularité, bien que volontaire, est somme toute bien mineure, et ce, d'autant plus qu'elle vise à marquer symboliquement, et fort à propos, le caractère particulier de la création juridique et architecturale de la BNF.

Ce n'est d'ailleurs pas le seul symbole, que ce décret dédié à la culture, présente, puisque le hasard de l'élection et de l'histoire, fait qu'il a été signé par un Président de la République française et contresigné par différents membres (chargés de son exécution) d'un Gouvernement (dirigé alors par M. Edouard Balladur), d'étiquettes politiques divergentes.

Ce décret, fort clairement rédigé et globalement bien agencé, comprend quatre titres différents concernant respectivement, pour le premier, des « dispositions générales », pour le deuxième, « l'organisation administrative de la BNF », pour le troisième, « son régime financier », et pour le dernier, « des dispositions transitoires et finales » – grandement évoquées ci-dessus.

Son objet et son intérêt essentiels sont d'autant plus clairs que son article premier les résume en définissant la BNF comme un « établissement public national à caractère administratif placé sous la tutelle du ministre chargé de la culture », et ce, « sur les plans tant administratif que financier ».

Il ne faut pas alors oublier l'exposé de la problématique, suivie aussitôt de l'annonce du plan :

*« Nombreux sont en effet les articles de ce décret qui ont trait et qui illustrent la qualification juridique de personne morale de droit public de la BNF (***article 1***), et surtout, sa personnalité juridique à travers l'évocation de ses droits et ses obligations (***article 3, 11-7°** et **21-3***), ses prérogatives de puissance publique (***article 3-5°, 7-10°** et **21-3***), et par suite, de son autonomie tant administrative (***Titre II, articles 4** à **15***) que financière (***Titre III, articles 16** à **20***).*

*Toutefois, et dans la mesure où la BNF est une personne morale de droit public d'une catégorie particulière – puisqu'elle est un EPA -, il ressort avec non moins de force et d'évidence qu'elle est soumise à une tutelle (***articles 4, 6, 8, 10, 13, 14, 16** et **17***), qui est triplement évoquée dans le texte à travers les contrôles exercés par l'autorité de tutelle sur ses organes (***4, 6, 10, 13** et **14** *: principalement, quant à leur composition voire, parfois (pour le CA), relativement à leur fonctionnement), ses actes (***8***) et ses finances (16 et 17). »*

Quant à l'annonce de plan, elle pourrait être formulée de la façon suivante : « *C'est pourquoi, après avoir exposé en quoi la BNF est un EPA, sera évoquée la triple tutelle à laquelle elle est soumise.* »

B. La **conclusion**, quant à elle, peut tout simplement rappeler que :

« Le décret n° 94-3 du 3 janvier 1994 a donc posé un statut et un régime juridique classiques d'EPA pour la BNF. Ainsi, cette dernière est désormais dotée d'une importante autonomie administrative et financière lui permettant d'exercer au mieux sa mission de préservation, de développement et de promotion du savoir tant en France qu'à travers le Monde.

Toutefois, la BNF, étant aussi un EP national, l'État, particulièrement intéressé à la bonne continuité d'une telle mission de service public, ainsi qu'à la correcte utilisation des fonds conséquents qu'il lui consacre, exerce sur cet établissement une tutelle aussi large que contraignante. »

2

Cas pratiques

(1e et 2e année de licence en droit)

A

Droit constitutionnel

Cette partie a été exclusivement rédigée par M. Jean-François Boudet

(1e année de licence en droit)

Préalable

Conseils méthodologiques pour réussir un cas pratique en droit constitutionnel

Définie traditionnellement comme l'ensemble des règles régissant les rapports entre les gouvernants et les gouvernés, la matière constitutionnelle regroupe aujourd'hui l'étude des institutions politiques de l'État appréciée par la pratique et la jurisprudence d'un juge constitutionnel[55]. Dans ce cadre, le droit constitutionnel enseigné dès la première année de Licence (Droit, AES, IEP) est propice à l'épreuve du cas pratique. En effet, la consultation juridique met en œuvre les connaissances strictement juridiques confrontées à une pratique réelle ou fictive.

L'étudiant doit alors faire preuve tout d'abord d'une capacité à analyser une situation de fait, d'en tirer ensuite les conséquences et enfin d'en exposer clairement et logiquement la solution. Votre argumentation doit contenir évidemment des éléments juridiques sur lesquels vous allez vous appuyer (constitutions, jurisprudence, doctrine,...). Il ne faut donc pas vous distancer par l'intitulé et la rédaction du sujet, parfois amusés ou distrayants. Les deux exemples ci-dessous de cas pratique attestent de cet état et souhaitent vous soutenir dans une démarche progressive et méthodique de cette épreuve.

Il existe traditionnellement deux types d'exercice pratique : le cas pratique dit « ouvert » et le cas pratique dit « fermé ».

- Le cas pratique dit « ouvert » [56]

Le cas pratique dit « ouvert » est non-directif. Il admet un éventail de réponses larges et invite l'étudiant à développer ou à commenter librement le sujet proposé.

– ***Formulation :*** Les questions commencent par « Pourquoi... », « Quand... », « Où... », « Quel... », « Dans quelles conditions... », « Lequel... », « Laquelle... », « Que pensez-vous... », etc.

Exemple : Pourquoi le Président de la République a-t-il démissionné ? Quel est le mode de saisine du Conseil constitutionnel ? Que pensez-vous du droit de dissolution sous la Ve République ?

– ***Utilité :*** Ce sont des questions qui ouvrent un débat et qui vous invitent à exprimer votre pensée, vos connaissances et vos idées (juridiques). Elles minimisent l'influence de votre correcteur sur le contenu des pro-

55. V. par ex., à ce sujet : TURPIN (D.), *Droit constitutionnel*, Paris, PUF, 2003, p. 1-10 ou LUCHAIRE, (F.), De la méthode en droit constitutionnel, RPD, 1981, p.275
56. V. l'ex. : Astérix en Irakis libéré (sujet n°1).

pos. On attend simplement une réponse juridiquement justifiée et argumentée.

- ***Risque :*** Les réponses peuvent s'avérer longues, fastidieuses… éparpillées et « tomber dans le hors sujet ».

• Le cas pratique dit « fermé »[57]

Le cas pratique dit « fermé » est directif. Il appelle des réponses généralement brèves à une multitude de questions ; ils orientent les réponses vers un nombre limité de choix.

- ***Formulation :*** Il induit un choix fermé ; il peut être formulé de manière positive ou négative.

Exemple : Est-ce que les députés peuvent saisir le Conseil constitutionnel de telle loi… ? Peut-on directement introduire un recours devant cette loi devant le Conseil constitutionnel ? Ne peut-on pas envisager dans ce cas de poser directement cette question au peuple ? Ne croyez-vous pas que le système fédéral américain ressemble à celui pratiqué en République fédérale d'Allemagne ?

- ***Utilité :*** Les questions fermées permettent de clarifier juridiquement une situation de fait. Elles acculent l'étudiant à des concisions et un retranchement derrière de très bonnes connaissances juridiques.
- ***Risques :*** Les questions fermées sont rapidement irritantes. Elles permettent de cadrer l'étudiant et d'évaluer le niveau de ses connaissances (c'est leur avantage).

Pour autant, quel que soit le type de cas pratique, les questions évaluent le degré de connaissances acquises et comprises. Le but de l'exercice pratique est alors de faire énoncer la signification juridique que vous attribuez aux choses, aux situations, aux actions, aux personnes… Bref, vous êtes essentiellement jugés sur l'analyse des choses…

C'est pourquoi, cet exercice du cas pratique peut être considéré comme le travail le plus complexe à réussir dès votre 1re année de Licence. Il vous met en situation et demande une mobilisation totale de vos connaissances. Il faut être concis, clair et précis.

Voici quelques questions générales à vous poser (au brouillon) :

• Votre jugement doit se fonder sur des critères objectifs, observables ou mesurables : quels sont les critères sur lesquels repose le cas suggéré ? Sont-ils connus d'avance ? Comment sont-ils objectivés ? Que dit l'état actuel du droit sur le sujet ?

  - Votre travail consistera alors à formuler dans le langage du droit le cas pratique (introduction du vocabulaire juridique), d'y répondre avec motivation (textes à l'appui, pratiques,…), d'évaluer les résultats de

57. V. l'ex. : Mon oncle Bernard (sujet n°2).

votre réponse (délai, conséquences juridiques et pratiques), voir les attentes que votre réponse pourrait susciter (saisine d'un juge, énoncé d'une proposition de loi...).

- Votre jugement doit être méthodiquement adapté au cas proposé : la personne qui vous consulte ne connaît pas nécessairement le droit constitutionnel. Votre « cas » s'appréhende-t-il clairement dans son ensemble ? Toutes les hypothèses ont-elles été soulevées ? Tous les termes juridiques sont-ils définis et compris par votre interlocuteur ?
  - Il faut donc être pédagogue, comprendre ce qui est écrit (et surtout ce qui n'est pas écrit) et définir les termes techniques et juridiques.
- Votre jugement doit encourager les efforts et les initiatives, et surtout répondre à la consultation.
  - Votre travail consiste alors à réutiliser ce que le cas pratique vous soumet, à établir les différentes hypothèses, interpréter les mots et expressions employés en utilisant un raisonnement *a contrario* (par déduction du contraire), *a pari* (par analogie), *a fortiori* (par raison la plus forte).

Autrement dit, pour répondre à un cas pratique, il convient de reprendre les questions de bases (QQOQCCP)

a) Quoi ?

b) Qui ?

c) Où ?

d) Quand ?

e) Comment ?

f) Combien ?

g) Pourquoi ?

Les 5 idées clefs à retenir du cas pratique sont alors :

a) donner du sens au cas proposé ;

b) être simple, sûr, précis et pédagogue ;

c) accepter le « jeu de rôle » : vous serez autant noté sur votre raisonnement et votre manière de répondre ;

d) construire le cas pratique dans la durée, pas seulement pendant le temps de réponse. Le correcteur attend de vous une réponse motivée au cas pratique posé. Mais cette réponse doit être globale.

Par conséquent, la méthode rédactionnelle à suivre pour répondre à un cas pratique s'articule autour d'une « valse » à 4 temps (dans votre copie) :

1) Positionnement et reformulation juridique du sujet ;

2) Rappel des textes en vigueur, de la jurisprudence et de la doctrine utiles ;

3) Rappel de la pratique ;

4) Solution(s) que vous proposez (et éventuellement des critiques).

La grille de notation du cas pratique prendra alors en considération :

a) un savoir faire centré sur un cas concret (confronter les connaissances théoriques et pratiques)

b) pris dans un contexte spécifique (analyser une situation dans un champ précis de contraintes et de ressources)

c) validé (vérifier votre « requis » de connaissances)

e) en vue d'une finalité (partager les enjeux et assumer juridiquement votre réponse).

Astérix en Irakis libéré

Sujet N° 1

Thème

Notion d'État. Formes de l'État. Notion et caractères de la Constitution.

Ce cas pratique comporte le texte du sujet (I), puis les éléments de son corrigé (II).

I – Le texte du cas pratique

Astérix en Irakis libéré

Au moment où l'IRAKIS vivait des jours difficiles de l'indépendance retrouvée, le délégué gaulois ASTÉRIX à l'OTU (organisation des tribus unifiées) a obtenu la majorité sur le vote d'une résolutionix.

JULES CÉSAR, en vacances dans son palais de KANDAVID, a dû ajourner sa villégiature. Selon des sources non officielles, certains centurions en auraient avalé leur dentier !

C'est nuitamment que le désormais célèbre ASTÉRIX le Gaulois a réussi à tromper la vigilance des proconsuls romains. Alors que l'OTU semblait vivre cette affaire sous l'adage « *liturgie, litanie, léthargie* », ASTÉRIX, aidé par son collaborateur OBÉLIX le Livreur de Menhirs, furent étrangement les seuls à participer au vote de la résolutionix suivante :

« *Considérant que le pays de l'IRAKIS, libéré de l'horrible SADDAMIX, comprend sept provinces toutes dotées de spécificités culturelles et linguistiques distinctes mais reposant sur une longue histoire commune.*

ASTERIX le Gaulois et OBÉLIX le Livreur de Menhirs sont chargés d'élaborer un projet de Constitution. Ce texte écrit reposera sur les critères du droit constitutionnel classique ».

Une distribution de cervoise bien fraîche semblait avoir retenu l'attention des autres délégués à l'OTU, acquis timidement à « *l'ordre romain* ». Pourtant selon un certain adage latin « *in vivo veritas !* »… Jules César est furieux…

En tout cas, ASTERIX le Gaulois et OBÉLIX le Livreur de Menhirs sont bien embêtés. Ils connaissent bien la rigolade et les sangliers, mais le droit constitutionnel…

« *Pouah ! C'est immangeable comme çà !!!* », déclare OBÉLIX, « *on ne réussira pas… les troupes de JULES CÉSAR ont enrôlé tous nos cop'estudiantix* ».

Tous. Non ! Il en reste des irréductibles. Oui. Vous, estudiantix de la brillante « *Lex Universitas* ». Nos deux compagnons y accourent pour vous consulter. Sans rédiger article par article cette Constitution, ASTERIX le Gaulois et OBÉLIX le Livreur de Menhirs vous demande de leur présenter la structure générale de l'État, les principales institutions politiques et leurs rapports entre elles, sans omettre la protection des libertés publiques.

PANORAMIX est absent. Il n'a laissé aucune gourde de potion magique : pas le temps de consulter les documents de cours ! Le temps est compté… JULES CÉSAR prépare certainement une contre offensive.

II – Corrigé du cas pratique

Pour réussir un cas pratique, il convient de repérer les éléments importants du sujet (1.), répertorier les connaissances indispensables pour le traiter (2.), et enfin, de répondre aux questions posées (3.).

1. Lecture de repérage du cas pratique

Ce cas pratique est dit « ouvert ». Bien que le ton de la rédaction du sujet puisse paraître au divertissement, il n'en demeure pas moins que votre réponse doit rester sérieuse. Sur le plan méthodologique, l'élément central reste la non-rédaction d'une Constitution. C'est une simple consultation juridique : « *Sans rédiger article par article cette Constitution, ASTERIX le Gaulois et OBÉLIX le Livreur de Menhirs vous demande de leur présenter la structure générale de l'État, les principales institutions politiques et leurs rapports entre elles, sans omettre la protection des libertés publiques* » (avant dernier paragraphe).

L'énoncé du sujet doit vous faire écho à plus d'un titre : la « question constitutionnelle » est au cœur du débat irakien d'une part et des prochaines échéances électorales françaises.

Les discussions autour de la Constitution irakienne adoptée en octobre 2005 portent essentiellement sur trois points : le fédéralisme, la place de l'Islam et le partage des ressources pétrolières. Sans y faire expressément référence (car le sujet porte sur Astérix en Irakis libéré, non sur l'Irak), le sujet mérite certainement d'être insidieusement intégré dans vos développements (pour montrer à votre correcteur le lien évident et politique avec le sujet).

De même, l'élection présidentielle française de 2007 est déjà l'occasion de débats sur le devenir de la Ve République. Ce n'est pas le sujet, mais intégrer indirectement les propositions de réformes constitutionnelles montrerait à votre correcteur l'actualité française du sujet.

2. Les connaissances indispensables

« *Le statut de l'État, c'est sa Constitution* »[58]. Le terme de Constitution présenté comme tel possède un sens juridique assez large quasiment synonyme d'organisation des pouvoirs. À cette première approche succède une seconde, plus récente, au terme de laquelle le terme de « Constitution » évoque l'idée d'un pouvoir institutionnalisé, mais limité (article 16 DDHC 1789). La Constitution n'est que le reflet du Pacte social et possède alors un sens plus politique et philosophique. En cas de besoin, la Constitution peut être révisée par le pouvoir constituant dérivé. Le recours à la coutume, l'interprétation politique ou jurisprudentielle (notamment, en France, du Conseil constitutionnel) peuvent également permettre une évolution moins brutale de la Constitution.

En l'espèce, la réponse motivée au sujet qui vous est proposé doit reposer « *sur les critères classiques du droit constitutionnel* », c'est-à-dire selon le droit constitutionnel compris comme droit politique, droit institutionnel et droit jurisprudentiel. Il s'agit par ailleurs de la (re) construction d'un État compris comme un territoire, une population, une organisation politique, sur lequel vont se déterminer des rapports entre des structures étatiques et la société multiple ; il va dès lors s'élaborer une « doctrine du pouvoir »[59]. Le sujet est à cet égard très clair : votre travail consiste à « *présenter la structure générale de l'État, les principales institutions politiques et leurs rapports entre elles, sans omettre la protection des libertés publiques* ». Cela étant, cet État a la particularité de comprendre « *sept provinces toutes dotées de spécificités culturelles et linguistiques distinctes mais reposant sur une longue histoire commune* ».

Autrement dit, le sujet demande de votre part un double choix (que vous soumettrez à ASTERIX et OBÉLIX en le justifiant par ses avantages et ses moindres inconvénients) : choix de Constitution, d'une part ; choix d'État, d'autre part.

A. Le choix de Constitution

- Les Constitutions coutumières se distinguent traditionnellement des Constitutions écrites. En l'espèce, il ne fait aucun doute que cette Constitution sera écrite parce que l'État d'Irakis vient d'acquérir son indépendance. Vous pouvez facilement imaginer que l'Irakis était sous le joug d'une dictature (« *Irakis libéré* »)[60]. Il ne peut donc y avoir de coutume organisant les nouvelles institutions politiques du pays. Cela n'empêche que la coutume

58. CHANTEBOUT (B.), *Droit constitutionnel*, Paris, A. Colin, coll. U Droit, 22e éd., A. Collin, 2005, p. 22.
59. Sur cette doctrine du pouvoir, V. HAURIOU (M.), *Précis de droit constitutionnel*, Paris, Sirey, 1929, pp. 17.
60. Au-delà de l'Irak, un autre exemple contemporain de « Constitution importée » est donné par la Bosnie après les « accords de Dayton » de novembre 1995. En l'espèce, l'actuelle Constitution bosniaque est un compromis imposé aux belligérants par le Président américain d'alors, M. Bill Clinton. Cette Constitution est fixée par l'annexe IV des « accords de Dayton ».

pourra interpréter à l'avenir le texte constitutionnel (à écrire). Cet état doit être expliqué, même succinctement et peut-être sous forme d'avertissement, dans votre consultation. En effet, les sept provinces ont « *une histoire commune* », source d'inspiration éventuelle du nouvel État. Pour qu'il y ait coutume, il faut une répétition, une constance, une clarté et un consensus de la règle à interpréter (V. par exemple, en France, la pratique de la « Constitution Grévy » après la crise du 16 mai 1877 : la force de cette coutume est telle que lorsque, aux lendemains du Premier conflit mondial, MILLERAND voulut revenir en 1924 à une interprétation plus vigoureuse des lois constitutionnelles de la IIIe République, son attitude fut considérée comme un manquement à la Constitution. Il dut se retirer).

- L'avantage des Constitutions écrites sur les Constitutions coutumières est double : tout citoyen peut consulter les droits qu'elles garantissent ; tout citoyen peut être appelé à se prononcer sur l'adoption ou la révision de ce texte écrit. En effet, les gouvernants placés à la tête d'un nouvel État au moment de sa formation (gouvernants légitimes ou non) dispose du pouvoir constituant originaire : c'est à eux qu'appartient de créer et d'élaborer le texte constitutionnel. Ils peuvent *octroyer* une Constitution au peuple pour permettre à celui-ci de participer à l'exercice du pouvoir (cas, par exemple, lors de la Restauration de la monarchie en 1814). La théorie démocratique implique cependant aujourd'hui que le pouvoir constituant, première manifestation de la souveraineté, appartient au peuple : dans ce cas, les fondateurs du nouvel État peuvent remettre au peuple le soin d'élaborer la Constitution. Cette participation peut prendre plusieurs formes : référendum constituant ; élection d'une Assemblée constituant ; Assemblée constituante et référendum sur le texte élaboré. Le premier procédé semble être davantage admis pour imposer un régime pratiquement autoritaire (ex. des Constitutions napoléoniennes) ; si le second apparaît comme une solution plus démocratique, il n'en demeure pas moins qu'il aboutit à l'élaboration d'une Constitution favorable aux pouvoirs des Assemblées. Reste enfin le troisième procédé combinant les deux précédents : il s'agit naturellement du mode d'élaboration le plus démocratique ; il peut néanmoins être l'occasion d'un mauvais départ pour l'instauration des institutions politiques du pays (ex. de la IVe République).
- Une fois institué, le pouvoir constituant est généralement confié aux organes mis en place par la Constitution. Lorsqu'est prévue une procédure spéciale de révision constitutionnelle, il est convenu de l'appeler Constitution « rigide » (cas sous la Ve République avec l'article 89 de la Constitution du 4 octobre 1958). La Constitution est dite « souple », en revanche, quand la révision n'est soumise à aucune procédure particulière et s'opère selon les modalités prévues pour l'adoption des lois ordinaires (cas des Chartes de 1814 et 1830). En l'espèce, il faudra présenter l'alternative. L'expé-

rience mussolinienne révélerait le danger des Constitutions souples : ce dernier profita en effet de l'absence de supériorité des dispositions constitutionnelles sur les lois ordinaires pour instituer un ordre politique totalement attentatoire aux libertés publiques. À l'inverse, l'absence de consensus sur la question des rapports entre l'État et la religion avait différé la rédaction de la Constitution israélienne : la structure du pouvoir au sein de l'État hébreu reste définie aujourd'hui par un ensemble de lois organiques qui peuvent être modifiées sans procédure particulière de la Knesset[61]. Le régime anglais rend possible, quant à lui, la conciliation entre Constitution souple et garantie des libertés publiques : le Human Right de 1998, véritable « déclaration des droits », a introduit en 1998 la Convention européenne des Droits de l'Homme de 1950 dans un pays à Constitution souple dont le principe fondamental demeure la souveraineté du Parlement[62]. Cela étant, il est désormais admis dans le cadre majoritaire des Constitutions dites « rigides » que ce que le peuple a fait, lui seul peut le défaire ou le modifier. C'est pourquoi il est ordinairement admis dans les Constitutions du XXe siècle qu'une fois que les Assemblées décident de la prise en considération de l'initiative, il appartient au peuple de statuer (V. le texte de l'article 89 de la Constitution française). Il n'y a donc pas d'absolu dans le choix entre Constitution souple et Constitution rigide. Ce qui est sûr, c'est que dans cet « nouvel » État d'« Irakis », l'adhésion populaire doit être une source importante de légitimation du régime (V. comment est rédigé le cas pratique et l'enjeu international de stabilisation politique du pays, débat discuté par « l'OTU » et un Jules César se sentant dans l'obligation de rentrer de sa villégiature). C'est donc un choix d'État.

B. Le choix d'État

Cet État devra préserver les « *spécificités culturelles et linguistiques de sept provinces reposant sur une longue histoire commune* ». Il nous faudra discuter de la forme de l'État. Le texte constitutionnel devra par ailleurs contenir des dispositions sur « *la structure générale de l'État, les principales institutions politiques et leurs rapports entre elles, ainsi que la protection des libertés publiques* ». Il nous est donc demandé de réfléchir sur le contenu de la Constitution.

---

61. Ce postulat ne doit cependant pas être exagéré car un certain nombre de lois se sont attribuées une procédure particulière de révision. (ex. de la loi fondamentale sur la liberté et la dignité de l'individu de 1992 ne pouvant être modifiées que par des lois « *conformes aux valeurs de l'État d'Israël* »). La Cour suprême a dès lors une fonction fondamentale V. *Pouvoirs*, n° 72, 1995.
62. BEATSON (J.), *Le Royaume-Uni et la nouvelle Déclaration des droits*, RFDC, 2001, p. 685.

- La forme de l'État

  Le sujet impose des « *spécificités culturelles et linguistiques de sept provinces reposant sur une longue histoire commune* ». Cela doit vous faire automatiquement penser à la forme de l'État : État unitaire, État régional, État fédéral, Confédération.
- L'État unitaire aurait pu être d'office exclu du sujet. En effet, il est l'État centralisateur par vocation : c'est un État politiquement un. Cette unité n'empêche pas la diversité des organisations administrative autour de la déconcentration et de la décentralisation[63]. Le caractère unitaire n'empêche pas l'existence de collectivités territoriales dont certaines bénéficient d'une assez large autonomie (Titre XII de la Constitution du 4 octobre 1958). L'archétype d'État unitaire reste l'État français, bien que la révision constitutionnelle du 28 mars 2003 ait admis que la France est un « *État unitaire décentralisé* ». Cela étant, dans un État unitaire, même décentralisé, les normes locales ne peuvent être édictées que si la loi nationale détermine les matières dans lesquelles elles peuvent intervenir et organise le contrôle exercé sur ces actes locaux. Par ailleurs, l'État unitaire est « *indivisible* » (article 1er de la Constitution de la Ve République) ; il n'existe qu'un seul pouvoir politique : unité de Constitution, unité de législation, unité de Gouvernement. C'est pourquoi, dans l'absolu, cette proposition d'État unitaire (même décentralisé) semble devoir être écartée pour notre cas pratique. L'intitulé et le vocable utilisés semblent l'exclure. L'hypothèse doit néanmoins être soulevée.
- Le propre de l'État régional est d'accorder une large autonomie aux entités locales. C'est le propre de l'organisation connue actuellement en Espagne (article 137 de la Constitution espagnole du 29 décembre 1978) et en Italie (article 5 de la Constitution du 27 novembre 1947). L'État régional se situe entre l'État unitaire et l'État fédéral. Le texte constitutionnel dispose du statut des entités locales, ce dernier étant accordé de manière unilatérale par le pouvoir central. C'est important car ces collectivités ne participent pas directement au pouvoir constituant et n'ont pas de chambre représentative au niveau national. En fait, ces entités régionales ne sont pas réellement des États. Il y a dans ce cadre un Gouvernement à deux niveaux : d'un côté, le Parlement national qui détient une compétence législative nationale ; de l'autre, de véritables Parlements régionaux qui sont détenteurs d'un véritable pouvoir législatif portant sur des matières extrêmement variées (police locale, instruction, urbanisme, assistance publique, sanitaire et hospitalière,...). Le caractère hybride de l'État régional interroge néanmoins sur le bien fondé des mouvements régionalistes. Certains auteurs estiment que l'État régional est une forme de contestation, voir une forme transitoire d'État évoluant à terme vers le fédéralisme[64]. Le cas espa-

63. V. les développements d'institutions et de droit administratif du présent ouvrage.
64. V. le n°41 de la *RFDC* (2000) consacré à l'Espagne.

gnol est manifeste à cet égard : faute d'une majorité aux *Cortes*, les gouvernements ne peuvent maintenir que grâce au soutien négocié du parti nationaliste catalan. C'est pourquoi, cette proposition ne semble pas tout à fait convaincante pour notre sujet.

- L'État fédéral est une association d'États (États fédérés) soumise pour partie à un pouvoir unique et pour partie à un pouvoir indépendant. L'État fédéral peut se constituer par un processus d'association (États-Unis ou Suisse, par exemple) ou un processus de dissociation (ex-URSS ou Belgique, par exemple). Ce phénomène fédéral intéresse autant les États les plus vastes et les plus peuplés (Russie, États-Unis, Canada, Inde, Argentine, Brésil,...) que les plus petits États (Comores, Belgique, Allemagne, Autriche,...). Ce type d'État est « régi » par les trois « lois » exposées par Georges Scelle[65] : la superposition, l'autonomie et la participation[66]. La superposition admet l'existence d'un ordre juridique au niveau fédéral et celle d'un ordre juridique au niveau fédéré. Les conflits de compétence seront tranchés par une instance de régulation (par exemple la Cour suprême aux États-Unis ou le tribunal constitutionnel fédéral en Allemagne siégeant à Karlsruhe). Le principe d'autonomie se manifeste à un niveau juridique et politique. Chaque État fédéré dispose dans son domaine de compétence de ses propres règles de droit public et de droit privé (V. par exemple les articles 70 et suivants de la Loi fondamentale allemande de 1949) et l'État est organisé avec sa propre Constitution (gouverneur, Parlement, drapeau, capitale...). Cela étant, ces États fédérés participent à l'ordre juridique fédéral. Georges Scelle défendait le principe de participation comme un véritable droit de collaboration des États fédérés à l'ordre fédéral. Il en résulte quatre conséquences : les États fédérés participent au pouvoir constituant (V. par exemple article 79 de la Loi fondamentale allemande), au pouvoir législatif (existence d'un Parlement bicaméral V. par exemple la section 3 de l'article 1er de la Constitution des États-Unis de 1787 et 17e amendement), à la conduite des relations extérieures (par l'intermédiaire de la chambre haute ; V. par exemple l'article 50 de la Loi fondamentale allemande) et à la nomination de l'organe juridictionnel qui veille à la répartition des compétences. Cet exposé de l'État fédéral semble convenir parfaitement à notre cas pratique : il assure les spécificités et l'identité de chaque État fédéré. Le lien fédéral semble être vécu comme citoyenneté commune. La question reste néanmoins de savoir s'il existe une volonté d'adhérer à la communauté politique de l'État fédéral telle qu'elle a été constituée (au-delà par exemple de la force des armes si l'on s'en tient aux États-Unis). Dans notre espèce de l'Irakis, cette adhésion à la communauté

---

65. SCELLE (G.), *Manuel élémentaire de droit international public*, Paris, Montchrestien, 1943, pp. 194 sq.
66. Ces trois « lois » peuvent se retrouver dans les États régionaux en y étant appliqué avec moins de rigueur (c'est souvent le cas pour le principe de participation).

nouvelle semble être fondamentale (V. la rédaction du cas pratique : débats à l'« OTU »,...).

- La confédération est une association d'États qui respecte en principe la souveraineté internationale de ses membres tout en mettant en place des organismes de coordination de politiques catégorielles. C'est la forme la plus lâche de la forme étatique et son statut relève d'un traité international. La confédération conduit naturellement, soit à une dissolution de son organisation, soit à une transformation en État fédéral (ex. la confédération de treize États d'Amérique du Nord créée en 1776 précède la Fédération des États-Unis d'Amérique du Nord de 1787). Elle ne peut pas convenir à notre cas pratique parce qu'elle n'assure pas notamment « *l'histoire commune* » des sept provinces et la stabilité méritante que la situation demanderait (Astérix et Obélix sont mandatés par l'« *OTU* » dans un contexte politique tendu).

En définitive, l'option que vous choisirez a une moindre importance car ces types d'État (fédéral, unitaire, régional) restent des catégories construites par les juristes. La réalité peut limiter cette construction (V. par exemple la tentation forte en Italie d'une mise en place d'un quasi-État fédéral). La pertinence de votre argumentation fera foi de l'intérêt du choix que vous allez suggérer. Force de conviction et de persuasion devront s'exprimer dans votre devoir. Le contenu du texte constitutionnel aura son importance.

- Le contenu de la Constitution
  - Le but premier de la Constitution est d'organiser l'exercice du pouvoir : il convient dès lors (comme d'ailleurs le sujet nous l'impose) de déterminer *« la structure générale de l'État, les principales institutions politiques et leurs rapports entre elles »*. Autrement dit, la Constitution de l'Irakis s'articule autour de ces trois fonctions traditionnelles, telles que le définit le droit constitutionnel classique. Le rôle de la Constitution est tout d'abord de définir le statut des titulaires des fonctions législatives, exécutives et juridictionnelles (nom et composition des organes, mode de désignation de leurs membres, durée de leur pouvoir, garanties et indépendance,...). Le texte constitutionnel doit ensuite établir les grands traits de la procédure d'édiction des normes par ces organes. Enfin, la Constitution doit établir les rapports entre ces différents organes, notamment les rapports entre les « sept provinces » et le niveau central. Au-delà, toute Constitution est le reflet d'une philosophie politique. Au cas d'espèce, le texte constitutionnel doit protéger les libertés publiques. Dans ce cadre, il ne fait aucun doute que cette Constitution sera influencée par le modèle politique dominant de l'État de droit : cette doctrine de l'état de droit (« *Rechtstaat* ») s'est diffusée à partir de la fin du XIXe siècle en Europe pour s'opposer à l'État despote, dans lequel le prince a tout pouvoir et en use selon son bon plaisir. Il s'agit en fait de soumettre l'État au respect du Droit et de la Loi. L'article 16 de la

DDHC lie à ce titre la notion matérielle de Constitution aux exigences de la séparation des pouvoirs et à la garantie des droits. Depuis la Seconde guerre mondiale et la fin de la Guerre froide, l'expression a pris un sens plus procédural pour garantir les libertés politiques et sociales : systématisation du principe de légalité, promotion de la norme constitutionnelle, droit au recours juridictionnel... Au-delà, le terme de « libertés publiques » doit s'entendre comme celles des libertés permettant de participer à la vie publique (liberté de la presse, liberté de réunion – et donc création de partis politiques,...). Cette doctrine devra être exposée tout en la nuançant : ce modèle est-il universellement exportable ? Il y a matière à débats ; il faut néanmoins rester neutre et juridique.

– Il découle automatiquement de cette doctrine de l'État de droit une séparation des pouvoirs et des droits politiques qu'il conviendra d'exposer en vue de la rédaction de la Constitution de l'Irakis. Un organe doit être en effet chargé de garantir l'effectivité de cette séparation et de ces droits. On peut dès lors proposer l'intégration d'une déclaration des droits à la Constitution et un mécanisme de sanction juridique aux violations éventuelles du texte constitutionnel. Si l'on s'en tient à la distinction (au moins théorique) de Thouret, l'insertion d'une déclaration des droits n'est que suggérée : en effet, pour Thouret (discours du 10 août 1791), les déclarations des droits exposent essentiellement des données à caractère philosophique ; les garanties des droits sont incluses dans le corps des Constitutions. Cette distinction peut être fondamentale pour notre sujet : on ne connaît pas de manière absolue la situation politique du pays. La Constitution doit simplement préserver les « *spécificités culturelles et linguistiques de sept provinces reposant sur une longue histoire commune* ». Par voie de conséquence, le sujet doit nous permettre d'aborder la place que l'on souhaite donner aux libertés publiques et à leurs valeurs, natures et leurs énoncés juridiques. Tout dépendra encore du mécanisme de sanction en cas de violation de ces libertés publiques. En définitive, le sujet nous impose en l'espèce un choix constitutionnel : il est évident que votre proposition risque d'influencer le constituant selon qu'il est inspiré par exemple par la théorie libérale du pouvoir (cherchant à le limiter), par la théorie marxiste du pouvoir (cherchant à renforcer le pouvoir) ou par une théorie théocratique du pouvoir (cherchant à y associer une religion). Cette dernière proposition semble devoir être exclue parce qu'elle serait dans l'absolu contraire à la garantie des libertés publiques[67]. Elle pourrait néanmoins être abordée, ne serait-ce que pour son intérêt actuel (V. « culturel » pour reprendre les termes du sujet). Il conviendra enfin (pour ne pas oublier, V. ci-dessus) de prévoir le prolongement matériel de la Constitution : les lois organiques et la procédure de révision constitutionnelle.

C. Bibliographie sommaire

BARTHÉLEMY (J.) et DUEZ (P.), *Traité de droit constitutionnel*, Paris, Dalloz, 1933.

CHEVALLIER (J.), *L'État de droit*, Paris, Montchrestien, 2003.

MASCLET (J-C.) et VALETTE (J-P.), *Droit constitutionnel et institutions politiques*, Paris, Dalloz, 1997, pp. 63-67.

MATHIEU (B.) et VERPEAUX (M.), *Droit constitutionnel*, Paris, PUF, coll. Droit fondamental, 2004, pp.669-702.

« Les mutations de la notion de Constitution, Civitas Europa, PU Nancy, n° 6, 2001.

3. Les réponses aux questions posées

A. Remarques liminaires

- Dans le cadre d'un cas pratique dit « ouvert », le plan en deux parties n'est pas obligatoire ; il est néanmoins fortement conseillé, ne serait-ce que dans un but de clarté et de concision. On peut bien entendu envisager de reprendre point par point la demande formulée par le sujet : *« structure générale de l'État », « principales institutions politiques » et « rapports entre elles », « protection des libertés publiques »*. Tout est affaire de lisibilité et de pédagogie. Votre correcteur appréciera les efforts de clarté ainsi consentis.
- Le présent sujet nous amène inévitablement à un choix à la fois d'État et de Constitution : quelle forme d'État, dans quel document ? C'est pourquoi, votre travail personnel de réflexion et d'apports de connaissances reste au préalable primordial. Le sujet est polémique et politique : la rédaction du cas pratique vous le montre (débats au sein de l'OTU, Jules César rentre de sa villégiature, vote de résolution,...) ; le parallèle avec la situation actuelle au Proche et Moyen Orient doit vous en convaincre. Astérix et

67. paragr. 42 Cour EDH, 13 février 2003, *Refah Partisi et a. c/ Turquie*, dans *RFDC*, 2004, p.207, chr. M. LEVINET (*Droit constitutionnel et CEDH. L'incompatibilité entre l'État théocratique et la CEDH. A propos de l'arrêt rendu le 13 février 2003 par la Cour de Strasbourg dans l'affaire Refah Partisi et a. c/ Turquie*) : la prééminence du droit « *ne règne pas...lorsque des systèmes juridiques entièrement différents sont créés* » pour des groupes de personnes qui « *représentent des sexes différents ou des convictions politiques et/ou religieuses différentes* ».

Obélix ne sont pas juristes ; ils vous demandent votre soutien. C'est une véritable consultation juridique qui vous est demandée : il convient donc d'être politiquement neutre et juridiquement convaincant ; il faudra leur répondre selon les formes convenues et avec méthode (la « valse » à 4 temps).

B. Éléments de rédaction

Messieurs ASTERIX le Gaulois et OBÉLIX le Livreur de Menhirs, **[je n'hésite pas, sans être impertinent, à « jouer le jeu » du cas pratique]**

La « *Lex Universitas* » vous remercie de la confiance que vous lui manifestez par la présente consultation. La situation politique en Irakis semble relativement délicate. Ce pays a été libéré « *de l'horrible SADDAMIX* ». « *Il comprend sept provinces toutes dotées de spécificités culturelles et linguistiques distinctes mais reposant sur une longue histoire commune* ». **[je cadre le sujet dans son contexte]**

Une « *résolutionix* » de l'« *OTU* » vous a « *chargés d'élaborer un projet de Constitution* ». Ce texte doit reposer sur « *les critères classiques du droit constitutionnel* » ; il doit dès lors s'appuyer sur un droit constitutionnel compris comme droit politique, institutionnel et jurisprudentiel. Si votre demande n'est pas de « *rédiger article par article cette Constitution* », il n'en demeure pas moins qu'il nous faut vous « *présenter la structure générale de l'État, les principales institutions politiques et leurs rapports entre elles, sans omettre la protection des libertés publiques* ». [je cadre la demande]

Cette exigence liée aux spécificités des provinces et du pays de l'Irakis nous amène à une double interrogation : quelle forme d'État, dans quel document constitutionnel ? **[j'annonce les problèmes juridiques soulevés par le cas pratique]** En effet, l'exposé que vous nous avez soumis n'est pas sans rappeler le contexte politique irakien, les débats constitutionnels français en vue de l'élection présidentielle de 2007 ainsi que le débat de la « *Constitution européenne* » **[j'expose l'intérêt actuel du sujet]**. Comment assurer « *l'unité dans la diversité* » ? Cette devise européenne pourrait certainement être reprise dans le cas de l'Irakis. En effet, si le texte constitutionnel doit assurer « *les spécificités culturelles et linguistiques distinctes* » des sept provinces, la Constitution de l'État d'Irakis doit préserver cette » *longue histoire commune* » **[j'énonce ma problématique]**. Dans ce contexte – et bien au-delà d'une présentation de la structure générale de l'État, des principales institutions politiques et de leurs rapports entre elles – c'est un choix d'État qu'il convient de vous proposer (I). Pour autant, cet État de l'Irakis doit reposer sur une loi fondamentale garantissant la protection des libertés publiques : c'est donc un choix de Constitution (II) **[je pose clairement mon plan]**.

I – Un choix d'État pour l'Irakis

La structure de l'État de l'Irakis doit protéger « *les spécificités culturelles et linguistiques* » des sept provinces dans « *une longue histoire commune* » [Positionnement et reformulation juridique du sujet]. Le droit constitutionnel classique distingue différentes formes d'États : État unitaire, État régional, État fédéral, Confédération (A). La solution la plus pertinente pour l'Irakis semble être l'État fédéral (B).

A. Le droit constitutionnel classique distingue l'État unitaire, l'État régional, l'État fédéral, Confédération

- [Rappel des textes en vigueur, de la jurisprudence et de la doctrine utiles en droit comparé sur le fédéralisme] V. ci-dessus notions essentielles. Il conviendra d'énoncer le peu d'avantages et les grands inconvénients à installer en Irakis un État unitaire (même décentralisé), un État régional ou une confédération.
- En réalité, cette distinction traditionnelle du droit constitutionnel classique (l'État unitaire, l'État régional, l'État fédéral, Confédération) reste une construction de catégories juridiques d'État. La volonté de l'Irakis de vivre une « *histoire commune* » dans la diversité culturelle et linguistique des sept provinces est un critère dépassant la consultation demandée. Il n'en demeure pas moins que la solution de l'État fédéral nous paraît la plus pertinente parce qu'elle assure l'autonomie et le respect des États fédérés dans un pacte fédéral (les 3 lois de Scelle). [Rappel de la pratique] V. ci-dessus « notions essentielles »

B. La solution de l'État fédéral paraît la plus pertinente pour l'Irakis

- Avantages de l'État fédéral : la conciliation de l'unité dans la diversité ; facteur de rapprochement entre l'administration et le citoyen concourant ainsi à la démocratisation de l'action publique = l'Irakis en a besoin (« *libéré* ») [Solution que vous proposez]
- Limites à exposer : l'effectivité et la volonté des sept provinces et de l'État fédéral de participer à la communauté nationale [(et éventuellement des critiques)]

Transition : C'est donc un choix constitutionnel qui vous est soumis.

II – Un choix de Constitution pour l'Irakis

Pour garantir le nouvel État, la Constitution devra être écrite [je justifie V. ci-dessus « notions essentielles »]. Outre des dispositions relatives au statut des gouvernants (A), la Constitution devra préserver les libertés publiques dans une déclaration des droits (B).

A. La Constitution de l'Irakis édictera le statut des gouvernants

- Le sujet nous impose de présenter « la structure générale de l'État, des principales institutions politiques et de leurs rapports entre elles ». On tirera les conséquences du choix formulé en (I) : L'Irakis est un État fédéral. [Positionnement et reformulation juridique du sujet ; conséquence du choix formulé en (I)] La Constitution organisera donc cet État fédéral : compétences respectives des États fédérés et de l'État fédéral ; structure bicamérale du Parlement ; organe répartiteur et de conciliation États fédérés/État fédéral (Cour suprême). [rappel des textes en vigueur, de la jurisprudence et de la doctrine utiles en droit comparé ; rappel de la pratique en droit comparé ; solution à adopter pour l'Irakis]
- Il conviendra de ne pas oublier d'énoncer les règles relatives à la révision constitutionnelle et au rôle des États fédérés en la matière (Constitution souple/Constitution rigide). [Positionnement et reformulation juridique ; rappel des textes en vigueur, de la jurisprudence et de la doctrine utiles en droit comparé ; rappel de la pratique en droit comparé ; solution à adopter pour l'Irakis]

B. La Constitution contiendra une déclaration des droits

- Intérêts et justifications : les libertés publiques sont à préserver (définition, sans oublier l'aspect culturel et linguistique) V. ci-dessus notions essentielles. [positionnement et reformulation juridique du sujet ; rappel des textes en vigueur, de la jurisprudence et de la doctrine utiles en droit comparé, notamment à travers l'exemple français et américain]
- La place de cette déclaration dans la Constitution : distinguer les garanties des droits (importante quant à la philosophie politique du régime que l'on souhaite mettre en place). [Rappel de la pratique et de l'état de droit ; justification et limites de la solution que vous proposez]

C. Conclusion

Remarque : La conclusion n'est pas nécessaire, mais dans un souci de clarté et de concision, vous pouvez rappeler vos choix.

Ainsi :

« La situation politique de l'« Irakis libéré » impose l'instauration d'un État fédéral garant d'une certaine efficacité et du respect des sept provinces dans leur diversité. Cela étant, la question est bien de savoir s'il existe une véritable adhésion des habitants de l'Irakis à la communauté politique nouvelle qui va être constituée, voir imposer par l'« OTU ». Cette contrainte doit être au premier chef de tout projet constitutionnel, car elle est une des premières manifestations de souveraineté de l'État ».

Oncle Bernard

Sujet N° 2

Thème

Notion de justice constitutionnelle. Conseil constitutionnel (notion – attributions et statut de ses membres). Contrôle de constitutionnalité des lois (instruments de référence et textes contrôlés).

Ce cas pratique comporte le texte du sujet (I), puis les éléments de son corrigé (II).

I – Le texte du cas pratique

Oncle Bernard

Oncle Bernard vient de vous joindre au téléphone et vous demande conseil. Le Président de la République, son ami d'enfance, vient de le nommer membre du Conseil constitutionnel. Connaissant votre intérêt majeur pour la matière de droit constitutionnel, il vous demande de le situer dans ses connaissances.

1. Il a un peu le tract : il se demande sur quels critères sont retenus les membres composant le Conseil constitutionnel. En outre, désireux de remplir efficacement sa mission, il souhaiterait avoir une note précise sur les fonctions (et donc les siennes) du Conseil.

2. Le secrétariat général du Conseil constitutionnel lui a montré cette semaine une décision du Conseil constitutionnel. On lui parle en « visas », « motifs », « considérants » et « dispositif ». Il vous interpelle sur la signification de ces termes. Il n'a pas voulu paraître ridicule devant le secrétaire général... çà arrive à tout le monde !

3. Il a cependant consulté ce matin quelques manuels de droit constitutionnel. Il ne comprend toujours pas la notion de « bloc de constitutionnalité ».

4. Par ailleurs, il a entendu dire que le système européen de justice constitutionnelle est différent de celui exercé aux États-Unis. On parle même de « modèles ». Toutes ces considérations linguistiques lui paraissent quelques barbares. Il pensait que le Conseil constitutionnel avait une politique de décisions et qu'il était en quelque sorte la troisième chambre du Parlement. Qu'en pensez-vous ?

Il vous demande d'être clair et précis. Il a rendez-vous demain après-midi avec le Président du Conseil. Oncle Bernard veut rester « professionnel ».

II – Corrigé du cas pratique

Pour réussir un cas pratique, il convient de repérer les éléments importants du sujet (1.), répertorier les connaissances indispensables pour le traiter (2.), et enfin, de répondre aux questions posées (3.).

1. Lecture de repérage du cas pratique

Ce sujet apparemment interne au débat français reste politiquement sensible et doit vous interroger sur la place à donner au juge constitutionnel, sa mission et sa composition (notamment depuis la décision du Conseil constitutionnel de 1971 et la réforme constitutionnelle de 1974). Il ne doit néanmoins pas négliger le droit comparé (les fameux « modèles » de justice constitutionnelle).

Le sujet ne présente pas de difficulté de fond. C'est un cas pratique dit « fermé » qui peut être présenté en l'espèce comme un « faux sujet » de cours. Toutefois, il ne faudra pas négliger la forme du sujet et rester, comme Oncle Bernard, « professionnel ».

2. Les connaissances indispensables

Le sujet proposé appelle des connaissances relatives à la théorie de la justice constitutionnelle, à la justice constitutionnelle en France et aux États-Unis ainsi que des éléments techniques du procès constitutionnel. Pour la compréhension des mécanismes et du déroulement d'une saisine du Conseil constitutionnel et de l'examen d'une requête par celui-ci, on se reportera au site Internet du Conseil constitutionnel (http://www.conseil-constitutionnel.fr) qui renvoie à des tableaux[68].

De façon moins technique, pour bien comprendre le sujet, l'étudiant devra maîtriser les données suivantes : les membres composant le Conseil constitutionnel et leur statut, les fonctions du Conseil, l'organisation du Conseil constitutionnel (secrétariat général), le *« bloc de constitutionnalité »*, les grands éléments du système européen de justice constitutionnelle ; les grands éléments du système de justice constitutionnelle aux États-Unis ; la question du *« Gouvernement des juges »*.

- Les membres composant le Conseil constitutionnel sont en principe au nombre de neuf. En effet, l'article 56 de la Constitution du 4 octobre 1958

68. Cette photographie sous forme de tableau est peut-être pour vous une méthode d'apprentissage des techniques du droit constitutionnel. A méditer ou à essayer… En tout cas, votre devoir ne doit être que rédigé dans votre copie (pas de tableau ou schéma).

distingue les membres nommés par trois autorités politiques et les membres de droit (les anciens Présidents de la République).

- Pour les premiers, le Président de la République, le Président du Sénat et Président de l'Assemblée nationale nomme un membre du Conseil constitutionnel tous les trois ans (renouvellement triennal) pour neuf ans. Leur mandat n'est pas renouvelable sauf si le titulaire a démissionné ou s'il est décédé dans les trois dernières années du mandat restant à accomplir.
- Pour les seconds, la Constitution a prévu en son article 56 alinéa 2 que les anciens Présidents de la République sont membre de droit et à vie du Conseil constitutionnel. S'il s'agissait essentiellement en 1958 d'assurer aux anciens Présidents de la République une honorable pension, la question a repris de son acuité depuis avril 2004 quand le Président Giscard d'Estaing a décidé d'occuper sa place. Bien que le Conseil constitutionnel avait auparavant pris le soin de rappeler que les membres de droit sont soumis aux mêmes obligations que les autres membres du Conseil constitutionnel[69], la pratique semble plus difficile à mettre en œuvre.
- Le Président du Conseil constitutionnel est choisi par le Président de la République parmi les membres du Conseil constitutionnel (nommés ou de droit). Il occupe le huitième rang protocolaire, avant le Vice-Président du Conseil d'État, dans toutes les cérémonies officielles. L'actuel Président du Conseil constitutionnel est M. Pierre Mazeaud.

• Le statut des membres du Conseil constitutionnel se caractérise par une très grande indépendance, gage d'impartialité. La Convention européenne des droits de l'homme à laquelle la jurisprudence du Conseil constitutionnel se réfère désormais de façon constante, l'exprime au travers de son célèbre article 6. La Cour européenne des droits de l'homme a même eu l'occasion de condamner des États dont le juge constitutionnel avait violé cet article 6 pour non-respect de cette obligation d'indépendance (CEDH, 23 juin 1993, « *Ruiz Mateos* » ; CEDH, 3 mars 2000, « *Krcmar c/République Tchèque* »).

  - Bien qu'il n'y ait pas aucune compétence d'âge, de sexe et de compétences professionnelles pour exercer les fonctions de membres du Conseil constitutionnel, les juristes et les hommes politiques ont en pratique une part remarquée dans sa composition[70]. Le Conseil constitutionnel est actuellement composé de Messieurs Pierre Mazeaud (nommé par le président de la République en février 1998 nommé Président par le président de la République le 27 février 2004), Valéry Giscard d'Estaing (membre de droit), Madame Simone Veil (nommée par le Président du Sénat en

69. 84-983, 7 novembre 1984, *AN, Puy-de-Dome, 2e circonscription*, *Rec*. p. 117.
70. Tels des professeurs de droit : M. Waline, F. Luchaire, G. Vedel, R. Badinter, J. Robert et J-C. Colliard.

février 1998), Messieurs Jean Claude Colliard, nommé par le Président de l'Assemblée nationale en février 1998), Monsieur Olivier Dutheillet de Lamotte (nommé par le Président de la République en mars 2001), Madame Dominique Schnapper (nommée par le Président du Sénat en mars 2001), Messieurs Pierre Joxe (nommé par le Président de l'Assemblée nationale en mars 2001).

Pierre Steinmetz (nommé par le Président de la République en février 2004), Madame Jacqueline de Guillenchmidt (nommée par le Président du Sénat en février 2004) et Monsieur Jean-Louis Pezant (nommé par le Président de l'Assemblée nationale en février 2004).

- Les fonctions de membres du Conseil constitutionnel sont cependant incompatibles avec celles de ministre, de parlementaire (français ou européen), de membre du Conseil économique et social, de tout mandat local et de responsable ou Président de parti politique. Les incompatibilités professionnelles sont quant à elle faibles. Seul le Conseil constitutionnel peut prononcer la démission d'office d'un de ses membres.
- Les membres du Conseil constitutionnel perçoivent une indemnité équivalente aux plus hauts traitements de la fonction publique.

• Les fonctions du Conseil constitutionnel

Attributs	fondements	fonctions
Autorité constitutionnelle	La désignation du Président de la République (article 7 C 1958)	Vacance de la présidence (constatation de l'empêchement définitif)
	Les pouvoirs de crise (article 16 C 1958)	Déclenchement de l'article 16 et mesures prises en application de l'article 16 C 1958
Juge des élections et des votations nationales	Contentieux des élections parlementaires (article 59 C 1958)	Contestation sur la régularité de l'élection des parlementaires + examen de la régularité des candidatures, des conditions d éligibilité et des opérations de vote
	Contentieux de l'élection présidentielle (article 58 C 1958)	Contrôle de la régularité de l'élection ; examen des réclamations et proclamation des résultats

Attributs	fondements	fonctions
	Organisation et du contentieux du référendum national (article 60 C 1958)	Régularité des opérations de référendum (constituant et législatif) et proclamation des résultats
Juge constitutionnel	Le contrôle de la loi (article 37 al. 2 ; article 41 ; article 61 C 1958)	L'irrecevabilité pour inconstitutionnalité (article 41 C 1958) ; procédure de délégalisation (article 37 al. 2 C 1958) ; le contrôle facultatif de « *conformité des lois* [avant promulgation] *à la Constitution* » ; (article 61 al. 2 C 1958) ; le contrôle obligatoire des lois organiques (article 61 al. 1 C 1958 et 46)
	Le contrôle des règlements des Assemblées (article 61 C 1958)	Contrôle obligatoire des règlements des Assemblées (article 61 al. 1 C 1958)
	Le contrôle des engagements internationaux (article 54 C 1958)	Si le conseil constate qu'une clause de l'engagement international est contraire à la C1958, l'autorisation de ratifier ou d'approuver celui-ci est soumis à une révision de la C 1958.
	Le contrôle des lois du pays de Nouvelle Calédonie (article 77 C 1958)	Contrôle des lois adoptées par le Congrès de la Nouvelle-Calédonie lorsqu'elles interviennent sur des matières énumérées par la loi (ex. impôts)

- L'organisation du Conseil constitutionnel est relativement réduite. Il siège au Palais Royal dans l'aile de la rue Montpensier. Son administration comprend une quarantaine de collaborateurs dont le secrétaire général issu le plus souvent du Conseil d'État.
- La pratique de la saisine du Conseil constitutionnel a été considérablement modifiée par la révision constitutionnelle du 29 octobre 1974. En effet, la rédaction initiale de la Constitution n'ouvrait la saisine du Conseil constitutionnel qu'au Président de la République, au Premier ministre, au Président de l'une ou l'autre Assemblée. Cette réforme de la Constitution a étendu le droit de saisir le Conseil constitutionnel sur la base de l'article 61 de la

Constitution à 60 députés ou 60 sénateurs tandis qu'en parallèle, la révision de l'article 54 de la C1958 n'a été réalisée que du fait de la loi constitutionnelle du 25 juin 1992.

- La hiérarchie des normes et la doctrine du « *bloc de constitutionnalité* » sont essentielles à la compréhension de ce qu'est le contentieux constitutionnel en France.
  - Jusqu'en 1958, la loi est en effet souveraine, le contrôle de constitutionnalité des lois n'existe pas véritablement et l'article 6 de la DDHC exprime parfaitement cette philosophie : « *la loi est l'expression de la volonté générale* »[71]. La Constitution de la Ve République crée un organe original (le Conseil constitutionnel) et annonce l'instauration en France d'un contrôle de constitutionnalité de lois (davantage sous la forme d'un organe de rationalisation du Parlement) : « *la loi n'est l'expression de la volonté générale que dans le respect de la Constitution* » (85-197 DC, 23 août 1985, *Évolution de la Nouvelle-Calédonie*[72]). Désormais, toute norme inférieure doit être conforme à la norme supérieure qu'est la Constitution (sur le modèle de la pyramide des normes de Kelsen). La hiérarchie des normes se présente alors, de manière simplifiée, comme suit :

BLOC DE CONSTITUTIONNALITÉ TRAITES ET ACCORDS INTERNATIONAUX
BLOC LÉGISLATIF BLOC RÉGLEMENTAIRE

  - Pour autant, la Constitution de 1958 est relativement sommaire sur le Conseil constitutionnel ; et, en définitive, il faudra attendre les années 1970 pour voir véritablement émerger un juge constitutionnel français. La décision du 16 juillet 1971, *Liberté d'association*[73], est à cet effet un « *coup de tonnerre dans un ciel serein* » pour le Professeur Rivero, un « *big bang constitutionnel* » pour le Professeur JAN. Par cette décision, le Conseil constitutionnel affirme fondamentalement l'indépendance du Conseil constitutionnel par rapport au pouvoir politique, d'autant que la réforme constitutionnelle de 1974 va élargir la saisine du Conseil constitutionnel, notamment à l'opposition parlementaire (V. ci-dessus). La décision de 1971 donne, en tout cas, pleine valeur constitutionnelle au préambule de la Constitution du 4 octobre 1958, ce dernier renvoyant au préambule de la Constitution du 27 octobre 1946 et à la Déclaration des droits de l'homme et du citoyen du 26 août 1789. Au-delà de ses missions constitutionnelles, le Conseil constitutionnel devient aussi juge des libertés fondamentales.

---

71. MACHELON (J-P.), « Parlementarisme absolu, État de droit relatif », *RA*, novembre-décembre 1995, p. 628 s.q.
72. *GDCC* n° 38.
73. *GDCC* n° 19.

– Le « *bloc de constitutionnalité* » n'est qu'une expression doctrinale désignant l'ensemble des normes qui fondent le contrôle de constitutionnalité opéré par le Conseil constitutionnel. Ce bloc comprend naturellement le dispositif constitutionnel, le préambule de la Constitution de la Ve République, (comprenant à la fois la déclaration de 1789 et les principes ajoutés de 1946, y compris les principes fondamentaux reconnus par les lois de la République – PFRLR). À cela s'ajoute depuis la loi constitutionnelle du 1er mars 2005, la Charte de l'environnement « adossée » à la Constitution de 1958[74]. Le Conseil constitutionnel n'établit pas de hiérarchie des normes ainsi établies au sein du « bloc de constitutionnalité ». En cas de contrariété entre eux, ils doivent être conciliés et ne s'excluent pas les uns les autres (exemple du PFRLR de « continuité des services publics » et les restrictions au droit de grève, expressément reconnu par le Préambule de 1946).

- Les « modèles » de système européen de justice constitutionnelle
  – Il y a « modèle » quand l'œuvre constitutionnelle est une source d'inspiration en droit comparé. Les modalités techniques du contrôle de constitutionnalité peuvent ainsi varier d'un pays à l'autre. En ce sens, le système américain de justice constitutionnelle est traditionnellement comparé au système français ; il faut tenir compte également du système des autres pays européens combinant les deux premiers.

Le système américain	Le système français	Les systèmes européens
Contrôle *par voie d'exception* devant l'ensemble des juridictions	Contrôle *spécial* Conseil constitutionnel	Contrôle *spécial* Conseil, Tribunal, cours constitutionnelles
Contrôle *diffus* au cours d'un procès	Contrôle *par voie d'action* saisine limitée	Contrôle *concentré* par voie d'exception (question préjudicielle) ou par voie d'action
Contrôle *a posteriori* la loi est en vigueur	Contrôle *a priori* la loi n'est pas encore en vigueur	Contrôle *a priori* ou *a posteriori*
Contrôle *in concreto* le litige ne porte pas principalement sur le problème de constitutionnalité	Contrôle *abstrait* le litige ne porte que sur la question de constitutionnalité	Contrôle *abstrait*

74. MATHIEU (B.), « Observations sur la portée normative de la charte de l'environnement », *Cah. Cons. const.*, n° 15, mars-septembre 2003, p.145

- L'expression « *Gouvernement des juges* » a été forgée au début du XXe siècle par le comparatiste Edouard Lambert.
  - Ce reproche de « *Gouvernement des juges* » a été formulé à propos du juge constitutionnel américain et plus précisément, de la politique jurisprudentielle que la Cour suprême fédérale a exercé de 1857 à 1937 (aff. New Deal). S'appuyant sur une interprétation audacieuse du 14e amendement, la Cour suprême a, en effet, développé une jurisprudence conservatrice qui a heurté la majorité des réformes initiées par les Présidents démocrates (lois sociales limitant la durée de journée de travail à 12 heures alors qu'il s'agissait précédemment de travailler 14 heures ; réglementation du travail des enfants jugée contraire à l'autorité du père de famille en matière d'éducation). La Cour suprême invoque l'esprit libéral de la Constitution de 1787 pour exclure une intervention de l'État en matière économique. Il y avait là une attitude plus politique que juridique.
  - Le Conseil constitutionnel français est accusé, selon les temps, d'être un véritable pouvoir politique au service de tel ou de tel camp politique et est de manière péjorative qualifié de « Gouvernement des juges »[75]. Le Président Mitterrand pouvait ainsi le dénoncer dans les années 1970 : « *Le Conseil constitutionnel est une véritable institution politique, l'instrument politique du pouvoir exécutif. Rien de moins, rien de plus. On le croyait servile, il n'est qu'obéissant* ». De même, la décision des 12 et 13 août 1993 relative *à la maîtrise de l'immigration*[76] avait provoqué, alors même que la période estivale était bien avancée, un important débat dans la presse. C'est qu'elle était tout d'abord la dernière d'une série de décisions[77] ; c'est ensuite que cette série, intervenue sur contrôle d'une nouvelle majorité politique, avaient déjà prononcé plusieurs invalidations législatives, y compris une invalidation totale. Enfin, elle était attendue0 en elle-même, car chacun savait l'importance que le Gouvernement attachait à ce que soit adoptée une nouvelle législation sur l'immigration. Votée le 13 juillet, la loi est déférée dès le 15 juillet par 60 sénateurs et 86 députés. Le Conseil constitutionnel a pris le 12 et le 13 août une très longue décision – peut-être – pour s'excuser d'annuler 8 dispositions sur 51 que porte la loi, sans compter de nom-

75. Luchaire (F.), « Le conseil constitutionnel et le gouvernement des juges », dans *Liber amoricorum « François Luchaire, un républicain au service de la République »*, Paris, publication de la Sorbonne, 2005, p. 361. Ce texte a été publié dans le revue de science administrative de la Méditerranée occidentale, Institut régionale d'administration de Bastia, 1987, n°19-20.

76. *GDCC* n° 46.

77. 93-321 DC, 20 juillet 1993, loi réformant le code la nationalité, *Rec.* p. 196 ; 93-322 DC, 28 juillet 1993, loi relative aux établissements publics à caractère scientifique, culture professionnel, *Rec.* p. 204 ; 93-323 DC, 5 août 1993, loi relative au contrôle d'identité, *Rec.* p. 213 ; 93-324 DC, 3 août 1993, loi relative au statut de la Banque de France et à l'activité et au contrôle des établissements de crédit, *Rec.* p. 208 ; 93-326 DC, 11 août 1993, loi tendant à modifier la loi du 4 janvier 1993 portant réforme du code de procédure pénale, *Rec.* p. 217.

breuses réserves d'interprétations. C'est la plus longue décision que le Conseil constitutionnel ait rédigée. (134 considérants). On peut y ajouter encore aujourd'hui un sentiment diffus mais profond de lassitude du juge constitutionnel[78]. La réforme du 29 octobre 1974 fait d'autant plus du Conseil constitutionnel une arme politique au service de l'opposition parlementaire que les membres au Conseil constitutionnel sont nommés par les plus hautes autorités politiques. En définitive, toute la question (et donc la réponse) est un véritable nœud gordien. Le Président Badinter l'exprimait ainsi : « *L'impatience qui saisit toute majorité politique face au juge constitutionnel est celle de tout pouvoir face à un contre pouvoir* ». Mais, en effet, « *comment expliquer [alors] que des juges non élus, désignés par les détenteurs du pouvoir politique, puissent s'opposer à ce qui est, dans la personne de ses représentants, la nation souveraine ?* ».

Enfin, pour résoudre ce cas pratique, l'étudiant devra maîtriser aussi bien la procédure du contrôle de constitutionnalité des lois (contrôle formel) que l'étendue de ce contrôle (contrôle matériel), ce qui implique une bonne connaissance de la jurisprudence constitutionnelle et du vocabulaire utilisé par le Conseil constitutionnel.

- Les « visas » d'une décision du juge constitutionnel (et plus généralement d'un jugement d'un tribunal) indiquent la loi ou l'acte de procédure auquel le Conseil se réfère. Par exemple : « *Vu la Constitution ; Vu l'ordonnance n° 58-1067 du 7 novembre 1958 modifiée portant loi organique sur le Conseil constitutionnel, notamment le chapitre II du titre II de ladite ordonnance…* ».
- Les « *motifs* » servent à commander la décision. Par exemple, les motifs de censure ou de rejet des demandes des requérants
- Les « *considérants* » développent l'exposé de la décision. Par exemple, normes de contrôle, règles de procédure, censure ou rejet des demandes des requérants
- Le « *dispositif* » conclut et déclare la décision du Conseil, constitutionnelle, inconstitutionnelle, annulation totale ou partielle, et éventuellement avec des réserves d'interprétation ; il commence par « *décide* ».

78. Exprimé notamment par M. Montebourg dans son ouvrage *La machine à trahir*. L'attaque visant le Conseil constitutionnel a été prise au sérieux par le doyen Vedel qui a cru de son devoir prendre la défense du juge de la rue Montpensier dans le Monde du 21 novembre « *2000 : Le sale plaisir de salir le Conseil constitutionnel* ».

A. Bibliographie sommaire

BRONDEL (S.), FOULQUIER (N.) et HEUSCHLING (L.) (s.d.), *Gouvernement des juges et démocratie*, Paris, Publication de la Sorbonne, 2001.

FAVOREU (L.) et PHILIP (L.), *Les grandes décisions du Conseil constitutionnel*, Paris, Dalloz, 13e éd., 2005 (« *GDCC* »).

JAN (P.), *Le procès constitutionnel*, Paris, LGDJ, coll. « Systèmes », 2001.

LUCHAIRE (F.), *Le juge constitutionnel en France et aux États-Unis*, étude comparée, Paris, Economica, 2002.

MATHIEU (B.) et VERPEAUX (M.), *Contentieux constitutionnel des droits fondamentaux*, Paris, LGDJ, Collection « Manuel », 2002.

ROUSSILLON (H.), *Le Conseil constitutionnel*, Paris, Dalloz, Collection « Connaissance du droit », 5e éd., 2004.

RFDC n° 57, « Le Conseil constitutionnel 45 ans après », janvier 2004.

Sans oublier : www.conseil-constitutionnel.fr

3. Les réponses aux questions posées

A. Remarques liminaires

- Dans le cadre d'un cas pratique dit « fermé », le plan en deux parties est facultatif ; il est néanmoins fortement déconseillé, ne serait-ce que dans un but de clarté et de concision : des questions directes sont posées par le sujet, il convient d'y répondre. Tout est encore une fois affaire de lisibilité et de pédagogie. Le risque encouru par la construction d'un plan est d'oublier une question du sujet, voire de tomber dans le travers de la dissertation. Cela n'empêche pas que votre devoir doit être rédigé avec sérieux et méthode : la « valse à 4 temps » est toujours justifiée. Votre rédaction ne doit pas négliger les formes et permettra d'appréhender votre art de la pédagogie.

B. Éléments de rédaction

Oncle Bernard,

Je te remercie de la conversation téléphonique que nous venons d'entretenir. Je me permets à nouveau de te féliciter pour ta récente nomination au Conseil constitutionnel. Tu fais désormais parti des neufs membres nommés du Conseil constitutionnel. À ces personnalités désignées, la Constitution du 4 octobre 1958 (C 1958) a prévu que les anciens Présidents de la République en sont membres de droit et à vie (article 56, alinéa 2 C 1958). Tu risques de rencontrer le Président Giscard d'Estaing, car il a décidé d'y siéger depuis avril 2004 [je n'hésite pas, sans être impertinent, à « jouer le jeu » du cas pratique].

Cela étant, notre conversation téléphonique reposait autour six questions :

I – Les critères retenus pour être nommés Sau Conseil constitutionnel

[Positionnement et reformulation juridique du sujet] À l'exception des membres de droit, les conseillers constitutionnels sont nommés par des autorités politiques : désignation à raison de trois par le Président de la République – c'est ton cas –, par le Président de l'Assemblée nationale et par le Président du Sénat [brefs rappels ; ce n'est pas le sujet]

[Rappel des textes en vigueur utiles] Pour autant, le statut de membres du Conseil constitutionnel est très protecteur de leur indépendance, stabilité et continuité. Tu as ainsi été nommé pour neuf ans (renouvellement du Conseil constitutionnel par tiers tous les trois ans). Les dispositions de l'article 3 de la loi organique du 7 novembre 1958 (organisant le Conseil constitutionnel) imposent plus largement à toi et aux autres membres du Conseil constitutionnel des obligations d'impartialité, d'indépendance et de dignité. Elles vous imposent notamment *« de ne prendre aucune position publique »* (article 3 de l'ordonnance), d'exercer vos fonctions *« en toute impartialité »* (article 3 de l'ordonnance). La Constitution (article 57) complétée par l'ordonnance de 1958 et une loi organique du 19 janvier 1995 ont alors organisé un régime d'incompatibilité, surtout électives : les membres du Conseil constitutionnel ne peuvent pas être ministres, membre du Parlement (français et européen), membre du Conseil économique et social et/ou détenir un mandat local, qu'elle qu'il soit. En revanche, les incompatibilités professionnelles sont relativement faibles pour éviter que le Conseil constitutionnel soit une Assemblée de retraités ou de personnalités sans qualification : ainsi il est impossible d'exercer les fonctions de conseillers avec la direction d'un parti politique. La prestation de serment devant le président de la République de respecter la Constitution est la dernière condition requise pour siéger au Conseil constitutionnel. [Rappel de la jurisprudence utile] Ces obligations, sur le respect desquelles les membres prêtent serment, sont naturellement celles qui s'imposent à tout juge dans un pays respectueux de l'État de droit. La Convention européenne des droits de l'homme à laquelle la jurisprudence du Conseil constitutionnel se réfère désormais de façon constante, l'exprime au travers de son célèbre article 6. La Cour européenne des droits de l'homme a même eu l'occasion de condamner des États dont le juge constitutionnel avait violé cet article 6 (CEDH, 23 juin 1993, *« Ruiz Mateos » ;* CEDH, 3 mars 2000, *« Krcmar c/République Tchèque »*). Tu es d'autant plus libre à l'égard du Président de la République qui vient de te nommer que tu vas recevoir une indemnité équivalente aux plus hauts traitements de la fonction publique. **[Rappel de la pratique]** Il n'y a pratiquement pas de conditions pour être membre du Conseil constitutionnel : ni âge, ni compétences professionnelles, ni sexe. Tu rencontreras autant l'ancien ministre d'État Simone Veil que la fille de Raymond Aron, la sociologue Dominique Schnapper. Je te mentirai en te laissant sur cette fin car en pratique, la place des juristes, professeurs d'Université ou hommes politiques ayant subi une formation juridique, est de plus en plus importante. C'est ainsi que Monsieur Colliard, Professeur de droit public, fait aujourd'hui parti du Conseil constitutionnel (à la suite du Doyen Vedel par exemple) et que Monsieur Joxe, ancien ministre d'État, s'est démis de ces fonctions de Premier Président de la Cour des comptes pour venir y siéger. **[Solution[79]]** En définitive, tu peux être rassuré : il n'y a pas, contrairement à l'Italie ou à l'Allemagne, de conditions pour exercer tes nouvelles fonctions.

II – Les fonctions du Conseil constitutionnel (et donc les tiennes)

Le Conseil constitutionnel français n'a pas de compétence générale en matière constitutionnelle. Il n'a qu'une compétence limitée par les textes : la Constitution et la loi organique du 7 novembre 1958. Le Conseil constitutionnel a confirmé cette interprétation dès 1962 (62-20 DC, 6 novembre 1962, *Loi référendaire*[80]). C'est pourquoi, il convient de te rappeler, Oncle Bernard, que le Conseil constitutionnel a des attributions de nature variée en tant qu'autorité constitutionnelle, en tant que juge des élections et des votations nationales et bien entendu en tant que juge constitutionnel. **[... positionnement et reformulation juridique du sujet ; rappel des textes en vigueur, de la jurisprudence et de la doctrine utiles ; rappel de la pratique ; solution(s) que vous proposez (et éventuellement des critiques)]**.

Ta tâche comme celle du Conseil constitutionnel est, tu le vois, de haute importance. Il convient de comprendre parfaitement les mécanismes de contrôle de constitutionnalité en France et notamment le vocabulaire que tu emploieras **[il convient de ne pas oublier les transitions pour donner un peu d'humanité au cas pratique]**.

79. Les critiques semblent en l'espèce difficiles à formuler : la rédaction du cas pratique laisse entendre qu'Oncle Bernard a un peu le « tract ». Il convient donc d'avoir une attitude rassurante.
80. *GDCC* n° 14. V également 92-313 DC, 23 septembre 1992, *loi autorisant la ratification du traité sur l'Union européenne, GDCC* n° 46 ; 14 septembre 1961, *demande d'avis, GDCC* n° 10 ; 74-54 DC, 15 janvier 1975, IVG I, *GDCC* n° 23.

III– La signification des termes employés dans les décisions du Conseil constitutionnel

Le vocabulaire employé par le Conseil constitutionnel peut apparaître au premier abord technique et fastidieux. Je comprends tout à fait ton découragement et ton appréhension à la lecture d'une décision. Les formules sont néanmoins significatives pour comprendre le raisonnement du juge constitutionnel. **[Il suffit de dérouler une décision de Conseil constitutionnel et insister sur les termes à définir. Toute la difficulté de la rédaction demeure dans un dynamisme à adopter (pour éviter d'être fastidieux et ennuyeux)]**

Ce vocabulaire ne doit pas t'anéantir, car, en définitive, si la pratique te donne les moyens de le comprendre, tu dois surtout comprendre le fondement du contrôle de constitutionnalité que le Conseil exerce.

IV – La notion de « bloc de constitutionnalité »

[Le positionnement et reformulation juridique du sujet sont importants dans cette question] Jusqu'en 1958, la loi est en effet souveraine, le contrôle de constitutionnalité des lois n'existe pas véritablement et l'article 6 de la DDHC exprime parfaitement cette philosophie : « *la loi est l'expression de la volonté générale* ». La Constitution de la Ve République crée un organe original (le Conseil constitutionnel) et annonce l'instauration en France d'un contrôle de constitutionnalité de lois (davantage sous la forme d'un organe de rationalisation du Parlement) : « *la loi n'est l'expression de la volonté générale que dans le respect de la Constitution* » (85-197 DC, 23 août 1985, *Évolution de la Nouvelle-Calédonie)* **[Rappel des textes en vigueur, de la jurisprudence et de la doctrine utiles]**. Désormais, toute norme inférieure doit être conforme à la norme supérieure qu'est la Constitution (sur le modèle de la pyramide des normes de Kelsen). La hiérarchie des normes se présente alors, de manière simplifiée, comme suit : le bloc réglementaire doit être conforme au bloc législatif, ce dernier doit l'être à l'égard des traités et accords internationaux régulièrement ratifiés ; l'ensemble devant être conforme au bloc de constitutionnalité.

Cette expression doctrinale « bloc de constitutionnalité » désigne l'ensemble des normes qui fondent le contrôle de constitutionnalité opéré par le Conseil constitutionnel. Ce bloc comprend naturellement le dispositif constitutionnel, le préambule de la Constitution de la Ve République, (comprenant à la fois la Déclaration de 1789 et les principes ajoutés de 1946, y compris les principes fondamentaux reconnus par les lois de la République – PFRLR). À cela s'ajoute depuis 2005, la Charte de l'environnement « adossée » à la Constitution de 1958. Le Conseil constitutionnel n'établit pas de hiérarchie des normes ainsi établies au sein du « bloc de constitutionnalité ». En cas de contrariété entre eux, ils doivent être conciliés et ne s'excluent pas les uns les autres (exemple du PFRLR de « continuité des services publics » et les restrictions au droit de grève, expressément reconnu par le Préambule de 1946).

[Rappel de la pratique, sens global de la notion] En définitive, ce « bloc de constitutionnalité » n'est important que si l'on se replace dans le schéma que l'on vient de t'évoquer. Pour être plus précis, il prendra d'autant sa signification dans les années 1970. La décision du 16 juillet 1971, *Liberté d'association*, est à cet effet un « *coup de tonnerre dans un ciel serein* » pour le Professeur Rivero, un « *big bang constitutionnel* » pour le Professeur JAN. Cette décision de 1971 donne pleine valeur constitutionnelle au préambule de la Constitution du 4 octobre 1958, ce dernier renvoyant au préambule de la Constitution du 27 octobre 1946 et à la Déclaration des droits de l'homme et du citoyen du 27 août 1789. Au-delà de ses missions constitutionnelles, le Conseil constitutionnel devient aussi juge des libertés fondamentales. Autrement, Oncle Bernard, par cette décision, le Conseil constitutionnel affirme fondamentalement son indépendance par rapport au pouvoir politique, d'autant que la réforme constitutionnelle de 1974 va élargir la saisine du Conseil constitutionnel, notamment à l'opposition parlementaire. En effet, le Conseil constitutionnel peut désormais être saisi par le président de la République, le Premier ministre, le président de l'Assemblée nationale, le président du Sénat, et surtout, par 60 députés ou 60 sénateurs.

[Portée de la notion et transition] La portée de cette expression « bloc de constitutionnalité » est donc extrêmement grande et peut faire réagir les opposants comme les défenseurs du Conseil constitutionnel.

V – La place du Conseil constitutionnel dans l'organisation institutionnel et politique française

[Positionnement et reformulation juridique du sujet : cette question est polémique et politique. Il convient dès lors de rester neutre, tout en rappelant le problème] Le Conseil constitutionnel français a toujours été accusé, selon les temps, d'être un véritable pouvoir politique au service de tel ou de tel camp politique et est de manière péjorative qualifié de « Gouvernement des juges » (comme il a pu en être dit de la Cour suprême américain lorsqu'elle a pris une position politique à l'égard du « New Deal »). Tu le sais très bien et tu m'avais même dit au téléphone que le Conseil constitutionnel aurait une politique de décisions et qu'il était en quelque sorte la troisième chambre du Parlement. Ce reproche fait parti de la pratique de la Ve République. [Rappel de la pratique] Ainsi, le Président Mitterrand pouvait le dénoncer dans les années 1970 : « *Le Conseil constitutionnel est une véritable institution politique, l'instrument politique du pouvoir exécutif. Rien de moins, rien de plus. On le croyait servile, il n'est qu'obéissant* ». De même, la décision des 12 et 13 août 1993 relative à *la maîtrise de l'immigration* avait provoqué, alors même que la période estivale était bien avancée, un important débat dans la presse. C'est qu'elle était tout d'abord la dernière d'une série de décisions ; c'est ensuite que cette série, intervenue sur contrôle d'une nouvelle majorité politique, avaient déjà prononcé plusieurs invalidations législatives, y compris une invalidation totale. Enfin, elle était attendue en elle-même, car chacun savait l'importance que le Gouvernement attachait à ce que soit adoptée une nouvelle législation sur l'immigration. Votée le 13 juillet, la loi est déférée dès le 15 juillet par 60 sénateurs et 86 députés. Le Conseil constitutionnel a pris le 12 et le 13 août une très longue décision – peut-être – pour s'excuser d'annuler 8 dispositions sur 51 que comporte la loi, sans compter de nombreuses réserves d'interprétations. C'est la plus longue décision que le Conseil constitutionnel ait rédigée (134 considérants). On peut y ajouter encore aujourd'hui un sentiment diffus mais profond de lassitude du juge constitutionnel. La réforme du 29 octobre 1974 fait d'autant plus du Conseil constitutionnel une arme politique au service de l'opposition parlementaire que les membres au Conseil constitutionnel, sont nommés par les plus hautes autorités politiques. C'est donc un risque certain : les médias attendent tous la décision du Conseil constitutionnel et un journal du Soir pouvait ainsi tirer sous sa manchette en 1998 : « le Conseil constitutionnel censure le Gouvernement sur les 35 heures ». **[Solution(s) que vous proposez (et éventuellement des critiques)]** En fait, la question que tu soulèves est un véritable nœud gordien. Le Président Badinter l'exprimait ainsi : « *L'impatience qui saisit toute majorité politique face au juge constitutionnel est celle de tout pouvoir face à un contre pouvoir* ». Mais, en effet, « *comment expliquer [alors] que des juges non élus, désignés par les détenteurs du pouvoir politique, puissent s'opposer à ce qui est, dans la personne de ses représentants, la nation souveraine ?* ». La réponse paraît relativement simple et ne doit prendre de ta part qu'une position certaine : le Conseil constitutionnel n'a que des compétences limitées par les textes et son pouvoir d'appréciation n'est pas, par définition, de « nature identique » à celui du Parlement (V. ce que j'ai déjà pu te dire plus haut sur les fonctions du Conseil constitutionnel). Le Conseil constitutionnel ne peut donc avoir de politique jurisprudentielle que dans le cadre défini par la Constitution.

En fait, le système de justice constitutionnelle français est un « modèle » parmi les autres. C'est peut-être déjà en cela qu'il pose questions.

VI – Les « modèles » de justice constitutionnelle

Cette question ne pose pas véritablement de difficultés. Il s'agit de présenter successivement les modèles de justice constitutionnelle : États-Unis, France, Europe [... positionnement et reformulation juridique du sujet ; rappel des textes en vigueur, de la jurisprudence et de la doctrine utiles ; rappel de la pratique ; solution(s) que vous proposez (et éventuellement des critiques)].

C. Conclusion

Remarque : La conclusion est nécessaire dans ce type de cas pratique. Elle n'a pas vocation à rappeler les réponses à toutes les questions, mais doit simplement servir d'« envoi » ; elle n'est pas l'occasion de faire mauvaise impression ou d'annoncer son identité. Elle rappelle le sens de l'exercice : c'est un cas pratique]

En l'espèce, elle peut se formuler simplement :

« *Je te remercie, Oncle Bernard, de la confiance que tu m'accordes. Je te souhaite un vif succès dans tes nouvelles fonctions.*

Bien à toi »

Constitution du 27 octobre 1946

Annexe N° 1

TITRE XI : DE LA RÉVISION DE LA CONSTITUTION

Art. 90 – La révision a lieu dans les formes suivantes :

La révision doit être décidée par une résolution adoptée à la majorité absolue des membres composant l'Assemblée nationale.

La résolution précise l'objet de la révision.

Elle est soumise, dans le délai minimum de trois mois, à une deuxième lecture, à laquelle il doit être procédé dans les mêmes conditions qu'à la première, à moins que le Conseil de la République, saisi par l'Assemblée nationale, n'ait adopté à la majorité absolue la même résolution.

Après cette seconde lecture, l'Assemblée nationale élabore un projet de loi portant révision de la Constitution. Ce projet est soumis au Parlement et voté à la majorité et dans les mêmes formes prévues pour la loi ordinaire.

Il est soumis au référendum, sauf s'il a été adopté en seconde lecture par l'Assemblée nationale à la majorité des deux tiers ou s'il a été voté à la majorité des trois cinquièmes par chacune des deux Assemblées.

Le projet est promulgué comme loi constitutionnelle par le Président de la République dans les huit jours de son adoption.

Aucune révision constitutionnelle relative à l'existence du Conseil de la République ne pourra être réalisée sans l'accord de ce Conseil ou le recours à la procédure de référendum.

Art. 91 – Le Comité constitutionnel est présidé par le Président de la République. Il comprend le président de l'Assemblée nationale, le président du Conseil de la République, sept membres élus par l'Assemblée nationale au début de chaque session annuelle à la représentation proportionnelle des groupes et, choisis en dehors de ses membres, trois membres élus dans les mêmes conditions par le Conseil de la République.

Le Comité constitutionnel examine si les lois votées par l'Assemblée nationale supposent une révision de la Constitution.

Art. 92 – Dans le délai de promulgation de la loi, le Comité est saisi par une demande émanant conjointement du Président de la République et du président du Conseil de la République, le Conseil ayant statué à la majorité absolue des membres le composant. Le Comité examine la loi, s'efforce de provoquer un accord entre l'Assemblée nationale et le Conseil de la République et, s'il n'y parvient pas, statue dans les cinq jours de la saisie. Ce délai est ramené à deux jours en cas d'urgence.

Il n'est pas compétent pour statuer sur la possibilité de révision des dispositions des titres Ier à X de la présente Constitution.

Art. 93 – La loi qui, de l'avis du Comité, implique une révision de la Constitution est renvoyée à l'Assemblée nationale pour nouvelle délibération.

Si le Parlement maintient son premier vote, la loi ne peut être promulguée avant que la présente Constitution n'ait été révisée dans les formes prévues à l'article 90.

Si la loi est jugée conforme aux dispositions des titres Ier à X de la présente Constitution, elle est promulguée dans le délai prévu à l'article 36, celui-ci étant prolongé de la durée des délais prévus à l'article 92 ci-dessus.

Art. 94 – Au cas d'occupation de tout ou partie du territoire métropolitain par des forces étrangères, aucune procédure de révision ne peut être engagée ou poursuivie.

Art. 95 – La forme républicaine du Gouvernement ne peut faire l'objet d'une proposition de révision.

B

Droit administratif

(2e année de licence en droit)

Préalable

Conseils méthodologiques pour réussir un cas pratique en droit administratif général

Un cas pratique est, en quelque sorte, un résumé de dossier contentieux ; souvent d'ailleurs, les cas pratiques sont directement inspirés de la jurisprudence.

Le cas pratique, comme sa dénomination l'indique, est un sujet composé essentiellement de faits que l'étudiant devra qualifier juridiquement dans le cadre des réponses qu'il apportera aux questions posées.

Sachant que, lorsque le cas pratique est agrémenté de telles questions, il est en général plus prudent d'y répondre dans l'ordre dans lequel elles sont posées ; sinon, il est possible bien que cela soit un peu plus périlleux de construire un plan en deux parties regroupant les réponses aux questions posées à partir du moment où l'étudiant répond à toutes à travers son plan.

Toutefois, si un cas pratique est le plus souvent agrémenté de questions, il se peut aussi qu'il se conclut par une question pour le moins sibylline du style « qu'en pensez vous ? »

L'importance des faits implique de lire au moins deux fois le sujet et d'y repérer les points les plus importants.

Il faut toujours remarquer dans un litige les parties de manière précise et bien identifier les demandes, bien les formuler.

Par suite, lorsque ces demandes sont, comme c'est le cas exclusivement en 2e année de licence en droit, des demandes en annulation, il faut précisément identifier la décision administrative attaquée et déterminer non moins clairement son objet.

De même, et toujours par suite (par rapport à la première explication), lorsque ces demandes sont indemnitaires, il convient de bien identifier dans les faits, le régime de responsabilité, le responsable, le dommage, la cause du dommage et éventuellement le lien de causalité.

Enfin, il convient d'opérer une ventilation des faits importants recensés en fonction des questions dans la mesure où souvent le cas pratique contient des faits qui ne concernent pas toutes les questions mais seulement certaines.

Pour réussir un cas pratique, il convient de repérer les éléments importants du sujet (1), répertorier les connaissances indispensables pour le traiter (2), et enfin, de répondre aux questions posées (3).

Mais, en matière d'exercice pratique, comme rien ne vaut l'application, il importe d'étudier la méthodologie du cas pratique à travers deux exemples.

Le lac des cygnes, lieu dit de la Commune de Tchaïkovski

Sujet N° 1

Thème

Communication des documents administratifs.

Ce cas pratique comporte le texte du sujet (I), puis les éléments de son corrigé (II) ainsi que deux annexes comportant un exposé des connaissances utiles (annexe n° 1) pour le réaliser – ce qui allégera d'autant la correction qui s'y rapportera – ainsi que le chapitre 1er du titre Ier de la loi n° 78-753 du 17 juillet 1978 (annexe n° 2).

I – Le texte du cas pratique

Il convient de se situer le 10 janvier 2006 pour traiter ce cas pratique.

Tchaïkovski[81], le 9 janvier 2006,

Mon cher Siegfried,

J'ai de nombreux problèmes juridiques avec l'un de mes administrés, Monsieur Le Hibou, à qui j'ai remis hier – en mains propres – une lettre par laquelle je lui ai refusé la communication des documents suivants :

- une étude rédigée par le service municipal de l'état civil relative à l'évolution des naissances ayant eu lieu dans la commune depuis 1945 ;
- toutes les circulaires et instructions concernant les diverses aides sociales accordées par la commune ;
- l'acte notarié par lequel la commune a vendu à Mlle Odette Lariche, le 20 janvier 1993, une parcelle de terrain, le lieu-dit « Le lac des cygnes ».
- le dossier « professionnel » de Mlle Odile Lagressive, secrétaire de mairie, qui est en très mauvais termes avec lui ;
- le jugement du Tribunal administratif de X, du 2 janvier 2006, qui a annulé la décision que j'ai prise, le 10 décembre 2004, et par laquelle j'ai refusé au même administré la communication de l'acte notarié susmentionné (et ceci, malgré l'avis défavorable de la CADA, en date du 10 novembre 2004).

81. Tchaïkovski est une ville imaginaire mais française.

Comme tu es maintenant en deuxième année de licence en droit, tu peux me conseiller utilement dans cette affaire.

J'aimerais, tout d'abord, savoir ce que peut faire Monsieur Le Hibou contre la lettre que je lui ai remise hier et quelles sont ses chances de succès ; et ensuite, si j'ai un espoir de faire appel du jugement ci-dessus cité.

D'avance, je te remercie et je te transmets les encouragements de ta mère (qui m'a d'ailleurs conseillé de t'écrire).

Monsieur Wolfgang,
Maire de la Commune de Tchaïkovski

II – Corrigé du cas pratique

Pour réussir un cas pratique, il convient de repérer les éléments importants du sujet (1.), répertorier les connaissances indispensables pour le traiter (2.), et enfin, de répondre aux questions posées (3.).

1. Lecture de repérage du cas pratique

Le cas pratique ici soumis est relativement simple dans sa construction dans la mesure où les faits s'y égrènent en fonction des questions.

Dans la première question est en cause une éventuelle demande en annulation d'une lettre remise à M. Le Hibou.

Cette question en suppose d'autres, en cas de contestation ; ce sont les suivantes, dans l'ordre :

- quel juge sera compétent pour en connaître ?
- cette demande sera-t-elle déclarée recevable ?
- et la décision qui risque d'être attaquée est-elle illégale ?

Dans la seconde question, c'est l'appel du jugement du 2 janvier 2006, qui est en discussion.

Les litiges sont toujours assez simples, sur le plan de leur demande, mais ils supposent de se rappeler quelques principes contentieux évidents bien qu'ici incontournables.

2. Les connaissances indispensables

Il importe de se reporter au cours relatif à la communication des documents administratifs (Voir **annexe n° 1**).

Il convient donc ici de rappeler successivement pour la première question :

- la question de la compétence juridictionnelle (entre les ordres de juridiction administratif et judiciaire) ;
- le recours à exercer et son régime de recevabilité : une demande d'annulation en première instance étant un recours pour excès de pouvoir (REP) !
- et enfin, les chances de succès, c'est-à-dire l'étude de la légalité. Ce dernier thème met implicitement en cause la notion de « document communicable » qu'il conviendra d'appliquer pour qualifier les divers documents dont la communication est sollicitée.

La réponse à l'appel sera plus simple dans sa construction.

In fine, il importe de souligner que la réponse à chaque question doit être rédigée comme l'est un considérant soit avec une majeure, suivie d'une mineure, puis d'une conclusion. En effet, il est essentiel à la fin de la réponse à une question de cas pratique d'y répondre !

3. Les réponses aux questions posées

A. La réponse à la 1re question :

Répondons-y dans l'ordre des questions identifiées.

a. La compétence juridictionnelle

Majeure : Selon la décision *Blanco* (TC 8 février 1873[82]), le principe selon lequel « la compétence suit le fond » signifie que le juge compétent est déterminé par la nature juridique de l'acte en cause dans le litige.

Si l'acte est administratif, le juge compétent pour en connaître sera le juge administratif. Ainsi, en est-il normalement sans difficulté lorsque l'auteur de l'acte est une autorité administrative, telle que le représentant d'une personne morale de droit public (ou personne publique), à l'instar d'un maire. Alors que si l'acte est de droit privé, le juge dont relève l'acte au contentieux est le juge judiciaire.

De plus, en matière de REP, c'est, en principe, en première instance, le tribunal administratif dans le ressort duquel se trouve l'auteur de l'acte (article R 312-1 du Code de Justice administrative), qui est le juge administratif compétent pour connaître de la décision administrative attaquée.

Mais, certains actes ne peuvent être attaquables devant le juge administratif de première instance qu'après avoir fait l'objet d'une procédure administrative obligatoire.

82. Rec. 1er suppl. 61, concl. David, D. 1873. III. 17, concl., S. 1873. III. 153, concl., GAJA n° 1, Lachaume p. 12.

Ainsi, en est-il pour les refus opposés par l'administration de communiquer des documents administratifs dans la mesure où les administrés ne peuvent les contester qu'après avoir saisi la CADA (Commission d'accès aux documents administratifs) dans un délai de deux mois francs à partir de la date de notification de l'acte au destinataire.

En effet, si un administré demande au tribunal administratif, dans le ressort duquel se trouve l'auteur de ce refus, d'annuler cette décision administrative de refus de communication, ce tribunal rejettera sa demande pour irrecevabilité.

Et ce, parce que la procédure prévoyant la saisine de la CADA (commission d'accès aux documents administratifs), en cas de refus de communiquer opposé à l'administré par une autorité administrative, comme le prévoit la loi du 17 juillet 1978, est obligatoire.

La CADA dispose alors d'un délai d'un mois pour donner son avis sur le caractère communicable du document demandé.

Une fois cet avis rendu, il est adressé à l'autorité administrative qui a initialement refusé la communication du document que l'administré désire consulter.

Cette autorité a alors un mois pour se prononcer à nouveau sur la demande de communication.

Si elle renouvelle son refus, malgré, qui plus est, un avis favorable de communication de la CADA, l'administré peut :

- en cas de nouvelle décision explicite de refus, attaquer cette dernière décision devant le tribunal administratif (dans le ressort duquel se trouve le siège administratif de l'auteur de l'acte litigieux), et ce, dans un délai de deux mois francs à partir du jour où cette seconde décision de refus lui est notifiée ;
- en cas de nouvelle décision de refus, mais implicite cette fois-ci (c'est-à-dire deux mois à compter de la saisine de la CADA), attaquer cette dernière décision devant le tribunal administratif, et ce, sans aucun délai.

Voir aussi, pour plus de détails, dans l'annexe n° 2, le paragraphe 2 concernant la procédure de communication des documents administratifs.

Mineure : l'acte contesté est un acte pris par une autorité administrative, le maire de la commune de Tchaïkovski ; donc c'est un acte administratif.

L'acte a été remis, donc notifié (en mains propres) le 8 janvier 2006 et peut donc faire l'objet d'une saisine de la CADA jusqu'au 9 mars 2006 à 24 heures.

Selon la réponse de la CADA et celle du maire suite à cet avis, et en respectant les délais « théoriques » sus-évoqués, M. Le Hibou pourra saisir le tribunal administratif dans le ressort duquel se trouve la commune pour contester un éventuel second refus.

Conclusion : le juge compétent pour connaître de toute demande relative à cet acte, telle qu'une demande en annulation, est le juge administratif, si tant est que le refus initial soit renouvelé par le maire après l'avis de la CADA.

b. La procédure à suivre

Majeure : le requérant, lorsqu'il conteste la légalité d'un acte de refus de communiquer n'a qu'une procédure à suivre, celle imposée par les textes, et ce, d'autant plus qu'elle lui permet de bénéficier d'un double recours administratif (celui de la CADA et celui de la commune après avis de la CADA), tout en lui conservant le recours contentieux.

Dès lors, si la commune réitère une seconde fois son refus, quel que soit au demeurant le sens de l'avis de la CADA, l'administré peut décider de prendre la voie juridictionnelle. Il faut alors que son REP soit recevable ; ainsi, doit-il satisfaire 4 conditions.

Ces 4 conditions se distinguent entre les 2 inhérentes au requérant (capacité et intérêt à agir) et les 2 relatives au recours (l'acte attaqué doit être décisoire et non définitif).

Un tel recours contentieux est-il recevable :

- est-il capable juridiquement ? renvoi au droit privé ; cas rare de difficulté en droit administratif ;
- a-t-il intérêt à agir ? le juge administratif apprécie libéralement cette condition au regard de l'acte attaqué ; lorsque l'acte à un objet plutôt général et impersonnel, le juge administratif admet presque systématiquement cet intérêt ; il devient plus délicat d'apprécier cet intérêt lorsque l'acte a un caractère individuel. Mais, par principe, et à l'égard de toute décision de refus faisant grief au demandeur, ce dernier est recevable à l'attaquer au titre de l'intérêt à agir.
- l'acte attaqué est-il décisoire ? c'est-à-dire l'acte modifie-t-il ou maintient-il l'ordonnancement juridique et s'impose-t-il aux tiers sans leur consentement ? Là encore, par principe, un refus maintient l'état du droit de celui auquel il est opposé ; dès lors, un refus est toujours décisoire, à défaut d'être systématiquement exécutoire.
- l'acte est-il définitif ? une décision administrative l'est dans les deux mois francs de sa notification (pour une décision à caractère individuel) ou de sa publication (pour une décision réglementaire) ; une fois qu'il est définitif, l'acte administratif n'est plus attaquable.

Mineure : Si M. Le Hibou, après avoir exercé la procédure de saisine de la CADA, et après s'être vu opposer un second refus (en effet, si la seconde fois, la commune accède totalement à sa demande de communication, il n'aura aucun intérêt à agir en justice, puisque sa demande initiale de communication sera satisfaite), souhaite saisir le juge administratif d'un recours pour excès de pouvoir contre un tel acte, encore faut-il s'assurer que le REP intenté soit recevable.

Reprenons, en l'espèce, les quatre conditions de recevabilité :

- est-il capable juridiquement ? il est *a priori* capable juridiquement,
- a-t-il intérêt à agir ? il a un intérêt à agir puisque le refus le frustre, lui fait grief au regard des documents qu'il sollicite et dont il doit avoir besoin ; il a donc intérêt à agir.
- l'acte attaqué est-il décisoire ? en l'espèce, le refus de communication empêche M. Le Hibou de consulter des actes qu'il n'a pas en sa possession et donc maintient son ordonnancement juridique : il ne les a pas plus vu avant qu'après ce refus ; cet acte l'empêche d'exercer son droit à communication ; l'acte est donc décisoire.
- l'acte est-il définitif ? en l'espèce, l'acte ne le sera qu'en fonction des autres éléments et dates de leur apparition, dans le cadre de la procédure sus-évoquée.

Conclusion : M. Le Hibou, après avoir exercé la procédure de saisine de la CADA, et après s'être vu opposé un second refus, sera recevable, dans le délai du recours contentieux (si le refus est explicite) ou sans délai (si le refus est implicite) à saisir le tribunal administratif, dans le ressort duquel se trouve la commune de Tchaïkovski, d'un recours pour excès de pouvoir.

C. La légalité de l'acte

Majeure : il importe ici de souligner avec force que, lorsque vous maîtriserez parfaitement les moyens de légalité, il ne faudra pas tous les développer mais seulement s'intéresser à ceux qui posent problème en l'espèce.

En principe, face à une demande de communication, pour savoir si elle est ou non – en cas de réitération une seconde fois à l'identique – régulière, il convient de savoir si les documents, dont la communication est demandée, sont ou non communicables. En effet, si l'administration refuse la communication de documents qui ne doivent pas l'être, alors le refus est régulier. Mais, si ce n'est pas le cas, c'est-à-dire si elle refuse la communication de documents qui doivent l'être, le refus est alors irrégulier.

Refuser de communiquer des documents qui doivent l'être, c'est violer à l'occasion de son application la loi du 17 juillet 1978, c'est donc au titre des moyens de la légalité, commettre pour l'autorité administrative saisie d'une telle demande une erreur de droit (composante de la « violation de la loi »).

Dans l'hypothèse, comme ici, où plusieurs documents sont refusés, il convient donc de bien distinguer chaque cas de figure, sachant qu'à partir du moment où les refus de communication de documents sont distincts, la décision de communication est divisible. Ainsi, ne deviennent irrégulières que les seules parties de la décision refusant la communication de documents qui doivent l'être, et ne le sont pas et sont donc maintenues les parties de cette même décision concernant des documents qui ne doivent pas l'être.

Mais, qu'est-ce qu'un document communicable ?

Selon les articles 1 et 2 de la loi du 17 juillet 1978 ci-dessus mentionnée, « *toute personne* » bénéficie de « *la liberté d'accès aux documents administratifs* » de quelque caractère que ce soit, c'est dire que de tels documents sont communicables « *de plein droit* » à ceux qui en font la demande.

En effet, la loi du 12 avril 2000 a supprimé la référence initiale au caractère non nominatif des seuls documents, jusqu'à présent communicables.

Toutefois, cette loi réserve une sorte de droit exclusif de communication de certains documents administratifs aux personnes spécialement intéressées par ces derniers.

Voir absolument, pour plus de détails, dans l'annexe n° 1, le paragraphe 1 concernant la notion de document communicable pour « enrichir » cette majeure des seuls éléments permettant de comprendre la mineure du raisonnement.

Mineure : Il convient de relever, au vu des remarques précédentes en reprenant chacun des documents.

- l'étude rédigée par le service municipal de l'état civil relative à l'évolution des naissances ayant eu lieu dans la commune depuis 1945 : cette étude est un rapport, un document à coup sûr administratif, vu son auteur, rien n'empêche sa communication ; c'est donc un document communicable.
- toutes les circulaires et instructions concernant les diverses aides sociales accordées par la commune : la même solution pourrait s'imposer si le flou de la demande, la généralité des actes visés ne posaient problème ! En effet, lorsque la demande n'est pas assez précise, l'administration peut refuser de communiquer l'acte ou les actes mal identifiés.
- l'acte notarié par lequel la commune a vendu à Mlle Odette Lariche, le 20 janvier 1993, une parcelle de terrain, le lieu-dit « Le lac des cygnes » ; un acte notarié est un acte de droit privé, et donc aucunement un document administratif, par suite il n'entre pas dans le champ d'application du droit à communication de tels documents.
- le dossier « professionnel » de Mlle Odile Lagressive, secrétaire de mairie : bien que depuis la loi de 2000, les documents nominatifs sont devenus communicables, il ne le sont toutefois qu'au profit des intéressés surtout lorsqu'il sont « trop personnels », tel qu'un dossier professionnel ; cette limite est d'autant plus utile ici qu'il apparaît avec une certain évidence que c'est pour nuire à l'agent que l'administré désire accéder à son dossier, et ce, parce que son dossier professionnel contient des renseignements et des appréciations personnels, dont il est

impossible de savoir ce qu'un administré, rempli d'animosité à l'égard de l'agent, peut en faire. Par suite, si le dossier professionnel est communicable à l'agent, il ne l'est pas au demandeur.

- le jugement du Tribunal administratif de X, du 2 janvier 2006, qui a annulé la décision prise, le 10 décembre 2004, et par laquelle a été refusée la communication de l'acte notarié susmentionné (et ceci, malgré l'avis défavorable de la CADA, en date du 10 novembre 2004) : un jugement n'est pas un document administratif mais un acte juridictionnel et ainsi échappe à l'application de la loi sur la communication des documents administratifs ; et ce, d'autant plus qu'ayant été partie au procès, le demandeur doit être en possession du jugement dont il réclame la communication !

Conclusion : M. Le Hibou, si le maire s'obstine dans son refus, après l'avis de la CADA, qui risque d'être favorable sur un seul point et défavorable sur tous les autres, pourra saisir le juge administratif.

Mais, il doit savoir que s'il est recevable à attaquer un second refus de communication, il n'a guère de chance d'obtenir son annulation, au mieux, pourra-t-il en obtenir une annulation très partielle, sur un seul point, celui refusant la communication de l'étude du service communal d'état civil.

Sinon, le maire a tout intérêt de maintenir son refus de communiquer tous les autres documents sollicités par M. Le Hibou, parce que le refus est régulier concernant ces actes.

Remarque : il vaut mieux lorsque des éléments font défaut dans un cas pratique, raisonnez au conditionnel que d'affirmer sans être sûr !

Dans un tel exercice, une question peut vous amener à devoir exprimer deux hypothèses distinctes, sans que les éléments de fait du cas posé vous permettent avec certitude de trancher au profit de telle ou telle hypothèse.

L'intérêt est alors, pour le correcteur, de faire réfléchir le candidat, ne l'oubliez pas !

B. La réponse à la 2e question

La question que pose le maire ici est simple et c'est la suivante : est-ce que la commune que je représente, en formant appel contre le jugement du Tribunal administratif de X du 2 janvier 2006, peut obtenir son annulation ? Le jugement critiqué a annulé la décision que j'ai prise, le 10 décembre 2004, et par laquelle j'ai refusé au même administré la communication de l'acte notarié précédemment mentionné (et ceci, malgré l'avis défavorable de la CADA, en date du 10 novembre 2004) ?

Majeure : Il convient de rappeler que l'appel est un recours qui peut s'exercer contre les jugements de tribunaux administratifs devant une cour administrative d'appel ; celle dans le ressort de laquelle se trouve celui du tribunal ayant rendu le jugement contesté. Ce recours n'est recevable que s'il est formé par une partie au procès en première instance, et ce, dans un délai de deux mois décomptés à partir de la date de signification du jugement. Toutefois, une partie en première instance n'a un intérêt à agir contre un jugement que si ce dernier ne lui a pas donné, partiellement ou totalement, satisfaction.

L'appel est donc un recours contre un jugement qui a pour objet de permettre aux juges d'appel de vérifier si les juges de première instance ont bien jugé au regard des règles de procédure s'imposant à eux (c'est le contrôle de la régularité formelle du jugement) ainsi qu'au regard du fond de l'affaire à juger (c'est le contrôle de la régularité matérielle du jugement).

Remarque : la forme du jugement est un thème de 3e année de licence en droit (Voir la matière de « Droit du contentieux administratif (et fiscal) ») alors que le contrôle du fond par le juge d'appel vise à vérifier si les juges de premier ressort ont bien répondu à la ou aux questions de droit posées par le litige ; ce contrôle amène ce juge a rejuger l'affaire en fait et en droit. Un étudiant de 2e année de licence en droit peut donc écarter la question processuelle pour ne se consacrer qu'à l'étude de la régularité matérielle du jugement.

Le contrôle matériel de l'affaire doit amener le juge d'appel à savoir si l'acte notarié est un document administratif communicable ? Parce que, s'il ne l'est pas, alors le refus de le communiquer est régulier, alors que, s'il l'est, ce même refus est, cette fois-ci, irrégulier.

Mineure/conclusion : En l'espèce, et comme cela a déjà été démontré, l'acte notarié n'est pas un document administratif donc *a fortiori* il n'est pas communicable. Par suite, le refus de le communiquer est régulier et donc le juge administratif de première instance a mal jugé. Par voie de conséquence, le jugement du tribunal administratif est matériellement irrégulier.

De plus, le maire, en tant que partie déboutée en première instance, a tout intérêt à former appel du jugement irrégulier du 2 janvier 2006, dans un délai de deux mois à compter de sa date de signification, (qui n'est d'ailleurs pas indiquée dans le texte du cas pratique).

La communication des documents administratifs

Annexe N° 1

Bibliographie indicative

AJDA, 2003, n° 25, p. 1307-1329.

site internet : www.cada.fr

1) La communication d'un document administratif concourt, tout comme celle des archives, à une meilleure information des citoyens-usagers. En effet, pour comprendre voire participer au mieux à la prise de décision locale, il convient d'être correctement informé.

C'est la raison pour laquelle l'Union européenne consacre, dans l'article II-102 du Traité portant projet de Constitution de l'Union européenne, le droit de tout citoyen de l'Union ainsi que de toute personne physique ou morale résidant ou ayant son siège dans un État membre de pouvoir accéder aux documents des institutions, organes et organismes de l'Union, quel que soit leur support.

C'est le Titre Ier de la loi n° 78-753 du 17 juillet 1978, modifié par la loi n° 2000-321 du 12 avril 2000 ainsi que par l'ordonnance n° 2005-650 du 6 juin 2005[83], qui consacre de manière générale, en droit français, le droit à communication des documents administratifs.

2) Il existe toutefois d'autres textes spécifiques permettant la communication de certains documents administratifs et s'appliquant, par dérogation au texte législatif précité, mais exclusivement pour le type de documents qu'ils visent (le champ d'application de tels textes est donc entendu strictement et limitativement).

Ainsi, sont communiqués au titre de législations spéciales des :

- fichiers informatisés, en application de la loi n°78-17 du 6 janvier 1978 ;
- documents cadastraux depuis la loi du 07 messidor an II ;
- informations relatives à son origine personnelle lorsque l'on est une personne adoptée ou un ancien pupille de l'État en application de l'article L 147-6 du Code de l'action sociale et des familles (introduit en droit français par la loi n°2002-93 du 22 janvier 2002 sur l'accès aux origines personnelles des personnes adoptées et des anciens pupilles de l'État).

83. JORF, 07-06-2005, n°131, p. 10 022 ou JO électronique, texte n° 13.

– informations à caractère médical qui, depuis la loi n°2002-303 du 4 mars 2002, relative aux droits des malades et à la qualité du système de santé, sont directement transmises aux patients qui les demandent ; en effet, ils bénéficient désormais d'un droit d'accès direct à ces informations[84], ce qui n'est pas vraiment une avancée en fonction de la gravité des faits découverts et en l'absence d'une aide sinon médicale du moins psychologique d'un professionnel ! En effet, auparavant, elles ne pouvaient être communiquées à l'intéressé que par l'intermédiaire d'un médecin qu'il désignait.

3) En vertu de l'article 4 du titre Ier de la loi n°78-753 du 17 juillet 1978, modifiée par l'ordonnance du 6 juin 2005, les modalités pratiques de la communication sont ainsi définies :

« *L'accès aux documents administratifs s'exerce, au choix du demandeur et dans la limite des possibilités techniques de l'administration :*

a) Par consultation gratuite sur place, sauf si la préservation du document ne le permet pas ;

b) Sous réserve que la reproduction ne nuise pas à la conservation du document, par la délivrance d'une copie sur un support identique à celui utilisé par l'administration ou compatible avec celui-ci et aux frais du demandeur, sans que ces frais puissent excéder le coût de cette reproduction, dans des conditions prévues par décret ;

c) Par courrier électronique et sans frais lorsque le document est disponible sous forme électronique ».

À cet égard, il convient de relever que l'arrêté du 1er octobre 2001[85] a fixé le coût maximal des copies sur supports papier et électronique (en dehors du coût de l'envoi postal) ; il est de 0,18 euro par page de format A4 en impression noir et blanc, de 1,83 euro pour une disquette et de 2,75 euros pour un cédérom. Le juge administratif veille strictement à son respect[86] ; en effet, le coût prohibitif des photocopies sollicitées, surtout lorsque c'est à juste titre, peut porter gravement atteinte au droit de communication[87].

Mais, la jurisprudence administrative, en vue d'alléger la tâche de l'administration, et au risque de conforter une certaine mauvaise foi administrative, estimait que les frais de reproduction des documents administratifs, même s'ils sont supérieurs au tarif du marché, ainsi que les frais postaux, sont légalement à la charge du demandeur[88].

---

84. Article L 1111-7 CSP ; Cf. décret n° 2002-637 du 29 avril 2002, JORF, 30-04-2002, p. 7790.
Voir aussi : CAA Paris, 30 septembre 2004, *Mme Ulla G...*, AJDA, 2005, n° 6, p. 323, note B. Delaunay : le juge administratif précise la notion de dossier médical communicable en affirmant que les notes manuscrites des médecins en font partie et doivent être communiquées au patient qui en fait la demande.

85. JORF, 02-10-2001, p. 15 496.

86. TA Toulouse, 14 juin 2005, *Mme Couillard-Maugery*, AJDA 2005, n° 32, p. 1805.

87. CAA Nantes, 10 avril 2003, *M. Pierre Keryel*, AJDA, 2003, n° 34, p. 1839.

88. CE, 13 décembre 2002, *Ullmann*, AJDA 2002 p. 691, note P. Raimbault.

Mais, le décret n° 2005-1755 relatif à la liberté d'accès aux documents administratifs et à la réutilisation des informations publiques, pris pour l'application de la loi n° 78-753 du 17 juillet 1978[89], en son article 35, décharge explicitement le demandeur des frais de reproduction et de l'envoi du document, mais pas du coût de reproduction, ni des frais postaux[90].

4) La loi de 1978 a mis en place une procédure quelque peu complexe, afin de privilégier la conciliation entre l'administration et l'administré, en cas de refus de communication d'un document administratif, pour éviter aux administrés de saisir immédiatement le juge administratif.

Cette procédure fait d'ailleurs intervenir une autorité administrative indépendante, la CADA (Commission d'accès aux documents administratifs), qualifiée comme telle depuis seulement l'ordonnance du 6 juin 2005 susmentionnée. Cette ordonnance a aussi étendu le rôle de la CADA qui, non seulement est compétente pour contrôler la bonne communication des documents administratifs (depuis 1978) ainsi que des archives (depuis 2000), mais l'est aussi depuis la même ordonnance pour veiller à la correcte réutilisation des informations publiques communiquées aux administrés[91].

Elle a aussi modifié la composition de la CADA qui comporte désormais 11 membres et détient un pouvoir de sanction très important à l'encontre de tous ceux qui réutiliseraient, sans respecter le droit de la concurrence et le droit de la propriété intellectuelle, des informations publiques.

5) Par suite, seront traités distinctement les deux points essentiels posés par la législation de 1978 :

- d'une part, la définition de la notion de « document administratif communicable » (**paragr.** 1),
- et d'autre part, la procédure à suivre, en cas de refus de communication d'un document administratif (**paragr.** 2).

1. La notion de document administratif communicable

Selon les articles 1 et 2 de la loi du 17 juillet 1978 ci-dessus mentionnée, « *toute personne* » bénéficie de « *la liberté d'accès aux documents administratifs* » de quelque caractère que ce soit, c'est dire que de tels documents sont communicables « *de plein droit* » à ceux qui en font la demande.

En effet, la loi du 12 avril 2000 a supprimé la référence initiale au caractère non nominatif des seuls documents, jusqu'à présent communicables.

89. JORF, 31 décembre 2005, n°304, p. 20.827 ou JO électronique, texte n° 19.
90. En sens contraire : CAA Bordeaux, 09 novembre 2004, *Commune d'Encourtiech*, AJDA 2005, n° 6, p. 341.
91. Articles 10 à 19 de l'ordonnance du 06 juin 2005.

Toutefois, cette loi réserve une sorte de droit exclusif de communication de certains documents administratifs aux personnes spécialement intéressées par ces derniers (voir II de l'article 6 de la loi de 1978).

D'où, à la lecture de ce principe, quatre précisions s'imposent :

- Tout d'abord, qu'entend-on par le terme de « *documents* » ? : ce sont tous les « *dossiers, rapports, études, comptes rendus, procès-verbaux, statistiques, directives, instructions, circulaires, notes et réponses ministérielles, correspondances, avis, prévisions et décisions* » (article 1er de la loi de 1978).

Il en va de même pour les contrats, ce qui différence là encore le document de l'acte unilatéral.

Sont aussi considérés comme de tels documents, les budgets et comptes des personnes publiques nationale, décentralisées et déconcentrés (dont les établissements publics), des personnes privées chargés de la gestion d'un SP et des organismes de sécurité sociale, ainsi que ceux des personnes privées subventionnées par ces derniers.

Que ces actes revêtent la forme d'écrits, d'enregistrement sonores ou visuels, de documents existant sur support informatique ou pouvant être obtenus par un traitement automatisé d'usage courant.

Mais, les documents préparatoires à une décision en cours d'élaboration ne sont pas communicables (article 2 de la loi de 1978). Ce qu'une jurisprudence administrative constante confirme[92].

- Ensuite, comment identifie-t-on la nature juridique administrative d'un document ? : ce document doit émaner d'une administration d'État, d'une collectivité locale (région, département, commune), d'un établissement public[93], d'un GIP, de la Banque de France, ou encore, d'une personne privée chargé de la gestion d'un service public. Cette dernière étant entendue largement par le juge administratif, qui considère qu'une société d'économie mixte (SEM) en est une[94] ; ce qui ne dispense pas le juge administratif, bien au contraire, de vérifier précisément le caractère de service public de l'activité gérée par la personne privée[95].

92. Pour un exemple : CAA Nancy, 03 mars 2005, *ENA*, AJDA 28 mars 2005, p. 636 : les éléments préparant la note de stage de l'ENA ne sont pas communicables.
93. Et ce, quel que soit leur caractère (administratif (EPA) ou industriel et commercial (EPIC)) : TA Lyon 20 décembre 2000, *Bertin*, D. 2001. IR. 905.
94. CAA Paris, 05 juin 2003, *Albertini*, RFDA 2003 p. 1237.
95. CE, 26 février 2003, *Société protectrice des animaux*, Environnement 7/2003 n° 68, note L. Benoit.

Mais, ne sont pas qualifiables de documents administratifs tant les documents, régis par le droit privé (tel un acte notarié) que les documents juridictionnels, tels que ceux se rattachant à une procédure judiciaire[96] ou pris à l'occasion d'une procédure juridictionnelle se déroulant devant une juridiction administrative[97] : en somme, les documents juridictionnels.

Ne sont pas non plus considérés comme des documents administratifs communicables, en application de l'alinéa 3 de l'article 1er de la loi de 1978 :

- les documents élaborés par les Assemblées parlementaires ;
- les avis, propositions, rapports et mesures d'instruction (même non liés à une procédure juridictionnelle) des chambres régionales des comptes et de la Cour des comptes ;
- les avis du Conseil d'État et des tribunaux administratifs ;
- les réclamations adressées au Médiateur de la République ;
- les documents préalables à l'élaboration du rapport d'accréditation des établissements de santé et les rapports d'audit afférents aux mêmes établissements.

Toutefois, les procès-verbaux et rapports de la DGCCRF (Direction générale de la concurrence, de la consommation et de la répression des fraudes), bien qu'ils puissent servir de fondement à des procédures pénales, sont des documents administratifs soumis à l'obligation de communication[98].

De même, sont communicables, et donc considérées comme des documents administratifs, les études juridiques réalisées par les cabinets d'avocats au profit d'une personne publique, sans que le respect professionnel n'y fasse obstacle dans la mesure où le secret s'impose aux avocats, auteurs des études mais nullement aux collectivités publiques, destinataires de celles-ci[99].

---

96. Ainsi en est-il d'un dossier d'aide judiciaire (CE, 05 juin 1991, *Mme Delannay*, Rec. T. 948), d'une décision présidentielle rejetant un recours en grâce (CE, 03 septembre 1997, *François*, Rec. T. 685), ou, plus globalement, de tout acte se rattachant à une procédure judiciaire parce qu'ayant été pris dans le cadre de sa réalisation (CE, 05 mars 1994, *Massol*, Rec. T. 952).
Mais est un document administratif communicable la fiche pénale d'un détenu (CE, 17 janvier 2004, *Garde des Sceaux, Ministre de la Justice c. Souhol*, DA 6/2005 n° 78, note F. D.) : la fiche pénale est un document établi par le greffe de l'établissement pénitentiaire afin de recenser de façon exhaustive les décisions juridictionnelles relatives à l'incarcération, à la condamnation et à l'exécution de la peine du détenu. Elle permet d'évaluer la durée de la peine qu'il lui reste à purger ; cette fiche, non prévu par le Code de procédure pénale, n'est en aucune façon le prolongement du registre d'écrou. La fiche pénale est donc un document communicable puisqu'elle se rattache au fonctionnement du service public pénitentiaire).

97. CE, 20 janvier 2005, *M. Hoffer*, req. n° 276.625 : les conclusions du commissaires du Gouvernement ne sont pas des documents administratifs communicables.

98. CE, 1er mars 2004, *Ministre de l'Économie, des Finances et de l'Industrie*, AJDA, 2004, n° 27, p. 1494.

99. CAA, Paris, 19 avril 2004, *Département de l'Essonne*, DA 2004 n° 123 ; CE, 27 mai 2005, *Idem*, RFDA 2005 p. 899.

- De plus, en quoi la communication d'un document administratif varie selon son caractère « personnel » ? : en effet, ne sont communicables qu'à l'intéressé les documents administratifs :
  - dont la communication porterait atteinte au secret de la vie privée et des dossiers personnels, au secret médical et au secret en matière commerciale et industrielle[100]. La CADA entend toutefois largement l'information médicale à diffuser puisqu'elle admet, au titre de la communication des documents administratifs, la communication au malade d'un rapport d'expertise élaboré dans le cadre d'une procédure en cours devant un comité médical chargé de la préparation d'une décision administrative [101]
  - portant une appréciation ou un jugement de valeur sur une personne physique, nommément désignée ou facilement identifiable ;
  - faisant apparaître le comportement d'une personne dès lors que la divulgation de ce comportement pourrait lui porter préjudice.
- Enfin, l'administration peut-elle légalement refuser la communication d'un document administratif a priori communicable ? : oui, si ce document administratif est exclu du droit à communication en vertu d'une mesure législative expresse ; ainsi, en est-il pour :
  - les documents administratifs, dont la communication risquerait de porter atteinte, aux secrets d'administration les plus importants (délibérations du Gouvernement, défense nationale[102], politique extérieure), à la monnaie et au crédit public, ainsi qu'à la sûreté de l'État et à la sécurité publique, à la recherche des infractions fiscales ou douanières, à la préparation ou au déroulement des procédures devant les juridictions, à des secrets privés (vie privée, dossiers médicaux, secrets médicaux). Mais, le dossier d'une pupille de l'État n'est pas couvert par un quelconque secret à partir du moment où les parents n'ont pas expressément refusé la communication intégrale du dossier[103] ; alors que le rôle des impôts locaux d'une commune l'est parce qu'il contient des informations nominatives attentatoires à la vie privée, ce que justifie donc le refus de sa communication[104].

---

100. CAA, Paris 06 février 2003, *Mme Juaneda-Calvier*, RFDA 2003 p. 816.

101. CADA, Avis, 16 décembre 2004, AJDA 21 février 2005 p. 353.

102. CE, 06 avril 2001, *Association Manche Nature (Ministre de l'Equipement, des Transports et du Logement c.)*, RJE 1/2002 p. 43, note X. Braud, CE 25 mai 2005, *Association « Reporters sans frontières et autres*, DA 8-9/2005 n° 112, note F. D..

103. CAA Bordeaux, 30 décembre 2003, *Mme T...*, AJDA 2004, n° 8, p. 496, note J.-L. Rey : « (...) *il est constant que la mère de la requérante n'a pas demandé expressément que son identité demeure secrète pour sa fille, Mme T... est* (donc) *fondé à soutenir que c'est à tort, que par le jugement attaqué, le tribunal administratif de Bordeaux a rejeté sa demande tendant à l'annulation du refus de communication intégrale de son dossier de pupille de l'État* ».

104. CAA, Lyon 06 novembre 2003, *Foussat*, AJDA 2004, n° 15, p. 837.

Toutefois, relativement au refus de communiquer justifié par un secret protégé par la loi, il convient de souligner que la Cour de Justice des Communautés Européennes a condamné la France pour ne pas avoir prévu une exception dans le cas de tels secrets, au profit des infractions relatives à l'environnement[105].

La jurisprudence, reprise par la loi du 12 avril 2000, a toutefois ajouté à ces hypothèses d'exclusion du droit à communication des documents administratifs : les documents mis à la disposition du public, les documents inachevés, ou encore, ceux qui sont exécutés dans le cadre d'un contrat de prestation de service au profit de personnes déterminées.

La loi n'a toutefois pas repris les deux autres types de documents, exclus de la communication par le juge administratif, c'est-à-dire les documents provisoires, alors même qu'ils sont achevés, ainsi que les documents qui n'existent pas ou plus.

La loi précitée ajoute que « *l'administration n'est pas tenue de donner suite aux demandes abusives, en particulier par leur nombre, leur caractère répétitif ou systématique* » (alinéa 4 de l'article 2 de la loi de 1978).

Il convient aussi de souligner que le juge administratif dénie le droit à communication de documents, pourtant administratifs, aux héritiers du défunt demandeur lorsque ces deniers n'ont aucun intérêt patrimonial, successoralement transmis, à défendre et qui serait lié à une telle communication ou que celle-ci « *leur permettrait de défendre ou de faire respecter la mémoire du défunt dans un litige né ou à venir* »[106].

In fine, il importe de relever cette limite, implicite parce que « *a contrario* », du droit à communiquer : celle qui consiste à permettre, aux termes de l'article 9 de la loi de 1978, la communication « *sous réserve des droits de propriété littéraire et artistique* ».

Par conséquent, à partir du moment où une demande de communication d'un document administratif *a priori* communicable est adressé au détenteur du document et que la demande le vise précisément (ou du moins, autant que cela est possible, au vu des renseignements, dont dispose le demandeur), l'autorité administrative, refusant la communication d'un tel document, viole la loi du 17 juillet 1978.

Mais attention, mal en prendra au demandeur qui saisira directement le tribunal administratif, dans le ressort duquel se trouve l'auteur de la décision administrative de refus de communication, d'une demande en annulation de cette décision.

En effet, ce tribunal rejettera une telle demande pour irrecevabilité si elle n'a pas été précédée de la saisine de la CADA, comme le prévoit la loi précitée de 1978 en son article 20.

---

105. CJCE? 26 juin 2003, *Commission des Communautés européennes c. France*, D. 2003. IR. 1876.
106. CAA? Douai 21 octobre 2003, *Mme Loyen*, AJDA 2004, n° 6, p. 350.

Et ce, d'autant plus que la loi du 12 avril 2000 dispose expressément que « *la saisine de la commission pour avis est un préalable obligatoire à l'exercice d'un recours contentieux* ».

Évoquons maintenant, afin d'être complet, cette procédure.

2. La procédure de communication des documents administratifs[107]

Après avoir reçu une réponse explicite motivée de refus de communication ou implicite de refus (décision implicite naissant juridiquement, en cette hypothèse, seulement un mois après la demande initiale de communication), le demandeur dispose d'un délai de deux mois francs (c'est-à-dire, deux mois complets plus un jour : si le refus est notifié le 9 janvier 2006, le délai ne commence à courir que ce jour à minuit et ne s'achève que le 10 mars 2006 à minuit ; sachant que si le dernier jour du délai est un jour férié ou un dimanche, le délai ne s'achève que le jour suivant) pour saisir la CADA.

Il convient de préciser que, depuis l'article 2 de la loi du 12 avril 2000, les administrations sont tenues de communiquer les documents administratifs qu'elles détiennent sans considération de leur origine. C'est dire ceux qu'elles détiendraient bien qu'étant des documents administratifs d'autres personnes publiques ou privées (gérant un service public) !

La CADA dispose d'un mois pour donner son avis sur le caractère communicable du document demandé.

Une fois cet avis rendu, il est adressé à l'autorité administrative qui a initialement refusé la communication du document.

Cette autorité a alors un mois pour se prononcer à nouveau sur la demande de communication.

Si elle renouvelle son refus, malgré, qui plus est, un avis favorable de communication de la CADA, le demandeur peut :

- en cas de nouvelle décision explicite de refus, attaquer cette dernière décision devant le tribunal administratif (dans le ressort duquel se trouve l'auteur de l'acte litigieux), et ce, dans un délai de deux mois francs à partir du jour où cette seconde décision de refus lui est notifiée ;
- en cas de nouvelle décision de refus, mais implicite cette fois-ci (c'est-à-dire naissant deux mois après la saisine de la CADA), attaquer cette dernière décision devant le tribunal administratif (dans le ressort duquel se trouve « l'autorité administrative de refus »), et ce, sans aucun délai.

Il est très important de relever que, bien que l'avis de la CADA ne lie pas la décision finale de l'autorité administrative ayant refusé initialement de communiquer le document demandé, 80 % de ses avis sont suivis par l'administration.

---

107. Décret n° 2005-1755 relatif à la liberté d'accès aux documents administratifs et à la réutilisation des informations publiques, pris pour l'application de la loi n° 78-753 du 17 juillet 1978, précité.

De plus, il importe de souligner que si le juge administratif annule le refus de communiquer, il ne peut pas enjoindre à l'administration de procéder à la communication du document demandé ; en effet, l'annulation contentieuse implique seulement que l'administration statue à nouveau sur la demande de communication[108].

Enfin, il est à préciser que l'administré, s'étant vu opposer un double refus illégal de communication d'un document administratif communicable, peut obtenir du tribunal administratif l'indemnisation des préjudices résultant pour lui du maintien du refus, quand ce dernier illustre la mauvaise volonté de son auteur.

La CADA est de plus en plus sollicitée : elle se prononçait 500 fois par an dans le début des années 1980, elle a atteint le chiffre de 5 000 en 2001 et l'a dépassé en 2002 (5 100 : 4 500 avis et 600 conseils).

Elle joue un rôle important de médiateur et convainc assez souvent l'administration de communiquer le document sollicité à juste titre ; entre 1990 et 2002, le juge n'a d'ailleurs été saisi que de 1 000 recours contre un refus de communication alors qu'elle a rendu durant cette même période 42 000 avis.

Toutefois, la majorité des demandes d'avis de la CADA concerne des documents qui doivent être communiqués (dans 90 % des cas), ce qui prouve que, pour l'administration, le droit d'accès des citoyens aux documents administratifs est loin d'être une priorité et qu'elle n'a pas intégré « la nécessité de la transparence dans l'action au plus grand profit de la démocratie ».

Il faut espérer que le développement d'internet améliorera cette situation, d'autant plus que la CADA ne dispose pas de moyens conséquents !

---

108. CE, 27 mai 2005, *Département de l'Essonne*, précité.

Loi n° 78-753 du 17 juillet 1978

Annexe N° 2

Loi portant diverses mesures d'amélioration des relations entre l'administration et le public et diverses dispositions d'ordre administratif, social et fiscal

version consolidée au 7 juin 2005 – version JO initiale

Titre Ier : De la liberté d'accès aux documents administratifs et de la réutilisation des informations publiques.

CHAPITRE I : DE LA LIBERTÉ D'ACCÈS AUX DOCUMENTS ADMINISTRATIFS.

Art. 1 – Modifié par Ordonnance n° 2005-650 du 6 juin 2005 article 2, article 3, article 4 (JORF 7 juin 2005).

Le droit de toute personne à l'information est précisé et garanti par les dispositions des chapitres Ier, III et IV du présent titre en ce qui concerne la liberté d'accès aux documents administratifs.

Sont considérés comme documents administratifs, au sens des chapitres Ier, III et IV du présent titre, quel que soit le support utilisé pour la saisie, le stockage ou la transmission des informations qui en composent le contenu, les documents élaborés ou détenus par l'État, les collectivités territoriales ainsi que par les autres personnes de droit public ou les personnes de droit privé chargées de la gestion d'un service public, dans le cadre de leur mission de service public. Constituent de tels documents notamment les dossiers, rapports, études, comptes rendus, procès-verbaux, statistiques, directives, instructions, circulaires, notes et réponses ministérielles, correspondances, avis, prévisions et décisions.

Ne sont pas considérés comme documents administratifs, au sens du présent titre, les actes des Assemblées parlementaires, les avis du Conseil d'État et des juridictions administratives, les documents de la Cour des comptes mentionnés à l'article L 140-9 du code des juridictions financières et les documents des chambres régionales des comptes mentionnés à l'article L 241-6 du même code, les documents d'instruction des réclamations adressées au Médiateur de la République, les documents préalables à l'élaboration du rapport d'accréditation des établissements de santé prévu à l'article L 6113-6 du code de la santé publique et les rapports d'audit des établissements de santé mentionnés à l'article 40 de la loi de financement de la sécurité sociale pour 2001 (n° 2000-1257 du 23 décembre 2000).

Art. 2 – Modifié par Ordonnance n° 2005-650 du 6 juin 2005 article 2, article 3, article 5 (JORF 7 juin 2005).

Sous réserve des dispositions de l'article 6, les autorités mentionnées à l'article 1er sont tenues de communiquer les documents administratifs qu'elles détiennent aux personnes qui en font la demande, dans les conditions prévues par le présent titre.

Le droit à communication ne s'applique qu'à des documents achevés. Il ne concerne pas les documents préparatoires à une décision administrative tant qu'elle est en cours d'élaboration. Il ne s'exerce plus lorsque les documents font l'objet d'une diffusion publique. Il ne s'applique pas aux documents réalisés dans le cadre d'un contrat de prestation de service exécuté pour le compte d'une ou de plusieurs personnes déterminées.

Le dépôt aux archives publiques des documents administratifs communicables aux termes du présent chapitre ne fait pas obstacle au droit à communication à tout moment desdits documents.

L'administration n'est pas tenue de donner suite aux demandes abusives, en particulier par leur nombre, leur caractère répétitif ou systématique.

Art. 3 – c*Modifié par Ordonnance n° 2005-650 du 6 juin 2005 article 2, article 3 (JORF 7 juin 2005).*

Sous réserve des dispositions de la loi n° 78-17 du 6 janvier 1978 relative à l'informatique, aux fichiers et aux libertés, concernant les informations nominatives figurant dans des fichiers, toute personne a le droit de connaître les informations contenues dans un document administratif dont les conclusions lui sont opposées.

Sur sa demande, ses observations à l'égard desdites conclusions sont obligatoirement consignées en annexe au document concerné.

L'utilisation d'un document administratif au mépris des dispositions ci-dessus est interdite.

Art. 4 – Modifié par Ordonnance n° 2005-650 du 6 juin 2005 article 2, article 3, article 6 (JORF 7 juin 2005).

L'accès aux documents administratifs s'exerce, au choix du demandeur et dans la limite des possibilités techniques de l'administration :

a) Par consultation gratuite sur place, sauf si la préservation du document ne le permet pas ;

b) Sous réserve que la reproduction ne nuise pas à la conservation du document, par la délivrance d'une copie sur un support identique à celui utilisé par l'administration ou compatible avec celui-ci et aux frais du demandeur, sans que ces frais puissent excéder le coût de cette reproduction, dans des conditions prévues par décret ;

c) Par courrier électronique et sans frais lorsque le document est disponible sous forme électronique.

Art. 5 – Abrogé par Ordonnance n°2005-650 du 6 juin 2005 article 9 II (JORF 7 juin 2005).

Art. 5-1 – Abrogé par Ordonnance n°2005-650 du 6 juin 2005 article 9 II (JORF 7 juin 2005).

Art. 6 – Modifié par Ordonnance n° 2005-650 du 6 juin 2005 article 2, article 3, article 7 (JORF 7 juin 2005).

I. – Ne sont pas communicables les documents administratifs dont la consultation ou la communication porterait atteinte :

– au secret des délibérations du Gouvernement et des autorités responsables relevant du pouvoir exécutif ;

– au secret de la défense nationale ;

– à la conduite de la politique extérieure de la France ;

– à la sûreté de l'État, à la sécurité publique ou à la sécurité des personnes ;

– à la monnaie et au crédit public ;

– au déroulement des procédures engagées devant les juridictions ou d'opérations préliminaires à de telles procédures, sauf autorisation donnée par l'autorité compétente ;

– à la recherche, par les services compétents, des infractions fiscales et douanières ;
– ou, de façon générale, aux secrets protégés par la loi.

II. – Ne sont communicables qu'à l'intéressé les documents administratifs :
– dont la communication porterait atteinte au secret de la vie privée et des dossiers personnels, au secret médical et au secret en matière commerciale et industrielle ;
– portant une appréciation ou un jugement de valeur sur une personne physique, nommément désignée ou facilement identifiable ;
– faisant apparaître le comportement d'une personne, dès lors que la divulgation de ce comportement pourrait lui porter préjudice.

Les informations à caractère médical sont communiquées à l'intéressé, selon son choix, directement ou par l'intermédiaire d'un médecin qu'il désigne à cet effet, dans le respect des dispositions de l'article L 1111-7 du code de la santé publique.

III. – Lorsque la demande porte sur un document comportant des mentions qui ne sont pas communicables en application du présent article mais qu'il est possible d'occulter ou de disjoindre, le document est communiqué au demandeur après occultation ou disjonction de ces mentions.

Les documents administratifs non communicables au sens du présent chapitre deviennent consultables au terme des délais et dans les conditions fixés par les articles L 213-1 et L 213-2 du code du patrimoine.

Art. 6 bis – Abrogé par Loi n°2000-321 du 12 avril 2000 article 7 (JORF 13 avril 2000).

Art. 7 – Modifié par Ordonnance n° 2005-650 du 6 juin 2005 article 2, article 3, article 8 (JORF 7 juin 2005).

Font l'objet d'une publication les directives, les instructions, les circulaires, ainsi que les notes et réponses ministérielles qui comportent une interprétation du droit positif ou une description des procédures administratives.

Les administrations mentionnées à l'article 1er peuvent en outre rendre publics les autres documents administratifs qu'elles élaborent ou détiennent.

Toutefois, sauf dispositions législatives contraires, les documents administratifs qui comportent des mentions entrant dans le champ d'application de l'article 6 ne peuvent être rendus publics qu'après avoir fait l'objet d'un traitement afin d'occulter ces mentions ou de rendre impossible l'identification des personnes qui y sont nommées et, d'une manière générale, la consultation de données à caractère personnel.

Un décret en Conseil d'État pris après avis de la commission mentionnée au chapitre III précise les modalités d'application du premier alinéa du présent article.

Art. 8 – Modifié par Ordonnance n° 2005-650 du 6 juin 2005 article 2, article 3 (JORF 7 juin 2005).

Sauf disposition prévoyant une décision implicite de rejet ou un accord tacite, toute décision individuelle prise au nom de l'État, d'une collectivité territoriale, d'un établissement public ou d'un organisme, fût-il de droit privé, chargé de la gestion d'un service public, n'est opposable à la personne qui en fait l'objet que si cette décision lui a été préalablement notifiée.

Art. 8 – Modifié par Ordonnance n° 2005-650 du 6 juin 2005 article 2, article 3, article 9 (JORF 7 juin 2005).

Les documents administratifs sont communiqués sous réserve des droits de propriété littéraire et artistique.

L'Association communale de chasse agréée de Cerveau-Lent

Sujet N° 2

Thème

Notion de service public (identification). Notion d'acte administratif (qualification). Légalité des décisions administratives.

Ce cas pratique comporte le texte du sujet (I), puis les éléments de son corrigé (II) ; en annexe n° 1, se trouvent les textes, issus du Code de l'environnement, afférents à la résolution de ce cas pratique.

I – Le texte du cas pratique

Il convient de se situer le 10 janvier 2006 pour traiter ce cas pratique.

L'article L 422-2 du Code de l'environnement dispose, en son article 1er, que « *Les associations communales et intercommunales de chasse agréées ont pour but d'assurer une bonne organisation technique de la chasse. Elles favorisent sur leur territoire le développement du gibier et de la faune sauvage dans le respect d'un véritable équilibre agro-sylvo-cynégétique, l'éducation cynégétique de leurs membres, la régulation des animaux nuisibles et veillent au respect des plans de chasse en y affectant les ressources appropriées. Elles ont également pour objet d'apporter la contribution des chasseurs à la conservation des habitats naturels, de la faune et de la flore sauvages* ».

À cet effet, les droits de chasse susceptibles de s'exercer sur l'ensemble des terrains situés dans leur territoire sont transférés à ces associations.

Ainsi, les terrains d'une superficie inférieure à 20 hectares sont inclus de plein droit dans le territoire soumis à l'action des ACCA, sans que les propriétaires puissent s'y opposer.

Au-delà de 20 hectares, les propriétaires peuvent refuser d'apporter leur territoire de chasse à l'association (article L 422-13 du Code de l'environnement). Mais, s'ils ne se sont pas expressément opposés à cet apport, ils ne peuvent retirer leur(s) terrain(s) de l'ACCA qu'à l'expiration d'un délai de 5 ans « *sous réserve d'avoir* [...] *notifié* (leur opposition) *six mois avant le terme de cette période* » (article L 422-18 du Code de l'environnement).

La loi précise à ce sujet que les ACCA doivent établir la liste des terrains soumis à leur action et la tenir à jour.

Les associations doivent également constituer des réserves de chasse d'une superficie minimale équivalant au 1/10e de la superficie totale de leur territoire (article L 422-23 du Code de l'environnement).

La loi ajoute *in fine* que ces associations sont constituées conformément à la loi du 1er juillet 1901 (article L 422-3 du Code de l'environnement), qu'elles sont agréées par le préfet (article L 422-3 précité) et qu'il ne peut y avoir qu'une association communale agréée par commune (article L 422-4 du Code de l'environnement).

L'association communale de chasse agréée (ACCA) de Cerveau-Lent a été constituée en 1983. La période quinquennale de constitution de son territoire de chasse arrive à expiration le 14 juillet 2006.

Ses ressources proviennent des cotisations versées par ses membres et surtout des subventions communales.

Elle a édicté un règlement intérieur qui crée, en application des articles L 422-21 et R 422-63 du Code de l'environnement, deux catégories d'adhérents : les chasseurs domiciliés ou propriétaires dans la commune qui sont membres de droit de l'ACCA, moyennant le paiement d'une cotisation annuelle de 15 € ; les autres chasseurs désirant adhérer à cette ACCA doivent acquitter, quant à eux, une cotisation annuelle de 75 €.

1re question :

Le Ministre de l'Environnement a publié le 10 mars 2005 une circulaire selon laquelle les ACCA ont pour but de favoriser le développement du gibier et doivent constituer des réserves de chasse sur leur territoire ; selon les termes mêmes de cette circulaire, la superficie minimale de ces réserves doit être équivalente au dixième de la superficie totale du territoire de ces associations et ne doit jamais être inférieure à 100 ha.

M. Beau Ballot, chasseur et membre de l'ACCA de Cerveau-Lent, souhaite contester la légalité de cette circulaire ; mais :

- quelle juridiction doit-il saisir ? et pourquoi ?
- quel(s) recours peut-il exercer ?
- à quelles conditions sera recevable un éventuel recours contentieux ?
- quelles sont ses chances de succès ?

2e question :

M. Robert Bêta, chasseur aguerri, propriétaire dans la commune de Cerveau-Lent d'un terrain de 30 ha soumis à l'action de l'ACCA, souhaite retirer son terrain de l'association et fait une demande en ce sens auprès du président de l'ACCA de Cerveau-Lent.

En effet, il souhaiterait utiliser ce terrain se trouvant au centre du territoire de chasse de l'ACCA pour y créer une auberge pour les chasseurs et les riverains, tout en continuant à exercer son droit de chasse et tout en laissant 4 autres de ses terrains d'une superficie totale de 120 hectares dans le périmètre du territoire de l'ACCA.

Le Président, M. Charles-Antoine Tatillon de la Gâchette, qui est par ailleurs son meilleur ami d'enfance, lui a assuré une réponse positive.

C'est ainsi qu'il a obtenu de ce dernier une décision favorable de retrait de son terrain par une décision en date du 9 janvier 2006, qui lui a été notifié deux jours après et pour une exécution immédiate.

Mais, sa voisine, Mme Josette Lavilaine, ancienne fiancée éconduite de Robert et à qui le retrait d'une de ses parcelles de 25 hectares a été refusé l'année précédente par le préfet, a décidé d'attaquer la décision favorable obtenue par lui.

M. Bêta vous consulte pour savoir :

- quelle juridiction doit-il saisir ? et pourquoi ?
- quel(s) recours peut-il exercer ?
- à quelles conditions sera recevable un éventuel recours contentieux ?
- quelles sont ses chances de succès ?

3e question :

Le 2 janvier 2006, le président de l'ACCA de Cerveau-Lent refuse de délivrer à Mme La Folle de Chaillot, « chasseuse » émérite domiciliée dans la commune de Cerveau-lent, une carte de membre de droit au tarif de 15 € et lui propose une carte d'adhérente au prix de 75 €.

Cette dernière n'entend pas en rester là, parce qu'elle sait que le président de cette association lui en veut depuis qu'elle gagne tous les ans, et ce depuis 5 ans, le concours départemental de chasse qu'il avait l'habitude de remporter facilement avant qu'elle ne s'installe dans le département.

C'est pourquoi, elle aimerait savoir :

- quelle juridiction doit-elle saisir ? et pourquoi ?
- et quelles sont ses chances de succès ?

II – Corrigé du cas pratique

Pour réussir un cas pratique, il convient de repérer les éléments importants du sujet (1.), répertorier les connaissances indispensables pour le traiter (2.), et enfin, de répondre aux questions posées (3.) voire de proposer un plan général pour résoudre ce cas pratique (4.).

1. Lecture de repérage du cas pratique

Le cas pratique ici soumis est relativement simple dans sa construction dans la mesure où les faits s'y égrènent en fonction des questions.

Dans la première question, est en cause une demande en annulation d'une circulaire visant à préciser la loi de 2005 ; c'est un chasseur, membre de l'ACCA, qui veut la formuler devant un juge.

Dans la deuxième question, c'est encore une demande en annulation qui est au cœur de la question ; mais, cette fois-ci, c'est celle d'une décision du Président de l'ACCA autorisant le retrait d'un terrain au profit d'un chasseur ; cette décision est attaquée par une autre propriétaire à qui un tel retrait a été préalablement refusé. Le terrain concerné est de 30 hectares.

Enfin, dans la troisième question, c'est à nouveau une demande en annulation d'une décision du Président de l'ACCA fixant le tarif de la carte de membre d'une habitante de la commune où se trouve l'ACCA.

Les litiges sont toujours assez simples, sur le plan de leur demande, mais ils supposent de se rappeler quelques principes contentieux incontournables.

2. Les connaissances indispensables

Il est très important de relever, d'une part, les questions posées puisque ce sont les mêmes à chaque fois et de se rappeler, avant de traiter au fond les questions, qu'elles sont les connaissances élémentaires auxquelles elles font référence.

Il convient donc ici de traiter successivement et presque à chaque fois :

- la question de la compétence juridictionnelle (entre les ordres de juridiction administratif et judiciaire) ;
- le recours à exercer et son régime de recevabilité : une demande d'annulation en première instance étant un recours pour excès de pouvoir (REP) !
- et enfin, les chances de succès, c'est-à-dire l'étude de la légalité des décisions administratives attaquées.

In fine, il importe de souligner que la réponse à chaque question doit être rédigée comme l'est un considérant d'une décision de justice administrative c'est-à-dire en « syllogisme ». C'est dire que chaque réponse doit comporter, en premier lieu, une majeure, suivie d'une mineure, et enfin, une conclusion. En effet, il est essentiel à la fin de la réponse à une question de cas pratique d'y répondre !

3. Les réponses aux questions posées

A. La réponse à la 1re question

Répondons-y dans l'ordre des questions posées.

a. La compétence juridictionnelle

Majeure : Selon la décision *Blanco* (TC 8 février 1873[109]), le principe selon lequel « la compétence suit le fond » signifie que le juge compétent est déterminé par la nature juridique de l'acte en cause dans le litige.

Si l'acte est administratif, le juge compétent pour en connaître sera le juge administratif. Ainsi, en est-il normalement sans difficulté lorsque l'auteur de l'acte est une autorité administrative, telle que le représentant d'une personne morale de droit public (ou personne publique), à l'instar d'un préfet. Alors que si l'acte est de droit privé, le juge dont relève l'acte au contentieux est le juge judiciaire.

De plus, en matière de REP, c'est, en principe, en première instance, le tribunal administratif dans le ressort duquel se trouve l'auteur de l'acte (article R 312-1 du Code de Justice administrative), qui est le juge administratif compétent pour connaître de la décision administrative attaquée.

Mais, les actes réglementaires des ministres doivent être attaqués en premier ressort devant le Conseil d'État ; c'est une règle dérogatoire au principe sus-exposé. Il en va d'ailleurs de même pour les décrets (c'est-à-dire les décisions administratives du Président de la République et du Premier ministre).

Mineure : l'acte contesté est une circulaire ; c'est un acte pris par une autorité administrative, agissant au nom de l'État, le Ministre de l'environnement ; donc c'est un acte administratif.

Conclusion : le juge compétent pour connaître de toute demande relative à cet acte, dont une demande en annulation, est apparemment le tribunal administratif de Paris, puisque tout Ministre a son « siège administratif officiel » dans la capitale française ; mais, sur la désignation précise du juge administratif compétent, il faut attendre un peu avant d'être trop affirmatif....

b. La procédure à suivre

Majeure : le requérant, lorsqu'il conteste la légalité d'un acte, peut suivre deux sortes de procédures :

- soit la contestation administrative, amiable, celle des recours administratifs (gracieux ou hiérarchique),

---

109. Rec. 1er suppl. 61, concl. David, D. 1873. III. 17, concl., S. 1873. III. 153, concl., GAJA n°1, Lachaume p. 12.

– soit la contestation juridictionnelle, celle des recours contentieux : ici, en première instance, et vu l'objet du litige (**seulement** l'annulation d'un acte administratif) l'exercice d'un REP.

S'il décide de prendre la voie juridictionnelle, il faut, pour qu'il soit recevable, que son REP soit recevable ; ainsi, doit-il satisfaire 4 conditions.

Ces dernières se distinguent entre les 2 inhérentes au requérant (capacité et intérêt à agir) et les 2 relatives au recours (l'acte attaqué doit être décisoire et non définitif).

Un tel recours contentieux est-il recevable :

– est-il capable juridiquement ? renvoi au droit privé ; cas rare de difficulté en droit administratif ;

– a-t-il intérêt à agir ? le juge administratif apprécie libéralement cette condition au regard de l'acte attaqué ; lorsque l'acte à un objet plutôt général et impersonnel, le juge administratif admet presque systématiquement cet intérêt ; il devient plus délicat d'apprécier cet intérêt lorsque l'acte a un caractère individuel. Il lui est, par exemple, difficile d'admettre qu'un administré puisse avoir intérêt à contester la légalité d'un permis de construire délivré à une personne dont le terrain constructible se trouve, certes sur le même territoire communal que celui habité par le requérant, mais à 20 km de la résidence principale voire du commerce ou de l'entreprise de ce dernier !

– l'acte attaqué est-il décisoire ? c'est-à-dire l'acte modifie-t-il ou maintient-il l'ordonnancement juridique et s'impose-t-il aux tiers sans leur consentement ? Pour une circulaire, cela est possible si elle ajoute par son contenu à la législation ou à la réglementation interprétée ; en effet, une circulaire, en principe, interprète et donc ne doit pas ajouter au droit qu'elle commente. Si, c'est le cas, alors elle est dite innovatoire, réglementaire. Lorsqu'elle n'est qu'interprétative, une circulaire n'est pas décisoire, lorsqu'elle est innovatoire, elle l'est. Ici, il convient de comparer le contenu de la circulaire à la législation ou à la réglementation interprétée par cette dernière pour savoir si la circulaire litigieuse est ou non innovatoire.

  Mais, depuis l'arrêt *Duvignères*, rendu par le Conseil d'État, en Section, le 18 décembre 2002 (AJDA 2003, n° 10, p. 487, ch. F. Donnat et D. Casas), il est désormais permis de demander au juge administratif l'annulation d'une circulaire interprétative qui violerait une norme juridique supérieure.

  Le Conseil d'État semble, par cet arrêt, avoir inauguré une autre distinction pour trancher la question de la recevabilité du recours pour excès de pouvoir intenté contre des circulaires ; en effet, il semble se référer désormais au caractère impératif de la circulaire : celle l'ayant étant attaquable alors que celle en étant dépourvue ne l'est pas.

D'ailleurs, comme le note avec justesse, un des partisan de cette nouvelle distinction, « *le critère de la distinction entre circulaire réglementaire et circulaire interprétative est essentiellement objectif, qui repose sur une comparaison entre le contenu de l'acte et celui de l'ordre juridique existant. Celui de la distinction entre circulaire interprétative et circulaire indicative est, tout au contraire, essentiellement subjectif* » (Petit (J.), Note sous CE Sect. 18 décembre 2002, *Duvignères*, RFDA, 2003, p. 510-519, ici p. 515).

Ceci étant, une circulaire réglementaire est normalement toujours considérée comme impérative ; elle est donc à coup sûr décisoire.

– l'acte est-il définitif ? une décision administrative l'est dans les deux mois francs de sa notification (pour une décision à caractère individuel) ou de sa publication (pour une décision réglementaire) ; une fois qu'il est définitif, l'acte administratif n'est plus attaquable. Toutefois, un acte réglementaire définitif peut être attaqué à l'occasion de contestation visant les actes individuels l'appliquant ; en effet, il convient, alors que le requérant conteste les actes individuels d'exécution de l'acte réglementaire, de soulever comme moyen d'annulation des actes individuels l'argument suivant : ils sont irréguliers parce qu'ils sont viciés par l'illégalité de l'acte réglementaire qu'ils prolongent. Ce moyen juridique est appelé « l'exception d'illégalité ».

  De plus, il ne faut pas omettre que le juge administratif a posé comme une obligation, celle pour l'administration d'abroger, suite à la demande d'un administré, un règlement illégal depuis son édiction ou devenu illégal du fait de changement de circonstances de droit ou de fait (CE Ass. 3 février 1989, *Compagnie Alitalia*, Rec. 44 ; voir : CE Avis 9 mai 2005, *Pierre X... ;* req. n° 277.280). Au titre de l'exécution de la chose jugée, il peut ainsi être contraint comme un acte réglementaire est « annulé » *inter partes* (exception d'illégalité) de tirer toutes les conséquences de droit d'une telle constatation en l'abrogeant.

Mineure : M. Ballot peut exercer un recours gracieux mais pas un recours hiérarchique dans la mesure où ni le Premier ministre, ni le Président de la République ne sont les supérieurs hiérarchiques des ministres. Il a aussi la possibilité d'intenter un REP contre la circulaire litigieuse « à ses yeux ».

Un tel recours contentieux est-il recevable :

– est-il capable juridiquement ? il est *a priori* capable juridiquement (il faut l'espérer puisqu'il chasse !),
– a-t-il intérêt à agir ? il a un intérêt à agir puisque la circulaire est un acte à caractère général et impersonnel ; M. Ballot, étant qui plus est chasseur, il est donc légitime qu'il ait, au vu de l'objet de la circulaire

(ayant trait à la chasse, et plus exactement, à l'application de la loi de 2005, régissant ce secteur d'activités humaines), intérêt à agir.

- l'acte attaqué est-il décisoire ? en l'espèce, la circulaire ne se contente pas d'interpréter le texte contesté (la réserve de chasse doit être du 10e de la superficie totale du territoire de l'ACCA), mais en plus elle ajoute au texte interprété en précisant que les « *réserves de chasse ne doivent pas être inférieures à 100 hectares* ». La circulaire est donc, sur ce point, innovatoire ; elle est donc réglementaire et par suite décisoire.
- l'acte est-il définitif ? en l'espèce, l'acte réglementaire a été publié le 12 mars 2005, dès lors, il est définitif depuis le 13 mai 2005 à 24 heures. Par suite, le recours est, en principe, irrecevable parce que l'acte est devenu définitif donc il est inattaquable. Mais, le requérant pourra toujours attaquer un acte d'application de la circulaire bien qu'en l'espèce aucun n'apparaisse. Il convient, par exemple, de conseiller à M. Ballot de demander au Ministre de l'Environnement d'annuler cette circulaire parce qu'elle est illégale et, si le ministre refuse, il faut alors attaquer son refus ; mais ce n'est pas le cas d'espèce, il y a donc de fortes chances que le recours soit déclaré irrecevable.

Conclusion : le recours risque d'être déclaré irrecevable si M. Ballot attaque directement la circulaire.

c. La légalité de la circulaire

Majeure : il importe ici de souligner avec force que, lorsque vous maîtriserez parfaitement les moyens de légalité, il ne faudra pas tous les développez mais seulement s'intéresser à ceux qui posent problème en l'espèce.

En principe, face à une « circulaire réglementaire », prise qui plus est par une autorité administrative, autre que le Premier ministre, se pose en général une question de légalité tenant à l'incompétence de son auteur. En effet, en France, seul le Premier ministre dispose d'une compétence réglementaire générale, les autres autorités administratives nationales ou locales ne disposent que d'une compétence réglementaire d'attribution fondée sur, et donc bornée par, un texte. Dès lors, il arrive assez souvent qu'un ministre prenne une circulaire réglementaire sans en avoir la compétence ; dès lors, cet acte est irrégulier parce que vicié par l'incompétence de son auteur.

Ce n'est, en effet, que si son auteur détient une compétence réglementaire qu'il peut prendre une circulaire lui permettant de « compléter » le texte interprété.

Mineure : au vu de ce qui vient d'être dit, et en l'absence de précision sur l'existence ou l'inexistence d'un texte permettant au Ministre de l'Environnement de prendre la circulaire litigieuse, la question reste ouverte.

Conclusion : la circulaire est peut-être illégale.

Remarque : il vaut mieux lorsque des éléments font défaut dans un cas pratique, raisonnez au conditionnel que d'affirmer sans être sûr !

Dans un tel exercice, une question peut vous amener à devoir exprimer deux hypothèses distinctes, sans que les éléments de fait du cas posé vous permettent avec certitude de trancher au profit de telle ou telle hypothèse. L'intérêt sera alors de faire réfléchir le candidat, ne l'oubliez pas !

Conclusion générale à la question n° 1 :

M. Ballot peut *a priori* attaquer par le biais d'un recours pour excès de pouvoir la circulaire du 10 mars 2005 devant le Conseil d'État (puisqu'elle est réglementaire voire impérative et prise par un ministre) mais le recours sera à coup sûr déclaré irrecevable ; si, par extraordinaire, cela n'était pas le cas, le juge administratif n'aura que peu de prise pour déclarer l'illégalité de l'acte contesté puisque seul le vice d'incompétence semble utilisable en l'espèce, bien que son opérabilité ne soit pas évidente en l'absence d'élément complémentaire.

B. La réponse à la 2e question

Répondons-y dans l'ordre des questions posées.

a. La compétence juridictionnelle

Majeure : Selon la décision *Blanco* (TC 8 février 1873), « la compétence suit le fond » (Voir, sur ce point, la réponse à la première question).

Mais, est-ce que l'acte est administratif ? En principe, une personne privée ne prend que des actes de droit privé. Dès lors, pour que l'acte puisse être administratif, encore faut-il que la personne privée gère un service public.

En effet, ne sont des actes administratifs que les actes, réglementaires ou individuels, pris par une personne privée gérant un service public administratif (SPA), si tant est que cet acte ait été pris dans le cadre de l'exécution de ce service et soit l'expression de la mise en œuvre d'une prérogative de puissance publique (CE Sect. 13 janvier 1961, *Magnier*[110]. Alors qu'en sont les seuls actes réglementaires pris par des personnes privées gérant un service public industriel et commercial (SPIC) que s'ils concernent l'organisation d'un tel service (TC 15 janvier 1968, *Compagnie Air Inter c. Époux Barbier*[111].

Dès lors, il faut, tout d'abord, vérifier si l'activité de l'ACCA est constitutive d'un service public, et ensuite, quel est le caractère de ce service.

Un service public est une mission d'intérêt général assurée ou assumée par une personne publique et exécutée sous un régime exorbitant du droit commun (CE Sect. 28 juin 1963, *Narcy*[112]).

110. Rec. 33.
111. Rec. 789, concl. J. Kahn.
112. Rec. 401.

Quant à la distinction SPIC-SPA, posée par une jurisprudence de 1956 (CE Ass. 16 novembre 1956, *Union syndicale des industries aéronautiques*[113]), elle se fonde sur trois critères de distinction (que sont : l'objet du service public, l'origine de ses ressources et les modalités de son fonctionnement). Grâce à ces derniers, le juge administratif estime le caractère du service public en comparant le service à caractériser et l'activité d'une entreprise privée. S'il estime qu'il existe sur tous les points de comparaison une ressemblance, alors l'activité est un SPIC, mais si, au contraire, il y a, sur un seul de ces trois points, une dissemblance entre ces deux types d'activités, alors celle à identifier est un SPA.

De plus, lorsque le juge administratif est compétent, c'est, en principe, le tribunal administratif, dans le ressort duquel se trouve l'auteur de l'acte, qui est compétent pour connaître en première instance d'un REP.

Mineure : Il faut donc ici appliquer les éléments sus-évoqués sur l'activité de l'ACCA puis l'acte contesté, c'est-à-dire la décision du Président de l'ACCA autorisant le retrait d'un terrain du territoire de chasse de l'association.

Le premier point est simple : celle de la nature juridique de l'ACCA : c'est une association donc une personne morale de droit privé.

Le deuxième point à vérifier concerne la qualification de son activité au regard de la définition du service public ; il faut donc reprendre les trois critères de ce service :

- la mission d'intérêt général : en l'espèce, oui parce que la mission de l'ACCA est énoncée dans l'article L 422-2 du Code de l'environnement ; il suffit de le reprendre. A sa lecture, il apparaît que l'activité des ACCA est assortie d'un grand nombre d'obligations d'intérêt général transférant, par suite, à leur activité cette finalité.
- le contrôle exercé par une personne publique : oui, là encore, puisque le préfet doit agréer l'association (l'agrément est important puisqu'il ne peut y avoir qu'une seule ACCA par commune) et elle reçoit des subventions communales, ce qui suppose un contrôle de la commune sur l'utilisation des sommes versées ;
- les prérogatives de puissance publique : le droit de constituer une réserve de chasse, pour ne pas parler d'obligation, sans oublier le caractère contraignant pour les propriétaires privés de l'inclusion de leurs parcelles dans le territoire de l'ACCA.

Le troisième point concerne la détermination du caractère du service public (SP) en reprenant, cette fois-ci, la jurisprudence *USIA* :

- l'objet du service public : vu l'article 1er précité, la mission de SPA est évidente d'autant plus que la « *régulation des animaux nuisibles* » constitue un SPA aux termes de la jurisprudence précitée *Magnier* ;

---

113. Rec. 434.

- l'origine des ressources : les cotisations versées par les membres et surtout les subventions ; s'il n'est pas indiqué précisément que les ressources publiques sont plus importantes que les cotisations, le mot « surtout » précédant la mention des « subventions communales » ne fait aucun doute sur le caractère majoritaire des subventions publiques ;
- les modalités de gestion et de fonctionnement : une association n'est pas en principe censée réaliser des profits et le contrôle de son activité doit être assez important pour justifier le bénéfice de l'agrément ; toutefois, ce point n'est guère illustré par le cas pratique.

Il apparaît à la fin de cette double démonstration que l'ACCA gère plutôt un SPA.

Le quatrième point concerne la détermination de la nature juridique de l'acte de refus : cet acte, individuel, est, de par son objet, lié à l'exécution du service public puisqu'il concerne la détermination du périmètre d'activité de l'ACCA.

Est-ce que cet acte met en œuvre une prérogative de puissance publique ? Oui, parce concernant les terrains, pour lesquels les propriétaires ne se sont pas opposés dans les délais légaux à leur intégration dans le territoire de l'ACCA, leur appartenance à ce dernier est obligatoire pendant une période au moins quinquennale. Ce qui est fortement attentatoire au droit de propriété ; par suite, autoriser ou refuser d'autoriser le retrait d'une parcelle de ce territoire exprime l'exercice d'une compétence exorbitante du droit commun au regard de celui du droit de propriété privée.

Ce que confirme la jurisprudence administrative selon l'arrêt *Vauxmoret* (CE Sect. 7 juillet 1978, Rec. 295).

Conclusion : Le juge compétent pour connaître de toute demande relative à cet acte, dont une demande en annulation, est le juge administratif.

Il ne peut, de plus et en principe, n'être attaqué que devant le tribunal administratif dans le ressort duquel se trouve la commune de Cerveau-Lent.

b. La procédure à suivre

Majeure : Il convient de renvoyer à la réponse de la question n° 1.

En effet, les règles afférentes aux recours ouverts et aux conditions de recevabilité du REP sont les mêmes que celles précédemment exposées à l'occasion de l'exposé de cette réponse. Par suite, et afin d'éviter de multiplier les redites, il convient de s'y reporter.

Mineure : Mme Lavilaine peut exercer un recours gracieux mais pas un recours hiérarchique dans la mesure où si un recours gracieux peut être intenté devant toute autorité administrative, dont un Président d'association (puisqu'une personne privée gérant un service public en est une), le Président de l'ACCA n'a pas de supérieur hiérarchique.

Un recours contentieux est-il recevable ?

- est-elle capable juridiquement ? elle est *a priori* capable juridiquement,
- a-t-elle intérêt à agir ? elle a un intérêt à agir parce que cette décision de refus lui cause un préjudice personnel au regard de sa situation propre, et plus particulièrement du fait du refus qui lui a été opposé.
- l'acte attaqué est-il décisoire ? en l'espèce, le refus est décisoire parce qu'il modifie la continuité d'une obligation (supporter l'inclusion de son terrain dans le territoire de l'ACCA) et permet ainsi à M. Bêta d'exercer à nouveau et pleinement son droit de propriété.
- l'acte est-il définitif ? en l'espèce, la notification ayant lieu le 11 janvier 2006, l'acte est attaquable jusqu'au 12 mars 2006 à 24 heures.

Conclusion : Le recours gracieux comme le REP sont recevables.

c. La légalité du retrait

Majeure : Il convient de développer trois moyens de légalité relatifs à l'incompétence (le vice d'incompétence) et deux erreurs sur la qualification juridique des faits.

Concernant le vice d'incompétence, l'article R 422-52 du Code de l'environnement précise clairement que toute demande de retrait d'une parcelle d'un territoire d'une ACCA donne lieu, en cas de réponse positive ou négative, à l'édiction d'un arrêté préfectoral et nullement d'une décision du Président de l'ACCA. Ce dernier n'est que consulté par le préfet avant qu'il ne rende sa décision administrative.

En ce qui concerne la première erreur, l'article L 422-18 du Code de l'environnement énonce non moins clairement que l'opposition prend effet à l'expiration de la période quinquennale si elle a été notifiée 6 mois avant le terme de cette période. Dès lors, il n'est pas possible à une autorité administrative d'accepter le retrait d'une parcelle avant cette expiration, de même qu'elle ne peut empêcher le retrait si l'opposition a été effectuée dans les délais. En effet, en cette hypothèse, la compétence, en principe préfectorale, est liée.

Et enfin, relativement à la seconde erreur, le retrait n'est admissible que si la demande concerne l'ensemble des terrains et que la formulation de l'opposition vaut « *renonciation à l'exercice du droit de chasse* » (article L 422-14 du Code de l'environnement).

Mineure : Il apparaît avec évidence, en l'espèce, que la décision est à tous égards illégale.

En effet, elle a été prise contre toute attente par le Président de l'ACCA et non par le préfet ; ainsi, a-t-elle été édictée par une autorité incompétente.

De plus, le retrait a été accordé dès le mois de janvier 2006 et a pris effet à cette date alors que, s'il convient d'avertir de son opposition et donc de sa volonté de retirer ses parcelles au moins 6 mois avant le terme de la période quinquennale, ce n'est qu'à son expiration, soit ici le 14 juillet 2006, que le retrait devrait prendre effet.

Enfin, M. Bêta, de manière notoire, continue à chasser et n'a fait porter son opposition que sur une partie de ses parcelles incluses dans le territoire de l'ACCA.

Conclusion : La légalité de la décision de retrait est donc sujette à caution.

Conclusion générale à la question n° 2 : le refus est donc attaquable devant le tribunal administratif de X jusqu'au 12 mars 2006 et sa légalité peut, selon le raisonnement arrêté par le juge, être ou non remise en cause. Selon la démonstration, la décision administrative attaquée est viciée d'incompétence et d'EQJF ; son annulation est donc fort probable.

C. La réponse à la 3e question

Répondons-y dans l'ordre des questions posées

a. La compétence juridictionnelle

Majeure : Il convient de se reporter à l'exposé, sous la même rubrique, de la question n° 2.

Mineure : Il a été démontré que l'ACCA gère un SPA.

L'acte de refus de délivrer une carte de membre à un tarif autre que celui imposé à la requérante potentielle, est un acte individuel, mais ce n'est pas vraiment un acte qui, de par son objet, est lié à l'exécution du service public. En effet, cet acte concerne plutôt l'organisation financière interne de l'association, bien que les ressources de l'association financent le service public qu'elle gère.

Et est-ce que cet acte met en œuvre une prérogative de puissance publique ? non, parce que fixer les tarifs des membres pour une association n'a rien d'exorbitant du droit commun ; ce que confirme l'arrêt *ACCA agréée de Bonvillard* (CE 5 juillet 1985[114]).

Conclusion : Le juge compétent pour connaître de toute demande relative à cet acte, dont une demande en annulation, est donc le juge judiciaire.

b. La légalité du refus

Majeure/Mineure : l'illégalité de l'acte est évidente puisqu'au regard de sa situation de fait (habitante de la commune de Cerveau-Lent), Mme La Folle de Chaillot devrait ne s'acquitter que d'une cotisation de 15 €, et non d'une de

114. Rec. 495.

75 € ; cette qualification juridique des faits découle directement de l'application du règlement intérieur à la situation circonstanciée, factuelle de la demanderesse.

Conclusion : La légalité du refus est à coup sûr contestable.

Conclusion générale à la question n° 1 : le refus est donc attaquable devant le juge judiciaire (le tribunal d'instance) et sa légalité peut, selon le raisonnement arrêté par le juge, être remise en cause.

Remarque : le juge judiciaire applique le droit administratif à tous les litiges de droit privé dont il est saisi et qui l'oblige à raisonner en cette matière.

4. Un plan de résolution du cas pratique

Vu la répétition d'un grand nombre de questions, selon les cas étudiés, il est possible de les regrouper pour répondre au cas pratique sous forme d'un plan en deux parties, et ce, de la manière suivante :

I – L'examen formel des demandes

a. La compétence juridictionnelle

- le cas classique : le Ministre de l'environnement (Question1) ;
- le cas particulier : le Président de l'ACCA (Qestions 2 et 3) ;

b. La recevabilité des recours

- les recours gracieux (absence de recours hiérarchique) ;
- le REP et les conditions de recevabilité ;

II – L'examen matériel des demandes

a. La légalité de la Circulaire

b. La légalité de la décision de retrait

La conclusion de ce plan peut alors regrouper et résumer les diverses réponses aux trois questions principales.

Extraits du Code de l'environnement

Annexe N° 1

Art. L 422-2 – *(Loi n° 2005-157 du 23 février 2005 article 169 Journal Officiel du 24 février 2005)*

Les associations communales et intercommunales de chasse agréées ont pour but d'assurer une bonne organisation technique de la chasse. Elles favorisent sur leur territoire le développement du gibier et de la faune sauvage dans le respect d'un véritable équilibre agro-sylvo-cynégétique, l'éducation cynégétique de leurs membres, la régulation des animaux nuisibles et veillent au respect des plans de chasse en y affectant les ressources appropriées. Elles ont également pour objet d'apporter la contribution des chasseurs à la conservation des habitats naturels, de la faune et de la flore sauvages.

Leur activité s'exerce dans le respect des propriétés, des cultures et des récoltes, et est coordonnée par la fédération départementale des chasseurs. Les associations communales et intercommunales de chasse agréées collaborent avec l'ensemble des partenaires du monde rural.

Art. L 422-3 – Les associations sont constituées conformément à la loi du 1er juillet 1901 relative au contrat d'association.

L'agrément leur est donné par le préfet.

Art. L 422-4 – Il ne peut y avoir qu'une association communale agréée par commune.

[...]

Art. L 422-13 – I. - Pour être recevable, l'opposition des propriétaires ou détenteurs de droits de chasse mentionnés au 3° de l'article L 422-10 doit porter sur des terrains d'un seul tenant et d'une superficie minimum de vingt hectares.

[...]

Art. L 422-14 – *(Loi n° 2005-157 du 23 février 2005 article 168 XI Journal Officiel du 24 février 2005)*

L'opposition mentionnée au 5° de l'article L 422-10 est recevable à la condition que cette opposition porte sur l'ensemble des terrains appartenant aux propriétaires ou copropriétaires en cause.

Cette opposition vaut renonciation à l'exercice du droit de chasse sur ces terrains. Elle ne fait pas obstacle à l'application de l'article L 415-7 du code rural. Dans ce cas, le droit de chasser du preneur subit les mêmes restrictions que celles ressortissant des usages locaux qui s'appliquent sur les territoires de chasse voisins et celles résultant du schéma départemental de gestion cynégétique visé à la section 1 du chapitre V du titre II du livre IV.

Art. L 422-15 – La personne ayant formé opposition est tenue de procéder à la signalisation de son terrain matérialisant l'interdiction de chasser.

[...]

Art. L 422-18 – L'opposition formulée en application du 3° ou du 5° de l'article L 422-10 prend effet à l'expiration de la période de cinq ans en cours, sous réserve d'avoir été notifiée six mois avant le terme de cette période. À défaut, elle prend effet à l'expiration de la période suivante. La personne qui la formule la notifie au préfet.

L'association peut, dans ce cas, lui réclamer une indemnité fixée par le tribunal compétent et correspondant à la valeur des améliorations apportées par celle-ci.

[...]

Art. L 422-22 – La qualité de membre d'une association communale de chasse confère le droit de chasser sur l'ensemble du territoire de chasse de l'association, conformément à son règlement.
Art. L 422-23 Les associations communales et intercommunales de chasse agréées sont tenues de constituer une ou plusieurs réserves de chasse communales ou intercommunales.
La superficie minimale des réserves est d'un dixième de la superficie totale du territoire de l'association.

[...]

Art. R 422-24 – À l'appui de leur opposition, les personnes mentionnées aux 3° et 5° de l'article L 422-10 doivent joindre toute justification pour la détermination tant de la surface du territoire intéressé que des droits de propriété dont il est l'objet.
Le détenteur du droit de chasse peut faire opposition au titre du 3° de l'article L 422-10 pour l'ensemble des droits de chasse sur le territoire intéressé, jusqu'à l'expiration de son contrat, et sans avoir à faire la preuve de l'accord du propriétaire, même si ce contrat réserve à celui-ci une partie du droit de chasse sur le territoire intéressé. Dans ce cas, le détenteur du droit de chasse devra justifier de l'existence et de l'étendue de ses droits.
De même s'il y a pluralité de détenteurs, l'opposition au titre du 3° de l'article L 422-10 d'un seul détenteur suffit.
S'il s'agit d'une société détentrice, l'opposition au titre du 3° de l'article L 422-10 est décidée conformément à ses statuts.

[...]

Art. R 422-35 – L'affichage, dans les huit jours suivant celui de l'assemblée générale, de la liste mentionnée au deuxième alinéa de l'article R 422-34 vaut notification aux propriétaires et détenteurs du droit de chasse intéressés.
L'accomplissement de cette mesure de publicité d'une durée minimum de dix jours est certifié par le maire.
La liste est communiquée au préfet par l'association par lettre recommandée avec demande d'avis de réception. Celui-ci l'arrête et la publie au Recueil des actes administratifs en même temps que l'arrêté d'agrément prévu à l'article R 422-39.

(...)

Art. R 422-52 – L'opposition mentionnée à l'article L 422-18 est formulée par les personnes mentionnées aux 3° et 5° de l'article L 422-10, par lettre recommandée avec demande d'avis de réception. À l'appui de leur demande, celles-ci joignent les justificatifs mentionnés au premier alinéa de l'article R 422-24.
Le préfet statue dans un délai de quatre mois, au cours duquel il consulte le président de l'association, par lettre recommandée avec accusé de réception. Le président dispose d'un délai de deux mois pour émettre un avis.
La décision fait l'objet de la publicité prévue à l'article R 422-35

Art. R 422-53 – Lorsque le propriétaire d'un terrain acquiert d'autres terrains constituant avec le premier un ensemble d'un seul tenant et dont la superficie dépasse le minimum fixé dans la commune pour ouvrir le droit à opposition, il peut exiger le retrait du fonds ainsi constitué du territoire de l'association. À l'appui de sa demande, il doit joindre les justificatifs mentionnés au premier alinéa de l'article R 422-24.
Ce retrait s'effectue dans les conditions prévues à l'article R 422-52.

En guise de conclusion...

CONSEILS ÉLÉMENTAIRES POUR BIEN RÉUSSIR SES ÉPREUVES ÉCRITES

L'examen écrit est important pour l'étudiant dans la mesure où il fait ses preuves en révélant :

- d'une part, le travail qu'il a fourni durant le semestre voire l'année ;
- et d'autre part, sa personnalité (orthographe, mise en page, esprit d'analyse et de synthèse, réflexion juridique, etc.).

Dès lors, l'étudiant consciencieux doit veiller à respecter scrupuleusement les 8 conseils suivants :

- en premier lieu, « un bon ouvrier ayant de bons outils » : il en va de même pour le « bon » étudiant, qui est, par définition, bien organisé ; par suite, il doit s'assurer la veille de l'examen d'avoir tout son matériel dans sa trousse : stylos bille, stylo-plume (donc les recharges !), crayon à papier, gomme, et naturellement le ou les « fameux » marqueurs !
- en deuxième lieu, « l'exactitude, la ponctualité étant la politesse des Rois », un étudiant qui se respecte ne doit pas moins faire qu'un Roi, il doit donc être à l'heure et même en avance à l'examen.
- en troisième lieu, il faut aussi savoir gérer son temps en examen ; c'est pourquoi, le « bon étudiant » préparera chez lui ses exercices de TD en se mettant en conditions d'examen, avec un réveil si possible.

Gérer son temps est un apprentissage préprofessionnel.

Par suite, le « bon étudiant » ne se précipite pas, dès l'épreuve terminée, dehors (surtout si c'est pour fumer !) ; mais, s'il finit en avance, sans avoir au préalable relu sa copie pour effacer les fautes d'orthographe et de style, qui ne seront naturellement que des fautes d'étourderie de la part du « bon étudiant », mais mieux vaut ne pas les laisser dans une copie et profiter de ces dernières minutes pour se relire.

- en quatrième lieu, la propreté de la copie est très importante : « Messieurs, de grâce, faites des efforts ! ».

Il faut aérer sa copie, souligner les intitulés, soigner – une fois n'est pas coutume mais nécessité lors de l'examen ! – son écriture.

Si un examen écrit n'est pas un concours de belles-lettres, ce n'est pas toutefois, le concours du « pire torchon » raturé et illisible...

- en cinquième lieu, le plan doit apparaître (parties, sous-parties) avec, si possible l'utilisation pour les parties de chiffres romains (I, II, rarement jusqu'à III ; mais rien ne s'oppose à un bon plan en trois parties, c'est toutefois le maximum) et des lettres pour les sous-parties (A, B voire C mais c'est encore un maximum ; de plus, si une partie comporte trois sous-parties, normalement la ou les autres doivent en comporter autant).

- en sixième lieu, éviter les abréviations : surtout, celles utilisées pour les notes de cours ; mais, certaines sont usuelles.

Pour ces dernières, et seulement pour celles-ci, il faut tout d'abord écrire le groupe de mots qu'elle représente une première fois en entier et la faire figurer à sa suite entre parenthèses.

Ensuite, l'étudiant pourra utiliser l'abréviation ainsi « définie » dans le reste de sa copie.

D'où, pour n'utiliser que le sigle « EPIC » dans une copie, il convient à la première utilisation de ce concept dans la copie de le présenter ainsi : « établissement public industriel et commercial (EPIC) », pour ensuite n'utiliser dans le reste de la copie que l'abréviation « EPIC ».

- en septième lieu, savoir choisir vite et bien un sujet en cas de choix à l'examen (en général, deux sujet au choix).

Certains étudiants hésitent trop longuement et perdent ainsi de précieuses minutes ; il faut donc en quelques minutes, cinq c'est déjà presque trop, jeter un rapide coup d'œil aux deux sujets et se décider de n'en traiter qu'un.

Gare à l'étudiant qui commencera à traiter un sujet et, au bout ne serait-ce que de dix minutes voire un quart d'heure, change d'idée et de sujet ; il a alors de fortes chances de rendre une copie bâclée.

- en huitième et dernier lieu, soigner son orthographe et son style : les fautes d'orthographe, les répétitions, la lourdeur du style, pire le style incompréhensible, voire trop familier, sont les meilleurs ennemis de la bonne note.

Six remarques s'imposent alors :

- il faut, si on a du mal à écrire, préférer les phrases courtes et simples ;
- il faut absolument bannir les « je », les « moi », les « pour ma part », ou encore, « selon moi » ; à cet égard, il convient d'utiliser avec parcimonie les « on » et bannir les « nous » à l'instar du « je » ;
- il faut tout autant s'éloigner des formules du style « il est intéressant de… » ou « il est évident de… », surtout si ce qui suit n'est ni intéressant, ni évident !

- il faut proscrire les annonces de plan utilisant le « nous verrons, dans une première partie, que..., et dans une seconde partie, que... » ; en effet, une annonce de plan doit constituer une phrase bien contrebalancée grâce à des prépositions[115] ou à des conjonctions[116] ;
- le bon étudiant doit citer un ouvrage en soulignant son titre ou un article en le mettant entre guillemets (c'est alors le titre de la revue, dont il est tiré, qui doit être souligné) ; ces règles valent aussi pour la rédaction d'un mémoire ;
- le devoir doit à sa lecture refléter une recherche dans la construction de la démonstration ; par suite, le « bon étudiant » peut user des prépositions, des locutions prépositives[117], des conjonctions et des locutions conjonctives[118], dans le corps de ses développements.

---

115. La préposition est un mot invariable qui sert ordinairement à introduire un élément qui relie et subordonne par tel ou tel rapport un autre élément de la phrase.
Exemples : excepté, hormis, malgré, outre, etc....

116. La conjonction est un mot invariable qui sert à joindre et à mettre en rapport deux mots ou groupes de mots de même fonction.
Exemples : ainsi, car, cependant, donc, ensuite, mais, néanmoins, or, pourtant, toutefois, etc....

117. Exemples de locutions prépositives : à l'encontre de, à l'exception de, à l'exclusion de, de façon à, de manière à, en comparaison de, en dépit de, en raison de, faute de, etc...

118. Exemples de locutions conjonctives : bien que, encore que, en revanche, au contraire, au surplus, c'est pourquoi, d'ailleurs, de plus, de surcroît, du moins, du reste, en effet, par conséquent, etc...

BIBLIOTHÈQUE DE L'UNIVERSITÉ DE BOURGOGNE
LE CREUSOT

Achevé d'imprimer chez Gibert-Clarey (06110061)
Chambray-les-Tours. Dépôt légal Novembre 2006
Imprimé en France